»There is no alternative«

D1920382

Astrid Séville, Dr. phil., ist Akademische Rätin auf Zeit am Lehrstuhl für Politische Theorie der Ludwig-Maximilians-Universität München.

Astrid Séville

»There is no alternative«

Politik zwischen Demokratie und Sachzwang

Campus Verlag
Frankfurt/New York

ISBN 978-3-593-50788-0 Print
ISBN 978-3-593-43722-4 E-Book (PDF)

Das Werk einschließlich aller seiner Teile ist urheberrechtlich geschützt. Jede Verwertung ist ohne Zustimmung des Verlags unzulässig. Das gilt insbesondere für Vervielfältigungen, Übersetzungen, Mikroverfilmungen und die Einspeicherung und Verarbeitung in elektronischen Systemen.
Trotz sorgfältiger inhaltlicher Kontrolle übernehmen wir keine Haftung für die Inhalte externer Links. Für den Inhalt der verlinkten Seiten sind ausschließlich deren Betreiber verantwortlich.
Copyright © 2017 Campus Verlag GmbH, Frankfurt am Main
Umschlaggestaltung: Campus Verlag GmbH, Frankfurt am Main
Gesetzt aus: Garamond
Druck und Bindung: CPI buchbücher.de, Birkach
Gedruckt auf Papier aus zertifizierten Rohstoffen (FSC/PEFC).
Printed in Germany

www.campus.de

Inhalt

Einleitung

»There is no alternative to austerity.«[1]

»These are exceptional measures for exceptional times.«[2]

Seit politische Akteure[3] auf die Krise der Finanzmärkte und der Eurozone mit einer Rhetorik reagierten, die Alternativlosigkeit und Sachzwang als Entscheidungsgrundlage bemühte, diskutieren wir dieses Phänomen als ein Symptom problematischer Demokratie- und Politikverständnisse sowie de facto eingegrenzter politischer Handlungsspielräume in Zeiten der Globalisierung und eines in die Krise geratenen Finanzmarktkapitalismus. Sowohl Vertreter internationaler Organisationen, europäischer Institutionen als auch nationalstaatlicher Regierungen verwiesen auf Handlungszwänge, Notwendigkeiten und auf die Ausnahmesituation der Krise, um zu kommunizieren, dass der Raum des politisch Sag- und Machbaren wenn nicht demokratischen, parlamentarischen Dezisionen entzogen, dann doch erheblich eingeschränkt gewesen sei. Das sogenannte *TINA-Prinzip*, bei dem TINA als Akronym für »there is no alternative« steht, hatte in den letzten Jahren als Krisenrhetorik Konjunktur.

Auf den ersten Blick mag diese Rhetorik die zeitdiagnostischen Thesen einer Entdemokratisierung bzw. Entpolitisierung,[4] eines postpolitischen Zeitalters[5] und eines Wandels liberaler Demokratien zu postdemokra-

1 Vgl. Le Monde, Selon Christine Lagarde, »il n'y a pas d'alternative à l'austérité«, 02.05.2013.

2 Barroso, Statement at the Press Conference following the Meeting of the Heads of State or Government of the Euro Area, 27.10.2011.

3 In der vorliegenden Arbeit wird aus Gründen besserer Lesbarkeit darauf verzichtet, bei der Denomination von Akteuren und Akteursgruppen die weibliche Form zu ergänzen. Wenn nicht anders gekennzeichnet, sind Akteure unabhängig ihres Geschlechts einbezogen.

4 Vgl. beispielhaft Benz, Postparlamentarische Demokratie?; von Blumenthal, Auswanderung aus den Verfassungsinstitutionen; Michelsen/Walter, *Unpolitische Demokratie*; Hay, *Why we hate Politics*; Embacher: *Demokratie! Nein danke?*; Burnham: New Labour and the Politics of Depoliticisation; Flinders/Buller, Depoliticisation.

5 Vgl. Hang, *Transparenzgesellschaft*, S. 15. Ulrich Beck spricht von einer neuen ›Subpolitik‹; vgl. Beck, Die Erfindung des Politischen, S. 156. Giddens erkennt eine Politik jenseits

tischer Fassadenpolitik[6] bestätigen. Politische Akteure scheinen der Möglichkeit freier, kontroverser und institutionell entschleunigter Willensbildungsprozesse beraubt, Regierungsoptionen wirken eingeschränkt und demokratische Gestaltungs- und Handlungsspielräume immer kleiner. Politik wird vermeintlich zu einer Verwaltung wirtschaftlicher Sachzwänge degradiert und steckt in einer »golden straightjacket«.[7] Tatsächlich steht der Nationalstaat in der seit 2008 kaum bewältigten, sondern weiterhin schwelenden Krise und im »strukturellen Kontext«[8] der Globalisierung unter Druck; der politische Regelungsbedarf ist angesichts »gesellschaftlicher Denationalisierung«,[9] internationaler Verflechtung und wachsender wirtschaftlicher Interdependenz nicht länger auf ausschließlich nationaler Ebene bzw. in nationalen Parlamenten zu bewältigen. Populistischen Versuchungen zum Trotz sind Protektionismus und nationale Abschottung mit erheblichen Kosten verbunden und oftmals erst durch konfliktbeladene Aufkündigungen internationaler Verträge denkbar.

Neben temporären ökonomischen Krisen steht Politik stets vor der Herausforderung, die Konsequenzen ökonomisch-technischer und soziokultureller Entwicklungen zu bewältigen und gesellschaftlichem Wandel zu begegnen. Dem demokratischen Wohlfahrtsstaat drohen hierbei Steuerungsprobleme. Doch die Diagnosen solcher Steuerungsprobleme und einer Krise der Demokratie sind seit jeher ein integraler Bestandteil der Demokratietheorie und das goldene Zeitalter vor der heutigen »Postdemokratie« eine retrospektive Chimäre.

Auch die Diskussion um diffundierende Souveränität und schwindende Handlungskapazitäten des Nationalstaats im Zeitalter der Globalisierung begleitet schon seit Ende der 1990er die sozialwissenschaftliche Forschungsdebatte. Während auf der einen Seite Autoren seit Jahren routiniert

---

Links und Rechts; vgl. Giddens, *Beyond Left and Right.* Kritisch zu diesem ›postpolitischen‹ Geist Mouffe, *Über das Politische*, S. 64; vgl. zur Diskussion auch das Heft Postdemokratie?, APuZ, 1–2, 2011.

6 Crouch, *Postdemokratie*; Rancière, *Das Unvernehmen.* Dabei meint der programmatische Begriff Postdemokratie bei Crouch: »Während die demokratischen Institutionen formal weiterhin vollkommen intakt sind […], entwickeln sich politische Verfahren und Regierungen zunehmend in eine Richtung, die typisch war für vordemokratische Zeiten.« Crouch, *Postdemokratie*, S. 13. Zur Diskussion des Begriffs als gescheiterte politische Programmformel vgl. Buchstein/Nullmeier, Einleitung. Die Postdemokratie-Debatte; Richter, Das Analysemuster der ›Postdemokratie‹.

7 Friedmann, *The Lexus and the Olive Tree.*

8 Jessop, Die (Un)Logik der Globalisierung, S. 343.

9 Zürn, *Regieren jenseits des Nationalstaates.*

das »Ende der Politik«, das »Ende der Demokratie« und das »Ende des Wohlfahrtstaats« ausrufen,[10] suchen andere diese Unkenrufe und Abgesänge auf demokratisches, nationalstaatliches Regieren empirisch zu entkräften.[11] Sowohl die pessimistische als auch die optimistische Globalisierungsforschung stimmt freilich darin überein, dass insbesondere die wirtschaftliche Globalisierung politische Gestaltungs- und Handlungsspielräume formt: Regierungen müssen angesichts des wachsenden internationalen Handels, des Zuwachses an ausländischen Direktinvestitionen, der gestiegenen Bedeutung der globalisierten Finanz- und Kapitalmärkte sowie transnationaler Konzerne und Unternehmenskooperationen einen schwierigen Mittelweg zwischen ökonomisch effizienten Outputs und dem Bemühen um soziale Gerechtigkeit und demokratischen Input finden. Nationalstaaten verfügen nicht länger über dieselben wirtschaftspolitischen Instrumente zur makroökonomischen Steuerung wie im »embedded liberalism«.[12]

Das staatliche Handlungsrepertoire bedarf vielmehr einer »strategischen Erweiterung«,[13] zumal weiterhin Reform- und Handlungsspielräume gegenüber einem scheinbar alternativlosen Wirtschaftsdiktat bestehen. Weder sind die Staatseinnahmen in Folge eines »race to the bottom« eklatant gesunken,[14] noch ist die Staatstätigkeit massiv zurückgegangen[15] oder eine allgemeine Konvergenz finanz- und steuerpolitischer Parameter[16] und

10 Guéhenno, *Das Ende der Demokratie*; Butterwegge, *Krise und Zukunft des Sozialstaates*; jüngst aus journalistischer Feder: Kurbjuweit, *Alternativlos*.

11 Vgl. dazu: Scharpf/Schmidt (Hg.), *Work and Welfare in the Open Economy*; Hay, *Re-stating Social and Political Change*; Swank, Withering Welfare?; Wagschal, Handlungsoptionen des Nationalstaats im internationalen Steuerwettbewerb.

12 Vgl. Polanyi, *The Great Transformation*; vgl. auch Ruggie, *Embedding Global Markets*. Die »eingebetteten Märkte« der 1950er, 1960er Jahre kennzeichnete unter anderem, dass Staaten eigene Währungen hatten, deren Abwertung sie als Instrument zur Kompensation von Verlusten von Wettbewerbsfähigkeit nutzen konnten. Innenpolitisch hatten Nationalstaaten so mehr Spielraum, da sozialpolitische Maßnahmen, bzw. Konzessionen nicht automatisch außenwirtschaftlich sanktioniert wurden.

13 Grande, Die politische Kontingenz der Globalisierung, S. 190.

14 Vgl. Genschel, Der Wohlfahrtsstaat im Steuerwettbewerb; Wagschal, *Steuerpolitik und Steuerreformen im internationalen Vergleich*; vgl. Grande, Die politische Kontingenz der Globalisierung, S. 194.

15 Vgl. Swank, Withering Welfare?; Wagschal, Handlungsoptionen des Nationalstaats im internationalen Steuerwettbewerb; Gamble, *The Free Economy and the Strong State*.

16 Allerdings konvergieren im Feld der Körperschaftssteuer Steuersätze im Zuge der Globalisierung. Vgl. Grande, Die politische Kontingenz der Globalisierung, der auf die

gesellschaftlicher, kultureller Diskurse und Praktiken in westlichen Nationalstaaten zu beobachten. Globalisierung bzw. Denationalisierung bergen Chancen neuer Gestaltungsoptionen und neuer Politikspielräume jenseits des Nationalstaats.[17]

Der gegenüber Ambivalenzen und Paradoxien blinden Deutung von Globalisierung und einem internationalen Kapitalmarkt als unbedingter Einschränkung des politischen Handlungsspielraums stehen daher Studien gegenüber, die zum einen die weiterbestehenden Handlungskapazitäten in Wirtschafts-, Sozial- und Umweltpolitik herausarbeiten, zum anderen die Perzeption und politische Konstruktion von »Realitäten« und »Sachzwängen« wie Globalisierung betonen.[18] Der »politische Raum«[19] ist selbst Objekt politikwissenschaftlicher und politischer Debatten – *Sach- und Handlungszwänge sind selbst Gegenstand politischer Deutung und Gestaltung.*

Jene Debatten sind keineswegs abgeschlossen oder entschieden, im Gegenteil: Die Diskussion um nationalstaatliche Handlungskapazitäten im »disembedded liberalism« aktualisiert und verschärft sich durch die Wahrnehmung, dass sich zuletzt das europäische Krisenmanagement nicht durch prozedural-demokratische, parlamentarisch-deliberative und ergebnisoffene Willensbildung und Entscheidungsfindung auszeichnete. Die Mitgliedstaaten der Eurozone koordinierten sich mit dem Ziel einer transnationalen fiskalischen Konsolidierung und schränkten mittels europäischer Vereinbarungen und Regelwerke wie Stabilitäts- und Wachstumspakt oder Fiskalpakt nationale, politische Handlungsspielräume zunehmend ein.

Ließ etwa der damalige Wahlerfolg der griechischen Linkspartei Syriza im Januar 2015 die Forderung nach einem Schuldenschnitt aufflammen, kommentierte dies der deutsche Finanzminister Wolfgang Schäuble noch vor einem Zusammentreffen mit dem Ministerpräsidenten Alexis Tsipras mit: »Diese Frage stellt sich nicht.«[20] Demokratische Wahlerfolge werden schließlich mit Blick auf Reaktionen des internationalen Finanzmarkts

---

Studie von Zohlnhöfer, *Globalisierung der Wirtschaft und finanzpolitische Anpassungsreaktionen in Westeuropa* verweist.

17 Beck, *Was ist Globalisierung?*; ders. (Hg.), *Politik der Globalisierung*; Habermas, *Die postnationale Konstellation.*

18 Vgl. Hay/Marsh, Introduction: Demystifying Globalization; Hay/Rosamond, Globalization, European Integration and the Discursive Construction of Economic Imperatives.

19 Greven, *Die politische Gesellschaft*, S. 90.

20 Vgl. Schäuble, zitiert nach: Handelsblatt, Wolfgang Schäuble zu Tsipras, 16.01.2015.

diskutiert. Im Einfluss des globalisierten Finanzmarktkapitalismus auf staatliches Handeln konkretisiert sich die diffuse Perzeption von Internationalisierung und Globalisierung als Bedrohung. Abermals im Sinne einer Depotenzierung demokratischer Verfahren kritisiert daher Wolfgang Streeck die politische Konstellation innerhalb der Europäischen Union (EU) zu Beginn des 21. Jahrhunderts als »neoliberalen Konsolidierungsstaat«.[21] In diesem seien Bürger einer technokratischen Regierungsweise unterworfen; Demokratie und mit ihr Ansprüche auf soziale Gerechtigkeit würden »durch Märkte domestiziert«.[22] Da Politik in »eine[r] marktgerechte[n] Zwangsjacke«[23] stecke, gelte es für Wähler, sich kapitalistischen Verteilungsergebnissen zu fügen. Wirtschafts- und Verteilungspolitik erscheine nunmehr als »ein kompliziertes Tauziehen zwischen globalen Finanzinvestoren und souveränen Nationalstaaten«,[24] bei dem Handlungsoptionen durch ökonomische Handlungszwänge begrenzt seien.

Streecks Verdikt erklingt als ein politökonomisches Echo auf die neomarxistische Kapitalismus- und die pessimistische Globalisierungsforschung – und reproduziert zugleich manche Selbstbeschreibungen des Banken- und Finanzsektors. Auch dessen Vertretern zufolge haben sich die Macht- und Entscheidungsverhältnisse gravierend verändert. Alan Greenspan, 1987 bis 2006 Vorsitzender der US-Notenbank, erklärte 2007 – also vor der Wahl Donald Trumps –, dass es nahezu einerlei sei, wer zum amerikanischen Präsidenten gewählt werde, denn »[…] die Welt wird durch Marktkräfte regiert«.[25] Wie kommt es also zu der behaupteten Gleichzeitigkeit einer womöglich technokratischen Konstellation und eines Marktdiktats, das als *alternativlos* kommuniziert wird? Gibt es eine Wahlverwandtschaft zwischen einem als *neoliberal* inkriminierten Wirtschaftsdenken und technokratischen, demokratieaversen Politikansätzen, die sich in der Rhetorik von Sachzwang und Alternativlosigkeit manifestiert? Eine Viel-

21 Vgl. Streeck, *Gekaufte Zeit*, insbesondere S. 141–225.

22 Ebd., S. 163.

23 Ebd., S. 164.

24 Streeck, Die Krise des demokratischen Kapitalismus, S. 11. Die Konfliktlinie verlaufe nun zwischen Staaten und Finanzinstitutionen, die zuvor die Sozialisierung der Schulden erpresst hätten. Vgl. ebd.

25 So Greenspan im Zürcher Tages-Anzeiger vom 19.09.2007, zitiert nach Thielemann, Das Ende der Demokratie, S. 820. Hans Tietmeyer, von 1993 bis 1999 Präsident der Deutschen Bundesbank, hatte in den 1990ern »bisweilen den Eindruck, dass sich die meisten Politiker immer noch nicht darüber im Klaren sind, wie sehr sie bereits heute unter der Kontrolle der Finanzmärkte stehen und sogar von diesen beherrscht werden«; Tietmeyer, zitiert nach ebd.

zahl sozialwissenschaftlicher Forscher wie auch Bürger begreift schließlich die TINA-Rhetorik als symptomatisch für die Institutionalisierung und Implementierung jenes Politikansatzes, der politischer Steuerung und Intervention skeptisch bis kritisch gegenübersteht. Alternativlosigkeit gilt als *Mantra des Neoliberalismus,* da seit Margaret Thatcher hiermit eine Politik der Liberalisierung und Ökonomisierung gerechtfertigt werde.

Doch die politische Kampfvokabel Neoliberalismus bleibt bis heute kontrovers, denn der Begriff leidet an seiner konzeptionellen Überdehnung und ideologischen Instrumentalisierung. Um sich mit diesem zeitdiagnostisch wichtigen, aber politisch aufgeladenen Begriff wissenschaftlich auseinandersetzen zu können und Missverständnissen vorzubeugen, bedarf es zuerst seiner Konkretisierung. Neoliberalismus soll verstanden werden als eine ostentative Affirmation des freien Marktes, die auf der Annahme individueller Freiheit und begrenzter Staatstätigkeit basiert und davon ausgeht, dass menschliches Handeln, sofern es frei ist, rationalen, eigennützigen Motivationen folgt und sich auf einem durch Wettbewerb organisierten Marktplatz zu behaupten sucht.[26] Der Markt gilt als effizienter Mechanismus zur Allokation knapper Ressourcen, daher ist ein weltweites Regime freien Handels und freien Kapitalverkehrs erstrebenswert. Da der Staat nur eine Schiedsrichterfunktion erfüllen und über das freie Marktgeschehen wachen soll, werden ein keynesianisches Nachfragemanagement abgelehnt und eine angebotsorientierte Wirtschaftspolitik präferiert. Leistungen des Wohlfahrtsstaats, die Anreize setzen, sich Marktgesetzen zu entziehen, sollen zugunsten von Arbeitsmarktflexibilität und Kostenwettbewerb abgeschafft werden; öffentliche Güter können und sollen zur Effizienzsteigerung Marktmechanismen unterworfen werden, weil eine privatindustrielle Finanzierung von Projekten der öffentlichen Hand als nützlich gilt.[27]

Teilt man weder diese Annahmen noch die neomarxistischer politischer Ökonomie, geschweige denn die Hybris der Finanzindustrie, bleibt als triviale Feststellung, dass sich politische Akteure in ihren Regulierungsbemühen gegenüber Marktakteuren und Kapitaleignern sowohl inhaltlich-strategisch über *Policies* als auch institutionell und international mittels

26 Diese Arbeitsdefinition entstammt dem brillanten Werk Stedman Jones, *Masters of the Universe*, S. 2.

27 Vgl. zu dieser Charakterisierung des Neoliberalismus Hay, The normalizing role of rationalist assumptions in the institutional embedding of neoliberalism, S. 507f.

Kooperation, Integration und Governance positionieren müssen.[28] Angesichts erhöhter Kapitalmobilität sowie der steigenden Vergleichbarkeit und Bedeutung von Produktionsfaktoren wird der Spagat zwischen sozialpolitischer und wirtschaftlicher Regulierung und kapitalfreundlicher Wettbewerbs- und Wirtschaftspolitik immer diffiziler. Innenpolitische Entscheidungen haben außenwirtschaftliche Konsequenzen, was aber keinem apodiktischen Diktat der internationalen Ökonomie gleichzusetzen ist.

Indes entpuppte sich der Staat in der nach 2008 manifesten Krise als handlungspotenter Akteur, der aktiv in das Marktgeschehen eingriff, sodass bisweilen eine »Rückkehr des Staats« diagnostiziert wurde.[29] Im Zuge der Krise mussten Banken und Staaten gerettet sowie die europäische Wirtschafts- und Währungsunion mittels Milliarden schwerer Pakete stabilisiert werden. Auf der einen Seite symbolisierten Konjunkturprogramme, Wachstumspakete oder Abwrackprämien einen ungeahnten »Rettungskeynesianismus«,[30] auf der anderen Seite wurden Sparpolitik und Austerität als *alternativlos* bezeichnet. Wie steht es folglich um eine demokratische Politik zu Krisenzeiten, wenn Akteure mit Verweisen auf Notwendigkeit, Sachzwänge und Alternativlosigkeit ihre – zuweilen widersprüchlichen – politischen Entscheidungen begründen?

Die politikwissenschaftliche Forschung lehrt uns, die Diagnose einer Ohnmacht der Politik und einer konsistent neoliberalen Ausrichtung zu Beginn des 21. Jahrhunderts zu hinterfragen. Falls also nicht zu konstatieren ist, dass der globalisierte Finanzmarktkapitalismus politische Willensbildung und Entscheidungsfindung verunmöglicht und Demokratietheorie zu einem Glasperlenspiel degradiert, dann wäre zu fragen, ob sich in einer TINA-Rhetorik und im Krisenmanagement *genuin politische* Interessen und Governance-Muster manifestieren. Ein strategischer Verweis auf Alternativlosigkeit kann nämlich angesichts real bestehender Handlungsspielräume einerseits Politik- bzw. Reformblockaden und Entscheidungs*un*fähigkeit verdeutlichen, andererseits demokratische Akteure bei Entschei-

28 Der *Governance*-Begriff erweitert im Gegensatz zu einem staatszentrierten *Government*-Begriff die Perspektive auf nicht-staatliche Akteure und Organisationen. Er nimmt sowohl nicht-hierarchische Formen politischer Regelung als auch Koordination und Kooperation zwischen staatlichen und nicht-staatlichen Akteuren in den Blick und verweist auf eine zunehmende Interdependenz gesellschaftlicher Teilbereiche und internationaler Ebenen. Politisches Handeln ist komplexer geworden. Vgl. Grande, Governance-Forschung in der Governance-Falle?

29 Vgl. Schimank, ›Vater Staat‹: Ein vorhersehbares Comeback.

30 Streeck, *Gekaufte Zeit*, S. 27, 81.

dungen von Legitimationsballast entlasten. Wie ist also das Verhältnis von bestehenden und kommunizierten Handlungsspielräumen? Aus welchem Grund kommunizieren politische Akteure Notwendigkeiten, Handlungszwänge, Imperative und Notstände, wenn uns doch Machiavelli schon in seinen 1531 posthum erschienenen Discorsi lehrte: »Kluge Männer machen sich immer ein Verdienst aus ihren Handlungen, auch wenn sie allein die Notwendigkeit dazu zwingt«?[31] Da Ordnung weder als natürlich noch göttlich vorgegeben, sondern als menschliches Artefakt zu begreifen sei, das es zu stabilisieren gelte, erklärte Machiavelli, dass Politik auf Kontingenz reagieren müsse – der richtige, bei Machiavelli virtuose Umgang mit *fortuna* wurde zum Erfolgskriterium politischer Herrschaft und Gestaltung.

Da sich Politiker gerade durch ihren jeweiligen Standpunkt gegenüber politischen Handlungsmöglichkeiten profilieren können, müsste eine Verschleierung von Handlungsalternativen ihrem eigenen Interesse an politischer »Virtuosität« widersprechen – erst recht, wenn sich in modernen parlamentarischen Demokratien Parteien gegenüberstehen, die sich mindestens in polarisierenden »Positions-Issues« aus rationalen Gründen des Parteienwettbewerbs unterscheiden sollten.[32] Im 21. Jahrhundert sind wir schon lange keine Bürger des florentinischen Stadtstaates mehr; umso mehr gilt es, die Rationalität bzw. die Logik hinter der politischen und kommunikativen TINA-Strategie zu erhellen. Im vorliegenden Werk werden daher die *politische Funktion*, die *argumentative Struktur* der Rhetorik von Alternativlosigkeit und Sachzwang sowie ihre spezifische *Verquickung mit politischen Entscheidungen* untersucht und gefragt, ob und inwiefern Sachzwang und Alternativlosigkeit als Strategien und Semantiken politischer und gesellschaftlicher Selbstkommunikation interpretiert werden können.

31 Machiavelli, *Discorsi*, I. Buch, 51. Kapitel: »Ein Freistaat oder ein Alleinherrscher muss sich den Anschein geben, als täte er aus Großmut, wozu ihn die Notwendigkeit zwingt.«

32 Vgl. zu diesem Begriff aus der Wahlforschung Stokes, Spatial Models of Party Competition, S. 170–176. *Positions-Issues* sind zu unterscheiden von allseits geteilten Valenz-Issues. Parteien teilen beispielsweise das politische Ziel »Frieden«, streiten aber über militärische, respektive humanitäre Interventionen. Politische Agenden bestehen größtenteils aus *Valenz-Issues.*

1. Demokratietheoretische Problematisierung

Auf der einen Seite findet sich jene gesellschaftlich wirkungsmächtige Kontroverse um eine Entmachtung demokratischer Akteure, auf der anderen Seite diagnostiziert ein Strang der Politischen Theorie eine unhintergehbare Politisierung moderner Gesellschaften. Die moderne Gesellschaft sei durch eine signifikante Ausweitung des »Entscheidungs-, Interventions- und Bedeutungsraum[s] der Politik«,[33] durch eine »Fundamentalpolitisierung« und somit durch ein zunehmendes Kontingenzbewusstsein gekennzeichnet.[34] Politik steht in der modernen Gesellschaft vor einer nahezu allumfassenden Kompetenzzuweisung: Das Volk kommuniziert stetigen Handlungsbedarf an das politische System, während zeitgleich die Grenzen bzw. Herausforderungen der Handlungsfähigkeit von Politik diagnostiziert werden. Bürger adressieren simultan zur Beobachtung einer »diffundierenden Staatlichkeit«, bei der ein Staat nicht länger als »Herrschaftsmonopolist«, sondern als »Herrschaftsmanager« agiert,[35] ihre politischen Forderungen an eben diesen Nationalstaat, der paradoxerweise Hauptakteur politischer Regulierung bleiben soll und auch bleibt.[36]

Infolgedessen ist zu fragen, ob politische Akteure eine Rhetorik der Sachzwänge und Alternativlosigkeit als Strategie gegenüber einer zunehmenden Entkernung politischer Souveränität einsetzen, während sich gleichzeitig die Ansprüche an politische Lösungen erhöhen. Politische Akteure sind nicht so ohnmächtig wie befürchtet, aber auch nicht so mächtig wie häufig angenommen wird. Als eine Hypothese lässt sich daher formulieren, dass mittels der TINA-Rhetorik und mit dem Verweis auf Zwänge von außen die Diskrepanz zwischen Könnensbehauptung und

---

33 Greven, *Kontingenz und Dezision*, S. 26.

34 Michael Greven spricht von der »politischen Gesellschaft«, Andre Kieserling vom »Politismus der Moderne«. Vgl. Greven, *Die politische Gesellschaft*; Kieserling, Die Gesellschaft der Politik?.

35 Genschel/Zangl, Metamorphosen des Staates.

36 Dies parallelisiert eine Beobachtung von Hanspeter Kriesi und Edgar Grande, die dieses Phänomen als das politische Paradox der Globalisierung benennen: Wenngleich die Konfliktlinie zwischen Gewinnern und Verlierern der Globalisierung heterogen und nicht eindeutig ist und immer neu und anders artikuliert wird, wird die Debatte auf nationaler Ebene ausgetragen. Vgl. Kriesi/Grande, Nationaler politischer Wandel in entgrenzten Räumen.

tatsächlicher Handlungsfähigkeit zu überbrücken oder zu kaschieren versucht wird. Für den Historiker Willibald Steinmetz ist es

> »[…] eine Paradoxie der modernen, auf periodische Zustimmung der Regierten angewiesenen Politik, dass sie die aufklaffende Lücke zwischen Kompetenzanspruch und Grenzerfahrung nicht offen benennt, sondern durch symbolische Kompetenzdemonstration und rhetorische Trostformeln zu überdecken sucht«.[37]

Doch stellt diese Strategie sogleich einen demokratietheoretischen Forschungsgegenstand dar, dessen Problematisierung dem Vorwurf, mit der TINA-Rhetorik werde ein doch alltäglicher, trivialer Mechanismus der politischen Sprache aus normativ-demokratietheoretischer Präpotenz skandalisiert oder pathologisiert, entgegen gehalten werden kann.

Rekapituliert man nämlich die Definition Niklas Luhmanns, so ist die Aufgabe des politischen Systems »das Bereithalten der Kapazität zu kollektiv bindendem Entscheiden«.[38] Entscheidungen sind Kommunikationsakte, die Kontingenz reflektieren und thematisieren.[39] Politische Entscheidungen folgen keiner ahistorischen, transzendentalen Logik, sondern einer Wahl aus alternativen Handlungsmöglichkeiten in einem ergebnis- und prozessoffenen Verfahren. Aufgrund ihrer performativen Dimension sind politische Verfahren ergebnisoffen, sodass am Ende eine Entscheidung anders hätte getroffen werden können, gar die ganze politische Ordnung eine andere hätte sein können. Zu Ende gedacht, ist Demokratie selbst kontingent.

Will man, beispielsweise mit dem Althistoriker Christian Meier, das Politische als eine Gleichursprünglichkeit von Demokratie und Kontingenzbewusstsein verstehen,[40] wäre die Behauptung von Sachzwängen, Alternativlosigkeit und Notwendigkeit gegen Kontingenz als Signum demokratischer Politik gerichtet. Sachzwang und TINA kontrastierten dann als eine mögliche Kontingenzbewältigungs- oder –verdrängungsrhetorik politischer Akteure das für das Politische konstitutive Bewusstsein von Kontingenz, wobei der abstrakte Kontingenzbegriff im konkreten politischen Kontext weniger prätentiös eine »explizite öffentliche Wahr-

37 Steinmetz, *Das Sagbare und das Machbare*, S. 383.

38 Luhmann, *Die Politik der Gesellschaft*, S. 84; Hervorhebungen im Original entfernt.

39 Entscheidungen »thematisieren […] ihre eigene Kontingenz«, so Luhmann, *Soziale* Systeme, S. 338. Kontingent bei Luhmann »ist etwas, was weder notwendig ist noch unmöglich ist; was also so, wie es ist/war, sein wird/sein kann, aber auch anders möglich ist«. Ders., *Soziologische Aufklärung 2*, S. 171.

40 Meier, *Die Entstehung des Politischen bei den Griechen.*

nehmung der Offenheit und Gestaltbarkeit gesellschaftlicher Entwicklung, vor allem aber als Pluralisierung und Diversifizierung der formulierten und prinzipiell als legitim betrachteten Optionen gesellschaftlicher Entwicklung«[41] bedeuten soll.

Dank Politisierung und eines Möglichkeits- bzw. »Könnensbewusstseins«[42] *kann* entschieden werden, doch *muss* auch entschieden werden, ohne dass die soziale Geltung und Verbindlichkeit einer Entscheidung auf Wahrheit, Fatum oder andere, metaphysische, transzendentale Determinismen rekurrieren kann.[43] Die kollektive Verbindlichkeit von Entscheidungen kann in pluralistischen Gesellschaften nicht über die allgemeine »Anerkennung von Wahrheitsansprüche[n]«[44] hergestellt werden, sondern erwächst aus rechtsstaatlich verfassten politischen Institutionen und Verfahren. Demokratisch zustande gekommene Kompromisse oder Mehrheitsentscheidungen können keinen Anspruch auf universale Richtigkeit und Wahrheit erheben. Demzufolge wird in der vorliegenden Arbeit Demokratie als eine kontingenzsensible Institutionalisierung eines politischen Experimentalismus begriffen, bei dem politische Entscheidungen als politisch codiert werden und als fallibel gelten müssen. Sie sind eben nur mit Vorbehalt richtig. Mit Entscheidungen sind auch die für die Entscheidungen und politische Zielsetzungen vorgebrachten Argumente fallibel; sie beruhen auf einem relationalen Wissen und Deutungen, die angesichts kontingenter Ereignisse und Entwicklungen anpassbar und gegebenenfalls revidierbar sein müssen.

Transparenz, Zurechenbarkeit und die Möglichkeit, Entscheidungen spätestens qua Regierungswechsel zu revidieren, sind Kernelemente moderner parlamentarischer, liberaler Demokratie. Aus Perspektive eines solchen Demokratieverständnisses lassen sich der politische Rekurs auf Sachzwänge und die TINA-Strategie als ein *Problem* beurteilen, da die Invisibilisierung von Kontingenz, Optionalität und Vorbehalten mit der Verschleierung einer Reversibilität von Entscheidungen einhergeht. Die – wenn auch nur strategische – Erklärung, dass eine politische Entscheidung unter Zwang und unter Druck gefallen sei, gefährdet demokratische Verfahren im gleichen Maße wie die Etikettierung einer Entscheidung als

41 Blatter, Kontingente Kritik auf der Basis einer komplexen Theorie der reflexiven Demokratie, S. 207.

42 Vgl. Meier, *Die Entstehung des Politischen bei den Griechen.*

43 Vgl. dazu Greven, *Kontingenz und Dezision*, S. 62.

44 Lübbe, Dezisionismus, S. 162.

einzig vernünftige oder moralisch gebotene Entscheidung Protest und Widerspruch als potenziell irrational oder illegitim diskreditiert. Auch die Entscheidung, *nicht* zu handeln, weil kein Handlungsspielraum vorhanden sei oder bestehende Reformblockaden bzw. -pfade nicht verändert werden sollen, entspringt einem politischen Ermessen.

Mittels TINA-Rhetorik kommunizierte Entscheidungen verfügen also über eine Aura des Entrückten, des Unumgänglichen und damit des Nicht-Revidierbaren. Folglich ist die Sprache des Sachzwangs und der Alternativlosigkeit keine genuin demokratische Sprache. TINA-Rhetorik erschwert eine legitime Kontestation und trägt der immanenten parteipolitischen Handlungslogik innerhalb parlamentarischer Systeme nicht Rechnung. Im Verhältnis von Opposition und Regierung soll Dissens produziert werden. Dadurch wird zum einen die Komplexität und Kontingenz einer demokratischen Ordnung gesteigert, zum anderen werden Handlungsspielräume thematisiert, Reversibilität eingeklagt und Alternativen sichtbar.[45] Demokratische Herrschaft zeichnet aus, dass sich selbst zu hinterfragen ihr nicht mehr Geltung zu nehmen vermag, als sie auch aus sich generieren kann.

Eine Opposition untergräbt folglich nicht die kollektive Verbindlichkeit von Entscheidungen der parlamentarischen Mehrheit, sondern steigert diese; sie fungiert als Legitimitätsverstärker, da überstimmte Bürger ihre politischen Belange weiterhin im parlamentarischen Willensbildungsprozess repräsentiert sehen und auf einen Politikwechsel warten und hoffen können. Demokratie ist, so die minimalistische Konzeption von Adam Przeworski, »a system in which parties lose elections«.[46] Was aber, wenn Politik im Namen von TINA selbst eine Abwahl der Regierung als Gelegenheitsfenster von Wandel, Veränderung und Revision konterkariert?

Suggeriert die Alternativlosigkeitsrhetorik, dass auch die damit brüskierte Opposition politische Entscheidungen, Normen oder Ordnungen nicht länger hinterfragen oder revidieren könne oder solle, kann dies zu Frustration, Politikverdrossenheit und einem Abwandern parlamen-

45 Da es also vor allem die Aufgabe einer Opposition ist, politische Alternativen aufzuzeigen, konzentriert sich die Analyse von TINA-Rhetorik auf Regierungen mit ihren Akteuren als zentrale Agenda-Setzer und als neuralgische Stelle im *Policy-Making*.

46 Vgl. Przeworski, *Democracy and the Market*, S. 10; ders., Minimalist Conception of Democracy. Dieser argumentiert, dass konsensorientierte Demokratietheorien schlichtweg an der Praktikabilität scheiterten, egal ob sie von einem apriorischen Vernunftbegriff oder von Deliberation ausgehen, sofern Konsens unversöhnliche Konflikte innerhalb der Gesellschaft nicht lösen könne. Vgl. ders., *Democracy and the Market*, S. 15–18.

tarischer Opposition in außerparlamentarische Foren oder in eine Erneuerung und Radikalisierung von Opposition, beispielsweise in rechts- bzw. linkspopulistischen Formationen, führen. Der Eindruck, die für Wahlverhalten instruktiven Unterschiede und Streitpunkte würden durch (womöglich oktroyierte) Sachzwänge oder durch eine Dominanz von *Valenz-Issues* substituiert, untergräbt Parteienwettbewerb – es gibt vorgeblich nichts mehr zu entscheiden, zu wählen. TINA-Rhetorik kann, so die demokratietheoretische Pointe, mittel- und langfristig zu einer Entfremdung zwischen Bürgern und Politik und gar zu einer Destabilisierung der Demokratie führen. Daher plädieren Autoren wie Chantal Mouffe für ein *agonales* Verständnis von Demokratie, das Alternativen explizit thematisiert und politische Konflikte positiv als irreduzibel anerkennt.[47]

Das hier vertretene, normative Verständnis demokratischer Handlungslogik unterschreitet allerdings das Kriterium einer immanent agonalen Demokratie. Die Analyse verschiedener TINA-Diskurse und distinkter Funktionen kann nämlich zeigen, dass Alternativlosigkeitsbehauptungen nicht zwingend einer Intention der Entagonalisierung entspringen, sondern Fallibilität, Unsicherheit und Kontingenz auf verschiedene Weise zu bearbeiten, verschleiern oder einzuhegen suchen. So ist auch Agonismus als Modus demokratischer Politik ein möglicher, aber nicht zwingend notwendiger Modus.

Demokratische Kommunikation müsste, so könnte schließlich aus der hiesigen Perspektive eingefordert werden, Semantiken der Vorläufigkeit und der politischen, parlamentarischen Entscheidung mobilisieren. Die *Pluralität* politischer Optionen, also letztlich Kontingenz und Komplexität müssen, wenngleich sie legitimerweise als eine Zumutung von Reflexivität, Unsicherheit und Orientierungslosigkeit empfunden werden können, ausgehalten werden; ihre politische Bearbeitung darf nicht in Apodiktik, Rationalitäts- oder Wahrheitsversprechen und Sicherheitssuggestionen umschlagen, die Politiker permanent unterlaufen und damit Politikskepsis Vorschub leisten. Die offene Reflexion von Kontingenz sowie das Verständnis von Demokratie als Institutionalisierung eines politischen Experimentalismus ist die paradoxe Voraussetzung politischen Vertrauens in modernen, säkularen Demokratien.

Allerdings steht diese demokratietheoretische und normative Problematisierung von TINA-Rhetorik vor Schwierigkeiten: Versuche, den Raum

47 Mouffe, *Über das Politische*; Laclau/Mouffe, *Hegemony and Socialist Strategy*; Connolly, *Identity/Difference*; Honig, *Political Theory and the Displacement of Politics*.

des politisch Sag- und Machbaren einzugrenzen und Optionalität zu verschleiern, können sicherlich durch offene Debatten um Alternativen enttarnt, konterkariert oder gar durch Skandalisierung und Politisierung verhindert werden. Gegen TINA-Rhetorik wird beispielsweise die neovoluntaristisch anmutende TATA-Rhetorik (»There are thousands of alternatives«) ins Feld geführt; auch das Weltsozialforum der globalisierungskritischen Bewegung machte sich nicht zufällig den Slogan »eine andere Welt ist möglich« zu eigen.[48] Da demokratische Herrschaft auf Zustimmung angewiesen ist, ist sie notwendigerweise begründungs- und rechenschaftspflichtig. Die Öffentlichkeit kann wiederum als ein Forum zur gesellschaftlichen Artikulation, Kontestation und Mobilisierung von Alternativen dienen.

Trotz oder gerade angesichts dieses Horizonts möglicher öffentlicher Infragestellung und Kontestation bleibt die Frage nach dem Zusammenhang von gestiegener Kontingenzsensibilität und TINA-Kommunikation als einer politischen Strategie. Politische Theorie begreift Kontingenz und Komplexität als Signatur moderner Politik; gesellschaftsanalytische und -theoretische Diagnosen reflexiver Modernisierung[49] heben die zunehmende Verfügbarkeit von Ordnungen und Normen durch Enttraditionalisierungsprozesse hervor und zeigen eine Dynamik hin zu einem Pluralismus, der politische Optionen *diversifizieren*, parteipolitische Debatten *beleben* und politische *Dissense produzieren* könnte. Die sozialwissenschaftliche These, dass westliche Gesellschaften pluralistischer, heterogener und reflexiver geworden seien, verweist erst recht auf die Frage, wie das Verhältnis zwischen TINA als Denk- und Sprechfigur und einer zunehmenden Infragestellung unumstößlicher Normen, hierarchischer, traditionaler Machtverhältnisse und Wissensordnungen sowie der Entgrenzung politischer Öffentlichkeit zu deuten ist. Erlangt TINA-Rhetorik als gesellschaftliche und politische Kommunikation paradoxerweise in einer »Multioptionsgesellschaft«,[50] in einer »verflüssigten Moderne«,[51] in der »virtuell« alles politisch werden kann[52] und Deliberation als politische Handlungsanforderung an Bedeutung gewinnt, eine besondere Relevanz oder Plausibilität?

48 So einer der Slogans der Nichtregierungsorganisation (NGO) Attac.

49 Vgl. statt vieler: Beck/Giddens/Lash, *Reflexive Modernisierung*.

50 Gross, *Die Multioptionsgesellschaft*.

51 Bauman, *Flüchtige Moderne*.

52 Vgl. Greven, *Die politische Gesellschaft*, S. 91.

Die ostentative Kontingenz*in*visibilisierung und Verschleierung von Alternativen ist gar eine plausible Herrschaftsstrategie; politische Akteure verhüllen das irreduzible dezisionistische Moment ihrer Entscheidungen. Mit Slavoj Zizek lässt sich fragen, ob Politik eine Verschleierung oder gar Auslöschung statt Offenlegung der Macht- und Entscheidungsgenese von Herrschaft *voraussetzt*, denn demokratische Politik scheint in einem Dilemma zu stecken: »Ist ›Herrschaft‹ nicht *effizient* nur unter der Bedingung ihrer Selbstauslöschung? Ist ›ihrer selbst bewusste Herrschaft‹ nicht ein Ding der Unmöglichkeit?«[53] Auch Luhmann gab uns zu bedenken, dass sich in der Moderne niemand als »Herrscher« bezeichne und eine Nullmethodik der Macht zu beobachten sei.[54] Laut Luhmann ist dem Medium Macht eigen, dass seine »Nichtbenutzung« zu bevorzugen sei.[55]

Mittels Sachzwangs- und Notwendigkeitsformeln wird Macht eingegrenzt und kommunikativ verhüllt. Es lässt sich also überlegen, ob es sich um *nullmethodische Machtsemantiken* handelt. TINA-Rhetorik ist im Kontext einer mindestens kommunikativen bis hin zu einer maximal formaljuristischen, dauerhaften Selbstbindungsstrategie zu untersuchen. Dabei kann Stephen Holmes' Beobachtung instruktiv sein, dass eine solche Strategie eine Technik zur indirekten Machtsteigerung ist.[56] Nicht nur Kontingenzverschleierung, auch Machtverschleierung und neue Herrschaftsinstrumente geraten ins analytische Sichtfeld.

Im Zuge der Moderne differenziert und entgrenzt sich Herrschaft;[57] mit Max Weber lässt sich konstatieren, dass sich Herrschaft von einem personalen zu einem entpersonalisierten, von einem traditionalen zu einem bürokratischen, von einem autoritären zu einem legalen und rationalen Verhältnis entwickelt. In Demokratien, also in Systemen der Herrschaft des Volkes über sich selbst, wird Herrschaft als solche zu einem Paradoxon.[58] Macht bleibt das Medium demokratischer Politik, während selbstwidersprüchliche Herrschaft »sowohl universell als auch unsichtbar« zu werden scheint.[59]

53 Zizek, *Die politische Suspension des Ethischen* , S. 185.
54 Vgl. Luhmann, *Die Politik der Gesellschaft*, S. 16, 315.
55 Ebd.
56 Vgl. dazu das Souveränitätsparadox bei Bodin; Holmes, *Passions and Constraint,* S. 114.
57 Vgl. Bonß/Lau, Einleitung.
58 Luhmann, *Die Politik der Gesellschaft,* S. 324, 342. Luhmann spricht davon, dass Herrschaft »[m]it der Formel ›Demokratie‹ […] delegitimiert« werde. Ebd., S. 358.
59 Bonß/Lau, Einleitung, S. 10.

Politische Akteure begegnen dem Dilemma von herrschaftsloser Herrschaft mit spezifischen Herrschaftstechniken. Wenn sie den Raum des politisch Sag- und Machbaren begrenzen und die verfolgte Politik – und mit ihr getroffene Entscheidungen – als die einzig angemessene und richtige ausweisen, verfügt dies, so eine erkenntnisleitende These, über eine spezifische politische Funktionalität. Die Suggestion des einen, richtigen und einzig gangbaren Weges ist ein Mittel, mit dem Politik auf das Problem von Macht und Herrschaftsverschleierung reagiert. Zugleich bearbeitet Politik mit TINA-Rhetorik das Problem von Wissen bzw. Nichtwissen, Kontingenz, Risiko und der Notwendigkeit des politischen Funktionssystems, auch unter Bedingungen von Nichtwissen laufend zu entscheiden und kollektive Verbindlichkeit herzustellen. Demokratische Regierungen müssen auf Komplexitätssteigerungen wie fehlende Erwartungssicherheit, Konflikthaftigkeit und Probleme, die sich einer eindeutigen Lösung entziehen, Zeitknappheit, Beschleunigung und Anforderungen an politisches Zeitmanagement Antworten finden – sie müssen entscheiden.

Geht man daher noch einmal zurück zum Begriff der Entscheidung, ist dieser jenseits seiner politischen und ideengeschichtlichen »Kompromittierung«[60] zu nuancieren. Von Hermann Lübbe lässt sich ein erkenntnisleitender Entscheidungsbegriff aneignen: Eine Entscheidung erfolgt weder aufgrund von technokratischem, expertokratischem Sachverstand, noch ist sie auf rein logische, rationale Überlegungen deduzierbar, noch fällt eine Entscheidung mit einem deliberativ entwickelten Konsens in eins.[61] Entscheidungen sind »angesichts alternativer Möglichkeiten« und ohne »›entscheidende‹ Gründe« zu treffen;[62] »[e]ntschieden hat sich, wer angesichts alternativer Möglichkeiten den *Graben der Ungewißheit*, welche die richtige oder bessere ist, übersprungen und sich *festgelegt* hat.«[63] Folglich liegen bei einer politischen Entscheidung Optionen vor, zwischen denen intentional und bewusst gewählt werden muss. Der Akt der Festlegung enthält jedoch keine retrospektive Verklärung der Dezision als Zwang oder Notwendigkeit. Entscheidungssituationen sind prinzipiell mehrdeutig – mehr Wissen, mehr Expertise und mehr Deliberation lösen das Problem

60 Rüb, Politische Entscheidungsprozesse, Kontingenz und demokratischer Dezisionismus, S. 118.

61 Vgl. ebd., S. 119.

62 Lübbe, *Theorie und Entscheidung*, S. 17.

63 Ebd., S. 18f.; Hervorhebung im Orig. In der vorliegenden Arbeit wird bei Aufnahme von Zitaten in alter Rechtschreibung zur besseren Lesbarkeit darauf verzichtet, Abweichungen zur neuen Rechtschreibung mit [sic] zu kennzeichnen.

eines politischen Aktes, einer Dezision, nicht auf, doch sind jene Situationen weder erratische Momente politischen Voluntarismus noch determiniert.

Politische, verbindliche Entscheidungen stellen Weichen und zeitigen Effekte; in ihnen materialisiert sich ein Gestaltungswille, sodass sie zum einen politisch kommuniziert, das heißt erklärt und rechtfertigt, zum anderen verantwortet werden müssen. Rechtfertigungsdiskurse müssen sowohl eine kognitive als auch normative Dimension enthalten: Was wird aus welchem Grund und mit welchem Zweck entschieden und warum halten es die jeweiligen Entscheider für richtig? Indem Politiker bisweilen Entscheidungen als alternativlos etikettieren und die Offenlegung ihrer kognitiven, normativen und strategischen Beweggründe vermeiden, kann entweder der Eindruck eines sich im apodiktischen Gewand verhüllten politischen Voluntarismus oder eines politikverunmöglichenden Determinismus erweckt werden. Beide Male versucht sich ein Akteur gegen Kritik zu immunisieren. Die jeweilige Dezision wirkt unverfügbar.

TINA-Rhetorik kann dazu dienen, den Bereich machbarer Politikentscheidungen einzugrenzen, Erwartungen von Bürgern und Wählern zu begrenzen und als unerfüllbar abzuwehren. Der Verweis auf Alternativlosigkeit oder Sachzwänge kann strategisch ein integraler Bestandteil sogenannter *blame avoidance*-Strategien sein.[64] Daher lässt sich vermuten, dass Politiker auf Alternativlosigkeit bei unliebsamen Entscheidungen verweisen und TINA als Verzichtsrhetorik dient; TINA soll bestimmte politische Entscheidungen ermöglichen und rechtfertigen.

Bei der Frage nach der politischen Motivation, Sachzwang oder Alternativlosigkeit zu kommunizieren, wird nun ein Dilemma deutlich: Zwar ist diese politische Argumentation für Politiker attraktiv, da sie den doppelten Legitimationsballast, eine Entscheidung kognitiv als zutreffende Wirklichkeitserfassung und normativ mit Werten, Interessen, Präferenzen, Wünschen zu begründen, vermeiden können.[65] Gerade weil Notwendigkeitskonstruktionen und die Rhetorik des Sachzwangs es der Politik

64 In Folge der empirisch bekräftigten Annahme einer *Reward-Punishment-Dynamik* aus der ökonomischen Wahlforschung, nach der Wähler eine rationale Wahlentscheidung nach Bewertung von Regierungsperformanz treffen, müssen Politiker negative Wahleffekte unliebsamer Reformen fürchten. Vgl. dazu grundlegend: Weaver, The Politics of Blame Avoidance; Pierson, *Dismantling the Welfare State?*; ders., The New Politics of the Welfare State. Zur Diskussion: König/Wenzelburger, Towards a Theory of Political Strategy in Policy Analysis.

65 Vgl. Nullmeier/Rüb, *Die Transformation der Sozialpolitik.*

ermöglichen, »konfliktreiche moralische bzw. Gerechtigkeits-Fragen ebenso wie Interessendivergenzen nicht als solche erscheinen zu lassen«, vermögen es »Notwendigkeitskonstruktionen«, solche Konflikte zu neutralisieren und damit die »Chancen für einen Konsens« zu erhöhen.[66] Folglich entlasten jene Konstruktionen Politiker – und die Adressaten eines solchen Diskurses – von Kontroversen und politischer Willensbildung.[67] Dennoch bedienen sich Politiker eines Argumentationsmusters, das bisweilen ihre eigene Entscheidungs- und Handlungsfähigkeit öffentlichkeitswirksam zu beschädigen, ja den Eindruck ihrer Handlungskompetenz bei den Wählern zu zersetzen vermag.[68] Nutzen politische Akteure die TINA-Rhetorik hingegen als Mittel zur apodiktischen Rechtfertigung der eigenen Autorität, riskieren sie wiederum den Eindruck, demokratische Prozesse der Willensbildung und Entscheidungsfindung nicht hinreichend wertzuschätzen. So erfasst die vorliegende Arbeit ein Spannungsfeld, ja eine Ambivalenz von Alternativlosigkeits- und Sachzwangsrhetorik: Diese ist *demokratisch dysfunktional,* aber *politisch funktional.* Aus diesem Grund wird untersucht, in welchen Konstellationen und mit welcher politischen Intention Akteure diese kommunikative Strategie wählen und warum sie unter Umständen plausibel erscheint.

2. Methodischer Ansatz

Bei der Untersuchung von Herrschaftsstrategien, Rhetorik und politischer Kommunikation steht man zunächst vor dem Problem der Intentionalität. Politische Akteure können zum Beispiel auf Imperative oder Notwendigkeiten verweisen, weil sie diskursive Repräsentationen und Vorstellungen spezifischer materieller Zwänge verinnerlicht haben.[69] Oder sie mögen sich intentional dazu entschließen, Entscheidungen aus strategischen Gründen mittels TINA zu rechtfertigen – TINA wäre dann ein intentionales Strategem und würde wenig über faktische, empirische Zwänge besagen.

66 Ebd., S. 50.

67 Angesichts dieses funktionellen Vorteils jener Notwendigkeits- und Zwangskonstruktionen behaupten Nullmeier und Rüb für das *Policy*-Feld der Rentenpolitik »einen Trend zur verstärkten Nutzung von ›Notwendigkeiten‹«. Ebd., S. 49.

68 Vgl. Müller, *Globalisierung als Sachzwang*, S. 4.

69 Vgl. Hay/Rosamond, Globalization, European Integration and the Discursive Construction of Economic Imperatives, S. 150.

Das Problem der Intentionalität lässt sich nicht vorschnell oder allgemein lösen, daher reagiert die hiesige Untersuchung auf dieses Problem mit der analytischen Differenzierung zwischen Diskurs und Rhetorik. Ein Diskurs wird als spezifischer, ideeller Kontext begriffen, der Repertoires und ideelle Ressourcen in Form von mobilisierbaren Narrativen und Vor-Verständnissen bereitstellt, auf die Akteure zurückgreifen können.[70] Rhetorik hingegen bezeichnet die intentionale, instrumentelle, wenngleich zuweilen spontane, strategische Verwendung von Diskursmustern, die kommunikativ zur Überzeugung eines Adressaten eingesetzt wird.[71] Demzufolge strukturieren, ja formen bzw. formieren Diskurse Narrative und Rhetorik.

Da sozial und politisch konstituierte Sinnstiftungs- oder Interpretationsmuster bei politischen Entscheidungsprozessen bedeutsam sind, indem sie die Annahme von Geltungen, Gültigkeit und Problemwahrnehmungen prägen, bezeichnet der Begriff Diskurs diejenigen Formationen, die politische Zielsetzungen, Interessen, Werte und Normen von Akteuren formen und somit die kognitive und normative Grundlage politischer Entscheidungen und Strategien bilden. Ideen ermöglichen und begrenzen bestimmte politische Entscheidungen – sie formen den Raum des Sag- und Machbaren: »[I]deas spur action by providing specific ›road maps‹ out of policy dilemmas.«[72] Somit sind politische Debatten und Diskurse mehr als ein bloßes Epiphänomen realer, materieller Politik.[73] Diskurse stellen Deutungsrahmen, sogenannte *Frames* von Plausibilität und damit möglicher Legitimität bereit. Der Prozess des *Framings* meint: »[…] to select some aspects of a perceived reality and make them more salient in a communicating text, in such a way as to promote a particular problem definition, causal interpretation, moral evaluation, and/or treatment

70 Vgl. ebd., S. 151.

71 Vgl. ebd., S. 152. Da in Diskurstheorien und -analysen unterschiedliche Auffassungen vorliegen, sei ergänzend das hier zugrunde gelegte Verhältnis von Diskurs und Akteur geklärt: Diskurse liefern Akteuren Sprecherpositionen, die Subjektpositionen, d.h. Identitätsangebote, bereitstellen und darüber soziale Akteure konstituieren, d.h. Diskurse bilden Referenzrahmen für soziales Handeln. Vgl. hierzu Keller, *Wissenssoziologische Diskursanalyse*, S. 222f.

72 Campbell, Institutional Analysis and the Role of Ideas in Political Economy, S. 162.

73 »Discourse, as defined herein, consists of both a set of policy ideas and values and an interactive process of policy construction and communication.« Schmidt, The Politics of Economic Adjustment in France and Britain, S. 249. Vgl. dies., Speaking to the Markets or to the People?, S. 196.

recommendation.«[74] Folglich wird die Analyse *politisches Framing* in den Blick nehmen.[75]

Die ontologische sowie epistemologische Prämisse der Arbeit ist konsequenterweise eine konstruktivistische, denn es wird im Sinne des interpretativen Paradigmas sozialwissenschaftlicher Forschung davon ausgegangen, dass die Perzeption und Diskursivierung von Phänomenen soziale – also auch politische – Wirkung unabhängig von einem *ontischen* Gehalt entfaltet. Frei nach dem Thomas-Theorem: »If men define their situations as real, they are real in their consequences.«[76] Somit kann TINA als politisches Strategem begriffen werden, ohne damit in Abrede zu stellen, dass Politiker ihre strategisch motivierte Kommunikation durch Ansätze und Vorstellungen bzw. Konzepte rahmen bzw. *framen*, die sie für adäquat und zutreffend halten.

Diskurse können nicht autark durch einzelne Akteure im politischen System hergestellt werden, sondern flottieren gleichsam in der Gesellschaft. Mit Luhmann formuliert, muss Kommunikation anschlussfähig sein. Ferner sucht sich Politik juristische, wirtschaftliche, zivilgesellschaftliche und wissenschaftliche Beratung zur Vorbereitung, Bewertung und Rechtfertigung von politischen Entscheidungen. Diskurse und damit Deutungsangebote zur Konstruktion von politischen Plausibilitäten, aber auch von Notwendigkeitskonstruktionen kommen mitunter aus den Wissenschaften. Um Sachzwang und Alternativlosigkeit als Denk- und Sprechfigur zu untersuchen, wird die Instrumentalisierung von Konzepten mit wiederkehrenden Argumentationsmustern und Begrifflichkeiten in politischen Auseinandersetzungen, das heißt mit *Topoi* politischer Rhetorik verschränkt. Dafür erfordert die Analyse einen methodischen Zugriff, der sowohl die Eigenheiten politischer Diskurse, politischer Sprache und Semantik als auch die institutionellen Rahmenbedingungen und Akteurskonstellationen politischer Argumentationsgänge und Entscheidungsverfahren berücksichtigt.

Für diese Verschränkung von Diskurs und politischen Institutionen werden zwei methodische Vorschläge der sozialwissenschaftlichen Forschung fruchtbar gemacht. Erstens knüpft der Ansatz des *diskursiven Institutionalismus* an den »ideational turn« der interpretativen *Policy*-Analyse an und

74 Entman, Framing, S. 52.

75 Vgl. Benford/Snow, Framing Processes and Social Movements: An Overview and Assessment.

76 Vgl. dazu einschlägig Thomas/Thomas, *The Child in America*, S. 572.

betont die institutionellen Gegebenheiten, die den manifesten Einfluss von Ideen und Diskursen auf *Policies* (»policy ideas«) kanalisieren und vermitteln. [77] Schließlich darf, als quasi symmetrische Reaktion auf materialistische, strukturalistische oder funktionalistische Erklärungsansätze, keinem ideellen oder diskursiven Idealismus verfallen werden. Diskurse formen zwar die Wahrnehmung von Handlungsspielräumen und politischen Instrumenten, aber die Rezeption und Implementierung von Ideen ist immerhin davon abhängig, ob und inwieweit Eliten diese als normativ akzeptabel erachten und ob sie Ideen durch institutionelle Kanäle in die Arenen der politischen Entscheidungsfindung schleusen (können).[78] Der Erfolg bestimmter Deutungsangebote ist auch ein Effekt politischer Selektion – politische Akteure betreiben eine strategische »Wissenspolitik« und suchen sich aus dem »Zuviel an Objektivität«, aus dem Überangebot an »Forschungsergebnissen« der »Wissensgesellschaft« die für das jeweilige politische Ziel opportunen aus.[79] Das politische Moment einer »policy choice« und der Herausbildung von »Diskurskoalitionen«[80] bzw. »advocacy coalitions«[81] innerhalb bestehender institutioneller Ordnungen darf daher nicht aus den Augen verloren werden.

Zweitens verweist die Frage nach Konstellationen und Bedingungen normativer bzw. politischer Plausibilität und Akzeptabilität von Ideen,

77 Blyth, »Any more bright ideas«?; vgl. auch den »argumentative turn«, Fischer/Forester (Hg.), *The Argumentative Turn in Policy Analysis and Planning*; Halls Analyse von »policy ideas« unter anderem in: Hall, Conclusion; ders. (Hg.), *The Political Power of Economic Ideas*; Hall/Taylor, Political science and the three new institutionalisms. Auch in dieses Spektrum gehört Hajers Ansatz der Diskursanalyse: Hajer, Discourse coalitions in practice. Zum Programm des diskursiven Institutionalismus: Schmidt, Discursive Institutionalism; dies., The Politics of Economic Adjustment in France and Britain. Zur Verortung des diskursiven Institutionalismus im Feld der institutionalistischen Ansätze: dies., Taking Ideas and Discourse Seriously.

78 Vgl. Campbell, Institutional Analysis and the Role of Ideas in Political Economy, S. 161: »The general thrust of this literature [on conditions under which ideas influences policy makers in such areas such as macroeconomic policy] was that the power of ideas depends largely on how much support they receive from political parties, unions, the business community and from influential political and intellectual elites and how much institutional access these actors have to critical policy making arenas.« Vergleichende Politikforschung, *Policy*-Analyse, Politische Theorie und Ideengeschichte sind also keineswegs so weit voneinander entfernt wie habituelle Beschwörungen politikwissenschaftlicher Subdisziplinen bisweilen suggerieren.

79 Grundmann/Stehr, *Die Macht der Erkenntnis*, S. 34.

80 Vgl. Lehmbruch, Institutional Embedding of Market Economies.

81 Vgl. Sabatier, Policy Change Over a Decade or More; ders., The Advocacy Coalition.

Deutungen und Narrationen auf den Zugang einer *Diskursanalyse*. Da die politische Wirklichkeit »das Produkt politischer Deutungen und Deutungskämpfe [...]« ist,[82] gleicht Politik nicht bloß einem Machtkampf zwischen vermeintlich objektiven oder verobjektivierbaren Interessen. Das Verhältnis von Politik und Diskurs ist ein doppeltes: Zum einen formen und definieren Diskurse, im Foucaultschen Sinne, den politischen Raum des Sag- und Machbaren und liefern »frames of reference«.[83] Zum anderen sind nicht nur Produktionsverhältnisse, sondern auch Definitionsverhältnisse (Ulrich Beck) politisch zu gestalten. Politische Machtkämpfe lassen sich auch als Erkämpfen von Ideen oder Begriffen und als Ringen um Bedeutungshoheit verstehen. Politik kämpft auch auf dem Terrain von Diskursen. Eine politikwissenschaftliche Analyse dieser Deutungsrahmen und Deutungskämpfe zeichnet aus, dass sie die Verzahnung von Macht und Diskurs untersucht, denn in Diskursen manifestieren sich Machtstrukturen, Konventionen und Traditionen.

Daher nimmt das vorliegende Forschungsprojekt eine zweifache Perspektive ein: Die Analyse von Sachzwang und Alternativlosigkeit führt *erstens* zu einer politischen und geschichtlichen Verortung und Kontextualisierung durch den Nachweis politischer »Traditionen« und Diskurse. Die in Karl Mannheims Wissenssoziologie grundlegende »Seinsgebundenheit« lässt sich in eine politische Standort- bzw. Kontextverbundenheit übersetzen.[84] Deswegen werden in den Kapiteln die politischen und diskursiven *Erfahrungs- und Verweisräume* des jeweiligen Sachzwangs- oder Alternativlosigkeitsmotivs rekonstruiert.[85] Es gilt, die Genese bestimmter Deutungsmuster und Wirklichkeitsinterpretationen zu untersuchen, die Rezeptionswege von politischen Argumentationsmustern sowie die Verläufe politischer Maßnahmen zu rekonstruieren, zu kontextualisieren und zu systematisieren.

---

82 Bleses/Rose, *Deutungswandel der Sozialpolitik*, S. 25. Vgl. zur politikwissenschaftlichen Diskursanalyse in Deutschland: Nullmeier, Politikwissenschaft auf dem Weg zur Diskursanalyse?; zur Anwendung: Nullmeier/Rüb, *Die Transformation der Sozialpolitik*.

83 Zum Ansatz einer Analyse des jeweiligen »réferentiel« vgl. Jobert, The normative Frameworks of Public Policy; Mueller, Les Politiques Publiques comme Construction d'un Rapport au Monde.

84 Vgl. Hacke, *Die Bundesrepublik als Idee.* In seiner luziden Skizze bundesrepublikanischen Denkens spricht Hacke von vergangenen Debatten, die »Traditionskreise« gebildet haben und so auch heutige Kontroversen und Diskurse »vorstrukturieren«. Vgl. ebd., S. 9.

85 Vgl. zum Begriff des Erfahrungsraums Koselleck, »Erfahrungsraum« und »Erwartungshorizont« – zwei historische Kategorien.

eisenHerz

Prinz Eisenherz
Buchladen GmbH
Motzstr. 23
10777 Berlin
Tel.: 030/3139935
laden@prinz-eisenherz.com

Herr
Matthias Bode

Bon66847 Stat.3 07.02.2018
"There is no alternative"
19783593507880 39,95= 39,95 EUR 1

39,95 EUR

Netto 7,00% = 37,34 EUR
Mwst 7,00% = 2,61 EUR

Summe 39,95 EUR

Bar 39,95 EUR

*** Vielen Dank für Ihren Einkauf ***
StNr. DE136723314
www.prinz-eisenherz.com

Zweitens führt der Anspruch, politische Argumentationen im Kräftefeld institutioneller Akteure, das heißt in »Machtstrukturen« zu lokalisieren, dazu, Erkenntnisse der politischen Regierungslehre einzuarbeiten und den Auswirkungen institutioneller Settings und Spezifika der *Policy Cycles* in distinkten politischen Systemen Rechnung zu tragen. Neben rhetorischen Figuren gilt es, die Analyse gleichsam der politischen Materialität zu öffnen und Akteure, Netzwerke sowie politische Strukturen zu berücksichtigen. Dazu dient der Rückgriff auf den Ansatz des diskursiven Institutionalismus.

Mit Hilfe dieses Ansatzes können nebenbei zwei Diskursarenen differenziert werden: Vivien A. Schmidt unterscheidet zwischen einem »koordinativen Diskurs«, innerhalb dessen politische Akteure über *Policies* verhandeln, und einem »kommunikativen Diskurs«, bei dem eine Öffentlichkeit bzw. ein Adressat überzeugt werden soll.[86] Diese beiden Diskurstypen erfüllen distinkte Funktionen. Schmidts enger Diskursbegriff gleicht eher einer Heuristik zur Analyse politischer Kommunikation, ist aber als solche ebenso relevant wie der weit gefasste konstruktivistisch-poststrukturalistische Diskursbegriff. Insofern bemüht sich die Untersuchung um klare Begrifflichkeiten und gegebenenfalls um kontextualisierende Kollationen.

In der Analyse des TINA-Argumentationsmusters als politisch-praktischer Strategie soll es gelingen, das Wechselspiel zwischen politischen Diskursen, Wissensvorräten sowie *Policies* zu erhellen. In der Analyse der konkreten Rhetorik politischer Akteure werden Verweise auf Alternativlosigkeit oder Sachzwänge durch ein Analysematerial erarbeitet, das politische Verlautbarungen wie Interviews, Reden im Parlament und andere öffentliche Mitteilungen umfasst.[87] Vor allem Parteitagsreden sind in diesem Textkorpus relevant, da hier der Nexus von öffentlichkeitsorientierter Rhetorik, Strategie und politischer Rechtfertigung besonders

86 Vgl. Schmidt, The Politics of Economic Adjustment in France and Britain. Wie oben skizziert, versteht dieser Ansatz Diskurse als Phänomene, die in institutionelle Settings und Architekturen eingebettet sind und dadurch geprägt werden. Aufgrund dieser Konzeptualisierung steht der diskursive Institutionalismus vor dem Problem, stets zeigen zu müssen, dass Diskurse keine bloßen Epiphänomene materieller, praktischer und institutioneller Effekte darstellen.

87 Die Analyse der TINA-Rhetorik profitiert unter anderem von der *Margaret Thatcher Foundation*, die sich zum Ziel gesetzt hat, die Politik und Person Thatchers mitunter durch Online-Veröffentlichungen ihrer Reden darzustellen. Der Textkorpus findet sich im allgemeinen Literaturverzeichnis wieder.

sichtbar wird. Die Erfassung und Sichtung jenes Materials orientiert sich an den erkenntnisleitenden Thesen und Fragen.

Bei der Frage nach Alternativlosigkeit und Sachzwängen sind strategische Versuche der Schließung von politischen Kontroversen ausschlaggebend. Die Beendigung einer Debatte kann – als konventionelle Regierungstechnik – durch institutionellen Ausschluss, also durch Regulierung der Teilnahme an der politischen Debatte erfolgen, beispielsweise durch Zugangsregelungen zu parlamentarischen Debatten. Oder, und das ist der herausforderndere Aspekt, ein Deutungsmuster wird als allgemein verbindlich akzeptiert, weil ein Diskurs interpretativ geschlossen wird. Dies würde bedeuten, dass bestimmte Gründe, Kausalitätsannahmen, kognitive Muster und Interpretationen, Interpretamente oder auch Ideologeme hegemonial bzw. dominant werden und den politischen Diskurs gegen alternative Deutungsmuster imprägnieren.[88] Daher sollen überprüft werden, inwiefern Entscheidungen als alternativlos kommunikabel werden, weil ein spezifischer Diskurs, eine spezifische Deutung der Situation oder Konstellation dieser Entscheidungen anschlussfähig geworden sind. Eine bestimmte Konstellation wird als Sachzwang plausibel, weil ihre strukturelle Evidenz, Unhintergehbarkeit oder Notwendigkeit als allgemein anerkannt angenommen wird.

3. Fallauswahl und Vorgehen

Die Untersuchung konzentriert sich auf drei Fallbeispiele, bei denen Sachzwang und Alternativlosigkeit eine eminente Bedeutung haben und die als *symptomatische Diskurse* begriffen werden: Thatcherismus im Großbritannien, New Labour und der Diskurs des Dritten Weges sowie europäische Politik im Hinblick auf das Krisenmanagement in der Eurozonenkrise. Ihrer Untersuchung geht ein Prolog zur Figur des Sachzwangs bei dem deutschen Soziologen Helmut Schelsky voraus.

88 Zum Begriff der Ideologie sei hier die klärende Begriffsdefinition von Michael Freeden eingefügt: »Ideologies [are] those systems of political thinking, loose or rigid, deliberate or unintended, through which individuals and groups construct an understanding of the political world they, or those who preoccupy their thoughts, inhabit, and then act on that understanding.« Freeden, *Ideologies and Political Theory*, S. 3.

Schelskys theoretisches Modell des technischen Staats wird der Analyse politischer TINA-Diskurse vorangestellt, denn gegenüber seinem politisch und realgeschichtlich falsifizierten Modell können die tatsächlichen Anforderungen und Charakteristika politischen Handelns und politischer Rhetorik an Profil gewinnen. Auch wenn politische Akteure auf Sachzwänge, Notwendigkeit, Evidenz oder schlichtweg Alternativlosigkeit verweisen, handelt es sich hierbei *nicht* um das von Schelsky insinuierte Symptom einer Politik erübrigenden, ja verunmöglichenden Konstellation. Gerade der Kontrast zwischen Schelskys wissenschaftlicher Sachzwang-These und den Diskursen politischer TINA-Rhetorik kann verdeutlichen, dass Politik angesichts von Verwissenschaftlichung, Technisierung und Ökonomisierung sehr wohl Handlungsspielräume behält und auch reklamieren muss.

Die anschließende Fallauswahl der drei symptomatischen Diskurse Thatcherismus, New Labour und des europäischen Krisenmanagements ermöglicht uns systematische Erkenntnisse und begründet sich wie folgt: Im Anschluss an die Überlegung, dass TINA-Rhetorik sowohl epistemologisch vor dem Hintergrund kontingenzsensibler moderner Politik als auch institutionell vor dem Hintergrund parlamentarischer Demokratie zu erforschen ist, konzentriert sich die Analyse *erstens* auf Diskurse in politischen Konstellationen, in denen de facto legitime Alternativen und Handlungsspielräume innerhalb eines liberal-demokratischen Parlamentarismus vorhanden sind. Die Frage steht im Raum, wie die jeweilige politische Rhetorik und Strategie vor dem Hintergrund des politischen Systems, also des majoritären Westminster-Parlamentarismus, des europäischen Mehrebenensystems oder auch der deutschen Kombination aus Wettbewerbs- und Verhandlungsdemokratie zu deuten ist. TINA-Rhetorik wird im Kontext ihrer *Polity-Dimension* untersucht. Das veranschaulicht, dass sich aus Systemen und institutionellen Architekturen Dispositionen für die jeweilige politische Kommunikation ergeben.

Zweitens kann erhellt werden, inwiefern Alternativlosigkeitsrhetorik eine Strategie im Angesicht von Steuerungs- bzw. Regulierungsproblemen als auch von Konfliktsituationen darstellt. Die Frage nach der potenziellen Verschleierung von Reversibilität und Handlungsspielräumen gewinnt an Relevanz: TINA-Rhetorik ist ein Instrument von *Politics*. Gibt es hierbei gewisse »Konsequenz-Erstmaligkeiten«,[89] die politische und diskursive Weichen stellen? Aus diesem Grund setzt die Analyse selektiv und episodisch an bestimmten Momenten und Konstellationen an: Die unter-

89 Vgl. Gehlen, Zur Lage der Soziologie, S. 4.

suchten Diskurse teilen das Merkmal, dass sie auf die Perzeption einer Krise, eines Neuanfangs oder einer politischen Revision reagieren. In ihnen artikulieren sich Bestandsaufnahmen zeitgenössischer Herausforderungen für Demokratie und Wohlfahrtsstaatlichkeit. Hierbei wird die These verfolgt, dass Verweise auf Sachzwang oder Alternativlosigkeit einer Governance-Strategie dienen.

Drittens sollen die drei Fälle die obige Frage nach der Beziehung und Genese mutmaßlich neoliberaler, technokratischer Arrangements beantworten und die politisch-inhaltliche, also die *Policy-Dimension* der Rhetorik in den Blick nehmen. Welche politischen Entscheidungen werden als alternativlos oder als durch Sachzwänge diktiert beschrieben? Gibt es hier ein gemeinsames Muster und inwiefern kolportiert die TINA-Rhetorik eine (Wirtschafts-)Politik, die in Wirklichkeit interessengeleitet ist und sich tatsächlich als Neoliberalisierung oder Ökonomisierung erfassen lässt? Mit Jan-Werner Müller gesprochen ist Großbritannien ein »nicht nur wirtschafts-, sondern auch ideenpolitisches Labor für den Rest Europas«.[90] Es liegt schließlich eine gewisse politische Kontinuität von Margaret Thatchers neokonservativem Neoliberalismus, der Revision sozialdemokratischer Positionen unter New Labour und der politischen Wahrnehmung und Lösung der multiplen Krise(n) des Finanzmarkts, der Staatshaushalte und der Eurozone vor. Die Diskurse fungieren jeweils als politisches Vorspiel für den je nachfolgenden und liefern mobilisierbare Rechtfertigungsmuster.

Hieran anschließend ermöglicht das Vorgehen *viertens*, das Verhältnis von Theorie und Praxis, von politischer Rhetorik und politischer Kultur ins Auge zu fassen und nach politisch-wissenschaftlichen »Diskurskoalitionen«[91] Ausschau zu halten. Durch den Blick auf diskursive Verschiebungen, semantische Neujustierungen und politische Entwicklungen können wir Phasen politischen und sozialen Wandels, in denen Zwänge und Alternativlosigkeiten brüchig und als politisch motivierte *Konstruktionen* sichtbar werden, nicht mehr nur als sozialstrukturelle Veränderungen, sondern auch als »Verschiebung von Wissensregimen«[92] begreifen.

Die hier untersuchten symptomatischen Diskurse bieten uns *fünftens* ein Panorama, das Erkenntnisse zur konzeptionellen Bestimmung von Politik,

90 Müller, Es gilt, die Seele zu verwandeln.

91 Peter Wagner bezeichnet das Verhältnis zwischen Wissenschaftlern und politischen Akteuren als »Diskurskoalition«. Vgl. Wagner, *Sozialwissenschaften und Staat*, S. 376ff.

92 Keller, *Wissenssoziologische Diskursanalyse*, S. 193.

Governance und politischen Handlungsräumen verspricht. Was kennzeichnet moderne Politik, was charakterisiert politisches Entscheiden mit und trotz Alternativlosigkeit oder Sachzwang gegenüber Technokratisierung, Moralisierung, Ökonomisierung oder Verrechtlichung? Verschiebungen des TINA-Arguments werden aufgezeigt, sodass die Analyse eine idealtypische Differenzierung verschiedener Sachzwang- bzw. TINA-Modelle und -Diskurse ermöglicht. Helmut Schelskys Modell eines *one best way* fungiert dabei als stichwortgebende Vergleichsfolie.

Offensiv sei vorausgeschickt, dass in den jeweiligen Fallstudien kein Anspruch auf eine allumfassende Detailtreue erhoben wird, sondern die behandelten Themenfelder als symptomatische Diskurse von Sachzwang und Alternativlosigkeit erkenntnis- und problemorientiert untersucht werden. Folgerichtig ist die Analyse stets dem Untersuchungsgegenstand nach selektiv, sie verfolgt eine zielgerichtete Rekonstruktion der Ermöglichungsbedingungen des TINA-Prinzips als politisch wirkmächtiges Prinzip. Aufgrund der ontologischen und epistemologischen Prämissen und der methodologischen Überlegungen wird weniger nach scheinbar objektiv feststellbaren Kongruenzen zwischen Sachzwangsrhetorik beziehungsweise TINA-Rhetorik und politischen Realitäten gefragt, sondern nach Sinnzusammenhängen sowie nach der politischen, zuweilen ideenpolitischen Funktion der Figur von Sachzwang, Notwendigkeit, Alternativlosigkeit.

Dieses Erkenntnisinteresse führt konkret zu folgendem Vorgehen: Im Prolog *One best way – Schelskys Modell des technischen Staats* wird rekonstruiert, welche Schlussfolgerungen der technokratische Konservatismus aus seiner Deutung der Wirklichkeit und des technischen, wissenschaftlichen Fortschritts zog und welches Deutungsangebot der Soziologe Helmut Schelsky formulierte. Schelskys Idee der zunehmend waltenden Sachgesetzlichkeiten und des Sachzwangs wird skizziert.

Hieran anknüpfend folgt der Hauptteil *Symptomatische Diskurse: Die politische Strategie der Alternativlosigkeit*. Im Kapitel *Thatcherismus: Die antagonistische Rhetorik der Alternativlosigkeit* (I) wird untersucht, wie sich Sachzwang als Denkfigur eines technokratischen Politikbegriffs nicht durchsetzte und sich der politische Diskurs zu einer neoliberalen Reformpolitik verschob. Margaret Thatcher setzte entgegen einer technokratischen Sachzwangsrhetorik auf politischen Wandel und kommunizierte ihre Agenda als alternativlos, sodass sich eine Differenz zwischen »Sachzwang« und »Alternativlosigkeit« beobachten lässt. Das Kapitel analysiert die politische

Funktion und Bedeutung der für Thatcher paradigmatischen TINA-Rhetorik im Verlauf ihrer Amtszeiten.

Um zu zeigen, dass politische Rhetorik nicht nur ein Epiphänomen institutioneller Strukturen darstellt, sondern diese als Dispositionen für politisch variable Kommunikations- und Governance-Strategien wirken, folgt ein innerbritischer Vergleich zu TINA als politischer Rhetorik im sozialdemokratischen *Third Way*. Das Kapitel *New Labour: Die inklusive Rhetorik der Alternativlosigkeit* (II) untersucht, wie Globalisierung und Modernisierung hierbei als Deutungs- und Handlungsrahmen fungierten und die Reformulierung sozialdemokratischer Politik seit den 1990ern anleiteten.

Auf den britischen Diskurs folgt im Kapitel *Politik in der Eurokrise: Die krisenstrategische Rhetorik der Alternativlosigkeit (III)* die Untersuchung des europäischen Krisenmanagements in den Jahren der Finanz-, Wirtschafts- und Eurokrise seit 2007/2008. Die Funktion und Rolle der TINA-Rhetorik als ein Kriseninstrument und die politische De-Konstruktion von Handlungsspielräumen in Architekturen komplexer *Governance* stehen hier im Fokus. Die Erkenntnisse zu politischen Techniken der Machtdiffusion, -verschleierung und Selbstbindung werden durch die Erörterung der Frage ergänzt, inwiefern sich die bis hierhin profilierten zeitgenössischen Politikprobleme am Fallbeispiel des Politikstils der deutschen Bundeskanzlerin Angela Merkel emblematisch wiedererkennen lassen.

4. Forschungsstand

Für Thomas Saretzki beruht

»[d]ie Konstruktion von Sachzwängen [...] auf einer unreflektierten Ineinssetzung von wissenschaftlicher, technischer und ökonomischer Rationalität. Durch diese vorschnelle Identifizierung werden mögliche Widersprüche und Vermittlungsprobleme zwischen Wissenschaft, Technik und Ökonomie ausgeblendet«.[93]

Es gilt, diese Ineinssetzung zu hinterfragen, einzelne Konstruktionsleistungen zu differenzieren und die Dynamiken von Kontinuität und Wandel in Sachzwang- und Alternativlosigkeitsdiskursen in den Blick zu nehmen. Dies zeichnet die vorliegende Arbeit gegenüber der existierenden For-

93 Saretzki, Technokratie, Technokratiekritik und das Verschwinden der Gesellschaft, S. 366.

schungsliteratur aus, die sich dem Problem mal aus demokratietheoretischer,[94] mal aus *policy*-analytischer[95] und mal aus politökonomischer Blickrichtung[96] nähert oder sich darauf konzentriert, die obigen Fallbeispiele einzeln zu fokussieren.

Das Forschungsdesiderat ist somit eine Spurensuche, die über einzelne Sachzwang- und Alternativlosigkeitsdiskurse hinausgeht, deren Querverbindungen und Rückverweise deutlich machen kann und dabei eine Perspektive einnimmt, durch die es gelingt, sowohl Institutionenanalysen, Einsichten der politischen Ökonomie mit Pointen politischer Theorie und einer Analyse politischer Rhetorik zusammenzubringen.

Die Untersuchung kann sich hierbei auf Vorarbeiten zum Verhältnis von Politik und Rhetorik stützen, die mitunter die hiesigen Beispiele als markante TINA-Diskurse aufgreifen und eine linguistisch informierte Analyse rhetorischer Tropen wie Metaphern und Metonymien vornehmen.[97] Politikwissenschaftliche Impulse geben diese Arbeiten in ihrer Diskussion der TINA-Rhetorik vor dem Hintergrund eines »neoliberalen« Zeitalters.[98] Dabei wird TINA-Rhetorik auf der einen Seite auf ein Eponym, auf einen Ausweis einer entpolitisierten, neoliberalen Politik

94 Vgl. Greven, *Die politische Gesellschaft*; ders., Verschwindet das Politische in der politischen Gesellschaft?. Ferner: Dryzek, The Good Society versus the State. Aus linker, globalisierungskritischer Perspektive zum Beispiel: Unger, *Wider den Sachzwang*. Allgemeiner zu den Herausforderungen einer affirmativen Realitätsbeschreibung oder gar ›Veredelung‹ vgl. Abromeit, *Wozu braucht man Demokratie?*, S. 163–206; Buchstein/Jörke, Das Unbehagen an der Demokratietheorie, S. 475.

95 Vgl. Scharpf, Monetary Union, Fiscal Crisis and the Preemption of Democracy; Enderlein, Das erste Opfer der Krise ist die Demokratie; Gamble, Neo-Liberalism and fiscal Conservatism.

96 Vgl. Streeck, Gekaufte Zeit; Hay/Watson, The Discourse of Globalisation and the Logic of No Alternative. Eine Ausnahme bildet Armin Schafer, der auf die Geschichte der Krisentheorien zu Steuerung(un)fähigkeit des Staates in der kapitalistischen Gesellschaft verweist und einen diskursübergreifenden Problemaufriss anbietet. Schäfer: Krisentheorien der Demokratie.

97 Vgl. Charteris-Black, *Politicians and Rhetoric*. Hier finden sich mitunter Analysen auch von Thatcher und Blair. Allgemein: Wodak (Hg.), *Methods of Critical Discourse Analysis*; Fairclough, *Language and Power*; ders., *Analysing Discourse*; leider nur kursorisch: Grond, *When Maggie speaks*.

98 Für den hiesigen Kontext sind beispielsweise relevant: Gamble, *The Spectre at the Feast*. Zum Phänomen einer Dominanz von Finanzmärkten über Wirtschaft und Gesellschaft Windolf, Was ist Finanzmarkt-Kapitalismus?; Schmidt/Thatcher (Hg.), *Resilient Liberalism in Europe's Political Economy*.

verengt[99] und im Zuge einer geostrategischen (Neo-)Liberalisierungspolitik im liberalen Zeitalter diskutiert, das auch Osteuropa erfasst habe.[100] Auf der anderen Seite wird die Komplexität und Ambivalenz neoliberaler Politik auch im Hinblick auf rhetorische Strategien diskutiert.[101] Aus letzterem Blickwinkel lässt sich die Einsicht gewinnen, dass neoliberale Politik, auch aufgrund der essentiell pluralistischen, komplexen Natur von *Politics* in etablierten Demokratien, differenziert und in all ihren Paradoxien zu analysieren ist.

Für die Erarbeitung der Konstellationen von Sachzwang und Alternativlosigkeit sind diejenigen Studien erkenntnisleitend, die politische Diskursmuster mit politischen Strukturen verbinden und etwa das Verhältnis zwischen Alternativlosigkeit, Neoliberalisierung, Globalisierung und politischer Reformpolitik erörtern.[102] Vor allem Colin Hay widmet sich den hier ausgewählten Fallbeispielen und diskutiert den Zusammenhang zwischen Beschwörungen der Alternativlosigkeit und Globalisierung,[103] Thatcherismus,[104] New Labour[105] und innerhalb westeuropäischer Staaten.[106] Hay problematisiert sowohl neoliberale Annahmen im Thatcherismus als auch

99 Vgl. Klein, *The Shock Doctrine.* Hier umgreift das politische Etikett neoliberal vor allem einen Komplott, oder weniger verschwörungstheoretisch: eine Elitenkollusion von *big business* und einer autoritären polit-bürokratischen Elite, die die jüngste Krise zu ihren Gunsten ausnutze. Kritischer erforscht ein Forscherverbund um Gary S. Schaal im BMBF Projekt »Postdemokratie und Neoliberalismus« auch TINA als ein Symptom einer sich ökonomisierenden Politik. Vgl. zu Thesen und Ergebnissen: Schaal/Ritzi, *Neoliberalismus und Postdemokratie*; Lemke, *Die Ökonomisierung des Politischen*; Lemke/Schaal/Ritzi (Hg.), *Die Ökonomisierung der Politik in Deutschland.*

100 Vgl. Ther, *Die neue Ordnung auf dem alten Kontinent*; Orenstein, Reassessing the neo-liberal development model in Central and Eastern Europe; Krastev/Pavlovsky/Zhurzhenko, The politics of no alternatives or How power works in Russia. Dazu schon Afanassjew (Hg.), *Es gibt keine Alternative zu Perestroika.*

101 Vgl. Andersson, Socializing Capital, Capitalizing the Social; dies., *The Library and the Workshop.*

102 Kaufmann, Der Sound des Sachzwangs; Müller, *Globalisierung als Sachzwang.*

103 Vgl. Hay/Watson, The Discourse of Globalisation and the Logic of No Alternative; dies., Globalisation. ›Sceptical‹ Notes on the 1999 Reith Lectures; Hay, What's Globalisation Got To Do With It?; Hay/Marsh, Introduction: Demystifying Globalization.

104 Vgl. Hay/Farrall, Establishing the Ontological Status of Thatcherism by Gauging Its ›Periodisability‹; Hay, Whatever happened to Thatcherism?; ders., The Winter of Discontent.

105 Vgl. Hay, Negotiating International Constraints.

106 Vgl. Hay/Rosamond, Globalization, European Integration and the Discursive Construction of Economic Imperatives.

im Dritten Weg[107] und wirft immer wieder die Frage nach einer strategisch motivierten Verschleierung existenter Handlungsspielräume auf.

Seine Panoramen ermöglichen eine Analyse politischer *Strategien*, die zwischen *Policies* und Rhetorik zu vermitteln vermag.[108] TINA kann sodann als Reformstrategie gedeutet werden,[109] vor allem als ein Mechanismus von *blame avoidance*.[110] Zur Kommunikation unliebsamer Reformen, wie etwa des Rückbaus wohlfahrtsstaatlicher Leistungen, liegen zahlreiche Studien vor,[111] deren konzeptionelle und analytische Zusammenführung Georg Wenzelburger und Pascal König vornehmen.[112] Als Rechtfertigungsstrategien und Legitimationspraktiken thematisiert die Forschung nicht nur Verweise auf Notwendigkeit oder Sachzwänge, sondern auch auf Evidenz.[113] Solche Konstruktionen epistemischer Sicherheiten sind ferner als Phänomen wissenschaftlicher Politikberatung und einer allgemeinen Verwissenschaftlichung von Politik zu verstehen.[114] Allerdings problematisiert die sozialwissenschaftliche Forschung längst jene naive, einem obsoleten Fortschrittsoptimismus verpflichtete Vorstellung einer *truth*, die Wissenschaft an machtbasierte Politik vermitteln könne,[115] und diagnostiziert stattdessen eine »Dialektik der Verwissenschaftlichung«.[116]

Sachzwang und Alternativlosigkeit werden in den Kontext größerer gesellschaftstheoretischer Panoramen integriert, so beispielsweise auch als

107 Vgl. Hay, The normalizing role of rationalist assumptions.

108 Vgl. als Bestandsaufnahme des Forschungsstands und als innovative Synthese: König/Wenzelburger, Towards a Theory of Political Strategy in Policy Analysis.

109 Vgl. Weaver, The Politics of Blame Avoidance; Vis/van Kersbergen, Why and How Do Political Actors Pursue Risky Reforms. Konkret im hiesigen Kontext: Schmidt, Values and Discourse in the Politics of Adjustment; Delhees et al., *Wohlfahrtsstaatliche Reformkommunikation.*

110 Vgl. Pierson, *Dismantling the Welfare State?*; ders., The New Politics of the Welfare State.

111 Vgl. vor allem: Armingeon/Giger, Conditional Punishment; Giger/Moira, The Electoral Consequences of Welfare State Retrenchment; Vis/van Kersbergen, Why and How Do Political Actors Pursue Risky Reforms; Zohlnhöfer, The Politics of Budget Consolidation in Britain and Germany.

112 Vg. König/Wenzelburger, Towards a Theory of Political Strategy in Policy Analysis.

113 Vgl. Rüb/Straßheim, Politische Evidenz.

114 Vgl. Morandi, Von ›alter‹ liberaler Regierungsführung zu ›neoliberaler‹ Governance; ders., Zur Geschichte der Technokratie; Schuppert/Voßkuhle (Hg.), *Governance von und durch Wissen*; Krick, *Regieren mit Gipfeln.*

115 Wildavsky, *Speaking Truth to Power*; Mayntz, Speaking Truth to Power. Mayntz kritisiert wissenschaftliche Komplexitätsreduktion zugunsten politischer Verwertbarkeit.

116 Vgl. Bonß, Riskantes Wissen?

Beschleunigungsphänomen[117] oder als Symptom eines *Normalismus*, bei dem TINA-Rhetorik mal Machtverschleierung,[118] mal Kontingenzverschleierung oder Entpolitisierung[119] zu verkörpern scheint. Inwiefern solche Strategien oder Techniken einer politischen Dynamik unterliegen, bleibt eine offene Frage.

Zu den hier ausgewählten Einzeldiskursen, die diese Frage erhellen können, liegt eine Fülle an Studien vor. Will man den Prolog zum technokratischen Konservatismus sowie die drei Fallbeispiele Thatcherismus, Dritter Weg und EU-Krise auf den Aspekt von Sachzwang und Alternativlosigkeit hin systematisch erfassen und kartographieren, lässt sich der Forschungsstand wie folgt skizzieren:

Die Kritik an einem technokratischen und expertokratischen Demokratiebegriff rekurriert in der Debatte zu Alternativlosigkeit und Sachzwang im deutschen Sprachraum immer wieder auf Helmut Schelskys Vortrag »Der Mensch in der wissenschaftlichen Zivilisation«, der die Debatte um Sachgesetzlichkeiten in der technischen Gesellschaft anstieß.[120] Da die Technokratiedebatte eine zentrale Kontroverse seit Beginn der 1960er Jahre war, ist die Forschungsliteratur zum »technischen Staat« und zur Technisierung der Gesellschaft erschöpfend.[121] Einen detaillierten Überblick über Diskussionslinien der 1960er, 1970er und 1980er Jahre bietet beispielsweise die Arbeit Teuschs.[122]

Die bis heute nachwirkende Kontroverse um technische Sachzwänge bei Schelsky lässt sich anhand verschiedener Diskussionsstränge strukturieren: Sie behandelt erstens den »technokratischen Konservatismus«[123] als Wahlverwandtschaft zwischen Helmut Schelsky, Hans Freyer, Ernst Forst-

117 Rosa, *Beschleunigung.*

118 Vgl. Link/Loer/Neuendorff (Hg.), *›Normalität‹ im Diskursnetz soziologischer Begriffe*; Bourdieu, Die unsichtbare Hand der Mächtigen.

119 Vgl. Selk, Die Politik der Entpolitisierung als Problem der Politikwissenschaft und der Demokratie; Kempf, Schicksal, Vorsehung und Kontingenz als politische Motive. International: Foster/Kerr/Byrne, Rolling back to roll forward.

120 Schelsky, Der Mensch in der wissenschaftlichen Zivilisation.

121 Vgl. Koch/Senghaas (Hg.), *Texte zur Technokratiediskussion*; Delschen/Gieraths (Hg.), *Philosophie der Technik*; Knobloch, Moralisierung und Sachzwang; Treu, *Sachzwang – die eindimensionale Logik der Industriegesellschaften*; Teusch, *Freiheit und Sachzwang*; Burisch, *Ideologie und Sachzwang*; Dubiel, Politik und Technik; Schüler-Springorum, *Wider den Sachzwang*; Saage, *Utopische Profile.*

122 Vgl. Teusch, *Freiheit und Sachzwang.*

123 Dieses politische Etikett prägten Greiffenhagen und Saage. Vgl. Saage, Staat, Technik und Gesellschaft im Neokonservatismus; Greiffenhagen, *Das Dilemma des Konservativismus in Deutschland*, insbes. S. 316.

hoff und Arnold Gehlen. Zweitens wird über die Frage gestritten, ob Politik im technischen Staat ideologiefrei sei, Sachzwang im Namen der Technik eine »Entideologisierung« herbeiführe oder schließlich selbst Ideologie sei.[124] Drittens werden die Folgen einer Technisierung und Verwissenschaftlichung der Gesellschaft [125] für eine moderne Gesellschaft- und Staatstheorie und viertens die generelle Frage nach Kontingenz und Freiheit in der modernen Politik eruiert.[126] Jüngste Forschung widmet sich dem vielschichtigen und spannungsreichen Denken Schelskys sowohl aus ideengeschichtlicher als auch intellektuellenbiographischer Blickrichtung.[127]

Im Falle des Thatcherismus ist die politikwissenschaftliche Beschäftigung mit Thatchers Politik und Rhetorik mannigfaltig, denn: »Margaret Thatcher's effect on British politics, or at least on British political scientists is clear; the study of Thatcherism became an academic and journalistic industry.«[128] Doch aus den unzähligen Studien zum politischen Phänomen Thatcherismus[129] stechen für die hiesige Fragestellung einige hervor: Stuart Hall untersuchte als Vertreter der *cultural studies*, wie sich das politische Projekt der konservativen Partei unter Thatcher als das scheinbar einzig mögliche darstellen konnte und prägte den Begriff eines thatcheristischen Projekts.[130] Neben der kulturwissenschaftlich grundierten Perspektive, die diskursanalytisch durch Norman Fairclough ergänzt wird,[131] verdeutlicht

124 Stellvertretend für diese Positionen Habermas, *Technik und Wissenschaft als ›Ideologie‹*; Lenk (Hg.), *Technokratie als Ideologie*; Dubiel, Politik und Technik, Burisch, *Ideologie und Sachzwang*.

125 So zum Beispiel bei Süß/Schroeder (Hg.), *Technik und Zukunft*.

126 Vgl. Sontheimer, Primat der Politik und technischer Sachzwang; Greven, »Staat« als Ideologie und Utopie; Dubiel, Politik und Technik; Lübbe, Zur politischen Theorie der Technokratie.

127 Vgl. Gallus (Hg.), *Helmut Schelsky – der politische Anti-Soziologe*. Dem Sammelband kommt das Verdienst zu, die in früheren Kontroversen verschütteten Widersprüche Schelskys aufzuzeigen und diesen Denker zu erhellen als. »Soziologe und Anti-Soziologe, Poet der Sachlichkeit und Polemiker, Hochschulgründer und Hochschulkritiker, Empiriker und Theoretiker, Sozialforscher und Sozialphilosoph, Gläubiger und Skeptiker, Konservativer und Progressiver, Intellektueller und Anti-Intellektueller.« Gallus, Schillernder Schelsky, S. 15.

128 Marsh/Rhodes, zitiert nach Kerr, *Postwar British Politics*, S. 6.

129 Zum Beispiel sind hier zu nennen: Jessop/Bonnett/Bromley/Ling, *Thatcherism;* Jessop, Politik in der Ära Thatcher; Kavanagh, *Thatcherism and British Politics*; Letwin, *The anatomy of Thatcherism*; Vinen, *Thatcher's Britain*; Jenkins, *Thatcher and Sons*; ders., Es gibt keinen Blairismus.

130 Hall/Jacques, *The Politics of Thatcherism*; Hall, *The Hard Road to Renewal*.

131 Vgl. Fairclough, *Language and Power*; ders., *Critical Discourse Analysis*.

Andrew Gamble in seiner bis heute wegweisenden Studie die Verschränkung ökonomischer, moralischer und staatstheoretischer Auffassungen des Verhältnisses von Staat und Markt im Thatcherismus und veranschaulicht, dass die Forderung nach einem starken Staat die nach einer freien Marktwirtschaft komplementiert.[132]

Die Genese dieser Konstellation und des Thatcherismus als politisches Projekt ist in den Kontext britischer Politikgeschichte einzuordnen. Hier lässt sich die forschungsinterne Kontroverse, ob sich im Thatcherismus ein abrupter und radikaler Paradigmenwechsel[133] oder eine pfadabhängig kumulierte, durch Kontinuitäten und inkrementellen Wandel zu kennzeichnende Politik[134] manifestiert, durch die Verbindung von Ideen, Diskursen und Institutionen auflösen. Diese Verbindung vollziehen beispielhaft Peter A. Hall und Colin Hay.[135]

Auch in Deutschland fand und findet eine Auseinandersetzung mit Thatcher statt.[136] Noch immer treffend ist Claus Offes konzise Analyse der thatcheristischen Politik im Kontext eines beobachtbaren Wandels von Staatsaufgaben,[137] deren Einsichten zu britischen Herrschafts- bzw. Governance-Strategien überleiten.[138] Während politikwissenschaftliche Vergleichsanalysen die Langzeiteffekte von Reformen unter Thatcher in den Blick nehmen,[139] finden sich auch politische Plädoyers für einen Export der britischen »Rosskur«.[140] Für den hiesigen Kontext ist weniger die politische Gretchenfrage der Affirmation oder Verurteilung britischer

---

132 So Gamble, *The Free Economy and the Strong State.*

133 Vgl. Hall, *The Hard Road to Renewal*; Wolfe, State Power and Ideology in Britain; O'Shea, *Formations of Nations and People*; Letwin, *The anatomy of Thatcherism*; Jenkins, *The Thatcher Revolution.*

134 Vgl. Jessop/Bonnett/Bromley, Farewell to Thatcherism?; Marsh/Rhodes (Hg.), *Implementing Thatcherite policies*; zur These kumulativer Radikalisierung Kerr, *Postwar British Politics.*

135 Vgl. dazu Hay, The ›Crisis‹ of Keynesianism and the Rise of Neoliberalism in Britain. Hall rekonstruiert die Voraussetzungen und Konditionen von *Policy Change* in den 1970ern, vgl. immer noch als *state of the art*: Hall, Policy Paradigms, Social Learning, and the State.

136 Vgl. Sturm (Hg.), *Thatcherismus*; Borchert, *Die konservative Transformation des Wohlfahrtsstaates.*

137 Offe, Die Aufgabe von staatlichen Aufgaben.

138 Vgl. Stoker, *Transforming Local Governance*; Pollitt/Bockaert, *Public Management Reform.*

139 Vgl. Hay/Farrell (Hg.), *The Legacy of Thatcherism*; Jackson/Saunders (Hg.), *Making Thatcher's Britain.*

140 Seinerzeit prominent: Geppert, *Maggie Thatchers Rosskur*; vgl. zu einer kritische Diskussion der thatcheristischen Ära die Nachrufe nach ihrem Tod im April 2013.

Reformpolitik relevant, als vielmehr die Frage einer sich entwickelnden *Governance-Strategie* der ›Depolitisierung‹,[141] einem Wechsel von *Government* zu *Governance* und einer möglichen Pfadbefolgung durch New Labour.

Auch die Forschung zum *Dritten Weg* als sozialdemokratische Modernisierung ist ein *Business*, mit dem Sozialwissenschaftler zuweilen politische Rechnungen zu begleichen scheinen, selbstredend mit zahlreichen Ausnahmen.[142] Will man hier das Feld nur auf Alternativlosigkeitsfiguren bei New Labour hin sortieren, lassen sich folgende Perspektiven ausmachen: Auf der einen Seite die der Anhänger,[143] die in politischen Manifesten publizistisch intervenieren und die Alternativlosigkeit des Projekts beglaubigen,[144] auf der anderen Seite die einer innerparteilichen Opposition und Kritik der politischen Linken, welche die neue Sozialdemokratie als richtungslos oder entscheidungsunfähig kritisiert.[145] Jenseits dieser politischen Publizistik, die zuweilen in wissenschaftlichen Analysen durchschlägt, widmet sich ein Strang der Forschungsliteratur dem spannungsreichen Verhältnis von Drittem Weg und Sozialdemokratie[146] und diskutiert dieses als Verhältnis eines postideologischen Pragmatismus.

Auch hier lässt sich eine kontroverse Auseinandersetzung erkennen: Manche Autoren interpretieren New Labour als bloße Fassade eines politischen Neuanfangs, so zum Beispiel als Resultat des *Spins*, der PR-Strategie der Partei.[147] Andere betonen hingegen die Kontinuität zwischen *Old* und *New* Labour.[148] Kritiker erkennen zudem Kontinuitäten zur

---

141 Burnham, Depoliticisation.

142 In Deutschland vgl. Butterwegge, *Krise und Zukunft des Sozialstaates*. Davon sieht die jüngste und hier instruktive Bilanz des »New Labour Experiments« ab: Faucher-King/Le Galès, *The New Labour Experiment*. Schon früher gibt es um Objektivität bemühte Einordnungsversuche: Kastendiek/Stinsdorff/Sturm (Hg.), *The Return of Labour*.

143 Vgl. Mandelson/Liddle, *The Blair Evolution;* Gould, *The Unfinished Revolution*. Dazu kommen zahlreiche Veröffentlichungen der Labour-nahen *Think Tanks* wie Demos, Nexus etc.

144 Vgl. Blair, *The Third Way*; Blair/Schröder, Europe: The Third Way/Die Neue Mitte; Blair, *Let Us Face the Future*; ders., *New Britain*.

145 Vgl. Coates, Labour Governments; wieder aus kulturwissenschaftlich-marxistischer Perspektive: Hall, The Great Moving Nowhere Show.

146 Vgl. Judt, The Third Way to What?, Schönwälder, Konturen eines »Dritten Weges«; Gamble/Wright (Hg.), *The New Social Democracy*; Driver/Martell, *New Labour*; Giddens, *The Third Way*.

147 Vgl. dazu Fairclough, *New Labour, New Language?*; kritisch auch: Bayley, *Labour Camp*.

148 Vgl. Bale, The logic of no alternative?; Coates, Labour Governments; Morgan, New Labour in Historical Perspective; Rubinstein, A New Look at New Labour. Dazu: Larkin, New Labour in Perspective; Driver/Martell, From Old to New Labour; Allender,

thatcheristischen Politik.[149] Sowohl die Wirkung des Thatcherismus, als auch die einer Politik der Alternativlosigkeit in Großbritannien und die These von Thatcher als Wegbereiterin von New Labour analysieren zum Beispiel Blank, Shaw und Jenkins.[150] In der politikwissenschaftlichen Analyse jener Diagnose politischer Konvergenz erfährt insbesondere das Verhältnis des Dritten Wegs zu einer vorgeblich marktaffinen Wirtschaftspolitik kritische Aufmerksamkeit.[151]

Über die Frage konkreter *Policies* hinaus ist die sozialwissenschaftliche Theorie einer Politik jenseits der politischen Raumteilung von Rechts und Links bei Anthony Giddens als Vordenker des Dritten Weges ein Untersuchungsgegenstand.[152] Giddens liefert Angriffspunkte für die Kritik beispielsweise von Norman Fairclough und Chantal Mouffe,[153] die beide einen Zusammenhang zwischen der britischen beziehungsweise europäischen Politik des Dritten Weges und dem »Mantra der Globalisierung«[154] diskutieren. Giddens, aber auch andere Soziologen setzen den normativen Verteidigungen der politischen Konfliktlinie von Links/Rechts als Topographie des politischen Raums[155] einen empirisch beobachtbaren Bedeutungswandel der politischen (Wahl-)Orientierung entgegen.[156] Folglich ist der Konnex zwischen einer politischen Theorie zur Verabschiedung traditioneller *Cleavages* und der sozialdemokratischen Revision unter New Labour wichtig: Giddens agiert mit seiner Theorie der Moderne, seinem

---

What's new about ›New Labour‹? Weiterhin: Kinnock, New? We've always been new; zur Parteigeschichte: Harrison, Labour Party History.

149 Vgl. hierzu die Marxism Today, Spezialausgabe November/Dezember 1998; Hay, *The Political Economy of New Labour*; Panitch/Leys, *The End of Parliamentary Socialism*; dazu die Diskussion in: Tomlinson, *Nothing New Under the Sun?*

150 Vgl. Blank, *From Thatcher to the Third Way*; Shaw, *Losing Labour's soul?*; Jenkins, *Thatcher and Sons*; ders., Es gibt keinen Blairismus. Vgl. auch Jessop, New Labour or the Normalization of Neo-liberalism.

151 Vgl. Collins, A game of give and take; Jessop, Die Erfahrungen mit New Labour.

152 Vgl. z. B. Giddens, *Jenseits von Links und Rechts*; ders: *The Third Way*; ders.: There is no alternative – the Third Way is the only way forward.

153 Vgl. Fairclough, *New Labour, New Language?*; Mouffe, *Über das Politische*. Auch bei Ulrich Beck findet sich eine für die Fragestellung relevante Diskussion, auf die später Mouffe reagiert. Vgl. Beck, Das Zeitalter der Nebenfolgen und die Politisierung der Moderne.

154 Nonhoff, Diskurs, radikale Demokratie, Hegemonie – Einleitung, S. 19.

155 Vgl. Bobbio, *Left and Right*; Mouffe: *Über das Politische*.

156 Vgl. Blundell/Gosschalk, *Beyond Left and Right*.

Begriff der reflexiven Modernisierung und Strukturation als ein Stichwortgeber einer TINA-Rhetorik.[157]

Wie bereits angeklungen, ist der Diskurs von New Labour keineswegs ein singulär britischer, sondern in den Kontext eines globalen, europäischen Dritten Weges eingebettet.[158] Daher werden andere europäische Dritte Wege untersucht,[159] die Exportfähigkeit von Reformstrategien[160] sowie mögliche Kooperationsstrategien innerhalb Europas und der Welt[161] eruiert. Für zahlreiche Beobachter stellten jene sozialdemokratischen Regierungen die Weichen der Neoliberalisierung nicht um, sondern verfolgten weiterhin eine Politik der Deregulierung. Sodann tritt der Nexus zwischen dieser politischen Konstellation und der wissenschaftlichen Suche nach mittelbaren Krisenursachen hervor.

Das vierte Fallbeispiel konzentriert sich auf eine Analyse der TINA-Rhetorik als Instrument in der Krise der Eurozone. Die Forschungsliteratur zum historischen Integrationsprozess der Europäischen Union[162] sowie zu Strukturen, Verfahren und Herausforderungen für das *Policy-Making* innerhalb einer solchen Governance-Architektur ist immens.[163] Hier ist vor allem die Perspektive Fritz Scharpfs instruktiv, der immer wieder Handlungsspielräume innerhalb dieser institutionellen Architektur untersucht.[164] Bei der Verschränkung von Politik, Diskurs, Institutionen und *Policies* in der Krise seit 2008 kann die hiesige Untersuchung auf

157 Vgl. Giddens, *Konsequenzen der Moderne*; ders., *The Third Way*; ders., *The Third Way and its Critics*; ders., *Runaway World*; ders., *The Politics of Climate Change*. Vgl. zur Kritik zum Beispiel Hildebrand/Martell, The Negation of Power.

158 Aus britischer Perspektive auf den Dritten Weg als europäisches Phänomen: Clift, Third Way or Realisme de Gauche?; ders., New Labour's Third Way and European Social Democracy.

159 Beispielhaft seien hier genannt: Jun/Celikates, Die Transformation der Sozialdemokratie; Merkel, Der »Dritte Weg« und der Revisionismusstreit der Sozialdemokratie am Ende des 20. Jahrhunderts; Sturm, Der »dritte Weg« – Demokratie im Zeitalter der Globalisierung; Hirscher/Sturm (Hg.), *Der sogenannte »Dritte Weg«*.

160 Vgl. Leisering/Hilkert, *Von Großbritannien lernen?*.

161 Vgl. dazu die einschlägige Textsammlung in Giddens (Hg.), *The Global Third Way Debate*.

162 Beispielsweise. Dedman, *The Origins and Development of the European Union, 1945–2008*. Für Erklärungsmodelle und eine Interpretation der entscheidenden Wendepunkte der europäischen Integrationsgeschichte aus liberal-intergouvernementalistischer Perspektive: Moravcsik, *The Choice for Europe*; zur Integrationstheorie Wiener/Dietz, *European Integration Theory*.

163 Vgl. nur beispielhaft Wallace/Pollack/Young (Hg.), *Policy-Making in the European Union*.

164 Vgl. Scharpf, *Governing in Europe*.

zahlreiche Analysen der Krise zurückgreifen.[165] Diese vertreten die These eines persistenten Neoliberalismus,[166] diskutieren die Paradoxa und unerwarteten Wendungen europäischer Politik[167] und die These einer ordoliberalen Tendenzwende[168] oder problematisieren innereuropäische Verwerfungen.[169]

Angesichts einer allgemein omnipräsenten Krisenrhetorik diskutiert die Forschung über gegenwärtige Ereignisse hinaus den Begriff der Krise und die politische Funktionalität von Krisennarrationen und –kommunikation.[170] An diese Problematisierung anknüpfend lässt sich die Frage nach Gelegenheitsfenstern (»windows of opportunity«) für *Policy*-Wandel verfolgen und Kommunikationsmuster in Krisen[171] vor dem Hintergrund einer Rhetorik der Alternativlosigkeit analysieren.

Somit schließt sich hier der Kreis zu der eingangs thematisierten Problematik einer internationalisierten, finanzmarktdominierten Wirtschaft und einem in der Globalisierung kleiner werdenden demokratischen Handlungsspielraum. Der Forschungsstand zeichnet sich durch eine Kontroverse aus:[172] Für die These des Sachzwangs, der Einschränkung der politischen Autonomie finden sich bereits Anfang der 1990er einschlägige Arbeiten.[173] Kritiker der pessimistischen Zuspitzung politischer Steuerungsunfähigkeit argumentieren hingegen mit Verweisen auf eine offene Makroökonomie und das unmögliche Dreieck, »die dilemmatische Trini-

165 Vgl. Gamble, *The Spectre at the Feast.*

166 Vgl. prominent: Crouch, *Das befremdliche Überleben des Neoliberalismus.*

167 Vgl. pars pro toto: Gamble, Neo-Liberalism and fiscal Conservatism; ders., *Crisis Without End?.*

168 So Biebricher, The Return of Ordoliberalism; ders., Europe and the Political Philosophy of Neoliberalism.

169 Vgl. Schmidt, Speaking to the Markets or to the People?.

170 Vgl. allgemein: Tarrow, *Power in Movement*; Keeler, Opening the Window for Reform; Stone, *Policy Paradox*; Hay, *Political Analysis.* Zur These einer kriseninduzierten Stärkung des Neoliberalismus Klein, *The Shock Doctrine.* Vgl. hierzu an Fallbeispielen: Alink/Boin/t'Hart, Institutional Crises and Reforms in Policy Sectors; Brändström/Kuipers, From ›Normal Incidents‹ to Political Crises.

171 Vgl. t'Hart, Symbols, Rituals and Power.

172 Vgl. dazu Helleiner, The Evolution of the International Monetary and Financial System, S. 182.

173 Vgl. Streeck (Hg.), *Internationale Wirtschaft, nationale Demokratie*; Gill/Law, Global Hegemony and the Structural Power of Capital; McKenzie/Lee, *Quicksilver Capital*; Kurzer, *Business and Banking*; Cerny, The Dynamics of Financial Globalization; Sinclair, Between State and Market; Harmes, Institutional Investors and the Reproduction of Neoliberalism; Friedmann, *The Lexus and the Olive Tree.*

tät«, von Wechselkursstabilität, Autonomie nationaler Geldpolitik und Kapitalmobilität, zwischen denen stets ein *Trade-off* stattfinden müsse.[174] Der disziplinierende Effekt von globalisierten Kapitalmärkten sei übertrieben,[175] beispielsweise sei die Einführung der Kapitalflusskontrolle in Malaysia 1998 doch ein Indiz für politische Handlungsfähigkeit auch angesichts des volatilen, krisengeschüttelten Kapitalmarktes gewesen.

Bei der Suche nach einer politisch wirksamen Internalisierung von vermeintlichen Sachzwängen sticht aus dieser Forschungsdebatte die Arbeit Layna Mosleys heraus, die zeigt, dass internationale Finanzmarktakteure vor allem an Inflationsraten und an aggregierten Niveaus von Fiskaldefiziten interessiert sind, aber nicht an Staatsausgaben, Steuerhöhe oder an politischer Orientierung. In ihrer empirischen Studie von 2003, also zur Hochzeit politischer Beschwörungen einer Zwangslage aufgrund internationaler Kapitalmobilität, vergleicht Mosley die artikulierten Präferenzen von Marktteilnehmern mittels zahlreicher Interviews mit den tatsächlich umgesetzten Präferenzen von Marktteilnehmern anhand einer statistischen Analyse von Investitionsentscheidungen. Artikulierte Interessen sind *nicht* mit Handlungen deckungsgleich. Auf der einen Seite hat die Deregulierung und Liberalisierung der Finanzmärkte die Schnelligkeit, Wirkung, Bedeutung und den Einfluss der Entscheidungen von Investoren auf die Entscheidungen von Politikern gesteigert. Auf der anderen Seite zeigt Mosley, dass Akteure des Kapitalmarkts weniger gut informierte Risikoeinschätzungen treffen als allgemein angenommen wird.[176] Nur ein begrenztes *Policy*-Feld sei für Investitionsentscheidungen auf dem internationalen Kapitalmarkt handlungsanleitend; in Zeiten des globalisierten Finanzmarkts bestehe weiterhin Handlungsspielraum.[177] Allerdings verringere sich dieser bei Staatsverschuldungen jenseits der 10 Prozent von Bruttoinlandsprodukt, denn von dieser Marge an seien negative Effekte auf die Wohlfahrtsentwicklung zu erkennen.[178] Hier wiederum kann die Analyse der Krisenpolitik seit 2008 ansetzen.

---

174 Vgl. Andrews, Capital Mobility and State Autonomy.

175 Vgl. Hay/Watson, Rendering the Contingent Necessary; Hay/Rosamond, Globalization, European Integration and the Discursive Construction of Economic Imperatives; Swank, Withering Welfare?; Mosley, *Global Capital and National Governments*.

176 Vgl. Hay, Globalization's Impact on States, S. 278f.

177 Vgl. Mosley, *Global Capital and National Governments*, S. 305. Dies gilt aber laut Mosley nicht im gleichen Maße für Entwicklungs- und Schwellenländer, dort bemühen sich Investoren um eine fundierte Risikokalkulation.

178 Vgl. Swank, Withering Welfare?; Hay, Globalization's Impact on States, S. 279.

Aus diesem Forschungsüberblick ergibt sich schließlich das Desiderat einer Analyse, die eine demokratietheoretische Perspektive und eine politische Ideengeschichte des Arguments von Alternativlosigkeit und Sachzwang mit einer Untersuchung politischer Rhetorik und wirtschaftspolitischer Entscheidungen verbindet.

Prolog – *One best way:* Schelskys Modell des technischen Staats

»[K]onservativ heißt, an der Spitze des Fortschritts marschieren.«[1]

Im kollektiven Gedächtnis wirken die Nachkriegsjahrzehnte in Deutschland als eine Zeit des Wirtschaftswunders, der allmählichen Liberalisierung und Demokratisierung nach; wir Nachgeborenen imaginieren sie entweder als ein sozioökonomisches Arkadien vor dem vermeintlichen Verfall der Demokratie in postdemokratische und neoliberale Zustände oder tun sie als eine Zeit staubiger Restauration ab. Im Deutschland der Nachkriegszeit fand schließlich Modernisierung unter konservativen Vorzeichen statt.[2]

In diesem Resonanzraum konnte in den 1950er und 1960er Jahren der sogenannte technokratische Konservatismus an Bedeutung gewinnen. Dessen Vertreter formulierten die These, dass die Bonner Republik der »paradigmatische […] Staat [der] industriellen Moderne« sei und die Industriegesellschaft die »Grundlagen der wissenschaftlichen Zivilisation« bilde.[3] Autoren wie Ernst Forsthoff, Hans Freyer, Arnold Gehlen und Helmut Schelsky diskutierten die Auswirkungen von Rationalisierung, Bürokratisierung, Technisierung und Wohlfahrtsstaatlichkeit und problematisierten Auswüchse politischer Verfügbarkeit in der sozialstaatlich organisierten Massendemokratie. Der Staat wurde bei ihnen zum rationalen, technischen Staat, in dem »Sachzwänge« walteten.[4]

Kritisch sprach Forsthoff von einem »zweckrationalisierten Staat«,[5] der nur noch durch die Gewährung von wirtschaftlichem Wohlstand und Sicherheit bürgerlichen Gehorsam und sozialen Zusammenhalt stiften

1 Das Originalzitat in Gänze lautet wie folgt: »Konservativ heißt nicht nach hinten blicken, konservativ heißt an der Spitze des Fortschritts marschieren.« Franz Josef Strauß auf einer Wahlveranstaltung am 1. März 1978 in Neustadt bei Coburg. Strauß gebrauchte bereits auf dem Programmparteitag der CSU 1968 diese Losung. Vgl. Gallus, *Helmut Schelsky – der politische Anti-Soziologe.*

2 Vgl. Müller, *Another Country*, S. 33.

3 Hacke, Der Intellektuelle und die Industriegesellschaft, S. 235.

4 Vgl. Hacke, Die lange Dauer des technischen Staates, S. 99.

5 Forsthoff, Die Bundesrepublik Deutschland, S. 812.

könne.[6] Wohlfahrt fungiere als politisches Substitut, um einen Staat zu legitimieren, der nicht länger eine sittliche Idee im Sinne Hegels verwirklichte. Schließlich wandele sich der nationale Verfassungsstaat zum paternalistischen, betreuenden Wohlfahrtsstaat, der »die Züge einer Milchkuh« annehme.[7] Diese frühe Kritik am sozialstaatlichen »Totalversorgungspalast«[8] ähnelte bisweilen dem neoliberalen Plädoyer für den Abbau eines »überfrachteten Staates«, des sogenannten *overloaded state*. Aber weniger aus einer an Wirtschaft interessierten als aus staats-, gesellschaftstheoretischer und kulturkritischer Perspektive bearbeitete der technokratische Konservatismus jene Themen wie Verwissenschaftlichung, Vergesellschaftung, Unregierbarkeit, Steuerung und Deregulierung.

Sowohl die wissenschaftlichen Arbeiten jenes Autorenkreises als auch ihre jeweiligen politischen Interventionen zeugten von einer Identitätssuche innerhalb des neuen deutschen Staats. Hierbei adressierte der technokratische Konservatismus zentrale Fragen der Zeit: Welche Bezugsgrößen gäbe es für einen Staat, der weder ein leidenschaftliches Verständnis politischer Bürgerschaft aktivieren, noch heroischen Gemeinsinn oder emphatische, ideologische Identifikation seiner Bürger mit staatlichen Institutionen einfordern konnte? Wie konnte man Vergangenheit und Tradition als Ressource konservativen Denkens reklamieren, wenn doch die turbulente deutsche Geschichte unter dem Weckruf einer »Stunde null« hinter sich gelassen werden sollte, zumindest aber stetige, strapaziöse Differenzierung erforderte? Die Bürger sollten schließlich liberal-demokratische Prinzipien und Werte erlernen und verinnerlichen.

Das Etikett zur Charakterisierung jener »Denkschule« von Forsthoff, Freyer, Gehlen und Schelsky, das des technokratischen Konservatismus, wurde vor allem zur pejorativen Abgrenzung genutzt, doch pointierte es ihr paradoxes Programm: Sie bejahten auf progressive Weise Moderne, Wandel und Fortschritt und waren dennoch konservativ, weil die Autoren eine soziale Ordnung bewahrt sehen wollten und die »kulturelle Moderne«, also Individualismus und Pluralismus, kritisierten. Die Verteidigung von Werten und Prinzipien – religiös, traditionell sowie evolutionär gewachsener Strukturen der Gesellschaft – führte nicht zur Verabschiedung moderner Wissenschaft und Technik; Technik wurde als eine konsti-

6 Vgl. Hacke, »Das bürgerliche Zeitalter wird liquidiert«, S. 14.

7 So formuliert es Gehlen im Rückgriff auf Forsthoff. Gehlen, *Moral und Hypermoral*, S. 107.

8 Gehlen, Diskussion, S. 203.

tuierende Kraft der Industriegesellschaft begriffen. Da alte Ideologien und ethische Ideale ihren Appeal verloren hatten, seien westliche Gesellschaften in eine Art »Postmoderne« – oder »Post-Histoire«, wie Gehlen es melancholisch nannte[9] – eingetreten. Forsthoff, Freyer, Gehlen und Schelsky formulierten somit eine Affirmation der Industriegesellschaft und eine Kulturkritik, die die Beibehaltung und Rettung bürgerlicher Ideale forderte. Entsprechend schlussfolgert Jens Hacke, dass diese Autoren einen »modernitätsoffenen Konservatismus« zur Schau stellten.[10] Aber der Optimismus einer emanzipatorisch gewendeten Fortschrittserzählung war verflogen.

Der technokratische Konservatismus begriff die Moderne, ja Modernität im Ausgang von Max Weber als ein stählernes Gehäuse von Rationalisierung, als ein *Verstrickungszusammenhang* von Technik, Wissenschaft und dem Einzelnen. Statt auf ein Emanzipationsprogramm setzten Gehlen, Schelsky und Co. rechtshegelianisch auf Institutionen und die schwierige Aufrechterhaltung sozialer und politischer Ordnung. Forsthoff analysierte angesichts der zunehmenden sozialen und ökonomischen Interdependenz, der Arbeitsteilung sowie des Autarkieverlusts des Einzelnen ein System der »Daseinsvorsorge«;[11] Freyer erkannte »sekundäre Systeme«[12] und Gehlen wiederum eine »Superstruktur« in dem funktionellen Zusammenhang von Naturwissenschaften, Technik und Industriesystem.[13] Letzterer führe, so Gehlen, zu einer »Apparatur« des »modernen durchrationalisierten Gemeinwesen[s]«.[14] Ihre Pointen übertrafen gar marxistische Analysen: Man könnte jenen Sachgesetzlichkeiten des modernen Zeitalters nicht einmal entkommen, indem man die Produktionsverhältnisse oder das sozialwirtschaftliche System ändere. Jene Gesetzlichkeiten seien geradezu der Kern der Moderne. Die Figur der Sachgesetzlichkeit respektive Eigengesetzlichkeit diente diesen Autoren schließlich als theoretische Bestimmung der Moderne und lieferte die ideellen Ressourcen für ihre Sozialstaatskritik und Demokratiekritik.

9 Vgl. Lepenies, *Melancholie und Gesellschaft.*

10 Hacke, Der Intellektuelle und die Industriegesellschaft, S. 237.

11 Vgl. Forsthoff, *Die Verwaltung als Leistungsträger*; ders., *Der Staat der Industriegesellschaft*, insbes. S. 75f. Kersten, Die Entwicklung des Konzepts der Daseinsvorsorge im Werk von Ernst Forsthoff; Meinel, *Der Jurist in der industriellen Gesellschaft.*

12 Vgl. Freyer, *Die Bewertung der Wirtschaft im philosophischen Denken des 19. Jahrhunderts*, S. 134; ders., *Schwelle der Zeiten*, S. 323.

13 Vgl. Gehlen, *Die Seele im technischen Zeitalter*, S. 13.

14 Ebd., S. 109.

Im Denken dieser Autoren gab es somit eine inhärente Verbindung von Modernisierungsstufen und Sachzwangsvorstellungen: *Industrialisierung* und *Technisierung* der Gesellschaft erschienen als diejenigen Hintergrundmotive, vor denen die erwähnte Auffassung, ein »Rädchen im Getriebe« der Industriegesellschaft zu sein, gesellschaftlich anschlussfähig wurde und vor denen der in der Idee eines Sachzwangs zugrunde liegende Rekurs auf selbstläufige und eigengesetzliche Prozesse plausibel wurde.[15]

Für die hiesige Analyse der modernen politischen Rhetorik der Alternativlosigkeit können diese Problemdiagnosen des technokratischen Konservatismus richtungsweisend sein: Dessen Autoren diskutierten ein Staatsverständnis, das politisches Handeln und Regieren als Wohlfahrtssicherung und -steigerung deutete und das um die Frage von Wissen und Problemlösungskapazität kreiste. Insbesondere am Beispiel des Soziologen Helmut Schelsky lässt sich veranschaulichen, dass dessen Schlüsselbegriffe Sachzwang und Sachlichkeit in dieser doppelten Problemstellung eine Bedeutung erhielten. Schelsky entwarf mit seinem Konzept des technischen Staats das Modell einer machtbefreiten, evidenzbasierten und wertrationalen Technokratie jenseits demokratischer oder ideologischer Konflikte. Seine These eines technisch-wissenschaftlichen Sachzwangs, der als *one best way* demokratische Politik gleichsam überflüssig mache, stellt uns noch heute einen *kontrafaktischen Idealtyp* politischer Alternativlosigkeit zur Verfügung, vor dessen Folie sich die realen, politischen Verwendungen des TINA-Slogans vergleichen und einordnen lassen.

Zugleich ist Schelskys politisches Denken instruktiv: Es offenbart eine eigentümliche Politikblindheit, ja Demokratie- und Politikskepsis, die in dem Ideologem politischer Alternativlosigkeit wieder auftaucht. Verweise auf Sachzwang und Alternativlosigkeit deuten auf ein problematisches Verhältnis zum demokratischen Willensbildungsprozess und zu parteipolitischen, reversiblen sowie fallibelen Entscheidungen hin. Schelskys Thesen scheinen also nur auf einen ersten Blick antiquiert. Auch heute reagieren Politik und Sozialwissenschaften mit Modellen moderner, rationaler *Governance* auf Diagnosen der politischen und sozialen Komplexitätszunahme, auf einen technologischen und gesellschaftlichen Wandel, auf eine sich pluralisierende Wissensgesellschaft und auf die Kritik an einem ausufernden, interventionistischen Wohlfahrtsstaat. Hierbei dienen durchaus Sachgesetzlichkeiten als politisches Argument. Jene Ideenfiguren

15 Vgl. Noack, Technischer Fortschritt als konservative Aufgabe?, S. 67; vgl. Steinmetz, Anbetung und Dämonisierung des ›Sachzwangs‹, S. 314ff.

tauchen in Diskursen der Alternativlosigkeit immer wieder auf. Vorab gilt es daher, die Idee des Sachzwangs als Endpunkt demokratischer Politik kritisch bei Schelsky zu rekonstruieren und die politischen Implikationen von Sachzwang und Sachlichkeit zu benennen. Anschließend lässt sich das schwierige Verhältnis zwischen Demokratie, Rationalität, Verwissenschaftlichung und liberalen Denk- und Handlungsmotiven erhellen.

1. Sachzwang als Kennzeichen des technischen Staats

»Gegenüber theologischen, metaphysischen, moralischen und selbst ökonomischen Fragen, über die man ewig streiten kann, haben die rein technischen Probleme etwas erquickend Sachliches [...].«[16]

Helmut Schelskys Modell des technischen Staats steht in der Denklinie des technokratischen Konservatismus und überspitzt doch dessen Thesen zu einer kritisch gewendeten Gegenwartsanalyse im Gewand eines unrealistischen Modells. Schelsky hält 1961 einen Vortrag »Der Mensch in der wissenschaftlichen Zivilisation«,[17] der in der Bonner Republik eine weitgreifende Technokratie-Diskussion auslöst. In einem *close reading*[18] lässt sich nun dieser Schlüsseltext der deutschen Technokratiedebatte in seinem Argumentationsgang erarbeiten.

Angesichts der irreversiblen »Verwissenschaftlichung der Welt und des Lebens«[19] stellt Schelsky die These auf, dass diese »ein neuartiges Verhältnis von Mensch und Welt entstehen« lasse.[20] Er untersucht »die Auswirkungen der Wissenschaften« auf »das Handeln und Denken des Menschen«.[21] Von Hans Freyer und Arnold Gehlen greift er die Behauptung »einer neuen Kulturschwelle«[22] auf und macht sich auf die Suche nach dem veränderten Verhältnis des Menschen zu sich selbst und zur Welt.[23]

16 Schmitt, *Der Begriff des Politischen*, S. 82.

17 Schelsky, Der Mensch in der wissenschaftlichen Zivilisation.

18 Vgl. zu dieser ursprünglich literaturwissenschaftlichen Herangehensweise Weimann, *»New Criticism« und die Entwicklung bürgerlicher Literaturwissenschaft.*

19 Schelsky, Der Mensch in der wissenschaftlichen Zivilisation, S. 439.

20 Ebd.

21 Ebd., S. 440.

22 Ebd., S. 439f.

23 Ebd., S. 440.

Ausgehend von Beispielen wie Zivilisationskrankheiten, Geburtenkontrolle, künstlicher Umwelt und dem generellen Trend vom Organisch-Natürlichen zum Anorganisch-Künstlichen wirft Schelsky die Frage auf, welche Konsequenzen die »technische Macht« im Sinne einer potenziell existenziellen Selbstbedrohung des Menschen hat.[24] Der Soziologe evoziert zwar das apokalyptische Szenario einer Selbstauslöschung des Menschen aufgrund industrieller Umweltzerstörung und Atomkraft, doch fragt er weniger alarmistisch, aber viel subversiver nach der sozialen Wirkung einer nur noch vermittelten »Welterfahrung«.[25] In Anlehnung an Gehlen gelte es, deren gesellschaftlichen, sozialen, politischen und psychologischen Effekte zu diskutieren.

Schelsky will in einem Denkmodell »Gesetzlichkeiten«[26] der technischen und wissenschaftlichen Zivilisation herauspräparieren. Er unterteilt die »universal gewordene Technik«[27] in Produktions-, Organisations- und Humantechniken, wobei das spezifisch Neue und Moderne sei, dass Technik auf zwei Prinzipien beruhe: erstens der Zerlegung einer organischen oder gesellschaftlichen Einheit in ihre kleinstdenkbaren Elemente (Beispiele sind hierbei Atomphysik und Arbeitsteilung), zweitens der darauffolgenden »Synthese dieser Elemente nach dem Prinzip der [funktional] höchsten Wirksamkeit«: *the best one way*.[28] Mit diesen beiden Prinzipien löse sich die moderne Technik von ihrer bisherigen, bei Gehlen beleuchteten anthropologischen Bestimmung als »Organersatz«,[29] denn Technik wirke nun ihrerseits auf das Bewusstsein – der Mensch erfahre sich selbst und seine Welt als technisch und wissenschaftlich, als von Menschenhand erschaffene Konstruktion.[30] Schelsky überträgt jene beiden Prinzipien auf die soziale, politische – kulturelle – Sphäre als Denk- und Bewusstseinsprinzip und nimmt somit eine Universalisierung und Verabsolutierung des Technikbegriffs vor.

24 Ebd., S. 441.

25 Ebd., S. 442.

26 Ebd., S. 444.

27 Ebd.

28 Ebd., S. 445, Hervorhebung AS.

29 Vgl. ebd., S. 445f.

30 Vgl. ebd., S. 446: Schelsky bemüht hier Gotthard Günthers Begriff der »zweiten Realität«, der als Fortsetzung des Gehlenschen Konzept einer »zweiten Natur« verstanden werden kann. Welche »metaphysischen« Konsequenzen dies hat, erläutert Schelsky ebenfalls an dieser Stelle.

Auch wenn diese analytischen Prinzipien als zwingende Logik universalisiert werden, bleibt zu klären, wie Schelsky die Idee eines *Sachzwangs* konstruiert. In der technischen Zivilisation entstehe ein »Kreislauf einer sich selbst bedingenden Produktion«, weil »[...] wir mit jedem neuen technischen Gegenstand [...] jeweils neue soziale und psychische Tatbestände schaffen, die wir wiederum in den Griff der Sozial-, Wirtschafts- und Humantechniken bekommen müssen [...]«.[31] Demnach folge aus der Technik »eine Sachgesetzlichkeit, die er [der Mensch] selbst in die Welt gesetzt hat«, aus der wiederum für den Menschen eine »soziale, [...] seelische Forderung« resultiere, »die ihrerseits gar keine andere Lösung zuläßt als eine technische, eine vom Menschen her geplante und konstruktive, weil dies das Wesen der Sache ist, die es zu bewältigen gilt. Der Mensch löst sich vom Naturzwang ab, um sich seinem eigenen Produktionszwang wiederum zu unterwerfen.«[32]

Somit produziert der Mensch seine eigene Zukunft. Bei dieser »Produktionsspirale« gibt es allerdings kein Ziel, die Schritte bedingen sich gegenseitig. Technik und soziale Antwort folgen vielmehr dem physikalischen Schema *actio gleich reactio* und sind daher im Vorfeld nicht planbar. Schelsky folgert, dass nicht Ziele, sondern Mittel den Prozess bestimmen.[33] Statt eines – bei Hans Freyer noch prominenten – politischen Plans walten die »Sachgesetzlichkeiten, die in den *Mitteln* stecken«.[34] Dies bedeutet allerdings nicht, dass die Technik den Menschen beherrscht, sondern dass der Mensch seine auf ihn einwirkenden Zwänge selbst produziert. Unsere moderne Gesellschaft sei also durch verselbständigte Zwänge geprägt.

Bei Schelsky ist die »wissenschaftliche Zivilisation« schließlich diejenige, »in der der menschliche Geist sich selbst als Sachgesetzlichkeit der Welt gegenübertritt«.[35] Von dieser Definition ausgehend, theoretisiert Schelsky das Problem staatlicher Herrschaft. Legitime Herrschaft als ein verstetigtes, personalisiertes Machtverhältnis der Über- bzw. Unterordnung wird in der aufgeklärten (westlichen) Moderne als demokratische, legale und rationale

31 Ebd., S. 449.

32 Ebd.

33 Ebd., S. 450.

34 Ebd.

35 Ebd. S. 451. Somit liegt das Problem noch viel tiefer als bei Marx' Warenfetisch: Bei Marx tritt dem Menschen in der kapitalistischen Produktionsweise die Ware als Ding gegenüber; die dahinter liegenden, wesentlichen sozialen Verhältnisse (Produktionsverhältnisse) werden dabei verdeckt. Bei Schelsky lässt sich der Sachgesetzlichkeit nicht länger über einen Umbau der Produktionsverhältnisse entkommen.

Herrschaft gedeutet und entpersonalisiert. Abstrakte, rationale Normen und Ordnungen sind in ihrer Positivität und Kontingenz nicht vor Veränderung gefeit; Herrschaftskonflikte werden als Konflikte zwischen Vorstellungen um das richtige Recht, um »Vernunft und Ratio« von Herrschaft ausgetragen.[36] Diese moderne Entwicklung ist aber nun für Schelsky obsolet, denn er erkennt

»[…] ein neues Grundverhältnis von Mensch zu Mensch […], in welchem das Herrschaftsverhältnis seine alte persönliche Beziehung von Macht von Personen über Personen verliert, an die Stelle der politischen Normen und Gesetze aber Sachgesetzlichkeiten der wissenschaftlich-technischen Zivilisation treten, die nicht als politische Entscheidungen setzbar und als Gesinnungs- oder Weltanschauungsnormen nicht verstehbar sind. Damit verliert auch die Idee der Demokratie sozusagen ihre klassische Substanz: an die Stelle eines politischen Volkswillens tritt die Sachgesetzlichkeit, die der Mensch als Wissenschaft und Arbeit selbst produziert. Dieser Tatbestand verändert die Grundlagen unserer staatlichen Herrschaft überhaupt; er wandelt die Fundamente der Legitimität, der Regierung als Herrschaft, der Staatsraison, der Beziehungen der Staaten untereinander usw«.[37]

Es geht Schelsky also nicht um eine bloß empirische Beobachtung einer Zunahme, eines Bedeutungszuwachses von Technik in Gesellschaft und Politik, sondern um einen ontologischen Wandel des Staats und des Verhältnisses zwischen Menschen im »technischen Staat«.[38]

Der Staat müsse erstens die komplexer und gefährlicher werdenden Techniken monopolisieren, er müsse sich die Herrschaft über die Kontrolle der Technik sichern. Zweitens sei dieses Monopol eine Frage der Finanzierung,[39] drittens beherrsche nur der Staat die Planung, Leitung und Kontrolle technischer Möglichkeiten. Schelsky erweitert hierbei implizit Ernst Forsthoffs Konzept der Daseinsvorsorge um die Dimension einer technischen *Vorsorgeleistung* durch den Staat und seine Verwaltung: »Die Ausdehnung der Staatsaufgaben, etwa als Detailgesetzgebung, als Lebensvorsorge, hat also nicht nur Machtgründe, sondern ›Sicherheitsgründe‹ in dem Sinne, daß er den technischen Vollzug unserer Existenz funktional sichern muss.«[40] Schelsky reformuliert mit dieser »funktionalistische[n]

36 Ebd., S. 453.

37 Ebd.

38 Vgl. ebd.

39 Schelsky hielt so etwas wie Privatfernsehen oder Privatisierung von Bahn und Atomkraft noch für unmöglich. Vgl. ebd., S. 454.

40 Ebd.

Institutionenordnung«[41] zum einen das physische Gewaltmonopol des Staats als ein in das Technische übergreifendes – gleichsam als Technikmonopol. Zum anderen impliziert die Idee eines technischen Staats, der nicht den Volkswillen, sondern Sachgesetzlichkeit exekutiert, ein distanziert-unterkühltes und nicht mehr emphatisches, sondern auf abstrakte, prozessuale Identifikation gründendes Verhältnis zwischen Staatsbürger und Staatsinstitutionen. Das Modell des technischen Staats offenbart ein sachliches, nach den politischen Exzessen des nationalsozialistischen Totalitarismus geradezu unpolitisches Herrschaftsverständnis. Der hier skizzierte Staat gründet auf expertokratischer Unparteilichkeit, pragmatischer Rationalität, nicht auf bürgerschaftlicher Emphase. Dies ist der Fehdehandschuh, den ein Denker wie Jürgen Habermas aufgreifen muss.

Spätestens an dieser Stelle wird deutlich, dass Schelsky »gegen alle alltägliche Evidenz und natürlich erst recht gegen alle kritische Analyse der politischen und gesellschaftlichen Wirklichkeit« auf die »Suggestivkraft« seines Arguments baut.[42] Er selbst verdeutlicht, dass er »modellhaft die Ratio eines rein ›technischen Staates‹ entwickeln« will.[43] Es handelt sich um ein im Weber'schen Sinne idealtypisches Modell, von dem er selbst meint: »[S]elbstverständlich trifft das nicht die Wirklichkeit unserer gegenwärtigen Staaten, […] [es] hebt *Strukturgesetzlichkeiten* ans Licht, die meinem Urteil nach zugleich *Entwicklungstendenzen* darstellen.«[44] Webers drei Modelle legitimer Herrschaft, also charismatische, traditionale und legal-bürokratische, ergänzt Schelsky somit um einen vierten Geltungsgrund, der Webers Ansatz eines wertrationalen Herrschaftsglaubens ins Technische wendet.[45]

Schelsky extrapoliert und abstrahiert aus einer vorgeblich analytischen Beobachtung der gesellschaftlichen Realität ein Modell, einen generellen Trend der Industriegesellschaft, und entwirft eine gleichsam verzerrende, weil ein Merkmal gesellschaftlicher Entwicklung hypostasierende, überspitzende Dia- und Prognose – manch eine Interpretation betitelt diese gar

41 Gallus, Schillernder Schelsky. Zur Einführung, S. 10.

42 Greven, »Staat« als Ideologie und Utopie, S. 511. Clemens Albrecht nennt Schelsky daher einen »Virtuose[n] der Realitätssuggestion«. Vgl. Albrecht, »Soziale Wirklichkeit«, S. 56.

43 Schelsky, Der Mensch in der wissenschaftlichen Zivilisation S. 455.

44 Ebd.; Hervorhebungen AS. Dass er in der Diagnose und Prognose Jacques Elluls geradezu blind folgt, gibt Schelsky an dieser Stelle offensiv zu.

45 Vgl. Breuer, Max Webers Herrschaftssoziologie, S. 319.

als Orwellsche Dystopie.[46] Andere, vor allem zeitgenössische Kritiken unterschlagen den epistemischen Status eines Modells sowie Schelskys Charakterisierung der eigenen Hypothesen als methodische Fiktion, wie man sie aus Hobbes' Vertragstheorie kennt.[47] Wird dies bisweilen vernachlässigt, trägt der Autor doch selbst zu dieser Verwirrung bei: Schließlich nutzt Schelsky den Gestus der Beschreibung – er greift, so wird im Folgenden noch deutlich, auf die ihm gegenständliche politische Praxis der Verwissenschaftlichung zurück.

Was ist nun der Kern des technischen Staats? Dem Modell nach ist Staatsraison »in ihrer modernen Form dann nichts anderes als der *Sachzwang* der vielfachen Techniken, mit denen der Staat sich heute verwirklicht. Auch das *Ziel* des Staates ist dann die höchste Wirksamkeit der in ihm verfügbaren technischen Mittel.«[48] Schelsky formuliert gar die bekannte Souveränitätsdefinition Carl Schmitts um: »[...] souverän ist, wer über die höchste Wirksamkeit der in der Gesellschaft angewandten wissenschaftlich-technischen Mittel verfügt.«[49] Der Staat entscheide über jene Wirksamkeit und monopolisiere nicht länger nur noch Gewalt und die Entscheidung über den Ausnahmezustand, sondern die Entscheidung über Grenzen einer Anwendung von Techniken.

Aber was heißt dann Politik im technischen Staat, was bedeutet es dann, demokratisch zu regieren? Schon diese Fragen würden obsolet:

»Der Sachzwang der technischen Mittel, die unter der Maxime einer optimalen Funktions- und Leistungsfähigkeit bedient sein wollen, enthebt von diesen Sinnfragen nach dem Wesen des Staates. Die moderne Technik bedarf keiner Legitimität; mit ihr ›herrscht‹ man, weil sie funktioniert und solange sie optimal funktioniert. Sie bedarf auch keiner anderen Entscheidung als der nach technischen Prinzipien; dieser Staatsmann ist daher gar kein ›Entscheidender‹ oder ›Herrschender‹, sondern Analytiker, Konstrukteur, Planender, Verwirklichender. Politik im Sinne der normativen Willensbildung fällt aus diesem Raume eigentlich

46 Vgl. Haring, Herrschaft der Experten oder Herrschaft des Sachzwangs?, hier S. 250; Saretzki, Technokratie, Technokratiekritik und das Verschwinden der Gesellschaft, S. 361.

47 Schelsky ist ein ausgewiesener Hobbes-Kenner. So liegt mit seiner Dissertation von 1939/1942 eine Interpretation vom Thomas Hobbes politischer Lehre vor. Vgl. Schelsky, *Thomas Hobbes*.

48 Schelsky, Der Mensch in der wissenschaftlichen Zivilisation, S. 455; Hervorhebungen AS.

49 Ebd. Schmitt formuliert bekanntlich: »Souverän ist, wer über den Ausnahmezustand entscheidet.« Schmitt, *Politische Theologie*, S. 13.

prinzipiell aus, sie sinkt auf den Rang eines Hilfsmittels für Unvollkommenheiten des ›technischen Staates‹ herab.«[50]

Im Gegensatz zu der These James Burnhams einer »Managerherrschaft« desavouiere sich personale Herrschaft total, denn selbst Manager als »herrschende Klasse« seien machtlos, da auch sie nur das ausführten, »was sich im Widerspiel von Apparaturgesetzlichkeit und jeweiliger Lage als Sachnotwendigkeit ergibt«.[51] Indem die Akteure einer solchen Apparatur Marionetten blieben, seien sie austauschbar, ob nun Parteienvertreter, Parlamentarier oder Manager – Herrschaft selbst sei abgeschafft.[52] Schelsky beschreibt einen Zustand politischer Herrschaftslosigkeit.

Gerade die marxistische »These vom ›Absterben‹ des Staates«[53] will er also nicht als Utopie ad acta gelegt wissen, erkennt er doch dank industriesoziologischer Forschungen eine reale Verschiebung von »Herrschaftsdisziplin zu Sachdisziplin«.[54] Mechanische, automatisierte Arbeit steht sinnbildlich für diesen Wandel. Die Illusion, jemand entscheide, auch wenn die Entscheidung keinem Machtwillen, sondern nur einer formalen Machtstruktur entspringt, überträgt Schelsky auf den demokratischen Staat: Die »fiktive [...] Entscheidungstätigkeit der Politiker im technischen Staat« verdecke eigentlich nur, dass Politiker technisch und wissenschaftlich komplexen Gesetzlichkeiten und Zwängen folgen.[55] »Sachgutachten« reduzierten politische Handlungs- und Entscheidungsspielräume auf die Auswahl des politisch opportunen Gutachtens samt Politikempfehlungen. Politik werde verwissenschaftlicht, Wissenschaft politisiert, insofern sie stets politische Lösungen bereithält.

In der hier apostrophierten Konfliktlage zwischen *Expertokratie* und *demokratischer Politik* kommt Schelsky zu dem Schluss, dass der bisherige

---

50 Schelsky, Der Mensch in der wissenschaftlichen Zivilisation, S. 456.

51 Ebd., S. 457. Dennoch knüpft Schelsky an Burnhams Analyse an: »The modern world is interlocked by myriad technological, economic, and cultural chains. The social forces which have been dramatically operative within Germany have not stopped at the Reich's national boundaries.« Burnham, *The Managerial Revolution*, S. 4. Zu Schelskys Auseinandersetzung mit Burnham: Schelsky, *Berechtigung und Anmaßung in der Managerherrschaft*.

52 Vgl. Schelsky, Der Mensch in der wissenschaftlichen Zivilisation, S. 457.

53 Ebd. Das Absterben des Staates wird bei Marx noch vor dem Hintergrund des Obsoletwerdens der Produktionsverhältnisse im Kommunismus verstanden, denn mit den Produktionsverhältnissen werde auch der staatliche Überbau hinfällig. In der technischen Welt handelt es sich dabei eher um eine grundlegende Metamorphose des Staates, seiner Konstitution und Imperative.

54 Ebd.

55 Ebd.

Entscheidungsspielraum der Politik lediglich ein temporäres Problem sei: »Je besser die Technik und Wissenschaft, umso geringer der Spielraum politischer Entscheidung.«[56] Hier findet sich erneut die Idee des *one best way*, die einer »projektiven Konsenstheorie unzweideutiger Sachzwänge«[57] gleichkommt. Schelsky behauptet, Spielräume seien nur eine Frage des Fortschritts von Wissenschaft und Technik; Experten und Techniker könnten auf lange Sicht nur zu Konsens und zu eindeutigen Handlungsanleitungen kommen. Der Soziologe sitzt einer Fiktion wissenschaftlicher Eindeutigkeit auf, die nicht einmal Naturwissenschaftler einhellig teilen. Mit Aaron Wildavsky kann man dieses Wissenschaftsverständnis in der Ära von *Big Science* (Alvin M. Weinberg) und die hier prononcierte Vorstellung einer evidenzbasierten und also konsensorientierten Politikberatung mit *science speaking truth to power* umschreiben.[58] Bei Schelsky müsste man angesichts des *zwanglosen Zwangs der evidenten Lösung*[59] pointieren: *science speaking constraint to power.*

Die These politischer Entscheidungen auf Grundlage von Evidenz und Sachgutachten plausibilisiert Schelsky nun, wie bereits angedeutet, im Rückgriff auf politische Praxis, denn »diese Tendenz zu einer Minimisierung der politischen Entscheidungen im Staate bei ständiger Kompetenzerweiterung des Staates«[60] sei in der Bonner Republik der 60er Jahre schlichtweg zu konstatieren – Politik bestehe größtenteils aus »Gutachterkämpfen«.[61] Es gebe eine normative Konfliktlinie zwischen politischen Interessen, die Politiker bisweilen repräsentieren, und einer jeweils »optimale[n] Sachlösung«.[62] Der Soziologe Schelsky erkennt ein Spannungsverhältnis zwischen dem »technische[n] Staat und dem ›Staat der Interessengruppen‹«[63] und erklärt, dass nicht länger (demokratisch gewählte) Politiker, sondern »Fachleute« das Gemeinwohl bzw. ein allgemeines Interesse im Blick hätten. Gemeinwohlorientierung korreliert demnach mit wissenschaftlich-technischer Rationalität. Schelsky erkennt und löst das

56 Ebd., S. 458.

57 Saretzki, Technokratie, Technokratiekritik und das Verschwinden der Gesellschaft., S. 365.

58 Wildavsky, *Speaking Truth to Power*, vgl. auch Mayntz, Speaking Truth to Power.

59 Dies ist eine Verballhornung von Jürgen Habermas' bekannter Formulierung des »zwanglosen Zwangs des besseren Arguments«.

60 Schelsky, Der Mensch in der wissenschaftlichen Zivilisation S. 458.

61 Ebd.

62 Ebd.

63 Ebd.

Problem (partei-)politischer Interessen sowie eigeninteressierter bzw. gemeinwohlblinder Politiker mit dem Verweis auf rationale, evidenzbasierte Technik und Wissenschaft. Expertise kann demzufolge Sachgesetzlichkeiten gegenüber dem politischen Prozess stark machen.

Auch ordoliberale oder neoliberale Autoren erkennen damals ein Problem im Eigeninteresse von Politikern und Interessengruppen, da dieses der vermeintlich besten Lösung, dem Gemeinwohl oder einem freiheitlichen Markt entgegenstehen könne, und plädieren für mehr Expertise und Depolitisierung.[64] Schelskys Beschreibung des Zeitgeists ist somit erhellend, weist sie uns doch auf eine Konvergenz technokratischer und neoliberaler Fundamentalkritik am demokratischen Staat hin. Die öffentliche Meinung habe sich »zugunsten einer sich sachlich-technisch als beste Lösung empfehlenden Position« verschoben, »während ›politische‹ Lösungen häufig prinzipiell als ›Korruption‹ angesehen werden«.[65] Schelsky beschreibt hier in kritischer Absicht die Diskreditierung interessengeleiteter Politik im Namen einer epistemischen Wahrheits- bzw. Evidenzsuche. Politische Autorität wird durch den Autoritätsglauben an Wissenschaft und Technik unterwandert, wenn nicht sukzessive substituiert. Der Soziologe erkennt zwei problematische Resultate: »Die Politikferne der Jugend« und »das Bedürfnis, politische Streitfragen vor ›sachliche‹ Entscheidungsinstanzen (Gerichte, Schiedsurteile usw.) zu bringen«.[66] Eine solche Politikskepsis ließe sich auch als Nachwirkung der von Schelsky beschriebenen »skeptischen Generation«[67] deuten.

Die Konsequenzen dieser Thesen für demokratische Politik sind deutlich: »Der ›technische Staat‹ entzieht, ohne antidemokratisch zu sein, der Demokratie ihre Substanz.«[68] Schließlich folgt Politik nicht mehr einem politisch zu konstruierenden Volkswillen, sondern höhlt Demokratie aus. Eine Regierung ist dann lediglich »ein Organ der Verwaltung von Sachnotwendigkeiten, das Parlament ein Kontrollorgan für sachliche Richtigkeit. Das Volk im Sinne des Ursprungs der politischen Herrschaftsgewalt wird dann zu einem Objekt der Staatstechniken selbst.«[69] Solche Staatstechniken umfassen Publizistik, Meinungsforschung, Öffentlichkeitsarbeit,

64 Vgl. zum Beispiel Eucken, *Grundsätze der Wirtschaftspolitik*; Buchanan/Tullock, *The Calculus of Consent*; Buchanan, *Die Grenzen der Freiheit*.

65 Schelsky, Der Mensch in der wissenschaftlichen Zivilisation, S. 458.

66 Ebd.

67 Schelsky, *Die skeptische Generation*.

68 Ebd., S. 459.

69 Ebd.

die allesamt die Meinungs- und Willensbildung der Bürger manipulieren würden – der Soziologe Schelsky erkennt und problematisiert hier zugleich die Möglichkeiten und Gefahren politischer Verfügbarkeit sowie eines (postdemokratischen) Bedeutungsverlusts von parlamentarischen Entscheidungsfindungsverfahren.

Doch nicht nur die Urteilsbildung des Bürgers werde paternalistisch angeleitet, sondern auch die Struktur der Sachverhalte verunmögliche demokratisches Entscheiden und Regieren unter Rückbesinnung auf *vox populi*, da

> »[...] die Sachverhalte, die es zu entscheiden gilt, ja gar nicht mehr von einer vernünftigen Urteilsbildung des normalen Menschenverstandes oder einer normalen Lebenserfahrung her angemessen intellektuell zu bewältigen sind, so daß immer mehr ›Informationen‹ erforderlich sind, jede sachlich tiefer gehende Information aber die politische Urteilsbildung eher suspendiert als erleichtert. Die Gefahr einer Entpolitisierung und d.h. zugleich Entdemokratisierung der Staatsbürger durch Überinformation ist längst aktuell.«[70]

Zwar hat Schelsky Recht: Urteilsbildung bedarf nicht nur der intellektuellen Möglichkeit, etwas zu durchdringen und zu überblicken, sondern auch der Zeit, der Begrenzbarkeit des Meinungs- und Willensbildungsprozesses als solchen. Dieses Argument liest sich retrospektiv geradezu als eine Kritik an Habermas' deliberativer Demokratietheorie *avant la lettre*. Für Schelsky verunmöglicht die moderne Industriegesellschaft nachgerade rationale Bürgerbeteiligung oder die von Habermas anvisierte Debattenkultur. Schelsky kann sich einen Prozess wie bürgerschaftliche Deliberation nicht vorstellen, geschweige denn unter den von ihm diagnostizierten Umständen normativ affirmieren.

Zugleich tauchen hier bereits zwei Topoi auf, die für Schelskys weiteres Schaffen problematische Weichen stellen: Zum einen der Hinweis, Publizistik verändere, ja manipuliere das Wesen der Politik und Bürger zu ihren Ungunsten, zum anderen das bei Schelsky wiederkehrende Deutungsmuster, der Bürger sei nicht nur im Gehlen'schen Sinne reizüberflutet, sondern die daraus erwachsende Informationsüberflutung könne nicht mehr kognitiv kompensiert und in politische, sachliche Urteile überführt werden; sie führe zu lediglich eigeninteressiertem, unsachlichem Wollen und Meinen. In »Systemüberwindung, Demokratisierung und Gewalten-

70 Ebd.; Schelsky greift hierbei auf David Riesmans Analyse zurück: Riesman, *Die einsame Masse*.

teilung«[71] (1973) argumentiert Schelsky schließlich, dass »normale« Bürger nicht mehr über ihren Horizont hinaus *objektiv*, *interessenlos* urteilen können, da moderne Arbeitsteilung in einem begrenzten kognitiven Horizont ende.

Schelsky sieht Tendenzen dafür, dass sich politisches Entscheiden von gesellschaftlichen Interessengruppen zu Experten mit Gemeinwohlkompetenz verlagere. Sein Modell eines Staats und politischer Entscheidungsprozesse in der wissenschaftlichen, technischen Zivilisation liefert gleichsam ein politisches Äquivalent der Forsthoff'schen Daseinsvorsorge: Die Experten, Sachverständigen und die technisch induzierten, wissenschaftlich präjudizierten Zwänge kulminieren in einer Politikvorsorge im technischen Staat.

Ideologien oder Weltanschauungen würden hierbei überflüssig, denn Politiker instrumentalisierten Ideen nur als Rechtfertigungsnarrative und als nützliche Fassade, hinter der sich das »technische Argument« unideologisch durchsetze.[72] Schelsky urteilt daher mit Jacques Ellul, dass Theoretiker gesellschaftlicher »Gesamtordnungen« ohne ihr Wissen »Techniker [...] der Rechtfertigung« des (unvermeidbar) Geschehenen zu werden drohen.[73] Wenngleich Schelsky Colin Crouchs These einer postdemokratischen, weitgehenden wirtschaftspolitischen Elitenkollusion und einer Inszenierung der Demokratie mit den Mitteln der Public Relations zwar nicht gänzlich zustimmen würde,[74] da er auf allgemeinen, technischen Sachgesetzlichkeiten insistiert, ähnelt sich doch die Denkfigur einer Demokratie ohne Substanz, die auf *optimale* Lösungen pocht. Alte Herrschaftsideen und -formen blieben als »leere Hülsen«[75] stehen, der (modellhafte) technische Staat könnte Demokratie weiterhin als institutionelle und ideologische Fassade nutzen. Daher bedürfte es auch keiner Revolution für den Formwandel von Demokratie zu Technokratie, keiner Machtübernahme wie bei Saint-Simon, Lenin und Marx oder einer Umstellung der

71 Schelsky (Hg.), *Systemüberwindung, Demokratisierung und Gewaltenteilung*. Vgl. die Kritik in von Krockow, Mehr Demokratie – weniger Freiheit?, Die Zeit, 23.02.1973.

72 Schelsky, Der Mensch in der wissenschaftlichen Zivilisation, S. 460. Schelsky schreibt maliziös: »die Russen nennen es Dialektik, die anderen tun's so.« Ebd.

73 Vgl. ebd. Für Schelsky erzwingen Techniken ihre Anwendung. Man könne die Anwendung von existentem Wissen nicht verhindern, so Schelsky. Dass er mit dieser These das Problem einer ethischen (Ziel-)Reflexion als Nihilismus potenziell diskreditiert, scheint angesichts der damaligen wie gegenwärtigen technischen Möglichkeiten wie Nuklearwaffen, Gentechnik, Stammzellforschung etc. mindestens fahrlässig. Vgl. Schelsky, Der Mensch in der wissenschaftlichen Zivilisation, S. 456, 474.

74 Vgl. Crouch, *Postdemokratie*.

75 Schelsky, Der Mensch in der wissenschaftlichen Zivilisation, S. 460.

parlamentarischen auf eine plebiszitäre Demokratie wie bei Carl Schmitt.[76] (Alte) Gesellschaftstheorien, so Schelskys Pointe, dienten nur einer politischen Inszenierung des Unpolitischen.

Das Argument der politischen Instrumentalisierung von und Systemstabilisierung durch sozialwissenschaftliche Theorien und politische Ideologien erweist sich letztlich als doppelbödig. Der selbstbetitelte »Argumentationslieferant«[77] Schelsky kalkuliert die Indienstnahme seiner und anderer Ideen gleich mit ein, ohne auf eine reale politische Wirkung seiner Thesen zu spekulieren, da doch Jacques Ellul Recht habe mit der Annahme, dass sich das politische Weltgeschehen ohne jegliche Theorie vollziehe.[78] Die Kritik von Jürgen Habermas, Schelskys Modell des technischen Staates diene als »Hintergrundideologie«, die »in das Bewußtsein der entpolitisierten Masse der Bevölkerung eindringen und legitimierende Kraft entfalten kann«,[79] wird geradezu vorweggenommen und ironisiert. Habermas zufolge wird die von Schelsky reklamierte Ideologielosigkeit selbst zur rechtfertigenden Ideologie, die den bürgerlichen (Adenauer-) Staat zu legitimieren versucht.

An dieser Stelle lässt sich bereits auf eine mögliche Deutung von Schelskys technischem Staats hinweisen: Möglicherweise ist es die Pointe von Schelskys Modell, dass er – ganz im Gegensatz zu Habermas' Kritik – gerade in der Überspitzung seiner Sachzwangthese eine Herrschaftskritik, ja eine Demaskierung von einem sich abzeichnenden politischen Formwandel und dessen ideologischer Camouflage, also eine ideologiekritische »Zeitdiagnose«, vorbringt.[80] Schließlich verfasst Schelsky laut eigenem Bekunden keine Apologie des sich abzeichnenden technischen Staats, sondern versucht diesen in seiner Struktur und Handlungslogik zu entwerfen, um Spielräume des Menschen gegenüber den von ihm beschriebenen Sachzwängen nachzuspüren.[81]

---

76 Vgl. Schmitt, *Die geistesgeschichtliche Lage des heutigen Parlamentarismus.*

77 Schelsky, Der »Begriff des Politischen« und die politische Erfahrung der Gegenwart, S. 330, FN 1.

78 »Les choses aujourd'hui se passent dans ce domaine sans la moindre théorie.« Jaques Ellul, zitiert nach Schelsky, Der Mensch in der wissenschaftlichen Zivilisation, S. 460.

79 Habermas, *Technik und Wissenschaft als ›Ideologie‹*, S. 81.

80 Zu der Figur Schelskys als wahrer Kritiker vgl. Wöhrle, *Zur Aktualität von Helmut Schelsky*; Hildebrandt, Helmut Schelsky im Zenit, S. 32f.

81 Vgl. Schelsky, Der Mensch in der wissenschaftlichen Zivilisation, Zur Diskussion, S. 474.

Ferner kann man nach Nähen zwischen der Herrschaftslosigkeit des technischen Staats bei Schelsky und der klassischen, linken, ja auch marxistischen Utopie der Herrschaftslosigkeit fragen. Friedrich Engels schrieb einst in seinem Anti-Dühring: »An die Stelle der Regierung über Personen tritt die Verwaltung von Sachen und die Leitung von Produktionsprozessen [...].«[82] Schelsky selbst zitiert diesen Passus und einen einschlägigen Ausschnitt aus Lenins »Staat und Revolution« (1917) und positioniert sich kritisch dazu. Im Marxismus wird aus Perspektive Schelskys der Technik (den Produktivkräften) fälschlicherweise eine gewisse Unschuld attestiert, die erst in ihrem humanistischen Potenzial erkannt werden kann, wenn sie mit kommunistischen Produktionsverhältnissen verknüpft wird.

»Abgesehen von dem Irrtum über die Entwicklungen der Techniken [...] besteht die eigentliche Utopie dieser marxistisch-leninistischen These vom technisch bedingten ›Absterben‹ des politischen Staates in ihrer Kombination mit dem Sozialismus oder Kommunismus, also einer bestimmten, im voraus und d.h. ›untechnisch‹ konzipierten Gesellschafts- und Wirtschaftsordnung.«[83]

Herrschaftslosigkeit als Signum einer vollends entwickelten Technokratie ist keine Utopie, weil sie sich quasi-autopoietisch, endogen sowie unpolitisch durchsetzt und mit keinem politischen Programm, geschweige denn mit einer Geschichtsphilosophie oder Teleologie wie bei Marx, Engels und Lenin aufgeladen wird.

Da Schelsky im Laufe der 1960er Jahre den Eindruck gewinnen muss, dass die von ihm erkannten Trends und Gesetzmäßigkeiten nicht eintreten, der technische Staat keine Wirklichkeit wird und im Gegenteil ein paar Jahre später Willy Brandt *mehr Demokratie wagen* will, wechselt Schelsky zu politischen Interventionen, die weder strikt sachlich-wissenschaftlich sind, noch die Frage politischer Herrschaft als obsolet ausklammern. Schelsky tritt als Kritiker auf, der nicht nur auf der Suche nach Wirklichkeit, sondern auch nach *Wirklichkeitskontrolle*[84] ist. Da Realität bei ihm eine »regulative Idee«[85] ist, gilt es zu erörtern, welches Politik- und Gesellschaftsverständnis mit der Vorstellung von Sachzwang und einer technisierten, verwissenschaftlichten Politik verbunden wird.

82 Engels, *Herrn Eugen Dührings Umwälzung der Wissenschaft 1894*, S. 262.

83 Schelsky, Der Mensch in der wissenschaftlichen Zivilisation, Literatur und Anmerkungen, Endnote 19, S. 477.

84 Schelsky, *Ortsbestimmung der deutschen Soziologie*, S. 122ff.; Hervorhebung AS.

85 Vgl. Albrecht, »Soziale Wirklichkeit«.

2. Sachlichkeit und Demokratieskepsis

»Gewiß besteht die Aufgabe der Soziologie nicht darin, die ›Idee‹ in ihrem normativen Gehalt zu propagieren und zu predigen, wohl aber kann sie die Funktion der Idee für gestaltendes soziales Handeln aufweisen und die strukturellen Zusammenhänge zwischen der Freiheit der Idee und den sozialen Notwendigkeiten erhellen […].«[86]

In Schelskys Denken haben die Denkfiguren von Sachlichkeit, Entpolitisierung und gesellschaftlichem Wandel tiefe Wurzeln: In den 1950er Jahren wird er neben seiner familiensoziologischen Untersuchung[87] vor allem mit seinen Thesen der »skeptischen Generation« (1957) und der »nivellierten Mittelstandsgesellschaft« (1953, ferner 1961) prominent[88] – und bringt damit ein »gesellschaftliches Selbstverständnis« und ein »Lebensgefühl« auf den Begriff.[89]

Schelskys These einer skeptischen Generation, die Ideologien und politischem Enthusiasmus misstraut, weil sie die Lehre aus der allgemeinen und der eigenen politischen Verblendung im Nationalsozialismus gezogen hat, formuliert auf öffentlichkeitswirksame Weise die Idee einer Politikskepsis. Das Bild eines Einstellungswandels wird gezeichnet, bei dem sich eine Gruppe bzw. »Generation« nach ihrer politischen Desillusionierung auf ein politisches »Desinteressement […]«,[90] auf Sachlichkeit und Pragmatismus als Position zurückzieht. Doch Sachlichkeitsideal, Skepsis und ideologische Enthaltsamkeit sind nicht nur für einen jeweils subjektiven Standpunkt gegenüber Politik sinnstiftend, auch für die gesellschaftlichen und politischen Akteure mag – und soll, so später die Pointe Schelskys – der Vorbehalt gegenüber Emphase und ideologischer Verve verhaltensregulierend und normierend wirken. Skepsis, Anerkennung von Sachverhalten bzw. Sachgesetzlichkeiten und damit Sachlichkeit *sollen* als politischer Habitus kultiviert werden, so fordert er spätestens in den 1970ern. Die Feinjustierung von Schelskys Perspektive, die von einer sich

86 Schelsky, *Einsamkeit und Freiheit*, S. 8.

87 Schelsky, *Wandlungen der deutschen Familie in der Gegenwart*.

88 Vgl. Schelsky, *Die skeptische Generation*. Für die 1950er ließe sich auch Schelskys Studie zur Sexualität ergänzen, in der er sich kritisch mit den McKinsey Reporten auseinandersetzt. Schelsky, *Soziologie der Sexualität*.

89 Albrecht, »Soziale Wirklichkeit«, S. 55.

90 Schelsky, Einführung, in: Riesman, *Die einsame Masse*, S. 20.

nachkriegsbedingt konstituierenden politischen *Kultur der Sachlichkeit* zu einem *Modell des technischen Staats* bis hin zu einem *Projekt* der sachlich entscheidenden, rational planenden und wissenschaftliche Expertise einbeziehenden Politik übergeht, entpuppt sich als normative Konsequenz der kontrafaktischen Sachzwang-These.

Das staatstheoretische Modell des technischen Staates samt der These der Herrschaftslosigkeit wird angesichts politischer Realitäten hinfällig. Zwar lassen sich Prozesse der Verwissenschaftlichung von Politik erkennen, doch führen diese keineswegs zu einer substanzlosen, expertokratischen Demokratie.[91] Neue, die politische Wirklichkeit in den Blick nehmende Perspektiven sind offenkundig auch in Schelskys Augen notwendig, um aus der argumentativen Sackgasse eines bloß technischen Staats als *self-fulfilling prophecy* herauszukommen und sich angesichts der manifesten »Reideologisierung des politischen Meinungsstreits in den 1960er Jahren«[92] zu positionieren.

Schelsky fordert, dass politische Gestaltung unter dem Primat rationaler, sachlicher Expertise erfolgen müsse. Mit diesem Argument spielt er in den 1970ern den liberalen Rechtsstaat gegen Demokratie aus, da ersterer auf Freiheit beruhe und es diese zu verteidigen gelte.[93] Mit Willy Brandts Slogan »Mehr Demokratie wagen« sieht Schelsky die Grundlagen der Gewaltenteilung in Gefahr, denn mehr Demokratie sei schlussendlich mit weniger Freiheit gleichbedeutend. Er kontrastiert zwei Prinzipien: das der Demokratie im rousseauistischen Sinne einer »Herstellung von Identität von Herrschenden und Beherrschten« und das einer *freiheitsgewährenden* Machtbalance oder »der Herrschaftsaufteilung«.[94] Ideengeschichtlich lebt hier die alte Debatte zwischen den auf die Vorzüge der Repräsentativdemokratie abstellenden Autoren der Federalist Papers, Alexis de Tocqueville und John Stuart Mill und Rousseaus Demokratieverständnis wieder auf.

91 Vgl. zu Prozessen der Verwissenschaftlichung die historische Studie Metzler, *Konzeptionen politischen Handelns von Adenauer bis Brandt*.

92 Hacke, Der Intellektuelle und die Industriegesellschaft, S. 236.

93 Vgl. Schelsky, *Rückblicke eines »Anti-Soziologen«*, S. 101. Aus diesem Standort eines Verteidigers ergebe sich, so Schelskys Selbstbeschreibung, sein »Konservatismus«. Dieser sei nicht ideologisch, sondern diene nur einer »Bewahrung eben der personalen und politischen Grundlagen der Bundesrepublik«. Ebd.

94 Schelsky, *Systemuberwindung, Demokratisierung und Gewaltenteilung*, S. 50. Dass Schelsky in der prinzipiellen Entgegensetzung von Freiheit und Demokratie an Schmitts Kritik am Weimarer Parlamentarismus anknüpft, sei hier kurz erwähnt. Vgl. Schmitt, *Die geistesgeschichtliche Lage des heutigen Parlamentarismus*.

Der politische und politiktheoretische Konflikt verläuft zwischen Schelskys bzw. der gemeinhin konservativen Verortung der Demokratie in der institutionellen, verfassungsgemäßen Ordnung, einer Affirmation des bisherigen repräsentativen Systems und einem partizipatorischen, bisweilen radikaldemokratischen oder republikanischen Demokratieverständnis, das, wie bei Wolfgang Abendroth und Jürgen Habermas, aus der Verfassungsordnung die Aufgabe destilliert, vermeintlich vorpolitische Sphären zu demokratisieren und eine maximal partizipatorische, »soziale Demokratie« zu instituieren.[95] Diesem dezidiert expansiven Demokratieverständnis folgt Willy Brandts Losung zur Demokratisierung der Gesellschaft.[96]

Für Schelsky politisiert mehr Demokratie die Gesellschaft. Die Erhöhung der Teilhabechancen polarisiere und verschärfe politische Konflikte, das wiederum führe zu einer unterkomplexen Debatte, zu Ideologisierung und Personalisierung – letztlich zu einer »Senkung der politischen Rationalität«.[97] Demokratisierung und Politisierung mit dem Ziel der Partizipation würden also Rationalität und Sachlichkeit unterhöhlen und gleichzeitig die Konfliktivität der Gesellschaft mittels *vermehrter* Herrschaftsansprüche steigern. Denn die zunehmende politische Teilhabe der Massen habe zur Konsequenz, dass Entscheidungen in ein binäres Schema von Entweder-oder, von Freund-Feind gepresst würden. Indem so Fragen der Sachlogik deformiert und vereinfacht würden, führe Demokratisierung zu Irrationalität und Emotionalisierung. [98] Der durchschnittliche Bürger der Industriegesellschaft sei mit bürgerschaftlicher Deliberation überfordert. Carl Schmitts Politikmodell drohe sich zu verwirklichen – die Bundesrepublik laufe Gefahr, in einen *schmittianischen Atavismus* zurückzufallen, zumal langfristig die Menschen wieder nach einem charismatischen Führer riefen.[99]

Mehr Demokratie droht in den Augen Schelskys die funktionale Differenzierung von Institutionen aufzuweichen. Die gewaltenteilende

95 Vgl. Wehrs, *Auf der Suche nach einem »Pronunciamento«*, S. 126.

96 Wehrs (ebd., S. 126) verweist an dieser Stelle auf Willy Brandt, Die Alternative. Dort spricht Brandt von einem der demokratischen und fortschrittlichen Gesellschaft »adäquaten gesellschaftlichen Bewußtsein«.

97 Schelsky, *Systemüberwindung, Demokratisierung und Gewaltenteilung*, S. 51. Daher ist für Schelsky die Wahlbeteiligung von über 90 Prozent bei der Bundestagswahl 1972 ein böses Omen.

98 Für eine kritische Diskussion dieser Thesen vgl. unter anderem von Krockow, Mehr Demokratie – weniger Freiheit?, Die Zeit, 23.02.1973.

99 Schelsky, *Systemüberwindung, Demokratisierung und Gewaltenteilung*, S. 61, 63.

Autonomie von Institutionen und Organisationen baue sich nach der Logik »einer Funktionenteilung innerhalb einer komplexen Gesellschaft« auf.[100] In geradezu proto-luhmannianischer Manier führt Schelsky aus, dass die Eigenlogik zu institutionellen Freiräumen und einem spezifischen »Sachbezug«, also zu »Sachverstand und [...] Anerkennung der Sachgesetzlichkeiten« führt.[101] Diese würden durch Demokratisierung unterwandert, denn »[d]ie Sachdienstleistung tritt gegenüber dem politischen Bekenntnis und Engagement in den Entscheidungs- und Verwaltungsleistungen [...] zurück«.[102]

Für Schelsky ist »[e]ine gute [...] [Verwaltung] die Voraussetzung jedes Funktionierens demokratischer Methoden«.[103] Er konturiert weberianisch Politik gegen Verwaltung und konstatiert eine logische »Arbeitsteilung«, vor deren Politisierung er warnt. 1975 registriert er als Kennzeichen einer Legitimitätskrise und Unregierbarkeit

»[...] die aus der Vernachlässigung der Gewaltenteilung stammende Politisierung der leitenden Staatsbeamten aus Gründen der Parteizuverlässigkeit und die damit einhergehende Zurückdrängung des Sachverstands, ja der steigende Verlust der Fähigkeit zur verfassungskonformen Gesetzgebung [...]«.[104]

Die in den 1970ern diskutierte Unregierbarkeit ist demzufolge nicht nur das Resultat einer Anspruchsinflation von Bürgern, sondern zuvorderst auch ein Effekt von Politisierung. Sachlichkeit, rationale Expertise und Kompetenz würden zugunsten von Parteiinteressen getauscht. Durchgehend findet sich bei Schelsky also die Konfliktlinie Sachlichkeit, Expertise versus (Partei-)Politik.[105] Eine Entscheidungsfindung in der Logik politischer Bekenntnisse und politischer Opportunitäten breche mit dem an die Autonomie dieser gewalteilig organisierten Institutionen gekoppelten Kompetenzprinzip, das als »Technokratie« schlicht verunglimpft werde. Ein auch von Wilhelm Hennis belobigte Amtsethos bestehe schließlich in der »Sachdienstleistung« und der Absehung von eigenen,

100 Ebd., S. 57.

101 Ebd., S. 58; er spricht von »Sacherfüllung« und »der Vertretung von Sachinteressen«, von »Sachkompetenz«.

102 Ebd., S. 54.

103 Schelsky, *Der Pfahlbau*, S. 340.

104 Schelsky, *Ein Schlagwort entsteht: ›Unregierbarkeit‹*, S. 160.

105 Auf diesen Konflikt verweist auch Saretzki, Technokratie, Technokratiekritik und das Verschwinden der Gesellschaft, S. 368.

politischen Interessen. Gewaltenteilung im Sinne Schelskys neutralisiert gleichsam Partei- und Machtpositionen.[106]

Schelsky artikuliert hier ein Unbehagen an der politischen, nicht kompetenzorientierten Auswahl beispielsweise der Mitarbeiter der Ministerialbürokratie und an der wachsenden Bedeutung des *Parteienstaats*, wie es seinerzeit zahlreiche Politikwissenschaftler und Staatsrechtler vorbringen. Der Soziologe benennt den Vorteil der vermeintlichen Ministerial-»Technokratie« für den einzelnen Bürger: Würden Kompetenz und Verantwortung nach dem Prinzip der Sachlichkeit und nicht nach dem übergriffigen Prinzip der Demokratie verteilt, könne sich der Bürger gewiss sein, dass auch seine Autonomie und Freiheit gewahrt bleibe. Schelsky kämpft demnach an zwei Fronten: für die Autonomie der Institutionen und des Individuums. Dass das Argument für politische wie institutionelle Freiräume eine inhärente Tendenz zu obrigkeitsstaatlichem Denken birgt, reflektiert er nicht.

Ein problematischer Effekt seiner demokratisierungsskeptischen Argumentation wird sichtbar: Indem Schelsky das Prinzip der Freiheit und der Gewaltenteilung gegen Demokratie ausspielt, ihre stets prekäre Balance im liberal-demokratischen Verfassungsstaat bereits mit Willy Brandts Politik aus dem Gleichgewicht gebracht sieht, trägt er selbst zu der von ihm kritisierten Polarisierung der politischen Kultur und Debatte bei: Er *polarisiert* zwischen Demokratie und Freiheit. Somit liegt ein symptomatisches Paradox vor: Will Schelsky die Demokratie eigentlich vor ihrer Selbstzerstörung schützen, wendet sich sein Sachlichkeitspostulat in eine Politisierung des Grundgesetzes und gegen Demokratisierung.[107] Seine Kritik läuft selbst Gefahr, die Demokratie der Bundesrepublik auszuhöhlen, indem sie Misstrauen gegenüber den politischen Akteuren sät.

---

106 Vgl. Thümmler, Mehr Demokratie oder mehr Freiheit?, S. 207.

107 Schelsky konturiert zwei Verfassungsprinzipien gegeneinander: Gewaltenteilung versus Art. 20 GG: Volkssouveränität sowie Sozial- und Bundesstaatlichkeit. Vgl. Kriele, Das Grundgesetz im Parteienkampf, S. 45.

3. Auf der Suche nach Freiheit und Selbständigkeit im Betreuungsstaat

»Freiheit statt Sozialismus.«[108]

Schelsky fetischisiert Sachlichkeit geradezu im Zuge seiner Gesellschafts- und Kulturkritik.[109] Seine Kritik entspringt einer Suche nach den in der Industriegesellschaft schwindenden Freiheitsräumen der Person, also nach der Freiheit des Individuums gegenüber seiner sozialen und institutionellen Determiniertheit. Selbst das Modell des technischen Staats entsteht aus einem ursprünglich liberalen, kritischen Impuls, denn die subkutan verlaufende Fragestellung, ja die Subversion seiner eigenen Apodiktik benennt Schelsky in der Nachbesprechung seines Vortrags:

»Welche Freiheit hat der Mensch noch gegenüber diesen Sachzwängen der wissenschaftlichen Zivilisation? Meine Darstellung lief zunächst auf die Antwort hinaus: Offensichtlich immer weniger, gemessen an alten Vorstellungen [...]. Und trotzdem habe ich ja selbst den ganzen Vortrag hindurch diese ›Freiheitsfrage‹ gestellt, da ich überzeugt bin, daß es möglich und notwendig ist, auch diesen Entwicklungen gegenüber wiederum den Punkt der Freiheit zu finden und zu begreifen.«[110]

Hierin zeigt sich schließlich das bereits angedeutete Anliegen Schelskys, die »Spannung zwischen freiheitlicher Selbstbestimmung des Subjekts und den institutionell gesetzten Zwängen«[111] zu problematisieren.

Wenngleich die wirkliche Freiheit des Menschen nur in der Negation der industriellen, technisch-wissenschaftlichen Welt oder in einer Dauerreflexion liegen mag, stellt sich die Frage, wie eine solch freiheitliche Orientierung zu einem »Technokraten« passt, zumal Schelsky 1961 noch vor Entdemokratisierung und Entpolitisierung warnt, die er nur ein Jahrzehnt später positiv gegen Demokratisierung ins Feld führt. Relativiert nicht eine solche Suche nach Freiheitsgraden des Menschen die von Habermas prominent formulierte Kritik an Schelsky, dieser liefere *nolens volens* die Beruhigungsideologie der entpolitisierten Masse?

108 Wahlkampfslogan der Union 1976.

109 »Schelsky erblinde angesichts seines Sachlichkeitsideals«, so Thümmler, Mehr Demokratie oder mehr Freiheit?, S. 213.

110 Schelsky, Der Mensch in der wissenschaftlichen Zivilisation, Zur Diskussion, S. 474.

111 Schelsky, *Rückblicke eines »Anti-Soziologen«*, S. 98.

Zuweilen kann Freiheit normativer Leitbegriff einer politik- und demokratieskeptischen, vielleicht auch politisch desinteressierten, entpolitisierten Faktion sein, sofern Politik lediglich als Eingriff in private Freiheiten begriffen und der Begriff der Freiheit dagegen, aus einem gleichsam antipolitischen und anti-etatistischen Affekt, in Stellung gebracht wird. Die Freiheit, die Schelsky meint, ist keine partizipativ-emanzipatorische, sondern folgt einem liberal-konservativen Plädoyer für Selbständigkeit. Freiheit ist durch politische Rahmensetzung zu ermöglichen, sie ist aber nicht politisch plan- und steuerbar und somit nicht mit dem gesellschaftskritischen, linken Emanzipationsbegriff zu verwechseln. Daher fragt Schelsky, wie die politische Gewalt beschränkt sein muss, damit individuelle Freiheiten nicht eingeschränkt werden.[112]

Freiheit *von* ideologisierter Politik ließe sich in einem sachorientierten Herrschaftssystem verwirklichen; Schelskys Modell einer »nur schemenhafte[n] Verfahrensdemokratie unter rationaler Führung schimmert als Gelehrten-Obrigkeitsstaat, dessen Ideale von Weisheit und Wahrheit an eine unpolitische Philosophenherrschaft erinnern«.[113] Bei Schelsky amalgamiert sich ein liberaler Impuls mit einem autoritären Politik- und Staatsverständnis.

Insbesondere der sich ausdifferenzierende Wohlfahrts- und Sozialstaat greift maßgeblich in das auszubalancierende Verhältnis zwischen »Person *und* freiheitliche[n] Institutionen«[114] ein. Wie für Gehlen und Forsthoff kippt aus Schelskys Sicht der westdeutsche Wohlfahrtsstaat im Laufe der 1960er und 1970er Jahre in ein *Zuviel* der Daseinsvorsorge:[115] »Der Wohlfahrtsstaat als Schutz der sozial Schwachen wird unversehens sehr bald zum planstaatlich-bürokratischen Vormundschaftsstaat und bleibt es.«[116] Dadurch entstehe »[…] eine Herrschaft der sozialen Betreuer […], die dann ein politisches Eigeninteresse daran haben, die Betreuten materiell und vor allem in ihrem Selbstverständnis hilflos und hilfsbedürftig, also unselbständig, zu erhalten«.[117] Schelsky formuliert hier eine liberal

112 Vgl. Schelsky, *Mehr Demokratie oder mehr Freiheit*, S. 47.

113 Thümmler, Mehr Demokratie oder mehr Freiheit?, S. 211.

114 Schelsky, *Der selbständige und der betreute Mensch*, S. 18; Hervorhebung im Orig.

115 Vgl. Meinel, *Der Jurist in der industriellen Gesellschaft*, S. 301; vgl. auch Weiß, *Weltverlust und Subjektivität*, S. 209ff. Zudem Huber, Vorsorge für das Dasein, S. 160ff.

116 Schelsky, *Der selbständige und der betreute Mensch*, S. 18.

117 Ebd. Schelsky verwischt hiermit den fundamentalen Unterschied zwischen einem Wohlfahrtsstaat, der über einen indirekten Zugriff, ja über die Handlungsdimension die Fähigkeiten und Voraussetzungen der Bürger verändern will, um deren Teilhabechancen

motivierte Kritik, die später im britischen Diskurs von Margaret Thatcher und Tony Blair als Angriff auf die »dependency culture« des ausufernden Wohlfahrtstaats wiederauftauchen wird.

Schelsky dekliniert seinen Befund einer omnipräsenten Betreuungslogik anhand verschiedener politischer, gesellschaftlicher und kultureller Phänomene durch, da »[d]iese Herrschaft der Betreuer [...] politisch in verschiedenen Formen erscheinen [kann]: als Wohlfahrtsstaatdiktatur, als Erziehungsdiktatur, als Herrschaft der Funktionäre, als Meinungsbeherrschung und -manipulierung usw«.[118] So wird das Motiv Freiheit und Sachlichkeit versus Bevormundung und Demokratie vielstimmig auf diversen Klaviaturen durchgespielt: die Suche nach Freiheitsgraden mal in der technischen Welt, mal im sich ausdifferenzierenden Wohlfahrtsstaat, mal in der kommunikativen und publizistischen Vermittlung von Politik gegenüber dem Bürger, mal im Rechtssystem: »Diese Formen der Betreuungs-Herrschaft ließen sich im gegenwärtigen politischen Leben der Bundesrepublik sehr eindrücklich nachweisen.«[119]

Schelskys Aufruf gegen Betreuung und Fremdbestimmung des Einzelnen spielt mitunter die Melodie einer sich selbst organisierenden, nur in Maßen einzuschränkenden Marktgesellschaft. Der Soziologe variiert das Thema, das auch der damalige Ordoliberalismus durchdenkt: Der Staat habe seine beschränkte Aufgabe darin, die Freiheit einer marktwirtschaftlich organisierten, freiheitlichen Gesellschaft zu garantieren. Er müsse über die Einhaltung der wirtschaftlich-liberalen Spielregeln wachen, den Rahmen bereitstellen, innerhalb dessen sich die Gesellschaft produktiv entfalten könne. Auch hier ist die Ordnung der Gesellschaft zentral, und auch hier wird Skepsis gegenüber einem paternalistischen Planstaat artikuliert.

Für Schelsky bleibt schließlich das Problem zentral, Freiheit und soziale Gerechtigkeit als politische Zielvorstellungen miteinander zu vereinbaren, ohne das eine gegen das andere auszuspielen. Ihm zufolge verstellt aber die der Demokratie inhärente Tendenz zur Polarisierung und Gegenüberstellung eine Debatte um die richtige politische Balance – Politik verspreche eine gleichzeitige Verwirklichung dieser konfligierenden Ziele und konterkariere deren Verwirklichung. Die hier normativ eingeforderte

---

zu erhöhen, und einem Betreuungsstaat wie zu Zeiten der Nationalsozialisten und in der DDR, der den Einzelnen einem System der (totalen) Kontrolle unterwirft.

118 Ebd.

119 Ebd.

Gesellschaft setzt also innerhalb eines regulativen Rahmens auf die Freiheit und Individualität ihrer Bürger. Schelskys Entwurf nähert sich einem (ordo-)liberalen Programm – er plädiert spätestens ab Mitte der 1970er für einen Abbau von Versorgung, Planung und Regulierung. Es muss daher festgehalten werden, dass bei Schelsky ein argumentativer Nexus von Sachlichkeitspostulat, Demokratiekritik, Sozialstaatsskepsis und liberalem Wirtschaftsverständnis vorliegt.

So ist es schließlich kohärent, wenn sich Schelsky trotz seines Unbehagens an den »immer gröberen Begriffskeulen« ideologischer Zuordnung des 19. Jahrhunderts[120] als »Altliberaler« verortet:

»Inzwischen habe ich an dieser Kennzeichnung Geschmack gewonnen: Wenn man schon dem etikettierenden Denken Beschilderungen anbieten muß, dann fühle ich mich in der Absicht, die klassischen Überzeugungen des Liberalismus von Kant und Wilhelm von Humboldt, von Adam Smith und J.S. Mill für die Gegenwart und innerhalb der modernen Gesellschaftsstruktur wieder zu aktualisieren, am wenigsten mißverstanden.«[121]

Dabei ist aufschlussreich, dass Schelsky sich am ehesten als »altliberal« bezeichnet, denn der klassische Liberalismus, das zeigen die Schriften von Kant und Mill, ist ja keineswegs uneingeschränkt demokratisch. Kants Öffentlichkeitskritik, Mills Tyrannei der öffentlichen Meinung – sie scheinen als ideengeschichtliche Stichwortgeber für den politischen, nicht soziologischen Denker Schelsky stringent. [122]

Es bleibt eine Ambivalenz in Schelskys »Liberalismus«, insofern dieser zwar *prima facie* für die Verteidigung der formalen Institutionen einer liberalen Demokratie wie der Bundesrepublik plädiert, aber sein Politik- und Demokratieverständnis und sein Plädoyer für Bestandswahrung, sei es vermeintlich weniger aus ideologischer Natur denn angesichts der Wahr-

---

120 Schelsky, *Die Arbeit tun die anderen*, S. 527.

121 Schelsky, *Der selbständige und der betreute Mensch*, S. 10.

122 Schelsky selbst macht biographische Kontingenzen für sein Wissenschafts- und Politikverständnis verantwortlich. So sei neben der ideengeschichtlichen Linie einerseits seine Demokratieskepsis biographisch-historisch erklärbar. Wie Greven betont: »Kann man […] nach den Erfahrungen mit den plebiszitär legitimierten Diktaturen des 20. Jahrhunderts Schelsky allein schon dafür kritisieren, daß er demgegenüber den liberalen, individualistischen und auch pragmatischen Teil der demokratischen Tradition der Aufklärung der Bevölkerung Deutschlands politisch anempfiehlt?« Greven, *Politisches Denken in Deutschland nach 1945*, S. 259. Für die von Greven betrachtete unmittelbare Nachkriegszeit mag das zutreffen.

nehmung institutioneller Bedrohung formuliert, eben jene demokratischen Institutionen langfristig konterkarieren und unterlaufen. Denn:

»In einer Ordnung, die vom Sachzwang diktiert wird, erübrigt sich, insoweit, eine Konfrontation verschiedener Meinungen im Räsonnement, das der Mehrheitsentscheidung vorangeht, die man als integrierte, allgemeine und nunmehr geltende Meinung betrachtet. Die technokratische Ordnung ist strukturell undemokratisch. [...] Es heißt lediglich, daß Sachentscheidungen, Fachfragen, unter die natürliche Kompetenz des Sachverstandes fallen, gegen dessen Urteil eine Berufung auf die allgemeine Meinung nicht möglich ist. Was richtig ist, wird nicht durch Mehrheitsbeschlüsse, sondern durch Gründe entschieden.«[123]

Bei Schelsky resultiert gerade aus der theoretisch begründeten, institutionellen Funktionsteilung der Industriegesellschaft »eine vertikale und horizontale Herrschaftsstruktur, die jenem historisch aus sich heraus erzeugten Sachlichkeitsideal folgen müsse«.[124] Schelskys Beschreibungen einer nivellierten Mittelstandsgesellschaft, einer Politikskepsis, einer eminenten Rolle von Verwaltung als (un-)politischem Konterpart, sein Votum gegen Politisierung sowie seine Abwertung eines politischen, öffentlich ausgetragenen Streits führen dazu, dass bestehende Herrschaftsverhältnisse im Staat gegen den »legitimen und produktiven« Protest der Ausgeschlossenen »immunisiert« werden.[125] Darauf weisen uns Habermas und Dahrendorf zu Recht hin.

So kann man Schelsky zwar einen liberalen politischen Impuls attestieren, dieser liegt aber, entgegen dem Liberalismusverständnis eines Soziologen wie Dahrendorf, fernab einer normativen Vorstellung von einer »allgemeine[n] Kraft der Unruhe«,[126] eines kulturell liberalisierend wirkenden Widerstreits. Kritisiert Dahrendorf *Demokratie ohne Freiheit*, so will Schelsky Freiheit ohne zu viel Demokratie. Aber für Dahrendorf hat Schelsky keinen liberalen Freiheitsbegriff, da er auf ein autoritäres Gesellschaftsbild aufbaut.

Obgleich die Vorstellung, Freiheit sei ein durch den Staat und durch bürgerliche Körperschaften herzustellendes Gut, bei Schelsky eine prominente Stellung einnimmt, führt sein Politikentwurf daher stets die demokratietheoretische Pointe einer *Entagonalisierung* mit sich: Weder imaginiert oder theoretisiert er einen liberalen Ideenwettbewerb noch eine demokrati-

123 Lübbe, *Theorie und Entscheidung*, S. 52.
124 Thümmler, Mehr Demokratie oder mehr Freiheit?, S. 217.
125 Vgl. Hansl, Dahrendorfs Spuren, S. 110f.
126 Dahrendorf, Soziale Klassen und Klassenkonflikt, S. 239.

sche Deliberation, die politische, strittige und interessenrückgebundene Entscheidungen kommunikativ vorbereiten oder vermitteln könnte. Aus einer partizipationsaffinen Sicht ist dies ein Manko, weil der Glaube an die Kraft der Verwaltung der politischen Vitalität formaldemokratischer Institutionen und Verfahren entgegensteht.[127] Schelskys Liberalismus ist weniger demokratisch als expertokratisch anschlussfähig – er entwirft ein »Modell des Obrigkeitsstaates unter dem Deckmantel der Sachlichkeit«.[128]

Daher lässt sich resümieren, dass Schelsky eine ursprünglich liberal gesonnene, aber eben nicht demokratische *Politikvorsorge* konzeptualisiert – Politik fungiert als Dienstleistung im Verstrickungszusammenhang der Industriegesellschaft. Die Ambivalenz von Freiheitssuche und Skepsis dank Wirklichkeitsbeobachtung ist für Schelsky charakteristisch. Das für Habermas kritikwürdige, schließlich angesichts der von Schelsky beobachteten Re-Ideologisierung der bundesrepublikanischen Gesellschaft auf Entpolitisierung der Bürgerschaft abstellende Demokratie(miss-) verständnis Schelskys liefert also doch eine potenziell staatsapologetische *Hintergrundideologie.* Man kann mit einigem Recht behaupten, dass die Behauptung, der Fachmann ersetze langfristig den Politiker »[…] eine Prognose [ist], die die innenpolitische Stabilität der Wiederaufbauphase unter Adenauer säkular verlängert hat«.[129]

4. Die reale Verwissenschaftlichung und der Wandel des Sachzwangbegriffs

»Der Sinn für Realitäten ist selbst eine moralische Qualität, und wer ihn nicht aufbringt, der wird von den Ereignissen, der wird von dem *Sachzwang* zur Verantwortung gezogen.«[130]

Schelsky beschreibt bereits 1961 Politik weitgehend als Gutachterkämpfe und erkennt in der Zunahme politischer Entscheidungen auf Grundlage von Sachgutachten eine »Tendenz zu einer Minimisierung der politischen Entscheidungen im Staate bei ständiger Kompetenzerweiterung des Staa-

127 Vgl. zu diesem Argument eines vitalen, konfliktiven Liberalismus Hansl, Dahrendorfs Spuren.

128 Thümmler, Mehr Demokratie oder mehr Freiheit?, S. 218.

129 Noack, Technischer Fortschritt als konservative Aufgabe?, S. 73.

130 Gehlen, Zusammenfassung des Kolloquiums, S. 188; Hervorhebung AS.

tes«.[131] Vor allem diese Behauptung einer expertokratischen Aushöhlung der Demokratie hat als zeitdiagnostische These Gewicht. Der Begriff des regierenden, Demokratie aushöhlenden Sachzwangs hypostasiert und verzerrt zwar politische Entwicklungen, doch karikiert er einen bedenkenswerten Umstand: Die Staatskonsolidierung der Bonner Republik und die sukzessive Verinnerlichung demokratisch-parlamentarischer Kultur erfolgen bisweilen mit Hilfe von Verwissenschaftlichung.

Diesen Prozess analysiert die Historikerin Gabriele Metzler auf eindrückliche Weise.[132] Von Bundeskanzler Adenauer bis Brandt expandiert Politikberatung; eine stetig wachsende Anzahl von Wissenschaftsräten hilft, das Ziel politischer Planung nach Kriterien der Rationalität und Objektivität zu verfolgen. Mittels wissenschaftlicher Expertise wird eine Modernisierung von Politik forciert.[133] Antizipation, Information und Rationalität fungieren als Gütesiegel der Wissenschaft, von denen politische Akteure profitieren wollen, denn Wissenschaft dient als eine »autoritative Ressource« zur Problembewältigung und Legitimationsbeschaffung.[134] *Keynesianischer* und *technischer Machbarkeitsglaube* prägen sowohl Politik als auch Theorie. Gerade die Koinzidenz von ökonomischer Planung und technischer Innovation entpuppt sich als Modernisierungsmotor.[135]

Jedoch wird Politikberatung keineswegs allerorten begrüßt. In der Institution des 1963 eingeführten Sachverständigenrats erkennt beispielsweise der Staatsrechtler Ernst-Wolfgang Böckenförde ein rechtliches Problem, weil dieser »eine unverantwortliche Nebenregierung« darstelle,[136] die weder über demokratische Legitimation verfüge noch Kontrollmecha-

131 Schelsky, Der Mensch in der wissenschaftlichen Zivilisation, S. 458.

132 Vgl. Metzler, *Konzeptionen politischen Handelns von Adenauer bis Brandt.*

133 Vgl. ebd., beispielhaft S. 421f.

134 Ebd., S. 192. Dabei werden diverse Institutionen wissenschaftlicher Politikberatung ins Leben gerufen: Der Wissenschaftsrat 1957, der Sachverständigenrat zur Begutachtung der gesamtwirtschaftlichen Entwicklung 1963, der Bildungsrat (1966 bis 1975). Gleichzeitig expandieren die wissenschaftlichen Beiräte in den Ministerien.

135 Nicht wenige Autoren ziehen eine Parallele zwischen den Jahrzehnten zwischen 1890 bis zum Ersten Weltkrieg und den Nachkriegsjahrzehnten. Wie schon zu Beginn des Kapitels illustriert, lassen sich die Schübe der Urbanisierung und Vermassung, der Elektrifizierung, der Industrialisierung und Technisierung sowie die bürokratische Rationalisierung mit wissenschaftlichen Innovationen vergleichen. So auch Herbert, Liberalisierung als Lernprozeß, S. 35.

136 So Böckenförde in seiner Habilitationsschrift: Böckenförde, *Die Organisationsgewalt im Bereich der Regierung*, auf die Metzler, *Konzeptionen politischen Handelns von Adenauer bis Brandt*, S. 179, verweist.

nismen ausgesetzt sei, obwohl sie regierungsähnliche Kompetenzen besitze. Die fünf Weisen seien eine staatsrechtlich bedenkliche »indirekte Gewalt«, so Böckenförde.[137] Der Staatsrechtler Christian Heinze, ein Forsthoff-Schüler, diagnostiziert sogleich einen Formwandel von Staatlichkeit: Der Sachverständigenrat verkörpere sowohl den Bedeutungszuwachs ökonomischer gegenüber politischer Rationalität als auch die Instrumentalisierung des Staates als gesellschaftliche »Funktion« und »Selbstorganisation«. Der Staat sei der Gesellschaft nichts äußeres mehr, sondern die vermeintliche Objektivität, Autorität und Kompetenz genuin staatlicher Institutionen würden durch die »Verfachlichung«, also durch die Autorität externer Gutachter unterwandert.[138]

Diese »Verfachlichung« ist für die hiesige Analyse aus systematischen Gründen interessant, zeitigt sie doch einen wichtigen Lerneffekt: Wissenschaftliche Beiräte und Gremien bieten ein politisches Instrument, bisweilen indirekte wirtschaftspolitische Steuerung zu betreiben. Ein historisches Beispiel soll hier genügen: Ohne die Tarifautonomie anzutasten, will Ludwig Erhard 1962 die Lohn- und Preisentwicklung beeinflussen, denn eine interessenbasierte Verbandspolitik, die höhere Löhne und Gewinne fordert, gefährde das Wirtschaftswachstum.[139] Hierbei könne, so Erhard, die wissenschaftliche Expertise eines wissenschaftlichen Rats genutzt werden, um mit einer gutachterlichen Empfehlung mitsamt der »Untadeligkeit ihres Zustandekommens und der Autorität der hieran beteiligten Persönlichkeiten« öffentlichkeitswirksam Sachlichkeit zu suggerieren und einzufordern.[140] Verbände bzw. Interessengruppen könnten durch die manifeste *Neutralität* eines Gutachtens zu Sachlichkeit und zum Gemeinwohl veranlasst werden. Das Gemeinwohl der formierten Gesellschaft basiert eben

137 Vgl. Böckenförde, *Die Organisationsgewalt im Bereich der Regierung*, auf die Metzler, *Konzeptionen politischen Handelns von Adenauer bis Brandt*, S. 179.

138 Heinze, Der Sachverständigenrat zur Begutachtung der gesamtwirtschaftlichen Entwicklung und die Umbildung der Verfassung, zitiert nach Metzler, *Konzeptionen politischen Handelns von Adenauer bis Brandt*, S. 178.

139 Vgl. ebd, S. 172.

140 Erhard, Kabinettvorlage 1962, zitiert nach ebd. In einem vertraulichen Protokoll einer Sondersitzung des Wissenschaftlichen Beirats beim Bundeswirtschaftsministerium im November 1962 ist zu lesen, dass der Ministeriumsvertreter Rolf Gocht exakt diese Intention deklariert. Die Kritik an dieser Instrumentalisierungsstrategie erfolgt selbstredend durch den (darüber informierten) Wissenschaftsbeirat. Vgl. ebd, S. 172f. Metzler hat Einsicht in die diesbezüglichen Akten im Bundesarchiv Koblenz genommen, daher erfolgt hier der indirekte Verweis.

auf der Einsicht der wissenschaftlich informierten Gesellschaft[141] in Vernunft. Erhard will qua wissenschaftlicher Vernunft eine indirekte, gleichsam gouvernementalistische Steuerung ohne sichtbaren direkten Eingriff ermöglichen.[142]

An diesem Beispiel lässt sich über den konkreten Kontext der Bonner Republik hinaus eine erkenntnisleitende Beobachtung festhalten: Politische Akteure intendieren mitunter eine Externalisierung von Autorität und Kompetenz, um dann Empfehlungen und Stellungnahmen in fachlichen Gutachten als neutrale, sachliche Handlungsaufforderungen an die Politik öffentlichkeitswirksam zu platzieren. *Sachzwänge* können derart konstruiert werden. Vor allem wirtschaftspolitische Empfehlungen sollen erarbeitet werden, die dann eine Regierung umsetzt, ohne den Eindruck einer – wirtschaftspolitisch – liberalen Linie aufs Spiel zu setzen. Wird damals noch um Verwissenschaftlichung als potenzielle Entdemokratisierung gestritten, entpuppt sich diese im Laufe der Zeit als nützliches Politikinstrument, um unliebsame Entscheidungen mit Verweis auf unpolitische Autorität zu rechtfertigen.

Zudem wird hier eine Überschneidung, wenn nicht ein sukzessiver Formwandel von Sachzwangsargumentationen deutlich: Diese wandeln sich zu vorrangig wirtschaftlichen Argumenten. Für viele erübrigt das Wirtschaftswunder der Nachkriegszeit die Frage nach der Affirmation des Staatsgebildes.[143] Entgegen der ordoliberalen Position, wachsenden Wohlstand als Anlass für eine Politik der Privatvorsorge zu verwenden, nutzt der Sozialstaat das Gelegenheitsfenster des Wirtschaftswachstums; »Wohlstand ermöglichte überhaupt erst eine interventionistische Politik«.[144] Als schließlich Wirtschaftswunder und Wachstum abebben, verändert sich auch die politische Semantik. Die Wirtschaft normalisiert sich, soziale Unterschiede werden wieder fühlbar, internationale Wirtschaftsverflechtung und Globalisierung allmählich sichtbarer. Verteilungskonflikte entwerten zunehmend Schelskys These der nivellierenden Mittelstandsgesellschaft. Schon am 10. November 1965 gibt Erhard seiner Regierungs-

141 Vgl. Erhard, *Sparsamkeit und Nüchternheit*. Regierungserklärung, Berlin, 10.11.1965, S. 945.

142 Vgl. Fischer, *Moralkommunikation der Macht*, S. 153.

143 Vgl. Winkler, *Der lange Weg nach Westen II*, S. 160. Warum vor allem ein Mentalitäts- bzw. Kulturwandeln von Nöten ist, wird deutlich an Ulrich Herberts Formulierung einer »Einwurzelung des NS-Regimes in der deutschen Gesellschaft«, Herbert, Liberalisierung als Lernprozeß, S. 15.

144 Metzler, *Konzeptionen politischen Handelns von Adenauer bis Brandt*, S. 421.

erklärung den Titel »Sparsamkeit und Nüchternheit« und reflektiert eine erneute Debatte um wirtschaftliche Sachzwänge.

Auf theoretischer Ebene profiliert vor diesem Hintergrund auch der technokratisch-konservative Arnold Gehlen einen weniger modernediagnostischen als pragmatischen Sachzwangsbegriff:[145]

> »Ich sagte, das Abgleiten in einen *pleasure dome*, sozusagen in einen Totalversorgungspalast, ist nicht durch Einsicht oder Moral verhindert worden, sondern durch harte Tatsachen, die plötzlich alle zusammenfielen. Das ist im jetzigen Fall die folgende Serie: die Kostensteigerung, die Einwanderung der Konkurrenz, das Zinsniveau, die Verdrängung der Kapitalsucher aus der privaten Wirtschaft durch die öffentliche Hand, der Verfall des Kapitalmarktes usw.; eines Tages konnte man diese Entwicklung nicht mehr ignorieren. Das ist in diesem Fall der Sachzwang, in anderen Situationen sieht er anders aus. Es ist also kein Begriff, der irgend etwas mit Naturwissenschaft zu tun hat oder mit Determinismus, sondern mit *Realität. Es ist der Druck der Realität, er zerschlägt jetzt die Illusionen.*«[146]

Der Begriff wird hier nicht mit einer im weitesten Sinne *technischen* Sachgesetzlichkeit assoziiert, sondern mit der Forderung, sich der Realität – in diesem Fall der wirtschaftlichen Lage – zu stellen. Der in die Phase des Wiederaufbaus ausgebildete Politikstil eines pragmatischen Realismus wird auf einen sozio-ökonomischen Kontext angewendet. In nuce findet sich hier bereits die in den 1970ern omnipräsente Diagnose, die wachsenden Ansprüche der Bürger an den Staat würden durch wirtschaftliche Dringlichkeiten und schiere Notwendigkeiten gebremst. *Die optimale Sachlösung*[147] *ist eine realistische.* Das semantische Feld des Sachzwangs verschiebt sich.

Angesichts der Frage nach sozialer Kohäsionsstiftung in einer sich individualisierenden und pluralisierenden Gesellschaft gerät der Sozialstaat immer mehr in die Kritik. Schon Schelsky beanstandet, der paternalistische Staat verselbständige sich. Folgt man Niklas Luhmanns Theorie des Wohlfahrtsstaats, die diese liberalkonservative Argumentation weiterführt, reproziert sich der Wohlfahrtsstaat nicht nur notwendigerweise, sondern vergrößert sich auch selbst dank einer ihm inhärenten Logik.[148] An seine akademischen Lehrer anschließend notiert Luhmann, dass moderne

145 Vgl. zu der Rolle des Begriffs bei Gehlen selbst: Rehberg, Nachwort des Herausgebers, S. 652.

146 Gehlen, Diskussion, S. 203; Hervorhebungen AS.

147 Siehe oben: Schelsky, Der Mensch in der wissenschaftlichen Zivilisation, S. 458.

148 Vgl. Luhmann, *Politische Theorie im Wohlfahrtsstaat.*

Gesellschaft überhaupt nur als Wohlfahrtsstaat denkbar sei, denn das Versprechen der Inklusion müsse letztlich zum Wohlfahrtsstaat führen.[149]

Im konservativen Lager kann die Debatte um Unregierbarkeit zudem auf ein kulturkritisches Repertoire zurückgreifen. Daniel Bells Kritik am »materialistischen Hedonismus«[150] trifft sich mit Gehlens Kritik am »humanitär-eudaimonistischen Ethos«.[151] Dieser Einstellung wirken nun Sachzwänge entgegen, sodass sich der politische Diskurs von technischen Sachgesetzlichkeiten zu wirtschaftlichen Sachzwängen und dem Gebot politischen Pragmatismus verschiebt.

> »Im Kontext von Verteilungskonflikten ist die Rede vom ›Sachzwang‹ daher im wesentlichen gleichbedeutend mit der Aufforderung, sich zu bescheiden, den ›Sinn für Realitäten‹ zu bewahren, die eigenen Wünsche zugunsten einer größeren ›Sache‹ zurückzustellen. Der ›Sachzwang‹ wird in diesem Fall eher suggeriert als wirklich begründet.«[152]

Nun stehen Reformen, Modernisierung und Anpassung in Anbetracht wirtschaftlicher Konjunkturprobleme im Fokus. Um aus der wirtschaftlichen Misere und einer Spirale der Verschlechterung auszubrechen, muss dieser Logik nach der Staat Aufgabenballast loswerden; er muss wie der Thatcherismus auf eine »Aufgabe von Staatsaufgaben« (Claus Offe) setzen.

Angesichts der Politisierung und der Umwälzungen nach 1968, aber auch der sozioökonomischen Veränderungen der 1970er verliert die Debatte um die Kerninhalte des technokratischen Konservatismus zugunsten eines Liberalkonservatismus an Bedeutung. Nicht länger prägen Machbarkeitsglaube und Planungseuphorie die gesellschaftlich-politische Stimmungslage in Westeuropa, sondern die Diskussion um die Unmöglichkeit effektiven staatlichen Handelns. Der Staat habe nicht nur zusehends mehr Aufgaben, sondern sei gleichzeitig durch die an ihn herangetragenen Erwartungen seitens der Verbände, Gewerkschaften und Medien und einer zunehmenden Anspruchshaltung der Bürger überfordert. Konjunkturprobleme, zunehmende europäische und globale Verflechtung stellen neue Herausforderungen; die Internationalisierung von Handel verstärkt wirtschaftlichen Wettbewerb. Die Transformation des Kapitalismus vom *embedded liberalism* zur offenen Marktwirtschaft und vom keynesianischen

149 Vgl. ebd.

150 Vgl. Bell, *Die kulturellen Widersprüche des Kapitalismus*, S. 90ff.

151 Gehlen, *Moral und Hypermoral*, S. 107.

152 Steinmetz, Anbetung und Dämonisierung des ›Sachzwangs‹, S. 296; das Binnenzitat stammt von Gehlen.

Steuerungsoptimismus zur Unregierbarkeitsdiagnose führt zu einem Umdenken und zu einem anderen Diskurs. Als der keynesianische Sozialstaat angesichts ökonomischer Krisen in den 1970ern vor einer Bewährungsprobe steht, stehen neue Paradigmen für einen politischen Reformdiskurs bereit.

5. Fazit und Ausblick: Das Phantasma einer besten Lösung

> »Die Antwort auf die Frage der ›Vergangenheitsbewältigung‹ war der Aufbau der Bundesrepublik; ich habe versucht, meinen Teil daran als Beitrag zum Wiedererstehen einer liberal-objektiven westdeutschen Sozialwissenschaft zu tun.«[153]

Der Prolog hat gezeigt, dass Schelskys Sachzwang die Vorstellung eines Politik erübrigenden *one best way* artikulierte, der einem »solutionistischen« Wissenschafts- und Politikverständnis anhing.[154] An die Stelle demokratischer Entscheidungen traten im Modell des technischen Staats evidente Sachgesetzlichkeiten. Der technokratische Konservatismus deutete die Industriegesellschaft als ein Verstrickungszusammenhang, als Apparat, der dem modernen *Gehäuse* eine geradezu posthistorische Zweckrationalität und Stabilität verlieh. Technologischer und wissenschaftlicher Fortschritt seien unumkehrbar, sodass es sich somit weniger um »Legitimationsprobleme im Spätkapitalismus« (Habermas) als um »Legitimationsprobleme ökonomisch-technologischer Modernisierung«[155] handelte, die der technokratische Konservatismus vorschnell ad acta legte. Schließlich gewannen in den 1970ern beide Problemdiagnosen an Bedeutung.

Schelskys dystopisches Modell bewahrheitete sich nicht: Weder trat Herrschaftslosigkeit ein, noch walten heute technische respektive wissenschaftliche Sachgesetzlichkeiten. Zwar ließ sich eine Zunahme wissenschaftlicher Politikberatung erkennen, doch auch inmitten einer putativen Versachlichung der Politik ist diese bis heute um Herrschaft, Interessenausgleich und Kompromisse bemüht. Es gilt daher festzuhalten, dass Expertise Politik nicht substituiert, sondern komplementiert, denn es muss

153 Schelsky, *Rückblicke eines »Anti-Soziologen«*, S. 77.

154 Vgl. Strohschneider, Zur Politik der Transformativen Wissenschaft.

155 Grande, Schwierigkeiten mit der ›Wende‹, S. 309.

weiterhin politisch entscheiden werden; Sachzwänge als Endpunkt jeglicher Politik sind unglaubwürdig.

Die realgeschichtliche und realpolitische Entwicklung falsifiziert also Schelskys starke Sachzwang-These und macht sie zu einem kontrafaktischen Ideal. Allerdings dient dieses Ideal als diffuse Vorlage für demokratiekritische Forderungen, gegenüber politischen Eigeninteressen und demokratischen Kompromisse auf optimale Sachlösungen zu pochen. *Der one best way*, so lässt sich nun als These für die Analyse politischer Rhetorik aufstellen, wirkt als politisches Phantasma einer konsensualen, vernünftigen, evidenten, notwendigen und richtigen Lösung jenseits politischer Fallibilität oder demokratischen Dezisionismus nach. Hieran anschließend stellt sich die Frage, wie die Idee eines *one best way* in eine politische Sprache und *Governance*-Strategie übersetzt wird, die einerseits Rationalität und Notwendigkeit ausweisen will, andererseits aber Entscheidbarkeit und politische Handlungspotenz nicht gänzlich verneinen kann, ohne Politik als bloße Verwaltung von Sachzwängen zu karikieren. Hierbei wird sich die Rhetorik der Alternativlosigkeit als funktionales Strategem erweisen.

Bei Schelsky wurde deutlich, dass Sachzwang und Sachlichkeit im Laufe der Zeit als Argument gegen Demokratisierung, Politisierung und Agonalisierung des politischen Raums instrumentalisiert werden konnten. Schließlich traf eine rationalistische, experto- bis technokratische und auf Sachlichkeit abstellende Demokratiekritik auf eine liberale Sozialstaatskritik. Die Ablehnung einer interessenbasierten Politik sowie von Streit als Konstituens demokratischer Politik fand zwar in einem liberalen Freiheitsimpuls ihr Fundament, endete dann aber in einem verkürzten Liberalismus ohne liberale Teilhabe- und Debattenkultur – ohne liberale politische Kultur.

In der Betonung von Sachlichkeit lag zum einen ein normativ-ideologisches Programm, zum anderen war dieser Zeitgeist auch den Umständen der westdeutschen Bundesrepublik geschuldet. Auf der Suche nach der Souveränität eines als provisorisch bezeichneten Staats wie der Bonner Republik der Nachkriegsjahrzehnte eignete sich der technokratische Konservatismus internationale Technokratiediskurse an; die These eines technisch-wissenschaftlichen Staats trat an die Stelle genuin politischer Souveränität. Während Forsthoff und Gehlen noch kulturkritisch den Schwund bürgerlicher Ideale beklagten, diskutierte Schelsky das politische Potenzial einer Verwissenschaftlichung und Technisierung des Staats. Dass mit dieser ideellen Orientierung die Auswüchse der

Souveränitätskonzepte des Dritten Reichs biographisch, aber auch politiktheoretisch kompensiert wurden, war ein Nebeneffekt. Nicht nur wurde die deutsche Sozialwissenschaft dank Theorieimport internationalisiert, ja modernisiert und für die angloamerikanischen Debatten anschlussfähig gemacht, sondern sie reflektierte und begleitete den politisch-kulturellen, moralischen sowie staatsrechtlichen Konsolidierungsprozess der westdeutschen Republik auch ideenpolitisch.

Begreift man folglich die Debatte um Sachzwang und Sachlichkeit nicht als argumentative Verirrung technokratischer Manifeste, sondern in ihrer Funktion der Bereitstellung und Spiegelung einer gesellschaftlich-politischen Selbstkommunikation, wird eine paradoxe Wirkung dieser vermeintlichen Technokraten sichtbar: Sie ermöglichten eine für den Lernprozess der Liberalisierung und Demokratisierung in der Bundesrepublik hilfreiche Selbstreflexion. Die konservative Berufung auf traditionelle Bürgerlichkeit, die Idee eines autoritären Staates, die Kritik an Pluralismus und Interessengruppen sowie die Sorge vor der politisierten *Masse* verdeutlichen, dass die Bonner Republik vor dem Hintergrund einer »politischen Unerfahrenheit der Deutschen nach dem Krieg« zu sehen ist.[156] Der technokratische Konservatismus bezeugte hierbei Versuche gesellschaftlicher Restabilisierung und konservativer Modernisierung.[157] Der Verweis auf die Sachlichkeit politischer Entscheidungen lässt sich daher auch als ein Symptom eines Demokratisierungsprozesses deuten, bei dem »die sachliche Autorität des nach universalistischen Prinzipien produzierten Wissens als der sozialen Autorität der Angehörigen einer bestimmten Schicht oder der persönlichen Autorität charismatischer Personen übergeordnet verstanden wird«.[158]

Selbst demokratiekritische Einlassungen können somit als Teil eines evolutiven politischen Lernprozesses verortet werden, bei dem

> »das Eingewöhnen in eine funktionierende Parteiendemokratie, das Erlernen von Spielregeln und Funktionsweisen von Parlamentarismus und Pluralismus […] sich so als Voraussetzung für die allmähliche Anverwandlung, schließlich für die Kritik und Ausweitung des in den 50er Jahren etablierten Demokratiemodells [erweisen]«.[159]

156 Herbert, Liberalisierung als Lernprozeß, S. 25.

157 Ebd., S. 39.

158 Weingart, *Die Stunde der Wahrheit?*, S. 28; Hervorhebungen im Orig. entfernt.

159 Ebd., S. 25.

Schließlich war die kontroverse Debatte um den Begriff des Sachzwangs und um die daraus abgeleitete Sachlichkeitsforderung ein Element dieses gesellschaftlichen und institutionellen Lernprozesses. Der Verweis auf Sachgesetzlichkeit als Votum für Entideologisierung und Verwissenschaftlichung des »modernitätsoffenen Konservatismus« konnte eine stabilisierende, staatskonsolidierende Wirkung entfalten. Dahrendorfs Missbilligung der deutschen »Harmoniesehnsucht«,[160] die er allerorten zu erkennen glaubte, lässt sich kritisch wenden: Statt der von ihm in einem »Marxismus ohne Marx«[161] eingeforderten Semantik des antagonistischen Konflikts bediente sich die politische und gesellschaftliche Selbstkommunikation der Bonner Republik inmitten des Kalten Krieges auch zu ihrem eigenen Vorteil der Semantiken aus dem Feld von Sachlichkeit, Rationalität, Wissenschaft und Technik.

Allerdings bleibt es Dahrendorfs Verdienst, die Liberalisierung und Demokratisierung der Gesellschaft als Postulat eines notwendigen Identitätswandels gekennzeichnet zu haben.[162] Die Tragik der liberalen Prometheus-Figur Dahrendorfs liegt darin, dass er schlussendlich zum Schirmherr einer (Neo-)Liberalisierung politischer und gesellschaftlicher Kultur wurde, welche die Augen vor sozialen Ungleichheiten nicht verschloss, sondern diese als sozioökonomische Resultante eines wirtschaftlich legitimen Marktgebarens deklarierte. Der Neoliberalismus bedient sich des Narrativs einer *meritokratischen Ungleichheit* – oder wie Thatcher deklarieren sollte: »We are all unequal.«[163]

160 Dahrendorf, Soziale Klassen und Klassenkonflikt, S. 238. Gegen den Vorwurf der »Harmoniesehnsucht«, den Dahrendorf an Schelsky adressiert, lässt sich einwenden, dass Schelsky gerade als Publizist zu einer »Perpetuierung der politisch-intellektuellen Polarisierung« beitrug. Vgl. Wehrs, Auf der Suche nach einem »Pronunciamento«, S. 135.

161 Dahrendorf, Soziale Klassen und Klassenkonflikt, S. 239.

162 Vgl. Herbert, Liberalisierung als Lernprozeß, S. 30.

163 Thatcher, The Collected Speeches of Margaret Thatcher, S. 36.

Drei symptomatische Diskurse: Alternativlosigkeitsrhetorik als Regierungsstrategie

I. Thatcherismus: Die antagonistische Rhetorik der Alternativlosigkeit

»[...] One of the key elements of Thatcherism was its attempt to impose its own narrative [...].«[1]

Deutsche Nachkriegssoziologen wie Schelsky formulierten ihre Analysen auch mit Hilfe eines Theorieimports aus dem anglo-amerikanischen Raum. Wenn Margaret Thatcher die britischen Nachkriegsregierungen, selbstredend vor allem die Labour-Regierungen, als »centralising, managerial, bureaucratic, interventionist style of government«[2] inkriminierte, bespielte sie mit diesem Vorwurf den Diskurs um verwalterisches, technokratisches, planerisches Regieren und um einen »sozialdemokratischen Konsens« (Dahrendorf). Thatcher kritisierte den bis in die 1970er Jahre hineinreichenden Steuerungswillen und -optimismus der Politik, der sukzessive zu einem aufgeblähten Staat, einem *overloaded state* – oder in den Worten Schelskys einem »betreuenden Staat« –, geführt habe. Für Thatcher waren die interventionistische Politik sowie bisherige Arrangements mit Gewerkschaften die Ursache einer drohenden Unregierbarkeit.

In konservativen Kreisen diskutierte man über die Diagnose, dem Staat drohe eine selbstverschuldete Überforderung, denn hohe Inflation, die Ansprüche von Transferempfängern und Gewerkschaften sowie steigende Teilhabechancen verunmöglichten ein effektives Regieren pluralistischer, moderner Gesellschaften.[3] Der Staat, der sich nunmehr als Wohlfahrtsstaat verstehe, beziehe seine Legitimation ausschließlich aus sozialstaatlicher (Um-)Verteilungspolitik. Hier zeigt sich eine Schnittmenge zwischen Thatchers politischer Attacke auf den Status quo und der Kritik von Autoren wie Gehlen und Schelsky an der Bonner »Milchkuh«.[4] In der Zwickmühle zwischen Wähleransprüchen und drängender Inflationsbe-

1 Kerr, *Postwar British Politics*, S. 15f.

2 Thatcher, *The Downing Street Years*, S. 6.

3 Vgl. dazu einschlägig: Brittan, The Economic Contradictions of Democracy; Crozier/Huntington/Watanuki, *The Crisis of Democracy*.

4 So formulierte es Gehlen im Rückgriff auf Forsthoff. Gehlen, *Moral und Hypermoral*, S. 107.

kämpfung entschieden sich Regierungen nicht für notwendige Einschnitte und Reformen, sondern befriedeten Wähler durch fiskalische, monetäre und sozialstaatliche Begünstigungen. Dieser Krisendeutung zufolge hatte die keynesianische, steuerungs- und schuldenintensive Bekämpfung der Arbeitslosigkeit auch dank der eigeninteressierten Rationalität der Politiker Vorrang erhalten, die kurzfristig auf ihre Wiederwahl schielten.

Auf linker Seite wiederum wurde in den 1970er Jahren die These einer *Krise* des (spätkapitalistischen) Staats prominent;[5] der demokratische Staat übernehme angesichts inhärenter Legitimationsprobleme eine steigende Anzahl von Aufgaben, da er einen zunehmend volatilen und instabilen Markt stabilisieren und so politische Loyalität sichern müsse.[6] Die Einbettung in internationale Wirtschafts- und Handelsbeziehungen relativiere die Handlungsräume souveräner Nationalstaaten.

Beide Krisendiagnosen reagierten auf reale Entwicklungen, denn schließlich kollabierte der »embedded liberalism« der internationalen Wirtschaftsordnung.[7] Nationale wie internationale wirtschaftliche Krisen in den 1970ern wie Ölpreisschocks nach dem Jom-Kippur-Krieg 1973, die damit korrelierende weltwirtschaftliche Rezession sowie die britische *Stagflation* engten politische Entscheidungsspielräume ein und stellten Regierungen weltweit vor Herausforderungen. In Großbritannien verschärfte sich zudem der Konflikt zwischen Staat und Gewerkschaften bzw. Verbänden. Angesichts der wahrgenommenen Steuerungs- und Regierbarkeitskrise propagierte Thatcher den Rückbau staatlicher Aufgaben mittels Deregulierung und Liberalisierung des Marktes.

Der Thatcherismus formierte sich also in jener Umbruchphase, in der das Ende von Machbarkeitsglauben, Planungseuphorie und Keynesianismus als besiegelt galt und der Weg in eine post-fordistische Wirtschaft gebahnt werden sollte. Thatcher bediente sich jener Krisendiagnosen, um den Paradigmenwechsel zu Monetarismus und Neoliberalismus einzuleiten. Als *neoliberal* kann ihre Politik gelten, da sie den freien Markt bejahte, individuelle Freiheit und eine begrenzte Staatstätigkeit betonte.[8] Laut Bob

5 Vgl. Habermas, *Legitimationsprobleme im Spätkapitalismus*; Guggenberger, Herrschaftslegitimierung und Staatskrise; Offe, *Strukturprobleme des kapitalistischen Staats*; ders., »Unregierbarkeit«.

6 Vgl. Schäfer, Krisentheorien der Demokratie, S. 5. Der neomarxistischen These zufolge fungierte der »keynesianische Wohlfahrtsstaat als notwendige Legitimationsressource des kapitalistischen Staates«. Ebd.

7 Vgl. Ruggie, International Regimes, Transactions, and Change.

8 Vgl. zu dieser Arbeitsdefinition noch einmal Stedman Jones, *Masters of the Universe*, S. 2.

Jessop verfolgt neoliberale Politik eine *Liberalisierung* zur Stärkung des Wettbewerbs, eine *Deregulierung* zum Abbau staatlicher Kontrolle, eine *Privatisierung* zur Reduktion des Anteils des öffentlichen Sektors, eine *Rekommodifizierung*, also die Unterwerfung des öffentlichen Sektors unter Marktmechanismen, und eine *Internationalisierung* als Anreiz zur Mobilität von Kapital und Arbeit.[9] Margaret Thatcher benannte all diese Ziele als Leitlinien ihrer Politik und bezeichnete entsprechende Entscheidungen wiederholt als alternativlos. Dem Wahlvolk sollte ein als radikal etikettierter politischer Wandel (*Policy Change*) vermittelt werden. Ihre politische Kommunikation liefert uns somit ein symptomatisches Beispiel für TINA-Rhetorik.

Auf den ersten Blick könnte man nun eine strukturelle Ähnlichkeit zwischen Schelskys *One-best-way*-Modell und Thatchers rhetorischer Allzweckwaffe von »There is no alternative« vermuten, weil beide Male die politische Verhandelbarkeit und der Spielraum von Entscheidungen negiert werden. Doch der Vergleich zu Schelskys Denken von Sachzwängen und Sachlichkeit hinkt. Es stellt sich vielmehr die Frage, inwiefern der Thatcherismus im Namen von Alternativlosigkeit eine Regierungsstrategie implementierte, die die institutionellen Spielräume einer demokratischen Ordnung maximal ausnutzte und dabei das Ende regulierender und planerischer Machbarkeits- und Steuerungsvorstellungen behauptete.[10] Da Thatchers politische TINA-Rhetorik keineswegs auf technokratische Ideen zurückgriff, gilt es die Ressourcen von Regierungs- und Herrschaftswissen, von Expertise und Autorität zu erhellen, die der thatcheristische Diskurs stattdessen mobilisierte. Der politische Erfahrungsraum und die politischen Diskurse der Zeit sollen daher im Folgenden kenntlich gemacht werden.

9 Vgl. Jessop, Politik in der Ära Thatcher, S. 361.

10 Bezeichnenderweise wurde Thatcher nach ihren ersten Jahren im Amt und einer bis dato wenig erfolgreichen monetaristischen Politik vorgeworfen, sie habe sich (noch) nicht gegen lähmende »Sachzwänge« der britischen Politik und des politischen Systems durchsetzen können. Vgl. Abromeit, Staatsentwicklung in der Thatcher-Ära, S. 323.

1. Weichen für eine britische Rhetorik der Alternativlosigkeit

»The right wanted to do less but could not avoid doing more, while the left wanted to do more but was unable to avoid doing less.«[11]

Margaret Thatchers Slogan »There is no alternative« behauptete die Notwendigkeit des eigenen politischen Programms und fordert uns gerade dazu auf, die damit diskreditierten und verabschiedeten Politikentwürfe sichtbar zu machen. Um den Aufstieg des Thatcherismus und den Anspruch auf Plausibilität in Thatchers Rhetorik der Alternativlosigkeit zu begreifen, bedarf es eines Rückblicks auf die Konstellationen und spezifischen Handlungsmuster der britischen Politik. So können wir das Umfeld nachzeichnen, in dem sich Thatchers Politik als vermeintlicher Frontalangriff und vor allem als alternativloser Bruch mit politischen Traditionen gerieren konnte.

Folgende Gesichtspunkte sind hierbei zentral: erstens die Phase eines *postwar consensus*, zweitens der Gehalt von Thatchers Kritik an einer zuvor bürokratischen, staatszentrierten und technokratischen Politik in den 1960er und 70er Jahren. Drittens sind die unter James Callaghan gescheiterte Krisenpolitik und die politische Debatte angesichts des *Winter of discontent* wichtig, um Thatchers Wahlerfolg, Politik und TINA-Rhetorik in den politischen sowie politik- und wirtschaftstheoretischen Kontext einzubetten, schließlich bezog sich Thatcher regelmäßig auf das Narrativ des britischen *decline*.

1.1 Die doppelt funktionale Geschichte des *postwar consensus*

In den politischen Debatten des Vereinigten Königreichs ist die Ansicht verbreitet, die von Daniel Bell, Raymond Aron und anderen Autoren prononcierte These einer Erschöpfung ideologischer Mobilisierungskraft sowie die Diagnose einer postideologischen Politik erfassten geradezu die Wirklichkeit der britischen Nachkriegspolitik. Robert Leach notiert beispielsweise:

»The *end of ideology* was perceived as a world, or at least western world, phenomenon, but it seemed particularly applicable to Britain. In Britain the new policy solutions were embraced by all major political parties, and all mainstream politi-

11 Schmidt, Values and Discourse in the Politics of Adjustment, S. 237.

cians. Partisan rhetoric was, of course, still employed, but in practice there did not seem to be much difference between Socialist and Conservative approaches to education, health, housing, town planning, industrial relations, and most of all the management of the economy.«[12]

Der breite keynesianische, Dahrendorf würde sagen: »sozialdemokratische Konsens«[13] zwischen Labour und Tories habe realiter zu einem Bedeutungsverlust ideologischer und politischer Konflikte geführt:

»Socialism and conservatism, once seen as starkly opposed alternatives, increasingly appeared to blend into each other. [...] The conventional psephological wisdom suggested a successful electoral strategy required capture of the middle ground. [...] In this context, political ideologies were perceived as awkward electoral baggage, better jettisoned. Parties, like firms, should study the market to find out what the punters want, and endeavour to supply it.«[14]

Unter den Bürgern herrschte der Eindruck einer großen Ähnlichkeit von Tories und Labour, denn Wähler beschwerten sich bei der Wahl 1970 »that there was ›nothing to choose between them‹«.[15] So glich der politische Wettbewerb für viele einer Wahl zwischen einem »set of managers«.[16] Die Nachkriegsregierungen offenbarten eine »policy convergence on the need for social security and welfare reforms«,[17] mitunter um sozialen Zusammenhalt zu stiften. Der damals im eher linken Flügel der Konservativen programmatische *One Nation*-Konservatismus verfolgte das Ziel, Konflikte in der britischen Gesellschaft zu überwinden und gesellschaftliche Einheit mit sozialstaatlichen Reformen zu erreichen.[18]

Bereits in den 1940er Jahren wurden die Weichen jener gemeinsamen Politikleitlinien gestellt: Der keynesianische Haushalt 1941, der *Beveridge Report* 1942, der Bildungspakt 1944 (*Education Act*), und das Weißbuch zur Arbeitsmarkt- und Beschäftigungspolitik 1944 (*Employment Policy White Paper*) bildeten vier Etappen und Grundpfeiler jenes politischen *Konsenses*,

12 Leach, *British Political Ideologies*, S. 2, Hervorhebung AS. Kavanagh/Morris, *Consensus Politics*, S. 110, zitiert auch bei Kerr, *Postwar British Politics*, S. 42.

13 Dahrendorf, *Lebenschancen*, S. 150.

14 Leach, *British Political Ideologies*, S. 2f.

15 McKie, Introduction, S. 1.

16 Ebd., S. 2.

17 Kerr, *Postwar British Politics*, S. 41.

18 Der Begriff geht auf den konservativen Politiker Benjamin Disraeli zurück: Disraeli publizierte 1845 ein Werk namens: »Sybil, or the Two Nations«. Im Thatcherismus wurde der pejorative Bezug auf diese Vorstellung virulent.

der insbesondere unter dem Labour-Premierminister Clement Attlee und dem konservativen Premier Harold Macmillan gefestigt wurde.[19]

Zu den Inhalten dieses *postwar consensus* zählten:

- erstens das vorrangige Ziel der Vollbeschäftigung, das mittels keynesianischer Nachfragesteuerung (*demand management*) und rigoroser Fiskal- und Industriepolitik erreicht werden sollte,
- zweitens eine *mixed economy*, das heißt ein Mittelweg zwischen Staat- und Privatwirtschaft, zwischen den Organisationsprinzipien kollektiv-staatlicher Wirtschaftssteuerung und individueller Selbstorganisation einer Marktwirtschaft als Orientierungspunkt ordnungspolitischen Handelns. In Großbritannien folgte daraus die Auffassung, die öffentliche Hand müsse die elementare Infrastruktur und Industrie kontrollieren bzw. besitzen,
- drittens ein aktivisches Regierungsverständnis im Sinne eines verantwortlichen Staates mitsamt variabler Grade an wirtschaftspolitischer Steuerung und Regulierung;
- viertens der Einbezug der Gewerkschaften und des Arbeitgeberverbands[20] in den *Policy-Making-Prozess*, also die Förderung der sogenannten *Industrial relations*,
- fünftens das fundamentale Verständnis des Sozial- bzw. Wohlfahrtsstaats im Sinne von Beveridges Vorstellung einer nationalen Unterstützung bzw. Beihilfe, und
- sechstens eine außenpolitische Linie, die auf Atommacht und NATO-Mitgliedschaft setzte.[21]

Bei diesen politischen Zielvorstellungen gab es also eine weitreichende Übereinstimmung. Auch herrschte Konsens, dass Konsultationen zwischen Regierung und relevanten Wirtschaftsakteuren zu institutionalisieren und ein korporatistisches Arrangement zu bevorzugen seien. [22]

---

19 Vgl. Kerr, *Postwar British Politics*, S. 41. Der postwar consensus wird bis zu seiner Erosion in den 1970ern mit den Regierungen folgender Premierminister assoziiert: Clement Attlee (Labour) 1945–1951 als Begründer und Weichensteller, Winston Churchill (Conservative) 1951–1955, Anthony Eden (Conservative) 1955–1957, Harold Macmillan (Conservative) 1957–1963, Sir Alec Douglas-Home (Conservative) 1963–1964, Harold Wilson (Labour) 1964–1970, Edward Heath (Conservative) 1970–1974, erneut Wilson 1974–1976 und zuweilen noch James Callaghan (Labour) 1976–1979.

20 In GB heißt dieser Confederation of British Industry (CBI).

21 Vgl. Kerr, *Postwar British Politics*, S. 42.

22 Vgl. beispielhaft Kavanagh/Morris, *Consensus Politics*.

Verortet man diese Periode in der britischen Nachkriegsgeschichte, wird das Narrativ des *postwar consensus* als Teil einer sinnstiftenden Erzählung ersichtlich, die sich schematisch wie folgt darstellen lässt:

1945–1952

Beginn des Wiederaufbaus und der politischen Gestaltung unter der Atlee-Regierung; politisch relevanter Erfahrungshorizont: Kriegsperiode

↓

1951–Ende der 1960er/ Anfang der 1970er

Phase des *postwar consensus*; Konsolidierung des sozialdemokratischen Wohlfahrtsstaats als Übereinkunft in und zwischen Parteien

↓

1970er

Krise der Sozialdemokratie und Bruch des Konsenses

↓

1979–1990

Erneuerung der staatlich-(zivil-)gesellschaftlichen Beziehungen durch die Regierungen unter Thatcher

↓

1990–1997

Post-thatcheristische Periode; Konsolidierung des sogenannten *Post-Thatcherite Settlements*

Abb. 1: Vom Postwar Consensus zu den Post-Thatcherite Settlements

Nach Kerr, *Postwar British Politics*, S. 3

Diese Darstellung britischer Politik legt eine Entwicklung von Konsens zu Konflikt nahe; Thatcher erscheint uns als Politikerin, die nicht nur aus dem sozialstaatlichen, konsensfähigen Pfad ausscherte, sondern auch als Motor eines tatsächlich neuen Entwicklungspfades. Mit ihr wurden neue Pfadabhängigkeiten geschaffen. So gelten Attlee und Thatcher als historisch herausragende Premierminister. Colin Hay beschreibt folgerichtig die Regierungen Attlees und Thatchers als *state-shaping*, da sie eine Umgestaltung der Staatskonturen intendierten und damit neue Entwicklungspfade in der Evolution britischer Politik einschlagen wollten.[23] Die Regierungen *zwischen* Attlee und Thatcher seien hingegen *state-accomodating* gewesen, da sie die bisherigen Strukturen des Staates nicht in Frage stellten.[24] Die Regierung(en) unter Thatcher veränderten demzufolge die von den Nachkriegsregierungen geformte, politische Landschaft und wendeten sich vom sogenannten »Butskellite consensus« ab.[25]

Allerdings »revidiert« Peter Kerr diese Erzählung vom *postwar consensus*.[26] Im Kanon britischer Sozialwissenschaft sei diese selten auf empirische Richtigkeit überprüft worden. Kerr wirft der britischen Geschichts- und Politikwissenschaft vor »that academics have been guilty of reproducing a narrative which concedes too readily to the rhetorical machinations of the Thatcher governments«.[27] Die Illusion des Konsenses entspringe nicht nur der Vorstellungswelt von Sozialwissenschaftlern, sondern sitze gar der strategischen Rhetorik politischer Akteure – vor allem Thatchers – auf.

Wie bereits beobachtet, impliziert die These des Nachkriegskonsenses einen Wandel von einem konsensorientierten, regulierend-interventionistischen, sozialdemokratischen Staatsmodell hin zum Thatcherismus als Gegenentwurf und Bruch mit diesem Übereinkommen. Die Wahl Thatchers 1979 kann und soll infolgedessen als einschneidender Moment der Diskontinuität gewertet werden. Es gibt eine *doppelte politische Funktionalität* des Deutungsmusters vom Nachkriegskonsens – nicht nur die konservativen Tories konnten so ihre Politik nach 1979 zu einer bravourösen Neugestaltung britischer Wirtschaft entgegen politischer Verkrustung und Konfliktunfähigkeit stilisieren, auch Labour-Parteimitglieder

23 Vgl. Hay, Re-stating Social and Political Change, S. 46.

24 Vgl. ebd.

25 Kerr, *Postwar British Politics*, S. 4. Dabei ist der Titel »Butskellite« ein verballhornender Neologismus aus dem Labour Chancellor Hugh Gaitskell und dem konservativen Rab Butler, den der Economist 1954 erfand; beide Politiker verband eine kontinuierliche Wirtschaftspolitik in den 1940er und 50er Jahren. Vgl. ebd., S. 46.

26 Kerr selbst verweist in seiner Studien auf die für ihn instruktive Vorarbeit Ben Pimlotts, der bereits in den 1980ern den »Mythos« eines Nachkriegskonsensus in Frage stellte. Vgl. Pimlott, Is the postwar consensus a myth?; ders.: The myth of consensus.

27 Kerr, *Postwar British Politics*, S. 7; vgl. auch Bale, The logic of no alternative?.

konnten hiermit eine Geschichte sozialdemokratischer Politik zugunsten der britischen Gesellschaft erzählen, die von Thatcher unterbrochen und zerstört wurde.[28]

Bezeichnenderweise wurde der Begriff des Konsenses als Beschreibungsformel prominent, als bereits Ölkrise und Rezession eine keynesianische Politik der Nachfragesteuerung und makroökonomischen Globalsteuerung problematisch werden ließen. Diese Geschichtsdeutung sowie die in den 1970er Jahren verbreitete Auffassung, der Staat sei aufgrund der Anspruchsinflation seiner Bürger, gewerkschaftlicher Blockadehaltungen und einer kurzfristig agierenden, steuerungsbesessenen Politikerkaste *überfrachtet*,[29] lieferten somit den Prolog und die opportunen Stichworte für Thatchers Geschichts- und Selbstmystifizierung. Es sei daher festgehalten: Das Narrativ des *postwar consensus* war sowohl der Selbstbeschreibung der thatcheristischen *Alternative* als auch dem linken Diskurs, Thatcher sei Ursprung allen Übels, und einer Neupositionierung Labours als New Labour in den 1990ern dienlich; ja es diente einer wechselseitigen Bestätigung der jeweiligen politischen Entwürfe. Der *postwar consensus* war und bleibt ein »ideologische[r] Kampfbegriff«[30] und ist zum Schlagwort einer forschungsinternen sowie politisch funktionalen Sinnstiftung politischer Entwicklung in England avanciert.

Dennoch verkennt diese Kritik die Wirkmächtigkeit jener politischen Überlappungen. Kerr vernachlässigt zudem die *diskursive* Bedeutung einer solchen Narration, denn der *postwar consensus* entfaltete trotz bestehender Differenzen zwischen den Regierungen auf *Policy-Ebene* politisch und historisch Wirkung – er bestimmte gleichsam die *Politics*.[31] Als Einsicht bleibt wichtig, dass Thatcher versuchte, der britischen Gesellschaft eine opportune Geschichts- und Wirklichkeitsdeutung aufzustulpen[32] und sich dazu der Konsens-Erzählung bediente, um eine Geschichte des britischen *decline* zu erzählen.

---

28 Vgl. Zellig S. Harris, zitiert nach Kerr, *Postwar British Politics*, S. 40.

29 Vgl. zu der These des *overloaded state* beispielsweise die Diskussion in King, Overload.

30 Ebke, *»The Party is over«?*, S. 101.

31 Mit Claus Offe lassen sich *Policy* und *Politics* unterscheiden als strategische Interventionen, Entscheidungen und Problemlösungsversuche versus Macht- und Meinungskampf. Vgl. z.B. Offe, Europa in der Falle.

32 Vgl. Kerr, *Postwar British Politics*, S. 15f.

1.2 Intervention und Modernisierung: Britische Politik der 1960er und 1970er Jahre

»The Keynesian notion of ›managing the economy‹ suggested that government was a technocratic business, comparable to the science of management.«[33]

Die Konsens-These verdeckt sowohl reale Richtungsdebatten und Konflikte der Nachkriegszeit als auch mögliche Kontinuitäten zwischen Thatcher und den vorherigen Regierungen. Auch den Nachkriegs-regierungen jener Konsens-Periode gelang es nicht immer, sich auf eine einheitliche Regierungsstrategie zu einigen. Sie stritten um die Rolle des Staats: Sollte dieser zunehmend in soziale und wirtschaftliche Angelegenheiten eingreifen oder sich zurückziehen? Konflikte zwischen sozial-demokratischen, sozialliberalen und klassisch liberalen Verständnissen der Rolle des Staates schwelten all die Jahre und verhinderten tiefgreifende institutionelle Reformen.

Thatcher (und später New Labour) ließ diese Debatten und Konflikte ihrer Regierungsvorläufer verschwinden und manövrierte sie durch eine politisch-semantische Verwässerung bzw. Ineinssetzung zentraler, programmatischer Konzepte aus dem Sichtfeld. Keynesianismus als Ansatz einer makroökonomischen antizyklischen Steuerung war beispielsweise keineswegs identisch mit sozialdemokratischer Politik, mit dem Beveridge-Modell einer allgemeinen, bedürfnisunabhängigen Grundsicherung oder mit korporatistischen Modellen, um deren Verhältnis und Maß vorherige Regierungen ja durchaus rangen. Da Thatchers neokonservative TINA-Rhetorik, aber auch die spätere Debatte um New Labour und einen Dritten Weg in der britischen Sozialdemokratie uns immer wieder auf jene politische *Konsens-Phase* verweisen, sollten wir uns die wegweisenden Etappen und Weichenstellungen britischer Politik vergegenwärtigen.

1.2.1 Wegmarken der Planung und Regulierung

In Großbritannien gab es in den Jahrzehnten nach dem Zweiten Weltkrieg eine zunächst parteiübergreifende Tradition von Planung und Regulierung. Schon die konservative Regierung unter Harold Macmillan (1957–63) förderte nationale Wohlfahrt mit zahlreichen Maßnahmen und Sozial-

33 Jenkins, *Mrs. Thatcher's Revolution*, S. 54.

programmen, die Macmillan nicht nur den Ruf eines *compassionate Conservative* und *big spender* einbrachten,[34] sondern auch als Premier der *affluent soeciety* in die Geschichtsbücher eingingen ließen. Unter Macmillan, dem »champion of economic planning and a moderniser at heart«,[35] gründeten die Tories den *National Economic Development Council* und die *National Incomes Commission*,[36] beriefen den ersten Wissenschaftsminister,[37] unter dem eine planerische Interventions- und Förderungspolitik sichtlich zunahm. Seit dem Zweiten Weltkrieg gab es eine breite gesellschaftliche Akzeptanz von politischer Planung[38] – Planungseifer fand sich in ganz Europa.

Nach Macmillan wurde der Labour-Politiker Harold Wilson Premierminister.[39] Er führte einen Wahlkampf um die Unentschiedenen, die keinem Parteilager, keiner Stammwählerschaft zuzuordnen waren,[40] und gewann 1964 knapp die Wahl mit der optimistischen Botschaft von »resurgence«. Wilson bediente eine Nachfrage nach pragmatischen Reformen und versuchte, zwischen den zerstrittenen Lagern der Labour-Partei – zwischen den Anhängern des verstorbenen Hugh Gaitskell und dem linken Flügel der Bevanites[41] – einen Weg zu finden, die Streitfrage um Verstaatlichung in der *clause four* des Labour-Programms zu umgehen, ja den Konflikt um Revisionismus gleichsam versanden zu lassen. Gelingen sollte dieses Manöver durch einen Paradigmenwechsel: hin zur *scientific revolution*, zu Modernisierung und *New Britain*.[42] Geradezu auf New Labour vorausdeutend, insinuierte Wilson einen (moderaten) Neustart, hob Expertise und Neutralität hervor und experimentierte mit Vorstellungen einer klassenlosen Gesellschaft.[43] Er propagierte gleichsam einen dritten Weg

34 Vgl. Schmidt, *Großbritannien 1945–2010*, S. 103. Gleichzeitig setzte sich Macmillan damit parteiintern gegen den Monetaristen und Hardliner Enoch Powell ab.

35 Zitat entnommen aus GOV.UK: History Past Prime Ministers.

36 Keegan, Industry and Technology, S. 138.

37 Dieser heißt Quintin McGare Hogg, Lord Hailsham of St. Mary Lebone.

38 Keegan, Industry and Technology, S. 138.

39 Wilson wurde zwei Mal gewählt und regierte 1964 bis 1970 sowie 1975 bis 1976. Zu einer historischen Analyse der Wilson-Regierungen vgl. Coopey/Fielding/Tiratsoo (Hg.), *The Wilson Governments 1964–1970*.

40 Vgl. McKie, Introduction, S. 3.

41 Der Name kam von Nye Bevan, einem Politiker des linken Flügels der Labour-Party.

42 Wilson, *The New Britain*.

43 Vgl. u.a. ebd.; Edgerton, The »White Heat« revisited. Zu Beziehungen zwischen Wilsons und Blairs Labour Programm vgl. The Economist, Labour's new industrial policy, 14.01.2010.

zwischen »doktrinärem Kommunismus und einem auf Privilegien basierenden Konservatismus«[44] und ebnete den Weg für die spätere linke Rhetorik der Mitte. Es lohnt sich daher, hier den politischen Diskurs zu Zeiten Harold Wilsons kurz zu umreißen.

Der Labour-Politiker evozierte in seiner Wahlkampagne Anfang der 1960er mehrfach den technischen Fortschritt und nutzte dazu den Begriff der »White Heat«. 1963 erklärte er in seiner Parteitagsrede in Scarborough:

»[The scientific] revolution cannot become a reality unless we are prepared to make far-reaching changes in economic and social attitudes which permeate our whole system of society.

The Britain that is going to be forged in the white heat of this revolution will be no place for restrictive practices or for outdated methods on either side of industry [...] In the Cabinet room and the boardroom alike, those charged with the control of our affairs must be ready to think and to speak in the language of our scientific age.«[45]

Wilson postulierte, Sozialismus sei durch Automatisierung und Technisierung möglich geworden. Entweder könne man sich »the blind imposition of technological advance« und schlussendlich einer steigenden Arbeitslosigkeit fügen oder man vollziehe »the conscious, planned purposive use of scientific progress«.[46] Demnach gelte es, den technischen und sozialen Fortschritt planerisch zu gestalten, um den Lebensstandard zu erhöhen und mehr Freizeit für Arbeiter zu gewinnen. Politik müsse Mittel und Wege finden, auf die neue technologisch-industrielle Wirtschaftsepoche zu reagieren. Dieses Motiv einer *Modernisierung* sozialistischer Politik fand später ein Echo in Tony Blairs und Gordon Browns Programm einer polit-ökonomischen Revision der Labour-Partei. Hier galt es, sich an die Erfordernisse der Wissensgesellschaft und »knowledge economy« anzupassen.[47] Allerdings kontrastriert der dezidierte politische Gestaltungswille in den 1960ern den noch zu untersuchenden Diskurs einer strukturellen Anpassung in den 1990ern, der Gestaltungsambitionen eher relativierte.

Der Labour-Premier Wilson verkörperte das Bestreben sozialdemokratischer Politiker, nicht länger auf Verstaatlichung, sondern *progressiv* auf technischen Fortschritt und Planung zu setzen. Debattierte die deutsche

44 Schmidt, *Großbritannien 1945–2010*, S. 174.

45 Auszug aus seiner Rede von Harold Wilson 1. Oktober 1963, zitiert nach Sandbrook, *White Heat*, S. xi, 4.

46 Wilson, zitiert nach Keegan, Industry and Technology, S. 137.

47 Vgl. Andersson, Socializing Capital, Capitalizing the Social, S. 2.

SPD in den 1960ern die »zweite industrielle Revolution«[48] auf ihren Parteitagen und bejahte in Bad Godesberg offiziell eine wohlfahrtsstaatliche, integrative Sozialdemokratie, so diskutierte Labour zeitgleich den Begriff der *scientific revolution*. Beide Parteien, SPD und Labour, führten eine Debatte, die von einem technischen und ökonomischen Machbarkeitsglauben geprägt war; Technik fungierte als eine Chiffre des Fortschritts.[49] Bis hierhin beruhte epistemische Autorität auf einer managerialen, ingenieurshaften, ja auch kybernetisch-neurowissen-schaftlichen Expertise, auf deren Grundlage makroökonomische Steuerung konzeptualisiert wurde.

Letztlich artikulierte Wilsons Rhetorik die Suche nach einer Zukunft, nach der Rolle des wirtschaftlich krisengeschüttelten, verschuldeten und geographisch sowie weltpolitisch geschrumpften Königreichs in der Gegenwart. Wilsons fulminante *Scarborough speech* kann aber als »a clear case of ›oversell‹«[50] gelten. Es fand sich kein nennenswerter Wandel zwischen Wilsons interventionistischer Technologiepolitik und der Politik der Konservativen.[51] Zugleich suchten nicht nur die Tories Distanz, auch innerhalb der Labour-Partei beargwöhnten manche Wilsons Politik als Aufkündigung des Beveridge-Modells und des Keynesianismus.[52] Denn parallel zu technokratischen Steuerungs- und Planungsfantasien, so zum Beispiel im gescheiterten Wirtschaftsprogramm des *National Plan*,[53] wurden marktorientierte Lösungen bereits stärker einbezogen. Der Finanzminister James Callaghan schwenkte 1967 auf eine Linie mit dem *Governor* der *Bank of England* ein und sah in einem gewissen Arbeitslosigkeitssockel kein Problem mehr; Callaghan revidierte – außerhalb der breiten Öffentlichkeit – genuin sozialistische Positionen und das bisherige Ziel der Vollbeschäfti-

48 Der Begriff der zweiten industriellen Revolution stammte von Leo Brandt, vgl. dazu: Brandt, *Die zweite industrielle Revolution*. Für Willy Brandt konnte daher Demokratisierung nicht zwingend vor dem Hintergrund des Nationalsozialismus, sondern auch vor der These einer industriellen Gesellschaft in der Moderne und im Kapitalismus verortet werden. Vgl. Scheibe, Auf der Suche nach der demokratischen Gesellschaft, S. 265.

49 Vgl. ebd.

50 Crossman, *The Diaries of a Cabinet Minister*, zitiert nach Bale, The logic of no alternative, S. 138.

51 Vgl. McKie, Introduction, S. 2.

52 So der dem linken Flügel zuzuordnende Labour-Politiker Tony Benn in seinen Memoiren. Vgl. Benn, *Against the Tide*, S. 619. Benn war unter Wilson Technologie- und Industrieminister, später auch Energieminister.

53 Vgl. zum *National Plan* Kerr, *Postwar British Politics*, S. 105f.

gung.[54] Er kritisierte eine expansive Sozialpolitik als teuer und riskant, da sie die Glaubwürdigkeit und den Ruf Großbritanniens auf den Finanzmärkten und bei internationalen Handelspartnern schädige.[55] Mit Tim Bale ist daher festzuhalten:

»Labour leaderships, especially in government, were highly ambivalent about more public ownership, generally hostile to higher direct taxation being imposed on average earners, clearly flaky on universal welfare and, by the late 1960s, less than sanguine about the possibility, and even the desirability, of continued full employment.«[56]

Innerhalb der Labour-Partei schwelten also Konflikte, zumal Wilson in Krisenjahren regieren musste.[57] Seine Regierung verfolgte weniger eine zielgerichtete Wachstumspolitik, sondern versuchte eher, wirtschaftliche Verschlechterung abzuwenden. Angesichts gestiegener Arbeitslosigkeit, Beschneidung der Gewerkschaften, Lohneinschränkungen, Unterstützung der Vietnam-Politik der USA, Einschränkung der Einwanderung, weniger Förderung von Eigenheimen et cetera[58] erhob man damals schon den Vorwurf, Labour habe sozialistische Ideale und Ziele *verraten*. Man attestierte der Labour-Klientel und -Partei eine eklatante »Desillusionierung«; die Partei der Arbeiter regiere, sei sie mal an der Macht, genau wie die Tories.[59] Bis heute gilt als Gemeinplatz, bereits Wilsons Regierung(en) hätten Labour als Regierungspartei diskreditiert, Anhänger demoralisiert und zwischen Partei und Arbeiterklasse einen Keil getrieben – und nicht zuletzt den Nährboden für den Aufstieg Thatchers bereitet.[60]

Angesichts permanenter Krisenstimmung und sinkendem Pfund forderte manch einer schon eine Koalition oder Regierung von neutralen »businessmen«.[61] In dieser Forderung spiegelten sich das wachsende Misstrauen in die Steuerungshoheit politischer Akteure und der allmähliche

54 Vgl. Crossman zitiert nach Bale, The logic of no alternative?, S. 198. Callaghan war bis 1967 Finanzminister, dann Innenminister unter Wilson.

55 Vgl. Bale, The logic of no alternative?, S. 198.

56 Ebd., S. 196.

57 Zwar war die britische Zahlungsbilanz relativ ausgeglichen, doch internationale Turbulenzen der Währungspolitik, die modernisierungsbedürftige Industrie, die spannungsreichen *Industrial relations* sowie die Stagflation belasteten die Wirtschaft.

58 Vgl. McKie, Introduction, S. 4.

59 Das führte zu Wahlerfolgen beispielsweise nationalistischer oder Parteien am linken Rand. Vgl. ebd.

60 Vgl. Coopey/Fielding/Tiratsoo, Introduction, S. 6.

61 Vgl. McKie, Introduction, S. 4.

Aufstieg eines Diskurses wider, der sich gegen staatliche Institutionen und die vermeintlich gemeinwohlschädigenden Interessen von Politikern richtete. Der Argwohn vor allem der neoliberalen Public Choice Theorie gegenüber Politikern, die ökonomischen Schaden anrichteten, weil sie mit Blick auf Wiederwahl den Ansprüchen der Bürger entsprächen, fand ein Echo in lauter werdenden Rufen nach Kompetenzverlagerungen zugunsten *unpolitischer* Akteure. Vorerst latent vermengte sich eine neoliberale und populistische Kritik am *overloaded state* mit technokratischen, zuweilen autoritären Fantasien.

1.2.2 Edward Heaths U-turn und der Topos der Unregierbarkeit

Verfolgte das (erste) Wilson-Kabinett eine Politik der Regulierung und Planung, fand Anfang der 1970er ein Orientierungswandel statt. Politiker plädierten für weniger Regulierung, Steuerung, Intervention; die Tories propagierten unter Edward Heath als Motto: »There has been *too much government*: there will be *less*.«[62] Heath erklärte in seinem Wahlprogramm, die Fehler der interventionistischen Modernisierungspolitik zu korrigieren, indem er ein wirtschaftsliberales Modernisierungsprogramm formulierte. Angesichts der desolaten wirtschaftlichen Lage bemühte Heath das Konzept des *British decline*,[63] um – genau wie Thatcher nach ihm – eine Politik der Deregulierung, einen Abbau von Interventionen und staatlicher Steuerung sowie seinen Ruf nach mehr Eigenverantwortung zu legitimieren. Gegen »Labour's restrictions« gelte es auf »Conservative incentive« zu setzen:[64]

»Our strategy is clear. It is to recognise the functions of government, to leave more to individual and corporate effort, to make savings in government expenditure, to provide greater incentives for men and women and to firms and businesses. [...] to encourage them more to take their own decisions, and to stand on their own feet, to accept responsibilities for themselves and their families.«[65]

Heath wollte das Kabinett neu strukturieren sowie die Effizienz der Wirtschaft steigern.[66] Verhängnisvoll sollte seine Versprechen sein, unwirt-

62 O.V.: *A better tomorrow*, S. 175–198, hier S. 183; Hervorhebung AS.

63 Vgl. Ebke, *»The Party is over«?*, S. 24.

64 So wieder im Partei Manifesto: *A better tomorrow*, S. 178.

65 Heath auf dem Parteitag der Tories 1970, zitiert nach Ebke, *»The Party is over«?*, S. 25.

66 Heath legte beispielsweise Ministerien zusammen. Vgl. Schmidt, *Großbritannien 1945–2010*, S. 238.

schaftliche Betriebe (die sogenannten *lame ducks*) nicht durch staatliche Subventionen künstlich am Leben zu halten, keine Politik der klassisch keynesianischen Nachfragesteuerung, sondern der Angebotsseite zu verfolgen und sich weniger in Tarifverhandlungen einzumischen. Keines davon konnte er halten.

Da während Heaths Amtszeit die Gleichzeitigkeit von stagnierendem Wirtschaftswachstum, steigender Arbeitslosigkeit und Inflation durch angebotsorientierte Politik nicht in den Griff zu bekommen war, das *Bretton-Woods-System* allmählich unterlaufen wurde, das Pfund taumelte und schließlich die Ölkrise die Rohstoffpreise in die Höhe trieb, verschärfte sich die wirtschaftliche Lage zusehends.[67] Notgedrungen verfolgte Heaths Kabinett trotz seines Wahlprogramms und seiner Rhetorik der Deregulierung eine regulative Einkommenspolitik und einen wirtschaftlichen Interventionismus, der der Labour-Politik in nichts nachstand: Um etwa eine drohende Insolvenz zu verhindern, verstaatlichte die konservative Regierung 1971 *Rolls-Royce* und 1972 die *Upper Clyde Shipbuilders*.[68] Die Tories führten ferner 1972 die *Industry Bill* ein. Der Labour-Politiker Tony Benn bedankte sich daher spöttisch für die *sozialistische Pionierarbeit*.[69] Vor allem versuchte Heaths Regierung, die preis- und lohnpolitische Entwicklung zu steuern; schlussendlich griff sie wieder zu Mitteln der Nachfragesteuerung und der Lohnregulierung.

Angesichts des Bergarbeiterstreikes 1972, der das Verhältnis zwischen Regierung und Gewerkschaften weiter verschlechterte, wurde eine Kommission zur Schlichtung eingesetzt, deren retrospektive Begründung bei Heath aufschlussreich ist: »Confronted with the prospect of the country becoming ungovernable, or having to use the armed forces to restore order […] we decided to set up a powerful and independent inquiry into miners' wagers.«[70] Der Topos der *Unregierbarkeit* fand vor allem in den explosiven Gewerkschaftsbeziehungen seine Referenz – daher bemühte ihn auch Thatcher in diesem Kontext. Gewerkschaften erschienen nicht nur in

67 Vgl. allgemein zu Wirtschaftsentwicklungen der Zeit: Glyn, *Capitalism Unleashed*, S. 10.

68 Vgl. Keegan, Industry and Technology, S. 147. Heath rechtfertigte die Verstaatlichung von Rolls-Royce damit, dass dieses ›nationale‹ Aushängeschild vor dem Konkurs gerettet werden müsse, um das Vertrauen der Märkte und Investoren nicht gänzlich zu verlieren. Da Roll-Royce auch rüstungspolitisch bedeutend war, verkraftete auch Thatcher diesen Verrat an dem konservativen Programm. Vgl. Thatcher, Die Erinnerungen, S. 247f.

69 Das rekapitulierte selbst der Nachruf auf Edward Heath im Juli 2005 in: The Telegraph, Sir Edward Heath, 18.07.2005.

70 Heath, *The Course of My Life*, S. 350.

Großbritannien als »Gegenregierung«,[71] ohne deren Kooperation Preisstabilität, Vollbeschäftigung und Inflationsbekämpfung nicht erfolgreich durchgesetzt werden könnten.[72]

Um die Bedeutung von Thatchers rabiatem antigewerkschaftlichen Kurs für ihre Politik und Rhetorik zu verstehen, sind also die Erfahrungen der Heath-Regierung, der sie als Ministerin anhing, wegweisend: Zwar versuchte die Regierung der Konfrontation mit den Gewerkschaften zu entgehen, doch als sich die Öl- und Energiekrise verschärfte, begannen die Bergarbeiter im Winter 1973 erneut zu streiken; Heath rief den Notstand und die Drei-Tage-Arbeitswoche für Beginn des Jahres 1974 aus. Die zwei schlussendlich erfolgreichen Streiks der Bergarbeiter veranlassten Heath dazu, die für Thatcher 1984 wieder richtungweisende Frage als wahlentscheidende Frage auszurufen: Wer regierte eigentlich in Großbritannien: die Politik oder die Gewerkschaften? Schließlich entschied der Wähler, dass Labour als Regierungskraft abermals vermitteln sollte: Wilson gewann 1974 erneut die Wahl.[73]

Da sie aus dem Konflikt zwischen Regierung und Gewerkschaften ihre Lehre gezogen hatte, erarbeitete Labour den sogenannten »Social Contract«, einen Gesellschaftsvertrag: Im Austausch für gewerkschaftliche Kooperation bei Lohnzurückhaltung und verbesserter sozialer Wohlfahrt versprach Labour eine gezielte, sozialverträgliche Preis- und Lohnpolitik – die sogenannte *social wage*. Diese begünstigte nachgerade die Forderung nach *weniger Staat*, polemisierte Thatcher 1975: »It is not surprising therefore that I find people saying ›Get Government out of our hair. They complain that Government takes too much of their incomes for what is now called the *Social Wage*‹«.[74] Doch selbst mit dieser Kooperationsvereinbarung misslang ein wirtschaftspolitisches Management. Angesichts steigender Inflation und Löhne führte Labour eine formale Lohnpolitik ein, 1975 ermöglichte die *Industry Bill* die öffentliche Inbesitznahme von

71 Kielmannsegg, Organisierte Interessen als »Gegenregierungen«?.

72 Vgl. Schäfer, Krisentheorien der Demokratie, S. 7; Schäfer verweist auf die historische Studie: Howell, *Trade Unions and the State*.

73 1974 gab es zwei Parlamentswahlen: Das *hung parliament* nach den britischen Unterhauswahlen am 28. Februar 1974 endete mit Neuwahlen am 10. Oktober 1974. Vgl. zu der politischen Situation Hay, The Winter of Discontent.

74 Thatcher, Speech at Roosevelt University, 22.09.1975, MTFW 102465. Im digitalen Archiv auf der Webseite der Margaret Thatcher Foundation erhalten alle Reden einen Archiv-Code. Gibt man diesen in die dortige Suchmaske ein oder vervollständigt man damit die URL http://www.margaretthatcher.org/document/, erscheint die zitierte Rede. Daher wird im Folgenden auf den jeweiligen Code verwiesen.

Industrien; Denis Healey als Schatz- und Finanzminister verhinderte jedoch eine zu linke Politik.[75] Nach Wilsons Rücktritt im Jahre 1976 als Premier betrieb der neue Labour-Premierminister Callaghan eine Deflationspolitik durch verringerte Staatsausgaben sowie durch eine Steigerung des Zinssatzes.

Welche Bilanz dieser Regierungszeiten ist zu ziehen? Welche politischen sowie ideellen Pfade ergaben für die konservative Folgeregierung unter Thatcher? Als Kabinettsmitglied unter Heath hatte Thatcher eine Lektion in *Policy-Learning*[76] erhalten. Die unter Heath als wirtschaftsliberale Partei in die Regierung gezogenen Tories wichen von ihren Zielvorgaben ab; die Reform- und Industriepolitik blieb regulativ und interventionistisch, obwohl Heath eine Politik der Liberalisierung und Modernisierung versprochen hatte. Daher wird Heaths Regierungszeit oftmals mit dem Begriff des *U-Turn* assoziiert.[77] Heath hatte, so die harsche Kritik an seinen Kehrtwenden, versagt. Die Schärfe dieses Verdikts verdankte sich mithin dem Umstand, dass das Partei-Manifest von 1970 eine geradezu radikal anmutende Rhetorik der Entfaltung des freien Markts – und auch der *Law-and-order*-Politik[78] – prononciert hatte, die manchen Beobachter glauben machte, hiermit würde der *postwar consensus* mal wieder oder endgültig aufgebrochen. Tony Benn fragte polemisch in seinen Memoiren: »[…] the collapse of Keynesianism, the collapse of the Beveridge idea and when the consensus died: was it during the Wilson or the Heath government?«[79]

Heath war also ein *(neo-)liberaler* Neuanfang misslungen; die Tories kehrten zu den bekannten Instrumenten zurück,[80] um die Wechselwirkung zwischen Inflation und Arbeitslosigkeit zu kontrollieren. Heaths Wirtschaftspolitik lässt sich daher am besten als »contradictory ›proto-Thatcherite Keynesianism‹« beschreiben.[81] Es handelte sich nämlich um keinen fundamentalen *Politikwechsel*, doch wird deutlich, dass neoliberale

---

75 Vgl. die Darstellung der Ereignisse und *Policies* in The National Archives, The Miners Strike and the Social Contract.

76 Vgl. Hall, Policy Paradigms, Social Learning, and the State, S. 278f.

77 Schmidt, *Großbritannien 1945–2010*, S. 237.

78 Auch in der *Law-and-order-Rhetorik* des Manifests von 1970 konnte man bereits eine konservative Volte gegen die »permissive society« der 1960er ablesen, die Thatcher später aufgriff.

79 Benn, *Against the Tide*, S. 619.

80 Vgl. Kerr, *Postwar British Politics*, S. 46.

81 Hay, The ›Crisis‹ of Keynesianism and the Rise of Neoliberalism in Britain, S. 210.

und monetaristische Ansätze bereits präsent waren. So ebnete die konservative Partei zu Zeiten Heaths für die wirtschaftsliberale Argumentation Thatchers den Weg; Thatchers politische Wende, die manchen als radikaler Paradigmenwechsel erschien, konnte an bestehende Diskurse und *Policy*-Ankündigungen anknüpfen. Thatchers *Neoliberalismus* war kein abrupter Bruch, sondern aktivierte vorherige Debatten um eine »policy of retreat«.[82]

Angesichts der Erfahrung jener eklatanten Differenz zwischen Wahlprogramm und Regierungspolitik unter Heath lässt sich auch annehmen, dass die hier im Fokus stehende Alternativlosigkeitsrhetorik bei Margaret Thatcher dem Impuls entsprang, Ereignissen, Krisen und Problemen *Prinzipien* bzw. *convictions* entgegenzusetzen, die eben keine »*U-turns*« billigten. So ist ihr viel zitiertes Diktum: »We shall not be diverted from our course. [...] You turn if you want to. The lady's not for turning.«[83] nebst literarischer Verballhornung auch als parteiinterne Anspielung zu deuten. Es ging Thatcher stets um den Eindruck von *Standfestigkeit*. Heath hatte sich desavouiert, indem er sich genötigt sah, vom marktwirtschaftlichen Kurs zu einer Politik der Regulierung zu schwenken. Thatcher stürzte ihn 1975 vom Parteivorsitz und wurde fortan zu seiner Parteifeindin. Da sie aber zum Zwecke ihrer Glaubwürdigkeit und Wählbarkeit als Tory keinen gänzlichen Bruch zur bisherigen Politik ihrer Partei deklarieren konnte, formulierte Thatcher in der Öffentlichkeit versöhnlicher, ihre Partei habe »in a curious way survived always by adapting its fundamental beliefs to the need of the times but never departing from those fundamental beliefs«.[84]

So lassen sich bis hierhin folgende Erkenntnisse festhalten: Für Thatcher galten Wendemanöver als fatal; stattdessen müsse man Prinzipientreue auch inmitten wirtschaftlicher Zwangs- und Problemlagen bewahren bzw. suggerieren. Die Unfähigkeit, die wirtschaftliche Degradationsspirale mittels einer keynesianischen, antizyklischen Globalsteuerung aufzuhalten, begründete Thatchers vehemente Kritik an politisch-staatlicher Planung und Regulierung von Industrie und Wirtschaft. Nach dem politischen Wechselspiel von einem klassischen und progressiven Wirtschaftsliberalismus entschied sie, Heaths gebrochene, proto thatcheristische Politikversprechen umzusetzen. Darüber hinaus lässt sich notieren,

82 Kerr, *Postwar British Politics*, S. 164; vgl. Hall, Policy Paradigms, Social Learning, and the State, S. 282ff.

83 Thatcher, Speech to Conservative Party Conference, 10.10.1980, MTFW 104431.

84 Thatcher, Speech at Roosevelt University, 22.09.1975, MTFW 102465.

dass Thatcher und (New) Labour sich gegenüber der Modernisierungsrhetorik der Labour-Partei unter Wilson positionierten. Die Rhetorik von *New Britain* und die Suche nach einem Dritten Weg sollten britische Sozialdemokraten noch lange beschäftigen. Das wichtige Erbe Heaths blieb wohl Großbritanniens Beitritt zur EWG 1973, wohingegen Thatcher sich als europakritisch profilierte, denn die EWG könne den *British decline* nicht kompensieren, sie schwäche im Gegenteil Großbritanniens Macht. Zudem brandmarkte der konservative Diskurs die *permissive society* der 1960er; die Neue Rechte radikalisierte diese Kritik zu einer autoritativen *Law-and-order-Politik*, sodass Thatcher 1982 verlautbaren ließ: »We are reaping what was sown in the sixties […] fashionable theories and permissive claptrap set the scene for a society in which the old virtues of discipline and restraint were denigrated.«[85]

Nicht nur der überbordende Sozialstaat, sondern auch die freizügige, hedonistisch-konsumistische Kultur sei für die britischen Wirtschaftsprobleme verantwortlich. Thatcher diagnostizierte in Gehlen'scher Manier einen Verfall öffentlicher, gesellschaftlicher Tugend aufgrund wohlfahrtsstaatlicher Substitutionsarrangements zu Ungunsten familiärer, subsidiärer Sozialhilfe: »The wanton expansion of the State's responsibilities had been accompanied by a great drop in public spirit.«[86] Daher war für den Thatcherismus das Narrativ des *decline* wichtig. Callaghans Labour-Regierung und der Winter 1978/79 lassen sich nun als Kulminationspunkt jenes Niedergangs und als symbolische Zäsur vom Nachkriegskonsens zum thatcheristischen Neoliberalismus einordnen.

1.3 Symbolischer Paradigmenwechsel: Der *Winter of discontent* als Gelegenheitsfenster einer neoliberalen Politik

In den 1970ern litt Großbritannien unter Stagflation und internationalen Wirtschaftsturbulenzen. Das *Bretton-Woods-System* brach im März 1973 zusammen; im Herbst 1973 begann die erste Ölkrise und mit ihr eine weltweite Rezession.[87] Der Anstieg des Ölpreises führte dazu, dass Privatbanken den neuen Reichtum der Rentierstaaten verwalteten und international reinvestierten. Durch das volatilere Währungsfeld nach *Bretton Woods* entstand eine Diversifizierung privater Anlegemöglichkeiten – dabei ver-

85 Thatcher, zitiert nach Schmidt, *Großbritannien 1945–2010*, S. 198.

86 Thatcher, The Swinton Lecture, S. 87.

87 Vgl. dazu Glyn, *Capitalism Unleashed*.

größerte die Erfindung von Derivaten wie *Futures, Swaps und Options* die Anlegemöglichkeiten und steigerte die Attraktivität für internationale Finanzaktivitäten. Die Kontrolle internationaler Kapitalbewegungen wurde aufgegeben;[88] schließlich wurde 1979 unter Thatcher jene Kapitalflusskontrolle gänzlich abgeschafft – die Globalisierung des Finanzmarkts war politisch gewollt.

In den 1970ern galt Großbritannien noch als »sick man of Europe«.[89] Zwar wurden das britische Pfund und somit die Regierung zunächst durch das seit 1975 geförderte Öl aus der Nordsee »stabilisiert«. Doch unter Callaghan, der mittels »Lohndiktat« die Löhne niedrig hielt, offenbarten sich abermals die Probleme der britischen Wirtschaft: Geringe Produktivität, veraltete Produktionsweisen, geringe Innovation, fehlende Initiative sowie verkrustete Gewerkschaftsstrukturen. Die Lage wurde schließlich desolat: In der »Sterlingskrise« 1976 fiel das Pfund rapide, und der freie Fall der Währung ließ alle vorherigen Maßnahmen einer rigiden Finanzpolitik scheitern. Der Wertverlust des Pfunds, das Ansteigen der öffentlichen Ausgaben und der Lohnerhöhungen kulminierten in der Debatte, ob das Vereinigte Königreich vor einem Kollaps stehe. Als Oppositionspolitikerin betonte Thatcher diese Bedrohung:

> »No democracy has survived a rate of inflation consistently higher than 20 per cent. When money can no longer be counted on to act as a store of value, savings and investment are undermined, the basis of contracts is distorted and the professional and middle class citizen, the backbone of all societies, is disaffected.«[90]

Um die drohende Zahlungsunfähigkeit abzuwenden, musste Großbritannien einen Kredit beim Internationalen Währungsfonds (IWF) von 3,9 Millionen Dollar (= 2,3 Millionen Pfund) aufnehmen und sollte entsprechende Auflagen erfüllen. Hatten schon zuvor britische Regierungen zur Liquiditätssicherung beim IWF, aber auch bei führenden Industrienationen Darlehen beantragt, intendierte der IWF dieses Mal, das bisherige Privileg Großbritanniens, keinem Maßnahmenkatalog sowie keinen

88 Schon zuvor, in den 60ern, hatte die britische Politik den »Euro-Markt« gefördert und die sukzessive Deregulierung von Währungsanlagen /-spekulationen ermöglicht. Vgl. Helleiner, The Evolution of the International Monetary and Financial System, S. 180.

89 Vgl. zu den damaligen Wirtschaftsdaten zum Beispiel den zeitgenössischen Artikel im Spiegel, England: Die nächste Krise?.

90 Thatcher, Speech at Roosevelt University, 22.09.1975, MTFW 102465. Das Wall Street Journal titelte 1975 »Goodbye Britain, it was nice knowing you«, zitiert nach Geppert, *Maggie Thatchers Rosskur*, S. 27.

Sanktionen zu unterliegen, auszustreichen. Die strikten Auflagen führten zu politischer Entrüstung, gleichzeitig veranlassten sie die Labour-Regierung zu einem temporären *Kurswechsel*. 1976 erklärte Premier Callaghan:

»We used to think that you could spend your way out of a recession and increase employment by cutting taxes and boosting government spending. I tell you in all candour that that option no longer exists, and in so far as it ever did exist, it only worked on each occasion since the war by injecting a bigger dose of inflation into the economy, followed by a higher level of unemployment as the next step.«[91]

Nicht nur verabschiedete Callaghan in seiner Parteitagsrede die keynesianische Steuerungspolitik, auch Lohnforderungen müssten der Rentabilität der Betriebe untergeordnet und Vollbeschäftigung als Ziel relativiert werden. Der Schatzkanzler Dennis Healey deklarierte ebendort eine Politik »[...] sticking to the very painful cuts in public expenditure on which the Government has already decided«.[92] Für Healey war klar, dass die Staatsausgaben drastisch reduziert werden müssten. Der von den amerikanischen Geldgebern dominierte IWF reagierte freudig auf die Einsicht der Labour-Politik, doch für den Parteilinken Tony Benn war diese Sparpolitik – mal wieder – ein klarer Bruch mit dem postwar consensus;[93] Labour habe die Wende zur monetaritischen Austeritätspolitik vollzogen und damit den Aufstieg der Tories gleichsam vorweggenommen.

Als monetaristisch galt dieser Schwenk, da Labour eine wirtschaftspolitische Steuerung mittels Regelung der Geldmenge verfolgte, da hiermit das Preisniveau beeinflusst und Inflation begrenzt würden.[94] Infolgedessen insistierte der Vordenker dieser wirtschaftstheoretischen Schule, Milton Friedman, auf einem schwachen Nachtwächterstaat, der von Nachfragesteuerung und *deficit spending* absehe, weil sich kapitalistische Märkte optimal selbst organisierten.

Jedoch bleibt trotz Callaghans Rede auf dem Labour-Parteitag fraglich, ob die vorgebliche Abkehr vom Keynesianismus nur ein taktisches Manöver war, um den IWF und die internationalen Märkte zu besänftigen.[95] Es gelang der Regierung mit ihrem neuen Programm, als handlungsfähig und durchsetzungsstark zu erscheinen und willens zu sein, die Auflagen des

91 Callaghan 1976 auf dem Labour Parteitag in Blackpool, zitiert nach Ebke, *»The Party is over«?*, S. 81.

92 So Denis Healey, der Finanzminister, zitiert nach ebd.

93 Vgl. Benn, *Against the Tide*, S. 551.

94 Rogall, *Volkswirtschaftslehre für Sozialwissenschaftler*, S. 266.

95 So argumentiert Ebke, *»The Party is over«?*, S. 99.

IWF zu erfüllen. Für die These eines solchen Kalküls einer nur *rhetorisch-strategischen* monetaristischen Austeritätspolitik spricht unter anderem, dass sich Healey, obwohl er dem IWF eine entsprechende Geldmengenbegrenzung unterbreitete, nach kurzer Zeit über die selbst benannten Zielvorgaben hinwegsetzte. Außerdem ergriff 1977 das Labour-Kabinett erneut krypto-keynesianische Maßnahmen. Beispielsweise wurde wieder eine gezielte Arbeitsmarktpolitik betrieben, statt auf die selbstregulierenden Kräfte des Marktes zu vertrauen. Monetarismus diente als Instrument wirtschaftlicher Regulierung, als Technik des Krisenmanagements, doch die politischen Ziele (Vollbeschäftigung, Mixed Economy, Wohlfahrtsstaat) blieben dieselben. Das wirtschaftspolitische *Paradigma* stand zu den genutzten *Instrumenten* in Spannung.[96]

Allerdings konnte nun auch eine linke Regierung einen revidierten Sparkurs für sich reklamieren, sodass Thatcher ihr Programm nicht länger als radikalen Gegenentwurf profilieren konnte. Beide Parteien setzten ja auf Sparpolitik. Daher folgert Bob Jessop, dass die von Thatcher proklamierte *Alternativlosigkeit* ihres politischen Programms – zumindest in der ersten Amtszeit Thatchers – durchaus *plausibel* schien.[97] Sie war angesichts der Politik Labours anschlussfähig und kommunikabel. Thatchers TINA-Rhetorik war somit auch ein Symptom der damaligen Umstände.

Schließlich herrschte noch bis Anfang 1978 die Überzeugung, Callaghan würde die nächste Wahl gewinnen. Dieser beging allerdings den fatalen Fehler, zu spät Neuwahlen auszuschreiben – bis zum Wahltermin war die Wahl- und Werbekampagne der Tories erfolgreich, und der Streikwinter 1978/79 veränderte die politische Konstellation.

Unter Callaghan entwickelte die Labour-Partei folglich das Modell eines »modifizierten Keynesianismus«[98] als Strategie des *muddling through*. War die vorherige Politik unterhalb des großen Konsenses durchaus durch Richtungsdebatten bestimmt, konnte auch Callaghan an Ideen einer »policy of retreat«[99] anschließen. Diese zeitigte bereits Erfolge, vor allem bei den Lohnentwicklungen im öffentlichen Sektor;[100]

96 Vgl. Hay, The ›Crisis‹ of Keynesianism and the Rise of Neoliberalism in Britain, S. 209.

97 Vgl. Jessop, Politik in der Ära Thatcher, S. 381.

98 So Coopey/Woodward, Britain in the 1970s; vgl. auch Kerr, *Postwar British Politics*, S. 163; Hall, Policy Paradigms, Social Learning, and the State.

99 Kerr, *Postwar British Politics*, S. 164.

100 Vgl. zur Lohnentwicklung im öffentlichen und privaten Sektor 1974 bis 1979 Hay, The Winter of Discontent, S. 550.

»[...] economic performance was improving prior to the onset of crisis and it worsened significantly with the turn to monetarism in response to the crisis. The notion that this was a crisis of Keynesianism to which monetarism was a (necessary) response is difficult to reconcile with the empirical record – however central it was to the construction of the crisis as it unfolded.«[101]

Die Krise des Keynesianismus und des Staats wurde derart *perspektiviert*, dass das monetaristische Paradigma und mit ihm Thatchers Programm passgenau schienen. Angesichts dieser politischen *Formung* der Krise wurde der Winter 1978/79 zum politischen Scheidepunkt der britischen Politikgeschichte des 20. Jahrhunderts. Im *Winter of discontent* wandelte sich auf einer symbolischen Ebene der Nachkriegskonsens zum Thatcherismus, der keynesianische zu einem monetaristischen Kurs sowie eine Politik des Korporatismus zu Austerität.[102] Dem Thatcherismus bot sich *das* Gelegenheitsfenster.

Da im Winter 1978/79 Industrie und öffentlicher Dienst gleichzeitig streikten, verkündeten die Medien den Zusammenbruch der öffentlichen Infrastruktur.[103] Das Krisenmanagement der Regierung Callaghans goss noch Öl ins Feuer: Kabinettsmitglieder erwogen, den Notstand auszurufen und bestätigten so den Eindruck eines (latent) unregierbaren Staats.[104] Einigen Branchen gelang es, ihre Forderung nach erheblichen Lohnsteigerungen durchzusetzen, sodass Thatcher abermals von der Übermacht britischer Gewerkschaften sprechen konnte – sie attestierte der britischen Gesellschaft gleich »a reversion to barbarism«.[105] Der interventionistische, kollektivistische Staat sei durch die Mitbestimmung von Interessengruppen überfrachtet und überfordert – und liefe daher Gefahr eines zivilisatorischen Rückschritts. Thatcher und ihre Mitstreiter lancierten eine Darstellung einer Krise des unregierbar gewordenen Staates, um als Gegenmodell und alternatives Paradigma Profil zu gewinnen. Um den Staat wieder regierbar und die Wirtschaft wieder profitabel zu machen, bedürfe

101 Ebd.; Hervorhebung AS.

102 Vgl. ebd., S. 551.

103 Aufgrund des Streiks von circa 1,5 Millionen Angestellten des öffentlichen Dienstes sowie von Arbeitern der Industrie, darunter Arbeiter bei Ford, Krankenhauspersonal, Müllabfuhr, Totengräber und Lastfahrer kam mitten im feuchten kalten englischen Winter kein Heizöl an, Schulen wurden geschlossen. Die Medien forcierten durch ihre Bilderwahl den Eindruck eines apokalyptischen Szenarios. Vgl. Hay, Re-stating Social and Political Change.

104 Vgl. Hay, The Winter of Discontent, S. 547.

105 Schmidt, *Großbritannien 1945–2010*, S. 288.

es der Begrenzung staatlicher Tätigkeit, der Entmachtung der Gewerkschaften, der Deregulierung und Privatisierung sowie eines monetaristischen Neustarts. Dass sich diese Krisennarration bis heute als *common sense*-Deutung der damaligen Ereignisse verfestigt hat, offenbart die Wirkmächtigkeit der von Thatcher forcierten »mythology of the winter of discontent«.[106]

Im *Winter of discontent* kulminierte demnach die *British disease* bzw. der *British decline.* An der persistenten Wirtschaftsmisere sowie mangelnden Reformfähigkeit trügen, so die konservativen und liberalen Denker um Thatcher, der sozialdemokratische Konsens sowie die quasi-sozialistischen Weichenstellungen seit der Attlee-Regierung eine Mitschuld. Mit geschichtspolitischer Verve konturierte Thatcher gegen die Nachkriegszeit das viktorianische Zeitalter als »the pinnacle of Britain's grandeur«.[107] Galten unter Queen Victoria Unternehmertum, ungehemmtes kapitalistisches Wachstum und die Ablehnung sozialstaatlicher Abfederung als Alimentierung von Arbeitsunlust und Krankheit, so habe danach der britische Verfall seinen Lauf genommen. Keith Joseph, als Mitbegründer des liberalen Think Tanks *Centre for Policy Studies* ein Vordenker, Minister und vor allem Mentor Thatchers, [108] spitzte diese Sichtweise zu: »We have inherited a mixed economy which has become increasingly muddled, as we tried our best to make semi-socialism work. Its inherent contradictions are intractable.«[109] Gegen die Unberechenbarkeit – und *U-turns* – bisheriger Regierungen gelte es, eine konsequente Politik zu betreiben, die den freien Markt zur Entfaltung kommen lasse. Streik und Streit müsse man, so forderte Thatcher medienwirksam auf dem Parteitag 1980, einen »autumn of understanding« und »winter of common sense« folgen lassen.[110]

Nachdem sich Callaghan schließlich desavouierte, indem er nach seinem Urlaub auf den Antillen braungebrannt bei einem Interview am Flughafen wenig empathisch auf eine Frage nach der lahmgelegten öffentlichen Infrastruktur reagierte und die Zeitung The Sun seine Reaktion unter der berühmten, seither zum *Bonmot* gewordenen Schlagzeile besprach: »Crisis – what crisis?«,[111] gewann Thatcher die Wahl. Nach einem Winter des Streiks und der Krisenstimmung rezitierte Thatcher auf

106 Hay, The Winter of Discontent, S. 545.

107 Kerr, *Postwar British Politics*, S. 6.

108 Vgl. Geppert, *Maggie Thatchers Rosskur*, S. 288f.

109 Keith, Speech at Prestons, in: The Times, 06.09.1974, MTFW 111967.

110 Thatcher, Speech to Conservative Party Conference, 10.10.1980, MTFW 104431

111 Vgl. den Artikel The Sun, Crisis – What Crisis?, 11.01.1979.

den Stufen der Downing Street 10 pastoral den fälschlicherweise Franz von Assisi zugeschriebenen Ausspruch: »Where there is discord, may we bring harmony. Where there is error, may we bring truth. Where there is doubt, may we bring faith. And where there is despair, may we bring hope.«[112]

Die bisherige Analyse der britischen Politiklinien *vor* Thatchers Premierministerzeit diente dazu, den *politischen Erfahrungsraum* und *diskursiven Verweisraum* Thatchers zu beleuchten. Für ihre politische Sozialisation und Aufstieg lassen sich folgende Motive resümieren: Thatcher konnte ihren »Thatcherite instinct«[113] ausbilden, da eine expansive Staatstätigkeit im Laufe der Zeit ineffektiv erschien. Sie erkannte das Unvermögen politischer Akteure, sich auf eine kohärente, effektive Regierungsstrategie zu einigen.[114] Angesichts der andauernden globalen Profitabilitätskrise und der Fiskalkrise des Staats galt es klar Stellung zu beziehen. Die britische Politik stand in den 1970ern vor dem Scheitern liberaler, aber zugleich korporatistischer und sozialdemokratischer Strategien als Krisenmanagement. Thatcher nutzte daher die wachsende Desillusionierung des Wahlvolks. Ihr Aufstieg bezeugte den Erfolg der Konservativen, eine spezifische Krisennarration zu etablieren, derzufolge die Übermacht der Gewerkschaften und der überladene Staat die britische Misere mitverursacht hätten.[115] Thatcher positionierte sich mit ihrem Kabinett als Antwort auf das Versagen politischer Steuerungsversuche; ihre Melange aus neoliberalem und traditionellem Konservativismus sollte Abhilfe schaffen.

Der Mangel an institutioneller Reform, die Debatten der Nachkriegsregierungen, die Krisen der internationalen wie auch der nationalen Wirtschaft und Politik in den 1970ern bildeten somit den Hintergrund für den Thatcherismus, der gleichwohl nicht einer gewissen *Kontinuität* zu vorangegangen Regierungen entbehren sollte. Thatcher inszenierte, vor allem in den ersten beiden Legislaturperioden, oftmals eine Frontstellung zu symbolischen Überbleibseln sozialdemokratischer und liberaler Ideen.[116] Sie stilisierte vorherige Regierungen zu einem *ancien régime*, zu einer

112 The Guardian, Margaret Thatcher: A Life in Quotes, 08.04.2013.

113 Hay/Farrall, Establishing the Ontological Status of Thatcherism by Gauging Its ›Periodisability‹.

114 Vgl. Kerr, *Postwar British Politics*, S. 15.

115 Vgl. zu dieser Aufzählung ebd., S. 164f.

116 Vgl. ebd.

»mythischen Vergangenheit«,[117] vor dem ihr *Radikalismus* Konturen gewann. Thatcher setzte also Geschichtspolitik strategisch ein; sie instrumentalisierte ihre Deutung britischer Nachkriegspolitik als Episode, mit deren Traditionen es zu brechen gelte. Gerade sie war davon überzeugt, dass man die Herzen der Menschen gewinnen und einen neuen *common sense* stiften müsse. Die Wirkungskraft politischer Geschichtsdeutungen, Erzählungen und Mythenbildung unterstreicht die Bedeutung der thatcheristischen *Rhetorik*. Daher wird nun der thatcheristische Diskurs in seiner Bedeutung für politische Entscheidungen in den Blick genommen.

2. Thatcherismus: Ein politisches Projekt

Zwischen 1976 und 1979 gelang es Thatcher, innerhalb ihrer Partei aufzusteigen und ihren Politikentwurf im Zuge der soeben beleuchteten Narration der Krise(n) zu plausibilisieren.[118] Da Thatcher von 1979 bis 1990 regierte und drei Wahlen gewann, sollten wir zunächst diese lange Zeitspanne periodisieren. Nur so lässt sich nämlich zeigen, dass sich die jeweiligen Regierungsschwerpunkte bzw. -herausforderungen in Thatchers Rhetorik der Alternativlosigkeit niederschlugen.[119]

Von 1979 bis 1983 experimentierte die erste Thatcher-Regierung mit dem Paradigma und geldpolitischen Programm des Monetarismus zur Kontrolle der Inflation.[120] Nicht die Bekämpfung der Arbeitslosigkeit, sondern Preisstabilität, Hochzinspolitik und Kontrolle der Geldmenge galten als Priorität. Fiskalpolitik wurde Geldpolitik untergeordnet. In dieser Phase einer umstrittenen, letztlich als ökonomische Reformstrategie schei-ternden monetaristischen Politik herrschten innerhalb der Partei und des Kabinetts Konflikte. Das Kabinett war zu Beginn noch »eine bunte Mischung aus ›Wets‹ und ›Thatcherites‹«,[121] die Thatcher aber sukzessive *homogenisierte*.

117 Vgl. ebd., S. 13.

118 Zu Thatchers Aufstieg und dem politischen Entwicklungsprozess ihrer Partei vor ihrem Regierungsantritt 1979 siehe die Dissertation von Geppert, *Thatchers konservative Revolution*.

119 Zum Problem der Periodisierung vgl. Hay/Farrall, Establishing the Ontological Status of Thatcherism by Gauging Its ›Periodisability‹.

120 Vgl. zu den Details Hall, Policy Paradigms, Social Learning, and the State, S. 283.

121 Abromeit, Staatsentwicklung in der Thatcher-Ära, S. 297.

Da sich die wirtschaftliche Lage verschlechterte, das Haushaltsdefizit nicht in den Griff zu bekommen war, Großbritannien in eine dauerhafte Rezession zu fallen drohte, führte der Prozess der britischen Deindustrialisierung bei gleichzeitig hoher Arbeitslosigkeit zu einer kontroversen Debatte um Thatchers Austeritätspolitik. Die Stärkung Londons als internationales Finanzzentrum mittels Abschaffung von Kapitalkontrollen und sukzessiver Deregulierung sollte der post-fordistischen Gesellschaft einen neuen Wirtschaftszweig in eröffnen.[122] Entgegen Thatchers aggressiver Regierungsrhetorik wurden zu Beginn nur wenige Maßnahmen zur Kürzung öffentlicher Ausgaben umgesetzt; die Reform und der Abbau (vor allem im Feld der Preis- und Lohnpolitik tätiger) *Quangos*[123] sowie ihre antigewerkschaftliche Stoßrichtung waren eher noch moderat. Statt den allenthalben proklamierten *Policy Change* zu vollziehen, griff die Regierung bis 1981 auf deflationäre, haushälterische Fiskalpolitik zurück.[124] So fand also weniger radikale Politik, sondern vor allem Symbolpolitik statt.[125]

Trotz einer Ausgangslage der Rezession, Inkonsistenz, der Kabi-netts-konflikte und Unbeliebtheit bei den Wählern gelang Thatcher die Wiederwahl dank ihres resoluten, nationalistischen Auftritts im Falkland-Krieg 1982[126] und dank der Zeichen eines allmählichen Aufschwungs: Reallöhne und Kaufkraft stiegen.[127] In der Regierungsrhetorik ersetzte das Schlagwort der *Erholung* das des *Niedergangs*, der *Rezession*.[128] Jedoch hatte nicht Thatchers monetaristische Politik zum Aufschwung beigetragen, sondern vor allem die weltwirtschaftliche Entwicklung sowie die Wirtschaftspolitik der USA.[129] Zentral für den Thatcherismus waren schließlich eine Politik

122 Zugleich erhielt die neoliberale Ansicht, Kapitalkontrollen würden der individuellen Freiheit und der Markteffizienz widersprechen, in den USA politische Kontur: Auch die Wall Street sollte mittels Liberalisierung zum internationalen Handelsplatz aufsteigen und internationales Kapital anziehen.

123 *Quangos* sind »quasi-autonomous non-governmental organisations«. In Großbritannien handelt es sich um verlängerte Arme der Regierungsagenturen, die sogenannte *non-departmental public bodies, non-ministerial departments* und *executive agencies* umfassen.

124 Vgl. Hay, The normalizing role of rationalist assumptions, S. 513.

125 Vgl. McAnulla, ›Fade to Grey‹?; ders., The Post-Thatcher Era.

126 Für Vivien A. Schmidt zeigt dies: »Occasionally, though, even when the public does not accept a given set of policies, it may nevertheless not sanction the government electorally or through protest if it is distracted by an overriding discourse in another policy area, as in Britain with the Falklands war discourse in the 1983 election […].« Schmidt, Values and Discourse in the Politics of Adjustment, S. 303.

127 Vgl. Döring, Autoritärer Populismus, S. 265.

128 Vgl. Kerr, *Postwar British Politics*, S. 170.

129 Vgl. Gamble, *The Free Economy and the Strong State*, S. 111.

der Angebotsseite und eine Stärkung des Marktprinzips. In den Zeitraum 1983 bis 1987 wendete sich nämlich die Regierung einer angebotsorientierten Wirtschaftspolitik mitsamt Steuersenkungen und Politik der Privatisierung profitabler Industrien zu.[130] 1986 wurde der *Financial Services Act* verabschiedet, der im »Londoner Big Bang« die Finanzmärkte deregulierte.[131] Großbritannien war Vorreiter einer – auch von der EU angetriebenen – Liberalisierung. 1988 forderte eine europäische Direktive eine umfassende Liberalisierung des Markts für internationale Kapitalbewegungen, 1989 nahm die OECD diese Forderung als verbindlichen Zusatz für ihre Mitgliedstaaten auf.[132]

Mit dem Verkauf von Firmenanteilen und sozialer Wohnungs-liegenschaften an vorherige Mieter wollte die Thatcher-Regierung eine *share-owning society* und *property-owning society* aufbauen.[133] Privatisierung und der Verkauf von Firmenanteilen sollten vorrangig der Machtkonsolidierung dienen.[134] Dabei entsprach Privatisierung einer sich als neoliberal verstehenden Politik und konnte die ideelle Leerstelle des diskreditierten Monetarismus füllen, sodass die Regierung Zeit gewann, eine (neue) Strategie zu entwickeln. Entgegen der (TINA-)Rhetorik, die ideologische Kohärenz und Vehemenz suggerierte, ist festzuhalten: »In essence, the Conservatives' strategy was displaying a great deal of *drift*.«[135]

---

130 Als Bilanz von Thatchers Privatisierungspolitik lässt sich nennen: *British Aerospace* wurde nach nur einem Jahr im Amt privatisiert, Staatsanteile an *Cable and Wireless* sowie British *National Oil Corporation*, *Transport Docks*, Hotel- und Fährschiff-unternehmen, *British Rail*, *British Sugar*, *British Telecom* wurden verkauft. Auch der Verkauf sozialer Wohnungsliegenschaften war ein Erfolg.

131 Konkreter Effekt dieses Gesetzes war die Öffnung des Londoner Finanzmarkts für ausländische Anleger; London wurde zu einem der wichtigsten Finanzplätzen der Welt. Zu den Details des *Big Bang*und der damaligen Diskussion vgl. beispielsweise Plender, London's Big Bang in International Context.

132 Vgl. Helleiner, The Evolution of the International Monetary and Financial System, S. 181.

133 Kerr, *Postwar British Politics*, S. 173; Hervorhebung AS.

134 Dies war auch nicht zwingend deckungsgleich mit der Rhetorik des Staatsrückbaus zugunsten einer Effizienz wirtschaftlicher Selbstorganisation – statt Effizienz und Wettbewerb anzukurbeln, nahm stattdessen bei Verkäufen staatliche Regulierung zu. Vgl. ebd., 174.

135 So argumentiert Bob Jessop, siehe ebd., S. 173; Hervorhebung AS. Kerr geht noch weiter und meint: Dogmatische Marktrhetorik und *two-nations*-Strategie »disguised the fact that, in strategic terms, they were running short of ideas about how to meet their overall objectives«. Ebd., S. 174.

Thatcher konnte in dieser Phase ihre politisch-ideologische Unterstützung festigen, indem sie ihre Parteikritiker sowie die Bergarbeiter als *enemies within* diskreditierte und absonderte, etwa durch den *Trade Union Act* von 1984, der im Zusammenhang der brutalen Niederschlagung der Bergarbeiterstreiks zu sehen ist. Unter Thatcher wurden zudem der *London Greater Council* und sechs weitere *Metropolitain Authorities* aufgelöst,[136] denn die traditionell Labour-dominierten Kommunen stritten stets mit der Regierung um Haushalts- und Ausgabenentscheidungen. Thatcher intendierte also eine *Entmachtung* ihrer Konfliktpartner.

Von 1987 bis 1990 verfolgte Thatchers dritte Regierung tiefgreifende Reformpläne zur Umstrukturierung des öffentlichen Dienstes, der sozialstaatlichen Institutionen und der kommunalen Regierungsebene. Die Logik der 1979 eingeführten *Efficiency Unit* und des *Scrutiny* Programmes wurde weiterverfolgt,[137] indem nach der Losung »value for money« Marktmechanismen im öffentlichen Dienstleistungssektor implementiert wurden. Als Erfolgskriterium galten stets Kosten; die *Manager* jener Behörden waren zum einen für ihr Budget verantwortlich, zum anderen wurden Performanzschritte akribisch überprüft und Gehälter der Angestellten leistungsbezogen angepasst und bestimmt.

Thatcher und ihre Regierung verkündeten auf dem Parteitag 1986 diesen radikalen Reformprozess. Dieser sollte ferner eine Steuerreform, eine Reform der Gewerkschaftsbeziehungen, einen neuen Bildungsplan, einen Umbau des Sozialstaats sowie des öffentlichen Dienstes, eine Einführung der *Poll Tax* und eine Reform des *National Health System* (NHS), also des Gesundheitssystems, umfassen.[138] Die Schulwesen- und Gesundheitssystemreform bildeten schließlich einschneidende Veränderungen; beide Male sollten durch strukturelle Öffnungen und Wahlfreiheit Wettbewerb gefördert und interne Märkte geschaffen werden. Der Schritt zu einem *neoliberalen Konservatismus* als regierungsanleitende Weltanschauung sollte nun für alle erkennbar werden. Die dritte Amtszeit Thatchers wird daher mal als »reinventing government«,[139] mal als »hollowing out the state«[140] bezeichnet. Der neoliberale Radikalismus der Tories

136 Vgl. ebd., S. 172.

137 Vgl. Faucher-King/Le Galès, *The New Labour Experiment*, S. 45.

138 Die Wegmarken dieser Reformtätigkeit waren beispielsweise der *Social Security Act (1986), Education Reform Act (1988), Housing Act (1988), National Health and Community Care Act (1990).*

139 Osborne/Gaebler, *Reinventing Government.*

140 Rhodes, The Hollowing Out of the State.

wirkte umso schriller, da eine ernstzunehmende Opposition fehlte; Labour sezierte sich seinerzeit selbst und vertrat eine offen protektionistische Wirtschaftspolitik.

Allerdings verfestigten Thatchers Radikalismus, ihre Europapolitik, ihre triumphalistische Rhetorik sowie ihr rabiater Umgang mit Kabinettsmitgliedern den Eindruck einer geradezu despotischen Regierungschefin. Die verhasste *Poll Tax*, die als Gemeindesteuer eine progressive Besteuerung ersetzen sollte, der Haushalt von 1988, der Einbruch der Nachfrage trotz Wachstumsphase und steigende Arbeitslosigkeit ließen manche glauben, vor einer erneuten Rezession zu stehen. Der Protest richtete sich immer mehr *ad personam*, sodass Thatcher auf Druck ihres Kabinetts im November 1990 zurücktrat.

Unter ihrem Nachfolger John Major wurde das *thatcheristische* Programm fortgeführt. Major bediente nicht zuletzt die Nachfrage nach einem »Thatcherism with a more human face«.[141] Zwischen 1990 und 1997 reformierte er in steigendem Reformtempo den öffentlichen Sektor. Obwohl Major ein radikalerer »Thatcherist« als seine Vorgängerin im Amt war, wird er bis heute wegen seiner vermeintlichen Unscheinbarkeit politisch unterschätzt.

Unser Parforceritt durch die Ära Thatchers macht deutlich, dass der Thatcherismus nicht über die Stringenz und Kohärenz verfügte, die Thatchers Rhetorik suggerierte und viele Wähler schlichtweg folgerten. Man erkennt stattdessen einen »awkward gap between rhetoric and reality which Thatcherite policies displayed«.[142] Der Thatcherismus, der bisher als ein ideologisch-politisches Programm begriffen wurde, erscheint *politisch inkohärent*, aber *diskursiv kohärent*. Thatchers Politik beruhte weniger auf einer ideologischen und politischen Blaupause, die von Beginn an ein konsistentes Projekt beinhaltete, als dass der Thatcherismus letztlich heterogene, adaptive und kontextsensible *Policies* umfasst.

Es besteht also die Gefahr, mit dem Begriff des Thatcherismus vorschnell anzunehmen, Thatcher und ihre Kabinette seien stets langfristig operierende Akteure mit einer unveränderlichen Gesinnungsethik gewesen. Das würde vernachlässigen, dass auch bei ihrer Politik Umstände und Umwelteinflüsse, das heißt letztlich: *Kontingenz* eine Rolle spielten.[143]

141 Kerr, *Postwar British Politics*, S. 179.

142 Ebd., S. 48.

143 Hay/Farrall, Establishing the Ontological Status of Thatcherism by Gauging Its ›Periodisability‹, S. 456, Anmerkung 2.

Dennoch bleiben die Idee und das Etikett eines *thatcheristischen* Politikmodells durch die durchgängig neoliberalen sowie neokonservativen Leitlinien jener Politik berechtigt, die da waren: eine Kritik an ausufernder Staatstätigkeit, ein Appell an traditionelle Werte, die Betonung gesunden Menschenverstands und individueller Selbstverantwortung sowie der Ansatz, den Markt der staatlichen Kontrolle zu entziehen, ja gleichsam freizusetzen, da dieser die effizientesten Mechanismen bei Verteilungsproblemen bereitstelle.[144] Diese Leitlinien entspringen allesamt einem kontinuierlich präsenten »Thatcherite instinct«.[145]

Da man aus der Selbstdarstellung einer Partei, besonders einer Parteivorsitzenden, nicht blindlings auf politische Taten schließen darf, weil Darstellung und Kommunikation zuweilen ein rein pragmatisches *Policy-Making* normativ einbetten, wenn nicht verdecken sollen, ist folglich auch die Denk- und Sprechfigur der Alternativlosigkeit im Wechselverhältnis von Diskurs und Praxis zu sehen. Die Rhetorik der Alternativlosigkeit war bei Thatcher in ein spezifisches Politikverständnis und in einen spezifischen Politik- bzw. Regierungsstil eingebettet. Es fragt sich, welche Bedeutung TINA-Rhetorik für die »divisiveness of the Thatcherite project and its *increasing* authoritarianism«[146] hatte. Dabei lässt sich annehmen, dass die Alternativlosigkeitsrhetorik eine eminente Rolle bei der Konsolidierung und Ausführung einer Politik spielte, die sich zu Beginn als großer Aufbruch, als »Renewal« britischer Politik und Gesellschaft darstellte und aufgrund jenes ostentativ-rhetorischen Angriffs auf Traditionen und Konventionen politischer Kultur durchaus umstritten war.

Auf den ersten Blick schien Thatchers Behauptung, ihre Politik sei alternativlos, eine nachvollziehbare Strategie, um Reformpolitik und *Policy Change* erfolgreich zu implementieren. Vivien A. Schmidt betont nämlich:

»In order to succeed with unpopular reforms […] governments must be able to disassociate the self-serving protest of the disadvantaged interest groups from the support of the moral majority. This […] can be achieved only through discourses that seek to demonstrate that reform is not only necessary, by giving good reasons for new policy initiatives, but also appropriate, through the appeal to values.«[147]

---

144 Vgl. ebd., S. 456, Anmerkung 1.

145 Ebd., S. 444. Der Begriff des ›Instinkts‹ meint hierbei: »[…] an approach to thinking about the problems of governance based upon a reasonably highly conserved set of dispositions.« Ebd.

146 Kerr, *Postwar British Politics*, S. 179; Hervorhebung AS.

147 Schmidt, Values and Discourse in the Politics of Adjustment, S. 231.

Um Reformpolitik zu kommunizieren, müssen Politiker folglich deren Notwendigkeit und Angemessenheit erklären. Es liegt nahe, hierzu einen (vorgeblich irrigen) Protest als gemeinwohlgefährdend zu diskreditieren und zu suggerieren, dieser schade der politischen Gemeinschaft.[148] Politische Akteure müssen einen sowohl rational-analytischen als auch normativen, wertebasierten Diskurs formen, um ihr politisches Ziel mit dem vermeintlichen Gemeinwohl zu verknüpfen. Sie kombinieren bestenfalls Ethos, Logos und Pathos, so schon die antike Einsicht Aristoteles' in die Redekunst. Insofern betont Schmidt, dass politische Kommunikation eine »moralische Mehrheit« adressieren müsse.[149] Um die Wählerschaft zu überzeugen, müssen Politiker wie Thatcher Integrität und moralische Wertigkeit (*ethos*) aufbauen, emotionale Ansprache hervorheben (*pathos*), politische Argumente mitsamt rationaler Begründung kommunizieren (*logos*) und den spezifischen *Policy-Diskurs* mit entsprechenden politisch-kulturellen, das heißt mentalen und moralischen respektive ethischen Vorstellungen und Frames verknüpfen.[150] Dieser kommunikative *Nexus* kann bei politischer Führung entscheidend sein. Wie fügt sich also TINA-Rhetorik in diesen Nexus ein?

Im Anschluss an diese Überlegungen kann nun die über Zeit und Kontexte diffundierende TINA-Rhetorik bei Thatcher systematisch erfasst werden: erstens als Mittel und Produkt einer kämpferischen Überzeugungspolitik, die einen Antagonismus und einen Bruch im politischen Feld zu produzieren suchte, zweitens als Bestandteil der Konstruktion eines neoliberalen *common sense* mittels Appelle an eine moralische *silent majority* und drittens als Mittel eines autoritären Populismus. Dies wirft letztlich die Frage auf, inwiefern Thatchers strategische Alternativlosigkeitsrhetorik in das politische System des Westminster-Parlamentarismus eingeordnet werden kann. Hieran anschließend lässt sich die Frage nach dem neoliberalen Gehalt und den handlungsanleitenden Annahmen von Thatcher und ihren Regierungen erörtern.

---

148 Gemeinwohl wird hier im Sinne Luhmanns als eine »Kontingenzformel« verstanden, da es der Politik dazu dient, den Anspruch auf Allgemeingültigkeit vor partikularistischen und kontingenten Zielvorstellungen zu erheben. Demokratie – und Demokraten – vermögen es so, inhärente Kontingenz auszuhalten, indem sie die funktionale Fiktion des Gemeinwohls aufrechterhalten. Vgl. Luhmann, *Die Politik der Gesellschaft*, S. 120ff.

149 Schmidt, Values and Discourse in the Politics of Adjustment, S. 231.

150 Charteris-Black, *Politicians and Rhetoric*, S. 14.

2.1 TINA und »conviction politics«: Ein Monopol der Geltungsansprüche

Bei Thatcher handelte es sich keineswegs um eine Politikerin, die politischen Debatten auswich, den politischen Diskurs zu entagonalisieren versuchte und Politik im Namen unpolitischer, seien es technischer oder wissenschaftlicher Sachzwänge, zu rechtfertigen suchte. Thatcher hing ganz im Gegenteil einem konfliktiven, offensiven Politikmodus an:

»There has been strenuous discussion and dissent – I welcome it. For years as our Conference has assembled I have grown used to the charge that we are bland and anodyne, careful to avoid differences. I do not think that that is a charge that can be levelled at us this year.«[151]

1985 ließ sie zudem verlauten: »In the debate we had, you pulled no punches. I prefer it that way.«[152] Thatcher begrüßte einen politischen Dissens, um den Konfliktpartner dann jedoch als irrational und seine konfligierenden Ansichten als verfehlt zu desavouieren. Diese paradoxe Gleichzeitigkeit von Konfliktfreudigkeit und politischer Delegitimierung anderer politischer Vorschläge kennzeichneten die ersten Jahre des Thatcherismus. Mit der Terminologie aus Chantal Mouffes Demokratietheorie ließe sich daher formulieren, dass Thatcher einen politischen Antagonismus affirmierte, jedoch die Legitimität eines gegnerischen Standpunkts nicht anerkannte, das heißt keinen demokratischen *Agonismus* bejahte.[153]

Im Gegensatz zu Schelskys Modell des Sachzwänge erscheint uns Thatchers TINA-Rhetorik auf den ersten Blick kontraintuitiv, weil einer ihrer Leitbegriffe »to choose/choice« war.[154] Entsprechend lässt sich an ihrer Rhetorik ablesen, das hier der Begriff der Alternative tatsächlich in einem semantischen Feld der Entscheidungsalternative zu verorten ist. Es gab noch eine andere Option, diese sei allerdings, so die Pointe, *falsch*. Diskursstrategisch kam diese Desavouierung politischer Alternativen einer Quasi-Entmündigung gleich; denn die Entscheidungsfreiheit politischer Subjekte war nur eine scheinbare: »People must be free to choose, if they wish, between wisdom and folly.«[155]

---

151 Thatcher, Speech at Conservative Party Conference, 16.10.1981, MTFW 104717.

152 Thatcher, Speech to Conservative Party Conference, 11.10.1985, MTFW 106145.

153 Vgl. Mouffe, *Über das Politische*.

154 Vgl. die rhetorische Analyse bei Grond, *When Maggie speaks*, z.B. S. 80.

155 Thatcher, The Swinton Lecture, S. 95.

Thatcher verfolgte eine Politik aus unerschütterlicher Überzeugung und bezeichnete sich selbst als »conviction politician«.[156] Sie reklamierte für ihre Partei: »We have set a *true* course – a course that is right for the character of Britain, right for the people of Britain and right for the future of Britain. [...]«.[157] Hieran lässt sich wieder ein schmaler Grat erkennen: Auf der einen Seite erwarten wir, dass ein Parteipolitiker von der politischen Richtigkeit eigener Gewissheiten und Ansichten überzeugt ist, auf der anderen Seite diskreditiert das Diktum der Alternativlosigkeit parlamentarische respektive politische Opposition als irrational und ideologisch verblendet. Aus Überzeugungen darf, so die demokratietheoretische Pointe agonaler Politikmodelle, noch keine Abwertung des demokratischen Gegenspielers abgeleitet werden. Thatcher hingegen erklärte 1981:

»Now, what is the policy of the Opposition? There is no merit in turning to their amendment for guidance. It contains *not a single alternative* to the present policies of the Government. But we do know that the Opposition are now advancing policies even more extreme than those that they followed when in office.«[158]

Thatcher verwies, selbstredend ohne das Scheitern der konservativen Heath-Regierung zu erwähnen, auf die desaströse wirtschaftliche Lage als Vermächtnis der Labour-Regierung: »Britain was broke. That was the

156 Ganzes Zitat: »I am a conviction politician it has always been my pride first, I believe in certain things. So did many, many of my predecessors.« Thatcher, Press Conference for British press, 07.10.1981, MTFW 104713. Vgl auch: Auf die Frage des Journalisten Martyn Lewis: »Prime Minister, you put across your views, and have done throughout 1980 with great passion and conviction. Does it ever occur to you that you might be wrong?«, antwortete Thatcher 1980: »Wrong on the things which I have said? No, it doesn't occur to me that the alternative is to print and print and print money regardless. What would that do to all the people who save?« Thatcher, TV Interview for UPI/ITN-Sunday Times Review of 1980, 31.12.1980, MTFW 104471; Hervorhebung AS. Im gleichen Interview rechtfertigte Thatcher auch ihren bis dato monetaristischen Kurs: »I want to cut that right away and get unemployment down in the longer run and steadily falling so that more and more people have a job. There is only one way to do that. That is sound money first. Competitiveness of industry which means that people must realise they mustn't take out more in pay than they put in in effort which means they must watch what they try to claim in pay.« Ebd.; Hervorhebung AS. In einem Interview Thatchers kurz vor ihrem Amtseintritt bezeichnete sie sich als »›not a consensus politician or a pragmatic politician‹ but ›a conviction politician‹«. Zitiert nach Gilmour, *Dancing with Dogma*, S. 3.

157 Thatcher, Parteitag 1983. Dementsprechend urteilt Ian Gilmour: »Margaret Thatcher unquestionably possessed faith and hope, and she had no doubts about the truth.« Ebd., S. 2.

158 Thatcher, House of Commons Speech, 05.02.1981, MTFW 104561; Hervorhebung AS.

effect of their strategy – what they now call their alternative strategy.«[159] Auch sei die Politik der Labour-Partei im Wortsinne deplatziert gewesen: »Unlike the Socialists, our policies have never been merely a local version of an international creed; they have always been, and remain, British policies, for application within the framework of British institutions.«[160] Thatcher diskreditierte die Labour-Partei als Satelliten-Partei des Ostblocks, der *Britishness* völlig fremd bleiben müsse, denn: »State Socialism is not in the *character* of the British people. It has no place in our *traditions*. It has no hold on our *hearts*. A Socialist Party can only hope to survive in Britain by pretending that it is something else.«[161] Hier wird erstens deutlich, dass ein Politikentwurf an den nationalen Diskurs rückgebunden werden und Modernisierung mit Beständigkeit, das heißt letztlich: Konservatismus vereinen müsse. Thatcher beanspruchte für sich, emotionale (»hearts«) und moralische, gleichsam nationalpsychologische (»character«, »traditions«) Führung zu vereinbaren.

Zweitens fand Thatchers TINA-Rhetorik vor dem Hintergrund des Kalten Kriegs statt; wie im technokratischen Konservatismus und in der Denkfigur der ideologischen Erschöpfung artikulierte Alternativlosigkeit eine identitätspolitische Abgrenzung von der *anderen Option* – dem sozialistischen Planstaat *à la façon russe*. Auch die Vordenker des Neoliberalismus, allen voran Friedrich August von Hayek, Ludwig von Mises und Milton Friedman, formulierten ihre wirtschaftstheoretischen Ansichten aus einem tiefen Misstrauen gegenüber politischer Intervention und Steuerung. Hayek rief 1947 die Mont Pèlerin Gesellschaft ins Leben, nicht nur um über Freiheit, Rechtsstaatlichkeit, Wettbewerb und Eigentum als liberale Prinzipien zu konferieren, sondern auch um diese gegen sozialistische Entwürfe abzugrenzen.[162] So ist auch Thatchers politische Rhetorik in diesem weltpolitischen Zusammenhang zu sehen.

Wie die vorstehende Rekonstruktion der drei Amtszeiten deutlich machte, war Thatchers Politik in den ersten Jahren ihrer Amtszeit durchaus umstritten. Zeigte der Thatcherismus durch ein hohes Maß an *drift* (s.o.)

159 Und weiter: »It is against that background and that history that I want you to look at the challenge and the signs of success that we see before us today.« Thatcher, Speech to Conservative Central Council, 08.10.1982, MTFW 104905.

160 Thatcher, The Swinton Lecture, S. 84.

161 Thatcher, Speech at Conservative Party Conference, 16.10.1981, MTFW 104717; Hervorhebung AS.

162 Hayek wollte so das durch den Krieg eingeschlafene Colloque Walter Lippmann (Paris 1938) wiederbeleben.

und adaptiven Inkrementalismus, war für Thatcher die Darstellung ihres Durchhaltevermögens, ihrer Prinzipientreue und Wahrhaftigkeit umso bedeutender, so beispielsweise Anfang der 1980er: »I will not change just to court popularity.«[163] – »We shall persevere in our policies because we know that they are the *right* ones for Britain, and because we care deeply for the future of our country and for all our people.«[164] Infolgedessen erklärte Thatcher im selben Jahr »there really is no alternative« zum Monetarismus.[165] Und dementsprechend war Thatcher stolz auf ihren Spitznamen »Iron Lady«.[166]

Diese Unbeirrbarkeit sollte zugleich vermitteln, dass Thatcher über die kurzfristige Perspektive von Wiederwahl(en) hinaus Politik betrieb; sie wollte vermitteln, dass sie auch Unbeliebtheit und Gegenwind riskierte, um langfristige Politikziele zu erreichen. Thatcher gebrauchte auch daher die Rede der Alternativlosigkeit, um spätere Wohlstandseffekte für die Allgemeinheit – die sogenannte »deferred gratification«[167] – ihrer Sparpolitik zu rechtfertigen und das Land auf Einschnitte vorzubereiten: »[...] Moreover, after two years in which real earnings have gone up sharply while output has actually dropped, we now have *no alternative* but to accept a reduction in the country's standard of living if investment and employment are to recover.«[168] Ging Thatcher von der normativen *Richtigkeit* ihrer Ansichten und ihrer persönlichen *Wahrhaftigkeit* aus, behauptete sie ebenfalls, dass sie die zuweilen unangenehme *Wahrheit* ausspreche:[169]

---

163 Thatcher, Speech at Conservative Party Conference, 16.10.1981, MTFW 104717.

164 Ebd.; Hervorhebung AS.

165 Auf einer Pressekonferenz für amerikanische Auslandskorrespondenten in London sagte sie: »Because there really is no alternative«. Thatcher, Press Conference for American correspondents in London, 25.06.1980, MTFW 104389; Hervorhebung AS.

166 So in einem Interview mit der Journalistin Walters: »How do you feel when they call you the Iron Lady?« Darauf Thatcher: »I think that they are right. You have to have firmness in decision. You have to have firmness. You'd be no good if you didn't. Frequently, the decisions you have to take are those which are right for the long term of your country, of your beliefs. But in the short term, they're tough [...] And people say, well we may not agree with everything she does, she's tough, but we know she's strong. We know she'll stand up for our interests abroad. We know she'll do the right thing at home. We respect her, and we feel secure.« Zitiert nach Gilmour, *Dancing with Dogma*, S. 225.

167 Elster, *Ulysses and the Sirens*.

168 Thatcher, Speech at Lord Mayor's Banquet, 10.11.1980, MTFW 104442; Hervorhebung AS.

169 Sie verfolgte trotz steigender Unbeliebtheit ihre Politik, denn: »And only then will our people recognise that the tough measures of these last three years have been worthwhile

»Throughout most of my life, the chief complaint against politicians has been that they shrank from telling the truth, when the truth was in the least unpleasant or controversial; [...] Early in my career, I decided that that was one mistake that I would not make. My harshest critics will perhaps agree that I have succeeded in that modest ambition. For the complaint that they have against me is the opposite one – apparently I am inclined to speak my mind, even occasionally to nag.«[170]

So habe sie zum Beispiel Arbeitslosen gesagt, dass sie für deren Frustration und Ressentiment zwar Verständnis habe, aber »that would make it even more inexcusable if any Minister, let alone the Prime Minister, were to deceive them with false hopes or spurious remedies«.[171] Thatcher postulierte also, eine Kommunikationspolitik zu betreiben, die sich vom politischen Establishment unterscheide; sie als authentische, ehrliche Politikerin distanzierte sich selbst von der eigennützigen, strategischen und instrumentellen, aber wirtschaftlich schädlichen Rationalität der Politiker, die auch die neoliberale Public Choice Theorie nahelegte. Thatcher versuchte, sich von konventionellen Politikern abzugrenzen, indem sie nicht nur eine langfristige Perspektive, sondern auch ein Monopol der Habermas'schen Geltungsansprüche von Richtigkeit, Wahrheit, Wahrhaftigkeit im politischen Diskurs beanspruchte.[172]

Es ist sicherlich kein Alleinstellungsmerkmal britischer Politiker, sich gegenseitig Opportunismus und Unwahrhaftigkeit zu unterstellen. Doch bei Thatcher wurden darüber hinaus ostentativ *convictions* gegen *consensus* kontrastiert und hiermit auf die zuvor »verhandlungsförmige[n] Kompromiss[bildung]« angespielt.[173] In Thatchers Notizen zu einer Rede 1979 fand sich das Stichwort: »Need for Conviction – Not consensus.«[174] Thatcher inkriminierte denn auch die Idee eines Konsenses als eine Aufgabe jeglicher Überzeugungen, Ideale und Werte.[175] Für sie bedeutete *Konsens* »[...] the *appeasement* of socialism and the ineluctable advance of collectivism«.[176] Die Ausdehnung des Sozialismus sei aber zu bekämpfen,

and have been right.« Thatcher, Speech at Conservative Party Conference, 16.10.1981, MTFW 104717.

170 Thatcher, Speech to the Conservatice Party Conference, 12.10.1979, MTFW 104147.

171 Thatcher, Speech at Conservative Party Conference, 16.10.1981, MTFW 104717.

172 Vgl. Habermas, *Theorie des kommunikativen Handelns*; Band 1.

173 Vgl. Offe, Die Aufgabe von staatlichen Aufgaben, S. 4.

174 Thatcher, Speech at Conservative European Candidates' Conference, 24.02.1979, MTFW 103955.

175 Vgl. Kavanagh/Morris, *Consensus Politics*, S. 119.

176 Jenkins, *Mrs. Thatcher's Revolution*, S. 50; Hervorhebung AS.

indem auch auf britischem Boden stellvertretend gegen Labour ein (kalter) Krieg zu führen sei.

Thatchers Selbstbeschreibung und -darstellung als *Überzeugungstäterin* lässt vehement vorgetragene politische, epistemologische Wahrheits-, Richtigkeits- und Wahrhaftigkeitsansprüche ambivalent erscheinen. Wenngleich solche Ansprüche von Politikern erhoben werden müssen, vereinnahmte Thatcher diese doch für strittige normative Aussagen. Dadurch sollte andere, oppositionelle Politik bei gleichzeitiger Konfliktführung marginalisiert werden. Thatcher verknüpfte ihre Politik mit dem Anspruch auf Allgemeingültigkeit – sie bewegte sich damit auf dem Feld eines *Populismus*, der thatcheristische *convictions* kurzerhand mit gesundem Menschenverstand gleichsetzte.

2.2 Moralistischer Populismus: Alternativlosigkeit im Namen des *common sense*

»[E]conomics are the method; the objective is to change the soul.«[177]

Eine Politik der harten Wahrheit verfolgte Thatcher auch in ihrem antigewerkschaftlichen Kurs. Legte Vivien Schmidt für die Implementierung von Reformen nahe, dass eine Regierung dem Protest einer durch politische Umgestaltung benachteiligten Gruppe die Unterstützung der moralischen Mehrheit entziehen müsse,[178] so sprach Thatcher von einem Konflikt zwischen Interessenvertretungen wie Gewerkschaften und dem Gemeinwohl bzw. allgemeinen Interesse:

»When the trade union movement began, it set out to secure for its members a fair return for their work from employers. But today the conflict of interest is not so much *between unions and employers* as between unions and the nation, of which trade unionists and their families form a large part.«[179]

Die Arbeiter hätten Angst vor der Macht ihrer eigenen Vertretungen.[180] Angesichts des Streiks der Bergarbeiter 1984, den Thatcher mit Verweis

177 Thatcher, TV Interview for UPI/ITN-Sunday Times Review of 1980, 31.12.1980, MTFW 104471.

178 Vgl. Schmidt, *Values and Discourse in the Politics of Adjustment*, S. 231.

179 Thatcher, Speech to the Conservative Party Conference, 12.10.1979, MTFW 104147; Hervorhebung AS.

180 »Millions of British workers go in fear of union power.« Ebd.

auf den *Winter of discontent* durch massive Polizeigewalt brutal niederschlagen ließ, versuchte sie, einen Keil zwischen streikbrechende Arbeiter und die Streikenden zu treiben bzw. die vorhandenen Spannungen noch zu vertiefen: »We heard moving accounts from two working miners about just what they have to face as they try to make their way to work. The sheer bravery of those men […].«[181]

Auf symptomatische Weise evozierte Thatcher ein *allgemeines Interesse*, dessen Erkenntnis sie sich gewiss war, denn ihre Ansichten seien schließlich mit denen des Volkes deckungsgleich:

»Deep in their instincts people find what I am saying and doing right. And I know it is, because that is the way I was brought up in a small town. We knew everyone, we knew what people thought. I sort of regard myself as a very normal, ordinary person, with all the right *instinctive antennae*.«[182]

Da sie ihren »Instinkten« folgte, gebrauchte Thatcher konsequenterweise Metaphern allgemeiner, vernünftiger Werte und Überzeugungen. So nutzte sie beispielsweise die Vorstellungswelt eines Unternehmens und Privathaushalts, um ihre Wirtschaftspolitik zu erläutern; sie behauptete in verkürzender Weise, dass eine Regierung haushalte »[…] in the way any business budgets, we [the government, AS] budget in the way any household budgets«.[183]

Das Bild einer vernünftigen Premierministerin, die das umsetze, was notwendigerweise, moralisch und logisch, ja vernünftigerweise geboten sei, spiegelte sich in Thatchers Bemühen wider, ihre politische Agenda an den *gesunden Menschenverstand*, an *Vernunft* und *Gesundheit* zu koppeln. Thatcher begriff ihre Politik als Politik des *common sense* und erklärte dies mehrfach:

»We in the Conservative Party know that you cannot get anything for nothing. We held to the firm foundation of principle, grounded in common sense, common belief and the common purpose of the British people – the common sense of a people who knows that it takes effort to achieve success, the common belief in personal responsibility and the values of a free society, the common purpose that is

181 Thatcher, The Collected Speeches of Margaret Thatcher, S. 226.

182 Thatcher in Sunday Times, 03.08.1980, zitiert nach Charteris-Black, *Politicians and Rhetoric*, S. 167; Hervorhebung AS. Thatcher ›kollektivierte‹ ihre eigenen Ansichten und nutzte gen Ende ihrer Regierungszeit ein »We« im Sinne eines *pluralis majestatis*. Vgl. Grond, *When Maggie speaks*, S. 109.

183 Vgl. Thatcher, TV Interview for LWT Weekend World, 05.06.1983, MTFW 105098 .

determined to win through the difficult days to the victory that comes with unity.«[184]

Die Beschwörung des gesunden Menschenverstandes diente als politische Kategorie zur Bewertung von Parteiprogrammen, so auch der Opposition: »But it would be equally foolish to pretend that a country like Britain [...] can resist change. Yet that is exactly what Labour proposes to do [...]. What supreme folly. It defies all common sense«.[185] In Anbetracht dessen folgerte Stuart Hall damals, dass der Thatcherismus, »[t]o a significant extent, is about the remaking of common sense: its aim is to become the ›common sense of the age‹«.[186] Thatcher setzte gesunden Menschenverstand und ihre Deutung britischer politischer Kultur und Geschichte, Patriotismus mit einer im weitesten Sinne neoliberalen sowie neokonservativen Politik gleich. Damit wurden Andersdenkende gleichsam politisch kaltgestellt, aus der Traditions- und Sinngeschichte britischer Gesellschaft ausgeschlossen und letztlich *pathologisiert* – schließlich war auch Thatchers Volte gegen soziales Parasitentum, den sozialen »scrounge«, auf ein entsprechendes, letztendlich manichäisches Vokabular zurückzuführen.[187]

Für unser systematisches Interesse und die weitere Analyse ist zu notieren, dass sich diese Diskursstrategie als ein gesellschaftspolitischer Normalismus[188] beschreiben lässt, denn Thatcher koppelte (ihren umgedeuteten) Konservatismus, historisch tradierte *Britishness* und gesunden Menschenverstand und wollte so »Normalität« definieren. Sie versuchte zudem, politische Entscheidungen zu *trivialisieren* – politische Entscheidungen seien eigentlich gar nicht komplex. Sie wurden weder von wissenschaftlichen respektive technischen Sachzwängen diktiert, noch voluntaristisch getroffen, denn sie seien aufgrund des gesunden, natürlichen Menschenverstandes und moralischer Gewissheiten *alternativlos*. Mit Claus

184 Thatcher, Speech at Conservative Party Conference, 16.10.1981, MTFW 104717.

185 Thatcher, Speech to Conservative Party Conference, 11.10.1985, MTFW 106145. Der Unterschied zwischen einer thatcheristischen und einer Labour-Politik war zu der Zeit eklatant: »By Thatcher's diagnosis the remedy was to let the market work its cure within a framework of monetarist discipline with supply-side measure chiefly directed at the rigidities of the labour market.« Jenkins, *Mrs. Thatcher's Revolution*, S. 55. Tony Benn baute eine radikale Alternative zu Thatcher auf, er forderte ein »planning agreement« (ebd.), ein Abkommen zwischen den 100 größten Unternehmen und der Regierung, ein partnerschaftliches Konjunkturprogramm.

186 Hall, *The Hard Road to Renewal*, S. 8.

187 Arbeit galt als Vorbedingung von Würde, so das Argument. Vgl. dazu Thatcher, Speech at Conservative Party Conference, 16.10.1981, MTFW 104717.

188 Vgl. dazu Link/Loer/Neuendorff, ›Normalität‹ im Diskursnetz soziologischer Begriffe.

Offe lässt sich festhalten, dass die Rhetorik der Alternativlosigkeit bei Thatcher essenziell gebunden war an eine

»[...] Reklamation politisch relevanter Gewissheiten, existenzieller Befindlichkeiten und Selbstverständlichkeiten nationaler, moralischer oder ökonomischer Art, von denen unterstellt wird, dass sie im unvermittelten Alltagsbewusstsein der Masse der Bevölkerung bereits unverfälscht zutage liegen und deshalb der öffentlichen Erörterung und Begründung nicht bedürfen«.[189]

Gleichzeitig wollte sich Thatcher mit ihren Verweisen auf *common sense* von der spezifischen, komplexen Logik des politischen Systems und vom sophistischen Elitismus politischer, aber auch intellektueller Akteure distanzieren. Jene wurden verdächtigt, »eigeninteressiert die ursprüngliche Klarheit des populären Empfindens zu verfälschen«.[190] Diese Strategie einer anti-institutionellen, antielitären Politik ist wiederum für Populismus kennzeichnend. Es ist »eine für den Populismus typische, dichotome Weltsicht, die ihre Legitimation nicht aus der Berechtigung politischer Forderungen ableitet, sondern aus einer vorgängigen, höheren Moralität [...]«.[191]

Populismus wird in der politikwissenschaftlichen Forschung mal als Ideologie, mal als Machterwerbsstrategie, mal als Diskurspraxis begriffen.[192] Mit Paul Taggart lässt sich der Begriff des »Heartland« als Charakteristikum populistischer Politik und Rhetorik kennzeichnen; folglich werden der Topos Peripherie versus Zentrum auf räumlicher Ebene, *common sense* versus Wissenselite auf mentaler Ebene, Tradition versus Bedrohung und Wandel auf kultureller Ebene und politisch ein frühliberaler Freiheitsbegriff versus Bevormundung des Volks in Stellung gebracht.[193] Populistische Politik basiert häufig auf einer *moralischen* Konzeption von Politik. Somit scheint das Verdikt populistischer Rhetorik auf Thatchers politische Kommunikation zuzutreffen.

Doch stellt sich bei dieser Einordnung die Frage, ob denn überhaupt *eine Regierung* populistisch agieren kann. Der Begriff wird ja zuweilen auf Bewegungen beschränkt, da Populismus einen »transitorischen Charakter«[194] habe. Als Regime, als Regierung an der Macht werde er zu einer Herrschaftsform, die an Webers charismatische Herrschaft oder einen

189 Offe, Die Aufgabe von staatlichen Aufgaben, S. 322.

190 Ebd., S. 322f.

191 Priester, Definitionen und Typologien des Populismus, S. 191.

192 Vgl. ebd.

193 Vgl. ebd., S. 196.

194 Ebd., S. 190.

führerzentrierten Massenklientelismus erinnere.[195] An Thatchers Kommunikations-, Mobilisierungs- und Regierungsstrategie sind tatsächlich Merkmale populistischer Politik erkennbar, insofern sie bisweilen nicht als »Amtsinhaberin«, sondern vor allem als »Führungspersönlichkeit« zu sprechen versuchte.[196] Weil sich »Populismus weder als Ideologie noch als Handlungsstrategie verstehen [lässt], sondern als eine latent immer vorhandene elitenkritische Mentalität mittlerer und unterer sozialer Segmente […]«,[197] ist es daher bezeichnend, dass sich Thatcher als politische Anführerin stilisierte, die sich qua Verweis auf ihre Herkunft als *Krämerstochter* dem *Little Britain* und der *silent majority* zugehörig darstellte. Deren »Sprachrohr«[198] wollte Thatcher sein und Gewissheiten, die keiner argumentativen Herleitung bedürften, *expressiv* statt diskursiv vermitteln.[199] Ein populistischer Akteur, so eine Minimaldefinition nach Jan-Werner Müller,[200] reklamiert schließlich, die einzig Repräsentation des wahren Volkes zu ermöglichen.

Bei Harold Wilson hatte Thatcher sehen können, wie dieser seine einfache Herkunft und sein vermeintlich einfaches Gemüt politisch-strategisch einsetzte. Wilson betonte stets, er esse normal, habe keine teuren Hobbies und über sein erfolgreiches Studium an der Universität Oxford, das schließlich als Insignie des elitären Milieus dient, sagte Wilson kokett: »I don't like theory. I got an alpha-plus in economic theory, but I never understood it.«[201] Kann diese Strategie für einen Politiker der Labour, ergo der Arbeiterpartei, Ausdruck eines kohärenten Identitäts-angebotes sein, so sind die britischen Tories tendenziell elitärer. Allerdings existiert auch bei den Konservativen eine anti-intellektuelle Tradition; die konservative Partei hatte lange Zeit den Ruf einer »stupid party«, sie rühmte sich für ihren Pragmatismus, ihre politische Flexibilität und Ideo-logieferne.[202] Thatchers Innenminister und Stellvertreter, William Whitelaw, scherzte bezeichnen-

195 Ebd.

196 Vgl. zu dieser begrifflichen Nuancierung Offe, Die Aufgabe von staatlichen Aufgaben, S. 323.

197 Priester, Definitionen und Typologien des Populismus, S. 196.

198 Ebd.

199 Vgl. Offe, Die Aufgabe von staatlichen Aufgaben, S. 323, FN 4.

200 Vgl. Müller, *Was ist Populismus?*.

201 Wilson, zitiert nach: Sandbrook, *White Heat*, S. 25

202 Vgl. Geppert, *Thatchers konservative Revolution*, S. 292.

derweise einmal: »The Tory Party doesn't like brains. Thank God, I don't have any!«[203]

Auch Thatcher, die ebenfalls in Oxford studiert hatte, bediente sich eines antielitären Diskurses; sie stilisierte sich geradezu zur einfachen Mittelklassetochter aus dem Krämerladen. Bereits hier habe sie ihre politischen Begrifflichkeiten und wirtschaftliches Verständnis ausgebildet, denn der Sachverstand des kleinen Mannes (ihres Vaters) und des Mittelstandes genügten vollkommen als politische Grundausbildung. Thatcher behauptete dementsprechend: »[…] all my ideas about it [politics, society, economy, AS] were formed before I was 17 or 18, I learned it from my surroundings.«[204]

Da Thatchers »surroundings« der Mittelstand gewesen sein sollte, offenbarte auch diese Inszenierung der Bodenständigkeit ein Merkmal populistischer Politik: Populismus präsentiert sich als »Ausdruck einer sozialen Mittellage«.[205] Freilich artikulierte Thatcher immer wieder ihr Unbehagen, ja Unverständnis gegenüber jeglichen Klassenbegriffen und Klassenbewusstsein: »I hate these labels, I really hate them. I simply don't understand why you can't look at a person quite apart from their social background for what they are, for what they can do, for what contributions they can make.«[206]

Auch an dieser als programmatisch zu deutenden Äußerung sind mehrere Aspekte bemerkenswert: Thatcher reproduzierte zum einen den methodologischen sowie normativen Individualismus des neoliberalen Denkens – Klassenzugehörigkeit sei eine obsolete Idee. Zum anderen wird in populistischen Diskursen die vorgebliche »Mitte« als »Kern« der Gesellschaft zum wahren Repräsentanten des Volks stilisiert; der populistischen Logik zufolge ermöglicht es gerade die bürgerliche, unbescholtene Normal- bzw. »Mittellage«, Vernunft, *common sense* und Anstand zu verkörpern. So erklären sich sowohl populistische Abwehrreaktionen gegenüber offensichtlich schlechter gestellten Mitbürgern und vermeintlichen »Parasiten« als auch antiintellektuelle und elitenkritische Haltungen.

Schließlich inszenierte Thatcher den auch von Helmut Schelsky beobachteten Bewusstseinswandel und Bedeutungsverlust klassen- bzw.

203 William Whitelaw, zitiert nach ebd.

204 Thatcher, zitiert nach ebd., S. 290.

205 Priester, Definitionen und Typologien des Populismus, S. 196.

206 Vgl. Thatcher, ITT interview, zitiert nach Lawrence/Sutcliffe-Braithwaite, Margaret Thatcher and the decline of class politics, S. 141.

schichtenbezogener Gruppenzugehörigkeit. Sie rekurrierte bewusst auf die Mittelschicht als politisches Subjekt des Konservatismus: »I see Britain as having an entirely what you would call a middle-class approach. I call it a fundamentally conservative approach with a small c.«[207] Die hiermit erfolgte Marginalisierung sozio-ökonomischer Verwerfungen aufgrund gesellschaftlicher Strukturen, verdankten diese sich nun milieuspezifischen Reproduktionsmechanismen oder kapitalismusinhärenten Ungleichheitsdynamiken, stand in einer Denktradition mit konservativ-liberalen Ansätzen. Da die Mittelklasse die Mehrheit stelle, bildeten deren Werte den *common sense*. Und dieser gesunde Menschenverstand *entspreche* den Werten des konservativen *Liberalismus* à la Thatcher, denn er lasse sich auf den Punkt bringen mit: »Hard work, pay their taxes, live within their means, don't demonstrate, don't strike, who are law abiding citizens.«[208]

Die Gleichsetzung eines vorgeblich mittelständischen, vulgo: *normalen* Tugend- und Normenkatalogs mit letztlich (*neo-*)liberalen *Policies* als *common sense*-fähig machte letztere nicht nur, Thatchers rhetorischer Strategie gemäß, schlichtweg alternativlos, sondern die Partei der *Conservatives* naturgemäß zur Partei der normalen, bodenständigen, fleißigen Leute. Thatcher evozierte die Plattitüde der Normalität, der allgemeinen Mehrheit stets aufs Neue,[209] um aufzuzeigen, dass (neo-)liberales Denken der Natur des Menschen folge.

Ferner zeigte sich gerade in Thatchers Negation von Klassen ihre Kritik, ihre Abneigung gegenüber der Soziologie,[210] überbewerte diese doch die Gesellschaft gegenüber der Eigenverantwortung und (Willens-) Freiheit des Einzelnen. Soziologie hypostasiere Gesellschaft zum sozialen *Explanans* und sei damit inhärent antiindividualistisch. Thatchers berühmtes Diktum, die Gesellschaft bestehe nur aus Familien und Individuen, Gesellschaft sei an sich eine Fiktion, spitzte diese einseitige Vorstellung zu:

207 Thatcher, TV Interview for Granada TV World in Action, 31.01.1975, MTFW 102450, Thatcher, Speech to Parliamentary Press Gallery, 26.01.1976, MTFW 103195. Klassenbewusstsein sei in der Politik irrelevant geworden: »[p]eople no longer think that way. Many of the typical classifications […] are totally out of date.« Lawrence/Sutcliffe Braithwaite, Margaret Thatcher and the decline of class politics, S. 141.

208 Thatcher, Article for Daily Telegraph, 16.03.1978, MTFW 103687 und nochmals in Thatcher, Speech, 11.04.1979, MTFW 104002, hier zitiert nach: Lawrence/Sutcliffe-Braithwaite, Margaret Thatcher and the decline of class politics, S. 141.

209 Vgl. ebd., S.142.

210 Vgl. ebd., S. 146.

»If children have a problem, it is society that is at fault. *There is no such thing as society*. There is living tapestry of men and women and people and the beauty of that tapestry and the quality of our lives will depend upon how much each of us is prepared to take responsibility for ourselves and each of us prepared to turn round and help by our own efforts those who are unfortunate.«[211]

Demnach wäre es eine individuelle Bereitschaft zur Hilfeleistung, die gesellschaftlich-kollektiv organisierte Wohlfahrt ersetzen bzw. ergänzen müsse. Dieser Appell an Eigenverantwortung korrelierte mit Thatchers Rückbezug auf das viktorianische Zeitalter. Viktorianische Werte sowie liberale Wirtschaftsphilosophie galten Thatcheristen als Antwort auf den *British decline*, da hier die Hochzeit eines wirtschaftlich und gesellschaftlich produktiven Verhältnisses von Markt und Staat zu verorten wäre. Dies verweist uns zu guter Letzt auf ein weiteres Merkmal von Populismus, denn populistische Bewegungen konturieren typischerweise ein goldenes Zeitalter, einen *Status quo ante* gegen die korrupte, dekadente Gegenwart.[212]

2.3 Autoritärer Populismus: Nationalismus und Ordnung

Wollte der Thatcherismus den liberalen Diskurs des freien Markts, des vernünftigen Individuums mitsamt der organischen, konservativen Vorstellung von Familie, Tradition, Nation neu artikulieren, hatte dies vordergründig den Effekt, dass sich die Politik dem »reworking of […] repertoires of ›Englishness‹«[213] widmete. Der Thatcherismus zeigte sich auch als eine Form der »regressive modernization – the attempt to ›educate‹ and discipline the society into a particularly regressive version of modernity by, paradoxically, dragging it backwards through an equally regressive version of the past«.[214] Thatcher verfolgte jene regressive Modernisierung durch Disziplinierung. Hier lag das Moment des *autoritären* Populismus des Thatcherismus begründet. Für Hall, der diesen Begriff prägte, bedeutete dies: »The linkages between Thatcherism's strategic interventions in popular life, the reactionary character of its social project (socially and

211 Thatcher, Interview for Woman's Own, 23.09.1987, MTFW 106689; Hervorhebung AS.

212 Jenkins schreibt daher: »[…] post-war Conservatism was alleged to have fallen from grace, to have departed from the true ark, and it was the Victorian age – although that of laissez-faire liberalism rather than Tory paternalism, the age of Gladstone rather than of Disraeli – which came to play the role of Golden Age in the nostalgia of Thatcherism.« Jenkins, *Mrs. Thatcher's Revolution*, S. 51.

213 Hall, The Hard Road to Renewal, S. 2.

214 Ebd.

sexually regressive, patriarchal and racist) and its directive and disciplinary exercise of state power, constitute the contradictory and overdetermined formation […].«[215] Thatchers *Law-and-order-Politik* als Mittel der Kriminalitätsbekämpfung sowie ihre Beschwörung des britischen Nationalstolzes standen zum liberalen Denken in Spannung und muteten wenig wie eine Politik des *Laissez-faire* an.

Nationalstolz diente als wichtige politische Figur; der Thatcherismus wollte den durch Verlust des Empire-Status angekratzten Patriotismus auffrischen. In der zwei Monate nach ihrer Wahl gehaltenen *Swinton Lecture*[216] deklarierte Thatchers 1979 unter dem Titel »The Renewal of Britain«: »Britain is a great nation«, »Nothing is beyond this nation«; die Briten seien, mit Shakespeare, als eine »happy breed« zu sehen.[217] Thatcher, so pointiert Thomas Noetzel, setzte dem Diskurs um britischen Niedergang und Dekadenz den Diskurs der »Englishness« bzw. »Britishness« entgegen.[218] Eine zweite Schlacht um Britannien müsse gekämpft werden, so die dramatisierende Rhetorik Thatchers, die einen Hinweis auf Churchills *Battle of Britain* enthielt.[219] Thatcher wollte sich in eine politisch-historische Linie mit Churchill einreihen.[220] Doch diesmal war der Feind, gegen den es sich zu verteidigen galt, nicht die deutsche Luftwaffe, sondern der barbarische Sozialismus – und der grassierende Paternalismus.

Den allenthalben proklamierten Stolz auf die britische Geschichte begründete Thatcher wie folgt:

»The Conservative Party is proud of our national past. We still acclaim the scientific and technological innovations to which Britain gave birth and which ushered in the industrial and scientific age. We can look back on the history of our Empire in the confidence that it was not a scourge to other peoples, but contributed to the well-being of mankind. It brought peace, law and dramatic development to a quarter of the globe. We have given to the world the English language, which is now close to being to the modern world what Latin was to the ancient. We know that our literature is a general inspiration. We rejoice that Britain is still

215 Ebd., S. 7.

216 Thatchers Swinton Lecture von 1979 entfaltete das Programm des thatcheristischen »Instinkts«, weshalb sie im Folgenden besondere Aufmerksamkeit erfährt.

217 Thatcher, The Swinton Lecture, S. 84.

218 Vgl. Noetzel, Political Decadence?.

219 Vgl. Thatchers Memoiren, in denen sie vom »second battle of Britain« sprach. Thatcher, *The Downing Street Years*, S. 155.

220 Vgl. Winston Churchills Rede »This Was Their Finest Hour« am 18. Juni 1940 im House of Commons, in der Minister Churchill sagt »[…] the Battle of France is over. I expect that the Battle of Britain is about to begin.«

respected in all free countries as the *Mother of Parliaments* and the custodian of the principle of the rule of law.«[221]

Thatcher benannte vor allem vier Kernkompetenzen der Briten, die sie zu Erfolg und zum besonderen Status als (Welt-)Macht prädestinierten: Vergangenheitsbewusstsein, eine spezifische *Britishness*, ein Tugend- und Wertekanon, der sich vor allem aus dem viktorianischen Zeitalter speise, und Führungsstärke.[222] Diese Werte wollte sie auch im Krieg um die Falkland-Inseln gegen Argentinien unter Beweis stellen. Als Premierministerin instrumentalisierte sie den Krieg zur Beschwörung des britischen Charakters: »The lesson of the Falklands is that Britain has not changed and that this nation still has those sterling qualities which shine through our history. [...] We have not changed. [...] we British are as we have always been – competent, courageous and resolute.«[223]

Tatsächlich funktionierte der Falkland-Krieg[224] als Rettungsanker der Premierministerin und ihrer Regierung, denn Thatchers politische Lage war prekär: Ihre Regierung stand vor einer rekordverdächtigen Inflationsrate (1980: 18 Prozent), vor dem Fall der Industrieproduktion sowie des Bruttoinlandsprodukts, und die von der Regierung getroffenen deflationären Maßnahmen ließen den Wert des Pfundes steigen, wodurch wiederum die Importquote stieg und die Exportquote sank. Zusätzlich war ein rasanter Anstieg, ja beinahe eine Verdoppelung der Arbeitslosigkeit zu verzeichnen – infolgedessen war die Premierministerin in den Umfragen äußerst unbeliebt.[225]

Ob es sich bei dem militärischen Einsatz britischer Streitkräfte am anderen Ende der Welt um ein Rezidiv britischer Empire- und Kolonialfantasien handelte, sei dahingestellt;[226] die bellizistische Rhetorik und der ostentative Patriotismus Thatchers waren jedoch augenfällig und verwiesen erneut auf den unbedingt zu erhaltenden Eindruck von Prinzipientreue

221 Thatcher, The Swinton Lecture, S. 84.

222 Vgl. Grond, *When Maggie speaks*, S. 71.

223 Thatcher, Speech to the Conservative Rally at Cheltenham, 03.07.1982, MTFW 104989.

224 Dessen Anlass war die Besetzung der britischen Falkland-Inseln durch Argentinien am 2. April 1982.

225 Vgl. Kavanagh, *Thatcherism and British Politics*, S. 230ff.

226 Es muss zumindest als bedenkenswerte Aussage Thatchers einbezogen werden, dass diese noch 1988 in Brügge verlauten ließ: »The story of how Europeans explored and colonized and – yes, without apology – civilized much of the world is an extraordinary tale of talent, skill and courage.« Thatcher, The Collected Speeches of Margaret Thatcher, S. 317; Hervorhebung AS.

und (vermeintlich maskulinem) Durchsetzungsvermögen – dazu wollte sich Thatcher mit ihrem strikten Votum und Agitieren gegen jegliche Appeasement-Politik wieder in eine Linie mit Churchill einreihen. Dem ehemaligen England-Korrespondenten der F.A.Z., Karl Heinz Bohrer, imponierte die britische Vehemenz eines wehrhaften Liberalismus, den er im provinziellen Deutschland vermisste.[227] Was Bohrer jedoch vernachlässigte, war die erneut *populistische* Dimension dieses patriotischen Beschwörungspathos. Thatchers Populismus diente als Schmiermittel einer um Willensstärke, Erfolg und Stolz, Führungsstärke kreisenden Rhetorik und appellierte an das einfache Volk, die schweigende Mehrheit. Ihr diskursives Angebot von Menschenverstand, Alltagsvernunft und das Gefühl des Erwähltseins durch bloße Zugehörigkeit zum britischen Volk und Teilhabe an dessen *Britishness* bildeten eine »Solidarisierungstsrategie [...]«,[228] durch die der Bürger sich zum erlauchten Kreis eines erfolgreichen, vielversprechenden Volks zugehörig fühlen und die Premierministerin als (An-)Führerin schätzen lernen sollte.

Für die Analyse der Alternativlosigkeitsrhetorik sind diese populistischen Elemente mitsamt der Beschwörung nationaler Identität relevant, da sich in Thatchers Politik »[...] a direct appeal to the people, often above the heads of existing political institutions, Parliament or party«[229] erkennen ließ. Thatcher reklamierte für sich die Perspektive des Volkes und kritisierte von dieser diskursiv konstruierten Position aus die Institutionen des »big government«[230] – ja sie instrumentalisierte die moralische *Vox populi* im Modus »einer ›populistischen Direktschaltung‹«.[231] Dies verdeutlicht zweierlei: Erstens war der Politik unter Thatcher daran gelegen, die politischen Lager und Diskurse aufzusprengen. Unter Verwendung eines Begriffs aus der Diskurs- und Hegemonietheorie Ernesto Laclaus und Chantal Mouffes können wir beim Thatcherismus eine *Äquivalenzlogik* beobachten,[232] denn die Ansprache der Arbeiterklasse diente dazu, ehemals gegnerische Positionen bei mitlaufender Konstruktion einer der neuen Gemeinsamkeit äußeren Bedrohung zusammenzuführen: der *enemies within*

227 Vgl. Bohrer, *Provinzialismus*.

228 Grond, *When Maggie speaks*, S. 81.

229 Jenkins, *Mrs. Thatcher's Revolution*, S. 53.

230 Vgl. Gamble, *The Free Economy and the Strong State*, S. 172. Damit wird die Nähe zu Thatchers Seelenverwandtem Reagan deutlich, denn auch der Reagan kämpfte gegen den vermeintlichen Gigantismus unter dem Stichwort *big government*.

231 Offe, Die Aufgabe von staatlichen Aufgaben, S. 322; Hervorhebung im Orig.

232 Vgl. Laclau/Mouffe, *Hegemony & Socialist Strategy*.

and without. Entlang der Konfliktlinie *us against them* wurde das politische Feld bipolar organisiert und eine starke Differenz im politischen Raum etabliert. Das wiederum kennzeichnet Laclau zufolge populistische Diskurse.[233] Unter Thatcher führte jene Äquivalenzlogik dazu, dass ihr Programm auch von der Klientel der Labour-Partei, den »kleinen Leuten«, unterstützt wurde.

Zweitens ist an der direkten Ansprache über die (intermediären) Institutionen der politischen Vermittlung hinweg bedeutsam, dass sich hier der als autokratisch inkriminierte Regierungsstil Thatchers widerspiegelte, der die Machtfülle des englischen Premierministers, die das politische System des Westminster-Parlamentarismus diesem zugesteht, in Gänze ausnutzte. Die Rhetorik der Alternativlosigkeit ist demensprechend in den Zusammenhang des politischen Systems zu rücken. Da hierbei allerdings für den britischen Diskurs, vor allem aus diachroner Perspektive, wichtige systematische Einsichten gewonnen werden können, erfolgt diese Kontextualisierung von System und TINA-Diskurs in einem nachstehenden, separaten Unterkapitel.

Die schon erwähnte Politik von *Law and order*, die der unter Thatcher amtierende Innenminister William Whitelaw Anfang der 1980er verfolgte, ist ein weiteres Indiz für populistische Merkmale thatcheristischer Politik. Thatcher, nach eigenem Bekunden »[...] horrified by the increasing violence on our streets and by the ever rising crime figures«,[234] verlangte »a tougher regime«,[235] so zum Beispiel in den Gefängnissen. Sie verband die Politik der Kriminalitätsbekämpfung mit einer rigiden Moralkommunikation – Thatcher attestierte sich gar selbst einen »New Crusade«.[236]

Schließlich werfen Thatchers Volten gegen die »permissive society« die Frage auf, wie es zu jener denkwürdigen Gleichzeitigkeit einer liberalen Wirtschaftspolitik und einer Politik sozialer Kontrolle kommen konnte.[237] Michael Freeden führt diese paradoxe Spannung auf die *Anthropologie* zurück, die einem neoliberalen Weltbild zugrunde liegt: Der Mensch ist ein egoistischer Nutzenmaximierer, der an seinem eigenen Erfolg interessiert ist und eine aggressive Strategie verfolgt. Die eigentlichen Laster, so ja der

233 Vgl. Laclau, *On Populist Reason.*

234 Thatcher, Speech to Conservative Central Council, 08.10.1982, MTFW 104905.

235 Ebd.

236 So in der Daily Mail, 19.04.1988, zitiert nach Grond, *When Maggie speaks*, S. 75.

237 Diese Spannung akzentuiert das fulminante Werk Gamble, *The Free Economy and the Strong State.*

semantische Coup des Liberalismus,[238] der nicht zuletzt ein moralphilosophischer Coup war, entfalten diesem Menschenbild zufolge in der Wirtschaftssphäre konstruktive Wirkung, im Sozialleben allerdings drohen sie destruktive Effekte zu zeitigen. Daher gelte es in Momenten moralisch korrumpierter Gesellschaft, so Thatcher, die Ordnung qua Autorität wiederherzustellen: »It is when selfdiscipline breaks down that a society has to impose order. [...] This was the truth which our ancestors knew well, but which some of our generation have managed to unlearn.«[239]

Der (neo)*konservativen* Dimension des Thatcherismus lag die Auffassung zugrunde, dass der Mensch bzw. sein Verhalten stets eine Verankerung außerhalb des individuellen Willens finden müssten; Traditionen, Normen, Gesetze und Religion, Regeln stillten das Bedürfnis nach Autorität.[240] Diese seien jedoch durch die »permissive society« erodiert und daher müsse die Regierung mittels einer harten *Law-and-order-Politik* eines »tough government«[241] jene Werte wieder festigen. Die Vorstellung, Individuen und damit schließlich Wähler würden lediglich ihrem materiellen Eigeninteresse folgen, spiegelte erneut Annahmen des neoliberalen Public-Choice-Ansatzes. Der Widerspruch zu einer liberalen Politik der Deregulierung war folglich nur ein oberflächlicher. Ein freier Markt und ein starker Staat widersprechen sich nicht, sondern bilden *komplementäre* Seiten. Das politische Programm Thatchers hieß somit »the free economy and the strong state« (Andrew Gamble).

3. Alternativlosigkeit als Regierungsstrategie

Thatcher dachte und handelte in binären, manichäischen Mustern von Freund–Feind. Dabei war die Figur des Feindes und damit der Opposition zwar diskursiv variabel, hatte aber stets die Dichotomie *Liberalität und Illiberalität* als einen systematischen Bezugspunkt: Innenpolitisch existierte die binäre Opposition zwischen Tories und Labour, der, *mutatis mutandis*, der außen bzw. europapolitische Kontrast zwischen dem liberalen Großbritannien und dem sich scheinbar verstaatlichenden, regulationistischen,

238 Vgl. Fischer, *Moralkommunikation der Macht*.

239 Thatcher, Speech at Conservative Party Conference, 16.10.1981, MTFW 104717.

240 Vgl. Freeden, *Ideologies and Political Theory*, S. 412.

241 Gamble, *The Free Economy and the Strong State*, S. 58.

europäischen Kontinent entsprach. Zugleich spiegelte sich ja der Konflikt zwischen Tories und Labour in der Gegenüberstellung zwischen Großbritannien als Teil des politischen Westens mitsamt energischer amerikanischer Bündnispartnerschaft und dem sozialistischen, planwirtschaftlichen und illiberalen Osten unter sowjetischem Einfluss, dessen Ideen die Labour-Partei auf englischem Boden angeblich zu implementieren suchte. Die Labour-Partei stand in Thatchers Reden synonym für Sozialismus, zugleich wurde ein politischer sowie moralischer Gegensatz zwischen Großbritannien und Sozialismus formuliert; Mehrfachnennungen und auffällige Wiederholungen in Reden wie der Parteitagsrede 1975 verdeutlichten diese rhetorische Strategie.[242] Die Rhetorik des Kalten Krieges war bei Thatcher tatsächlich dominant; immer wieder betonte sie die moralische und politische Verdorbenheit, aber gleichzeitige Bedrohung der UDSSR.[243] Der Zusammenbruch und Implosion der Sowjetunion statuierte für Thatcher daher ein Exempel für den von ihr propagierten *common sense* von Freiheit, Unternehmergeist, Familie, Privateigentum als Grundlage jeder freiheitlichen Gesellschaft.[244]

Über den sinnstiftenden außenpolitischen Kontext der kalten Kriegerin Thatcher hinaus lässt sich angesichts dieser konfrontativen Strategie überlegen, ob Thatchers politische Rhetorik in ihrer innenpolitischen Dimension ein Effekt des britischen Westminster-Parlamentarismus war, denn die institutionalisierte Bipolarität im britischen System begünstigt nachgerade jene Denk- und Redefigur binärer, dichotomer Oppositionen durch eine im System angelegte Polarisierung.

3.1 TINA als Rhetorik des Westminster-Parlamentarismus

Im politischen System Großbritanniens wird die Machtfülle des Premierministers nur geringfügig durch institutionelle Schranken begrenzt; es handelt sich um eine »Premierministerregierung«, die Züge einer »elected dictatorship«, so der viel zitierte Begriff Lord Hailshams, trägt.[245] Die Opposition ist im Westminster-Parlamentarismus mit seinem Mehrheits-

242 Vgl. Grond, *When Maggie speaks*, S. 51.

243 Vgl. auf dem Parteitag 1980: »Soviet Marxism is ideologically, politically and morally bancrupt. But militarily the Soviet Union is a powerful and growing threat.« Thatcher, Speech to Conservative Party Conference, 10.10.1980, MTFW 104431.

244 Vgl. Thatcher, Speech to Conservative Party Conference, 13.10.1989, MTFW 107789.

245 Vgl. Sturm, *Politik in Großbritannien*, S. 111.

wahlsystem de facto zur Machtlosigkeit verdammt; im Gegensatz zur Bundesrepublik Deutschland existiert kein richterliches Prüfungsrecht, Verfassungsänderungen sind ohne höhere Verfahrenshürden möglich, da sich das britische System in Ermangelung einer schriftlichen Verfassung am Common Law orientiert und daher Konventionen und Bestände der politischen Praxis der Vergangenheit Pfadabhängigkeiten und Einschränkungen geschaffen haben, nicht aber eine gegen parlamentarische Entscheidungen einklagbare, kodifizierte Verfassung. Deshalb spricht Heidrun Abromeit von Parlamentssouveränität im britischen, von Verfassungssouveränität im deutschen System.[246] Ferner wird in der Vergleichenden Regierungslehre je nach Zahl der institutionellen Vetospieler zwischen einem *single-actor* und *multi-actor system* differenziert, sodass auch hier wieder ein eklatanter Unterschied zwischen dem latent zum Inkrementalismus verurteilten föderalen, konkordanzdemokratischen Bundesstaat Deutschland, in dem sowohl auf vertikaler als auch auf horizontaler Ebene das Machtprinzip gebrochen wird, und der britischen Premierministerregierung als konkurrenzdemokratischem *single-actor system* zu notieren ist.[247]

Werden politische Entscheidungsprozesse durch eine hohe Anzahl von Vetospielern beeinflusst, ja eingeschränkt, bedarf es im höheren Maße Koordination und Kompromissorientierung als in einem System wie dem britischen, in dem der Premierminister nicht nur seinem Kabinett gegenüber *nicht* verantwortlich ist, sondern auch die *core executive* angesichts der institutionellen und wahlsystemischen Rahmenbedingungen keine koordinative Vermittlung suchen muss. Hiernach lässt sich mit Vivian A. Schmidt die Differenzierung zwischen einem koordinativen und einem kommunikativen Diskurs anwenden: Während im koordinativen Diskurs politische Akteure *Policies* aushandeln und hier Prozesse politischen *Bargainings* zu lokalisieren sind, adressiert der kommunikative Diskurs eine öffentliche Sphäre und versucht, getroffene Entscheidungen zu erläutern, zu rechtfertigen und die Öffentlichkeit zu überzeugen.[248] Diese Diskurstypen erfüllen demnach unterschiedliche Funktionen; sie korrelieren mit politischen Systemen, da deren Handlungslogik eine spezifische Diskursdominanz prädisponiert. Schmidt teilt jene Diskurstypen ihrer Funktion nach idealtypisch

246 Abromeit, Volkssouveränität, Parlamentssouveränität, Verfassungssouveränität.

247 Vgl. dazu nur beispielhaft: Abromeit/Stoiber, *Demokratien im Vergleich*.

248 Vgl. Schmidt, Values and Discourse in the Politics of Adjustment; dies., Speaking to the Markets or to the People?.

den obigen Systemtypen zu: Je weniger Vetospieler, desto größer die Tendenz zu und vor allem Bedeutung des kommunikativen Diskurses.

Hieran anschließend lässt sich festhalten, dass Thatchers TINA- sowie ihre Freund-Feind-Rhetorik zum Ausdruck brachten, dass der kommunikative Diskurs sich nicht als Kompromissangebot an die Opposition richten musste, sondern einer direkten Ansprache des Volkes diente. Dies lässt sich nun also auch institutionell einbetten: Der bei Thatcher in populistisches Fahrwasser driftende Appell und die antiparlamentarische »Idee einer direkten Verbindung von Herrschenden und Volk«[249] waren – und sind bis heute – im britischen Institutionengefüge des Parlamentarismus *angelegt*, insofern »[d]er dominante Premierminister versucht seine Machtfülle durch die direkte Ansprache an *das Volk* [...] zu legitimieren«.[250] Manch ein kritischer (im Falle Gilmours parteilicher) Beobachter diagnostizierte daher, dass Thatchers »[...] government and its followers in parliament customarily behave as though Britain has *a system of plebiscitary government*«.[251]

In Anbetracht dieser institutionellen Einbettung lässt sich auch Stuart Halls These des autoritären Populismus kontextualisieren – und relativieren: Sie legte unter anderem eine »schleichende Transformation zu einem neuen, illiberalen Zustand des politischen Systems«[252] nahe und wendete die allgemeine Diagnose des *Prime Minister Government* aus der politologischen Analyse des britischen Systems zu einem explizit thatcheristischen Regierungsmuster. Der Begriff insinuierte folglich Neues, wo tatsächlich altbekannte Tendenzen virulent wurden: »In Perioden der Krise und des Übergangs des Parteiensystems kamen und kommen die dem britischen gewaltfusionierenden Parlamentarismus eigenen ›personalplebiszitären‹ (oder wenn man so will: ›cäsaristischen‹) Züge verstärkt zum Vorschein«.[253]

Einerseits war und ist *There is no alternative* als Redefigur folglich den Prädispositionen des institutionellen Arrangements geschuldet, andererseits war Thatchers Rhetorik zugleich ein intentionales Strategem, welches das Institutionengefüge auf zu spezifizierende Art und Weise nutzte, so etwa als Mittel der Kabinettsdisziplinierung und in Folge einer Umgehung

249 Sturm, *Politik in Großbritannien*, S. 112.

250 Ebd., S. 111.

251 Gilmour, *Dancing with Dogma*, S. 187; Hervorhebung AS.

252 Döring, Autoritärer Populismus, hier S. 261.

253 Ebd. Neu sei allerdings seit Thatcher »das gesteigerte Machtpotenzial, das der technische Apparat der ›Demokratie im technischen Zeitalter‹ einem zum Handeln entschlossenen Premierminister [...] zur Verfügung stellt«. Ebd.

bestehender Kontrollinstanzen bzw. politischer Widerstände. Angesichts Thatchers politischer Praxis titelte der Economist 1989: »Mrs. Thatcher cannot see an institution without hitting it with her handbag.«[254] Wie regierte Thatcher also innerhalb der bestehenden Institutionen?

3.2 TINA als Regierungsstil

Thatchers neo-schmittianisches Freund-Feind-Denken und TINA-Rhetorik verwiesen auf den möglichen Zusammenhang von System und Diskurs. Tatsächlich verband sich ihre TINA- und *convictions*-Rhetorik mit einem spezifischen *Regierungsstil*, denn neben *Policies* bezeichnet der Begriff des Thatcherismus auch einen charakteristischen Führungsstil, der nicht zuletzt eine politisch-kulturelle Veränderung der beschriebenen *Polity* mit sich brachte. Wurde bereits eine »neue dominante Form einer quasi-präsidialen, plebiszitären Politik«[255] festgehalten, die Staatsräson auf eigentümliche Art und Weise mit einem Regierungs- und »Wirtschafts-populismus«[256] kombinierte, schlug sich dieser Politikansatz auch in der Regierungspraxis Thatchers innerhalb der bestehenden Institutionen nieder.

Thatcher verlagerte Prozesse der Entscheidungsfindung vom Kabinett auf mitunter ad hoc einberufene *working groups*.[257] Durch eine strategische Zusammensetzung von Ausschüssen, deren Beschlüsse in der Regel für das Kabinett bindend sind, kann der britische Premierminister gegen die Mehrheit seines Kabinetts regieren; davon machte Thatcher vor allem zu Beginn ihrer Amtszeit Gebrauch, um die monetaristische Wende durchzusetzen.[258] Auch über den institutionellen Rahmen des politischen Systems hinaus pflegten Thatcher und ihre Regierungen von Entscheidungen betroffene Organisationen bzw. Institutionen nicht zu konsultieren.

Mittels jener eigens eingesetzten Kommissionen regierte Thatcher über ihr Kabinett hinweg; im Laufe ihrer Regierungszeit tauschte sie missliebige

254 So The Economist, 29.04.1989.

255 Jessop, Politik in der Ära Thatcher, S. 366.

256 Zum Begriff des Wirtschaftspopulismus vgl. Offe, Die Aufgabe von staatlichen Aufgaben, S. 321.

257 Vgl. Abromeit, Staatsentwicklung in der Thatcher-Ära, S. 372. Über die Machtballung der Premierministerin hinaus bediente sich die Exekutive unter Thatcher weiterer Machttechniken; so wurde zum Beispiel die Judikative begrenzt, indem Gesetze zu Lasten der Gerichte verabschiedet, Urteile gestoppt oder gleich gerichtliche Überprüfungen vorher ausgeschlossen wurden.

258 Vgl. Sturm, *Politik in Großbritannien*, S. 114.

Minister gegen Gefolgsmänner aus und bildete eine politisch konforme Clique. Mit diesem »streamlining the cabinet« durch »cabinet reshuffles« versuchte sie zugleich, der harschen Kritik an ihren ersten Regierungsjahren, die als »apparent failure of government policy«[259] verunglimpft wurden, zu begegnen. In Großbritannien gelten Kabinetts-umbildungen im Gegensatz zu Deutschland nicht als Indiz einer Regierungskrise; die Austauschbarkeit der Minister und Kabinettsmitglieder markiert im Gegenteil nur die im Vergleich zu Deutschland relativ geringe Bedeutung des Kabinetts als Entscheidungs- und Diskussionszentrum.

Durch Umstrukturierung von Ministerien und Departments versuchte Thatcher zum einen, oftmals durch Personalkürzungen, die Effizienz und Effektivität der Ministerialbürokratie zu steigern.[260] Zum anderen ging mit der Beschneidung des *civil service* und seiner gleichzeitigen Politisierung mittels politischer Personalauswahl unter Thatcher eine Machtbeschneidung der Ministerien – und des Kabinetts – einher: Wichtige Entscheidungen wurden nicht im Kabinett besprochen oder beschlossen, die Anzahl der Kabinettsitzungen sank auf die bis dato geringste Frequenz und die Zahl der kursierenden *Cabinet Papers* als Diskussions- und Informationsgrundlage von Entscheidungen verminderte sich.

Infolge dieser beschnittenen Diskussionskultur untermalte Thatchers Alternativlosigkeitsrhetorik nur ihren autoritären Führungsstil: »Collective decision-making was severely truncated and with it, inevitably, collective responsibility.«[261] Thatcher und ihre Regierung ließen bezeichnenderweise einen »Widerstand gegen die Übernahme (oder auch nur Veröffentlichung) von Empfehlungen von Gutachtergremien sowie fehlende argumentative Begründungen für viele radikale politische Maßnahmen«[262] erkennen. TINA-Rhetorik korrespondierte in diesem Fall mit einer mangelnden Visibilisierung und Kontextualisierung normativer und deskriptiver Wissensressourcen bei Entscheidungsverfahren.

Einerseits war also die Zahl der Kabinettssitzungen, Ausschusssitzungen et cetera geringer als je zuvor, andererseits wurden unter Thatcher mehr Gesetze als unter vorherigen Regierungen verabschiedet. Die Ver-

259 So Shell 1982, zitiert nach: Abromeit, Staatsentwicklung in der Thatcher-Ära, S. 297.

260 Vgl. ebd., S. 299.

261 Gilmour, *Dancing with Dogma*, S. 5. Gilmour zufolge sei Thatcher trotz ihrer Konsensabscheu daher doch eine Anhängerin von »agreements«, von Vereinbarungen (vgl. ebd., S. 6) gewesen. Allerdings bedeuteten »agreements« für Thatcher, dass die anderen ihre Meinungen revidieren und ihr nach und nach zustimmen sollten.

262 Jessop, Politik in der Ära Thatcher, S. 367.

fahrensgewichte hatten sich verschoben; »[o]bgleich sein *Output* zugenommen hat, hat die Macht des Parlaments weiter abgenommen.«[263] Auch der Bedeutungsverlust des Kabinetts als Entscheidungsort wurde durch den Machtzuwachs der Premierministerin kompensiert.[264] Dementsprechend lässt sich der Politikstil Thatchers allgemein als ein Prozess der *Informalisierung* sowie der *Präsidentialisierung* umschreiben.[265] Daher war auch die Rhetorik der Alternativlosigkeit ein Strategem ihrer Regierungspraxis innerhalb der informell ausgehöhlten Institutionen.

Das Umgehen parlamentarischer Debatten und Kontrollmechanismen sowie die relative Degradierung des Kabinetts als Ort der Diskussion, der Auseinandersetzung und *Policy*-Formation waren bei Thatcher programmatisch. Ausgerechnet die angeblich keinen Konflikt scheuende Thatcher ließ, laut Ian Gilmour, verlauten: »»I could not waste time having any internal arguments.«« [266] Thatcher galten regierungsinterne Dialoge und Debatten als Zeitverschwendung, da sie eine Politik aus Überzeugung, aus dem (individuellen) instinktiven Wissen um Wahrheit betrieb und zugleich Konsenssuche als historischen Irrweg diskreditierte. Thatcher hatte aufgrund ihrer Vorstellung einer Diametralität von *conviction vs. consensus* kein Interesse an inhaltlicher Überzeugungsarbeit, das heißt an der Überzeugung ihrer Kritiker, da der gemeinsame Wertehorizont die *conditio sine qua non* politischen Handelns darstellte. Gegen diese Auffassung Thatchers lässt sich allgemein einwenden, dass die dichotomische, apodiktische Gegenüberstellung von Konsens, Kompromiss und Konflikt abwegig ist, schließlich kann man auch von einem gemeinsam erreichten, im weitesten Sinne deliberativ erzeugten, allseits geteilten Kompromiss *überzeugt* sein. Es erscheint gerade vor dem Hintergrund der obigen Skizze des politischen Systems Großbritanniens eine notwendige Klarstellung, dass es keine *Carte blanche* für ein autoritäres Premierminister-Regime gibt.[267]

Politischer Widerstand gegen Thatchers rigiden Regierungsstil regte sich schließlich an einem ungewöhnlichen Ort. Das Oberhaus revoltierte zuweilen, indem es zunehmend von seinem Recht auf ein suspensives Veto Gebrauch machte und als »Revisionsinstanz« fungierte.[268] Zudem sah sich Thatcher – wie auch nach ihr der autoritär über Kabinett und Fraktion

263 Ebd., S. 371.

264 Vgl. ebd., S. 372.

265 Sturm, *Politik in Großbritannien*, S. 26–29.

266 Thatcher, zitiert nach Gilmour, *Dancing with Dogma*, S. 3.

267 Vgl. ebd., S. 4.

268 Abromeit, Staatsentwicklung in der Thatcher-Ära, S. 308.

hinweg regierende Tony Blair – sogenannten Hinterbänkler-Revolten gegenüber.[269]

Thatcher, so lässt sich aus diesen Beobachtungen heraus pointieren, nutzte vorhandene Machtressourcen sichtbarer und rücksichtsloser als vorherige Premierminister und wendete diese gegen die bestehenden Institutionen. Ihre TINA-Rhetorik korrelierte, so das Fazit, zwar mit dem britischen System eines konfrontativen Parlamentarismus, doch nahm sie bei Thatcher institutionen- und parlamentarismusdiskreditierende Ausmaße an. Thatcher nutzte die demokratische Ordnung, um innerhalb dieser autoritär-populistisch zu regieren. Diese Praxis wurde durch weitere Reformen evident, die auf strukturell-administrativer Ebene bei der »einzige[n] Machtschranke«[270] im System ansetzten, indem sie das *local government*, also gewählte Vertreter auf kommunaler Ebene, auszuhebeln suchten.

3.3 Exekutive und zentralistische Politik als Reformziel

Parallel zur Regierungspraxis innerhalb der bestehenden Institutionen fand ein institutioneller Reformprozess statt, der vor allem die Strukturen des *local government* angriff: Thatcher höhlte – aus strategischen Gründen – die Macht lokaler, regionaler Vertretungen aus. Wenngleich in Folge von Parlamentssouveränität als Legitimitätskonzept die gewählten kommunalen *Councils* nie vor Einflussnahme aus London gefeit waren, untergruben doch die Thatcher-Regierungen dirigistisch die »Gemeinde-Autonomie« vor allem durch Beschneidung der Einnahmequellen, durch zahlreiche neue Gesetze zur Ausgabenregulierung und Eingriffe in den Kompetenzbereich jener *local authorities*.[271] Der Staatsapparat entwickelte sich damit unter Thatcher »zu einem ›undemokratischen Zentralismus‹«,[272] indem die Kommunaleinrichtungen und -behörden zunehmend beschränkt wurden und die zentrale Exekutive die kommunalen Programme kontrollieren wollte. Hierbei galt als Losung, Kosten möglichst gering zu halten. Schließlich war dieser Reformprozess Teil des »Abbau[s] des kommunalen Wohlfahrtsstaats und de[s] Ausbau[s] des Staats«.[273] Die Umstrukturierung

---

269 Vgl. z.B. zu einer tabellarischen Auflistung der »Bankbencher Revolten« Sturm, *Politik in Großbritannien*, S. 126.

270 Abromeit, Staatsentwicklung in der Thatcher-Ära, S. 302.

271 Ebd., S. 303. Zu den Maßnahmen und Regelungen siehe ebd., S. 303ff.

272 Jessop, Politik in der Ära Thatcher, S. 367.

273 Ebd., S. 368.

der Sozialleistungen sollte in Großbritannien nicht länger einen *differenzierten Wohlfahrtsstaat* verstetigen, sondern den Weg zu einem *Workfare*-Staat ebnen.[274]

In Anbetracht der Wechselwirkung von *Policies* mit Thatchers TINA-Rhetorik ist an jenen Reformen der kommunalen Regierungsstruktur und -aufgaben folgendes relevant: Erstens wurden sie normativ und politisch durch die zwingend notwendige Kosten- und Ausgabenreduktion auf Seiten staatlicher Akteure und Körperschaften begründet; sie waren also Bestandteil eines Diskurses von »rolling back the state« und Nachwirkung des großen Wahlversprechens »of deregulation and decentralization«.[275] Aber, und das war das große Paradox und die Pointe dieses Projekts:

»In practice the next eighteen years saw a host of interventions aimed at local government that transformed its institutional structures and practices, encouraged initiatives in introducing market forms into public service delivery and facilitated a degree of regulation of local public service providers that surpassed anything that had been previously seen.«[276]

Die Strukturreformen bewegten sich folglich inmitten des Spannungsfelds einer »Aufgabe von Staatsaufgaben«[277] und dem bloßen Anschein einer reellen Implementierung eines solchen Programms.[278]

Anschaulich und geradezu sinnbildlich wurde diese Spannung in dem Strukturhybrid der *Quangos*: Obgleich unter Thatcher zahlreiche strukturell irrelevante *Quangos* aufgelöst wurden, wurden doch gleichzeitig vor allem im Bereich des lokalen Regierens neue ins Leben gerufen, die über weitaus umfangreichere Kompetenzen verfügten.[279] Mit dem Rückzug in die Struktur paragouvernementaler bzw. parastaatlicher Agenturen[280] wie Quangos und sogenannter »joint boards« vermochte es die Thatcher-Regierung einerseits, prima facie ihren programmatischen Angriff auf das *big government* und interventionistische Politik zu implementieren, andererseits wurden hinter dieser Fassade von *rolling back the state* weiterhin Regulierung, Kontrolle und Intervention praktiziert. Der Staat intervenierte nun

274 Ebd., S. 370.

275 Stoker, *Transforming Local Governance*, S. 28. Stoker kommt zu dem Schluss: »the Conservatives systematically enfeebled elected local government«. Ebd., S. 29.

276 Ebd., S. 28.

277 Offe, Die Aufgabe von staatlichen Aufgaben.

278 Abromeit, Staatsentwicklung in der Thatcher-Ära.

279 Vgl. ebd., S. 301.

280 Vgl. ebd., S. 302.

über den Umweg vermeintlich nicht-staatlicher Agenturen und schaltete so kommunale Oppositionskräfte aus.

Wie schon bei der Regierungspraxis unter Thatcher deutlich wurde, fand eine Machtverschiebung statt: Ministerielle Kontrolle wurde dezimiert, während zeitgleich öffentliche Kontrolle und Regulierung über andere institutionelle, organisationale Kanäle zunahmen. »[L]ocal appointed bodies or quangos gaining greater responsibility and prominence«.[281] Gleichzeitig kam es genau dadurch zu einem »blurring of responsibilities«,[282] bei dem *»a governance system by default«* etabliert wurde, »that in practice undermined the position occupied by elected local government for most of the post-war period«.[283] Will man diese langfristige Verschiebung auf den Punkt bringen, so lässt sie sich mit Gerry Stoker als »a shift from local government to local governance«[284] begreifen.

Diese Verschiebung ist für diesen und alle weiteren TINA-Diskurse von systematischer Bedeutung, da durch die Verlagerung von Kompetenzen auf außerstaatliche, einer demokratischen Wahl und damit einer transparenten, direkten Zurechenbarkeit und Sanktionierbarkeit entzogene Agenturen bzw. Instanzen politische Steuerungsarrangements strukturell verändert werden. So erlangen Diskurse von systemischen, institutionellen Rahmenbedingungen, von Sachzwängen, Imperativen sowie von einer Diffusion politischer Verantwortung eine (neue) Plausibilität. Da es sich hierbei um einen zentralen, systematischen Punkt handelt, soll im Folgenden ausgeführt werden, dass der Staat unter Thatcher zum einen eine Form disziplinärer Regulierung etablierte, zum anderen in seinem Staats- und Regierungswissen auf neoliberalen Theoreme zurückgriff.

281 Stoker, *Transforming Local Governance*, S. 28.

282 Ebd.

283 Ebd.; Hervorhebung AS.

284 Ebd., S. 29.

3.4 Die paradoxe Staatstätigkeit in einer Politik des *Laissez-faire*

»The great contradiction of Thatcherism is that in the circumstances of modern capitalism it is very difficult for the state to withdraw either economically or politically.«[285]

Thatchers Regierung schwenkte wirtschaftspolitisch von Vollbeschäftigung auf Geldmengensteuerung um und kürzte öffentliche Ausgaben – konsequenterweise griff sie dabei auf das Ziel der Leistungskürzungen zurück. Die zunächst getroffenen Maßnahmen entbehrten jedoch einer sozialpolitischen Linie, zumal die Sozialausgaben des Staates zunächst anstiegen.[286] Ab 1982 jedoch ließ sich eine programmatische und bis heute wirkmächtige sozialpolitische Richtung erkennen: von der wohlfahrtsstaatlichen Leistung dank Rechtsanspruch hin zu einer *fallgerechten Bedarfsprüfung*. Doch geht mit Bedarfsprüfung stets ein erheblicher Mehraufwand an Überprüfung, bürokratischer Kontrolle, Normierung, Klassifikation et cetera einher – wo das generelle Versicherungsprinzip durch seine Allgemeinheit und damit latente Fehleranfälligkeit (und Ungerechtigkeit) charakterisiert ist, bedeutet eine bedarfsangemessene Bemessung und Kürzung der Sozialleistungen ein Plus an staatlicher Regulierung und Intervention.[287] Somit vollzogen sich die strukturelle und finanzielle Entlastung des Staats und die Reduktion von Verantwortung für die Gesellschaft bei einer gleichzeitigen Erhöhung der sozialen Kontrolle und Virulenz moralischer Appelle an die Gesellschaft. Der Thatcherismus intendierte den Rückbau des Sozialstaats sowie die »Ausdehnung des unternehmerisch orientierten, autoritären Staats«;[288] der politische Diskurs des *Compassionate Conservatism* war die entsprechende ideell-politische Neufiguration.[289]

Es gilt also genau zu differenzieren zwischen Thatchers neuen *Policies* und Deregulierung, denn wie schon bei der Kriminalitätsbekämpfung ersichtlich, wurden parallel zur programmatischen Rhetorik des *rolling back the state* die repressiven Befugnisse des Staates gestärkt – auch bei der Ummodellierung des Wohlfahrtstaats sprach man vom »policing of the people«.[290] Insofern attestiert Bob Jessop Thatcher einen doppelten Hang:

285 Gamble, *The Free Economy and the Strong State*, S. 205.

286 Vgl. Abromeit, Staatsentwicklung in der Thatcher-Ära, S. 311.

287 Abromeit verdeutlich dies am Umstand der Wohnungssektorreform, vgl. ebd., S. 312.

288 Jessop, Politik in der Ära Thatcher, S. 362.

289 Vgl. Fischer, *Moralkommunikation der Macht*.

290 Abromeit, Staatsentwicklung in der Thatcher-Ära, S. 312f.

zu einem »plebiszitären Populismus und zu einem starkem Staat«.[291] Andere Beispiele hierfür waren der Ausbau und die stärkere Finanzierung der Polizei, die interventionistische Stadtentwicklungspolitik, die Verrechtlichung und Regulierung der innergewerkschaftlichen Verfahren der Willensbildung, aber auch die unter Thatcher frappierende Kontrolle der Medien (vor allem der BBC) sowie Koordinierung der Boulevardmedien als gezielte Öffentlichkeitsarbeit, und zuletzt auch die zentralistische, vormals kommunale Festschreibung eines einheitlichen schulischen Curriculums. Wenngleich diese Politik immer durch Staatsräson und populistische Appelle begründet wurde, machte das spannungsreiche Verhältnis zwischen der Verkündung eines »disengagement«[292] und den entgegengesetzten zahlreichen Interventionsformen und -politiken des Staats auf die Diskrepanz zwischen Rhetorik und Politik aufmerksam.[293] Das brachte manchen Beobachter und Autor dazu, mittels der Unterscheidung zwischen Praxis und Theorie zu kritisieren, dass der »real existierende Neoliberalismus« noch nicht vollendet sei und es weit mehr Reformen bedürfe.[294]

Das Beispiel der haushaltspolitisch zu Buche schlagenden, damit monetaristisches Misslingen verdeckenden Privatisierungspolitik untermauerte darüber hinaus, dass die Thatcher-Regierungen im Laufe der Zeit ihre Forderungen zugunsten einer umfassenden industriellen Entstaatlichungspolitik radikalisierten (in der zweiten Amtszeit sollten *alle* öffentlichen Unternehmen verkauft werden), aber dass hinter dem Verkauf und damit *buchhalterischem* Rückzug des Staates de facto »eine Politik der Grenzverwischung zwischen öffentlichem und privatem Sektor«[295] stattfand. Die in den 1980er Jahren *verkauften* öffentlichen Unternehmen waren zwar zum Großteil in öffentlicher Hand, wurden jedoch bereits vor ihrem Verkauf kommerziell und privatwirtschaftlich geführt – sie wurden gleichsam zu privatisierten Monopolen, die in Folge der fortbestehenden Wettbewerbsblockaden weiterhin eine parastaatliche Aufsicht nach sich

291 Jessop, Politik in der Ära Thatcher, S. 366.

292 Vgl. ebd., S. 373.

293 Jessop formuliert es so: Interventionistische Politik fand statt »hinter der Rhetorik eines Laissez-faire Liberalismus«. Ebd., S. 375.

294 Vgl. Biebricher, *Neoliberalismus*, S. 19.

295 Abromeit, Staatsentwicklung in der Thatcher-Ära, S. 314.

zogen.[296] England wandelte sich damit von einer *mixed economy* zu »einer staatlich regulierten Privatwirtschaft«.[297]

Durch den Prozess der Privatisierung veränderte sich das Bild eines regulatorisch tätigen Staats. Dieser versuchte zunehmend, Regulierung zu verschleiern, schien diese doch begründungspflichtig. Zwar wird auch im (neo-)liberalen Denken staatliche Regulierung als legitime Gestaltungsoption verstanden, sofern durch die politische Regulierung Marktversagen, das heißt negative Externalitäten, korrigiert werden. Es war aber auch für Thatcher wichtig zu betonen, dass die regulierenden Eingriffe auf »die Selbstregulation von Wirtschaft und Gesellschaft« zielten und nur »Transformationscharakter«[298] hätten. Regulierung diente *langfristig* der Liberalisierung und Deregulierung, so das Argument. Allerdings entstanden neue Regulierungsmechanismen und -agenturen bzw. -behörden, sodass, wie bei der Etablierung neuer *Quangos*, tatsächlich eine »Hybridierungs-Strategie« verfolgt wurde,[299] die Verantwortlichkeiten strukturell eher verwischte als entstaatlichte. Roland Sturm diagnostiziert daher einen »neue[n] regulatorische[n]Staat«,[300] der statt auf gesellschaftliche Selbstregulierung auf Kontrolle und Transparenznormen setzte. Jene »Hybridisierungs-Strategie« offenbart schließlich ein zentrales Motiv:

»In der Vermehrung wie der Bedeutungszunahme der *Quangos* und *quasi-governmental agencies* scheint überhaupt ein entscheidendes Charakteristikum thatcheristischer Staatsentwicklung zu liegen: Abgebaut wird demokratische Staatlichkeit – werden die Kompetenzen von Wahlkörperschaften sowie die offen zutage liegende, sprich demokratisch kontrollierbare Staatstätigkeit , zugunsten von Verwaltungsgremien, die verdeckt und ohne *public accountability*, sozusagen entpolitisiert im Auftrag der Zentralregierung wirken. Faktische Zentralisierung geht einher mit dem bloßen Anschein von Nicht-Intervention, Nicht-Regulierung, Nicht-Staatlichkeit.«[301]

So können wir festhalten, dass sich in der institutionellen Figur der *Quangos* gleichsam das Sinnbild von Thatchers neoliberaler Staatstätigkeit entdecken lässt, denn hier agiert der Staat weiterhin regulatorisch, disziplinierend und interventionistisch, allerdings über einen institutionell-

296 Ebd. Abromeit erklärt, dass jene Regulierungsbehörden realiter als »Interessenvertretung und verlängerter Arm der ›regulierten Industrien‹« einzuordnen waren. Ebd., S. 317.

297 Jens Borchert, zitiert nach Biebricher, *Neoliberalismus*, S. 101.

298 Sturm, *Politik in Großbritannien*, S. 30.

299 Abromeit, Staatsentwicklung in der Thatcher-Ära, S. 314.

300 Sturm, *Politik in Großbritannien*, S. 32.

301 Abromeit, Staatsentwicklung in der Thatcher-Ära, S. 322.

organisatorischen Umweg, der einer politik- und staatskeptischen Rhetorik und Ideenwelt des *Laissez-faire* zu entsprechen scheint.

Angesichts der Gleichsetzung von thatcheristischer Politik und *common sense* wurde bereits mit dem Konzept eines normalistischen Diskurses argumentiert, dass Entscheidungen scheinbar vorpolitischen Gewissheiten und alternativloser Vernunft folgten und dass das die Legitimität des politisch-parlamentarischen Streits sukzessive untergrub. Nun fand dieser Diskurs ein institutionelles und strukturelles Äquivalent in jener Hinwendung zu Nichtstaatlichkeit – bzw. konkreter: zu *unsichtbarer, indirekter Staatstätigkeit* qua krypto-staatlicher Agenturen und Verwaltungsräte. Diese konnten dann wiederum als (politikferne) Instanzen oder Referenzen für Forderungen und zwingende Aufgaben mobilisiert werden. Politik wurde nun von einer größeren Anzahl politischer Akteure betrieben, von denen sich nicht alle als politisch bzw. staatlich auswiesen.

Die Alternativlosigkeit von Deregulierung und Kürzung staatlicher Ausgaben blieb im politischen bzw. öffentlichen Diskurs plausibel und glaubwürdig, während durch neue strukturelle Arrangements vermeintlich staatsferne, an privatwirtschaftlichem Wettbewerb und Effizienz orientierte Regulierungsbehörden und Agenturen den *Sachzwang* jener Marktlogik(en) ins Feld führen konnten. TINA war, entgegen der Vorwürfe, die man jeder Analyse politischer Rhetorik machen könnte, keine rhetorische Verirrung oder vernachlässigbare Idiosynkrasie einer ideologisierten Premierministerin, sondern Bestandteil eines programmatischen Policy- sowie graduellen Polity-Change. Das wiederum zeigt auf eindrückliche Weise, dass Rhetorik, Diskurs und institutioneller Wandel korrelieren, so wie es ganz zu Beginn als These aufgestellt wurde.

Es gilt noch einmal festzuhalten: Die für den Thatcherismus wesentlichen institutionellen Veränderungen lassen sich *grosso modo* als Einführung von Marktformen im Management des öffentlichen Sektors bzw. Dienstes verstehen; Ergebnis dieser Politik war kein einseitiges *state retrenchment*, denn Verantwortung wurde zwar delegiert und abgegeben, doch behielt der Staat hierbei die Macht und hielt Gremien respektive Institutionen qua *Kontrolle* dazu an, marktförmig zu operieren und diesbezügliche Regeln einzuhalten. Der Staat blieb indirekt als Kontrollinstanz erhalten. Umgeschaltet wurde eben nicht von einem extensiven, sichtbaren *Government* zu marktkompatibler *Gouvernance*, sondern alte *Government-Strukturen interferierten* mit einem sukzessiven Wandel hin zu disziplinären, indirekten *Governance-Strukturen*. Mit Wolfgang Streeck lässt sich daher notieren:

»Liberalisierung erfordert insofern einen starken Staat, auch wenn und gerade weil sie zugleich eine Schwächung des Staates im Sinne eines Abbaus von staatlichen Interventionskapazitäten anstrebt (Gamble 1988). Ziel von Liberalisierungspolitik ist ja, dafür zu sorgen, daß der Staat einerseits nicht mehr intervenieren muß und andererseits nicht mehr intervenieren kann: sie muß den Staat stärken, damit er sich selbst schwächen kann.«[302]

Government blieb unter dem Deckmantel einer Pluralität staatlicher und administrativer Akteure erhalten – unter Thatcher steuerte Politik nicht weniger, sondern eben anders.[303] Jener *Governance*-Begriff, der politische Steuerung als Koordination multilateraler Akteurskonstellationen, das heißt unter vermehrtem (oder politisch schwerer ins Gewicht fallenden) Einbezug zivilgesellschaftlicher Akteure in Strukturformationen so-genannter Netzwerke, beschreibt, ist als Beschreibung des Thatcherismus noch fragwürdig. Thatcheristische Reformpolitik zeitigte eher den Effekt, eine kollektive, subsidiäre und interessenbasierte Organisation der Zivilgesellschaft systematisch abzubauen.

Über den Thatcherismus hinaus zeichnet es neoliberale Ansätze aus, verhindern zu wollen, dass Interessengruppen in einen Wettbewerb »um vom Staat verliehene Privilegien« eintreten.[304] Organisierte Interessensvertretung, ob sie nun in Gemeinderäten, Sozialverbänden oder in Gewerkschaften ihren spezifischen Ort findet, wirkt nämlich auf das Aktionsfeld Staat – Individuum als intermediäre Institution ein. Doch im Laufe einer zugleich auf Entstaatlichung, Disziplinierung und Markt-freisetzung ausgerichteten Politik werden jene intermediären Instanzen ausgedünnt und unterwandert. Offe diagnostiziert daher einen »assozia-tionspolitischen ›Kahlschlag‹«,[305] sodass letztendlich das einzelne Individuum dem Staat gegenübersteht, der im Angesicht des funktionalen Vakuums ausgehebelter Vermittlung erst recht auf moralisierende und gouvernementalistische Diskurse zurückgreift.

302 Streeck, Einleitung: Internationale Wirtschaft, nationale Demokratie?, S. 14; Hervorhebungen im Orig. entfernt.

303 Abromeit, Staatsentwicklung in der Thatcher-Ära, S. 323f. Daher ist Saretzkis Annahme zwar einerseits korrekt, andererseits verkennt er nahezu jene Ambivalenz »[…] einer gezielten staatlichen Politik der Entstaatlichung, die vor allem von konservativ-liberalen Regierungen bewußt geplant und umgesetzt wurde«. Saretzki, Technokratie, Technokratiekritik und das Verschwinden der Gesellschaft, S. 377.

304 Biebricher, *Neoliberalismus*, S. 63.

305 Offe, Die Aufgabe von staatlichen Aufgaben, S. 322.

Indem intermediäre Institutionen ausgeschaltet bzw. marginalisiert wurden, versuchte auch die Politik unter Thatcher, wie bereits gesehen, »politische Entscheidungen auf die akklamative Übereinstimmung mit unmittelbaren und unrationalisierten Einstellungen der Masse der Wähler, Betroffenen und Klienten zu gründen«.[306] Vor allem die in den 1990ern ausreifenden *Governance*-Konstellationen überlagerten sich dann mit einer von Michel Foucault beschriebenen Gouvernmentalität. Die noch folgende Analyse des Dritten Weges wird jene Gouvernmentalisierung des Sozialen erhellen.[307]

Die Re-Regulierung unter Thatcher lässt sich schließlich am ehesten als »liberal neo-statism« erfassen,[308] denn »if anything, the state has become more active in managing the market [...]«.[309]

Das Paradox einer Politik des *Laissez-faire* und das Spannungsfeld von Staat und Markt, von Regulierung und Marktmechanismen, fanden sich schon in den internen Diskussionen neoliberaler Denker wieder; vor allem Autoren in den 1930er Jahren, aber auch des deutschen Ordoliberalismus, formulierten die Vorstellung, dass ein befreiter Markt einen starken Staat bräuchte. Daher soll im nächsten Schritt das ideelle Repertoire von Thatchers Neoliberalismus Profil gewinnen.

4. Liberaler Nährboden, neoliberale Radikalisierung?

> »The ideas of economists and political philosophers, both when they are are right and when they are wrong, are more powerful than is commonly understood. Indeed the world is ruled by little else. Practical men, who believe themselves to be quite exempt from any intellectual influences, are usually the slaves of some defunct economist.«[310]

Im Thatcherismus manifestierte sich ein Widerspruch, der für neoliberale Politik und neoliberales Regieren symptomatisch ist. Einerseits begreifen neoliberale Politiker wie Thatcher den Staat als »bête noire«,[311] dessen

---

306 Ebd.

307 Vgl. dazu auch Andersson, *The Library and the Workshop*.

308 Vgl. zum Begriff Schmidt/Woll, The State.

309 Ebd., S. 135.

310 Keynes, *The General Theory of Employment, Interest and Money*, S. 383.

311 Schmidt/Woll, The State, S. 112f.

Handeln nicht nur einen zu großen Umfang einnehme, sondern auch per se den Markt verzerre, individuelle Freiheit einschränke, ineffizient sei und negative Externalitäten sowie *moral hazards* produziere. Aus dieser Einschätzung rührt die stetige Forderung nach *rolling back the state*, die sich nicht zuletzt in einer Deregulierung des Finanzmarkts zugunsten dessen Internationalisierung und Globalisierung niederschlägt. Andererseits bedienen sich auch neoliberale Regierungspraktiken zwangsweise des Staats und führen durchaus zu einem Mehr an Staatlichkeit und Regulation sowie zu Arrangements von Re-Regulierung. Eine antistaatliche und antipolitische Theorie der Entstaatlichung bzw. Staatsbegrenzung traf bei Thatcher auf einen starken, ja zuweilen erstarkenden Staat, der neoliberale Reformen implementierte.[312] TINA-Rhetorik diente also hier nicht nur einer autoritären Politik im Namen des *common sense* und der *Camouflage* von de facto adaptiven, zuweilen pragmatischen Entscheidungen, sondern verdeckte auch die spannungsreiche Konstellation zwischen antistaatlicher Rhetorik und Regierungshandeln.[313]

Angesichts dieser Spannung stellt sich die Frage nach der Plausibilität dieser antistaatlichen Rhetorik, zumal Vivian A. Schmidt mittels Meinungsumfragen am Ende der 1980er Jahre konstatiert, dass der thatcheristische Diskurs (zumindest zeitweise) eine Akzeptanz für die Reformen von Wirtschaft und Arbeit, für Austeritäts- bzw. Antiinflationspolitik sowie für die Deregulierung und Privatisierung der Industrie und Beschneidung der Gewerkschaften herstellen konnte:[314] »[...] Thatcher's promotion of capitalist values of the *enterprise culture* had had great effect«.[315] Allerdings mit einer wesentlichen Einschränkung: Thatchers Regierungen konnten die britische Öffentlichkeit und politische Elite für keine tiefgreifende Reform des Wohlfahrtsstaates gewinnen, denn hier herrschte weiterhin die Vorstellung universalistischer Rechtsansprüche.[316] Thatchers Reform-

---

312 Siehe zu diesem Widerspruch Freeden, *Ideologies and Political Theory*, Schmidt/Woll, The State, S. 112f.; Biebricher, *Neoliberalismus.*

313 Vgl. Schmidt/Woll, The State, S. 112. »[...] neo-liberals have been more anti-state in their rhetoric than in their actions.«

314 Vgl. Schmidt, Values and Discourse in the Politics of Adjustment, S. 241. In einer Umfrage aus dem Jahre 1988 erkannte eine Mehrheit die Legitimität von Effizienz und monetärem Erfolg, während sich zugleich eine Mehrheit für eine sozialstaatliche Politik im Bereich *Welfare* und *Health* fand.

315 »If nothing else, then, we could say that despite continued collectivist values with regard to welfare, Thatcher's promotion of capitalist values of the ›enterprise culture‹ had had great effect«. Ebd.

316 Vgl. Grond, *When Maggie speaks*, S. 198.

politik war keineswegs in allen *Policy*-Feldern radikal: »In the end, despite her vow to *end the dependency culture*, Thatcher actually did not cut overall social welfare expenditures or the National Health Service (NHS) […]«.[317]

Dennoch konnte Thatcher die private Altersvorsorge als Ergänzung zu staatsfinanzierten Pensionen bzw. Renten vorantreiben sowie vor allem in Programmen der *social assistence* und im Sozialwohnungsmarkt erhebliche Einschnitte durchsetzen. Hier mobilisierte sie zur Rechtfertigung einen moralischen Diskurs der Unterscheidung zwischen den unverschuldeten Armen, den »deserving poor« und den Schmarotzern, die dank Sozialhilfe zu »worthy poor« würden.[318] Wie gesehen, zielte diese moralistische Politik auf die Polarisierung der Gesellschaft sowie auf die erfolgreiche Werterziehung zu einer Enterprise-Gesellschaft.[319] Denn für Thatcher galt: »Economics are the method; the object is to change the heart and soul.«[320]

Die politische Kommunikation einer solchen *Kulturrevolutionspolitik*[321] kann in demokratischen und pluralistischen Gesellschaften nur Erfolg haben, wenn sie an bisherige Diskurse anknüpfen kann. Aus der Rekonstruktion des politischen Erfahrungsraumes vor Thatcher wurde ersichtlich, warum sich in den 1970er Jahren ein politisches und ökonomisches *Gelegenheitsfenster* für den Wandel makroökonomischer Steuerungstheorien und wirtschaftspolitischer Grundannahmen öffnete. Die beschriebenen Planungs- und Regulierungswegmarken sollten indes nicht verdecken, dass der angelsächsische Staat sich seit jeher als liberaler Wohlfahrtsstaat begreift, individuelle Verantwortung betont und einen im internationalen Vergleich relativ schlanken Sozialstaat bildet. Schon das Beveridge-Modell sah nur geringe Leistungen für Arbeitslose vor, um keine falschen Anreizstrukturen zu schaffen.[322] Egalitär und universalistisch war das britische System vor allem im Bereich der Bildung und des Gesundheitswesens, denn mangelnde Ausbildung und Krankheit galten bei und nach Beveridge als ein legitimes Hindernis für individuelle Arbeitsfähigkeit – und gegen diese Überzeugungen konnte sich die thatcheristische Politik, wie erwähnt, nicht durchsetzen. Letztlich bot aber die angelsächsische politische Kultur

317 Schmidt, Values and Discourse in the Politics of Adjustment, S. 240.

318 Vgl. ebd., S. 240.

319 Zum Begriff der »enterprise-society« vgl. Gamble, *The Free Economy and the Strong State.*

320 Thatcher, TV Interview for UPI/ITN-Sunday Times Review of 1980, 31.12.1980, MTFW 104471.

321 Vgl. zum Begriff der »kulturellen Revolution« Jessop, Politik in der Ära Thatcher, S. 381.

322 Vgl. Schmidt, Values and Discourse in the Politics of Adjustment, S. 236.

des Liberalismus den fertilen Nährboden für Thatchers Beschwörung von Individualität und Eigen-verantwortung.

Thatcher radikalisierte den vorhandenen liberalen Diskurs zugunsten neoliberaler Anschauung. Selbst ihre Rhetorik der Alternativlosigkeit fand nebenbei im viktorianischen Zeitalter einen konservativen Ahnherr: Herbert Spencer gebrauchte in einem Werk von 1851 und in seinen Reden mehrfach die TINA-Wendung.[323] Spencer, ein Soziologe und Anthropologe, war ein Tory mit liberalen Ansichten; im Zeitalter darwinistischer Evolutionstheorie deklarierte er als allgemeingültige Losung das »Survival of the fittest«.[324] Diese konfliktiv-evolutionäre Logik wurde in Thatchers Freund-Feind-Rhetorik wieder virulent. Wurde oben ihr manichäischer Diskurs herausgearbeitet, so verband sich dieser auch mit neoliberalen Denk- und Argumentationsmustern.

Schon 1937 postulierte Walter Lippmann in eschatologischer Manier, dass nur die Erneuerung des Liberalismus eine bessere Welt ermögliche.[325] *Revitalisierung* und *Revision* des Liberalismus waren, so Thomas Biebricher, zwei Schlagworte, die das reaktive Moment neoliberalen Denkens kennzeichneten und dessen »einende[s] Band« darstellten.[326] Bolschewismus auf der einen Seite, Planungseuphorie auf der anderen und inmitten einer Existenzkrise des Liberalismus sahen sich die Teilnehmer der Mont Pèlerin Gesellschaft, darunter namentlich Eucken, Friedman, Hayek, Röpke und Rüstow, genötigt, ihr Programm mit Verve als Gegenentwurf zu proklamieren. Thatchers bisweilen dramatisierende Rhetorik fand schon in dem alarmistischen Duktus jener Autoren ihr Vorbild.

Thatcher vermochte es, der Öffentlichkeit die Überlegenheit marktbasierter Lösungen zu vermitteln, indem sie – parallel zu ihrer Rhetorik des Neuanfangs – eine Verbindung zu jenen zirkulierenden Vorstel-lungen von begrenzter Staatsmacht und liberalen Wirtschaftsprinzipien herstellte.[327] Gegen Sozialismus und Paternalismus konturierte sie ein *Recht auf Ungleichheit* und erklärte, nicht länger soziale Unterschiede qua sozialpolitischer und wohlfahrtsstaatlicher Steuerung nivellieren zu wollen, da sie soziale Ungleichheit als gesellschaftlich und politisch legitim bewertete. Schließlich gelte doch: »We are all unequal.«[328] Eine solch offene Affirmation von

323 Spencer, *The Man versus the State*; ders.: *Social Statics*.

324 Von ihm stammte auch die Formulierung, die Darwin zugeschrieben wird.

325 Vgl. Lippmann, *The Good Society*; Biebricher, *Neoliberalismus*, S. 34.

326 Ebd., S. 35.

327 Schmidt, Values and Discourse in the Politics of Adjustment, S. 239.

328 Thatcher, The Collected Speeches of Margaret Thatcher, S. 36.

Ungleichheit ist für demokratische Gesellschaften mindestens begründungspflichtig und normativ delikat, sie kann sozialen Zusammenhalt gefährden, indem sie das egalitaristische Versprechen von Demokratie als leer entlarvt. Thatcher und ihre Mitstreiter jedoch begriffen – wie Adam Smith mit seinem Theorem der unsichtbaren Hand – soziale Kohäsion als einen Effekt individueller, eigennütziger Interessen der Bürger, die über wirtschaftliche Verflechtung in die *property-owning democracy* und/oder *shareholder participation* eingegliedert seien. Welche weiteren gesellschafts- und wirtschaftstheoretischen Grundlagen dieser Konzeption zugrunde lagen, soll nun kurz deutlich gemacht werden.

4.1 Thatcher als »ideological entrepreneur« neoliberaler Theorie

Thatcher erkannte den Wert einer ideellen Begründung politischer Ziele, ja den Wert von Ideologie öffentlich an. In der *Conservative Philosophy Group*, der sie sich in den 1970ern anschloss, verkündete sie: »We must have an ideology […] The other side have got an ideology they can test their policies against. We must have one as well.«[329] Entgegen der Fassade der einfachen Krämerstochter, die doch nur unideologisch ihrem gesunden Menschenverstand folge, wurde sie durch ihren Mentor Keith Joseph[330] eine emphatische Leserin wirtschaftstheoretischer Literatur und insbesondere Hayeks. Sie soll, so die überlieferte und bezeichnende Anekdote, 1975 bei einem Treffen der parteiinternen Forschungsabteilung in Rage das Werk »Verfassung der Freiheit« Hayeks auf den Tisch geschleudert und dabei ausgerufen haben: »This is what we believe!«[331]

Nimmt man diese Anekdote für einen Moment ernst, lassen sich zwei Thesen formulieren: Zum ersten lässt sich annehmen, dass Thatcher eine Ideologie suchte, die als praktische Handlungsanleitung mit einer eingängigen Anthropologie verstanden werden konnte und aus der sie, quasi einem naturalistischen Fehlschluss folgend, moralische und politische Forderungen ableiten könnte. Thatcher deduzierte aus theoretischen Abhand-

329 Thatcher, zitiert nach Geppert, *Thatchers konservative Revolution*, S. 293.

330 Vgl. ebd., S. 288f. Daher spielte Keith Joseph eine wichtige Rolle bei der Ausformulierung des Programms des Thatcherismus: »He articulated the intellectual case for what she believed in her gut feelings«. So der Tory-Politiker und Kabinetts-mitglied unter Thatcher Ridley, zitiert nach ebd., S. 291.

331 Vgl. ebd., S. 289; auch Biebricher, *Neoliberalismus*, S. 203 beruft sich auf diese Überlieferung.

lungen praktische Hinweise für die Politik. Dieses Interesse an, ja Bedürfnis nach Eindeutigkeit und Apodiktik, das sich ja auch in der Rhetorik der Alternativlosigkeit manifestierte, spiegelte sich schließlich in Thatchers Handlungs- und Arbeitsverständnis als ausgebildete Chemikerin und Juristin, das sie selbst wie folgt beschrieb: »[As a scientist] you look at the facts and you deduce your conclusions« – »[as a lawyer] you learn your law, so you learn the structures [...] You judge the evidence, and then, when the laws are inadequate for present-day society, you create new laws.«[332]

Zum Zweiten verdeutlicht jene Anekdote vor dem Hintergrund dieser Selbstbeschreibung, dass die Rhetorik der Alternativlosigkeit zwischen der Inszenierung von Sachlichkeit und wissenschaftlicher (man ist versucht zu sagen: positivistischer) *Rationalität* und politischem, ideologischem *Radikalismus* schwanken kann. Thatcher stellte sich nämlich sowohl als sachliche, rationale Politikerin als auch als unerschütterliche (Neo-)Liberale und Neokonservative aus *conviction* dar. Exakt diese Ambiguität spiegelte sich in ihrer TINA-Rhetorik und war für diese spezifisch. Möglich wurde diese Gleichzeitigkeit von Sachlichkeitspostulat und ideologischer Verve nur mittels der Figur von *common sense*, denn der gesunde Menschenverstand ist zugleich unerschütterlich und prinzipienfest, gestattet Emphase, stiftet Überzeugungskraft und gilt doch vor Irrationalität und ideologischer Verblendung gefeit.

Zur Grundlage jenes neuen *common sense* nahm Thatcher wirtschaftswissenschaftliche Schriften. Wurde schon deutlich, dass Thatcher ihre Politik konditional an die Übernahme ihrer moralischen Vorstellungen knüpfte, so gewinnt die Frage, aus welchen Ressourcen sich jene moralischen, schließlich politischen respektive wirtschaftspolitischen Ansichten speisten, an Bedeutung. Thatcher setzte sich als »ideological entrepreneur«[333] das Ziel, die britische Politik vom Keynesianismus zum Monetarismus, zu einem wettbewerbsfähigen und -orientierten Kapitalismus und zu einer Öffnung für Globalisierung zu wenden. Dazu griff sie auf Thesen von Friedman und Hayek zurück, denn diesen Werken lagen konkrete Vorstellungen über angemessenes, richtiges, produktives Regieren zugrunde. Deren wirtschaftswissenschaftliche Modelle begriff sie als konkrete, politische und moralische Axiome.

332 So Thatcher im The New Yorker, 16.2.1986, zitiert nach Geppert, *Thatchers konservative Revolution*, S. 285.

333 Schmidt/Woll, The State, S. 124.

Neoliberale Autoren wie Friedman, Buchanan und Hayek beeinflussten also das sich unter Thatcher wandelnde Staats- und Regierungswissen. Sie stellten die liberale These, dass politische Freiheit die Bedingung ökonomischer Freiheit sei, auf den Kopf. In Folge des methodologischen Individualismus wurde das Verhalten des einzelnen Subjekts mit dem Modell des *homo oeconomicus* erfasst, dessen individuelle Rationalität sich, sofern nicht durch kollektive, politische bzw. organisierte Hemmnisse gebremst und verfälscht, trotz Eigennutz *zugunsten* der freien Gesellschaft auswirke. Daher müsse der Staat als externes Hindernis und Restriktionsinstanz soweit möglich begrenzt werden – aus ökonomischer Freiheit folge schließlich politische Freiheit. Die bei Milton Friedman zentrale Wahlfreiheit, die Freiheit »to choose«,[334] führte sodann zum Plädoyer für einen minimalen Staat, der nicht einmal bei Marktversagen, beispielsweise bei Monopolbildung, eingreifen sollte.[335]

Thatcher setzte sich intensiv mit Hayek auseinander; sie stand mit ihm in einem regen Briefwechsel und Hayek kommentierte seinerseits ihre Politik in Briefen an *The Times*.[336] Zum einen übernahm Thatcher dessen Vorstellung, dass ein freier Markt sowohl Freiheit sicherstelle als auch einen unternehmerischen Geist freisetze (denn: »economics are the method; the object is to change the heart and soul«). Wirtschaftliche Rahmenbedingungen waren also die entscheidende Variable bei einer von Thatcher intendierten Mentalitätspolitik, die man insofern *gouvernementalistisch* nennen könnte, als dass sie auf die Selbstwahrnehmung, -regierung und auf das Verhalten der Subjekte zielte. Zum anderen basierte dieser avisierte »Kulturwandel«[337] darauf, *von Keynes zu Hayek* als wirtschaftspolitische Wissensressource umzuschwenken. Um diesen Wandel zu vermitteln, suggerierte Thatcher, dass sich diese Autoren und ihre Wirtschaftsverständnisse realiter nur graduell unterscheiden würden; vor

334 Friedman, *Free to Choose.*

335 Schmidt/Woll, The State, S. 118.

336 Vgl. zum Einfluss Hayeks und seinem Austausch mit Thatcher Bourne, Lady Thatcher's Relationship With Friedrich Hayek And Milton Friedman. Dort finden sich erhellende Anekdoten: Thatcher schrieb unter eine ledergebundene Ausgabe, die Hayek ihr schenkte: »It means so much to me!« Hayek wiederum freute sich über Thatchers antigewerkschaftlichen Kurs mit den Worten »the best present on my eightieth birthday anyone could have given me«. Ebd. Zu den Archivmaterialien, auf die sich der Artikel bezieht, vgl. die Dokumentation der Thatcher Foundation unter: http://www.margaretthatcher.org/archive/Hayek.asp.

337 Sturm, *Politik in Großbritannien*, S. 164.

ihrer Wahl berief sie sich auf Hayek in ihrer Kritik einer im Namen Keynes' vollzogenen Politik der Planung und Steuerung:

»The Nobel Laureate, Frederick Hayek, wrote recently: ›I have good reason to believe that he (Keynes) would have disapproved of what his followers did in the post-war period. If he had not died so soon, he would have become one of the leaders in the fight against inflation.‹«[338]

Nach den gescheiterten monetaristischen Politikexperimenten der Regierung präsentierte Thatcher dann auf dem Parteitag 1984 ihre Politik als eine, die im Gegensatz zu der zuvor fehlerhaften Umsetzung Keynes' dessen Forderungen unter neuen Vorzeichen umzusetzen suche:

»Others, while not questioning our sincerity, argue that our policies will not achieve our objectives. They look back forty years to the post-war period, when we were paused to launch a brave new world; a time when we all thought we had the cure for unemployment. In that confident dawn it seemed that having won the war, we knew how to win the peace. *Keynes had provided the diagnosis.* It was all set out in the 1944 White Paper on Employment. [...] Now, we all read that White Paper very carefully, but the truth was that politicians took some parts of the formula in it and conveniently ignored the rest. I re-read it frequently. Those politicians overlooked the warning in that Paper that government action must not weaken personal enterprise or exonerate the citizen from the duty of fending for himself. They disregarded the advice that wages must be related to productivity and above all, they neglected the warning that without a rising standard of industrial efficiency, you cannot achieve a high level of employment combined with a rising standard of living.

And having ignored so much of that and having ignored other parts of the formula for so much of the time, the result was that we ended up with high inflation and high unemployment.

This Government is heeding the warnings. It has acted on the basic truths that were set out all those years ago in that famous White Paper. *If I had come out with all this today, some people would call it ›Thatcherite‹ but, in fact, it was vintage Maynard Keynes.* He had a horror of inflation, a fear of too much state control, and a belief in the market.«[339]

Thatcher wendete hiermit ihre Interpretation des Keynesianismus zugunsten eines neoliberalen Programms; sie wendete Keynes *gegen* die in seinem Namen unternommene Politik der Regierungen des *postwar consensus*. Damit machte sie eine Offerte an ihre Partei und reagierte auf Kritik

338 Thatcher, Speech at Roosevelt University, 22.09.1975, MTFW 102465.

339 Thatcher, Speech to Conservative Party Conference, 12.10.1984, MTFW 105763; Hervorhebungen AS.

an ihrem wirtschaftspolitischen Kurs; sie versuchte, die *Residuen* altliberaler Wissensbestände und konservativer Regierungsverständnisse mit ihrem tatsächlich an Hayek geschulten Kurs zu verbinden, ja zu versöhnen. Wenn selbst Keynes, hätte er sich noch äußern können, Thatchers Politik als richtig, als den Umständen angemessen unterstützen würde, sei diese, so der argumentative Schluss, den Thatcher hiermit nahelegen wollte, selbst aus Perspektive wirtschaftswissenschaftlicher Paradigmen, die als unversöhnlich, da eben alternativ galten, *alternativlos*. Thatchers Politik lag quasi jenseits dieser Alternative, da sie dem von allen Ökonomen geteilten *common sense* entsprach. Die Berufung auf Keynes als verstummten, aber eigentlich zustimmenden Kronzeugen ihrer Politik sollte ihr folglich wieder das Siegel des einzig Richtigen verleihen.

Strategisch nutzte Thatcher hierbei eine Unschärferelation zwischen Hayek und Keynes, hatte doch letzterer in einem Brief nach der Lektüre von Hayeks »Road to Serfdom« an den Autor geschrieben, dass er sich »in deeply moved agreement«[340] mit diesem fühlte. Aber schon damals erkannte Keynes einen fundamentalen Unterschied in der Betrachtung der Rolle des Staats in der Wirtschaft, die Hayek in seinen Augen nicht plausibel darzulegen vermochte.[341] Hayek argumentierte für einen starken, aber begrenzten Staat; da der Markt regelgebunden operieren müsse, bedürfe es staatlicher Aufsicht bzw. eines allgemeinen rechtlichen Rahmens.[342] Dank James Buchanan lässt sich die neoliberale Vision des Staats als Schiedsrichter bei einem freien, aber regel- und normen-gebundenen Spiel von Fußballern metaphorisch begreiflich machen. Ein Schiedsrichter wacht über die Einhaltung des *fair play*, ist aber selbst ein unparteiischer, am Spiel selbst unbeteiligter Akteur. Auch Hayek postulierte eine marktexterne Ordnung – er war damit weniger libertär als manch ein anderer Neoliberaler. Konsequenterweise unterschieden sich Hayek und Friedman beispielsweise in ihrer Auffassung des Sozialstaats. Hayek räumte ein System sozialer Grundsicherung als akzeptabel ein, unter der Prämisse, dass dieses weder Wettbewerb noch Rechtsstaatlichkeit verhindern, Ineffizienz bewirken noch individuelle Freiheit einschränken dürfte.[343] Die Freiheit des Einzelnen hänge von Märkten ab, deren Effizienz durch den Staat garan-

340 Keynes 1944, zitiert nach Schmidt/Woll, The State, S. 119.

341 Vgl. ebd.

342 von Hayek, *The Road to Serfdom*.

343 Friedman erkannte lediglich eine negative Einkommenssteuer für unter einem bestimmten Minimum liegende Einnahmen an. Vgl. Schmidt/Woll, The State, S. 118f.

tiert werden müsse. Doch Effizienzsicherung bedeutet keineswegs Planung.

Hayek zufolge widerspricht Planung individuellen Präferenzen, Werten und Zielsetzungen, hebelt diese durch Mehrheitsentscheidungen und langfristige Regulierung aus. Aber Planung würde sukzessive allgegenwärtig und für gesellschaftliche Entwicklungen verantwortlich; Ungleichheit würde, so Hayek, aber eher ertragen »if it is determined by impersonal forces than when it is due to design«.[344] Der Verweis auf Märkte als Ursache von Ungleichheit und sozialen Verwerfungen wäre demzufolge politisch-strategisch entlastend; darauf ist im Verlauf der Arbeit noch zurückzukommen. Schlussendlich, so die Pointe in »The Road to Serfdom«, bildeten Planung, Sozialstaat sowie eine keynesianische Konjunkturpolitik bereits die schiefe Ebene hin zu Totalitarismus und Nazismus, da eine Gesellschaft statt individualistisch kollektivistisch imaginiert und organisiert werde; Freiheit werde gleichsam *verplant*.[345]

Da es dem Staat unmöglich sei, objektive Gerechtigkeitskriterien zur sozialpolitischen Umverteilung anzuwenden, seien die vom Markt induzierten Ungleichheiten zu akzeptieren; Hayek erkannte also in staatlicher Umverteilungspolitik lediglich Willkür und einen Eingriff in negative Freiheit.[346] Soziale Ungerechtigkeit und Ungleichheit sind somit, spinnt man diesen Gedanken weiter, kein Ergebnis von Marktversagen, sondern stets von *Politik- bzw. Staatsversagen*: Der Staat verursacht durch seinen Eingriff und durch Regulierung Marktverzerrungen, die wiederum die endemischen Gleichgewichtsdynamiken durch Angebot Nachfrage et cetera aus dem Lot bringen. Diese Argumentation wurde in den 1970ern von der Chicago School, vor allem vom Ökonom Arnold Harberger, prominent vertreten und prägte die wirtschaftspolitischen Annahmen des Thatcherismus.

---

344 Hayek, *The Road to Serfdom*, S. 137; hier zitiert nach Schmidt/Woll, The State, S. 119.

345 Hayek formulierte in einem Vortrag (Hayek, Der Wettbewerb als Entdeckungsverfahren), dass in einer modernen Gesellschaft die Wissensressourcen des Einzelnen optimal genutzt werden müssten; er erkannte aber zugleich die Dauerhaftigkeit von Nicht-Wissen und spontaner Ordnungsbildung auf dem Markt, da beispielsweise nicht im Voraus gewusst werden könne, was knapp werde. Nur dem Markt sei es also möglich, jene Wissensbestände zu aktualisieren und Informationen abzurufen; eine zentrale Planstelle werde dies nie können. Daher kritisierte Hayek 1974 in seiner Nobelpreisrede konsequenterweise die »Anmaßung von Wissen« bei Reformen und »Sozialingenieuren«.

346 Vgl. Schmidt/Woll, The State, S. 119; Scharpf, Legitimacy Intermediation in the Multilevel European Polity and Its Collapse in the Euro Crisis.

In argumentativer Übereinstimmung begriff schließlich auch Thatcher die Deregulierung des Marktes als einen gerechtigkeits- und gemeinwohlfördernden Ansatz. Es gelte, den Staat zurückzudrängen, denn: »When the state grows too powerful, people feel that they count for less and less. The state drains society not only of its wealth but of initiative, of energy, the will to improve and innovate as well as to preserve what is best.«[347] Zwischen Staat und Gesellschaft besteht demzufolge ein quasi-energetischer Antagonismus, der nur aufgelöst werden könne, wenn der Staat lediglich als Dienstleister fungiere: »[...] Government is the servant of the people, not its master.«[348]

In Thatchers Ressentiment gegenüber der politischen Elite als Staatsmandarine wirkten ebenfalls neoliberale Denkmuster nach, etwa wenn Thatcher den politischen Eigenzyklus gegenüber dem *business cycle* betonte und das Risiko eines politischen Missmanagements des letzteren evozierte:

> »These problems tend to be associated with ironing out the extremes of the business cycle. Politicians would dearly like there to be a steady upward sloping line of economic activity.
> But attempts to intervene in the cycle to smooth out the peaks and troughs have not been very successful. Between them politicians seem to have a propensity for getting the timing wrong, and sometimes reinforce the trend they are trying to eliminate!
> The temptation then is to try to control more and more of the economic system – what has been called the ›commanding heights‹. This merely leads to a reduction in the efficiency of the system and eventually to the corporate state with all its attendant evils, such as absence of choice and lack of any effective alternative.
> The politician is therefore in a dilemma because he has not wholly taken into account economic cause and effect, and has therefore unwittingly ignored economic reality.« [349]

Da es sich um einen Auszug aus einer Rede in Chicago handelt, verwundert die explizite Bezugnahme auf die Annahmen der Chicago School nicht. Thatcher griff die von den Ökonomen kritisierte Spannung zwischen politischer Intervention und wirtschaftlicher Dynamik auf. Das Dilemma des Politikers seien sein Unwissen und die Versuchung der Planung; keynesianische und antizyklische Steuerung wirke aber kontra-effektiv. Dennoch insistierte Thatcher auf dem *politischen* Element politischer Öko-

347 Thatcher, Speech to Conservative Party Conference, 10.10.1980, MTFW 104431.
348 Thatcher, Speech to Conservative Party Conference, 14.10.1988, MTFW 107352.
349 Thatcher, Speech at Roosevelt University, 22.09.1975, MTFW 102465.

nomie, das Wirtschaftswissenschaftler zu häufig vernachlässigten. Politik und Wirtschaft seien schießlich zu unterscheiden:

»On the other hand, some economists have shown similar lack of understanding of politics, by suggesting that they (the economists) know all the answers, implying that it is the incompetence of politicians which produces the problems. But we must always consider the political consequences of proposed economic solutions.

This is not just an academic point – it is one that is at the heart of political economy today. In the economic sphere it has resulted in growing frustrations for both the people (because of the disincentives to be enterprising and responsible) and politicians (because their efforts have not borne the results they expected).«[350]

Für jenes Misstrauen von Wirtschaftswissenschaftlern in die Entscheidungsgrundlage bzw. in die Präferenzen politischer Akteure ist die in der neoliberalen *Public Choice Theory* vertretene Auffassung bedeutsam, dass der einzelne politische Akteur, auch der einzelne Beamte, aufgrund seiner ungebrochenen Individualität ein strategischer Nutzenmaximierer ist – zwischen Amt und Person besteht der Annahme des methodologischen Individualismus zufolge kein Bruch; der Einzelne kann keinen *Hiatus* zwischen seinem eigenen Nutzen und einer politischen, öffentlichen Rolle als Funktionsträger freilegen. Da der Politiker aus Interesse an seiner Wiederwahl nur im zeitlichen Horizont von Legislaturperioden denken und somit kurzfristigen Aufschwung, niedrige Arbeitslosigkeit et cetera als elektorale Befriedigungsstrategie favorisieren müsse, stehen, so das Argument, politisch-demokratische Mechanismen und makroökonomische Erfordernisse in einem dauerhaften Konflikt. Daher ist schon im Vorgriff auf New Labours Politik bedeutend, dass im *Neoliberalismus* respektive *Monetarismus* die Kritik am Staat als marktverzerrendem, ineffizientem Akteur zu einem Politikverständnis führt, demzufolge etwa eine unabhängige und von politischen Niederungen befreite Zentralbank die Hoheit über Entscheidungen wie etwa Geldmengensteuerung innehaben soll. Diese Forderung einer strukturellen Verschiebung zugunsten einer demokratisch nicht (ab-)wählbaren Instanz war und bleibt diejenige Pointe monetaristischen Denkens, die sowohl demokratietheoretisch als auch für eine Analyse von Alternativlosigkeitsrhetorik wegweisend ist. Denn eine Instanz wie eine Zentralbank schafft mittels geldpolitischer Entscheidungen wirtschaftspolitische Korridore und limitiert somit Handlungsspielräume der Politik.[351]

350 Ebd.

351 Vgl. dazu Scharpf, Monetary Union, Fiscal Crisis and the Preemption of Democracy.

Da sich Thatcher, wie in ihrem Plädoyer für politische Ökonomie ersichtlich, noch von dieser Abwertung politischer Entscheidungsträger distanzierte und Geldpolitik als Steuerungsinstrument der Regierung praktizierte, wird deutlich, dass sie monetäre Weichenstellungen als dezidiert politisches Aufgabenfeld begriff. Thatcher war, und das wird im Vergleich zu der noch folgenden Analyse von New Labour und europäischer *Governance* ersichtlich, eine Verfechterin politischer Entscheidungen; ihr Neoliberalismus war kein antipolitisches Programm, sondern normativ begründete Wirtschaftsagenda.

Allerdings spielte die Vorstellung, nicht vorrangig marktorientierte Akteure ließen ökonomische Effizienz vermissen, bei der bereits angesprochenen Einführung von internen Märkten, das heißt Markt-mechanismen, in *öffentlich-bürokratischen* Bereichen eine Rolle. Ein öffentliches Management, das *New Public Management*, sollte Effizienz durch Wettbewerb steigern; eigennützige Mitarbeiter sollten Anreize erhalten, die Performanz ihrer Abteilung bzw. ihres Amts zu verbessern. Eine langfristige Wirkung dieses *Managerialismus* war allerdings, so ist empirischen Studien zu entnehmen, dass monetäre und wirtschaftliche Belohnungssysteme und Anreizstrukturen ausgerechnet diejenigen Akteurskonstellationen und egoistischen, nutzenmaximierenden Persönlichkeiten förderten, welche die *Public Choice Theorie* für die öffentliche Sphäre problematisiert hatte.[352]

4.2 Ein wirkmächtiges Amalgam: Neoliberalismus und Tugendappelle

»The economics will come right if the spirit
and the determination is there.«[353]

Wie deutlich wurde, hatte Thatcher nichts weniger als eine »bürgerliche« bzw. »kulturelle Revolution« zum Ziel.[354] Das Ansinnen ihrer Politik war eine Unternehmensgesellschaft, ein »Volkskapitalismus«,[355] bei dem die »shareholder-Gesellschaft« sukzessive zwischen einer profitierenden Oberschicht, Facharbeitern boomender Industrien und einer diskriminierten,

352 Vgl. Pollitt/Bockaert, *Public Management Reform*.

353 Thatcher, The Swinton Lecture, S. 89.

354 Vgl. Jessop, Politik in der Ära Thatcher, S. 381.

355 Vgl. ebd., z.B. die tabellarische Darstellung auf S. 384.

stigmatisierten ärmeren Schicht polarisierte.[356] *Welfare retrenchment* wurde zum einen mit dem Slogan »help the people to help themselves« begründet,[357] zum anderen auch aus dem christlichen Gebot der Nächsten-liebe hergeleitet, woraus das Prinzip gesellschaftlicher Subsidiarität und Wohltätigkeit folgte.[358] Unter Thatcher wurde – und bis in den *Policy*-Diskurs unter Tony Blair hinein – aus einer nur neoliberalen eine moralistische Politik, die sich zahlreicher Tugendappelle bediente.

Augenfällig war hierbei der Begriff der Eigenverantwortung: Thatcher deklarierte, um nur zwei einschlägige Beispiele herauszugreifen: »There cannot be a welfare system in any satisfactory sense which tends [...] to break down personal responsibility and the sense of responsibility to family, neighbourhood and community.«[359] Zudem erklärte sie: »The foundation of this new confidence [of the British nation, AS] has to be individual responsibility.«[360] Für sich genommen ist die Forderung, Verantwortung für sich und sein Leben zu übernehmen, zunächst konsensfähig. Nimmt man aber in Augenschein, welche Konsequenzen sich für Thatcher aus Selbstverantwortung ergaben, wird die Problematik dieses Appells deutlich. Eigenverantwortung bedeutete hier, die gegebenen Talente zu nutzen: »It must be quite clear that the responsibility is on each of us to make the full use of our talents and to care for our families. It must be clear, too, that we have a responsibility to our country to make Britain respected and successful in the world.«[361] Im neoliberalen Programm des *Selbstmanagements* wird aus Verantwortung die Aufforderung abgeleitet, der Gesellschaft nicht zur Last zu fallen.

Dem flexiblen, individualisierten Kapitalismus im Sinne von Boltanski und Chiapello[362] entsprechend lässt sich notieren, dass das neoliberale

356 Bei den Wahlen hatte das zur Folge, dass der industrielle, ärmere Norden weiterhin Labour wählte und die *Midlands* sowie der reichere Süden Englands stets den Tories die Mehrheit verlieh.

357 Vgl. das Parteiprogramm der Tories von 1979.

358 »Where Conservatives part company from Socialists is in the degree of confidence which we can place in the exclusive capacity of a Welfare State to relive suffering and promote well-being. [...] State philantropy and institutionalized charity can never be enough.« Thatcher, The Swinton Lecture, S. 86.

359 Ebd., S. 87.

360 Ebd., S. 89.

361 Ebd.

362 Vgl. Boltanski/Chiapello, *Der neue Geist des Kapitalismus*. Die Autoren kennzeichnen diesen Geist mit den Leitvokabeln Mobilität, Flexibilität, Kreativität und Eigenverantwortung.

Subjekt ein mit seinen Talenten, seinen Fähigkeiten und Möglichkeiten *unternehmerisch* tätiges Subjekt werden soll.[363] So ist Neoliberalismus mehr als ein postkeynesianisches Regierungsprogramm, er impliziert ein *Gouvernementalitäts*-Programm, das, im Wortlaut Thatchers, »the heart and the mind«, vulgo: die *Mentalität* verändern will. Thatcher stellte die Weichen für Blair und Co., die im Rückgriff auf Anthony Giddens' Konzept der *life politics* hieran anschlossen.

Die Betonung individueller Verantwortung entpuppt sich schließlich in der Rückschau als ambivalent: Einerseits verbarg sich in der Freisetzung des Individuums von der bei Schelsky als »Betreuung« verunglimpften Vorsorge- und Fürsorgegesellschaft ein emanzipatorisches Potenzial und ein liberaler Impuls, den für die Mitte des 20. Jahrhunderts ohnehin beobachtbaren empirischen gesellschaftlichen Prozess der Individualisierung und Pluralisierung normativ aufzuwerten und nicht länger konservativ den Verfall einer Wertegemeinschaft zu beklagen. Andererseits wurden Individualisierung sowie Privatisierung von Verantwortung bei Thatcher konservativ in eine auf die Familie zugeschnittene Rhetorik eingebettet; die (Kern-)Familie galt als Keimzelle der Gesellschaft, ergo als der Ort, an dem soziale Ansprüche adressiert und diesen zunächst subsidiär stattgegeben werden sollte.

Zudem vermochte die Beschwörung individueller Verantwortung einen Tugendimperativ zu formulieren, der biographische Fehlschläge wie Arbeitslosigkeit als selbstverschuldetes Scheitern oder Armut als mangelnden familiären Rückhalt et cetera umzudefinieren drohte.[364] Thatchers Version des Liberalismus reformulierte den semantischen, moralphilosophischen Coup der Neuzeit: Wurde einst aus dem lasterhaften Eigeninteresse eine gemeinwohlkompatible Tugend, deren Tugendhaftigkeit aber nicht expliziert werden musste, da individuelle Tätigkeiten mittels unsichtbarer Hand gesellschaftlich und wirtschaftliche funktional würden, wurden Fleiß, Disziplin, Arbeitsethos nun als *sichtbare* Tugenden eingefordert.[365]

---

363 Vgl. Bröckling, *Das unternehmerische Selbst.*

364 Es war wohl nur stimmig, dass Thatcher dann auch in ihren Memoiren schrieb: »Wenn die Regierung darauf hinwirkt, daß Arbeit die Mühe nicht lohnt […], dann verändert sie die Spielregeln. Nur allzu bereitwillig reagierten gerade jene mit dem engsten Horizont, niedrigster Selbstdisziplin und geringstem Halt in der Familie auf diesen neuen Rahmen und bilden nach und nach das, was Murray und andere die ›Unterklasse‹ nennen.« Thatcher, *Die Erinnerungen*, S. 630.

365 So sagte sie Mitte der 1970er: »There are I believe some economic, physical, and also moral laws which just cannot be repealed even by the most authoritarian regimes. The

Thatcher entwarf eine *Moralpolitik*. In ihren Memoiren proklamierte sie dementsprechend, die Tugenden seien als Waffe gegen die Laster einzusetzen: »Eine funktionsfähige freie Gesellschaft kann nicht wertneutral sein.«[366] Sie müsse Tugendhaftigkeit einfordern und kultivieren, so Thatcher ebenda unter Verweis auf Edmund Burke. Dies war nun die *differentia specifica* neoliberaler Kommunikationspolitik unter Thatcher.

Angesichts dessen lässt sich zu guter Letzt ein inhärenter Widerspruch *innerhalb* der Kommunikationsstrategie erkennen: Thatcher gebrauchte unterschiedliche, sich zuweilen konterkarierende rhetorische Mittel und Strategien – ja, thatcheristische Politik und TINA-Rhetorik bildeten eine eigentümliche, bizarre Kombination: Während Thatcher die Idee der individuellen Verantwortung fokussierte und postulierte, man dürfe nicht länger der ohnehin fiktiven Gesellschaft zur Last fallen, nutzte sie mit der TINA-Rhetorik eine Strategie zur Verbreitung dieses neoliberalen Dogmas, die politisch bzw. moralisch paternalistisch zu sein drohte. TINA lief Gefahr, demokratische Bürger zu entmündigen, zu einer rationalen, ausgewogenen Argumentation unfähig zu erklären und moralische Selbstverständlichkeiten einzuklagen, wohingegen sich doch das jeweilige Individuum gegen kollektivistische Vereinnahmungen zu wehren hatte. Indem TINA politische Debatten auf Augenhöhe abkürzte, Deliberationsprozesse durch moralische Autoritätsbehauptungen und durch apodiktische Gewissheiten ersetzte, widersprach die Rhetorik der Alternativlosigkeit der Idee individueller Verantwortungsübernahme.

5. Zwischenfazit: Alternativlosigkeit als *one right way*

Der Unterschied zwischen Thatchers TINA-Rhetorik und Schelskys im Prolog vorangestellten Modell einer Politik des Sachzwangs lässt sich mit einem emblematischen, bereits zitierten Satz auf den Punkt bringen: »The economics will come right if the spirit and the determination is there.«[367] Während Helmut Schelsky einen technisch wissenschaftlich induzierten,

Declaration of Independence enshrines some of these and Adam Smith, as a Professor of Moral Philosophy, understood them clearly.« Thatcher, Speech at Roosevelt University, 22.09.1975, MTFW 102465.

366 Thatcher, *Die Erinnerungen*, S. 640.

367 Thatcher, The Swinton Lecture, S. 89.

wertrationalen *one best way* postulierte, war die Rhetorik der Alternativlosigkeit bei Thatcher eine *konditionale*, da sie auf der *Prämisse* geteilter Moralvorstellungen basierte. TINA-Rhetorik entsprach hier nicht Schels-kys kontrafaktischem Modell waltender Sachgesetzlichkeiten, geschweige denn einer mittelfristigen Herrschaftslosigkeit der politischen Elite. Politik gestaltete weiterhin nach den Prinzipien richtig-falsch. Alternativlosigkeit folgte einer politischen Entscheidung, da die andere Politikoption als diskreditiert galt. Wo Schelsky noch aus Perspektive eines Sozialwissenschaftlers Sachlichkeit der Politik einforderte, griff der thatcheristische Diskurs auf Tugendappelle und die moralpolitische Aufladung einer marktliberalen Wirtschaftsethik zurück. Schelskys Modell des *one best way* realisierte sich nicht; der Thatcherismus proklamierte stattdessen einen *one right way*.

Das Kapitel hat deutlich gemacht, dass sich Thatchers TINA-Rhetorik als Instrument eines britischen Populismus von Oben, als strategische Akzentuierung von *common sense* und als expressive Darstellung von Gewissheiten verstehen lässt. Der Appell an Nationalstolz und die Reaktualisierung konservativer Werte wie Familie, Ordnung (aber weniger von Religion) wurden in eine wirtschaftsethische Richtung umgelenkt und derart umgedeutet, dass die »ungehemmte Entfaltung individueller Erwerbs- und Bereicherungsinteressen und »acquisitive instincts«[368] legitim und wünschenswert erschien; dies sollte wiederum Erwerbsinteressen und wirtschaftliche Aktivität stimulieren. Letztendlich handelte es sich beim Thatcherismus um einen Wirtschaftspopulismus,[369] der konsequenterweise auch die Integration in die Europäische Union immer unter den Vorbehalt des nationalen Wirtschaftsvorteils stellte.[370]

Wenn überhaupt, entfaltete der freie Markt einen *Sachzwang*, der allerdings im Laufe der Regierung Thatchers keineswegs durchweg durch *Laissez-faire* vollständig dereguliert wurde; das Objekt politischer Deregu-

368 Offe, Die Aufgabe von staatlichen Aufgaben, S. 324, Hervorhebungen im Orig. Offe zitiert hier Jenkins.

369 Vgl. ebd.

370 Die Position Thatchers war klar: »That such an unnecessary and irrational project as building a European superstate was ever embarked upon will seem in future years to be perhaps the greatest folly of the modern era.« Thatcher, *Statecraft*, S. 410; Hervorhebungen AS. Auch in ihrer europakritischen Haltung spiegelte sich Thatchers Politikverständnis, das Rationalität, Notwendigkeit zu monopolisieren postulierte. Unliebsame, politisch missliebige Modelle, Entwürfe, Entwicklungen wurden als unnötig und irrational – als Torheit, aberwitzige Unternehmen, ›Verrücktheit‹ – etikettiert und damit desavouiert und pathologisiert.

lierung war vor allem der Finanzmarkt, der durch die Abschaffung der Kontrolle von Kapitalflüssen und im *Londoner Big Bang* internationalisiert wurde und sich dadurch zu der »golden straightjacket«[371] entwickeln konnte, die dann in den 1990ern den politischen Handlungsspielraum von New Labour einschränkte. So gilt es der Komplexität thatcheristischer *Policies* Rechnung zu tragen: Nicht das Volumen, sondern die Prioritäten und Aufgaben des britischen Staats veränderten sich, zuweilen zu einer Vertiefung seiner Eingriffskompetenz. Neoliberale Politik zeigte sich nicht in einer absinkenden Staatsquote, sondern in einer veränderten Wahrnehmung von Staatsaufgaben.

Der Weg hin zu jenem tiefgreifenden *Policy*- sowie Diskurswandel unter Thatcher wurde auf mehreren Ebenen plausibilisiert: Als Effekt einer strukturellen Disposition aufgrund des politischen Systems und der politischen Ordnung, als nur konsequente Politikoption gegenüber einer um die Ausgestaltung des Wohlfahrtsstaats ringenden politischen Elite, als Resultat eines Diskurses von *British decline* und übermachtigen Interessengruppen, die den Staat scheinbar in eine Sackgasse der Unregierbarkeit trieben, und einer wirtschaftlichen Umbruchsituation in den 1970ern, befeuert durch weltwirtschaftliche Krisen, Rezession und Stagflation et cetera.[372] Zugleich zeigte Thatchers Rückgriff auf wirtschaftstheoretische Annahmen, dass die Glaubwürdigkeit, also auch die kommunikative Anschlussfähigkeit ihres Projekts auf der Mobilisierung wirtschaftswissenschaftlicher Expertise aufbaute und diese für eine Radikalisierung der bereits existenten, liberalen politischen Kultur nutzte.

Bei der Verwertung von Expertise lässt sich noch ein weiterer Unterschied zwischen dem technokratischen Sachzwang-Argument und thatcheristischer TINA-Rhetorik verdeutlichen: Nicht länger waren Techniker oder Ingenieure die Protagonisten einer wissenschaftlich-technischen Zivilisation oder Motor von Fortschritt, sondern als intellektuelle Ressourcen

371 Friedman, *The Lexus and the Olive Tree.*

372 Zwar wurden die Maßnahmen gegen die Verkrustung der Institutionen parteiübergreifend als richtig angesehen, doch die Politik der Entindustrialisierung sowie die Politik gegen den Korporatismus waren genuin thatcheristische Schritte. Daher, so Jessop: »[…] muss daher sorgfältig unterschieden werden zwischen allgemeinen Merkmalen der 80er Jahre und solchen, die sich ausschließlich aus dem speziellen Charakter des Thatcherismus herleiten. In diesem Zusammenhang spielt der Übergang zum Post-Fordismus eine wichtige Rolle, denn dieser hätte ohnehin zu vielen Veränderungen geführt, egal welche Partei die Regierung stellte bzw. unabhängig von der Form der Regierung.« Jessop, Politik in der Ära Thatcher, S. 381. Jessop liefert uns folglich eine tendenziell strukturalistische Erklärung des Thatcherismus.

für Expertise galten nun die Wirtschaftswissenschaften. Thatcher griff vor allem auf Autoren wie Friedman und Hayek zurück, um die epistemische – vor allem aber moralische – Autorität ihrer politischen Argumentation zu festigen. Peter Jenkins schlussfolgert daher, dass

»[...] in the 1970s, as things went badly and as economies declined to be managed and the governed to be governed, the priesthood of the *expert fell into disrepute* and the magic men were deserted by their skills. There now took place a *retreat from rationality*. Monetarism was a mystical creed at the heart of which lay the search for some Holy Grail of authority which would serve as surrogate for God or gold.«[373]

Einerseits hat er darin Recht, da der thatcheristische Diskurs von (technisch-wissenschaftlicher) Rationalität auf die Betonung moralischer Prämissen umschwenkte. Andererseits fand sich im Thatcherismus eine Indienstnahme wissenschaftlicher Rationalität, denn: »The extreme *economism* of Thatcherism is a prime instance of the conservative appeal to *science* as a means to release the political state from the responsibility for most social arrangements.«[374] Die wirtschaftspolitische Doktrin des *rolling back the state* wurde eben auch mit Verweis auf wirtschaftswissenschaftliche Forschung gerechtfertigt. Peter Halls These bestätigt sich hier:

»[...] issues of authority are likely to be central to the process of paradigm change. Faced with conflicting opinions from the experts, politicians will have to decide whom to regard as authoritative, especially on matters of technical complexity. [...] In other words, the movement from one paradigm to another is likely to be preceded by significant shifts in the locus of authority over policy.«[375]

Bei einem Modell von Sachzwang, der aus den Strukturmerkmalen der industriellen Moderne erwuchs, und einer politisch-moralischen Alternativlosigkeit, die spezifische moralische Vorstellungen als *conditio sine qua non* deklarierte, fungierten also unterschiedliche Quellen von Expertise als Stichwortgeber. Dabei wurde jedoch wissenschaftliche Rationalität im Thatcherismus einem moralischen Vorbehalt untergeordnet bzw. mit Moral amalgamiert. In beiden Fällen erfolgte allerdings ein Plädoyer für eine liberale Organisation von Staat und Markt.

Stellt man daher die politisch motivierten Argumente Helmut Schelskys dem Thatcherismus gegenüber, lässt sich ein systematischer, beiden gemeinsamer Punkt bemerken: Beide Male modernisierte sich ein konser-

373 Jenkins, *Mrs. Thatcher's Revolution*, S. 54; Hervorhebung AS.

374 Freeden, *Ideologies and Political Theory*, S. 397; Hervorhebung AS.

375 Hall, Policy Paradigms, Social Learning, and the State, S. 280.

vatives Denken, denn beide Male wurden konservative Denk- bzw. Parteipfade und -traditionen an neue Umstände angepasst – Zwangs- bzw. Notwendigkeitsnarrative könnten demnach in einer *Liaison dangereuse* zu Modernisierungs- bzw. Revisionsbestrebungen stehen. Die virulente Begründungsbedürftigkeit einer Adaptation konservativen Denkens wird durch die Behauptung einer Einsicht in unausweichlichen Wandel begründet: einmal aus Zwang, der sich aus der schieren Beschaffenheit der technisch-wissenschaftlichen Zivilisation herleitete, ein anderes Mal als Bruch mit der Vergangenheit und als *Policy Change* angesichts einer wirtschaftlich düsteren Lage. In diesem Sinne kritisierte Ian Gimour, ein »Wet« und vehementer Thatcher-Kritiker, den Bruch zwischen der Tory-Partei vor und während Thatcher: »For obvious reasons Conservatives normally seek to build on their past, not to decry it. Yet the new right-wing Conservatism poured scorn on previous Tory governments as well as on the socialist enemy.«[376]

Daraus lässt sich die Hypothese ableiten, dass konservatives Denken mit Notwendigkeitskonstruktionen einer erhöhten Begründungspflicht für Veränderung bzw. Wandel entgegenkommt – und mittels Sachzwang oder Alternativlosigkeit gleichzeitig dem jeweiligen ideellen Amalgam inhärente Widersprüche und Paradoxien kommunikativ zu eskamottieren, ja zu entparadoxialisieren versucht.[377] An diese These einer politischen Neujustierung konservativen Denkens mittels Notwendigkeitsnarrativen lässt sich nun anschließen: Handelt es sich bei der Neuausrichtung sozial-demokratischer Politik unter New Labour um ein Äquivalent dieses Revisionsdiskurses auf linker Seite?

Die letztgenannte Mutmaßung von Anschlüssen, strukturellen Verwandtschaften und Entsprechungen zwischen Third Way-Diskursen und Thatcherismus wirft schlussendlich die Frage nach den die Regierungen Thatchers und Majors überdauernden Effekten auf. Claus Offe diagnostizierte 1994 einen »Selbstbefestigungseffekt« des Thatcherismus«[378] aufgrund einer veränderten Sozialstruktur und der schieren Dauer des Thatcher-Modells; letztlich begriffen sich die Individuen nur noch als Individuen, verstünden das Funktionieren intermediärer Institutionen nicht länger Alte Loyalitäten sowie gemeinsame Interessen seien erodiert, sodass sich der Trend der Individualisierung und Pluralisierung des sozialstruktu-

376 Gilmour, *Dancing with Dogma*, S. 2.

377 Vgl. hierzu auch: Hirschman, *Denken gegen die Zukunft*.

378 Offe, Die Aufgabe von staatlichen Aufgaben, S. 350.

rellen Wandels noch verstärkte.[379] Wie Offe erkannte Jessop – auch 1994 – Beharrungskräfte des Thatcherismus, da sich die Wählerklientel verändert hatte; nach der Ära des Thatcherismus glaube niemand mehr, dass man die genommene Entwicklung umkehren und zum Nachkriegskonsens zurückkehren könnte, denn:

»Ideologisch überarbeitete er [der Thatcherismus] erfolgreich *Identitäten und Sinnsysteme*, so dass sein Handeln und seine Politik inzwischen als weitgehend *normal* gelten können, während die Werte des Keynesianischen Wohlfahrtsstaats und die Ziele des Nachkriegs-Settlements im Sinne der Politiker entsprechend auseinandergenommen wurden – obgleich nicht alle verschwunden sind [...].«[380]

Hatte Thatcher also dank moralischer Apodiktik mit ihrem Kulturwandel reüssiert, war der Diskurs erfolgreich, insofern sich die politische *Normalität* derart verschoben hatte?

Angesichts der Wahl John Majors und der Wendung der Labour-Partei zu New Labour können wie die These aufstellen, dass sich diese Regierungen in einem politisch-ideologischen Raum eines »Post-Thatcherite Settlement«[381] bewegen mussten. Folglich hatte Thatcher, die reklamierte, Politik nach den Jahren den sogenannten Nachkriegs-konsensus in reale Konfliktpolitik zu repolitisieren, zu einer neoliberalen Übereinkunft beigetragen, die nicht länger radikal oder konfliktiv in Frage gestellt, sondern gleichsam einer kontroversen Debatte entzogen wurde. Peter Kerr argumentiert in diesem Sinne für die Charakterisierung der (späten) Thatcher-Jahre als Konsens-Periode, da es in dieser Zeit weder eine ausgeprägte Konflikthaftigkeit im Nexus von Treasury-Bank-City noch »at the very heart of the policy-making apparatus« gegeben habe.[382] Man stehe vor einem »gradual shift from conflict to relative consensus«,[383] da in der dritten Amtszeit Thatchers der residuale Widerstand gegen ihr Projekt und ihre strategische Vision überwunden und so eine relativ konsensuale Umwelt für den Thatcherismus entstanden waren.[384]

---

379 Ebd. In weiser Prognose der Proteste in Großbritannien 2011 und des Brexit-Votums meinte Offe: »Wenn das Instrumentarium der ökonomischen Anreize und Strafen überzogen wird, kann er [der Umerziehungserfolg des Thatcherismus] gewiss auch in sein Gegenteil umschlagen, nämlich in den individualisierten Protest der Verlierer.« Ebd.

380 Jessop, Politik in der Ära Thatcher, S. 382; Hervorhebung AS.

381 Hay, Re-stating Social and Political Change, S. 159f.

382 Vgl. Kerr, *Postwar British Politics*, S. 158.

383 Ebd., S. 15.

384 Vgl. ebd.

Folgt man dieser Deutung nur insoweit, als dass eine veränderte politische Ausgangslage für die Links-Rechts-Division im britischen Parteispektrum der 1990er Jahre vorlag, lässt sich argumentieren, dass TINA eine paradoxe Figur der ideologischen Entideologisierung im Thatcherismus verkörperte – oder als Zwischenfazit präziser formuliert: Als Erbe Thatchers wandelte sich der Neoliberalismus von einem *normativen*, durch sichtbare moralische Konditionalität grundierten Neo-liberalismus zu einem sukzessive und dank der beschriebenen Diskurs-merkmale *normalisierten* Neoliberalismus.[385]

Schlussendlich macht die Gegenüberstellung von einer populistischen, moralistischen Behauptung eines alternativlosen *one right way* und einem technokratischen *one best way* deutlich, dass die Bekräftigung einer demokratischen Debattenkultur und eines politischen Pluralismus fragile Errungenschaften des liberal-demokratischen Parlamentarismus sind. Schelsky kritisierte Demokratie als potenziellen *slippery slope* zu Populismus, zu Bevormundung, Emotionalisierung und schmittianischer Politik, gegen die es die sachlich beste Lösung zu verteidigen gelte. Thatcher hingegen nutzte die Bipolarität des politischen Felds zugunsten eines populistischen, moralistischen sowie antagonistischen Diskurses, der sich ebenfalls am Problem des Paternalismus rieb und sich gegen jene technokratischen Visionen wendete. Hieraus lässt sich eine Erkenntnis formulieren, die die weiteren Überlegungen unterschwellig durchziehen wird: Technokratie und Populismus scheinen sich, einem Teufelskreis ähnlich, gegenseitig zu befeuern.[386]

385 Vgl. Hay, The normalizing role of rationalist assumptions; Jessop, New Labour or the normalization of Neo-Liberalism.

386 Vgl. dazu im politischen Kontext der Europawahlen: Müller, Du rejet des élites à la xénophobie, anatomie d'un phénomène planétaire, S. 16.

II. New Labour: Die inklusive Rhetorik der Alternativlosigkeit

»Public policies change less readily than slogans.«[1]

»The trouble with words is you don't know whose mouths they've been in.«[2]

Unter dem programmatischen Schlagwort »Dritter Weg« öffneten sich sozialdemokratische Parteien in den der 1990ern der politischen Mitte. Dieser Wandel reformorientierter sozialdemokratischer Regierungen zeugte etwa für Colin Hay von einem normalisierten Neoliberalismus; New Labour sei schließlich eine *post-thatcheristische* Epigone neoliberaler »Hegemonie« gewesen.[3] Der Thatcherismus hatte also Pfadabhängigkeiten hinterlassen und nur den Beginn einer Ära neoliberaler TINA-Politik markiert.

Doch welche Gemeinsamkeiten oder Differenzen bestanden in der politischen Rechtfertigung von Entscheidungen und in der fortdauernden Rhetorik der Alternativlosigkeit? Die politischen sowie diskursiven Nuancen und Ambivalenzen von New Labour und dem Modell eines Dritten Weges sind zu erhellen, statt sich vorschnell Urteilen über den neoliberalen »Blatcherismus«[4] anzuschließen. Schließlich scheiden sich die Geister an den Amtszeiten Tony Blairs und seines Nachfolgers Gordon Brown. Während ein Forschungsstrang eine reformorientierte, doch genuin sozialdemokratische Periode diagnostiziert, in der New Labour traditionelle Ziele mit neuer Emphase und Verve verfolgte, wird andernorts das Verdikt gefällt, bei New Labour handelte es sich um »gravediggers« der Sozialdemokratie und um neo-thatcheristische Konsolidierungspolitik.[5] Wie kommt es zu diesen unterschiedlichen Würdigungen und wie spiegelt sich

1 Faucher-King/Le Galès, *The New Labour Experiment*, S. 2.

2 Dennis Potter, zitiert nach Finlayson, Tony Blair and the Jargon of Modernisation, S. 23.

3 Hay, *Why we hate Politics*; ders., The Winter of Discontent.

4 Vgl. Cecar, *Blatcherism*. Colin Hay spricht von »Blaijorism«, um Anschlüsse zwischen Jon Major und New Labour zu verdeutlichen. Vgl. Hay, Blaijorism.

5 Vgl. Faucher-King/Le Galès, *The New Labour Experiment*, S. 3. Für weitere allgemeine Einordnungen und zu den Analysen der *Ideologie* hinter Blair siehe den in der Einleitung referierten Forschungsüberblick.

jene Spannung einer mutmaßlich *neoliberalisierten Sozialdemokratie* in einem politischen Diskurs, der sich auf Notwendigkeit und Sachzwang berief?

Die Reformpolitik New Labours war keineswegs ein singuläres Phänomen, sondern in einen globalen und europäischen Diskurs eingebettet; in den USA »triangulierte« Bill Clinton, in Deutschland vollzog sich eine ähnliche Revision sozialdemokratischer Positionen unter Gerhard Schröder. Schröder und Blair forderten in einem gemeinsam verfassten Papier »[n]ew programmes for changed realities«.[6] Diese Wirklichkeiten ließen für die Sozialdemokraten keinen Zweifel daran, dass es Umbruchzeiten seien, gekennzeichnet durch Globalisierung, demographischen und sozialen Wandel sowie Integrationsprobleme, auf die durch eine neue Struktur der Arbeitsmärkte und durch einen Umbau des Wohlfahrtsstaats zu reagieren sei.[7]

In Deutschland versuchte daher Gerhard Schröder, die Agenda 2010 als unumgänglich und zwingend notwendig zu legitimieren. Dank unparteiischer Expertenkommissionen sollte seine Reformpolitik mit epistemischer Autorität ausgestattet werden. Zu Beginn seiner zweiten Amtszeit deklarierte der deutsche Basta-Kanzler im März 2003: »Wir müssen den Mut aufbringen, in unserem Land jetzt die Veränderungen vorzunehmen, die notwendig sind, um wieder an die Spitze der wirtschaftlichen und der sozialen Entwicklung in Europa zu kommen.«[8] Im Zuge eines »überparteiliche[n] ›Anpacken[s]‹«[9] implementierte die Regierung eine angebotsorientierte Politik, senkte Steuern für Unternehmen und auf Kapitaleinkommen, deregulierte den Arbeitsmarkt und etablierte eine disziplinarische *Workfare-Kultur*, um dem Reformstau und der Rezessionsdynamik der nuller Jahre zu entkommen. Bis heute verkörpern die »Hartz-Reformen« die Identitätskrise der SPD. Die geringe Wahlbeteiligung in den unteren Gesellschaftssegmenten galt danach vielen als Symptom einer erodierten demokratischen Legitimität.[10]

Dieses Kapitel konzentriert sich nun allerdings auf den britischen Fall der TINA-Rhetorik bei reformorientierten Sozialdemokraten, gestattet

6 Blair/Schröder, Europe: The Third Way/Die Neue Mitte.

7 Schönwälder, Konturen eines »Dritten Weges«, S. 250. Vgl. zur Ausgangslage für sozialdemokratische Regierungen Kitschelt, *The Transformation of European Social Democracy*.

8 Schröder, Regierungserklärung: »Mut zum Frieden und zur Veränderung« (»Agenda 2010«), 14.03.2003.

9 Michelsen/Walter, *Unpolitische Demokratie*, S. 134.

10 So beispielhaft unter vielen: Schäfer, Consequences of Social Inequality for Democracy.

aber immer wieder Parallelen und Analogien zum deutschen Diskurs. New Labour, als Marke von Tony Blair auf dem Parteitag im Oktober 1994 eingeführt, verortete sich explizit in der länderübergreifenden Debatte um einen Dritten Weg jenseits von Sozialismus und Kapitalismus, jenseits von paternalistischem Illiberalismus und antiegalitärem Neoliberalismus. Die vor allem von Anthony Giddens vorgelegte sozialwissenschaftliche Theorie eines solchen »Weges« diente als ein politischer sowie metaphorischer Rahmen für die Partei und ihre Konzeptualisierung einer Politik für *New Britain.*

New Labour verfolgte zwei übergeordnete Ziele: erstens das Problem sozialer Ungerechtigkeit in Angriff zu nehmen, ohne länger die freie Marktwirtschaftsordnung in Frage zu stellen, zweitens sich einem breiteren Elektorat zu öffnen, da das eigene Wählermilieu in Bewegung geraten war. Dazu festigte die Partei den marktaffinen Konsens in der britischen Politik nach Thatcher und nutzte intensiv das Narrativ einer Anpassung an Globalisierungs- und Modernisierungszwänge. New Labour verordnete sich selbst ein progressives Programm der *Modernisierung*,[11] denn diese ergebe sich notwendigerweise aus externen Umständen, so Schröder und Blair: »Modernisation is about adapting to conditions that have objectively changed, and not reacting to polls.«[12]

Aus dieser aufschlussreichen Formulierung lassen sich für die nachstehende Analyse erkenntnisleitende Fragen und Beobachtungen ableiten: Es gilt zu diskutieren, inwiefern der Bezug auf äußere »Realitäten« wie Globalisierung als eine strategische Kritikimmunisierung fungierte. Der Handlungsspielraum der Politik sei schlichtweg begrenzt, so die These. Einerseits diente dieses Narrativ also einer *blame avoidance*, da selbst unliebsame Entscheidungen keinem voluntaristischen oder ideologisch verbrämten Programm der Partei entsprängen, sondern eben zwingend notwendig seien.[13] Andererseits lässt sich angesichts der Formulierung »not reacting to polls« auch vermuten, dass New Labour – und die SPD – jenen Verweis

11 Vgl. Stoker, *Transforming Local Governance*, S. 50: »But for New Labour the Third Way is not a programme but rather a way of drawing a boundary around a debate about the future of progressive politics that they are keen to encourage. The Third Way debate stretches beyond Britain to provide a new global perspective on progressive politics. There remains the challenge of explaining the particular nature of New Labour's programme.«

12 Blair/Schröder, Europe: The Third Way/Die Neue Mitte.

13 Siehe zum Begriff Weaver, The Politics of Blame Avoidance; König/Wenzelburger, Towards a Theory of Political Strategy in Policy Analysis.

auf äußere Umstände zeitgleich als politisches *credit claiming* nutzten. Die Parteien stellten sich quasi opferwillig den Herausforderungen und nähmen dabei selbst das Risiko eines »electoral punishment«[14] in Kauf. Ihre Regierungen überwanden vorgeblich eine rein eigeninteressierte, parteiliche Logik. In Anbetracht dieser doppelten Nutzbarkeit von Notwendigkeitskonstruktionen ist die Funktion des TINA-Diskurses für jene Reformkommunikation zu analysieren.

Die Berufungen auf Notwendigkeit waren Teil eines politischen Revisionsprozesses der Labour-Partei und einer Politik, von der Tony Blair behauptete, diese sei »[...] no longer scarred by the irrelevant ideological battles of much of the twentieth century [...]. [M]ost of the left/right tags today are nothing but obstacles to good thinking.«[15] Es stellt sich die Frage, ob der Idee einer modernen Politik *jenseits* politischer Lager und Ideensysteme die Berufung auf Alternativlosigkeit inhärent ist, da ja beansprucht wird, die bisherigen Konfliktlinien bzw. die große *Alternative* von links und rechts zu überwinden oder mindestens zu reformulieren. Blairs und Schröders Rhetorik der Mitte und der Alternativlosigkeit untermalte den Wandel von Parteien zu »Allerweltsparteien«[16] (»catch-all-party«) angesichts einer pluralisierten Gesellschaft, in der Konfliktlinien nicht länger eindeutig ideologischer, konfessioneller Natur sind und sich milieuspezifische Wählerbindungen auflöst haben. Nebenbei stellt Blairs zitierte These eines »good thinking« erneut politisch-ideologisches Interesse sachlicher Erkenntnis gegenüber, sodass seine Rhetorik die Frage nach expertokratischen, möglicherweise gar technokratischen Elementen aufwirft.

Politik rekurriert stets auf Weltdeutungen und Zeitdiagnosen. Bei Blair hörte sich die unter dem Schlagwort Modernisierung subsumierte Welt- und Politikdeutung jedoch dramatisch an:

»The issue is this: do we shape [change] or does it shape us? Do we master it, or do we let it overwhelm us? That's the sole key to politics in the modern world: how to

14 Vgl. Vis/van Kersbergen, Why and How Do Political Actors Pursue Risky Reforms.

15 Blair, Speech to the Lord Mayor's Banquet, 10.11.1997, zitiert nach Hay/Watson, The Discourse of Globalisation and the Logic of No Alternative, S. 17.

16 Dazu schon in den 1960ern die Kritik bei Kirchheimer, Der Wandel des westeuropäischen Parteiensystems.

manage change. Resist it: futile; let it happen: dangerous. So – the third way – manage it.«[17]

Für Blair galt es, den zwingenden Anforderungen der Zeit zu begegnen und eine Politik zu verfolgen, die vor den Imperativen der Moderne – in Anthony Giddens' und Ulrich Becks Terminologie der zweiten, *reflexiven* Moderne – nicht kapitulierte, sondern jene in ein pragmatisches *Management* überführte.

Wie bei Wilsons Rede zur *White Heat* im Zeitalter der industriellen Moderne mussten politische Gestaltungsoptionen unter veränderten politischen und wirtschaftlichen Rahmenbedingungen und in einem nunmehr limitierten Handlungsspielraum wahrgenommen werden. Doch nicht auf die industrielle, sondern auf eine reflexive Moderne, auf eine international offene Marktwirtschaft und eine Wissensökonomie war zu reagieren. Daher leuchtet die nachstehende Analyse das semantische Feld von Globalisierung, Modernisierung und Wettbewerbsfähigkeit auf die konkreten politischen Implikationen jener Begriffe aus.

Blairs oben zitierte Formulierung des »managen« lässt sich noch weiter problematisieren: Harold Wilson hatte Planung und Steuerung als notwendig erklärt. Aber eine offene Bekräftigung von politischen Gestaltungs- und Planungsambitionen wäre doch als Losung New Labours suspekt, sofern es sich bei deren Vertretern um neoliberale Epigonen im sozialdemokratischen Gewand handeln sollte. Was wurde also »gemanagt«, wie wurde politisches »Management« legitimiert und welchen Gehalt hatte hierbei die Formel der Alternativlosigkeit? Im Anschluss an das von Blair evozierte Modernisierungsaxiom können wir erwarten, dass dessen Politik eine spezifische Vorstellung der globalisierten, modernen Welt zugrunde lag. Politik sollte zwar managen, konnte dies aber nicht in gewohnter Weise tun, da die Umwelt letztlich nicht steuerbar sei. Auch deswegen setzte New Labour mitunter auf eine *Governance-Strategie der Depolitisierung*,[18] also auf einen »process of placing at one remove the political character of decision-making«.[19]

Zu Beginn ist abermals sinnvoll, sich den politischen Erfahrungs- und diskursiven Verweisraum New Labours vor Augen zu führen. Die poli-

17 Blair, Speech to the Global Ethics Foundation, Tübingen, 30.06.2000, hier zitiert nach Faucher-King/Le Galès, *The New Labour Experiment*, S. 159.

18 Vgl. Mair, Partyless Democracy.

19 Burnham, New Labour and the Politics of Depoliticisation, S. 128; Hervorhebung im Orig. entfernt.

tische Konstellation in Großbritannien war die eines seit 1979 kontinuierlich von Thatcher, dann ab 1990 von John Major regierten Landes; das vorherige Kapitel kann also die polithistorische Kontextualisierung erheblich abkürzen. Um New Labours Alternativlosigkeitsrhetorik zu verstehen und die polemische Formel, Blair sei lediglich »Thatcher without a handbag«[20] zu differenzieren, fokussiert das Kapitel den innerparteilichen Revisionsprozess und sozialdemokratische gegenüber neoliberalen Weichenstellungen in New Labours Regierungszeit von 1997 bis 2010.

Die beiden Frames Globalisierung und Modernisierung strukturieren letztlich New Labours ambivalenten *Policy*-Diskurs. Nach ihrer Analyse werden die Regierungspraxis und die spezifische Ideenwelt des Dritten Weges erhellt. Schließlich können wir diskutieren, inwiefern die Rede der Alternativlosigkeit die Kontingenz und Komplexität politischer Entscheidungen in Notwendigkeitskonstruktionen verschwinden ließ.

1. Der Kurswechsel Richtung New Labour

> »Because current concern lies with the extent to which Tony Blair and his colleagues by force majeure or malign intent, have accepted the triumph of the so-called Thatcherite settlement over the so-called post-war settlement, [...], any comparisons are likely to involve the governments of Thatcher and Major rather than those of Wilson and Callaghan, whose experience can safely be regarded as obsolete since it occurred BG (Before Globalisation).«[21]

Versprach Labour noch 1983 einen »socialism in one country« und forderte Nationalisierung, den Ausbau des egalitären Wohlfahrtsstaats, einen Abbau europäischer Integration zugunsten eines Unilateralismus,[22] begann ab Mitte der 1980er ein sukzessiver Reformprozess der Partei.

20 So die oftmals zitierte Polemik, siehe beispielsweise Giddens, *The Third Way*, S. 8. Die Fokussierung auf New Labour und die Protagonisten Blair und Brown wird durch die folgende Untersuchung plausibel. Das Verhältnis der beiden kann man wie folgt pointieren: »While Blair's strength was media savvy and his political geniality, Brown excelled at strategic organization.« Faucher-King/Le Galès, *The New Labour Experiment*, S. 10. Dabei waren sich die beiden Politiker eigentlich spinnefeind, so die Autoren.

21 Bale, The logic of no alternative?, S. 200.

22 Vgl. Schmidt, Values and Discourse in the Politics of Adjustment, S. 242.

Dieser Prozess lässt sich grob entlang der einschneidenden Wahlniederlagen Labours periodisieren.[23]

Der Erneuerungsprozess Labours kam nicht *ex nihilo*, sondern konnte etwa auf Anthony Croslands Manifest »The Future of Socialism« von 1956 zurückgreifen. Crosland hatte bereits eine revisionistische, liberale Sozialdemokratie vertreten, eine Politik der Chancengleichheit und eine Abkehr vom Verstaatlichungsziel gefordert.[24] In den 1980ern konnte die Partei bestehende moderate, progressive Strömungen innerhalb der Partei mobilisieren und Croslands frühzeitigen Revisionismus instrumentalisieren, um die lange Tradition, ja die historische Verwurzelung der *neuen* Positionen in der Parteigeschichte zu suggerieren.[25]

Nach der Fundamentalopposition zu Thatchers Politik trat Labour bis 1987 in eine erste Phase der Erneuerung ein, in der sich die Partei endgültig von Kollektivismus, Egalitarismus, Vollbeschäftigung und einer interventionistischen, staatsorientierten Wirtschaft zur politischen Mitte hin liberalisierte. Aufgrund der horrenden Wahlniederlage gegen Thatcher befand sich die Partei in einer Krise; der Verlust an Mitgliedern und deren partieller Übertritt zur *Social Democratic Party* (SDP) waren nur das deutlichste Symptom.[26] Die SDP, 1981 aus dem Unbehagen liberaler und moderater Labour-Mitglieder am bürokratischen Etatismus und Kollektivismus ihrer Partei gegründet, befürwortete Wettbewerb und Unternehmensgründungen. 1988 löste sich die SDP auf und verschmolz mit den *Liberals*; manch einem Beobachter gilt sie als ein politisch-ideeller Vorläufer New Labours, da hier bereits eine Politik jenseits eines linken Kollektivismus und eines rechten Ultraliberalismus verfolgt wurde.[27]

Unter Neil Kinnock, dem Parteivorsitzenden und Oppositionsanführer Labours nach dem Wahldebakel von 1983, versuchte die Partei, sich von

23 In diesem Sinne strukturiert auch Cecar den Prozess eines »Renewal«. Vgl. Cecar, *Blatcherism*.

24 Der Bezug zwischen dem Revisionsprozess, der schlussendlich zu New Labour führte, und dem intellektuellen Vermächtnis Croslands wird untersucht, z.B. in Jeffereys, Tony Crosland. Bezeichnend für Croslands Einfluss war etwa Gordon Brown 1997 gehaltene »Crosland Memorial Lecture« in der linksliberalen Fabian Society. Nachzulesen in Leonard, *Crosland and New Labour*.

25 Dabei werde die Diskrepanz zwischen Croslands Texten und seinen politischen Taten bzw. Entscheidungen aus vernachlässigt, ja negiert, so Bale, The logic of no alternative?, S. 196.

26 Vier bekannte Labour-Parteimitglieder wechselten zur SDP: Roy Jenkins, David Owen, Bill Rodgers und Shirley Williams.

27 Vgl. z.B. Riddell, *The Thatcher Decade*.

den Gewerkschaften zu distanzieren bzw. deren Macht bei innerparteilichen Abstimmungen zu begrenzen. Ferner wandelten sich in der Zeit ideologische Kernaussagen: Labour lehnte eine Mitgliedschaft in der Europäischen Wirtschaftsgemeinschaft nicht länger rigoros ab und erkannte Privateigentum als legitimen Stimulus für wirtschaftliches Wachstum an.

Von 1987 bis 1994, also bis zur Wahl Tony Blairs als Parteivorsitzenden, fand eine zweite Phase innerparteilicher Revision statt. Nach der zwar nur knappen Wahlniederlage von 1992 wechselte der Parteivorsitz von Kinnock zu John Smith, und der Kurs zugunsten eines *Renewal* wurde mit neuer Intensität fortgeführt. In der Opposition bemühte sich Labour mit der sogenannten *cocktail prawn offensive* um die Gunst der Business-Lobby aus Unternehmern und Investoren; das obstruktive Block-Votum der Gewerkschaften wurde gänzlich abgeschafft. Labour sollte endlich arbeitgeberfreundlich werden. Mittels sogenannter *Policy Review Reports* wurden die Leitlinien des Parteiprogramms diskutiert und überarbeitet, so vor allem die *Clause IV*, die schlussendlich 1995 radikal umformuliert wurde. In dieser Phase wendete sich Labour endgültig der auf Privateigentum basierenden freien Marktwirtschaft als *bester* Wirtschafts- und Gesellschaftsordnung für das Vereinigte Königreich zu. Schließlich verlangte das Parteiprogramm von 1992 keine radikale Anti-Markt-Politik mehr, sondern forderte, Marktdefizite bzw. Marktversagen und negative Externalitäten politisch zu korrigieren:[28] »Modern government has a strategic role not to replace the market but to ensure the market works properly.«[29] Daher schlussfolgern Hay und Watson: »Its early re-positioning under Kinnock and Smith had shifted the Party from a stance of outright hostility towards market *principles* to one of general scepticism towards market *outcomes*.«[30] Mit Ludger Helms lässt sich pointieren, dass sich bei Labour das Verständnis von Staatstätigkeit von einem *system-transcending*- zu einem *system-affirming*-Modus wandelte.[31]

Für den bis hier skizzierten Reformprozess und bis zur Wahl Tony Blairs als neuen Parteivorsitzenden lässt sich festhalten: Labour verteidigte in Oppositionszeiten zwar eine sozialdemokratische Sozialpolitik, doch vollzog die Partei einen sukzessiven Richtungswechsel zu einem (wirt-

28 Vgl. Hay/Watson, The Discourse of Globalisation and the Logic of No Alternative, S. 18.

29 Labour Manifesto 1992, S. 11, zitiert nach ebd., S. 17.

30 Ebd.

31 Vgl. Helms, Innovation in the Shade of Power, S. 111; Hervorhebung AS.

schafts-)liberalen Repertoire von Eigenverantwortung und individuellem Verdienst. Der Markt galt nicht länger als Antagonist sozialdemokratischer Politik, sondern als bester Mechanismus zur Allokation von Gütern und Leistungen,[32] den es aber zuweilen zu korrigieren gelte. Dieser Mischansatz, soziale Verwerfungen wie wachsende Ungleichheit und den verkrusteten öffentlichen Dienst zu kritisieren und zugleich das unter Thatcher maßgebende Vokabular zu gebrauchen, steigerte die Wahlchancen der Labour-Partei 1987 und 1992, doch konnte die Partei in puncto Führungsstärke und Regierungsfähigkeit noch nicht überzeugen.[33] Es bedurfte dazu eines stets als charismatisch beschriebenen Anführers wie Tony Blair.

Der Wandel der Partei wurde, so lässt sich also schließen, *extern* stimuliert, indem Labour einsehen musste, dass die Wähler ihr kein Vertrauen aussprachen. Unter Thatcher hatte sich die Sozialstruktur Großbritanniens verändert; der deindustrialisierte, arme Norden war zwar weiterhin Labours Stammwählerschaft, doch hatten sich für das Gros der britischen Bevölkerung die Lebensbedingungen, das heißt Einkommen *per capita* und Kaufkraft, verbessert; die auf hohe Steuern abzielende Losung Labours *tax and spend* verlor ihre Bindungskraft. Der Wandel zu einer postindustriellen Dienstleistungsgesellschaft und die Internationalisierung des Kapitalmarktes, die Thatcher mit einer Politik der *open economy* für Großbritannien forciert hatte, machten es für Labour notwendig, den Wahlkampf 1997 auf den Durchschnitts- und Wechselwähler auszurichten und ein sozial inklusiveres Image und Programm zu entwerfen.[34] Die entscheidenden Stimmen wurden nicht im mehrheitlich konservativ wählenden Süden, sondern im symbolischen, nicht geographisch, sondern milieuspezifisch und sozialstrukturell zu begreifenden *Middle England* – und in der *City of London* – gewonnen.[35]

Thatchers Verwandlung der britischen Gesellschaft zu einer *property owning society* hatte die Ausgangslage auch für Labour geändert: Die Arbeiterklasse war größtenteils zur besitzenden Mittelklasse geworden, deren Verlust- und Statusängste Labours zuvor betriebene Steuerpolitik

32 Vgl. Shaw, *The Labour Party since 1979*.

33 Vgl. Schmidt, Values and Discourse in the Politics of Adjustment, S. 242.

34 Ein auf Wahlgewinn-Strategie angelegter Parteienwandel ist in der Parteienforschung ein gängiges Theorem.

35 Zu diesem *Middle England* gehörten vor allem Facharbeiter und Angestellte, die unter Thatcher eine wirtschaftliche Statusverbesserung erfahren hatten, zum Beispiel als neue Hausbesitzer und *Shareholder*.

nicht länger wecken durfte und für die ein Appell an eine Arbeiteridentität bzw. -solidarität unglaubwürdig geworden war. Thatcher hatte die Weichen neu gestellt und Pfadabhängigkeiten geschaffen, die eine veränderte globale, wirtschaftliche Lage reflektierten:

»What all sections of the party agreed on, however, was that there could be no simple return to the old politics. There was a widespread recognition that the new politics was not just a conservative politics, which could be reversed by the election of a Labour Government, but reflected deep and irreversible changes in the organisation of the world economy and British society. Labour was forced to accept that the Thatcher years permanently changed the agenda of British society.«[36]

Die ökonomischen Rahmenbedingungen veränderten sich in den 1990ern: Politik musste auf eine sich globalisierende (Finanz-)Wirtschaft und ein Welthandelssystem Rücksicht nehmen. Durch die Einführung des *shareholder-value* verschoben sich zudem die Prioritäten von Unternehmensmanagern von zufriedenstellendem Wachstum zu Profitmaximierung; der Konkurrenzdruck durch globale Finanzmärkte verschärfte sich.[37] 1999 schaffte die US-Regierung die Trennung zwischen Investment- und Geschäftsbanken ab.

Die schon angesprochene, politisch initiierte Internationalisierung der Finanzmärkte seit den 1970er Jahren drohte daher für zahlreiche Beobachter als »golden straightjacket«[38] nationale Entscheidungsspielräume von Regierungen mittels Exit-Drohungen von Kapitalanlegern zu untergraben, und doch forderten internationale Organisationen eine weitreichende Liberalisierung sowie den Abbau von Kontrollen und Schranken für internationale Kapitalflüsse. Nicht nur anonyme Finanzmärkte und Kreditwürdigkeit evaluierende Rating-Agenturen disziplinierten nun (und tun es bis heute) Regierungen, auch internationale Organisationen forcierten eine auf Deregulierung setzende Wirtschafts- und Finanzpolitik. Man sprach von einem Quasi-Regime des *Washington Consensus* zwischen Weltbank, IWF, WTO und US-Finanzministerium zugunsten von Stabilisierung, Privatisierung und Liberalisierung.[39]

36 Blank, *From Thatcher to the Third Way*, S. 40.

37 Vgl. dazu Windolf, Was ist Finanzmarkt-Kapitalismus?, insbes. S. 24f.

38 Friedman, *The Lexus and the Olive Tree.*

39 Vgl. Gamble, *The Spectre at the Feast*, S. 84ff. Auch die OECD und die EU-Kommission übernahmen jene Ansichten und verstärkten den Konsens zu einem Disziplinarregime. Vgl. auch Fligstein/Mara-Drita, How to make a Market.

Jene Organisationen agierten als »agents for fostering the kind of policies and institutions, both national and international, which would make it easier for countries to enter the global market«[40] und übten einen »disciplinary neo-liberalism« mittels sanktionsbehafteter Konditionalitäten bei Kreditvergaben aus.[41] Der IWF ließ schließlich im Wahljahr New Labours verlauten: »International financial markets [...] serve to ›discipline‹ governments [...] encouraging the adoption of appropriate policies, and ultimately rewarding good policies«.[42] Regierungen wie New Labour mussten Politik in dem »unmöglichen Dreieck« der offenen Makroökonomie, in dem *Trilemma* des Wechselkursregimes bzw. einer internationalisierten Geldpolitik verfolgen. Diesem zufolge gibt es einen unaufhebbaren Zielkonflikt zwischen geldpolitischer Autonomie von Nationalstaaten, Kapitalmobilität und stabilen Wechselkursen.[43]

Gleichzeitig versteht man Labours sozialdemokratischen Revisionismus nur im Kontext der nationalen, britischen Politikgeschichte. Das parteiinterne Reformbedürfnis schloss ja an alte Modernisierungs- und Moderationsforderungen innerhalb der Labour-Partei an. Wie gesehen, hatte bereits unter Harold Wilson eine Reorientierung stattgefunden – schon damals hatte man über eine Umbenennung zu New Labour als Symbol politischen Aufbruchs debattiert, um die neue, das wissenschaftlich-technische Zeitalter begrüßende Ära zu kennzeichnen. Finanzminister Callaghan hatte wirtschaftsliberalere Töne angeschlagen, das Ziel der Vollbeschäftigung relativiert und einen kostenintensiven Wohlfahrtsstaat kritisiert. Wilsons *scientific revolution* fand nun ein Äquivalent in der *informational revolution* Blairs.

Jenseits der rhetorischen Fassade eines Neuaufbruchs wie derjenigen New Labours in den 1990ern verbargen sich also subtile politische Anschlüsse.[44] Um die eigene Modernisierung glaubwürdig zu behaupten und

40 Gamble, *The Spectre at the Feast*, S. 86.

41 Ebd., S. 87.

42 So der IWF, *Globalisation: Opportunities and Challenges*, S. 66; Hay/Watson, The Discourse of Globalisation and the Logic of No Alternative, S. 6.

43 Vgl. Helleiner, The Evolution of the International Monetary and Financial Sytem, S. 182f.

44 Vgl. zu der Einordnung New Labours als doch nicht neu, sondern als Ausweis politischer Kontinuität die Diskussion in Rubinstein, A New Look at New Labour. Rubinstein kritisiert scharf die Einschätzung des Bruchs unter New Labours in der britischen Wissenschaft, denn diese verkenne die eigentlich mediale Strategie hinter Novitätsbehauptungen und das schlichte Faktum, dass sich Politik auf eine veränderte

sich als neue Kraft zu präsentieren, verengte der Diskurs New Labours die Parteigeschichte zu einer stringent *sozialistischen.* Die Vergangenheit, mit der New Labour ostentativ brechen wollte, umfasste vor allem die Phase der Fundamentalopposition zwischen 1979 und 1983, daher galt: »New Labour needs Old Labour.«[45] Umso mehr ist die dritte und für New Labour entscheidende *Renewal*-Phase nach der Wahl Blairs zum Parteivorsitzenden in den Blick zu nehmen – nicht zuletzt weil Blair den Name »New Labour« bei seiner Rede auf der Parteikonferenz im Oktober 1994 als Markenkern der Partei einführte und die Losung »New Labour, New Britain« ausgab.[46]

In der ersten Regierungsperiode New Labours wurde vor allem die Partei reformiert und neu und straffer organisiert. Sie wandelte sich zu einer wirtschaftsfreundlichen und europafreundlichen Partei, der man ökonomische Expertise und Kompetenz zuschrieb, und proklamierte eine Reform des öffentlichen Dienstes. Nach dem zweiten Wahlsieg 2001 wurden massive Investitionen im öffentlichen Sektor getätigt; Reformprozesse wurden dank Wirtschaftswachstum vertieft und beschleunigt. Verschiebungen und Verzahnungen zwischen dem öffentlichen und privaten Sektor kennzeichneten diese Amtszeit.[47]

Der Krieg im Irak und die entsprechenden innenpolitischen Kontroversen prägten wiederum die dritte Amtszeit. Seine Wiederwahl 2005 verdankte Blair vor allem der außerordentlichen Bilanz seines Wirtschafts- und Finanzministers Brown, der 2007 konsequenterweise Nachfolger als Premierminister wurde. Die Reformpolitik wurde fortgeführt, doch dem blassen Brown gelang im Jahre 2010 keine Wiederwahl.

Der Wandel zu New Labour lässt sich vor allem am symbolträchtigen *Mission Statement* in der *Clause IV* veranschaulichen.[48] Der alte Nationalisierungsparagraph forderte:

»[…] To secure for the workers by hand or by brain the full fruits of their industry and the most equitable distribution thereof that may be possible upon the basis of

---

Sozialstruktur und Gesellschaft einstellen musste. Ebd., S. 162, 166. Zu der kontroversen Debatte um Rubinsteins Thesen: Driver/Martell, From Old to New Labour.

45 Bale, The logic of no alternative?, S. 199.

46 Während dieser Rede gebrauchte Blair allein das Wort »new« 37 Mal, und im Entwurf des Parteimanifesto 1996 mit dem Titel »New Labour, New Life For Britain« erscheint »new« 107 Mal. Vgl. Morgan, The Historical Roots of New Labour. Der Autor weist auch darauf hin, dass Blair bei Übernahme der EU-Ratspräsidentschaft ebenfalls von einem »Neuen Europa« sprach.

47 Hay/Watson, The Discourse of Globalisation and the Logic of No Alternative, S. 17.

48 Der *Clause IV* ist dementsprechend mit *Aims and Values* überschrieben.

the common ownership of the means of production, distribution, and exchange, and the best obtainable system of popular administration and control of each industry or service.«

Die industriegesellschaftliche und kapitalismuskritische Semantik des Arbeiters und der Eigentumsverhältnisse an den Produktionsmitteln war augenfällig; für *Arbeiter* agierte die Partei. Zwar verlangten die alten Sozialdemokraten keine Revolution, aber sie waren zwischen einer bisweilen radikalen Kapitalismuskritik und der stetigen Verbesserung des Systems zugunsten sozialer, egalitärer Arrangements hin- und hergerissen.[49] In diesem Dilemma zwischen »utopian critique and discourses of pragmatic improvement«[50] lag das Epizentrum der Kontroverse um eine Neuausrichtung der Sozialdemokratie.

Die neue *Clause IV* formuliert nun folgende Leitlinien:

»The Labour Party is a democratic socialist party. It believes that by the strength of our *common endeavour* we achieve more than we achieve alone, so as to create for each of us the means to realise our true *potential* and for all of us a *community* in which power, wealth and opportunity are in the hands of the many not the few; where the *rights* we enjoy reflect the *duties* we owe and where we live together freely, in a spirit of *solidarity*, tolerance and respect.«

Der Begriff des Arbeiters ist dem eines in die Gemeinschaft integrierten Individuums gewichen, und kommunitaristisches Denken beeinflusst die Formulierung eines inklusiven *We*. Auf Parteikonferenzen sprechen sich Labour-Mitglieder nun nicht länger als »Comrades«, sondern als »Colleagues« an. Die politische Semantik orientiert sich nun weniger an Klassenkampf und ideologisch-konnotierter Kameradschaft, sondern an einer liberalen, ein gemeinsames Ziel verfolgenden Arbeits- und Wertegemeinschaft.

Um die von Labour anvisierten Ziele zu erreichen, gelte es zu arbeiten an:

»(a) a dynamic economy, serving the public interest, in which the enterprise of the market and the rigour of competition are joined with the forces of partnership and co-operation to produce the wealth the nation needs and the opportunity for all to work and prosper with a thriving private sector and high-quality public services where those undertakings essential to the common good are either owned by the public or accountable to them

49 Vgl. Andersson, *The Library and the Workshop*, S. 8.

50 Ebd.

(b) a just society, which judges its strength by the condition of the weak as much as the strong, provides security against fear, and justice at work; which nurtures families, promotes equality of opportunity, and delivers people from the tyranny of poverty, prejudice and the abuse of power.

(c) an open democracy, in which government is held to account by the people, decisions are taken as far as practicable by the communities they affect and where fundamental human rights are guaranteed

(d) a healthy environment, which we protect, enhance and hold in trust for future generations. […].«[51]

In diesem Ausschnitt finden sich die Schlüsselkonzepte New Labours: Markt, Wettbewerb, soziale Partnerschaft und Kooperation, soziale Gerechtigkeit und vor allem die Schlagworte Chancengleichheit, Sicherheits- und Umweltpolitik, Subsidiarität bzw. Dezentralisierung (*Devolution*) sowie Zurechenbarkeit. Julian Le Grand, einem Vordenker New Labours, zufolge, setzte die Politik der Partei auf CORA: »Community, Opportunity, Responsibility, Accountability«.[52] Dieses Akronym sollte dem unter Thatcher zum Epithem gewordenen TINA-Kürzel entgegengesetzt werden und die politischen Leitbegriffe New Labours pointieren. Doch das Kürzel CORA erlangte keine wirkliche Bedeutung.
New Labours Leitlinien bejahten allesamt den marktwirtschaftlichen Rahmen und die Prinzipien von Effizienz und Wettbewerb. Dies war der mittlerweile *normalisierte* normative Rahmen, der durch Thatchers und Majors Reformen institutionalisiert worden war[53] und als Erfolgslosung in einer nach Implosion der Sowjetunion zu einer *open economy* verschmelzenden Weltwirtschaft galt.[54] So war für die Neuheit New Labours die Abkehr von einer pragmatischen Bejahung des Modells einer *mixed economy* zugunsten kompetitiver Märkte und privaten Unternehmertums entscheidend.[55]

51 So der *Clause IV* des gegenwärtigen Parteistatuts, nachzulesen im Labour Party Rule Book, 2005.

52 Le Grand, CORA and the third way.

53 Vgl. Cecar, *Blatcherism*, S. 45; vgl. auch Sully, *The New Politics of Tony Blair*, S. 4ff. Sully sympathisiert mit den Tories und wendet kritisch ein, die Wahlniederlage der Konservativen sei Effekt davon, dass New Labour die wirkungsvollen, guten Politiken schlichtweg geklaut habe. Vgl. ebd., S. 14ff.

54 Vgl. zur internationalen politischen Ökonomie der 1990er Jahre Glyn, *Capitalism Unleashed*.

55 Vgl. dazu auch Driver/Martell, From Old to New Labour, S. 48.

Unter Blair übernahm New Labour zum Teil die wirtschaftspolitischen Prämissen der Thatcher- und Major-Regierung. Als Wahlversprechen 1997 bot Labour an, »für eine begrenzte Zeit die steuer- und ausgabenpolitischen Pläne der Vorgängerregierung auszuführen«.[56] New Labour verfolgte die Politik der Deindustrialisierung und der Förderung des Finanz- und Kapitalmarkts weiter,[57] betrieb aber zeitgleich eine Investitionspolitik, die Brown wie folgt charakterisierte: »[…] all new resources should be conditional on the implementation of essential reforms: money, but only in return for modernisation«.[58]

Der wiederkehrende Modernisierungsbegriff verdeutlicht, dass Tony Blair und Gordon Brown in ihrer politischen Kommunikation sich wiederholende Rechtfertigungsstrategien bzw. -muster nutzten. Die nachstehende Analyse diskutiert nun, ob und inwiefern ›neoliberale Politik‹ bei New Labour weniger einem normativen, moralisch begründeten Programm wie im Thatcherismus entsprach, sondern als zwingende Notwendigkeit dargestellt wurde, insofern Reformen weniger mit politisch-normativer Verve legitimiert wurden, als dass sie einer Notwendigkeitskonstruktion oder -logik zu folgen schienen. In der Untersuchung der Alternativlosigkeitsrhetorik ist daher auch Colin Hays These zu überprüfen, der Neoliberalismus des Dritten Weges sei nicht länger spektakulär und aggressiv, sondern funktional und »volksnah« gewesen.[59]

56 Sturm, *Politik in Großbritannien*, S. 166.

57 Vgl. vor allem Hay, Negotiating international constraints; Sturm, *Politik in Großbritannien*, S. 166.

58 Brown, Parliamentary speech on the Government's spending review, London, 12.07.1998.

59 Vgl. Hay, The normalizing role of rationalist assumptions, S. 514.

2. Blair als »Thatcher without a Handbag«? Das politische Projekt New Labours

»Look at Britain fifteen years after Mrs Thatcher first
stood on the steps of Downing Street.
Where there was discord, is there harmony?
Where there was error, is there truth?
Where there was doubt, is there faith?
Where there was despair, is there hope?«[60]

Es handelt sich um eine richtungweisende Frage, aus welchen Gründen die Politik New Labours als post-thatcheristisch oder neoliberal einzustufen ist, denn nur so lässt sich die weit verbreitete Annahme, die Rhetorik der Alternativlosigkeit sei immer ein Ausweis neoliberaler Politik, differenzieren. Diese Differenzierung kann schließlich unseren Blickwinkel verschieben und die Frage aufwerfen, inwiefern es sich bei New Labours TINA-Rhetorik um eine funktionale Regierungstechnik handelt.

Wenngleich eine über mehrere Amtszeiten dauernde, unterschiedlichste *Policy-Felder* bearbeitende Regierung wie die New Labours nicht unbedingt stets ideologisch kohärent agierte, lassen sich folgende politökonomische Leitlinien und Handlungsstränge erkennen: Blairs und Browns Regierungen führten die politische Verzahnung aus öffentlicher und privater Wirtschaft fort und konsolidierten bestehende Strukturen interner Marktmechanismen und des *New Public Management*, das auf Anreizstrukturen und -techniken setzte.[61] New Labour akzeptierte und forcierte den bereits angesprochenen internationalen Rahmen eines freien Handels und uneingeschränkter Kapitalmobilität, ja erkannte darin einen eingeschränkten Handlungsspielraum:

»We must recognise that the UK is situated in the middle of an active global market for capital – a market which is less subject to regulation today than for decades. An expansionary fiscal or monetary policy that is at odds with other economies in Europe will not be sustainable for very long. To that extent the room for manoeuvre of any government in Britain is already heavily circumscribed.«[62]

60 Blair, *New Britain*, S. 35.

61 Vgl. Hay, The normalizing role of rationalist assumptions, S. 508; ders., *Labouring under false pretences?*

62 Blair, Mais Lecture, London, 22.05.1995. Diese findet sich abgedruckt in der *Financial Times*, 23.05.1995, S. A10.

Blair leitete aus den Strukturen des internationalen Finanzmarkts und der -wirtschaft eine Politik der finanzpolitischen Konvergenz, zumindest der Koordination ab; Regulierung sei erschwert worden und der politische Handlungs- und Ermessensspielraum restringiert.

Konsequenterweise priorisierte New Labours makroökonomischer Ansatz des sogenannten Neo-Monetarismus – darauf wird noch zurückzukommen sein – Regeln und Verfahren und nicht politische Ermessensentscheidungen.[63] Brown deklarierte: »With first, clear policy rules: a symmetrical inflation target and our fiscal discipline. Second, clearly established procedures: the Code for Fiscal Stability and, most of all, Bank independence […].«[64] In Übereinstimmung mit neoliberalen Positionen forderte New Labour wiederholt fiskalische Strenge, lehnte schuldenfinanzierte Maßnahmen ab, nutzte Fiskalpolitik als Mittel der Inflationsbekämpfung und verzichtete auf Steuererhöhungen.[65]

Arbeitslosigkeit wurde als Resultat einer verfehlten angebotsorientierten Politik begriffen. New Labour akzeptierte – wie schon die Regierungen unter Harold Wilson – einen natürlichen Arbeitslosigkeitssockel und weigerte sich, die Zielgrößen Inflation gegen Arbeitslosigkeit langfristig gegeneinander abzuwiegen. Die Regierung richtete ihr Handeln nicht länger an der Nachfrageseite aus, sondern flexibilisierte den Arbeitsmarkt, um durch geringere Kosten und den Abbau von Hürden, sogenannter Rigiditäten, die Wettbewerbsfähigkeit zu steigern.[66] Ferner wurden Begünstigungen für Alleinerziehende abgeschafft und die im europäischen Vergleich bereits sehr niedrigen Pensionen nicht erhöht.[67] Staatsausgaben wurden nicht einfach auf dem Niveau der Tories eingefroren, sondern in der ersten Amtszeit zunächst noch reduziert.[68] Erst ab dem Jahre 2000 konnte dank Wirtschaftswachstum und Haushaltsüberschuss ein Programm öffentlicher Investitionen verfolgt werden. New Labour, *in persona* Gordon Brown, hatte, so die damalige Pointe, gut gehaushaltet; die

63 Vgl. Burnham, New Labour and the Politics of Depoliticisation, S. 133.

64 Brown, Speech at the Mansion House, London, 20.06.2001.

65 Hay, The normalizing role of rationalist assumptions, S. 508.

66 Vgl. ebd. Damit setzte New Labour eine Politik um, die den Forderungen des IWF entsprach. Vgl. nur: »[…] the causes of unemployment can be found in labor market institutions. Accordingly, countries with high unemployment have been repeatedly urged to undertake comprehensive structural reforms to reduce ›labor market rigidities‹.« IWF, *Unemployment and Labor Market Institutions*, S. 129.

67 Faucher-King/Le Galès, *The New Labour Experiment*, S. 21.

68 Ebd., S. 21.

haushälterische Strenge und der Verzicht auf schuldenfinanzierte Programme zahlten sich langfristig aus. Die durch *hard cash* finanzierten Investitionen in den öffentlichen Sektor widersprachen aber einer bloß (neo-)thatcheritischen Politik harter *tax cuts* – New Labour war somit keineswegs einfach ein *Thatcherismus 2.0.*[69]

Für New Labours »supply-side fundamentalism«[70] fand sich ein stets wiederholtes Begründungsmuster:

> »What there will be is a new deal for people at work [...] [The] world is changing [...] Companies need both the capability and the flexibility to succeed in this new world [...] We must avoid rigidity in labour market regulation and promote the flexibility we require.«[71]

Flexibilität avancierte unverkennbar zum Gegenbegriff von Rigidität und wurde nicht nur von jedem einzelnen Bürger eingefordert, sondern auch von der Regierung. In Anbetracht der »changed realities« (siehe oben) attestierte sich die Partei eine reformorientierte *Anpassungsfähigkeit*, denn: »Voters who in their daily lives have to display initiative and adaptability in the face of economic and social change expect the same from their governments and their politicians.«[72] Diese Figur einer für Volk, Politiker und Regierung *gemeinsamen* Herausforderung sollte die Responsivität sowie den realitätsorientierten, flexiblen und unideologischen *Pragmatismus* der Regierenden herausstellen. Bei Thatcher im Namen alternativloser *convictions* verpönt, galt Anpassungsfähigkeit nun als Tugend. Sowohl Bürger als auch sozialdemokratische Politiker in ganz Europa sollten jetzt diese Tugend verkörpern. Die Wähler könnten auf diese Weise erkennen und honorieren, dass die neuen sozialdemokratischen Politiker zum Wohle der Bürger die Herausforderungen zu bewältigen versuchten und daher mitunter unliebsame Reformen anstießen.

Zeitgleich setzte New Labour strategisch auf den Konflikt mit den Gewerkschaften, auch um die eigene Modernität unter Beweis zu stellen und – wie zuvor Thatcher – ein Allgemeininteresse und staatliches, effizientes Regieren gegen partikulare (Arbeitnehmer-)Interessen reklamieren

69 Vgl. dazu Driver/Martell, From Old to New Labour, S. 48; die Autoren verwehren sich damit Colin Hays Einordnung.

70 So Peck/Theodore, zitiert nach Schönwälder, Konturen eines »Dritten Weges«, S. 253.

71 Labour Industry Forum, *Winning for Britain*, S. 1. Auf den hier angesprochenen »New Deal« wird weiter unten eingegangen.

72 Blair/Schröder, hier zitiert nach Hay/Watson, The Discourse of Globalisation and the Logic of No Alternative, S. 22.

zu können. Auch gesellschaftspolitisch schloss New Labour durchaus an den Thatcherismus an: Blairs Regierung betonte Familienmoral und das Konzept der Eigenverantwortung, bettete dieses aber in ein kommunitaristisches Programm der gegenseitigen, gesellschaftlichen *Verpflichtung* ein. Der zuvor links konnotierte Begriff der Solidarität wurde zu einem Programm der gemeinschaftlichen Einbettung und Subsidiarität. Ferner bekräftigte New Labours *Law-and-Order-Politik* eine rigorose Politik der Disziplinierung und eine allerorten proklamierte »zero-tolerance-Strategie«.[73] In Blairs erster Parteitagskonferenzrede nach dem Wahlerfolg verband dieser jene Zielvorsetzungen wie folgt:

»I say to the country in all honesty. You can have the education revolution, the health revolution, the welfare revolution. But it means hard choices. It means us all getting involved. And it means modernisation. And we need to bring a change to the way we treat each other. I tell you: a decent society is not based on rights. It is based on duty. Our duty to each other. To all should be given opportunity, from all responsibility demanded. The duty to show respect and tolerance to others. I make no apology. I back zero tolerance on crime. I back powers to tackle anti-social neighbours; to make parents responsible for their children; to overhaul the youth justice system so that youngsters stop thinking they can commit a crime, get a caution and carry on being a criminal. At every level of the fight against crime – today acting on serious organised crime – this New Labour Government is taking it on. It will take time. And it will be tough. But to those who say it's all a threat to our civil liberties, I say the threat to civil liberties is of women afraid to go out, and pensioners afraid to stay at home, because of crime and the fear of crime, and we're going to help them.«[74]

Toughe Politik verlangte eine kollektive, nationale Anstrengung und Geduld; Blair evozierte erneut das Bild einer nur gemeinsam zu bewältigenden, notwendigen Herkulesaufgabe. Wie im Thatcherismus fand sich eine bemerkenswerte Gleichzeitigkeit eines starken Staats und einer (notwendigerweise) freien Marktwirtschaft – allerdings vermittelte New Labour dieses Spannungsfeld mit der Figur einer den Einzelnen verpflichtenden, starken Gesellschaft, die auch gegen Thatchers vorgeblichen Individualismus in Stellung gebracht wurde. Hatte der Thatcherismus sowohl politische Pfadabhängigkeiten als auch diskursiv wirkmächtige Weichen gestellt, so ergänzte New Labour mit langfristiger Wirkung eine neue. Die Tories übernahmen unter David Cameron mit der gesellschaftspolitischen

73 Vgl. Sturm, *Politik in Großbritannien*, S. 166.

74 Blair, Leader's speech, Brighton, 30.09.1997.

Formel einer »Big Society« die Forderung nach einer Stärkung der Zivilgesellschaft und subsidiärer politischer Ebenen.

Die seinerzeit neue, offensive Ausrichtung der Sozialdemokratie in Europa nannte Ralf Dahrendorf »›globalisation plus‹ – that is, accepting the needs of global markets but adding important elements of social well-being«.[75] Um das Ziele sozialer Gerechtigkeit mit ihrer marktkompatiblen, marktfreundlichen Politik argumentativ zu versöhnen, schrieben Blair und Gerhard Schröder in ihrem gemeinsamen Papier:

> »Social democracy has found new acceptance – but only because, while retaining its traditional values, it has begun in a credible way to renew its ideas and modernise its programmes. It has also found new acceptance because it stands not only for social justice but also for economic dynamism and the unleashing of creativity and innovation.«[76]

Soziale Institutionen der kollektiven Verpflichtung sollten den postindustriellen und auf das Individuum und seine Fähigkeiten zugeschnittenen flexiblen Kapitalismus einbetten. Doch letztlich verfolgten New Labour wie die SPD in Deutschland einen »self-contradictory policy mix«.[77]

2.1 Sozialdemokratie unter neuem Vorzeichen

New Labour setzte durchaus sozialdemokratische Ziele um, die gleichfalls als »notwendige Politik« etikettiert wurden: Neben einem Angriff auf die Steuervorteile der Mittelklasse wurden ein Mindestlohn eingeführt, der *child benefit* erhöht, ein Minimaleinkommen für Rentner festgelegt, ein *tax credit* für arbeitende Familien eingeführt und sukzessive die Einkommen der Geringverdiener hin zu einem erweiterten Mittelstand erhöht. Für Geringverdiener wurden die Befreiung von der Einkommensteuer erweitert, Beiträge für die gesetzliche Sozialversicherung gesenkt.[78] Wenngleich öffentliche Unternehmen weiter privatisiert wurden, dienten die daraus gewonnenen Steuereinnahmen als Finanzierungsquelle für wohlfahrtsstaatliche Reformen und kamen so einer Umverteilungspolitik zugute.[79]

75 Dahrendorf, The New Statesman Essay: Whatever happened to liberty?.
76 Blair/Schröder, Europe: The Third Way/Die Neue Mitte.
77 Hay, The normalizing role of rationalist assumptions, S. 509.
78 Vgl. beispielhaft: Leisering/Hilkert, Von Großbritannien lernen?, S. 15.
79 Vgl. ebd., S. 14.

Soziale Gerechtigkeit *war* ein politisches Anliegen, doch mit Karen Schönwälder lässt sich festhalten, dass New Labour zwar »eine gewisse Umverteilung«, aber »[...] sicherlich kein egalitäres Programm« verwirklichte.[80] Durchaus anders als im Thatcherismus fanden proaktive Marktformung und marktkomplementäre Reformen simultan statt. Auch die öffentlichen Ausgaben stiegen dank der erwirtschafteten Überschüsse durch den Sparkurs unter Brown, um Programme der Armutsbekämpfung sowie gestiegene Ausgaben für Bildung und Gesundheit zu finanzieren.

Für die hiesige Analyse aufschlussreich ist hieran vor allem, dass New Labour »a tremendous faith in social engineering«[81] zeigte. Die Regulierungswut, der Etatismus unter neuem Vorzeichen, ja der Glaube an die Steuerungsfähigkeit der Gesellschaft äußerte sich darin, dass der Staat alle erdenklichen Mittel der Evaluation, des *Monitoring* und *Auditing* einführte und benutzte, um komplexe Organisationen wie beispielsweise den NHS zu managen; der Staat setzte dem Individuum Anreize, sanktionierte das Arbeitsverhalten und den Willen von Arbeitslosen in einem »welfare to work« bzw. »workfare state«.[82] Dieser vielzitierte Wandel manifestierte sich insbesondere in der Reform des Wohlfahrtsstaats – hier wurden die Reformpolitik und -kommunikation New Labours besonders virulent.

Ein Anlass für dessen wahrgenommene Reformnotwendigkeit in den 1990ern war eine massive Zunahme der Sozialhilfebedürftigen: Nicht nur hatten Deindustrialisierung und Flexibilisierung des Arbeitsmarkts die Arbeitslosigkeitsrate erhöht, auch sozialstrukturelle Veränderungen wie eine erhöhte Zahl an Alleinerziehenden, ein geringes Niveau der Altersversorgung sowie die unter den Tories verfolgte Politik eines Kampfes gegen die *dependency culture* mittels Senkung der Sozialleistungen hatten die Lage verschärft. Schon bei den Reformen unter Thatcher und Major, so wurde im vorherigen Kapitel deutlich, ließ sich ein Wandel *von Vorsorge zu Aktivierung* beobachten. New Labour knüpfte daran an und deutete den vorsorgenden Sozialstaat als Armutsfalle, da der Wohlfahrtsstaat eine individuelle Motivation durch falsche Anreize konterkariere und Menschen

80 Schönwälder, Konturen eines »Dritten Weges«, S. 258.

81 Levy, Foreword, S. xii.

82 Der Begriff des »welfare to work« meint, dass durch die Sozialhilfe eine Lebensführung gefördert wird, die dem Einzelnen eine Reintegration in den Arbeitsmarkt ermöglichen soll. Vgl. Leisering/Hilkert, Von Großbritannien lernen?.

in Abhängigkeit halte. In den Worten Blairs: »The new welfare state must encourage work, not dependency.«[83]

Dementsprechend implementierte New Labour einen *New Deal* und spielte hierbei bewusst auf Franklin D. Roosevelts Politik an. Die Semantik eines *Deals* sollte verdeutlichen, dass es sich hierbei um einen Quasi-Gesellschaftsvertrag handelte, der Rechte und Pflichten festhielt.[84] Diese Idee einer Symmetrie fand sich auch in kommunitaristischen Diskursen;[85] sie betonte ein formalisiertes Verhältnis: Zwischen dem Leistungsempfänger und der Sozialverwaltung herrsche nunmehr ein Klientenverhältnis.[86] Verwaltungen sollten modernisiert und Menschen aktiviert werden. Hierbei orientierte sich die Aktivierungspolitik an einer privatwirtschaftlichen Arbeitskultur, an Verfahren und Management-prozessen nach den Vorgaben des *New Public Management.*

Die sozialstaatlichen Reformen sozialdemokratischer Regierungen des Dritten Weges zielten auf eine solche Aktivierung und verengten dabei die breite Vielfalt von Hilfsbedürftigen auf Arbeitslose und Arbeitsunwillige; die Reintegration in den Arbeitsmarkt dominierte den kommunikativen Diskurs und die Zielvorgaben der Reform. New Labours neue Sozialpolitik firmierte unter dem Schlagwort »employability«.[87] Wolfgang Streeck erkannte daher: »Wenn es in der Sozialpolitik der Regierung Blair überhaupt einen normativen roten Faden gibt, dann liegt er in einer nahezu religiösen Wertschätzung von Erwerbsarbeit als Weg zu persönlicher Autonomie […].«[88]

83 Blair, Leader's speech, Brighton, 30.09.1997. Diese alte, schon unter Thatcher prominente These einer *dependency-culture* durch den Wohlfahrtsstaat hatte schon bei Vordenkern New Labours Konjunktur. Vgl. beispielhaft Mandelson/Liddle, The Blair Evolution, S. 7, 72f. Die Autoren verfassten eine Art Programmschrift für die erste Regierung Blairs. Dieser Hinweis verdankt sich Schönwälder, Konturen eines »Dritten Weges«, S. 253.

84 Vgl. Leisering/Hilkert, Von Großbritannien lernen?, S. 12.

85 Auf diesen wird unten ausführlich eingegangen.

86 Auch in Deutschland wurde nun bei der Bundesagentur für Arbeit von »Klienten« gesprochen.

87 Vgl. Streeck, Einleitung. Internationale Wirtschaft, nationale Demokratie?, S. 43.

88 Ebd., S. 43. Zu Recht wendet Streeck aber auch gegen die Kritik dieser Politik ein: »Wer darin nicht mehr zu erkennen vermag als eine Rationalisierung fiskalischer Zwänge oder gar eine Zunahme von ›meanspiritedness‹ in wirtschaftlich schlechten Zeiten, übersieht, daß eine Sozialpolitik, die ihre Klienten nicht in die Unabhängigkeit entläßt oder zu entlassen vermag und sie statt dessen aus öffentlichen Kassen versorgt, diesen keineswegs nur Gutes tut; bezeichnenderweise entbehrt eine solche Politik denn auch jeder selbsttragenden normativen Rechtfertigung.« Ebd.; Hervorhebung im Orig.

Vorherige Leistungskürzungen für diejenigen, die aus dem Raster der »employability« fielen, wurden nicht korrigiert, sondern gezielte »anti-poverty strategies« insbesondere auf kommunaler Ebene verfolgt. Bei den prioritären sozialpolitischen Programmen für Jugendliche, Langzeitarbeitslose und Alleinerziehende galt das Prinzip »Hilfe zur Selbsthilfe«.[89] Frank Field, von 1997–1998 *Minister of Welfare Reform* und damit einer der Reformarchitekten, forderte, dass man an Traditionen der gegenseitigen Hilfe anknüpfen und somit Individuen und Zivilgesellschaft stärken sollte. Die Semantik dieses Programms war die der *Partnerschaft* zwischen Individuen, Organisationen und Staat«.[90] Dennoch wurde der Einzelne zum *Klienten* in einem Verfahren, das mit Beratung begann, Angebote unterbreitete und gegebenenfalls Sanktionen wie Leistungs- und Geldentzug ergriff. In den Sozialstaat wurde eine Konditionalität finanzieller Leistungen eingeführt bzw. noch verstärkt und eine Reziprozitätsnorm aufgestellt. Blair sagte: »[...] our welfare system must provide help for those who need it but the deal that we are trying to create in Britain today is something for something. If we provide job opportunities we expect people to take them.«[91]

Das Sozialstaatsmodell der reformorientierten Sozialdemokraten – in ganz Europa – entpuppte sich als »aktiv-aktivierende[r] Staat«,[92] in dem hinter sich der Aktivierungssemantik Kürzungen, Kontrolle und Förderung verbargen.[93] Das Modell reagierte auf sozialstrukturelle Entwicklungen wie Individualisierung und Pluralisierung, insofern »Handlungsmobilisierung« als »Hebel politischer Steuerung« verstanden[94] und »personenbezogene Kontextsteuerung«[95] zum Zweck der Inklusion betrieben wurden. Der unter Thatcher begonnene und unter New Labour fort-

89 In Deutschland steht dieses Prinzip seit 1962 im BSGH (Bundessozialhilfegesetz), § 1, werde aber erst seit den 1990ern in aller Konsequenz betrieben, so Leisering/Hilkert, Von Großbritannien lernen?, S. 30.

90 Schönwälder, Konturen eines »Dritten Weges«, S. 253; Hervorhebung AS.

91 Blair, zitiert nach Fairclough, *New Labour, New Language?*, S. 39.

92 Leisering/Hilkert, Von Großbritannien lernen?, S. 41. Zur Abgrenzung und Einordnung vgl. Esping-Andersen, *The Three Worlds of Welfare Capitalism*.

93 Leisering/Hilkert, Von Großbritannien lernen?, S. 13. Zu unterscheiden seien zwei Dimensionen der Aktivierung: Anreize und Angebote. Während der neoliberale Wohlfahrtsstaat durch Anreize negativ aktiviert und sich auf Kürzung und Kontrolle konzentriert, unterbreitet der »aktiv-aktivierende Staat« positive Angebote wie Maßnahmen und kombiniert Förderung mit Kontrolle.

94 Ebd., S. 46.

95 Ebd., S. 51.

geführte Umbau des Wohlfahrtsstaats wurde schlussendlich mittels einer Logik der (Re-)Kommodifizierung konzipiert,[96] denn durch sozialpolitische Maßnahmen sollte die Stellung der Menschen *im Markt* verbessert oder angeglichen werden; der Einzelne sollte nicht länger durch Vorsorge vor dem Markt beschützt werden, sondern Hilfestellung zur Steigerung seiner Wettbewerbsfähigkeit erhalten.

Für die Analyse der TINA-Rhetorik ist vor allem der entsprechende Reformdiskurs relevant. Blair und Schröder schrieben 1999: »Daher besteht die wichtigste Aufgabe der Modernisierung darin, in *Humankapital* zu investieren, um sowohl den einzelnen als auch die Unternehmen auf die wissensgestützte Wirtschaft der Zukunft vorzubereiten.«[97] Und: »Moderne Sozialdemokraten sind keine Laisser-faire-Neoliberalen. Flexible Märkte müssen mit einer neu definierten Rolle für einen aktiven Staat kombiniert werden. Erste Priorität muß die Investition in menschliches und soziales Kapital sein.«[98] Dass sich in dem zu Genüge problematisierten Begriff des Humankapitals[99] eine spezifische Vorstellung der sozialpolitisch zu komplementierenden Wirtschaftsordnung widerspiegelte, die wiederum der Rhetorik der Alternativlosigkeit bei New Labour zugrunde lag, soll nun dargelegt werden.

2.2 Die Ökonomisierung des Sozialen in der Wissensgesellschaft

New Labours aktivistisches, regulatives Staatsverständnis führte zu keinem Rückzug des Staats im herkömmlichen Sinne,[100] sondern bis Ende der 1990er zu einem *roll-out* zugunsten des Markts: Die Regierung vollzog einen »process of active state engagement to create and reinforce liberalised markets«.[101] Nicht zuletzt verschob sich in den 1990ern allgemein

96 Das steht in einem Gegensatz zur wohlfahrtsstaatlichen Tendenz der De-Kommodifizierung, die Esping-Andersen betont. Vgl. Esping-Andersen, *The Three Worlds of Welfare Capitalism*, S. 23, 37.

97 Schröder/Blair: Der Weg nach vorne für Europas Sozialdemokraten, 08.06.1999; Hervorhebung AS.

98 Ebd.

99 Vgl. dazu beispielhaft für eine an Foucault geschulte Perspektive Bröckling, Menschenökonomie, Humankapital.

100 Vgl. Faucher-King/Le Galès, *The New Labour Experiment*, S. 7.

101 Schmidt/Woll, The State, S. 128.

Government zu *Governance*, zum »steering state« bzw. [102] zu einem »›joined up‹ government«,[103] das immer tiefer ins Leben einzelner Bürger eingriff.

Zwar begriff es der Staat als Aufgabe der öffentlichen Hand, seinen Bürgern zu Arbeit zu verhelfen, indem er Programme der Aus-, Weiter- und Umbildung anbot. Gleichzeitig war es aber die Pflicht des *eigenverantwortlichen* Einzelnen, diese Angebote anzunehmen. In nahezu jeder Regierungsinitiative New Labours tauchte das Wort »responsibility« auf. Der Dritte Weg verband mit diesem Appell an Verantwortung, wie schon der Thatcherismus, eine *moralische* mit einer potenziell *autoritären* Komponente. Während Thatcher und Co. an die individuelle Verantwortung appelliert und die »deserving poor« von den arbeitsunwilligen, faulen »undeserving poor« abgrenzt hatten, war der Appell an Eigenverantwortung bei New Labour in einen »humaneren Diskurs«[104] integriert. Armen und Schwachen wurde selbst bei Kürzungen der Sozialleistungen Unterstützung versprochen, und New Labours Reformen beanspruchten, wie erwähnt, eine Balance zwischen Effizienz und Fairness bzw. Gerechtigkeit herzustellen.[105] Dieser Mischansatz sprach die von der aggressiven Rhetorik Thatchers verprellten Wähler an, die in der moralischen Diskreditierung Arbeitsloser ihre eigene Sorge vor Verlust des Arbeitsplatzes unberücksichtigt sahen. Ein politisches Programm, das zugleich Inklusion und Förderung sowie Reform, Aktivierung und Anreize betonte, war eben anschlussfähiger.[106]

Um diese Ziele durchzusetzen, mobilisierte New Labour den Staat zugunsten einer »bürokratischen Revolution«,[107] die auf ein unmittelbares Verhältnis von Staat, Individuum als »consumer-citizen« und Gesellschaft als »communities« setzte und dabei weiter intermediäre Institutionen bzw. Organisationen an den Rand drängte.[108] Dem regulationistischen Bürokratismus des Dritten Weges lag dabei eine Logik der *Kapitalisierung* – eben wurde der Begriff der Kommodifizierung verwendet – zugrunde: Das Potenzial des Einzelnen, sein Wissen, Talent und seine Kreativität, wurden in der globalen *knowledge economy* zu ökonomischen Gütern und zu einer

102 Vgl. ebd.

103 Ebd.

104 Vgl. Schmidt, Values and Discourse in the Politics of Adjustment, S. 301.

105 Vgl. ebd.

106 Vgl. ebd., S. 244.

107 Faucher-King/Le Galès, *The New Labour Experiment*, S. 6.

108 Vgl. ebd.

neuen Kapitalform:[109] »Talent is 21st century wealth. Every person liberated to fulfil their potential adds to our wealth. Every person denied opportunity takes our wealth away.«[110] Somit kam Politik die Aufgabe zu, die Stellung des Humankapitals, also der (potenziellen) Arbeitskräfte, qua Investitionen zu verbessern. Hieraus ergab sich, dass der Staat und die öffentliche Hand Wohlstand langfristig schaffen müssten. Es fand sich daher eine »Remoralisierung der neoliberalen Akkumulationsstrategie«,[111] die paradoxerweise mit der Programmatik des Dritten Weges als erneuerter Sozialdemokratie zusammenfiel: Der Einzelne sei in der Wissensgesellschaft von kapitalistische Ausbeutung vermeintlich *befreit*, da das Kapital nun als Potenzial in ihm selbst liege. Das *Kapital* wurde also nicht länger *sozialisiert*, sondern vor allem das *Soziale kapitalisiert*.[112] Dabei wirkte das unternehmerische Selbst als eine spätkapitalistische Version des sozialdemokratischen Emanzipationsversprechens: Schon immer forderten linke Politiker und Gesellschaftskritiker eine Befreiung des Individuums durch Bildung und Loslösung von der bürgerlichen Gesellschaft mit ihren Zwängen – die Selbstverbesserung und Kultivierung des Subjekts waren ein alter Topos der Linken.[113]

Angesichts jener Ökonomisierung des Sozialen lässt sich mit Jenny Andersson festhalten, dass die Modernisierung der Sozialdemokratie im Dritten Weg Argumente, die zuvor der *Kapitalismuskritik* dienten, nun als vermeintlich unwiderlegbare Argumente *für* den damit alternativlosen Kapitalismus bzw. für kapitalistische Strukturen nutzte.[114] Kritik wurde dadurch gleichsam absorbiert, innerparteiliche Kontroversen um die wirtschaftsliberale, kapitalismusfreundliche Politik der Partei damit marginalisiert. TINA-Rhetorik ergab sich aus einer größeren politischen Sinngeschichte.

Ein Beispiel für diesen argumentativen Coup bei New Labour lieferte Brown:

»Now we have to achieve our priorities in a new and changing global market place. It is a knowledge-based economy, in which the key to success and profitability is to get the best out of our people and all their potentials. You know, the dynamic economies of the 21st century will be those that can unlock the talents of all their

109 Vgl. Andersson, Socializing Capital, Capitalizing the Social.

110 Blair, Leader's speech, Bournemouth, 28.09.1999.

111 Jessop, Die Erfahrungen mit New Labour, S. 78.

112 Vgl. Andersson, *The Library and the Workshop*, S. 13.

113 Vgl. ebd., S. 14.

114 Vgl. ebd., S. 12.

people. So if Britain's economy is to succeed, it can do so only by putting the best employment and educational opportunities, once in the hands of only a few, into the hands of the many.

That is why I say that our lasting values are more relevant to the modern economy than ever before, that everyone, whatever their background, from wherever they come, is valued, has a talent, must be guaranteed the opportunity to realise their potential to the full, and must have that chance to bridge the gap between what they are now and what they have it in themselves to become. We achieve more, both as individuals and as a country, by working together, and by the strong helping the weak; it makes us ail stronger. And government is nothing more, nothing less, than the instrument of the people, and its duty is always and everywhere to advance opportunities for the many, never to perpetuate the privileges of the few.«[115]

Für Brown widersprach die Wissensökonomie den *alten* Regeln der Kapitalakkumulation; die demokratische, politische Emanzipation des Einzelnen war nun mit Kapitalismus und Kapitalisierung *konsistent.* Arbeiter müssten das in ihnen liegende Kapital nutzen, um ihren Wert und den aggregierten, nationalen Wohlstand zu steigern. Arbeiter und Kapitaleigner fielen gewissermaßen in eins; der wirtschaftliche Wert von Arbeit war endlich gestiegen. In der kritischen Lesart Pierre Bourdieus bewirkte diese Deutung des Kapitalismus eine neue Form der Entfremdung, bei der sich fortan alle *selbst* ausbeuteten.[116] Positiver klang Gordon Brown:

»The important conclusion that we reach is that the Left's century old case – that we must enhance the value of labour as the key to economic prosperity – is now realizable in the modern economy. If this analysis is right, socialist analysis fits the economic facts of the 1990s more closely than those of the 1890s.«[117]

Die Revision *und* Verwirklichung des demokratischen Sozialismus konnte nun gelingen, da die äußeren Umstände *adäquat* waren. Der Clou dieser Argumentation, und darauf wird im folgenden Unterkapitel noch eingegangen, lag darin, dass ausgerechnet die »changed realities« bzw. Browns apostrophierte ökonomische Fakten die der Globalisierung, der internationalen Märkte waren:

115 Brown, Chancellor's speech, Brighton, 30.09.1997.

116 Bourdieu, Die unsichtbare Hand der Mächtigen, S. 170. Für Bourdieu sind in diesem System Manager und leitende Angestellte die »beherrschten Herrschenden«. Ebd.

117 Brown, The Politics of Potential, hier zitiert nach Andersson, Socializing Capital, Capitalizing the Social, S. 3.

»In this era, a new agenda: economies that compete on knowledge, on the creative power of the many, not the few; societies based on inclusion not division; countries that are internationalist not isolationist. This is the third way, our way of reconnecting people to political idealism in an age where political ideology is distrusted.«[118]

Folglich erschien es ganz plausibel, dass die »changed realities« affirmiert, ja als historische, *alternativlose* Chance auch für die Sozialdemokratie Ende des 20. Jahrhunderts begriffen wurden. Die Zeichen der Zeit galt es in einem neuen, politischen Idealismus zu erkennen, statt ideologisch zu verharren.

Das postfordistische Metanarrativ der internationalen Wissensökonomie implizierte nicht zuletzt, dass neue Technologien genutzt werden müssten, der Einzelne vor der Aufgabe lebenslangen Lernens stehe, sich auf dem Arbeitsmarkt flexibel zeigen müsse, und auch Erwerbsbiographien nicht mehr geradlinig, sondern variabel und flexibel seien. Der Typus des umtriebigen Managers wurde zur Arbeits- und Verhaltensnorm, denn auch öffentliche Dienstleister sollten sich an Verfahren und Verhalten privater Unternehmen orientieren. Schlussendlich galten sowohl im Bildungssektor als auch im öffentlichen Dienst und in der Arbeitswelt die Prinzipien des Wettbewerbs.

Jener flexible, individualisierte Kapitalismus löste die traditionelle Konfliktlinie Kapital-Arbeit diskursiv auf. Wissensökonomie galt als Ökonomie einer zukunftsorientierten Gegenwart, einer *fortschrittlichen* Gesellschaft, in der Individuen gefördert und gefordert wurden und nicht länger entlang alter ideologischer Konfliktlinien gespalten waren. So wurde Blair auch nicht müde, den immanenten Zusammenhang zwischen der Wissensökonomie und einer Politik jenseits der Rechts-Links-Polarisierung zu betonen: »For the 21st century will not be about the battle between capitalism and socialism but between the forces of progress and the forces of conservatism.«[119] Sozialistische Ideale waren also für Brown zum ersten Mal realistisch, für Blair obsolet.

Auf der anderen Seite des Atlantiks postulierte Robert Reich, von 1993 bis 1997 Arbeitsminister unter dem ebenfalls »triangulierenden« Bill Clinton[120] und politischer Ökonom, in seinem an Adam Smith, zumindest

118 Blair, Leader's speech, Blackpool, 29.09.1998.

119 Blair, Leader's speech, Bournemouth 28.09.1999.

120 Clintons »Triangulation« verhieß ebenfalls, eine Politik jenseits der herkömmlichen Bipolarität von Republikanern und Demokraten zu vollziehen. Clinton versuchte mit dieser Strategie auch, seinen Kurs gegen das *big goverment* zu rechtfertigen. Die Argumen-

dem Titel nach, gemahnenden Werk *The Work of Nations*,[121] dass der Staat im 21. Jahrhundert vor allem auf zwei Variablen seiner Wettbewerbsfähigkeit Einfluss nehmen könne und müsse: auf den Bildungsgrad bzw. die beruflichen Fähigkeiten seiner Bürger und auf die Infrastruktur, die jene Bürger miteinander verbinde. Da sich Privatkapital internationalisiert habe, also mobiler geworden sei, sei das Humankapital nunmehr die erfolgs- und performanzentscheidende Ressource. Daher müssten Regierungen mit öffentlichen Mitteln in Bildung etc. investieren.

Passenderweise lautete das Mantra von Tony Blairs Wahlkampf 1997 »Education, education, education«: Der Bürger wurde als Teilnehmer eines Wirtschaftsprozesses verstanden, bei dem Investitionen in dessen Bildung nicht nur den individuellen Nutzen vergrößere, sondern auch als mobilisierbares Humankapital dem britischen Staat diene.[122] Je besser die Ausbildung der Bürger sei, desto größer der nationale Standortvorteil in der Wissensgesellschaft und -ökonomie. Für den britischen Soziologen Anthony Giddens wurde folgerichtig aus dem Wohlfahrtsstaat ein »social investment state«,[123] dessen Investitionen eher nebenbei soziale Gerechtigkeit im Sinne von Chancengleichheit fördern.

Es lässt sich schlussfolgern, dass im Gegensatz zur Labour-Politik unter Wilson oder Callaghan die *differentia specifica* New Labours in dieser Kapitalisierung des Sozialen lag: »Wollte die Sozialdemokratie in den 1960er und 1970er Jahren noch der bessere Manager des Kapitalismus sein, so präsentiert New Labour sich als der bessere Manager der Gesellschaft.«[124] Zugespitzt lässt sich formulieren, dass sich bei New Labour Steuerungsfantasien und soziales *Engineering* auf denjenigen Bereich ausrichteten, der in der Wahrnehmung politischer Akteure überhaupt noch *steuerbar* war. Wenn sich der internationale, globalisierte Markt nicht nationalstaatlich, demokratisch regulieren ließe, sondern Sachzwänge auf Politik ausübte, musste qua Regulierung die jeweilige Gesellschaft marktkompatibel gemacht werden. *Engineering*, bei Wilson und anderen politischer Willensakt angesichts der technischen, industriellen Ära, galt Blair und seinen Mitstreitern als *alternativlos*.

---

tation konvergierte daher mit derjenigen Blairs – kein Zufall, da Blair in Clinton sein Vorbild sah.

121 Vgl. Reich, *The Work of Nations*.

122 Vgl. Sturm, *Politik in Großbritannien*, S. 168.

123 Giddens, *The Third Way*.

124 Schönwälder, Konturen eines »Dritten Weges«, S. 252.

In diesem Zusammenhang beschwor Blair mit seinem unverwechselbaren *Soundbite* nochmals den allumfassenden Wandel:

»A spectre haunts the world: technological revolution. 10 years ago, a fifteen year old probably couldn't work a computer. Now he's in danger of living on it. Over a trillion dollars traded every day in currency markets and with them the fate of nations. Global finance and Communications and Media. Electronic commerce. The Internet. The science of genetics. Every year a new revolution scattering in its wake, security, and ways of living for millions of people. These forces of change driving the future:

Don't stop at national boundaries.
Don't respect tradition.
They wait for no one and no nation.
They are universal.

We know what a 21st century nation needs. A knowledge-based economy. A strong civic society. A confident place in the world. Do that and a nation masters the future. Fail and it is the future's victim.

The challenge is how?
The answer is people.
The future is people.

The liberation of human potential not just as workers but as citizens.
Not power to the people but power to each person to make the most of what is within them.«[125]

Wir können also schließlich eine Spannung zwischen wirtschaftlicher Innen- und Außenpolitik New Labours festhalten: Als *Makrostrategie* wurde das flexible (Finanz-)Kapital »hofiert«;[126] denn Standort- und Wettbewerbsvorteile galten als übergeordnetes Ziel angesichts einer nicht regulierbaren Umwelt. Hieraus ergab sich wiederum eine als alternativlos erklärte *Mikrostrategie*: die Mobilisierung von zuvor kapitalisierten menschlichen, sozialen und kulturellen Ressourcen als Produktionsfaktor, die Investment und Rationalisierung bedurften.[127] Die Gesellschaft wurde durch neuartige *Governance-Strukturen* regiert, sodass sich paradoxerweise in einem Diskurs erodierender nationalstaatlicher Souveränität und wirtschaftlicher Grenzenlosigkeit der interne Rahmen staatlicher Eingriffe bzw. Regulierung

125 Blair, Leader's speech, Bournemouth, 28.09.1999.

126 Vgl. zu dieser Formulierung: Hay, The Political Economy of New Labour, S. 145; auch Hay/Watson, The Discourse of Globalisation and the Logic of No Alternative, S. 8.

127 Andersson, Socializing Capital, Capitalizing the Social, S. 7.

vergrößerte, denn alles, auch Sozialpolitik, hatte nun wirtschaftspolitische Relevanz.[128] Es war nur konsequent, dass Blair und Brown zufolge in einer globalisierten, flüchtigen Weltwirtschaft die britische *Brainpower* entscheide.[129] Daher ist nun der entscheidende Frame für jene *Policies* und für ihren Diskurs der Alternativlosigkeit zu untersuchen: Globalisierung.

2.3 »Changed realities«: Das Narrativ der Globalisierung

»Because the alternative to globalisation is isolation.«[130]

Im Diskurs der Alternativlosigkeit verbanden sich insbesondere zwei Gegenwartsdiagnosen zu einem Reform- respektive Modernisierungsdruck: zum einen die Vorstellung der Globalisierung im Sinne einer »Hyperglobalisierungsthese«,[131] zum anderen ein spezifisches Moderneverständnis. Diese beiden Diagnosen stellten *Frames* bereit, auf die New Labour in der Konzeptualisierung und Formulierung der eigenen Politik als *Sachzwang* zurückgriff.

Der kommunikative Diskurs New Labours wiederholte beständig die unveränderlichen »harten Realitäten« einer internationalen, offenen Wirtschaft. Damit ging die Deutung einher, die Periode bis zu den Krisen der 1970er Jahre sei eine der *geschlossenen* industriellen Volkswirtschaften gewesen, in denen interventionistische Politik sowie dirigistische, regulatorische makroökonomische Steuerung durch die Struktur der internationalen Wirtschaft begünstigt worden seien. Die Nachkriegsjahrzehnte erschienen als ein goldenes Zeitalter des sozial eingebetteten Kapitalismus und des Wohlfahrtstaates, das in den 1970ern durch Krisen und durch Thatcher, in den 1990ern durch das Ende des Kalten Krieges und die Dynamik der Globalisierung erschüttert wurde.[132] Globalisierung verunmögliche aber nun eine national begrenzte, protektionistische Wirtschaftspolitik, sofern die jeweiligen Volkswirtschaften interdependent und von einer globalen

128 Vgl. ebd.

129 Vgl. Brown, The Politics of Potential.

130 Blair, Leader's speech, Brighton, 02.10.2001.

131 Vgl. hierzu Hay, The Political Economy of New Labour; Hay/Watson, The Discourse of Globalisation and the Logic of No Alternative; Hay, The normalizing role of rationalist assumptions.

132 Vgl. Schönwälder, Konturen eines »Dritten Weges«, S. 250; Hay/Wincott, *The Political Economy of European Welfare Capitalism*; Blair, Doctrine of the International Community, Chicago, 24.04.1999.

Struktur abhängig geworden seien.[133] In der *postnationalen Konstellation* könnten makroökonomische Weichen demnach nicht mehr nach nationalem, politischem Belieben gestellt werden; die Macht sei vom Staat zum Markt gewandert.[134] In den Worten Gordon Browns klang diese Weltdeutung so:

»My theme is that in just a few short years the world has moved from sheltered to open economies; from local to global competition; from national to worldwide financial markets; from location, raw materials and indigenous capital as sources of national competitive advantage to skills, knowledge and creativity as what makes a difference.«[135]

Sachzwänge wurden aus der Struktur internationaler Märkte abgeleitet. Hierbei fungierte Globalisierung als programmatische Formel, ja als »the buzz-word«[136] der 1990er.

New Labours Globalisierungsbegriff griff dabei auf den damaligen »conventional economic wisdom«[137] zurück. Auf dieses allseits vorausgesetzte Wissen spielte Blair immer wieder an: »Nowadays, it is pretty clear what governments have to do to promote prosperity. Macroeconomic policy is no longer left or right. It is right or wrong.«[138] Diese Formulierung erinnert uns geradezu an Schelskys Argumentation, angesichts des *wissenschaftlich* Gebotenen und evident Richtigen würden politische Erwägungen sukzessive obsolet – allerdings verwandelte Blair hier den *one best way* zu einem *wirtschaftlichen* Programm. Blairs Behauptung, es gebe eindeutige, makroökonomische Handlungsaufforderungen an die Politik, wirft die Frage auf, wie das empirisch diffuse Phänomen Globalisierung gedeutet wurde, sodass sich hieraus jene scheinbaren Eindeutigkeiten deduzieren ließen.

Allgemein umschreibt der Begriff Globalisierung ein breites politisches, ökonomisches, mediales und soziales Phänomen, dass sich als Prozess eines wachsenden Umfangs und einer Intensivierung der Verkehrs-, Kommunikations- und Austauschbeziehungen über nationale Grenzen hinweg sowie als Etablierung technisch induzierter Netzwerke fassen

133 Vgl. dazu beispielhaft Hay/Watson, The Discourse of Globalisation and the Logic of No Alternative, S. 5.

134 Vgl. ebd., S. 6.

135 Brown, Speech at the Mansion House, London, 20.06.2001.

136 Hay/Marsh, Introduction: Demystifying Globalization, S. 1. Vgl. dazu auch Bach, *Die Erfindung der Globalisierung*.

137 Hay/Watson, The Discourse of Globalisation and the Logic of No Alternative, S. 4.

138 Blair, Speech to the Global Ethics Foundation, Tübingen, 30.06.2000.

lässt.[139] Wenngleich Globalisierung mal als Dynamik der globalen Konvergenz oder Kosmopolitisierung, mal als Dynamik der Regionalisierung und Lokalisierung, dann synthetisch als *Glokalisierung* gedeutet wird,[140] rekurrieren beinahe alle Interpretationen globalisierter Wirklichkeit auf die Vorstellung dynamischer Flüsse: Kapital fließt, Arbeit wandert, staatliche Autorität droht zu zerfasern, Informationen und Technologie strömen jenseits nationaler Grenzen, Menschen strömen zum Beispiel als Touristen, *Expatriates* oder als Migranten.[141]

Zwar hatten schon früher zwischenstaatliche, weltweite Handelsquoten markant zugenommen, aber in den 1990ern vollzog sich ein bemerkenswerter Bedeutungszuwachs internationalen Handels. Transnationale Unternehmen, die global agierten und produzierten, sowie ausländische Direktinvestitionen trieben den verschärften internationalen Wettbewerb voran. Kapitalbewegungen beschleunigten sich rasant; elektronische Geschäftsführung und digitale Kommunikation begünstigten Finanztransaktionen und -kreisläufe, die sich von politischen Prozessen sowie von sozialethischen Überlegungen ablösten. Entwicklungen auf dem Finanzmarkt begannen, sich von realwirtschaftlichen Parametern zu entkoppeln.

Für New Labour passte nun diese Wirklichkeit zum innerparteilichen Reformprozess:

»The new structural ›reality‹ was one of increasingly disembedded market exchange, the conditioning effects of which served merely to *affirm* the wisdom of the Party's *prior* ideological shift, its ongoing political reorientation and, indeed, more recently, its promotion of itself as a model of a ›renewed‹ social democracy for European export […].«[142]

So bettete New Labours Reformdiskurs Globalisierung in die Handlungsintentionen der Partei ein.

Aus drei Hauptannahmen speiste sich laut Hay und Watson New Labours Globalisierungsdiskurs: erstens aus der Globalisierungsthese der *Business Schools*, zweitens der eigentlich linken, kapitalismuskritischen Annahme einer strukturellen Abhängigkeit des Staats vom Kapital und

139 Vgl. dazu Habermas, *Die postnationale Konstellation*.

140 Neben Autoren wie etwa Ulrich Beck oder Anthony Giddens ließen sich auch die Werke folgender Autoren hierfür exemplarisch anführen: Maffesoli, *The Time of Tribes*; Bhaba, *The Location of Culture*.

141 Vgl. zu dem Bild des Flusses als verbindendes Element Hay/Marsh, Introduction: Demystifying Globalization, S. 2.

142 Hay/Watson, The Discourse of Globalisation and the Logic of No Alternative, S. 2; Hervorhebung AS.

wachsender Kapitalmobilität sowie drittens der These, die Glaubwürdigkeit und Kompetenz bei politischer Inflationsbekämpfung müsse für Investoren wiederhergestellt werden. Letzte rekurrierte auf das bereits für Thatcher thematisierte Zeitinkonsistenzproblem.[143]

New Labour rekurrierte auf das Modell einer »Hyperglobalisierung«,[144] das bis heute folgende Annahmen formuliert:[145]

1. Kapital wird dort investiert, wo der größte Nettoprofit durch Investitionen erwartet werden kann. Um dies zu beurteilen, verfügen Investoren über vollständige Informationen über die dazu notwendigen Mittel und Bedingungen.
2. Märkte für Güter und Dienstleistungen sind vollständig in eine globale Wirtschaft integriert. Folglich sind Volkswirtschaften dazu genötigt, sich im internationalen Wettbewerb zu behaupten, um Wohlstand und Wachstum zu erhalten.
3. Kapital ist vollständig mobil; es gibt keine Kosten eines Exits, einer Desinvestition.
4. Kapitaleigner werden stets versuchen, den Profit zu maximieren, indem Arbeits- und Lohnkosten gesenkt werden. Es werden flexible Arbeitsmärkte bevorzugt; die Verlagerung von Arbeitsplätzen wird angesichts der Steuerbelastung entschieden.
5. Der Wohlfahrtsstaat und die ihm zugrundeliegenden Steuereinnahmen sind lediglich verlorenes Kapital für mobile, flexible Inhaber von Vermögen; es bestehen keine positiven Externalitäten eines Wohlfahrtsstaats für die Beurteilung der Wettbewerbsfähigkeit oder Produktivität der jeweiligen Volkswirtschaft.

Demzufolge droht bei unattraktiver Wirtschafts-, Industrie- bzw. Standortpolitik stets Kapitalflucht. Daher bedeutete Globalisierung auch für New Labour totale Kapitalmobilität – Politik stehe unter stetigem Wettbewerbsdruck. Immobile, nationale Regierungen müssten sich den Spielregeln internationaler Organisationen wie IWF und WTO fügen und mit

143 Da diese These später im Zuge eines Fallbeispiels zur Reform der *Bank of England* ausführlich problematisiert wird, wird sie zunächst nur erwähnt.

144 Vgl. z.B. Hay, The normalizing role of rationalist assumptions, S. 520.

145 Die folgende Aufzählung ist eine übersetzte und umformulierte Übernahme aus ebd. Colin Hay widerlegt dort und in ders., Globalization's impact on States, all diese Prämissen.

Wirtschaftsliberalisierung und Freihandelsabkommen um mobile, volatile Kapitalanleger wetteifern.[146] Blair erklärte:

»Globalisation is most obvious in the economic sphere. We live in a completely new world. Every day about one trillion dollars moves across the foreign exchanges, most of it in London. [...] Any Government that thinks it can go it alone is wrong. *If the markets don't like your policies they will punish you.*

The same is true of trade. Protectionism is the swiftest road to poverty. Only by competing internationally can our companies and our economics grow and succeed. But it has to be an international system based on rules. That means accepting the judgements of international organisations *even when you do not like them.* And it means using the new trade round to be launched at Seattle to extend free trade.«[147]

Märkte wurden zu sozialen Akteuren hypostasiert und normative Urteile über ihre Mechanismen wurden schlichtweg als irrelevant erklärt. Der Staat *müsste* sich als fiskalische Autorität an externe Weichenstellungen *anpassen* und zugleich Freihandel noch vorantreiben. Glaubwürdigkeit, Kompetenz und eine verlässliche, marktfreundliche Politik galten als Währung, mit der Regierungen im Kampf um selektive Wettbewerbsmechanismen bewertet würden. Für Blair und andere Politiker des Dritten Weges war die vermeintliche Evidenz dieser Mechanismen eine *konditionale Prämisse* ihres Notwendigkeits- und TINA-Diskurses.

Dieser Diskurs implizierte also eine strukturelle Abhängigkeit des Staats vom internationalen Kapital, denn das Damoklesschwert des Investment-Exits und der Niedergangs-Spekulation hing nun einmal über jeder Regierung. Da Unternehmen durch Steuervorteile angelockt würden, war Steuerpolitik nun eine technische Frage eines an Wettbewerb orientierten ökonomischen Managements,[148] nicht länger eine sozialdemokratische Frage der Umverteilung.

Wir erkennen eine hier sich selbst bestärkende Entwicklung, die zu einer geradezu tautologischen Begründungskette führte: *Wegen* der globalen, offenen Märkte sollten Arbeitsmärkte reformiert und Volkswirtschaften international attraktiv werden. Durch die gezielte Anlockung

146 Siehe oben: Flexibilität wurde antonymisch zu Rigidität gesetzt; stationäre Regierungen standen ungebundenen Investoren gegenüber. Vgl. Labour Industry Forum, *Winning for Britain.*

147 Blair, Doctrine of the International Community, Chicago, 24.04.1999; Hervorhebung AS.

148 Vgl. Hay/Watson, The Discourse of Globalisation and the Logic of No Alternative, S. 25.

internationaler Investoren stieg wiederum die Abhängigkeit von internationalem, flexiblem Kapital und von Kapitalgebern, die keinen langjährigen sozialen, politischen oder irgendwie bindenden Bezug zu ihrem Investitionsobjekt hatten, sondern dies als gewinnbringendes Spekulationsobjekt sahen. Dadurch wurden wiederum Märkte weiter geöffnet und internationalisiert: »The appeal to globalization thus conjures a logic of economic necessity and, indeed, compulsion, driving a non-negotiable agenda for welfare retrenchment and labour-market reform – while further shoring up its open economy macroeconomics.«[149] Demzufolge sah sich eine Regierung gleichsam gezwungen, die Interessen der Wirtschaftslobby, die Interessen des Kapitals zu *verinnerlichen*. In den Worten Oliver Nachtweys:

»So gesehen handelt es sich um eine *zirkuläre Sachzwanglogik*: Die Globalisierung wird durch das Prisma der wirtschaftsliberalen politischen Ökonomie wahrgenommen und so führt man eine Politik aus von der man glaubt, dass sie notwendig ist – und *produziert* eine weitere Liberalisierung der globalen Ökonomie. Mit anderen Worten: Man stellt die Zwänge, auf die man zu reagieren postuliert, durch die eigene Politik oftmals her.«[150]

Im Zuge dieses Diskurses wurden bei New Labour die Sanktionsmöglichkeiten jener internationalen Kapitaleigner und Märkte betont. Wir erinnern uns, dass auch die internationalen, kollektiven Akteure dieser globalen Marktordnung Wirtschaftsliberalisierung und Deregulierung institutionell und also *intentional* durchsetzten, denn der IWF hatte ja verlautbaren lassen: »International financial markets [...] serve to ›discipline‹ governments [...] encouraging the adoption of *appropriate* policies, and ultimately rewarding *good* policies«.[151]

Hier zeigt sich ein Problem, das über New Labour hinausweist: Dieser Logik nach verfügen Märkte über eine kollektive Rationalität und legen jenseits politischer Kategorien wie Links und Rechts universelle Bewertungsmaßstäbe, etwa messbare Produktivität und Zinsrate, an. Im Verhältnis zwischen Staaten und Märkten geht es um Glaubwürdigkeit (*credibility*) – diese wird durch Stabilität und Erwartungssicherheit hergestellt und durch politische Unwägbarkeiten geschmälert. Daher ist die Forderung nach einer Einschränkung des Ermessensspielraums (*discretion*) *eigeninteressierter* Politiker nur plausibel, denn diese haben, so sinngemäß die

149 Hay, The normalizing role of rationalist assumptions, S. 519.

150 Nachtwey, *Marktsozialdemokratie*, S. 273.

151 So der IWF, *Globalisation: Opportunities and Challenges*; Hervorhebungen AS.

von den Annahmen der *rational choice* geleitete Zeitinkonsistenz-These, weniger den langfristigen wirtschaftlichen Erfolg des Landes als kurzfristig ihren Machterhalt qua Wiederwahl im Auge. Das hieße also, »dass der einzelne Politiker sich […] rational verhält, wenn er neue Leistungen verspricht und durch Staatsverschuldung finanziert. Diese Praxis ist jedoch, gesamtwirtschaftlich betrachtet, irrational, weil sie nicht nachhaltig ist.«[152] Ed Balls, Berater Gordon Browns in dessen Zeit als Finanzminister, benannte nur folgerichtig 1998 die »notwendigen« Prinzipien wirtschaftspolitischen Handelns: »stability through constrained discretion; credibility through sound, long-term policies; credibility through maximum transparency; the principle of trust through pre-commitment.«[153]

Um zu signalisieren, dass ihre wirtschafts- und finanzpolitischen Ankündigungen und Intentionen tatsächlich glaubwürdig seien, reformierten die Politiker New Labours daher im Zuge eines *regelbasierten Ansatzes* die Architektur wirtschaftspolitischer Steuerung. Gegeninflationäre Mechanismen wurden eingebaut, aber nun durch Nichtregierungskörperschaften verfolgt. Durch eine solche autonome Körperschaft, etwa eine unabhängige Zentralbank,[154] kann Politik die Verantwortung für deflationäre Politik *verschieben*. Wie das konkrete Fallbeispiel zur *Bank of England* noch zeigen soll, war dies ein Clou der New Labour-Regierung: Bestimmte Entscheidungsbefugnisse finanz- und wirtschaftspolitischer Salienz wurden gleichsam depolitisiert, das heißt New Labour behielt zwar eine »arm's-length control«, konnte sich aber gleichzeitig von vermeintlich politisch neutralen Entscheidungen distanzieren.

Die starke Globalisierungsthese half schließlich, den Raum des politisch Machbaren einzugrenzen und die Wähler auf die vielbeschworenen »hard choices«[155] einzustimmen. Die Trope Globalisierung bot einen kohärenten *Frame* für unterschiedlichste Entscheidungen und ermöglichte es, Begründungen von *Policy Choices* in einen einheitlichen Argumentationsrahmen einzufügen. Es war für New Labour – und für die SPD in Deutschland – also durchaus nützlich, auf jene spezifische Narration der Hyperglobalisierung zurückzugreifen, obwohl diese den eigenen politischen

152 Ryczeweski, *Die Schuldenbremse im Grundgesetz*, S. 118.

153 Balls, New principles for government, S. 20.

154 Vgl. zu dieser Darstellung Burnham, New Labour and the Politics of Depoliticisation, S. 136.

155 Blair, Leader's speech, Brighton, 30.09.1997.

Handlungsspielraum und Ermessensspielraum bei politischen Entscheidungen konterkarierte, ja negierte.

Dies verweist uns erneut auf einen verallgemeinerungsfähigen Punkt: Politiker wie Blair und Schröder kommunizieren Entscheidungen notgedrungen sowohl an eine politische Öffentlichkeit von Wählern als auch an wirtschaftliche Akteure, doch können sich dabei Botschaften und Adressaten zuweilen gegenseitig widersprechen bzw. irritieren.[156] Was Marktakteure womöglich begrüßen, mag bei Wählern Protest regen – und *vice versa.* Die Insistenz auf politische Gestaltung kann, so die Pointe aus der neoliberalen *Public Choice Theory* und der Zeitinkonsistenzthese, Investoren irritieren, wohingegen Wähler darin Durchsetzungsfähigkeit und Gestaltungswillen erkennen mögen.

Wurden wie bei Blair die »forces of change«[157] zu anonymen Mächten hypostasiert, so konnte jenes Globalisierungsnarrativ *Politikverdrossenheit* begünstigen, da dem Eindruck einer Ohnmacht der Politik gegenüber Wirtschaftsinteressen Vorschub geleistet wurde. Die jahrelange Übernahme und Projektion ökonomistischer und rationalistischer Annahmen der *Public Choice Theorie* auf Politik führte schließlich in Großbritannien zu einer Erosion politischer Identifikation und Teilhabe, so die These Colin Hays,[158] und begünstigte langfristig wieder neo-nationalistische sowie protektionistische Fantasien, wie sie sich im *Brexit*-Votum 2016 offenbarten. Dieser Risiken war sich New Labour sicher nicht bewusst, wollte die Regierung unter Blair doch partout die eigene Modernität, ja Reformfreudigkeit und Innovationskraft unter Beweis stellen. Das Globalisierungsnarrativ wurde daher in eine strategische Selbstkommunikation als *zupackende Reformer* eingebaut und diente über die Verbindung zu dem Narrativ *New Labour als Modernisierer* einem politischen *credit claiming.*

Zum anderen diente jene Notwendigkeitsrhetorik dazu, die harsche Kritik aus den eigenen Reihen abzuwehren. Politische Entscheidungen wurden schließlich als zwingend geboten, also nicht verhandelbar vermittelt. Der parteipolitische, ideologische Rechtsfertigungsballast entfiel – er war ja *irrelevant* geworden, denn wie hieß es bei Blair: »Macroeconomic policy is no longer left or right. It is right or wrong.«[159] »Richtige« Politik

---

156 Vgl. Schmidt, Speaking to the Markets or to the People?; dies wird im IV. Kapitel zu TINA-Rhetorik als Kriseninstrument weiter ausgeführt.

157 Blair, Leader's speech, Bournemouth, 28.09.1999.

158 Vgl. Hay, *Why we hate Politics.* Hay arbeitet dort die zuvor schon problematisierten Langzeiteffekte aus, vgl. Hay, The normalizing role of rationalist assumptions, S. 523.

159 Blair, Speech to the Global Ethics Foundation, Tübingen, 30.06.2000.

berief sich auf evidente Gewissheiten und eine daraus deduzierbare normative Richtigkeit. New Labour vollzog somit eine »*epistemokratische* Rechtfertigung der bestehenden Ordnung«.[160] Der Wählerstimmen und Mitglieder kostende Revisionsprozess sollte als alternativlos erkennbar werden. Daher diente das Globalisierungsnarrativ auch der *blame avoidance*.

Schlussendlich gab es demnach für Regierungen, ob nun in Großbritannien oder in Deutschland, nur einen wirtschaftlichen, möglichen Weg, der nicht die Augen vor der Realität verschließe. Dieser selbstgewählte *Pragmatismus* klang wie folgt:

»Obgleich Sozialdemokraten und Labour Party eindrucksvoll historische Errungenschaften vorweisen können, müssen wir heute *realitätstaugliche* Antworten auf neue Herausforderungen in Gesellschaft und Ökonomie entwickeln. Dies erfordert Treue zu unseren Werten, aber Bereitschaft zum Wandel der alten Mittel und traditionellen Instrumente.«[161]

Diese Differenzierung zwischen einer Zweck-Mittel-Relation markierte einen verständigen, emphatischen Pragmatismus, der die Wahl der politischen Werkzeuge zu revidieren bereit war, doch eine normative Konsistenz und authentische Identität als Sozialdemokraten postulierte. Die neue Mitte war gleichsam zum Wohle des Volkes konsequentialistisch.

Wie hier und bei der Kapitalisierung des Sozialen sichtbar wurde, folgten aus der Globalisierung und ihrer Narrativierung bei New Labour nicht nur wirtschaftliche Konsequenzen, denn »Globalisation is not merely an economic phenomenon, and that is why our response cannot simply be an economic one«.[162] Mit dem Begriff wurden, auch im noch zu analysierenden Rückgriff auf sozialwissenschaftliche Theorien der Moderne, ebenfalls soziale Phänomene der Transformation verbunden, die auf die normative Konstitution der jeweiligen Gesellschaft einwirkten:

»The inevitability of globalisation demands a parallel globalisation of our best ethical values; not a distilling or unnecessary uniformity of the rich values that make up our communities of faith. But the basic premises of our faiths; solidarity; justice; peace and the dignity of the human person are what we need in the age of globalisation.«[163]

160 Bourdieu, Die unsichtbare Hand der Mächtigen, S. 173.

161 Schröder/Blair, Der Weg nach vorne für Europas Sozialdemokraten, 08.06.1999; Hervorhebung AS.

162 Blair, Speech to the Global Ethics Foundation, Tübingen, 30.06.2000.

163 Ebd.

Die Gesellschaft müsse sich nicht nur ökonomisch, sondern auch *moralisch* erneuern, weil Großbritannien laut Blair »nothing less than the model 21st century nation [...]« sein sollte.[164] Da Blair 1997 Politik im Namen der Zukunft betreiben wollte, stellt sich nun die Frage nach *Zeitsemantiken*, die mit dem Begriff der Globalisierung korrelierten. Nahm Blair demnach für sein Projekt eine langfristige, zukunftsgerichtete Perspektive in Anspruch, war die zugrundeliegende Vision die einer Modernisierung.

2.4 Alternativlose Modernisierung: Politik in der »Juggernaut-Modernity«

»One nation was reborn.«[165]

»And now, at last, Party and nation joined in the same cause for the same purpose: to set our people free.«[166]

Jede Veränderung eines Status quo ist begründungspflichtig. Impliziert eine Reform daher per se politische Kosten gegenüber dem Erhalt des politischen Status quo, kommt es darauf an, diese richtig zu *framen*:

»Framing the *status quo* in terms of loss carries a greater weight than pointing to symmetric gains due to a policy-induced change. Moreover, *ceteris paribus*, people prefer avoiding a certain loss to gaining a symmetric benefit. They also, to some extent, prefer certain gains to risky ones even if the latter have a higher expectancy value. Political strategy can make use of such asymmetric perceptions of costs and benefits. If political actors succeed in framing the *status quo* as negative and/or if they succeed in framing the possible net gains through the policy as certain, the acceptance for those policies can be increased (Vis and van Kersbergen 2007).«[167]

Blair postulierte nach seinem Wahlsieg, die Wahl habe das britische Volk »liberated«, quasi von einem kolonialen Joch befreit;[168] die (symbolische) Heteronomie durch die Tories sei beendet worden und die Briten »reborn«.[169] Blairs Aufbruchsrhetorik verurteilte den vermeintlich Status

164 Blair, Leader's speech, Brighton, 30.09.1997.

165 Ebd.

166 Blair, Leader's speech, Bournemouth, 28.09.1999.

167 König/Wenzelburger, Towards a Theory of Political Strategy in Policy Analysis, S. 415. So ist diese Annahme der *Policy Analyse* gar nicht weit von der sogenannten Ritter-Schule um Lübbe, Marquard und Spaemann entfernt.

168 Vgl. Finlayson, Tony Blair and the Jargon of Modernisation, hier S. 14.

169 Blair, Leader's speech, Brighton, 30.09.1997.

quo-orientierten Konservatismus und distanzierte sich nachdrücklich von der vorherigen Regierung, wenngleich zahlreiche Elemente seiner Reformen an die unter Major eingeschlagenen Pfade anknüpften, ja diese zuweilen fortführten. Die konservative Politik sei Ausdruck einer nationalen Disposition zur Selbstzufriedenheit:

»[...] when great challenges face us, as they have twice this century, we rise to them. But if we have a fault, it is that unless roused, we tend to let things be. We say ›things could be worse‹ rather than ›things should be better‹. And the Tories encourage this fault; they thrive on our complacency. I say it is time we were roused.«[170]

Angesichts der *Challenge* Globalisierung seien die Kosten eines Wandels geringer als die einer bloßen Bestandssicherung, da sich nur eine manichäische Alternative stellte, die letztendlich keine wahrhafte Wahl mehr bot: »The hard choice: stay as we are and decline. Or modernise and win.«[171]

Der diskursive Dualismus zwischen alt und neu, zwischen Moderne bzw. Modernisierung und Status quo diente New Labour als *Zeithorizont*. Modernisierung bedeutete Zukunft und Erfolg dank einer Erneuerung der britischen Gesellschaft mittels neuer Techniken, neuer Fertigkeiten.[172] Blair sprach, den technologischen Fortschritt aufgreifend, vom *menschlichen* Fortschritt, dessen Teil und Motor Labour sein sollte, und kontrastierte hierbei ein Zeitalter der Errungenschaften gegen ein Zeitalter des Verfalls.[173] Im Rückgriff auf testamentarische Figuren und den Schriftsteller John Milton attestierte Blair dem britischen Volk *common sense*, historische Institutionen, eine tausendjährige Geschichte, in der New Labour nun ein neues Kapitel schreibe.[174] Hinter dem Topos Modernisierung verbarg sich also mitunter ein »[...] celebratory patriotism« sowie »a latent theory of historical development«.[175] Somit können wir beim Narrativ der Modernisierung abermals drei Diskursstränge differenzieren: *erstens* ein Patriotismus-Narrativ mitsamt der Annahme der britischen Nation als Akteur der Geschichte, *zweitens* eine konsequente Geschichtsphilosophie bzw. -interpretation und *drittens* einen neodarwinistischen Fortschrittsbegriff.

170 Blair 1994, zitiert nach Finlayson, Tony Blair and the Jargon of Modernisation, S. 15.
171 Blair, Leader's speech, Brighton, 30.09.1997.
172 Vgl. Finlayson, Tony Blair and the Jargon of Modernisation, S. 16.
173 Vgl. ebd., S. 18.
174 Vgl. ebd.
175 Ebd., S. 13.

Nach seinem Wahlsieg versuchte Blair, New Labour in die britische Geschichte einzufügen. Wie schon bei Thatchers Versuch, den Begriff der *Britishness* zu bearbeiten, sollte die eigene Politik historisch verortet werden. Wähler sollten New Labour mit nationalen, geschichtlich gewachsenen kollektiven Werten assoziieren, und das wiederum sollte Legitimität und Solidarität stiften, da sich das Volk in den Regierungsvertretern wiedererkennen sollte:

»From the Magna Carta to the first parliament to the industrial revolution to an empire that covered the world; most of the great inventions of modem times with Britain stamped on them: the telephone; the television; the computer; penicillin; the hovercraft; radar [...] change is in the blood and bones of the British – we are by our nature and tradition innovators, adventurers, pioneers. As our great poet of renewal and recovery, John Milton, put it, we are ›A nation not slow or dull, but of quick, ingenious and piercing spirit, acute to invent, subtle and sinewy to discourse, not beneath the reach of any point that human capacity can soar to.«[176]

Blairs Pointe lautete demgemäß, dass das britische Volk als ein Volk innovativer Modernisierer und Erfinder *intrinsisch* an New Labours Losung und Programm der Modernisierung interessiert sei. Wenn die Gegenwart eine *Challenge* sei, dann sei das britische Volk dasjenige, das sich solchen Herausforderungen zu stellen vermochte.

Blair bediente sich schließlich derselben geschichtspolitischen Topoi wie Thatcher und bemühte ebenfalls die Analogie zu Churchills *Battle of Britain:* »This is a battle of national historical significance, a battle for the soul of that nation to return it to its true inheritance, modernised and ›free to excel once more‹.«[177] Wollte Thatchers mittels Wirtschaft »Herz und Seele verwandeln«, so griff Blair diese Rhetorik auf, wendete sie aber gegen den Thatcherismus als einen vermeintlichen Bruch mit dem historischen Erbe.[178] Indem Blair sein Programm der Modernisierung mit jener vergangenheitsorientierten Semantik des Erbes verknüpfte, sollte sich ein historischer Kreis schließen – New Labour *renovierte* sozusagen das historische Haus des Vereinigten Königreichs, und die Reformen der Regierungen Blairs und Browns bildeten gewissermaßen eine *historische Notwendigkeit.* Das britische Volk war demnach kein passives Objekt,

176 Blair, Leader's speech, Brighton, 30.09.1997.

177 Ebd.

178 Fast schon im Sinne Blairs fragen Faucher-King und Le Galès, ob die britische Gesellschaft ein utilitaristisches Erbe dank der Misstrauensrhetorik der konservativen Regierung unter Thatcher und Major mit sich trage. Vgl. Faucher-King/Le Galès, *The New Labour Experiment*, S. 7.

sondern auch agierendes Subjekt der Geschichte. Denn Blair gab zu verstehen, dass er wie Benedict Anderson die Nation so deutete, dass diese sich »als beständige Gemeinschaft [...] gleichmäßig die Geschichte hinauf (oder hinunter) bewegt«.[179]

Vorstellungen von Geschichte als Zeitverlauf sowie einer kollektiven Schicksalsgemeinschaft sind stets aufs Engste miteinander verwoben. Die Beschwörung des kollektiven Gedächtnisses,[180] also die Erzählung einer gemeinsamen, auch gemeinsam erlittenen und gestalteten (Kollektiv-) Geschichte, hat immer eine genuin politische Implikation. Sie stiftet Gemeinschaft, wo etwa die historische Dynamisierung und Demokratisierung in der Sattelzeit, und für Blair zeitgenössisch die Perzeption von Pluralisierung und Globalisierung, als zentrifugale Kräfte auf die Gesellschaft einwirken mochten.

Da die 1990er als *eine neue Sattelzeit* gedeutet wurden, aktualisierte Blair gewissermaßen das *one nation*-Narrativ, deutete es aber von der ursprünglich konservativen Losung zu einem politischen Modernismus des Volkes um:

»And with them I could sense confidence returning to the British people, compassion to the British soul, unity to the British nation, and that all three would give us new-found strength. The people were yearning for change in their country, at a time when they could see *we had had the guts to modernise our party*. The two came together. The result is a quiet revolution now taking place. Led by the real modernisers – the British people.«[181]

»We won because we are New Labour, because we had the courage to change ourselves, and the discipline to take hard decisions, whilst remaining united. The lessons we learned in Opposition we carry on applying in Government. The moment we stop that is the moment we will stop being in government. Even now, especially now, no complacency.«[182]

Blairs Betonung des politischen Muts seiner Partei unterstreicht die bereits angesprochene These einer doppelten Strategie im kommunikativen Diskurs New Labours, nämlich sich zugleich durch äußere Sachzwänge gegen Kritik zu immunisieren und politisch-ethische Verantwortung zu reklamieren. Während das Narrativ der Globalisierung politischer *blame avoidance* diente, war Modernisierung vor allem Vehikel für politisches *credit claiming*.

179 Andersson, *Die Erfindung der Nation*, S. 33.
180 Vgl. zu diesem Begriff das 1950 erschienene Werk Halbwachs, *Das kollektive Gedächtnis*.
181 Blair, Leader's speech, Brighton, 30.09.1997; Hervorhebung AS.
182 Ebd.

Die beiden Figuren in New Labours Alternativlosigkeitsrhetorik erfüllten folglich verschiedene Funktionen, da sie semantisch unterschiedlich aufgeladen wurden. So schlussfolgert Alan Finlayson zu recht, dass »[…] globalisation and modernisation are not inter-changeable and it is noticeable that it is the latter that, so far, dominates Blairite rhetoric.«[183]

Mit Modernisierung verband sich eine Interpretation britischer Geschichte und britischer Sozialdemokratie. Für linke Politik war es wichtig, den Modernisierungsbegriff neu zu besetzen, da sowohl die Politik Harold Wilsons als auch Edward Heaths ja als *gescheiterte Modernisierungsversuche* galten.[184] Auch die Thatcher-Ära wurde, so die bereits bekannte Einschätzung Stuart Halls, als »regressive Modernisierung« gedeutet. Dieses Erbe sollte nun nicht einfach akzeptiert oder in passiver Ergebenheit weitergeführt werden. Angesichts der Globalisierung als *fait accompli*[185] galt es, Modernisierung zu gestalten und historisch vertane Chancen zu nutzen.

Vor dem Hintergrund gescheiterter Modernisierung forderte Eric Hobsbawm schon 1987 einen *New Deal*, eine Revision der Labour-Partei.[186] Sowohl Hobsbawn als auch New Labour rekurrierten laut Alan Finlayson auf einen spezifisch linken Modernisierungsbegriff und einen in der britischen Geschichtswissenschaft prominenten Topos, wie er vor

183 Finlayson, Tony Blair and the Jargon of Modernisation, S. 20. Aber Finalysons These: »Modernisation comes to mean subordination to a set of assumptions about economic development rather than the shaping of present conditions to contribute to a social good.« (ebd., S. 23), ist nur bedingt zuzustimmen.

184 Vgl. auch ebd., S. 20f.

185 Faucher-King/Le Galès, *The New Labour Experiment*, S. 5.

186 Vgl. Hobsbawm, Out of Wilderness. Allerdings besteht laut Finlayson ein fundamentaler Unterschied zwischen Hobsbawns Forderung und dem Dritten Weg: »Modernisation in Marxism Today was the name of a political project (not an economic process) that would modernise in order to unite a broad coalition of interests and secure a new hegemony. The impression given by the current Labour rhetoric of modernisation is that it is the name of a single impersonal process to which political projects are subordinate. The distinction is crucial. The former regards modernisation as something to be achieved, shaped by the strategic use of the state as an educative instrument (in the singular Gramscian rather than Blairite triplicate sense). But New Labour regards modernisation as something independent of politics and as an inevitable process. The state can only be used to enhance competitiveness and make the country fit for participation in the new world.« Finlayson: Tony Blair and the Jargon of Modernisation, S. 22. Dass dies eine einseitige Kritik New Labours ist, die sich auf den passivierenden Modernisierungsbegriff konzentriert, soll dieses Kapitel mitunter deutlich machen.

allem in der berühmten *Anderson/Nairn-These* formuliert wurde:[187] den des britischen Exzeptionalismus respektive der unvollkommenen Modernisierung. Die linke bzw. sozialdemokratische und sozialistische Lesart britischer Geschichte deutet nämlich die *Glorious Revolution* von 1688 und ihre Nachwirkungen als misslungene oder unvollständige Revolution einer noch »unreifen Bourgeoisie«.[188] Mangels einer richtigen Revolution wie in Frankreich stehe die britische Gesellschaft weiterhin vor aristokratischen, traditionalistischen Residuen und einem feudalen Erbe. So koexistierten neue, kapitalistische Strukturen mit einer anachronistischen, archaischen Superstruktur, die eine umfassende Rationalisierung, wie sie Max Weber beschreibt, zugunsten einer vollmodernen Staatsform verunmöglichten.[189] Monarchie und Liberalismus gediehen und überlebten nicht zufälligerweise in England; Antiklerikalismus und Republikanismus hingegen hätten einen schweren Stand. Modernisierung war und ist also, zufolge, ein *historisch vermachtes Problem* Großbritanniens.

Der Diskurs von Labour war also von einer bestimmten Geschichtsauffassung geprägt, die die beiden Figuren Modernisierung und Globalisierung verband: Globalisierung galt als Synonym für eine »new ›historical phase‹«, für neue Zeiten.[190] Dabei spiegelt diese Deutung ein lineares Geschichtsverständnis; es gibt eine kausale Fortschrittslogik:

> »The key to the management of change is reform. The pace of reform has to match the pace of change. Societies that are open, flexible, able easily to distinguish between fundamental values, which they must keep and policies, which they must adapt, will prosper. Those that move too slowly or are in hock to vested interests or what I have called elsewhere the forces of conservatism, reacting negatively to change, will fall back.«[191]

Diese rhetorische Beschwörung eines allumfassenden Wandels offenbart einen impliziten *Darwinismus*, denn angesichts internationaler Konkurrenz beschwor Blair seine Zuhörer mit der schon zitierten Losung: »The hard

187 Tom Nairn und Perry Anderson publizierten diese These(n) in einer Artikelserie ab 1962 in der New Left Review. Vgl. zu einer ausführlichen Diskussion Nairn, *The Break-up of Britain*.

188 Vgl. Finlayson, Tony Blair and the Jargon of Modernisation, der die Thesen von Anderson/Nairn referiert.

189 Die vorstehende Rekonstruktion folgt ebd., S. 20.

190 Faucher-King/Le Galès, *The New Labour Experiment*, S. 5; Schröder/Blair, Der Weg nach vorne für Europas Sozialdemokraten.

191 Blair, Speech at the World Economic Forum, Davos, 28.01.2000.

choice: stay as we are and decline. Or modernise and win.«[192] Nur Modernisierung, so der Unterton, diene der dynamischen Anpassung an eine veränderte Umwelt, und nur wer sich im beschleunigten Tempo politisch anpasse und wandele, könne einen komparativen Vorteil erringen. Dieser Vorteil sei für Erfolg grundlegend, so die Argumentation.

Diese Vorstellung lehnte sich an die biologische Evolutionslehre an: Bestmögliche Adaptation an die Umwelt ist der alles entscheidende Evolutionsvorteil in der natürlichen Selektion. Derjenige, der sich an die veränderte Umwelt anpasst, der sich gleichsam durch evolutionsvorteilige Mutation adaptiert, wird gewinnen, ja gedeihen. Nur als Randbemerkung sei zu jenem sozialdarwinistischen Trugschluss gesagt: Mutationen treten aus biologischer Perspektive tatsächlich nur spontan durch genetische Aberrationen auf und können niemals intendiert, geschweige denn ein Ausweis höherer Intelligenz sein. Evolution vollzieht sich *emergent*, nicht *intentional.* Darwinismus kann also immer nur metaphorisch auf soziale Phänomene angewandt werden.

Hinter dem evolutionstheoretisch konnotierten Begriff der Modernisierung verbarg sich schließlich im Diskurs New Labours ein latentes Paradox. Modernisierung wurde einerseits als Imperativ verstanden; es war die äußere, unumgängliche Struktur, die dem Akteur (innovatives) Handeln *aufzwang.* Dies lässt sich als die *passivierende Modernisierungsdimension* bezeichnen.[193] Die zugrundeliegende Vorstellung war die einer sich stets bewegenden, ja beschleunigenden Modernität, die jenen Evolutionsdruck auf die Gesellschaft ausübte.[194] Der Vordenker des Dritten Weges, Anthony Giddens, hatte für diese Perzeption den Ideenvorrat und den Diskurs bereitgestellt, insbesondere mit seinem Konzept einer »Juggernaut-Modernity«.[195] Im metaphorischen Rückgriff auf die hinduistische Tradition, große, schwere Prozessionswagen (*Ratha*) zu Ehren des Gottes *Jagannatha* fahren zu lassen, bezeichnet das durch die Kolonialisierung Indiens zu einem englischen Lehnwort gewordene »Juggernaut« eine unaufhaltsame Kraft, die alles vernichtet, was sich ihr in den Wege stellt. Der Wagen ist kaum zu steuern.

So war auch die Moderne im Diskurs des Dritten Weges »a relentless movement leading to a complex, interdependent, and vulnerable world

192 Blair, Leader's speech, Brighton, 30.09.1997.

193 Darauf insistiert Alan Finlayson auch zu Recht.

194 Vgl. Hay, Negotiating international constraints, S. 272.

195 Vgl. Giddens, *The Consequences of Modernity.*

which is characterized by highly increasing processes of social change«.[196] Ganz in diesem Sinne fand sich bei Blair der Topos der Beschleunigung, der der Vorstellung der *Juggernaut-Modernity* inhärent war: England »face[s] the challenge of a world with its finger on the fast forward button; where every part of the picture of our life is changing«.[197] Dieser rasante Wandel in der Moderne wurde als *Synchronisierungsproblem* für demokratische Politik virulent: »[t]he pace of reform has to match the pace of change.«[198] Die TINA-Rhetorik bei New Labour war auch ein Versuch der Re-Synchronisierung; langatmige Willensbildungs- und Entscheidungsprozesse in der Reformpolitik schienen sich angesichts einer geforderten schnellen Reaktion auf die globalisierte Umwelt zu erübrigen.

Konsekutiv wurde die Idee des Fortschritts mittels Reformen von einem emanzipatorischen Fortschrittsbegriff losgelöst und einer Semantik der Zwänge, Notwendigkeit und einer Macht der Umstände zugeführt[199] – es herrschte die normative Kraft des Faktischen (Georg Jellinek). Während sich für Hartmut Rosa spätmoderne Zeitmuster zu einem Beschleunigungsdruck verdichten und die Gefahr kurzfristiger, kurzsichtiger Politik implizieren,[200] fungierte im Diskurs New Labours das Programm der Modernisierung als sinnstiftender *Frame* der Langfristigkeit und Vorausschau. Es galt schließlich, unliebsame Entscheidungen mit Blick auf eine langfristige Gratifikation zu treffen.

Der metaphorische Rahmen der umwälzenden *Juggernaut*-Moderne fand in New Labours Allzweckwaffe Globalisierung ein Echo, denn

> »[i]n both cases, modernity and globalization are imagined as moving, independent entities which we are not able to steer just as our political convictions might tell us. Instead, an up-to-date left-wing political project should be programmatically as well as practically on a level with the juggernaut character of modernity.«[201]

Der globalisierten Moderne musste New Labours Rhetorik zufolge jeder, also Bürger sowie Partei *aktiv* begegnen. Der Begriff der Modernisierung implizierte also zugleich eine Aufgabe, eine Handlungsermahnung und diente als Beschreibung des innerparteilichen sowie politischen Wandels,

196 Hildebrand/Martell, The Negation of Power, S. 9.

197 Blair, Leader's speech, Brighton, 30.09.1997.

198 Blair, Speech at the World Economic Forum, Davos, 28.01.2000.

199 Vgl. Rosa, *Beschleunigung*, S. 418.

200 Ebd.

201 Hildebrand/Martell, The Negation of Power, S. 9.

den New Labour als Akteur verfolgte.[202] Dies lässt sich konkludent als *aktivierende Modernisierungsdimension* benennen.

In dieser doppelten Dimension oder Semantik des Modernisierungsbegriffs lässt sich nun Anthony Giddens' Theorie der Strukturation anwenden.[203] Als *Versöhnung von Akteurs- und Institutionentheorie*[204] begreift Giddens Strukturen nicht einfach als einschränkende Logiken, sondern als »Medium und Resultat eines aktiv strukturierenden Handelns«.[205] Er erkennt eine grundsätzliche Dualität von Strukturen, indem diese zugleich als Einschränkung und Ermöglichung fungieren. Aktivierung und Passivierung sind somit synchrone, dialektische Effekte einer Struktur auf jedes individuelle Handeln in einem sozial (vor-) strukturierten Raum. So verfügt die Moderne als historische, politische und soziale Wirkungskraft über eine aktivierende und passivierende Dimension.

Nimmt man New Labours Erzählung des britischen Volkes als ein Subjekt der Geschichte und Modernisierung ernst, droht schließlich ein Zirkelschluss: Die nationale Aufgabe der Erneuerung und Modernisierung wurde vorgeblich durch die Kräfte des globalen Marktes diktiert. Mit diesen müsse ein Staat gezwungenermaßen harmonieren. Zeitgleich wurde die britische Nation so definiert, als ob sie stets mit diesen globalen Umständen harmonisieren wollte – sie war ja intrinsisch modernisierungsaffin.[206] Herrschte also ein emphatischer Wille, sich pragmatisch dem Sachzwang zu fügen?

Diese Apotheose der Modernisierungsaffinität hatte zwei Konsequenzen: Da New Labour sowohl programmatisch als auch semantisch von Ausbeutung zu Inklusion und Exklusion wechselte, um ein zur Wissensökonomie konsistentes Gesellschaftsbild zu artikulieren, konnte Exklusion nun auch im Vokabular der Zeitzugehörigkeit, der Moderne, artikuliert werden. Die Affirmation der Politik New Labours war eine Frage der *Modernität* des Einzelnen.

Darüber hinaus diente der Begriff der Modernisierung, diskursiv beladen mit Modernisierungsaffinität, strategisch dazu, die beharrenden, konservativen Kräfte in der Labour-Partei an den Rand zu drängen und zugleich die politischen Privilegien einer konservativen Klasse in Groß-

202 Vgl. Faucher-King/Le Galès, *The New Labour Experiment*, S. 5.

203 Vgl. Giddens, *The Constitution of Society*.

204 Lamla, Die politische Theorie der reflexiven Modernisierung, S. 345; Hervorhebung im Orig.

205 Ebd., S. 346.

206 Vgl. Finlayson, Tony Blair and the Jargon of Modernisation, S. 25.

britannien abzuschaffen. So sollte konsequenterweise das mit meritokratischen Prinzipien konfligierende *House of Lords* reformiert werden. Letztlich wurden dem historischen Adel nach Leistung Geadelte zur Seite gestellt.[207] So wie Globalisierung als *Frame* Einheit stiften konnte, wurde über ›Modernisierung‹ Identität hergestellt: »In this way ›modernisation‹ is a key trope for New Labour and Blairite rhetoric anchoring an ideological operation, working to include that which is pre-defined as part of the project and securing that project's unity by excluding everything opposed to it as part of a history that has been surpassed.«[208]

Schlussendlich wurde auch aktive Gestaltung als eine *reaktive* Aktion angesichts des Modernisierungsdrucks gedeutet:

»Forces are at work bringing about the need for modernisation. Such forces are inevitable and clearly definable – technological transformation, the ›obvious‹ failure of the social democratic welfare state, globalisation and so forth. Since such forces are irreversible the political challenge becomes construed as one of living up to these forces rather than assessing them and deciding how politics should respond to them. This further means that specific reforms to core state services, such as education and health, can be justified on the basis of their *a priori* (and unquestionable) necessity rather than on the basis of whether or not they make sense and achieve some stated end other than merely being in accord with forces beyond our control.«[209]

Jenseits der normativen Affirmation von Modernisierung als Zeitsemantik fehlte eine politisch-programmatische Konkretion als Emanzipationsbegriff und als Orientierungsvokabel für die politische Regierungspraxis. So muss diese konkrete Praxis im Folgenden beleuchtet werden. Danach kann der korrelierende Theoriediskurs des Dritten Weges untersucht werden, um zu zeigen, dass die der Politik des Dritten Weges zugrunde liegende soziologische Moderne- und Strukturationstheorie, aber auch andere theoretische Versatzstücke für ein Verständnis unsichtbarer Machtverhältnisse förderlich waren.

207 Vgl. zu dieser unvollendeten Reform Faucher-King/Le Galès, *The New Labour Experiment*, S. 72–75.

208 Finlayson, Tony Blair and the Jargon of Modernisation, S. 18.

209 Ebd., S. 19.

3. Strategie und Praxis: Regieren im Namen der Alternativlosigkeit

»New Labour presented themselves as pragmatists, radical centrists concerned with the efficiency of public action [...].«[210]

Blair benannte folgende Zielvorgaben für seine Politik:

»Let me summarise the new political agenda we stand for:

1. Financial prudence as the foundation of economic success. In Britain, we have eliminated the massive Budget deficit we inherited; put in new fiscal rules; granted Bank of England independence – and we're proud of it.

2. On top of that foundation, there is a new economic role for Government. We don't believe in laissez-faire. But the role is not picking winners, heavy handed intervention, old-style corporatism, but: education, skills, technology, small business entrepreneurship. Of these, education is recognised now as much for its economic as its social necessity. It is our top priority as a Government.

3. We are reforming welfare systems and public services. In Britain, we are introducing measures to tackle failing schools and reform the teaching profession that would have been unthinkable by any Government even a few years ago. Plus big changes to the NHS. For the first two years of this Government, welfare bills have fallen for the first time in two decades.

4. We are all tough on crime, tough on the causes of crime. The debate between ›liberals‹ and ›hardliners‹ is over. No one disputes the causes of crime. In particular social exclusion – a hardcore of society outside its mainstream – needs a special focus. We won't solve it just by general economic success. But we don't excuse crime either. Criminals get punished. That's justice. Fairness.

5. We are reinventing or reforming Government itself. The Government machine is being overhauled. Here, Al Gore has led the way. But the whole basis of how we deliver Government services is being altered.«[211]

Jenseits der verfolgten Reformen, die New Labour gemäß jenen Leitzielen verfolgte, ist für uns Blairs hiesiger Versuch einer Neubestimmung von Regierungspraxis interessant. Einerseits erstarkte der Staat, andererseits zog er sich zur Stärkung von Eigeninitiative zurück. New Labour wollte dem Staat eine neue Rolle und Handlungslogik zuschreiben. In den Worten Browns: »To rise to these global challenges we have this week announced

210 Faucher-King/Le Galès, *The New Labour Experiment*, S. 4.

211 Blair, Doctrine of the International Community, Chicago, 24.04.1999.

the next stage in our competitiveness reforms: [...] These reforms reflect the modern role of Government – *not to interfere but to enable*«.[212] Das vom Labour-Vordenker Charles Leadbeater bereits zitierte Motto: »to help people to get together to help themselves«[213] und das darin artikulierte Verständnis einer »kooperative[n] Selbsthilfe [...] können als *der* Grundgedanke des Dritten Weges«[214] verstanden werden. Regieren unter New Labour visierte schließlich einen Umbau von *Government* zu *Governance* an.

Nach der kanonischen, zwar am amerikanischen Kontext orientierten Abhandlung von David Osborne und Ted Gaebler[215] war die Auffassung politisch anschlussfähig, wenn nicht dominant geworden, dass die Öffentlichkeit zusehends eine bessere Qualität und Auswahl von Produkten und Dienstleistungen und eine höhere Effizienz verlange. Die Autoren verneinten, dass diese Kriterien durch eine bürokratische und durch öffentliche Hand geführte Infrastruktur erfüllt werden könnten, denn die Entscheidungsprozesse und Finanzierungsprobleme des bürokratischen Staats verunmöglichten geradezu Effizienz. Infolgedessen bedürfe es einer »entrepreneurial governance«, die die Flexibilität und Kreativität der postindustriellen Wissens- und Konsumgesellschaft widerspiegele. Diese müsse ergebnisorientiert Performanz kontrollieren, Autorität dezentralisieren, Bürokratie abbauen und Wettbewerb fördern. Bürger wurden zu Konsumenten, die gleich dem offenen Markt eine freie Wahl auch im öffentlichen Sektor, also bei Krankenhäusern, Schulen etc., forderten.

Vor dem Hintergrund dieser sozialwissenschaftlichen Untersuchung, auf die sich der politische Diskurs immer wieder stützte, erhielten *Public Private Partnerships* (PPP), die emblematisch für New Labours *New Public Management* (NPM) stehen können, programmatische Bedeutung. Das *NPM* strukturierte die traditionell politisierten, öffentlichen Dienste weiter um und vertiefte die unter Thatcher und Major vorgenommenen Reformen. Schon 1992 hatte es eine Reform für private Finanzierungsinitiativen, die *Private Finance Initiative* (PFI) gegeben: Firmen konnten öffentliche Infrastrukturprojekte wie Brücken, Schulen, Krankenhäuser privat finanzieren bzw. übernehmen und erhielten dafür im Gegenzug die langfristigen Gewinne.[216]

212 Brown, Speech at the Mansion House, London, 20.06.2001; Hervorhebung AS.

213 Leadbeater, I Think I've Found It.

214 Schönwälder, Konturen eines »Dritten Weges«, S. 252.

215 Osborne/Gaebler, *Reinventing Government.*

216 Vgl. Faucher-King/Le Galès, *The New Labour Experiment*, S. 46.

Nicht nur wurde Privatisierung als unumkehrbar verstanden, da vorhandene Unternehmensstrukturen bereits operierten, auch war diese politisch opportun. An die Politik der Tories anknüpfend, begegnete New Labour bei dem Umbau des öffentlichen Sektors der Aufgabe, Staatsausgaben zu reduzieren, bemühte sich aber dabei, die Gewerkschaften der Beamten und Angestellten nicht wie in den 1970ern zu Streik und Protest zu provozieren. Die Reform des öffentlichen Sektors war sicherlich eines der wichtigsten politischen Vermächtnisse New Labours; auch über das Vereinigte Königreich hinaus können wir erkennen, dass:

»[...] the most comprehensive changes brought about by neo-liberalism are the instruments accepted as admissible in policy making: the rise of NPM (New Public Management) and the development of a large controlling bureaucracy that organized the operation of ›the market‹ in numerous policy areas.«[217]

Jene Strukturen bedurften wohl einer bürokratischen Regulierung, einer »bürokratischen Revolution«.[218] Der öffentliche Sektor wurde derart umstrukturiert, dass dieser danach als »a permeable set of relations«[219] funktionierte. Es herrschte nun »a mix of responsibility between public sector enterprises and the private sector for the provision of public sector functions«.[220] Für diesen »Verantwortungsmix« wurden politische Entscheidungen mitunter auf unpolitische Agenturen bzw. Körperschaften verlagert. Dabei liefen personelle Machtzentralisierung und institutionelle Dezentralisierung durchaus parallel, da sich *Policy-Making* auf die Exekutive, vor allem auf Premierminister Blair, konzentrierte, doch zugleich die Implementierung der Politik auf dezentrale Agenturen, Körperschaften bzw. Institutionen ausgelagert wurden. Letztere agierten in einem zentral vorgegebenen Handlungsspielraum, der durch bindende *Policy Goals,* Budgets, Vertragsbestimmungen, Konkurrenzdruck und Personalpolitik begrenzt wurde. So sollte Kohärenz gewährleistet werden.

Regulative Behörden wurden geschaffen, die wiederum Agenturen überwachten, so beispielsweise die »Audit Kommission«. Im Jahre 2000 gab es in Großbritannien 153 solcher Kontroll- und Evaluationsbehörden, die die Einhaltung sogenannter »good practice«-Regeln kontrollierten.[221] Die offiziellen Regierungsstellen hatten folglich weniger operative Auf-

217 Schmidt/Woll, The State, S. 135.

218 Faucher-King/Le Galès, *The New Labour Experiment*, S. 42ff.

219 Fairbrother, The emergence of the ›de-centred‹ British state, S. 53f.

220 Ebd.

221 Faucher-King/Le Galès, *The New Labour Experiment*, S. 46.

gaben und wurden entlastet, doch steuerten sie weiter indirekt. Es wurde beim britischen NPM weiterhin zentral Kontrolle ausgeübt, aber die politisch intrikate Ausführung übernahmen *Quangos*, lokale Autoritäten und semistaatliche Organisationen. Stephen Cope und Jo Goodship differenzieren daher ein »steering and rowing« der Akteure.[222] Diesem Bild nach blieb der zentrale Staat der Steuermann, während hierarchisch untergeordnete Akteure und Institutionen ruderten.

Die Reform zur *Devolution* und zur Schaffung einer schottischen, walisischen und nordirischen Regionalregierung mitsamt Parlament lässt sich *mutatis mutandis* in dieses Muster einfügen, denn auch hier wurde zwar Subsidiarität bekräftigt, doch die zentrale Kontrolle nicht zu folgenschwer geschwächt.[223] Die Reformen unter Blair verwehrten den jeweiligen Regionalparlamenten eine einspruchsfähige Länderkammer, die als Vetospieler in London hätte fungieren können[224] – mit politischen Langzeitfolgen im schottischen Unabhängigkeitsdiskurs, der im Zuge des *Brexit*-Votums mehr denn je Autonomie von London verlangt.

Behördliche Kontrolle orientierte sich an Kriterien und Normen des unternehmerischen *Managements*; sukzessive fand ein Wandel statt: »Das buchhalterische Abhaken der Performanzfortschritte gelenkter Behörden tritt an die Stelle der Lenkung durch einen gemeinsamen Normenhaushalt der Elite.«[225] Schlussendlich ging es um einen Verhaltens- bzw. Einstellungswandel mittels bürokratischer, oder präziser: gouvernementaler Praktiken; die Bürger sollten Effizienz, Effektivität und Glaubwürdigkeit als Parameter staatlichen Handelns begreifen.[226] Als neoliberal kann die Durchsetzung »eine[r] radikale[n] Subjekt- bzw. Klientenorientierung« und der »Zielformel Ziel- und Produktorientierung, Wirkungskontrollen und

222 Vgl. Burnham, New Labour and the Politics of Depoliticisation, S. 140f.; vgl. dazu auch schon Rose, *Powers of Freedom*, S. 16. Rose verweist ebenfalls auf: Osborne/Gaebler, Reinventing Government.

223 Auch die Wiedereinführung des *Greater London Council* als gewählte Lokalregierung passte in dieses Bild.

224 Vgl. Delhees et al., *Wohlfahrtsstaatliche Reformkommunikation*, S. 29.

225 Sturm, *Politik in Großbritannien*, S. 33.

226 Vgl. Burnham, New Labour and the Politics of Depoliticisation, S. 136. Auch im Bildungsbereich wurden durch das »Office for Standards in Education, Children's Service and Skills« (OFSTED) jene Parameter kontrolliert; die Kontrolle der öffentlichen Aufgaben und die Verwaltungsperformanz traten an die Stelle einer inhaltlichen Auseinandersetzung um Curricula, Bildung und gesellschaftliche Zielvorgaben. Vgl. Faucher-King/Le Galès, *The New Labour Experiment*, S. 46

Qualitätssicherung«[227] gelten, die vor allem in der NPM anleitenden, emblematischen Formel »Best Value for Money«, die den Beraterkreisen um Bill Clinton entnommen wurde, und im omnipräsenten, leistungsorientierten *Ranking* und *Benchmarking* sichtbar wurde.[228]

NPM wurde durch den bereits herausgearbeiteten Diskurs eingerahmt: Die Sprache der Inklusivität, Demokratisierung, Verantwortlichkeit, Zurechenbarkeit und Transparenz (siehe CORA) diente dazu, die Reformen als progressive Umgestaltung der örtlichen Bürokratien zu *framen*.[229] New Labour etikettierte den neuen Regierungsansatz als »joined-up government« und als Ausweis einer die Zivilgesellschaft *stärkenden* Partnerschaft.

Doch bargen fragmentierte *Governance*, gebrochene Autorität(en) und Befehlsketten das Risiko, eine effiziente Staatstätigkeit zu behindern.[230] Auch drohten sie, das demokratietheoretisch hinlänglich bekannte Paradox der politischen Partizipation zu verstärken und unter dem Anschein von einem Mehr an Teilhabe bloße Machtverschiebungen zu kaschieren. New Labour führte letztlich eine thatcheristische Politik fort, indem der strukturelle Zusammenhang zwischen Staat, intermediären Institutionen, Verbänden und Gesellschaft weiter aufgelöst wurde.[231]

Wie passte dies zur Beschwörung der Zivilgesellschaft? Diese sollte zwar Initiative zeigen, durfte aber nicht etwa über Wirtschaftsbelange entscheiden, denn der »alte [...] Tripartismus« wurde durch das Streben nach einer *harmonischen* Partnerschaft von Institutionen, Verbänden und Individuen ersetzt. Ein Problem dieser Partnerschaft war also, dass Bürger mitreden, aber kaum mitbestimmen durften.[232] Konfrontiert man diese Regierungsverständnis mit Colin Crouchs diagnostischem Schlagwort der Postdemokratie als einer Abrechnung mit der politischen Praxis des Dritten Weges, lässt sich schließlich festhalten, dass sich der britische Staat in seinen partnerschaftlichen Beziehungen auf Kommunen, Gemeinden und zum Beispiel Elternvereine, Religionsgruppen konzentrierte, aber sukzessive alte Interessennetzwerke auflöste. Dadurch fehlte es an einer

227 Leisering/Hilkert, Von Großbritannien lernen?, S. 49.

228 Vgl. Faucher-King/Le Galès, *The New Labour Experiment*, S. 50; 56.

229 New Labour veröffentlichte 1999 ein Weißbuch »Modernising Government«. Vgl. dazu ebd., S. 50.

230 Vgl. Cope/Goodship, Regulating collaborative government, auf die sich Burnham, New Labour and the Politics of Depoliticisation, S. 144f. bezieht.

231 Vgl. Schönwälder, Konturen eines »Dritten Weges«, S. 260.

232 Vgl. ebd., S. 261.

Gegenmacht, welche die demokratische Fassade wirtschaftspolitischer Elitenkollusion hätte in Frage stellen können.

3.1 Politik aus Einsicht: Expertise und Betroffenheit

Der Zusammenhang zwischen einer vermeintlich gestärkten Zivilgesellschaft und Alternativlosigkeitsrhetorik verweist uns auf New Labours Strategie, durch NPM, Expertenkommissionen sowie durch partnerschaftliche Beratungsgremien und -räte die eigene Politik transparent abzusichern. Für politische Visionen, aber auch für konkrete *Public Policy-Initiativen* waren britische *Think Tanks* wie *Demos* und die *Fabian Society* oder »Pressure Groups« wie *Progress* und *Compass* von maßgeblichem Einfluss – im auf Erkenntnis politischer Notwendigkeiten pochenden Dritten Weg war der Rückbezug auf deren Expertise eminent.[233]

Das Verhältnis von Politik und Expertise lässt sich zunächst systematisch und über den hiesigen Diskus hinaus problematisieren. Eva Krick schematisiert etwa vier Funktionen von Expertenkommissionen: erstens eine »Neutralisierung von Vetopositionen im Entscheidungs- und Umsetzungsprozess«, zweitens eine »[k]lassische Beratung zum Ausgleich einer ›Wissenslücke‹ durch Expertise«, drittens die »[m]ediale oder symbolische Darstellung politischen Handelns« und viertens die »Legitimation oder Unterstützung vorhandener Regierungspräferenzen und –konzepte«.[234] Solche Expertengremien können ein strategisch opportunes *Governance*-Instrument darstellen, denn der Staat agiert nach außen weniger autoritativ, da er sich auf Beratung und konsensual zustande gekommene (Absichts-) Erklärungen berufen kann. Politische Entscheidungen, die im Parlamentarismus immanent eine parteiliche Einfärbung haben, *gewinnen* an Legitimität durch Expertise, die in der Wissensgesellschaft besondere Bedeutung hat. Zuweilen werden daher *Think Tanks* und Gremien genutzt, um Parlamente zu umgehen oder innerparteiliche Kontroversen zu unterbinden. Der Einbezug von Experten kann demnach Politiker entlasten, ihnen Entscheidungen abnehmen.

In manchen Gremien wird Pluralismus abgebildet, sofern Betroffene, Interessenvertreter, Experten, sachverständige Berater mit Repräsentanten zusammenkommen. Gerade die Einbindung gesellschaftlicher Akteure

233 Vgl. dazu die Studie von Pautz, *Think-Tanks, Social Democracy and Social Policy.*

234 Krick, Regieren mit Gipfeln, S. 235.

ermöglicht es, hohe Kosten einer mangelnden Folgebereitschaft zu verhindern und Akteure bzw. Organisationen einer pluralisierten, individualisierten Gesellschaft am demokratischen Prozess zu beteiligen, sodass Implementierungskosten politischer Entscheidungen gesenkt oder zumindest verhandelt werden können. Gesellschaftliche Komplexität wird (scheinbar) abgebildet.[235]

In solchen pluralistischen Runden finden unterschiedliche Legitimitäts- und Kompetenzzuschreibungen statt; so wird einem Berater »unter diesen Akteuren der Nimbus der Objektivität und des herausragenden Fachwissens« attestiert, während ein Repräsentant »für eine größere Einheit sprechen und […] legitime gesellschaftliche Interessen« vertreten kann.[236] In der Abbildung von Interessen und Sachverstand und in der Herstellung eines Konsenses manifestiert sich also eine vielschichtige Autorität, sodass Expertengremien zu »quasi-legislativen Institutionen«[237] werden können.[238]

Jenseits einer *Public Policy*- und demokratietheoretischen Perspektive sind für die hiesige Beurteilung des TINA-Diskurses die *Vorteile* solcher Verhandlungs- und Willensbildungsverfahren relevant. Die Einbeziehung von Sachverständigen und die Zuweisung von Expertise fungieren als Ausweis von Sachlichkeit, denn es ergibt sich eine spezifische Legitimation der sachlichen *besten*, womöglich *notwendigen* Lösung.[239] Für Politiker wie Blair oder auch Schröder bot sich folglich die strategische Option, in ihrem kommunikativen Diskurs mal die Repräsentationsfunktion, mal Expertise zu betonen, um politische respektive epistemische Autorität zu profilieren: »Soll die Objektivität und der ›Sachzwang‹ betont werden, so wird die Expertenrolle herausgestrichen. Um die Gremienempfehlungen als ausgewogen oder breit akzeptiert darzustellen, kann die Repräsentantenrolle der meisten Mitglieder hervorgehoben werden.«[240] Die demokratischen Prinzipien hinter dem Akronym CORA waren mit der Suggestion, die unter Einbeziehung von Expertise, Sachverständigen sowie Betroffenen formulierten Handlungsempfehlungen seien angesichts vorheriger

235 Vgl. ebd.

236 Krick, *Verhandlungen im Konsensverfahren*, S. 26.

237 Brown, The Politics of Representation on Government Advisory Committees, S. 555.

237 Krick, *Verhandlungen im Konsensverfahren*, S. 27.

238 Ebd., S. 27.

239 Ebd.; auch Brown, The Politics of Representation on Government Advisory Committees.

240 Krick, *Verhandlungen im Konsensverfahren*, S. 27.

Koordination und wissenschaftlicher Wahrheit alternativlos, bestens vereinbar.

Peter Burnham zufolge verwies vor allem Blairs Rekurs auf jene Gremienautorität auf eine *technokratische* Form von *Governance*, die sich in der Regierungspraxis in drei Tendenzen niederschlug: erstens in einer Umgestaltung der Parteiaufgaben, zweitens in einer erhöhten Zurechenbarkeit, Transparenz und externen Evaluation und Validierung der Politik sowie drittens in der Zustimmung zu externen, bindenden Regeln oder Verfahren statt politischem Ermessen.[241] New Labour verabschiedete beispielsweise 1997 für das eigene Regierungshandeln zwei Regeln: Die Aufnahme von Krediten geschehe nur, um zu investieren, und ein stabiles und nachhaltiges Niveau der Staatsschulden müsse gehalten werden.

Um Transparenz zu steigern, wurden allseitige Wirtschafts- und Buchhaltungsprüfungen veröffentlicht und begründeten eine *Audit*-Kultur.[242] Auch erlangten die öffentlichen Reporte bei Haushaltsentscheidungen größeres Gewicht, sowohl um zu erklären, wie die einzelnen Maßnahmen zu den beiden Regeln bzw. Absichtserklärungen passten, als auch um mögliche Diskrepanzen zu erklären. Die detaillierte öffentliche Kommunikation wirtschafts- und fiskalpolitischer Entscheidungsgrundlagen sollte Kritik entgegenwirken und Wählererwartungen beeinflussen. Wenn Arbeitgeber und -nehmer oder selbst militante Gewerkschaftler über die politikanleitenden Variablen und Entscheidungsgrundlagen aufgeklärt würden, kämen sie nicht umhin, die Sachzwänge und die sich daraus ableitende *Alternativlosigkeit* der Entscheidungen zu akzeptieren. Nicht die Invisibilisierung von Entscheidungsprozessen und -grundlagen wie unter Thatcher, sondern ihre Zuschaustellung sollte die Notwendigkeit oder Unabdingbarkeit getroffener Entscheidungen vermitteln. *Top-down* Kommunikation sollte diesen Einsichts- und Erkenntnisprozess stimulieren. Eine adäquate politische Kommunikation könne und solle, dieser bis heute im politischen Diskus anzutreffenden Denkweise entsprechend, politische Interessenkonflikte aufheben, ja nivellieren, da Kenntnisse der Fakten, Gründe, Motive zur Einsicht in Notwendigkeit und Richtigkeit führen müssten. Dazu bedurfte es klarer Kommunikationsstrukturen und politischer Führung. Folgerichtig spiegelte sich die Umgestaltung der Parteiaufgaben in der konkreten Regierungspraxis Blairs.

241 Burnham, New Labour and the Politics of Depoliticisation, S. 129.
242 Vgl. Faucher-King/Le Galès, *The New Labour Experiment*, S. 59f.

3.2 Leadership für »one nation«

Kritische Beobachter attestierten der britischen Politik unter Blair eine »command premiership«.[243] Demnach entspräche Alternativlosigkeitsrhetorik erneut einem autoritären, apodiktischen Kommunikations- und Führungsstil. Roland Sturm benennt gleich sechs Kriterien, die für eine weitreichende Präsidentialisierung unter Blair sprachen: die politische Praxis einer personenbezogenen *Leadership*, der Umbau der Regierungsorganisation, das kampagnenartige Regieren, eine dezidierte Führungsrolle in der Außenpolitik gleichsam als Präsident, die brutale Ausnutzung der Machtspielräume des britischen politischen Systems und die sowohl »herrschaftstechnische« als auch »gesellschaftspolitische« Präsidentialisierung, die sich auch in der Regierungskrise nach Blairs Rücktritt zeigte.[244]

Blairs Regierungsstil schlug sich tatsächlich in einer sich zentralisierenden Parteiführung nieder; der Einfluss von Parteifunktionären, Regierungsmitgliedern sowie von Gewerkschaften wurde geschmälert, während Presseaktivitäten zusehends kontrolliert wurden. Auch die Parteifinanzierung wurde umgestellt, indem zusehends und massiv Spenden von privaten Geldgebern eingeworben wurden (selbstredend mit dazugehörigen Korruptionsskandalen). Der Effekt dieses innerparteilichen Strukturwandels war, so Faucher-King und Le Galès, eine disziplinierte, geschliffene, gut finanzierte, professionalisierte Partei, die New Labour als eine Marketing-Strategie einsetzte.[245]

Die Rhetorik Blairs fügte sich bisweilen einem strikten »Nachrichtenmanagement«.[246] Sogenannte »spin doctors« lancierten und steuerten Kampagnen – der *Spin* der Labour-Partei bleibt legendär.[247] Dadurch ist in New Labours politischer Kommunikation zuweilen nur schwer zwischen Wirklichkeit, rhetorischen Verkürzungen und medialen Projektionen zu unterscheiden, die von Blair und seinem Presseamt kontrolliert oder gar manipuliert wurden, zumal Blair selbst erklärte:

> »Our news today is instant, hostile to subtlety or qualification. If you can't sum it up in a sentence, or even a phrase, forget it. Combine two ideas or sentiments together and mass communication will not repeat them, it will chose between

243 Hennessy, zitiert nach Sturm, *Politik in Großbritannien*, S. 28.

244 Vgl. ebd., S. 28f.

245 Vgl. Faucher-King/Le Galès, *The New Labour Experiment*, S. 88ff.

246 Sturm, *Politik in Großbritannien*, S. 28.

247 Vgl. Crouch, *Postdemokratie*; Fairclough, *New Labour, New Language?*.

them. To avoid misinterpretation, strip down a policy or opinion to one key clear line before the media does it for you. Think in headlines.«[248]

Konsequenterweise erhielt nach der Regierungsübernahme 1997 der sogenannte *Government Information Service* die Weisung, bereits zitierfähige Losungen, ja Schlagzeilen herauszugeben. Alastair Campbell, Leiter des Bereichs Kommunikation und Strategie der Regierung und somit maßgeblicher »spin doctor«, wies Whitehalls Pressemitarbeiter an: »Decide your headlines. Sell your story and if you disagree with what is being written, argue your case«.[249] Slogans wie »tough on crime, tough on the causes of crime« und »one member one vote«[250] verdeutlichten diese Suche nach markanten Sprüchen.

Letzterer Slogan illustriert, dass die Organisationsweise der Regierung zu Ungunsten des Kabinetts und des Parlaments verändert wurde: eine neue, personenfixierte Führung wurde sichtbar, die ihr Mandat direkt von *allen* Parteimitgliedern suchte. Blairs direkte Ansprachen an das Volk marginalisierten zudem das Kabinett. Für Sturm setzte Blair somit »auf Populismus, Parteidisziplin und neue Formen politischen Entscheidens [...]«.[251] TINA-Rhetorik zeugte also nicht nur von einer gesteuerten, kontrollierten Kommunikation, sondern von erneuten populistischen Direktschaltungen in einem auf den Premierminister zentrierten System. Beide britischen TINA-Diskurse gingen also mit macht- und kommunikationszentrierter *Leadership* einher.

Diese politische Führung gab aber vor, den Schulterschluss mit Unternehmen, Institutionen und der Zivilgesellschaft zu suchen. So adressierte New Labour ja eine Gesellschaft, in der dank prosperierender Wirtschaft alte Kämpfe als obsolet galten. Statt Verteilungskonflikten herrschte Partnerschaft bzw. Sozialpartnerschaft in Betrieben und Unternehmen:

»Twenty years ago, the IMF came to bury us. Now they come to praise us. Yes, new Labour's got new friends everywhere. I want Britain to be a country of enterprise and ambition where small businesses grow, manufacturing and engineering revive, where we learn the lessons of British industrial relations over the past 100 years. Fairness at work yes. But flexibility will remain. For business, this will be a Government on your side not in your way. And I say to both sides of

248 Blair, zitiert nach Charteris-Black, *Politicians and Rhetoric*, S. 225.

249 Campbell zitiert nach Smith, Cameron is as obsessed with winning headlines as Blair, The Independent, 11.09.2009.

250 Vgl. Charteris-Black, *Politicians and Rhetoric*, S. 226.

251 Sturm, *Politik in Großbritannien*, S. 28f.

industry, there is no place for militant trade unionism or uncaring management today. Partnership is the key. That is the only language this New Labour Government will respect.«[252]

Partnerschaft als Modell der Interessenvermittlung sollte Konfliktparteien versöhnen und die Wirtschaft zum Prosperieren bringen. Für Blair war sie damit das alternativlose Modell.

Dies verdeutlicht nun einen *systematisch* relevanten Punkt: Die auf den ersten Blick identische Formel der Alternativlosigkeit erfüllte *innerhalb* des politischen Systems Großbritanniens unterschiedliche Funktionen. Das Argument der Notwendigkeit diente im Thatcherismus der diskursiven Konstruktion einer starken Differenz im politischen Feld (Pierre Bourdieu), das dadurch bipolar organisiert wurde. Entweder war man Freund einer vernünftigen, richtigen Politik oder deren Feind, da man falsche, utopische oder gefährliche, ruinöse Vorstellungen hatte. Der thatcheristische Diskurs wurde als ein Diskurs beschrieben, der stark auf *common sense* und populistische Gefühle aufbaute. TINA-Rhetorik diente der polemischen Konstruktion eines *one right way*.

Im Gegensatz dazu verhandelte der Diskurs des Dritten Weges die Grenzen politischer Zugehörigkeit neu. Zwänge und Notwendigkeit wurden nicht länger ins Feld geführt, um die Gesellschaft in Interessen- und Überzeugungsgruppen zu spalten und damit Konflikte zu stiften oder zu reproduzieren. Stattdessen sollte die Gemeinschaft der Bürger angesichts äußerlicher Herausforderungen *zusammenwachsen*. Der Dritte Weg und mit ihm New Labour instrumentalisierten Sachzwänge und Notwendigkeit im Dienste einer Strategie der vereinheitlichenden, *inklusiven* Politik, mit der dennoch eine Strategie disziplinärer Regierungspraxis verfolgt wurde. Blair und seine Gefolgsmänner gebrauchten Metaphern der Überzeugung, des Glaubens sowie der hinzunehmenden Realität, auf die sich eigentlich jeder einzelne und alle gemeinsam verständigen können mussten. Im Gegensatz zu Thatcher verfolgte New Labour somit eine Politikstrategie *jenseits* gesellschaftlicher Konflikte und setzte auf politische *Synthese* und *Gemeinschaft*.[253]

Da Globalisierung und Modernisierung nach neuen politischen Lösungen verlangten, wurde der *one nation-Topos* als Solidarisierungsstrategie zwischen Volk und Regierung eingesetzt. Angesichts der »great

---

252 Blair, Leader's speech, Brighton, 30.09.1997.

253 Peter Mandelson und Roger Liddle erkennen als Basis von Blairs Politik vor allem das Konzept der Gemeinschaft. Vgl. Mandelson/Liddle, *The Blair Evolution*.

challenges« lockte Blair seine Zuhörer mit »great rewards for all of us if we rise to them as we can. As one nation.«[254] Der nun auch bei New Labour zentrale und von den Tories entliehene Topos passte zu dem Verzicht auf thatcheristische Polemik zugunsten eines konsensualen Stils, zu der politischen Logik des Dritten Weges als einem *sowohl-als-auch-Denken* im Gegensatz zu Thatchers *entweder-oder-Politik* sowie schlussendlich zu der rigiden Intoleranz gegenüber Dissens sowohl in den eigenen Regierungs- und Parteireihen als auch bei der kommunikativen und medialen Vermittlung der eigenen Politik durch *Spin*.[255]

New Labour wollte also – und bis vor kurzem, wie Ed Milibands Reden illustrieren[256] – den *one nation-Topos* nach Thatchers Konfliktpolitik und ihrem als *two nations-Politik* inkriminierten Ansatz politisch für sich beanspruchen. Die politisch (wieder) vereinigte Gesellschaft beschrieb Blair als eine mitfühlende, aber autoritäts- und regelorientierte: »It should be a compassionate society. But it is compassion with a hard edge. A strong society cannot be built on soft choices. It means fundamental reform of our welfare state, of the deal between citizen and society.«[257] Der Verweis auf eine direkte Abmachung zwischen dem einzelnen Bürger und der Gesellschaft unterstrich den verpflichtenden Charakter der *Community*.

Der von Blair evozierte *Deal* zwischen Bürger und Gesellschaft wurde über den Staat und konkret über die Person des Premierministers vermittelt: »New Labour ist Tony Blairs persönliches Projekt. Er entwickelt mit seinen Visionen einen quasi-Vertrag mit dem britischen Volk, das ihm persönlich vertrauen soll.«[258] Nicht nur der Regierungsstil, auch der kommunikative Stil Blairs waren personalisiert.

Rhetorisch setzten Blair und vor allem sein Berater Campbell auf ein umgangssprachliches Register.[259] Blair verflachte durch seine Sprache die soziale Hierarchie zwischen ihm bzw. vermeintlich elitären Politikern und dem einfachen Wahlvolk. Vor allem nach dem medial ausgeschlachteten Unfalltod Lady Dianas stellte »a more personal language [...] and a more vernacular language«[260] die Kunstfertigkeit Blairs unter Beweis, Formalität mit Informalität, Ritual und Festivität mit Emotionalität zu füllen und

254 Blair, Leader's speech, Brighton, 30.09.1997.
255 Vgl. dazu auch Fairclough, *New Labour, New Language?*, S. 109f.
256 Miliband, Speech to Labour Party Annual Conference, Manchester, 02.10.2012.
257 Blair, Leader's speech, Brighton, 30.09.1997.
258 Sturm, *Politik in Großbritannien*, S. 28.
259 Vgl. dazu Charteris-Black, *Politicians and Rhetoric*, S. 227.
260 Vgl. Fairclough, *New Labour, New Language?*, S. 7.

schließlich das Private und Öffentliche zu vermengen, um Integrität und Authentizität herzustellen. Blair stellte sich als Mann aus der gesellschaftlichen Mitte dar, wenngleich er wie die »Krämerstochter« Thatcher in Oxford studiert hatte.

Angesichts Blairs emotionaler, persönlicher Ansprachen lässt sich eine bemerkenswerte Verbindung erkennen: Harte Realitäten wurden mit Werten und moralischen Vorstellungen, mit einem kommunitaristisch gesättigten Liberalismus verbunden; die Begrifflichkeiten »good and evil«, »right and wrong« spielten in Blairs Reden eine eminente Rolle.[261] Weil Blair mit dem Projekt New Labour mitunter eine *moralische Erneuerung* der Briten einforderte, gilt es, die Bedeutung seiner ostentativ vorgetragenen moralischen und ethischen Überzeugungen zu erhellen.

3.3 Zwischen Pragmatismus und Überzeugung

Der »exponent of sound bite«[262] Blair zeigte in seinen Reden eine »ability to integrate ethos – having the right intentions – with pathos – sounding right […].«[263] Er verband seine moralischen Überzeugungen, Gefühle und Einstellungen mit der Moralität *normaler* Menschen, der *common people* – so wie Thatcher es tat. Aber Blair appellierte an Moral und *common sense*, um alle zu überzeugen, nicht um Gegner zu diskreditieren. Jenseits der *commonness* seiner politischen Ansichten gebrauchte er dazu ein spezifisches *ethisches* Register, so etwa zum Beispiel auf der Parteikonferenz 1995, auf der Blair sein Modell des Sozialismus darzulegen suchte:

»Socialism for me was never about nationalisation or the power of the state, not just about economics or even politics. It is a moral purpose to life, a set of values, a belief in society, in co-operation, in achieving together what we cannot achieve alone. It is how I try to live my life, how you try to live yours – the simple truths – I am worth no more than anyone else, I am my brother's keeper, I will not walk by on the other side. We are not simply people set in isolation from one another, face to face with eternity, but members of the same family, same community, same human race. This is my socialism and the irony of all our long years in opposition is that those values are shared by the vast majority of the British people.«[264]

261 Vgl. ebd., S. 37ff.

262 Vgl. Charteris-Black, *Politicians and Rhetoric*, S. 225.

263 Ebd.

264 Blair, Leader's speech, Brighton, 03.10.1995.

Blair konzipierte »Politik als Ethik«[265] und betonte die Rolle der Gesellschaft, wohingegen Thatcher bekanntlich deren Existenz provokativ in Zweifel zog.

Die Beschwörung grundlegender politischer und ethischer Werte diente bisweilen der Selbstverständigung und Selbstdisziplinierung der Partei. 2001 schwor Blair seine Partei ein: »So this is a battle of values. Let's have that battle but not amongst ourselves. The real fight is between those who believe in strong public services and those who don't. That's the fight worth having.«[266] Blair war also keineswegs ein bloß nüchterner, pragmatischer TINA-Rhetoriker, sondern begriff und inszenierte sich als Politiker mit Überzeugungen und ethischen Prinzipien. Seine Politik, die auf Inklusion, Partnerschaft und politische Synthese setzte, riskierte durchaus Konflikte, führte diese aber mit den herausgearbeiteten Mitteln inklusiver Rhetorik und Führung zu einem scheinbar versöhnlichen Ende.

So verwies auch Blairs Rechtfertigung des Irak-Krieges vor allem auf das Motiv ethischer Integrität. Außenpolitisch war seine »ethically selfrighteous position«[267] besonders manifest: »Wherever there was wrong in the world – the Balkans, Sierra Leone or Iraq, like the superhero of an American comic story, Blair saw it as his destiny to get involved on the side of ›good‹.«[268] Bei der Irak-Intervention Großbritanniens glaubte Blair einmal mehr, dass es die Werte westlicher Demokratien und die Menschenrechte zu verteidigen gelte, notfalls mit Gewalt. Schließlich hatte er sich bei der Intervention im Kosovo und bei den Verhandlungen zum irischen Terror der IRA einen Namen gemacht. Doch nachdem die tatsächlich manipulierte Sicherheitsbedrohung durch falsches Geheimdienstmaterial aufflog, die britischen Truppen in Folterskandale verwickelt waren, war Blair desavouiert. Die Antikriegsproteste gehörten zu den größten Protesten in Großbritannien.[269] Insbesondere die von Blair – und George W. Bush – betriebene Dämonisierung Saddam Husseins zeigt noch einmal, dass Blair in bestimmten Kontexten durchaus konfliktive Metaphern verwendete;[270] Moralität und Ethik gingen mit »battle«-Metaphern

265 Charteris-Black, *Politicians and Rhetoric*, S. 230.

266 Blair, Leader's speech, Brighton, 02.10.2001.

267 Charteris-Black, *Politicians and Rhetoric*, S. 223.

268 Ebd.

269 Vgl. Faucher-King/Le Galès, *The New Labour Experiment*, S. 11.

270 Vgl. dazu nur die Wiederholung des Adjektivs »evil« bei Blair, so Charteris-Black, *Politicians and Rhetoric*, S. 232.

einher, solange sie nicht die innere Wertegemeinschaft als solche in Frage stellten, sondern Werte der *one nation* verteidigten.

In seinen Memoiren rechtfertigte Blair die Kriegsbeteiligung im Irak auf eine aufschlussreiche Weise: »›Being in touch‹ with opinion was no longer the lodestar. ›Doing what was right‹ had replaced it.«[271] Schon 1998 hatte er erklärt: »Of course we would rather be popular than unpopular, but it is better to be unpopular than wrong«.[272] Demzufolge proklamierte Blair nicht nur Notwendigkeit, sondern betrieb Politik auch aus Überzeugung ihrer *Richtigkeit*. Blair und seine Regierung vermittelten, Politik gegen eine (falsche) Mehrheitsmeinung, auch gegen Stimmungen in der Bevölkerung zu betreiben und dabei das Risiko des *electoral punishment* und der Proteste in Kauf zu nehmen, da es sich ja um eine *richtige* Politik handelte. New Labours *credit claiming* für unliebsame Entscheidungen bediente sich also paradoxerweise auch der Gefahr einer Abwahl, um Glaubwürdigkeit und Opferbereitschaft, Durchhaltevermögen und Willensstärke zu signalisieren. Implizit wurde hierbei eine moralische, epistemische bzw. metaphysische Gewissheit gegenüber demokratischer Absicherung stark gemacht.

Schon 1995, also noch *vor* der Wahl New Labours, beobachtete *The Times*, dass Blairs Vokabular von Begriffen wie Vertrauen, Ehre, Leidenschaft, Überzeugung, Glauben etc. durchdrungen war.[273] Im Selbstverständnis sowie in der Außendarstellung New Labours vermengten sich von Beginn an Pragmatismus, Opportunismus mit universalen, unbeirrbaren Ansichten oder ethischen Maßstäben. Auch im Diskurs der Alternativlosigkeit *amalgamierten* daher Überzeugungen mit Notwendigkeiten, Sachzwängen und vorgeblichen Allgemeinwissen und Weltdeutungen – das verhalf der Partei und ihrem Vorsitzenden erst zur Macht. Gerade jene doppelseitige Diskursstrategie, dem Wähler die seit Jahren konsistente gesinnungsethische, moralische Grundlage der eigenen Politik zu erklären und zugleich wirtschaftspolitischen Realismus und Pragmatismus zu beanspruchen, war das Erfolgsrezept New Labours. Schon in seinem zitierten Papier mit Gerhard Schröder hatte Blair differenziert, dass politische Mittel anpassbar sein müssten, Werte hingegen nicht. 2000 wiederholte er: »Societies that are open, flexible, able easily to distinguish

271 Blair, *A Journey*, S. 659; auch Charteris-Black, *Politicians and Rhetoric*, zitiert diese Formulierung, S. 223.

272 Blair, Leader's speech, Blackpool 29.09.1998.

273 Vgl. The Times, 02.06.1995, zitiert nach Charteris-Black, *Politicians and Rhetoric*, S. 228.

between fundamental values, which they must keep and policies, which they must adapt, will prosper.«[274]

Der politische Diskurs musste sowohl die Revision des Parteiprogramms, die flexible Anpassung an die »changed realities« nachvollziehbar werden lassen als auch dem Eindruck politischer Beliebigkeit entgegensteuern. So galt es, – wie einst für Thatcher – Überzeugungsfestigkeit demonstrieren.[275] Blair selbst erklärte einmal, er habe Thatchers Erfolg, durch Bestimmtheit und Aggression einen Personenkult um sich aufzubauen, bewundert, ja als nachahmenswert erachtet.[276] Es ist daher festzuhalten, dass New Labour-Politiker auf der einen Seite als »reluctant converts«[277] bzw. als realitätsorientierte Pragmatiker auftraten, doch gleichzeitig auf emphatische Weise Werte und Überzeugungen betonten. Schließlich lässt sich argumentieren, dass im Diskurs New Labours »[...] the distinction between the ›inevitable‹ and the ›desirable‹ was subtly and [...] strategically blurred in order to increase the potency of the message being relayed«.[278] Die Rhetorik der Alternativlosigkeit bei New Labour sollte vermitteln, es gebe nur einen wünschenswerten, aber auch nur einen überhaupt möglichen Weg gen Zukunft.

New Labours Diskurs und Politik lassen sich nun als ein Versuch verstehen, Wirtschaftlichkeit, Effizienz sowie Wettbewerbsfähigkeit regulativ und durch Investitionen zu stimulieren, ohne die Glaubwürdigkeit eines liberal motivierten Abschieds vom Interventionsstaat zu verspielen. Das erklärt die damalige diskursive Ambivalenz von politischer, das heißt akteurszentrierter *Durchsetzungsfähigkeit* und *Strukturapathese*. Frei nach Marx ließe sich formulieren: Globalisierung und Moderne sind das Ergebnis menschlicher Interaktion, sie sind das Produkt von Subjekten, die Geschichte machen, aber nicht frei und unter selbstgewählten Umständen.[279]

Politik müsste es gelingen, nicht nur Wähler, sondern auch die »Märkte zu überzeugen«, so Blair 1997.[280] Dementsprechend meinte der wirtschaftspolitische Berater Ed Balls, dass »credibility [...] the elusive elixir of

274 Blair, Speech at the World Economic Forum, Davos, 28.01.2000.

275 Vgl. Charteris-Black, *Politicians and Rhetoric*, S. 223–250

276 Ebd., S. 224.

277 Hay, The normalizing role of rationalist assumptions, S. 522.

278 Hay/Watson, The Discourse of Globalisation and the Logic of No Alternative, S. 2.

279 Vgl. zu dieser Anverwandlung von Marx auch Hay/Marsh, Introduction: Demystifying Globalization, S. 13.

280 Vgl. Blair, Speech to the Singapore Business Community, Singapur, 08.01.1997.

modern macroeconomics« sei.[281] Nach Jahrzehnten der Tory-Regierungen mussten Labour-Politiker ihre inflationspolitische Kompetenz glaubhaft machen und versichern, Preisstabilität zu garantieren, denn mangelnde Glaubwürdigkeit würde mit Kapitalabzug quittiert. Aus diesem Grund gebrauchte New Labour bereits als Oppositionspartei die Rhetorik einer »tough on inflation«-Partei,[282] um das Vertrauen der internationalen Finanzmärkte zu gewinnen. Blair sagte 1995: »low inflation is not simply a goal in itself, it is the essential prerequisite both of ensuring that business can invest and that supply-side measures can work to raise the capacity of the economy to grow.«[283]

New Labours Ankündigungen weckten, gleich einer sich selbst erfüllenden Prophezeiung, Erwartungen an die zukünftige Politik, die wiederum reale ökonomische Wirkungen entfalteten. Nicht nur umgesetzte *Policies*, sondern schon ihre Ankündigung war womöglich effektiv.[284] Das verweist uns auf das grundsätzliche Problem, dass im Finanzmarkt-Kapitalismus die *Rhetorik* einer Regierung, ja die Suggestion einer Anerkennung von (wirtschaftlichen) Notwendigkeiten und eine Selbstbindung oder -beschränkung politischer Akteure von eminenter Bedeutung für die *tatsächliche Performanz* einer Volkswirtschaft sein kann.

281 Balls 1998, zitiert nach: Burnham, New Labour and the Politics of Depoliticisation, S. 137.

282 Hay/Watson, The Discourse of Globalisation and the Logic of No Alternative, S. 19.

283 Blair, Mais Lecture, London, 22.05.1995.

284 Vgl. Hay/Watson, The Discourse of Globalisation and the Logic of No Alternative, S. 19.

3.4 Die Politik der Depolitisierung: Die Reform der *Bank of England*

»Within days of taking office, we took one of the hardest choices of all: we gave the Bank of England the right to decide interest rates and take the politics out of mortgages. And in the short term it's tough. Interest rates have gone up. But I say to people, better to go up now, still only by 1 percent, than to go back to the days of the last Tory government when mortgages were at 15 percent for a year, 1 million homes in negative equity, a whole swathe of industry wiped out. We are cutting the Tory deficit too. We are sorting out the public finances. Borrow only for investment. Hold debt down. Earn before you spend. Don't live on tick. I want this to be the New Labour Government that ended Tory boom and bust for ever.«[285]

Kurz nach der Wahl, ohne dass dies zuvor explizit im Wahlprogramm angekündigt worden war, entschied New Labour, die institutionelle Architektur der britischen Geldpolitik gravierend zu verändern: Die *Bank of England*, genauer: das *Monetary Policy Committee* (MPC), erhielt operationelle Unabhängigkeit. Dies kam einer Reform zugunsten »a quasi-independent central bank«[286] gleich. New Labour vervollständigte so John Majors geldpolitischen Kurs, und Gordon Brown, als Schatzmeister und Finanzminister verantwortlich für diese Reform, wurde nicht nur dank seines »economic rigor and his ability to stage budgets« zu einem Politstar der Finanzmärkte und Unternehmen.[287]

Die überraschende Reform war ein Coup, mittels der die neue Regierung für Marktanalysten und -akteuren, ob nun Investoren, Spekulanten, Rating-Agenturen, ihre wirtschafts- und finanzpolitische Kompetenz bewies. Die buchstäbliche Überrumpelungsstrategie der Reform war hierbei Mittel zum Zweck eines *fait accompli*. Dies war durchaus von Erfolg gekrönt, wie ein Blick in die damalige mediale Berichterstattung zeigt. Der *Daily Telegraph* schrieb am 7. Mai 1997 »the City [...] believes that the Bank will be a lot less tolerant about inflation than any government could be«,[288] während die *Financial Times* notierte: »Similarly, Andrew Roberts, bond analyst at the Swiss Bank, UBS, remarked, ›it is unbelievable to gain so much financial market credibility with such a simple move‹.«[289]

285 Blair, Leader's speech, Brighton, 30.09.1997.
286 Hay, Negotiating international constraints, S. 271.
287 Vgl. Faucher-King/Le Galès, *The New Labour Experiment*, S. 21.
288 Hay/Watson, The Discourse of Globalisation and the Logic of No Alternative, S. 19.
289 Ebd., S. 20.

Seither legt eine neunköpfige Kommission, bestehend sowohl aus internen als auch externen Mitgliedern, Zinsen in einem transparenten, unpolitischen (und auch so beschriebenen) Modus fest.[290] Exakt jener supra-demokratische Standort einer unabhängigen Zentralbank wird stets als Ausweis wirtschaftlicher Kompetenz und Effektivität verstanden.[291] Die Reform der *Bank of England* ist damit ein instruktives Beispiel für Regieren im Namen von TINA, zumal die Möglichkeit institutionalisiert wurde, vermeintlich unpolitische Handlungsvorgaben bzw. Zwänge für ein nationales makroökonomisches Management zu konstruieren.

Was hat diese Reform also mit einer Politik der Depolitisierung zu tun? Ed Balls bereits zitierte Leitlinien für New Labours Wirtschaftspolitik lauteten: »stability through constrained discretion; credibility through sound, long-term policies; credibility through maximum transparency; the principle of trust through pre-commitment.«[292] Um das Vertrauen der internationalen Märkte in den Sterling zu erhalten, eine inflationsbegünstigende Lohnentwicklung zu vermeiden und Kürzungen der öffentlichen Ausgaben zu verfolgen, sollte anders respektive weniger politisch gesteuert oder gemanagt werden; ferner sollte die Differenz zwischen keynesianischer oder monetaristischer Wirtschaftspolitik verwischt werden.[293] Regierungsberater wie Balls schlugen dementsprechend als Strategie einen *Postmonetarismus* vor.[294] 2001 erklärte Gordon Brown: »So Britain did need a wholly new monetary and fiscal framework that went beyond the crude Keynesian fine tuning of the fifties and sixties and the crude monetarism of the seventies and eighties and, instead, offered a modern British route to stability.«[295] Die bewusste Loslösung des Zinssatzes von der politischen Einflusssphäre griff auf bestehende monetaristische und neoliberale Wirtschaftsdiskurse, die eine solche Entpolitisierung einforder-

---

290 Die Kommission besteht aus dem *Governor*, zwei *Deputy Governors for Monetary Policy and Financial Stability*, dem Chefökonom der Bank, dem *Executive Director for Markets* und vier unabhängigen Mitgliedern, die direkt vom *Chancellor* ernannt werden. Dadurch soll sichergestellt werden, dass die Bank von Expertise profitiert, die nicht innerhalb ihrer eigenen Institution erworben bzw. deren Träger nicht innerhalb der Bank sozialisiert wurden, so die Selbstdarstellung der MPC.

291 Vgl. Kydland/Prescott, Rules rather than discretion; Hay, The normalizing role of rationalist assumptions in the institutional embedding of neoliberalism, S. 516.

292 Balls, New principles for government, S. 20.

293 Vgl. Burnham, New Labour and the Politics of Depoliticisation, S. 130.

294 Vgl. Faucher-King/Le Galès, *The New Labour Experiment*, S. 21.

295 Brown, Speech at the Mansion House, London, 20.06.2001.

ten, zurück. Daher war diese Entscheidung New Labours letztlich neomonetaristisch und verlieh der Idee unpolitischer Expertise neues Gewicht.

New Labours Reform des MPC konnte allerdings auch an eine alte Diskussion anschließen. Schon in der sogenannten *Cunliffe-Kommission* hatten deren Mitglieder 1918 geldpolitische Weichenstellungen diskutiert und gewissermaßen politikeinhegende Regeln gefordert, um die Kriegskosten in den Griff zu kriegen. Die *rules-versus-discretion theory* der Geldpolitik[296] verfügt über eine lange Geschichte im 20. Jahrhundert, und dabei korrelieren theoretische Debatten mit internationalen Arrangements. So sollten etwa feste Wechselkurse eine vorhersehbare Gelpolitik begünstigen und Glaubwürdigkeit herstellen, indem Erwartungen stabilisiert würden.[297] Was zuvor der internationale Goldstandard war, wurde durch Bretton Woods ersetzt. In den späten 1960ern und den 1980er Jahren dominierten dann drei Zielvorstellungen: Liberalisierung, weniger Kontrolle der Kapitalbewegungen und die Abwehr internationaler Finanzkrisen.

In einer Pressekonferenz im Mai 1997 erklärte nun Gordon Brown die Entscheidung, die Verantwortung für Geldpolitik vom Finanzministerium auf die *Bank of England* zu verlagern, wie folgt:

»So we must break from the short termism of the past – the economic instability that has characterised the British economy not just in recent years but for most of the century. That is why I want British economic success to be built on the solid rock of prudent and consistent economic management, not the shifting sands of boom and bust.

Now is the time for long-termism. This is the time to set the British economy on a new long term course that will deliver high levels of growth and employment through lasting stability.«[298]

New Labours Entscheidung reflektierte somit die These der zeitinkonsistenten, inflationspolitischen Präferenz politischer Akteure. Die wirtschaftswissenschaftlichen Modelle und Annahmen, die zu Regierungswissen avancierten und der Entscheidung zugrunde lagen, entsprangen dabei der *Public Choice Theorie*, dem Monetarismus à la Friedman, der

296 Kydland/Prescott, Rules rather than discretion.

297 Vgl. Burnham, New Labour and the Politics of Depoliticisation, S. 133.

298 Dieser Auszug ist entnommen aus: Bank of England: Bill 62 (1997/98), S. 17. Auch im Jahre 2000 erklärte Brown stolz: »And it is precisely because we have taken the time and trouble to build the long term foundation for success, precisely because we have resisted short term lurches in policy, that we can today steer a course of stability at a time of uncertainty in the world economy without putting growth at risk. So we will not return to the old short-termism.« Brown, Chancellor's speech, Brighton, 25.09.2000.

makroökonomischen Theorie rationaler Erwartungen und der Theorie des politischen Konjunkturzyklus. Ohne in die Tiefen makroökonomischer Modelle einsteigen zu wollen, lässt sich noch einmal deren virulente politische Pointe akzentuieren. Schließlich prägt dieses Denken bis heute wirtschafts- und finanzpolitische Diskurse und bietet unabhängigen Zentralbanken eine Legitimationsgrundlage.

Nimmt man an, dass Arbeitslosigkeit und Inflation gegeneinander abgewogen werden müssen, werden politische Akteure, da sie auf Stimmenmehrheit fokussiert sind, einen *politischen* Konjunkturzyklus versuchen zu steuern, der für die Ziele makroökonomischer Globalsteuerung, also Vollbeschäftigung, Preisstabilität, stetiges Wachstum und eine ausgeglichene Zahlungsbilanz, nicht zwingend förderlich ist. Politiker werden beispielsweise kurz vor einer Wahl versuchen, die Arbeitslosigkeitsrate durch höhere Staatsausgaben zu senken. Während sich Wähler kurzfristig von Erfolgen blenden lassen, antizipieren Marktakteure jedoch jenes opportunistische Verhalten, sprich *Defektion*, und passen ihr Investitionsverhalten dementsprechend an. Daraus ergibt sich nun, dass die Folgen antizipierter, also noch *fiktiver* Inflationsraten für Investitionen *genauso* real sein können wie die einer echten Inflation.[299] Konsequenterweise muss die Kontrolle der Geldpolitik aus den Händen öffentlicher, politischer Akteure verlagert werden, da sonst Inflation und Zinsen in ihren aggregierten Raten viel höher wären als notwendig. Daher bedürfe es einer politisch nicht nach Belieben lenkbaren Verpflichtung auf ein *inflation target*. Dies soll eine unabhängige Bank übernehmen, sodass Inflationserwartungen kontrollierbarer werden und daraus positive Effekte auf Arbeitslosigkeitsrate und Kreditkosten entstehen.[300] Ferner, so lässt sich noch einmal aufgreifen, seien Politiker, sofern sie wirtschaftlich effektiv regieren wollen, genötigt, die rationalen Antizipationen sowie das Verhalten der Investoren und weiterer Marktakteure zu internalisieren, da ansonsten in einer globalisierten Weltwirtschaft Kapitalflucht drohe.

Fokussierte der traditionelle Monetarismus der 1970er Jahre statt *inflation targets* sogenannte *money supply targets* – dieser letztlich scheiternde Ansatz wurde in der ersten Amtszeit Thatchers deutlich –, kann die politische Linie New Labours tatsächlich nur als post- oder neo-moneta-

299 Hay, The normalizing role of rationalist assumptions, S. 516. Das verdeutlicht auch die neue Bedeutung von *self fulfilling prophecies*.

300 Ebd.

ristisch begriffen werden. Blair kritisierte die konservativen Vorgängerregierungen:

»To the Tories and anyone else who urges me to scrap the Bank of England's independence and intervene to devalue the pound, I say in all candour: we have sacrificed long-term strength playing that game far too often in the past. No backing down – backbone, not back down is what Britain needs.«[301]

New Labour hatte die Diagnose politischer Konjunkturzyklen verinnerlicht. Da zeitinkonsistentes Handeln also selbst von politischen Akteuren als Regierungsproblem betrachtet wurde, galt die Institutionalisierung eines unabhängigen, zurechnungsfähigen makroökonomischen Regimes, das die alles entscheidende Preisstabilität apolitisch garantieren könnte, als *alternativlos*. Es bedurfte unpolitischer Entscheidungsfindungen in einem auf *Expertise* basierenden Verfahren, denn: »That status is seen to be *inviolable* and *beyond political contestation* – indeed, it is only because it is inviolable and beyond political contestation that any credible commitment to its delivery can be made«.[302] Selbstbindung durch Kompetenzoutsourcing war folglich der programmatische Ausweg aus dem Dilemma; das politische Willkür- bzw. Dezisionismusproblem wäre sonst zum Konjunkturproblem geworden.[303]

New Labour (und mit ihr andere Regierungen der Zeit) mobilisierte wirtschaftswissenschaftliche Modelle und ihre rationalistischen Annahmen als *Frame* für ihre Politik, die dann wiederum mit Verweis auf jene wirtschaftswissenschaftlichen Diskurse als alternativlos dargestellt wurden. So offenbarte die Reform erneut das diskursive Spannungsfeld eines emphatischen Pragmatismus: »Within days of taking office, we took *one of the hardest choices of all*: we gave the Bank of England the right to decide interest rates and take the politics out of mortgages.«[304]

301 Blair, Leader's speech, Blackpool, 29.09.1998.

302 Hay, The normalizing role of rationalist assumptions, S. 517; Hervorhebungen AS.

303 Diese Selbstbeschränkung der Politiker zugunsten langfristiger Politik spiegelt gleichsam das seit Bodin bekannte konstitutionalistische Paradox, dass die Begrenzung von Macht ein Machtzuwachs bedeutet, wider (vgl. Holmes, *Passions and Constraint*, S. 100ff). Die Limitierung des politischen Handlungsspielraums sollte tatsächlich demonstrativ Macht der Politik beschränken; je politikdistanzierter und strenger die Regeln, desto größer die Glaubwürdigkeit und damit wieder der Handlungsspielraum nationaler Regierungen (Burnham, New Labour and the Politics of Depoliticisation, S. 134). Überspitzt formuliert, findet sich hier das makroökonomische Äquivalent des politiktheoretischen Souveränitätsparadoxes.

304 Blair, Leader's speech, Brighton, 30.09.1997; Hervorhebung AS.

Für Hay, Burnham und andere manifestiert sich in dieser Reform eine Politik der Depolitisierung, weil der politische Charakter von Entscheidungsverfahren und -prozessen verwischt wurde.[305] Depolitisierung fand in einem mehrfachen Sinne statt: Der Entscheidungsprozess wurde nicht nur verlagert, auch der kommunikative Diskurs beendete sukzessive Debatten um angemessene Politik durch die erneute Behauptung *notwendiger* Politik. Die MPC wurde schließlich zu einer von Expertise angeleiteten Agentur und ist bis heute ein gleichsam »supra-demokratischer« Ort, da hier kein Verfassungsmandat von demokratisch zurechenbaren Körperschaften oder Behörden erteilt wird, sondern der Inhalt der dortigen Beratungen und Entscheidungen lediglich *ex post* demokratischen Institutionen und der Öffentlichkeit vorlegt wird.[306] Somit steht die Bank über bzw. jenseits einer effektiven demokratischen Kontrolle oder Einflussnahme. Der Schlüsselbegriff demokratischer Zurechenbarkeit scheint in diesem Fall weniger politische Zurechenbarkeit mitsamt elektoraler Sanktionsmöglichkeit als eine an eine unpolitische Institution *outgesourcte* Kompetenz mitsamt Transparenzversprechen zu beschreiben. Transparenz soll die verlorenen Chancen demokratische Einflussnahme kompensieren.

Dem Argument, die Reform der Bank versinnbildliche Depolitisierung *par excellence*, gilt es allerdings entgegenzuhalten, dass die britische Regierung bis heute die Kontrolle über das finale Ziel der Gelpolitik behält. Die Regierung bestimmt ein Inflationsziel, innerhalb dessen die Bank mit ihren Entscheidungen operieren muss. Die geldpolitische Ausführung des politischen Ziels obliegt also der *Bank of England*. Damit unterscheidet sich der Unabhängigkeitsgrad der *Bank of England* von der deutschen Bundesbank, der amerikanischen *Federal Reserve* (FED) und der EZB, die selbst das Ziel vorgeben dürfen und damit oftmals politische Handlungsräume zu einem *Korridor* verengen. Es lässt sich also einwenden, dass die *Bank of England* durchaus noch politischen Entscheidungen unterliegt.

New Labour erreichte mit diesem Schritt drei Ziele: Die Regierung schmälerte politische bzw. regierungszentrierte Verantwortung, stellte wirtschaftliche Glaubwürdigkeit durch finanzielle und fiskalische Disziplin her und konnte schließlich Wähler durch Verweise auf unpolitische

305 Burnham, New Labour and the Politics of Depoliticisation, S. 128: »depoliticisation as a governing strategy is the process of placing at one remove the political character of decision-making.«

306 Vgl. zu dieser Argumentation Hay, The normalizing role of rationalist assumptions, S. 516.

Zielvorgaben der *Bank of England* besänftigen. TINA-Rhetorik konnte sich nun nicht nur auf abstrakte, schwer zu lokalisierende und hochgradig umstrittene Zwänge seitens der internationalen Wirtschaft beziehen, sondern auch als Effekt einer Disposition innerhalb institutioneller Architekturen begriffen werden.

Schließlich ist die britische Reform der Architektur der Geldpolitik in einem systematischen Sinne aufschlussreich. Für Wolfgang Streeck bedeutet wirtschaftliche Liberalisierung größtenteils, dass Institutionen verschwinden, die Wirtschaftsakteure sozialen Normen, Regelwerken und öffentlicher Verantwortung und Zurechenbarkeit unterwerfen können.[307] Wenn nun unabhängige Instanzen über Geldpolitik entscheiden, entscheiden sie über Fragen wirtschaftlicher Salienz. Man kann daher davon ausgehen, dass für Regierungen Handlungsspielräume durch monetäre Korridore eingeschränkt sind oder sich Regierungen zumindest gegen solche Einschränkungen behaupten müssen. Jene, aus enggefasster Perspektive des politischen Regierungssystems *exogenen* Einschränkungen des Handlungsspielraums können dann als wirtschaftliche und durch Expertise angeleitete Reaktion auf *kontingente* Ereignisse vermittelt werden. Politik erhält hierdurch einen tendenziell reaktiven Status. Dementsprechend stellt sich die Frage, wie sich dieses Problem verschärft, wenn, anders als im britischen Fall, Geldpolitik Teil eines *intergouvernementalen* Rahmens wie dem der Eurozone ist. Diesem Problem wird im folgenden Kapitel zur TINA-Rhetorik in der europäischen Wirtschafts- und Finanzkrise nachgegangen.

Es lässt sich festhalten: New Labour verlagerte Entscheidungen in Gremien, die ihre Entscheidungsautorität und -legitimität dank sachlicher und unparteilicher, ja unpolitischer *Expertise* beanspruchten. Die Politik des Dritten Weges legte nicht nur in ökonomischen, sondern auch in gesellschaftspolitischen Fragen eine *Kommissionitis* an den Tag, im Rahmen derer die Einbeziehung rein sachlich motivierter, wissenschaftlicher Akteure politisch inszeniert und genutzt wurde. Daher gilt es, das Wechselspiel zwischen politischem, wissenschaftlichem bzw. intellektuellem Diskurs zu erhellen und zu fragen, inwiefern auch Sozialwissenschaftler eine »Handlungsgemeinschaft mit der Politik«[308] eingingen.

307 Im Original: »What disappears in liberalization is not institutions as such, but institutions designed for and capable of subjecting economic actors individually and collectively to social obligations and public responsibilities.« Streeck, *Re-Forming Capitalism*, S. 158.

308 Morandi, Von ›alter‹ liberaler Regierungsführung zu ›neoliberaler‹ Governance, S. 249.

Fanden sich bei New Labour neben der geldpolitischen Reform Rückgriffe auf eine expertokratische Legitimität,[309] kann sukzessive diskutiert werden, warum neoliberales Regieren und technokratisches Denken kein Gegensatz, sondern ein wechselseitig fruchtbares Programm darstellen und in TINA-Diskursen zusammenfinden.

4. Die ideellen Ressourcen des Third Way

»Soziologisches Wissen schraubt sich in den Bereich des sozialen Lebens hinein und aus diesem Bereich wieder heraus, und es gehört als integraler Bestandteil mit zu diesem Vorgang, dass dieses Wissen dabei sowohl sich selbst als auch diesen Bereich umgestaltet.«[310]

Die bisherige Analyse hat gezeigt, dass im Diskurs New Labours eklektizistisch auf sozialwissenschaftliche Gesellschaftsanalysen und theoretische Konzepte zurückgegriffen wurde. Das Schlüsselkonzept der Partnerschaft griff etwa auf kommunitaristisches Denken zurück, während der Begriff der Modernisierung erkennen ließ, dass sich das Verständnis von Moderne und Fortschritt wandelte. Wenngleich weiterhin mit Aufschwung und Wachstum verbunden, drohten Wandel und Fortschritt als emanzipatorisches Vokabular zu erodieren.

»Die Fortschrittsemantik, die alle früheren Modernisierungsschübe begleitete, verschwindet zu Beginn des 21. Jahrhunderts nahezu vollständig hinter der Sachzwangsrhetorik: Technische und soziale Veränderungen werden nicht mehr im Namen des Fortschritts durchgesetzt, sondern mit dem drohenden Verlust der Wettbewerbsfähigkeit begründet.«[311]

Wachstum und Fortschritt, so Hartmut Rosa, werden zwar als Zielvorgaben artikuliert, doch anders legitimiert,[312] nämlich als Phänomen einer

309 Beispielsweise wurde bei der Reform des Wohlfahrtsstaates ein Gremium aus Praktikern mit Reputation und Ministerialmitarbeitern eingesetzt: die sogenannte »Social Exclusion Unit«. Diese Unit war eine Art »Sondereinheit« und in das Sekretariat für wirtschaftliche und innere Angelegenheiten des Cabinet Office integriert. Sie kooperierte mit der Policy Unit und war für manche »die soziale Komponente des in Deutschland vielfach nur als neoliberal wahrgenommenen Blair-Projekts«. Leisering/Hilkert, Von Großbritannien lernen?, S. 10.

310 Giddens, *Konsequenzen der Moderne*, S. 26.

311 Rosa, *Beschleunigung*, S. 418.

312 Vgl. ebd.

beschleunigten, globalisierten Moderne, die gewissermaßen als Sachzwang auf politische Handlungsentwürfe einwirkt. Die gestaltenden Subjekte der Globalisierung und dieser Moderne verschwinden nahezu im politischen Diskurs,[313] denn politische Akteure hypostasieren mit Globalisierung, Märkten, Moderne, Zeit anonymisierte Prozesse zu einem verdinglichten Imperativ. Bei New Labour und bei tatsächlich allen Regierungen des Dritten Weges fanden sich daher Metaphern von Verdinglichung und Personifikation im politischen Diskurs.[314]

Zwar werden abstrakte Prozesse oder unpersönliche, schwer personalisierbare Entwicklungen zu greifbaren und intelligiblen Dingen, doch verdeckt der Begriff der Globalisierung oftmals tatsächliche Kausalitäten. Regierungen haben ja Globalisierung, die sie als Sachzwang ins Feld führen, durch politische Entscheidungen zu Deregulierung sowie ihre Unterstützung internationaler Organisationen wie IWF und WTO u.v.m. befördert und durchaus mitgestaltet. Die verdinglichende Hypostasierung von anonymen Kräften und Konstellationen wie Markt, Moderne oder Globalisierung kann also reale Verhältnisse von Macht und Verantwortung verschleiern oder unsichtbar machen.

Welches Hintergrundwissen, welche sozialwissenschaftlichen Diagnosen machte aber für New Labour jene Frames wie Globalisierung und Moderne derart plausibel, was machte sie gesellschaftlich und politisch anschlussfähig? Zur Beantwortung dieser Frage ist der Zusammenhang zwischen den korrelierenden Theoriediskursen und jener politischen Beschwörung, ja Hypostasierung anonymer Kräfte zu erhellen, denn es

> »[…] wäre darüber nachzudenken, inwieweit gewitzte und in hohem Maße anregende Strukturierungstheorien, die eine weit verzweigte Mächtigkeit ohne Akteure suggerieren, selbst dazu beitragen, den Mächtigen zu jener Unsichtbarkeit zu verhelfen, an der diese interessiert sind. Kaum mehr trifft man auf jemanden, der von sich sagen würde, er habe Macht – besonders keine Politiker, die inzwischen alle Meister der Beschwörung struktureller Zwänge sind.«[315]

Die Machtverschleierung durch Notwendigkeitsrhetorik konnte ebenso wie New Labours Beschwörung einer verpflichtenden, partnerschaftlich verbundenen Zivilgesellschaft auf sozialwissenschaftliche Gegenwartsbeschreibungen zurückgreifen.

---

313 Vgl. Hay/Marshs Formulierung »Bringing the subjects back in«, in: dies., Introduction: Demystifying Globalization, S. 13.

314 Charteris-Black, *Politicians and Rhetoric*, S. 236.

315 Rehberg, Normalitätsfiktion als institutioneller Mechanismus, S. 176.

4.1 Anthony Giddens als Guru New Labours

»We can say with some confidence that no feasible alternative model to the Third Way exists, at least for now.«[316]

Anthony Giddens gilt als Vordenker des Dritten Weges; seine strategische Ideenpolitik und sein Engagement für eine Politik des Dritten Weges sind hinlänglich bekannt. Giddens kommentierte und präzisierte politische Entscheidungsanforderungen und die in seinen Augen notwendigen *Policies* unter New Labour, erarbeitete ein politisches Programm und beriet die Regierung. Seine Schriften wie »The Third Way: The Renewal of Social Democracy«, »Where Now for New Labour«, »The Third Way and its Critics« (das unter anderem ein Loblied auf Blairs Errungenschaften enthält) sowie seine zahlreichen Interventionen in der britischen Presse legen argumentative Konvergenzen und politische Übereinstimmungen offen, benennen aber auch Differenzen und Kritik.

Giddens' doppelte Rolle als Theoretiker und politischer Berater folgt durchaus seiner wissenschaftlichen Argumentation,[317] denn er erklärt, dass vor allem soziologische Theorien eine praktische Wirkung haben. Diese machten gar das Wesen der Moderne aus:[318] »Die Moderne selbst ist in ihrem inneren Wesen zutiefst soziologisch.«[319] Auf eine problematische Weise deduziert Giddens aus seiner soziologischen Expertise politische Konsequenzen: »[…] research underlines not just the importance of the third way, but the absolute necessity of it.«[320] Bei ihm gewinnen »reflexive Moderne« und die mit ihr einher gehende Wissensökonomie eine immanente Tendenz zu einer *expertokratischen* oder *epistemokratischen Legitimation* von Politik.[321]

Sucht man nach dem intellektuellen Vorläuferkonzept des Dritten Weges, so beschreibt Giddens Anfang der 1990er sein politisches Projekt als »utopischen Realismus«.[322] Die Widersprüchlichkeit des Konzepts

316 Giddens, There is no alternative – the Third Way is the only way forward.

317 Für Jörn Lamla gibt es eine »Politische Theorie der reflexiven Modernisierung«, der Soziologe agiert als »politisches Subjekt«, das für den Dritten Weg als »erneuerte […] Sozialdemokratie« eintritt. Lamla, Die politische Theorie der reflexiven Modernisierung, S. 361.

318 Vgl. Giddens, *Konsequenzen der Moderne*, S. 27.

319 Ebd., S. 60; Hervorhebung im Orig. entfernt.

320 Giddens, Giddens defends third-way politics, 01.11.1999.

321 Vgl. dazu auch Lash, Reflexivität und ihre Doppelungen.

322 Vgl. z.B. Giddens, *Konsequenzen der Moderne*, S. 190.

»utopischer Realismus« reagiert bereits auf das von ihm theoretisierte Spannungsverhältnis zwischen den (institutionellen) Strukturprinzipien der Moderne,[323] das in der Spätmoderne sichtbar werde und in deren Konfliktfeld sich der Protest sozialer Bewegungen formiere. Protest ist für Giddens eine Form von Reflexivität; durch Protest öffnen sich Fenster für Transformationen. Allerdings entfalten Protestbewegungen keine revolutionäre Wirkung, sondern sind ein Ausdruck des spätmodernen Kontingenz-, Unsicherheits- und Widerspruchsbewusstseins. Die große politische Alternative ist schließlich abhandengekommen.

Für Giddens ist die emanzipatorische Gestaltungsmacht von – protestierenden – Akteuren nur innerhalb eines institutionellen Settings bzw. Systems zu verorten, denn eine existente Ordnung selbst könne nicht hinterfragt werden, da sie spezifischen Imperativen entspreche und somit *sinnvoll* sei.[324] Die einzige Aufgabe sei es, permanente und (selbst-)reflexive Anpassung politischer Maßnahmen an die äußere, gegenwärtige Welt zu vollziehen. Zugespitzt formuliert, *müssen* Akteure also zwischen politischer *Affirmation* und politischem *Pragmatismus* oszillieren; Wandel muss sich innerhalb des Möglichkeitsraums bestehender Strukturen vollziehen. In den Worten Giddens': »[…] avenues for desired social change will have little practical impact if they are not connected to institutionally immanent possibilities.«[325] Eine solche Denkfigur macht den oben herausgearbeiteten emphatischen Pragmatismus New Labours auf sozialtheoretischer Ebene plausibel.

Aus seiner Beschreibung der radikal modernen, reflexiven Gesellschaft leitet Giddens ab, dass *eine neue Politik* auf neue Akteure, neue Konstellationen, gesteigerte Reflexivität und eine aktive Rolle der Individuen eingehen müsse. Politik könne weder klassisch links auf Intervention und Umverteilung beharren, noch klassisch rechts-libertär Deregulierung und Marktlösungen verlangen, sondern müsse Emanzipation und Gleichheit als Ziele sozialer Gerechtigkeit in eine Politik der *Lebensführung* integrieren.[326] Es bedürfe notwendigerweise einer politischen Institutionalisierung einer Politik des Dritten Weges, da sich »die bekannten politischen Ideologien

323 Vier unterschiedliche Dimensionen kennzeichnen die Moderne: Kapitalismus, Industrialismus, Überwachung und Kontrolle über die Mittel von Gewalt. Vgl. Lamla, Die politische Theorie der reflexiven Modernisierung, S. 353.

324 Vgl. für eine poststrukturalistische Kritik Hildebrand/Martell, The Negation of Power.

325 Giddens, *The Consequences of Modernity*, S. 155.

326 Vgl. Lamla, Die politische Theorie der reflexiven Modernisierung, S. 361.

[...] erschöpft haben«.[327] Der »neue Egalitarismus« soll Gleichheit mit ökonomischer Dynamik vereinbaren.[328] Soziale Gerechtigkeit und ökonomische Effizienz bilden keinen Widerspruch, denn erst ihre Harmonisierung ist die Bedingung für Innovation und Kreativität. Daran konnten Politiker wie Blair und Schröder hervorragend anknüpfen.

Wurde bereits die praktische Umsetzung einer Kapitalisierung und Ökonomisierung des Sozialen unter New Labour diskutiert, so formulierte Giddens lange vor der Regierungsübernahme New Labours mit seinem Konzept der »life politics« das Ziel: »to further the possibilities of a fulfilling and satisfying life for all«.[329] Linke, egalitaristische Politik müsse durch eine »Lebenspolitik« komplementiert werden. Jene Phänomene der »Entgrenzung des Politischen«[330] begründeten ein neues Aufgabenfeld der Politik. Mit Jörn Lamla lässt sich daher festhalten:

»Während eine *emanzipatorische Politik* vor allem auf die Freisetzung der Individuen aus traditionalen Beschränkungen und die Schaffung von Rechten und *Lebenschancen* in normativ-kritischer Ausrichtung an der Verwirklichung von mehr Gerechtigkeit, Gleichheit und Möglichkeiten politischer Partizipation abzielt, nimmt sich die Agenda der *life politics* den damit nicht gelösten, sondern vielmehr durch Freisetzungen erst hervorgebrachten Problemen einer Befähigung zu autonomen *Lebensstilentscheidungen* an.«[331]

So wie in Blair fordert Giddens mittels einer »dialogische[n] Demokratie«[332] eine »Erneuerung der zivilen Gesellschaft«[333] und eine »Demokratie der Gefühle«[334] – mutmaßlich bot Giddens auch eine Quelle für Blairs beschriebene emotionale, versuchsweise horizontale Ansprache an das Volk.

Konkret artikuliert der berühmte Soziologe ebenfalls die Leitlinien und Zielvorgaben der Politik New Labours, so zum Beispiel Dezentralisierung und Verwaltungsreformen, mehr Bürgerbeteiligung im Sinne einer Stärkung des öffentlichen, gesellschaftlichen Miteinanders und eine Förderung des dritten Sektors. Wirtschaftlich gehe dies mit einer unterneh-

327 Giddens, *Jenseits von Links und Rechts*, S. 30.

328 Vgl. z.B. Giddens, *Europe in a Global Age*, S. xii.

329 Giddens, *The Consequences of Modernity*, S. 156.

330 Lamla, Die politische Theorie der reflexiven Modernisierung, S. 344.

331 Ebd., S.362; Hervorhebungen im Orig.

332 Giddens, Leben in einer posttraditionalen Gesellschaft, S. 194.

333 Lamla, Die politische Theorie der reflexiven Modernisierung, S. 363, Hervorhebung im Orig. entfernt.

334 Giddens, Leben in einer posttraditionalen Gesellschaft, S. 194.

merischen Kultur einher, die in der traditionellen *mixed economy* den Staat als *social investment state* einbinde, aber auch unternehmerische Verantwortung einfordere.[335] Folgerichtig betonten Blair und andere Politiker des Dritten Wegs das Wechselverhältnis von Rechten und Verpflichtungen und ersetzten die emanzipatorische Gleichheitssemantik durch die von Inklusion und Exklusion.

Allerdings kritisierte Giddens schon damals die Fixierung auf Inklusion und die meritokratische Ausrichtung New Labours. Er forderte entgegen Blairs Rhetorik neben Chancengleichheit eine egalitaristische *Umverteilung*, da Ungleichheit eine Sprengkraft für Gesellschaften darstelle.[336] Giddens war also zuweilen auch ein kritischer Berater und darf nicht als wissenschaftliche Souffleuse Blairs verunglimpft werden.

Wie anhand der *Clause IV*-Revision für die Labour Partei gezeigt, sei an der kapitalistischen Gesellschaft als solcher nichts länger grundlegend falsch.[337] Giddens' »utopischer Realismus« entfernt sich von einem sozialistischen Utopieverständnis; Politik dient dem Gemeinwohl mit praktischen Maßnahmen und bedarf der bestehenden Institutionen. Die ökonomische Dynamik solle politisch nicht gestört, sondern unterstützt werden.

Wenn Blair seinen Politikansatz beschrieb als »a politics no longer scarred by the irrelevant ideological battles of much of the twentieth century«, sofern »most of the left/right tags today are nothing but obstacles to good thinking,«[338] entsprach dies einem Denken jenseits der konventionellen politischen und ideologischen Polarisierung. Gerade die Behauptung eines *normativ richtigen* und *rationalen Mittelwegs* zwischen Sozialismus und Neoliberalismus machte den Dritten Weg für die Suggestion der Alternativlosigkeit und für die Berufung auf wissenschaftliche »Wahrheiten« anfällig. Der Dritte Weg war, so die historisch ideologische Pointe, Ausdruck einer Sozialdemokratie in einer Phase, in der keine utopischen bzw. radikalen Alternative(n) zum Kapitalismus vorlagen, sodass ein reformistischer Diskurs des Pragmatismus, der Verbesserung, Regulierung und des Managements gedeihen konnte.[339]

335 Giddens plädiert folglich für eine Art »zivilen Liberalismus«, so nennt es zumindest Lamla, Die politische Theorie der reflexiven Modernisierung, S. 364.

336 Vgl. Driver/Martell, Left, Right and the Third Way, S. 46.

337 So die Kritik Faircloughs an Third Way und New Labour, siehe Fairclough, *New Labour, New Language?*, S. 65.

338 Blair, zitiert nach Hay/Watson, The Discourse of Globalisation and the Logic of No Alternative, S. 17.

339 Vgl. zu diesem Argument Andersson, *The Library and the Workshop*, S. 12.

Schließlich wurde im Modell des Dritten Weges das (alte) Phantasma einer postideologischen Synthese sichtbar:[340] Politik sollte obsolete, ideologische Antagonismen transzendieren, denn es gab es keine ernstzunehmende andere Option, *keine Alternative* zum Dritten Weg. Die in Giddens' Theorie angelegte Idee einer *Synthese* zwischen linker und rechter Politik spiegelte sich folglich in Blairs Politikansatz wider. Letzter suchte ehemals unversöhnliche Standpunkte zu versöhnen, ethisierte Politik und kommunizierte Entscheidungen als wissenschaftlich durch Expertise gestützt und notwendig. In Verbindung mit der kommunitaristischen Gemeinschaftssemantik wurde damit ein pluralistischer, demokratischer Meinungsstreit abgewertet.

Der bis heute verteidigten Argumentation Giddens' und Blairs zufolge würden nicht zeitgemäße, unmoderne politische Projekte von der *Juggernaut-Modernity* einfach überrollt, denn die Dynamik der Moderne sei unaufhaltsam. Giddens' Moderneverständnis riskiert selbst einen Steuerungspessimismus, da Staaten und Gesellschaften die alles überrollende *Juggernaut-Modernity* nur geringfügig durch politische Entscheidungen gestalten können. Ganz in diesem Sinne spiegelten sich *Juggernaut* und Globalisierung als Trope bei New Labours Reden. Beide sind dynamische, unlenkbare Entitäten, die als selbstläufige Prozesse eine Anpassung oder ein Ausweichen verlangen: »Resist it: futile; let it happen: dangerous. So – the third way – manage it.« Wie Blair fordert Giddens, dass Politik der *Juggernaut-Modernity folgen* müsse, denn die Transformationspotenz eines jeden Akteurs sei im »power container« der bestehenden Strukturen limitiert.[341]

So erscheinen auch bei Giddens menschengemachte, kontingente Faktoren wie Marktwirtschaft und liberale Demokratie als vermeintlich logische Ergebnisse der gegenwärtigen Moderne. Da also aus der Struktur der Moderne notwendigerweise eine Politik des Dritten Weges folge, kritisiert Chantal Mouffe diese Argumentation als eine eminente *Entpolitisierung*: Ideologische Konflikte, ein agonaler Streit und die Frage nach der Organisation des gemeinsamen Lebens würden schlichtweg als obsolet deklariert.[342] Mouffe, die am ideenpolitischen Effekt der Theorie des

340 Vgl. Hildebrand/Martell, The Negation of Power, S. 11.

341 Vgl. Giddens, *The Constitution of Society*, S. 174. Die Metapher unterstreicht, dass der Einzelne sich nur in einem begrenzten Raum frei bewegen kann, aber nicht den Raum oder das System als solches in Frage stellen kann.

342 Vgl. Mouffe, *Über das Politische*. Im Anschluss an Mouffe ließe sich argumentieren, dass die scheinbare Neutralität, Rationalität und wissenschaftliche Form von Giddens' Politik- und Gesellschaftsentwurf reale Machtansprüche ausblendet. Giddens sieht we-

Dritten Weges ansetzt, kritisiert Giddens vor allem für dessen normative Vorgabe, einen »state without enemies« zu konzeptualisieren.[343] Diese Maßgabe passt zu Blairs Rhetorik als einer Suche nach Konsens und Synthese. Doch für Mouffe als Verfechterin agonaler Demokratie ist völlig klar, dass eine Politik ohne Gegner keine genuine Demokratie und Sensibilität für Kontingenz institutionalisieren kann.

Wir erkennen daher: Giddens' Soziologie diente *ex post* als theoretische Hülle für das politische Projekt New Labours.[344] Politik wurde nicht als *konfliktive* Suche nach richtigen Programmen oder als fehleranfälliger Experimentalismus verstanden, sondern als ein an vertrauenswertem, wissenschaftlich fundiertem Wissen orientiertes Handeln. Diejenige Regierung sei die beste, die am besten jenes Wissen mit einer Verwaltung *der Konsequenzen der Moderne* verbinde. Giddens' Soziologie wurde zur affirmativen Herrschaftssoziologie, die Forschungsergebnisse, Theoriearbeit mit politischen Empfehlungen versah.

Der Langzeiteffekt einer solchen Verengung vom Raum des politisch Machbaren und Sagbaren durch den Dritten Weg ist, empirisch betrachtet, zum einen ein linker wie rechter Populismus. Zum anderen entfaltet der Diskurs einer scheinbar ideologiefreien Mitte bis heute Wirkung, positionieren sich nun auch konservative Parteien mehr denn je in einer politischen Mitte.[345] Für Großbritannien folgte bezeichnenderweise auf die Ära New Labours eine Debatte über »Blue Labour« und »Red Toryism«, die alte Gewissheiten aufbrach und neue Konvergenzen unter dem Titel »Postliberalismus« unterstrich.[346] Doch für viele machte erst die *Brexit*-Debatte und der Ausgang des Referendums sichtbar, welche fatale Wirkung ein politischer Diskurs und eine Parteienlandschaft haben können, die keine echten Optionen zu bieten scheinen und sich selbst das Siegel der

der Macht noch Exklusion als einen konstitutiven Bestandteil sozialer Beziehungen und kollektiver Identitäten, mit Giddens gibt es keine explizite Macht- oder Exklusionsrhetorik.

343 Vgl. Giddens, *The Third Way*, S. 77.

344 Vgl. Hildebrand/Martell, The Negation of Power, S. 18; vgl. Lash, Reflexivität und ihre Doppelungen.

345 So zeigt sich in Deutschland eine Diskussion um ›Sozialdemokratisierung‹ der CDU; in Italien nimmt Matteo Renzi den Dritten Weg als politisches Narrativ wieder auf, während der französische Premierminister Manuel Valls gleichfalls von einem Dritten Weg träumt.

346 Vgl. Müller, Es gilt, die Seele zu verwandeln, S. 11.

Vernunft und Unausweichlichkeit verleihen. Wie schrieb Giddens damals: »There is no alternative – the Third Way is the only way forward«.[347]

4.2 Kommunitarismus als Brückenkonzept

Mehrmals wurde auf kommunitaristische Einflüsse bei New Labour verwiesen, ohne dies näher auszuführen. Dies soll nun nachgeholt werden, allerdings nur pointiert und kursorisch, da der Kommunitarismus weniger für eine Analyse des TINA-Motivs informativ ist, als er über die ideologische Struktur des politischen Diskurses Aufschluss gibt.

Kommunitaristische Autoren liefern die Leitvokabeln einer starken Zivilgesellschaft wie Chancengleichheit, Verantwortung, Verpflichtung des Einzelnen gegenüber der Gemeinschaft. Die Betonung der *Gemeinschaft* im Diskurs New Labours, und allgemein im Diskurs des Dritten Weges, rekurrierte auf kommunitaristische Vorstellungen zur Vermittlung »von individualistischer Entwurzelung und gesellschaftlicher Solidarität«.[348] Von der Theorie des Dritten Weges und der reflexiven Moderne gab es eine Verbindungslinie zum Kommunitarismus; auch Giddens fordert eine Versöhnung von *Autonomie und Interdependenz*[349] der Individuen. Kurz gesagt gehe es, so Hans Vorländer,

> »[d]en Kommunitaristen [...] darum, ein Programm der gesellschaftlichen Balance zu entwerfen. Das Zielbild ist die Wiederherstellung einer aktiven Gesellschaft freier und gleicher Bürger, die auf der Würde aller Menschen, gegenseitiger Toleranz sowie der friedlichen Austragung von Konflikten beruht und in der die Tugenden von Fürsorge und Teilen, von sozialer Gerechtigkeit und gemeinschaftsbezogener Verantwortung einen festen Platz haben.«[350]

Vor allem der Einfluss von John Macmurray und Amitai Etzioni auf New Labour sticht hervor. Macmurray verbindet einen (linken) Sozialismus mit einer (konservativen) Kritik am modernen Werteverfall bzw. einer Kritik an der individualistischen Weltsicht des Liberalismus.[351] Daraus bezog Blair seine Ressourcen für die Kritik des thatcheristischen Individualismus und einen atomistischen Neoliberalismus, denn Blair führte kommuni-

347 Giddens, There is no alternative – the Third Way is the only way forward.

348 Vorländer, Dritter Weg und Kommunitarismus, S. 21.

349 Giddens, *Jenseits von Links und Rechts*, S. 34; Hervorhebung im Orig.

350 Vorländer, Dritter Weg und Kommunitarismus, S. 20.

351 Vgl. beispielsweise Prideaux, John Macmurray and the ›Forgotten‹ Lessons on Capitalism and Community.

taristische Argumentationsmuster mit dem konservativen Diskurs der *one nation* zusammen. Es sollte deutlich werden, dass Kommunitarismus nichts Neues, sondern in der liberalen, angelsächsischen Gesellschaft angelegt ist.

Blair schlug zuweilen beinahe dekadenztheoretische Töne an:

»The challenge we face has to be met by us together: one nation; one community; social justice; partnership; co-operation; the equal worth of all; the belief that the best route to individual advancement and happiness lies in a thriving society of others. These were words and concepts derided in the 1980s; these are the values of today, not just here but round the world. At long last, ›It's up to me‹ is being replaced by ›It's up to us.‹ (Applause) That crude individualism of the 1980s is the mood no longer. The spirit of the times today is community. Consider the Tories in their 18 years. How was it that a Tory party that in 1979 came to power as the party of law and order, of attacking welfare scroungers, of the family, ended up presiding over a crime rate that doubled, welfare spending that tripled and the family in greater decline than ever before? Because they really did think there was no such thing as society. That is why.«[352]

Diese Passage verdeutlicht eine Differenz zwischen Blair und Denkern der reflexiven Moderne wie Giddens und Ulrich Beck: Wo letztere *posttraditionalistisch* auf dem positiven, da insbesondere Wahlfreiheit steigernden Effekt der Individualisierung beharren und diese nicht mit ökonomischem Egoismus kurzschließen, argumentierte Blair hingegen *sozialmoralisch* und kritisierte Individualisierung als Entsolidarisierung.[353] Blair kritisierte zugleich einen individualistischen *Relativismus* der alten Linken, der die Familie als Ort der Gemeinschaft vernachlässigt habe.[354]

Aus dem Slogan »helping the people to help themselves« wurde nun die politische Konsequenz gezogen, die einzelnen Bürger müssten sich *subsidiär* und *dezentral* organisieren und koordinieren können, sie müssten kooperieren und ihre Ziele gemeinsam erreichen. Zwischen Neoliberalismus und Sozialdemokratie, zwischen Etatismus, Korporatismus und Privatisierung, zwischen Gesellschaftsapologie und Individualisierung betonen kommunitaristische Denker nämlich die Tradition einer subsidiär organi-

352 Blair, Leader's speech, Blackpool, 29.09.1998. Hier wird deutlich, dass der Diskurs um New Labour auf kommunitaristische Denkansätze zurückgriff, um sich kritisch von Thatcherismus sowie dem Zentralstaat und seiner interventionistischen Programmatik zu distanzieren.

353 Vgl. dazu Driver/Martell, Left, Right and the Third Way, S. 44.

354 Vgl. ebd., S. 46.

sierten Selbsthilfe.[355] So wurde die Verstaatlichungsklausel programmatisch durch eine Politik der *Community* substituiert.

Das horizontale Verhältnis Bürger-Bürger sowie das vertikale Verhältnis Bürger-Staat wurde nicht länger hierarchisch-autoritär, sondern *partnerschaftlich* vorgestellt.[356] Ganz im Sinne Giddens' wurde der Begriff der Partnerschaft auch als Synonym für einen Interessenausgleich, für Kooperation sowie für ein Agieren jenseits von Klassenunterschieden verwendet; Partnerschaft war und ist das politische Modell einer Politik nach bzw. jenseits der Links-Rechts-Polarisierung. Partnerschaft ist alternativlos.

Der kommunitaristische Mittelweg erinnert uns sowohl an einen amerikanischen Liberalismus als auch an europäische Subsidiaritätsmodelle. Damit bot er als »Brückenkonzept«[357] für den Dritten Weg zwei politisch relevante Möglichkeiten: Erstens ließ sich mit diesem Denkansatz die (neo-)liberale *overload*-Narration *sozialphilosophisch* untermauern, zweitens konnte eine linke Regierung zugleich sozialdemokratische Solidaritätsforderungen fortführen. Gleichsam *neo-aristotelisch* wird im Kommunitarismus eine aktive Bürgergesellschaft postuliert, die den Wert von intermediären, Solidarität spendenden Institutionen und Organisationen wie beispielsweise Familien, Nachbarschaften, Genossenschaften und freiwilligen Vereinigungen unterstreicht. Diese bilden, so schon das Tocqueville'sche Argument, das Fundament von Freiheit und Demokratie. Folgerichtig aktualisierte auch die konkrete Regierungspraxis unter New Labour einen stufenweisen Abschied vom zentralistischen Staat und setzte auf Kräfte der Selbsthilfe und der Selbstorganisation.

Dahingehend argumentiert auch Giddens, dass der Staat auf der einen Seite zu groß für kleine Probleme, auf der anderen Seite zu klein für große Probleme sei.[358] Daraus konnte jemand wie Blair sowohl die *Devolutionspolitik* als auch die von New Labour verfolgte *Europapolitik* ableiten, bei der Kompetenzen an die EU abgegeben wurden – britische Politiker hatten also einen sozialphilosophischen Diskurs gefunden, der Regieren in Mehrebenensystemen plausibilisieren konnte, ohne die britische Parlamentssouveränität radikal in Frage zu stellen. Blair konnte postulieren, dass der Kommunitarismus respektive die ihm inhärente Betonung der Gemeinschaft die der globalisierten Moderne *adäquate* Anschauung sei, denn:

355 Vgl. Vorländer, Dritter Weg und Kommunitarismus, S. 20.

356 Vgl. auch Sturm, *Politik in Großbritannien*, S. 166.

357 Vorländer, Dritter Weg und Kommunitarismus, S. 22.

358 Vgl. Giddens, *The Third Way*.

»The idea of community resolves the paradox of the modern world: it acknowledges our interdependence; it recognises our individual worth. It allows us to unite old and new. The traditionalist is right to worry about the breakdown of family life. The moderniser is right to say that shouldn't prejudice us against single parent families, the majority of whom do not choose to be single parent families. The moderniser is right to say global markets are good not bad. The traditionalist is right to worry about the inequity that can arise from them. The moderniser needs values. The traditionalist needs modern reality. In this way globalisation in money, travel, communication, technology can extend to a global ethic as well.«[359]

Traditionalismus und Moderne seien folglich keine unversöhnlichen Gegensätze mehr, sondern liefen in einer Synthese zusammen – abermals präsentierte sich Blairs Politik- und Gesellschaftsauffassung als die einer großen, alternativlosen Synthese. Es gab gewissermaßen eine Dialektik von wachsender internationaler Interdependenz und Gemeinschaftlichkeit. Doch nebenbei offenbarte Blairs Rede, dass die *Community*-Betonung einem *konservativen* Impuls entsprang: Die alte Gesellschaftsordnung wankte – seine (christlich unterlegte) Beschwörung und Sehnsucht nach Gemeinschaft *reagierte* auf ein durch Pluralisierung und Individualisierung brüchiges Gesellschaftsbild.

Oben wurde bereits herausgearbeitet, dass sich der kommunitaristische Einfluss vor allem in der Rekonzeptualisierung des Sozialstaats widerspiegelte. Blairs Rhetorik des *Deals* zufolge herrschte zwischen einem Mitglied und der Gemeinschaft ein Verhältnis von individuellen Rechten und sozialen Pflichten. Die *emblematische* Formel von »rights and responsibilities« war bereits der Untertitel der kommunitaristischen Zeitschrift »The Responsive Community«.[360] Infolgedessen wird

»Gerechtigkeit [...] nicht nur zu einer der Justiz und dem Rechtssystem überantworteten Frage rechtsstaatlicher Distribution. Gemeinschaftsorientierte soziale Gerechtigkeit wird als soziale Tugend und individuelle Haltung begriffen, die auf die Folgen des eigenen Tuns reflektiert und die für Kommunitaristen aus der so schlichten wie einleuchtenden Tatsache folgt, dass, wie sie formulieren, ›keiner von uns eine Insel‹ ist.«[361]

Das Tugendpostulat unterstreicht noch einmal, dass der Einzelne eine *Bringschuld* gegenüber der Gemeinschaft habe: »Wer von der Gesellschaft

359 Blair, Speech to the Global Ethics Foundation, Tübingen, 30.06.2000.

360 Giddens, *The Third Way*, S. 65; Vorländer: Dritter Weg und Kommunitarismus, S. 21. Die Zeitschrift wurde 2004 wieder eingestellt. Zu ihrem Programm vgl. zum Beispiel das *Communitarian Network*.

361 Vorländer, Dritter Weg und Kommunitarismus, S. 21.

profitiert, muss auch eine Gegenleistung erbringen.«[362] Die explizite Anwendung der Reziprozitätsnorm auf das komplexe Feld sozialer und ökonomischer Beziehungen zwischen staatlichen Institutionen des Sozialstaats und Individuen wurde oben als Facette diskursiver Ökonomisierung beschrieben, denn es gilt das Prinzip des wirtschaftlichen Ausgleichs. Arbeitsunwillen kann nicht länger durch Sozialtransfer finanziert werden, stattdessen wird der »Glauben an die Bedeutung des Arbeitsmarkts als Mittelpunkt der Sozialpolitik«[363] prononciert.

Wie schon für den Thatcherismus herausgearbeitet, bedient sich diese Politik eines Appells an »work ethic«.[364] Letztlich zeigt dies, dass der Kommunitarismus als ein sozialphilosophisches Rechtfertigungsnarrativ sowohl für *Good Governance*-Arrangements, Subsidiaritätsbemühen und Gebietsreformen als auch für das Soziale kapitalisierende wohlfahrtsstaatliche Reformen fungieren kann. Er ergänzt aber den Wissensvorrat der Theorien reflexiver Moderne um ein normatives, *sozialmoralisch* aufgeladenes Gesellschaftsverständnis. New Labours Rückgriff auf kommunitaristisches Denken, so lässt sich kurzerhand schlussfolgern, bekräftigt schließlich die bisherigen Analyseergebnisse.

5. Zwischenfazit: Alternativlosigkeit als *one necessary way*

»A new consensus has been reached.«[365]

Die Analyse der Alternativlosigkeit im englischen Dritten Weg hat verdeutlicht, dass sich der Diskurs von Sachzwang und Alternativlosigkeit trotz einer oberflächlichen Strukturähnlichkeit gewandelt hat: Bisher wurde festgehalten, dass Schelsky das kontrafaktische Modell eines *one best way* als expertokratische, quasi projektive Konsenstheorie im Namen des Sachzwangs formulierte, während die Losung »There is no alternative« im Thatcherismus auf moralischer Konditionalität basierte und einen polarisierenden, normativen *one right way* postulierte. Die Analyse des Diskurses von New Labour zeigte nun, dass die Oszillation zwischen politischer

362 So Giddens in einem Spiegel-Interview 1999, zitiert nach Sturm, *Politik in Großbritannien*, S. 168.

363 Ebd.

364 So auch Gordon Brown explizit, zitiert nach ebd.

365 Rubinstein, A New Look at New Labour, S. 166.

Identifikation und einer ostentativen Darstellung eines sich an Notwendigkeit orientierenden *Pragmatismus* sinnbildlich war.

Der kontrastierende Vergleich zwischen TINA beim Thatcherismus und bei New Labour verdeutlichte zudem die Variabilität der Alternativlosigkeitsformel *innerhalb* eines politischen Systems: Alternativlosigkeit rekurrierte auf jeweils spezifische Rechtfertigungsnarrative und zeitigte unterschiedliche diskursive Effekte: Mal diente TINA als Versuch der *antagonistischen Polarisierung* wie unter Thatcher, mal der *Inklusion* und *Synthese*.

Die für Blair und Brown rekonstruierte paradoxe, da zugleich Affirmation und Ernüchterung kommunizierende Politikstrategie formulierte den Imperativ einer zwingend notwendigen Anpassung. Oben wurden diese Strategie und doppelsinnige Kommunikation als emphatischer Pragmatismus charakterisiert. Der eingeschlagene politische Pfad des Dritten Weges offenbart uns daher, um das idealtypisierende Vergleichsschema weiterzuführen, ein Modell des *one necessary way* dessen politischer Preis ungeachtet politischer Prämissen angesichts Globalisierung, offener Volkswirtschaften, Wissensökonomie und der zweiten reflexiven Moderne zu zahlen gewesen sei.

Dieser Dritte Weg wurde als der einzig *mögliche*, *notwendige* akzentuiert, der den Pfad der Modernisierung konsequent beschritt und daher bei Giddens als »way forward« betitelt wurde. Bisweilen war er mit einem sozialdemokratischen Bedauern verbunden. Die Regierungsmitglieder, und allgemein europäische Sozialdemokraten, reklamierten nicht ohne Ambivalenzen und Skepsis den *neuen* Weg, sondern rangen mit diesem. Dadurch entstand zuweilen der Eindruck, dass die verfolgten Policies *leider* die einzig möglichen seien; die Welt war gewissermaßen entzaubert.[366]

Angesichts Globalisierung war und bleibt der Wohlfahrtsstaat das politisch salienteste Problem in Westeuropa,[367] sodass für sozialdemokratische Parteien ein wahlstrategisches und politisches *Dilemma* vorlag: Einerseits mussten sie weiterhin ihr traditionelles Wählerklientel bedienen, andererseits für die Mittelklasse attraktiv werden.[368] Sie mussten zwischen den Polen Interventionismus und Neoliberalismus hindurch navigieren.

366 Vgl. auch Rubinstein: »Tony Blair and his team never concealed the extent of the pressure that the state must exert in order to transform society, nor the importance of ›difficult choices‹. Blair did not defend an enchanted vision of the world involving governance without governance […].« Ebd., S. 7.

367 Vgl. Grande, Conclusion. How much change and what does it mean?, S. 280.

368 Vgl. ebd., S. 281.

Blairs wiederholte Formel der »hard choices« stand somit paradigmatisch für eine solche Strategie und für einen konsequentialistischen Diskurs, der sich auf Unausweichlichkeit berief, ohne eine *allumfassend* positive Affirmation derjenigen politischen Umstände zu kommunizieren, die als zwingende Grenzen des politischen Handlungsspielraums begriffen wurden.

Die diskursive Konstruktion des politischen Handlungsspielraums unterscheidet ebenfalls die beiden britischen TINA-Diskurse. Während der Thatcherismus vor allem die neoliberale Frage nach dem Verhältnis von Politik und Markt und dem richtigen Maß an politischem, staatlichem Einfluss über den Markt verhandelte, verschob sich der Diskurs von einer Debatte über Individualität, Handeln, nationalen Aufschwung und politischer oder Marktautonomie zu einer Debatte um Strukturen internationaler, wirtschaftlicher Zwänge.[369] TINA-Politik folgte nun einer Wahrnehmung von globalisierten, internationalen Sachzwängen des Finanzmarkt-Kapitalismus und der Wissensökonomie. Wirtschaftliche Liberalisierung und Deregulierung waren nicht länger genuin politische Programme, sondern unumgängliche Anpassung. Es gab also einen Wandel von einer *neoliberalen Ideologie*, die aufgrund nationaler Engpässe und Stagflation die Binnenwirtschaft und Geldpolitik reformieren wollte, hin zu einer Ideologie an sich diskreditierenden Anpassungsforderung, die Zwänge internationalen Wettbewerbs anführte. Mit Vivian A. Schmidt lässt sich resümieren: »Unlike Thatcher's discourse, where support for globalization followed from the ideology of neo-liberalism, in Blair's discourse, support for neo-liberal policy follows from the [perceived, AS] reality of globalization«.[370]

Im direkten Vergleich der Rechtfertigungsnarrative, die der Redefigur Alternativlosigkeit zugrunde lagen, gilt es festzuhalten, dass der politische Diskurs des Thatcherismus vor allem auf Annahmen der *Public Choice* Theorie eines überforderten, überladenen Staates aufbaute, ja die Vorstellung des *overloaded state* strategisch dazu einsetzte, ein ethisches, *moralisches* Projekt diskursiv einzubetten.[371] Thatcher und ihre politischen Mitstreiter konnten die rationalistischen Annahmen der im weitesten Sinne

369 Hay, Whatever happened to Thatcherism?, S. 199.

370 Schmidt, Values and Discourse in the Politics of Adjustment, S. 243.

371 Nebenbei lernt man aus dem Beispiel des Thatcherismus, dass in Schuldenkrisen und Zeiten einer hohen Staatsverschuldung die These des *overloaded state* als Krisendeutung prominent und plausibel wird. Mehr dazu im nächsten Kapitel.

neoliberalen Theorien als Begründungsnarrativ für ihren normativen Neoliberalismus instrumentalisieren. Die Thesen der *Public Choice* (und *Rational Choice*) Schule wurden als Mittel zu einem ideologischen, moralischen Zweck verwendet.[372]

Bei New Labour hingegen sollte die Übernahme rationalistischer Annahmen wie die der radikalisierten Globalisierungsthese, der uneingeschränkten Kapitalmobilität, des (neo-)monetaristischen Kompetenzarguments und der Zeitinkonsistenzthese als Beweis wirtschaftlicher Kompetenz im Rahmen eines mittlerweile *normalisierten* neoliberalen Paradigmas fungieren. Nicht nur schienen in der Zwischenzeit neoklassische Ökonomen allesamt übereinzustimmen, auch Soziologen, allen voran jene von der Regierung rezipierten wie Giddens und Le Grand, teilten vorgeblich die Auffassung, dass es der von New Labour verfolgten Politik schlichtweg bedürfe.

Da allgemein der Standpunkt von (britischen) Sozialdemokraten zu Wirtschafts- und Marktmechanismen sowie zu einer kapitalistischen Moderne aus historischen Gründen als ein *Glaubwürdigkeitsproblem* begriffen wurde, dienten die diskursive Beschwörung rationalistischer Modelle, die Internalisierung von Markterwartungen sowie der positive Rückbezug auf Zeitdiagnosen aus der Sozialwissenschaft der Darstellung wirtschaftlicher und wissenschaftlicher *Modernität* und *Sachverständigkeit*.[373] Um die eigene Sachlichkeit zu untermauern, reaktualisierte die Regierung expertokratische Muster und verband eine Strategie potenziell koordinativen Regierens mit starker, personalisierter *Leadership*. Diese politische *Leadership* bekräftigte in Großbritannien, aber auch in Deutschland, ein politisches Gestaltungsinteresse im Sinne jener Kompetenzdarstellung und verschleierte politische Macht nicht vollends. Blairs personalisierte Politik, sein *Spinning* sowie Schröders in populäre Debatten eingegangene *Basta-Politik* liefern hierfür anschauliches Material. Die politische Kommunikation legte offen, dass notwendige Entscheidungen noch immer als politische Entscheidungen derart vermittelt werden sollten, dass ein *credit claiming* möglich bleiben sollte. Dazu bedurfte es der Betonung von politischer Zurechenbarkeit der »hard choices«. So blieben Politiker die Adressaten von gesellschaftlichem und politischem Protest.

Es lässt sich resümieren: Die Verschiebung des Diskurses zu reklamierter pragmatischer Sachlichkeit, zu Kompetenz und moderner Ideolo-

372 Vgl. dazu Hay, The normalizing role of rationalist assumptions, insbesondere S. 525.

373 Vgl. ebd.

giefreiheit korrelierte mit einem Rekurs auf Expertise bei gleichzeitiger Bekräftigung des zunehmend deregulierten, internationalen Kapitalismus als handlungsanleitender, äußerer Struktur. Wirtschaftsliberalismus wurde mit kommunitaristischer Gemeinschaftsemphase verbunden. So griff New Labour auf eine sozialmoralische Ressource zurück, um einen vermeintlich strukturell induzierten, normalisierten Neoliberalismus in einen sozialdemokratischen Diskurs einzubetten. Die Einordnung der Politik New Labours als neoliberal wurde jedoch ausführlich problematisiert.

Die Bedeutung von *Think Tanks* und *Pressure Groups* war vor dem Hintergrund der Nutzbarmachung sowohl von Expertengremien und Sachverständigenräten als auch von zivilgesellschaftlichen Akteuren zugunsten einer höheren, unparteilichen und irreversiblen, da koordinativen und inklusiven Legitimität zu sehen. Ein *expertokratisches Rezidiv* zeigte sich zum einen in einer Sicherheit und gesichertes Wissen proklamierenden politischen Sprache, zum anderen in der politischen Instrumentalisierung von »Mythen der Ökonomie«[374] und einer Internalisierung wirtschaftlicher *Wahrheiten.* Das Fallbeispiel der Zentralbankreform machte deutlich, dass New Labour Entscheidungen in Gremien verschob, die Legitimität durch Expertise und Politikferne beanspruchen.

Auch über den britischen Kontext hinaus lässt sich anfügen, dass die Politik des Dritten Weges, beispielsweise in Deutschland, strategisch eine Vergesellschaftung und Verwissenschaftlichung des politischen Systems intendierte bzw. suggerierte. Allgemein wurde nicht nur in ökonomischen, sondern auch in gesellschaftspolitischen Fragen eine *Kommissionitis* an den Tag gelegt. Für die Regierung Schröder wird eine Quasi-Verwissenschaftlichung der Politik diskutiert, für die die Hartz- und Rürup-Kommissionen paradigmatische Fallbeispiele abgeben.[375] In der BRD sollen jene Gremien Blockaden lösen und den politischen Handlungsspielraum vergrößern, indem durch die Einbeziehung unterschiedlicher, pluraler Akteure aus dem politischen System sowie aus Wirtschaft und Gesellschaft Positionen vermittelt werden.[376]

Ein Effekt dieser koordinativen Vermittlung kann schließlich sein, erreichte Kompromisse bzw. Handlungsempfehlungen nach Abschluss des Verfahrens als alternativlos zu deklarieren, da eine *politische Synthese* im Sinne einer inklusiven, allumfassenden Interessenvertretung behauptet

374 Kaufmann, Der Sound des Sachzwangs, S. 372.

375 Vgl. Krick, Regieren mit Gipfeln.

376 Vgl. ebd., S. 235.

werden kann. Alternativlosigkeit wäre hierbei Resultante eines koordinativen Politikprozesses. Allerdings unterscheidet sich das britische vom deutschen politischen System in der Anzahl und Funktion institutioneller Vetospieler gravierend; koordinative Verfahren finden in Deutschland in föderal und institutionell verflochtenen, verhandlungsdemokratischen und kanzlerdominierten Strukturen, in Großbritannien innerhalb eines konfliktiven Westminster-Parlamentarismus statt. So stellt sich aus einer komparatistischen Perspektive die Frage, inwiefern TINA-Rhetorik *systemabhängige* Differenzen offenlegt. Dies ist ein Blickwinkel des nachstehenden Kapitels.

Jenseits solcher Differenzen und möglichen Konvergenzen erlaubt der Zusammenhang zwischen einem Dritten Weg und einer *Kommissionitis* eine systematische Vertiefung bisheriger Erkenntnisse und eine diagnostische Schlussfolgerung: Gerade angesichts der synchronen Diagnose einer reflexiven Moderne oder auch einer Postmoderne florierte die Suche nach epistemischer Autorität und Legitimität durch Expertise Wissen und Evidenz. Denn seit Jahrzehnten sind im europäischen Diskurs Modernekonzepte wie die der »reflexiven Moderne«, der »Spätmoderne« oder »Postmoderne« mit einem »*Glaube[n] an den Zweifel*« behaftet,[377] der nichts weniger bedeutet als eine »Gewißheit der Unmöglichkeit beständiger Wirklichkeitsannahmen und normativer Annahmen« und der folglich einen stetigen Skeptizismus gegenüber *Wahrheitsansprüchen* provozieren müsste.[378]

Eine Institutionalisierte von Reflexivität könnte nun idealiter »die Umwandlung des Expertensystems zu einer demokratisch organisierten, durch Dialoge bestimmten öffentlichen Sphäre«[379] bedeuten. Angesichts eines solchen Statuswandels von Wissen ließe sich ein Wandel von expertokratischem *Konsens* zu einer Visibilisierung von *Dissens* erwarten, denn:

»In der frühen Moderne z.B. ist die Wissenschaft eine Angelegenheit der Experten, deren Wahrheiten von der Öffentlichkeit allerdings unbefragt als formelhafte akzeptiert werden. Erst in der späten Moderne behandelt die reflexive Öffentlichkeit wissenschaftliche Aussagen als bestreitbare, diskursiver Auseinandersetzung und Kritik zugängliche propositionale Wahrheiten.«[380]

377 Vgl. Morandi, Von ›alter‹ liberaler Regierungsführung zu ›neoliberaler‹ Governance, S. 239; Hervorhebung im Orig. Vgl. ders., Zur Geschichte der Technokratie.

378 Vgl. Morandi, Von ›alter‹ liberaler Regierungsführung zu ›neoliberaler‹ Governance, S. 239.

379 Lash, Expertenwissen oder Situationsdeutung?, S. 345.

380 Ebd., S. 344f.

Nimmt man diesen epistemologischen Wandel ernst, so ließe sich eine *aufsteigende Komplexität* wissenschaftlicher Politikberatung und somit von TINA-Diskursen notieren: Von dem *one best way* durch epistemische Autorität der Wissenschaft und Technik wandelt sich Regieren sowie politische Selbstkommunikation theoretisch zu einem *one possible way*, der Kontingenz anerkennen könnte. Allerdings wird in TINA-Diskursen augenscheinlich der Raum des Mach- und Sagbaren auf eine Option verengt. Aus dieser Eingrenzung und Verengung des Intelligiblen und Möglichen wird durch die politische Indienstnahme und Instrumentalisierung von Wissen und Optionen ein *one necessary way*. Machbarkeit wird *politisch* konstruiert bzw. abgesteckt. Wo Thatcher jene diskursive Verengung des Sag- und Machbaren normativ begründete, also kantianisch ein *Sollen* artikulierte, vollzog sich dieselbe diskursive Operation beim Dritten Weg mittels eines *Verwischens* vom Gewollten, Bestehenden und Notwendigen; *Sollen* und *Sein* verschwommen.

Der Versuch, sich von ideologischen Denk- und Politikmustern loszulösen, ist historisch erklärbar. Es war kein Zufall, dass nicht nur in Europa, sondern auch in den USA unter Bill Clinton Politiker »triangulierten«. Der Zusammenbruch der UDSSR diskreditierte allzu linkes Denken als gestrig und obsolet, als historisch blind; linke Politik, wie immer man diese fassen mag, stand vor einem Identitätsproblem. Der vermeintlich historische Sieg der liberalen Demokratie und der kapitalistischen Marktwirtschaft, von Francis Fukuyama damals überbordend als »Ende der Geschichte« bezeichnet,[381] konnte als Symptom ihrer Überlegenheit und Unausweichlichkeit begriffen werden. Der aufgeklärte Westen orientiere sich demnach an individueller Freiheit und Selbstverwirklichung, der freie Markt und mit ihm das Privateigentum und private Unternehmertum seien schlichtweg die der menschlichen *Natur* angemessene Organisationsform. Daher war konsistent, dass auch die Perestroika als »alternativlos« betitelt wird.[382] Die *Juggernaut-Modernity* überrollte gleichsam den Kommunismus, und für wirtschaftsliberale Politik eröffnete sich in den 1990ern ein Experimentierfeld ohne Systemalternative.

Doch zeitgleich verdeutlichten die Krise des europäischen Währungssystems Anfang der 1990er, die *New-Economy*-Blase sowie die Krise asiatischer Märkte einerseits die Auswirkungen finanzwirtschaftlicher Spekulation und die Fragilität kapitalistischer Wohlfahrts- und Wachstumsverspre-

381 Vgl. Fukuyama, *Das Ende der Geschichte*.

382 Vgl. Afanassjew (Hg.), *Es gibt keine Alternative zu Perestroika*.

chen, andererseits die Notwendigkeit einer strukturellen *Governance*-Absicherung in Zeiten wachsender, ökonomischer Interdependenz. Auf der einen Seite europäisiert sich Politik, auf der anderen Seite findet *Governance* immer mehr in globalen Netzwerken statt. Internationale Organisationen gewinnen in einer verflochtenen, interdependenten Welt an Bedeutung – der EU kommt in dem Spannungsfeld zwischen nationalstaatlicher Politik und globalen Arrangements die Rolle einer politischen »junction box« zu.[383]

Westeuropäische Politik liberalisierte sich; der EU-Reform- und Vertiefungsprozess setzte in den 1990ern, maßgeblich unter deutschem Einfluss, neoliberale bis ordoliberale Ordnungsprinzipien fest. Der deutsche Ansatz, das Modell der rigiden Geldpolitik der Bundesbank auf die europäische Ebene zu transferieren, um mittels einer starken Zentralbank die Kohärenz der beschlossenen Eurozone und die Stabilität der vermeintlich konvergierenden Volkswirtschaften zu garantieren, hat sich als schicksalhafte Weichenstellung erwiesen. Die Festlegung fiskalischer und monetärer Vorgaben und die Formulierung einer freien Dienstleistungs-, Wettbewerbs- und Gütergemeinschaft verweisen uns abermals auf die paradoxe Figur einer *Regulierung zugunsten neoliberaler Settings*. Wettbewerb, Privatisierung und Kapitalisierung werden *per Politik* durchgesetzt. Die Analyse des Dritten Weges konnte zeigen, dass sich diese Politik kommunikativ als aktive Steuerung relativiert.

Die hieran anschließende TINA-Rhetorik steht im Kontext eines internationalen Finanz- und Handelsregimes, bei dem etwa der IWF immer wieder »Strukturanpassungsprogramme« verlangt.[384] Welthandelsorganisation, Weltbank, Organisation für wirtschaftliche Zusammenarbeit und Entwicklung und IWF wirken als institutionelle Promotoren neoliberalen Regierens, die im Zuge des *Washingtoner Konsens* in den 1990ern die Losung »Stabilisierung, Privatisierung, Liberalisierung« propagierten.[385] Überschneidungen europäischer respektive westlicher Politik in TINA-Diskursen zugunsten wirtschaftsliberaler Politik lassen sich also plausibilisieren.

Jenes Welthandelsregime provozierte die Kritik, es handele sich um ein *technokratisches* Regime des Neoliberalismus, in dem Wirtschaftsliberalismus

383 Vgl. Wallace/Pollack/Young, An Overview, S. 10.

384 Vgl. Kaufmann, Der Sound des Sachzwangs, S. 365.

385 Dieser Begriff verdankt sich John Williamson; vgl. Gamble, *The Spectre at the Feast*, S. 84ff. Vgl. Zum Beispiel der WTO etwa Zangl, Judicialization Matters!

und technokratische Regierungsmuster eine unheilvolle Allianz miteinander eingingen. Dies soll nun das nachstehende Kapitel vertiefen.

Als Zwischenfazit zu New Labour gilt es festzuhalten: Im Diskurs des Dritten Weges *verschmolzen* die Adelung neoliberaler Ökonomie zum unumgänglichen Normalfall, Residuen sozialmoralischer Begründungen von Politik auch unter Verwendung von *common sense*-Narrativen, eine Kapitalisierung des Sozialen mitsamt der Umdeutung des Einzelnen als selbstverantwortliches Investitionsobjekt sowie die Suche nach einer legitimen, ideologiefreien Politik, die sich aufgrund ihres Synthesecharakters als inklusiv und konfliktverneinend verstand. Diese diskursive Kombination lässt sich, so das Zwischenfazit, als dasjenige *normalistische Dispositiv* beschreiben, das in den Folgejahren in einer Politik der Mitte nachwirkte und bis heute politische Weichen stellt.

Der Normalismus-These gemäß verhüllt politische Kommunikation zusehends Macht bzw. macht den ostentativen Gebrauch von Machtressourcen für Politiker problematisch. Karl-Siegbert Rehberg beobachtet:

»Kaum mehr trifft man auf jemanden, der von sich sagen würde, er habe Macht – besonders keine Politiker, die inzwischen alle Meister der Beschwörung struktureller Zwänge sind. Das hat durchaus einen Moment des Realistischen und könnte zu einer neuen politischen Aufklärung beitragen – wenn es nicht zur Abwehr von Verantwortlichkeiten und zum Einnisten in eine patentierte Ohnmacht benützt würde.«[386]

Der Dritte Weg delegimitierte politischen Voluntarismus und Experimentalismus zugunsten sachlicher, ideologiefreier und konfliktloser Politik und suchte sich den Anstrich unanfechtbarer Rationalität, Modernität und eines Ausgleichs in der Mitte zu geben.[387] Insbesondere der Abschied von der Links-Rechts-Unterscheidung als Strukturierung des politischen Raums bewirkte *Entagonalisierung*, *Dekontestation* sowie die pejorative *Ideologisierung* anderer Optionen.[388] Mit der Strategie eines emphatischen Pragmatismus erschien New Labour als ein *one necessary way*, bei dem allerdings noch der politische *Anspruch* auf Gestaltung im Sinne von Notwendigkeiten durchblitzt.

386 Rehberg, Normalitätsfiktion als institutioneller Mechanismus, S. 176.

387 Vgl. ebd., S. 173.

388 Vgl. Selk, Die Politik der Entpolitisierung als Problem der Politikwissenschaft und der Demokratie.

III. Politik in der Eurokrise: Die krisenstrategische Rhetorik der Alternativlosigkeit

»Wir spielen nicht auf Zeit, wir fahren auf Sicht.«[1]

»That such an unnecessary and irrational project as building a European superstate was ever embarked upon will seem in future years to be perhaps the greatest folly of the modern era.«[2]

Notwendigkeits- und Alternativlosigkeitsrhetorik prägten die politische Kommunikation in der europäischen Finanz-, Wirtschafts- und Schuldenkrise.[3] Angela Merkel und ihr Finanzminister Wolfgang Schauble gaben hierfur anschauliche Beispiele ab. Schäuble bezeichnete im Jahre 2010 die Bereitstellung finanzieller Mittel, um einen drohenden Exit Griechenlands aus der Eurozone, den sogenannten *Grexit*, zu vermeiden, als schlichtweg alternativlos,[4] wie auch Merkel es auf die Formulierung brachte: »Die zu beschließenden Hilfen für Griechenland sind alternativlos, um die Finanzstabilität des Euro-Gebietes zu sichern.«[5]

Anhand der folgenden Argumentationskette Merkels lässt sich der europäische Krisendiskurs – aus deutscher Perspektive – nachvollziehen:

»Bringen wir es auf den Punkt. Der Euro, der zusammen mit dem Binnenmarkt das Fundament für Wachstum und Wohlstand auch in Deutschland darstellt, ist in Gefahr. Wenden wir diese Gefahr nicht ab, dann sind die Folgen für Europa unabsehbar, und dann sind auch die Folgen über Europa hinaus unabsehbar. Eine Ahnung von dem, was dann geschehen könnte, haben wir am Donnerstagabend

1 Wolfgang Schäuble, zitiert nach Geyer, Der Nebel reißt auf, Frankfurter Allgemeine Zeitung, 30.11.2012

2 Thatcher, *Statecraft*, S. 410, Hervorhebungen AS

3 Wenn im Folgenden von *Krise* gesprochen wird, ist diese Verengung der besseren Lesbarkeit geschuldet. Unterschiedliche Benennungen korrelieren jeweils mit Interpretationen von Krisenursachen, schließlich lassen sich mindestens drei Krisen voneinander unterscheiden: eine Bankenkrise, eine Krise der Staatsfinanzen und der Realwirtschaft. Vgl. Streeck, *Gekaufte Zeit*, S. 29. Die Vermengungen und Interpretationen werden nachstehend noch problematisiert.

4 So beispielsweise Anfang 2010 und im Februar 2012. Vgl. die Meldung von dpa/Reuters/afp, Schäuble hält Sparpaket für alternativlos, Handelsblatt, 14.02.2012..

5 Merkel 2010, zitiert nach Brandeins, 16/7, Juli 2014, S. 27.

vor unserer Griechenland-Debatte mit den schon fast hysterisch anmutenden Turbulenzen auf den internationalen Märkten bekommen.

Was dort sichtbar wurde – Sie alle haben es mitverfolgt –, war dramatisch. Deshalb gab es zur Sicherung der Stabilität des gesamten Euro-Finanzsystems wenige Tage später keine vernünftige Alternative. Die Ultima Ratio war erreicht; das heißt nichts anderes, als dass der Euro insgesamt in Gefahr war.«[6]

Aus der dilemmatischen Verkettung von Währungsstabilität und Wohlstand sowie, in anderen Verlautbarungen, von Währungsraum und Europa als einem historischen Versöhnungsprojekt wurde die Dramatik der Situation hergleitet;[7] diese sei eine historische Ausnahmesituation gewesen. Der durch europäische Verträge nicht gedeckte *Bailout* Griechenlands und die Konstruktion eines Rettungsschirms für Staaten mit Liquiditätsproblemen seien als »exceptional measures for exceptional times«[8] zu begreifen, so der vielsagende, quasi neo-Schmittianische Tenor des damaligen Präsidenten der Europäischen Kommission, José Manuel Barroso, der damit eine kommissarische, buchstäblich außerordentliche Legitimität der wirtschafts- und finanzpolitischen Neuordnungsversuche nahelegte.

Nicht nur in der Politik, auch bei den Akteuren des Finanzmarkts herrschte der Eindruck einer unvergleichbaren Krise. Als im September 2008 der Konkurs der amerikanischen Investmentbank Lehman Brothers seinen von der Politik geduldeten Lauf nahm, erklärte der damalige Vorsitzende der Deutschen Bank, Josef Ackermann: »Das ist der GAU, den wir schon seit Tagen befürchtet und vor dem wir die zuständigen Stellen eindringlich gewarnt hatten.«[9] Inwiefern besteht also ein Zusammenhang zwischen einer Krisensituation, in der neben Bankengarantien, Volkswirtschaften und Staatshaushalten auch Ordnungen, Maximen und bisherige Diskursmuster brüchig werden, und der Rhetorik der Alternativlosigkeit, die sich inmitten solcher potenziellen Bruchlinien auf Evidenzen, Notwendigkeiten und Sachzwänge zurückzieht?

Bei der Frage, welche *Policies* als »alternativlos« gelten müssen, fiel im Jahre 2013 zumindest das damalige Urteil der Direktorin des IWF noch

6 Merkel, Regierungserklärung der Bundeskanzlerin zu den Euro-Stabilisierungsmaßnahmen, Berlin, 19.05.2010; Hervorhebung AS.

7 Merkel erklärte bereits 2009: »Dass er [der Weg der Versöhnung] ein alternativloser Weg ist, wissen wir.« Merkel 2009, zitiert nach Brandeins, 16/7, S. 27.

8 Barroso, Statement by President Barroso at the Press Conference following the Meeting of the Heads of State or Government of the Euro Area, Brüssel, 27.10.2011.

9 So Ackermann im Interview: Süddeutsche Zeitung, Prominente zur Lehman-Pleite: »Wir hatten eindringlich gewarnt«, 17.05.2010.

klar aus. Christine Lagarde deklarierte »there is no alternative to austerity«[10] und meinte damit vor allem die Konsolidierung der Schuldenstaaten mittels fiskal- und sozialpolitischer Reformen. Doch bei der Frage nach der konkreten Ausgestaltung dieser Austeritätspolitik und in der Bewertung ihrer Effektivität als Krisenstrategie finden sich bis heute innerhalb Europas Konfliktlinien, die zwischen Überschuss- und Defizitländern sowie entlang der Achse des europäischen Tandems Frankreich und Deutschland verlaufen.

Wie spiegeln sich jene Konfliktlinien in politischen Diskursen? Wenn diese auf divergente Rechtfertigungsmuster und auf politische sowie wirtschaftspolitische Denk- und Handlungspfade rekurrieren, können wir davon ausgehen, dass unterschiedliche Notwendigkeiten bzw. politische Imperative ins Feld geführt werden. Innereuropäische TINA-Rhetoriken könnten sich sodann gegenseitig konterkarieren, sofern politische Apodiktik durch Verweise auf *andere* Notwendigkeiten oder Sachzwänge untergraben würde. Hingegen könnte eine Konvergenz oder gar Konkordanz von TINA-Diskursen den Versuch offenlegen, die in der EU verfolgte Krisenpolitik entgegen dem Eindruck bestehender Interessenkonflikte als eine verbindliche, gemeinsame Linie zu kommunizieren und Kontroversen bzw. Politisierung einzudämmen.[11] Vor dem Hintergrund zunehmender Politisierung und Kritik im Kontext eines »constraining dissensus« in der Post-Maastricht-Ära kann die Kommunikation von Krisenmaßnahmen mittels Alternativlosigkeitsrhetorik einen *Mechanismus* darstellen, europäische Krisenpolitik gegen Widerspruch zu immunisieren.[12]

Mit einer kurzen *tour d'horizon* lässt sich bereits die Persistenz der TINA-Rhetorik auf der Ebene europäischer Krisenpolitik und die dahinter verborgenen Beweggründe erhellen. In Frankreich nutzte der damalige

10 Vgl. Le Monde, Selon Christine Lagarde, »il n'y a pas d'alternative à l'austérité«, 02.05.2013.

11 Politisierung lässt sich als ein dreidimensionales Phänomen eines Zuwachses von Problemsalienz, Polarisierung, Handlungsräumen und Bedeutung von politischen Akteuren verstehen. Vgl. Hutter/Kerscher, Politicizing Europe in Hard Times, S. 269: Die Autoren sprechen von: »three inter related dimensions: issue salience, actor expansion, and polarization«. Vgl. auch Hutter/Grande, Politicizing Europe in the National Electoral Arena, S. 1003ff.

12 Vgl. zur empirischen Forschung zur Politisierung der EU und zum Begriff des »constraining dissensus«: Hooghe/Marks, A Postfunctionalist Theory of European Integration; Hutter/Grande, Politicizing Europe in the National Electoral Arena; Hutter/Kerscher, Politicizing Europe in Hard Times. Zur These eines »shielding mechanism«: Schimmelfennig, European Integration in the Euro Crisis, S. 323, 331ff.

französische Premierminister Jean-Marc Ayrault nur wenige Wochen vor Lagarde 2013 die TINA-Formel, um interne Kritiker in der Parti Socialiste (PS) zu disziplinieren: »Il n'y a pas d'alternative à la politique menée.«[13] Wie man an diesem Beispiel erkennen kann, erfüllt TINA erneut die Funktion innerparteilicher Disziplinierung, derer es im semi-präsidentiellen System mit geschwächtem Parlament paradoxerweise in erhöhtem Maße bedarf, da Fraktionsangehörige ihren Disput in die Öffentlichkeit tragen, um die Regierung zu destabilisieren.

Auch auf der anderen Seite des Ärmelkanals hatte das für Thatcher, Blair und Brown analysierte Diktum zeitgleich wieder Konjunktur. Der damalige britische Premierminister David Cameron rechtfertigte in seiner Rede zur Verabschiedung des Haushalts die Abwehr sowohl linker Rufe nach Investitionspolitik mittels Schuldenfinanzierung als auch des konservativen Wunschs nach Steuersenkungen, indem er den in Großbritanniens politischer Öffentlichkeit stets mit Thatcher verknüpften Slogan »There is no alternative« anverwandelte.[14] Ebenfalls im Zusammenhang mit haushälterischen Entscheidungen verteidigte der spanische Finanzminister, Cristóbal Montoro, den rigiden Sparkurs der konservativen Regierung unter Ministerpräsident Mariano Rajoy am 30. März 2012 als zwingend notwendig und erklärte: »We are taking extraordinary measures because the situation is extraordinary.«[15] Der EU-Währungskommissar Olli Rehn, bis 2014 im Amt, legitimierte bei einer kritischen Anhörung durch Abgeordnete des Europäischen Parlaments im Januar 2014 das Krisenmanagement: »Es war nicht alles perfekt, aber es gab nun mal keine Alternative.«[16] TINA-Rhetorik diente zum einen als ein Instrument der Disziplinierung des Parlaments durch die Exekutive, zum anderen als ein Mittel in der politischen Kommunikation an eine politische – und ökonomische – Öffentlichkeit.

Aus diesen zahlreichen Beispielen einer Rhetorik der Alternativlosigkeit lässt sich, so die leitende Auffassung, etwas über Politik in Zeiten von Krisen sowie über europäische Politik – im dreifachen Sinne von *Polity*, *Policy* und *Politics* – lernen. Wie zu Beginn dieser Arbeit angeklungen, wirft

13 Vgl. Le Monde, En pleine tempête, le PS veut éviter que son conseil national »ne tourne à la crise«,13.04.2013; Hervorhebung AS.

14 Chapman, »There is no alternative«, Daily Mail, 08.03.2013.

15 Montoro, zitiert nach White, Emergency Europe, S. 7.

16 Vgl. Bonse, Nicht schuld an der Eurokrise, Die Tageszeitung, 14.01.2014; Rehn bekräftigte die *Alternativlosigkeit* des haushälterischen Konsolidierung auch in einem Interview mit dem Spiegel, siehe: Seith, EU-Krisenmanagement.

die Berufung auf Notwendigkeit die Frage auf, ob es eine spezifische Disposition zeitgenössischer Politik gibt, die diese Rede- und Denkfigur bzw. diese kommunikative Strategie besonders attraktiv und die Affirmation wahrgenommener Handlungszwänge besonders plausibel macht. Lässt sich womöglich auch ein Lernprozess beobachten, der jenen politischen Akteuren nahelegte, dass die Beschwörung von Sachzwängen bzw. Alternativlosigkeit nützlich, ja vorteilig ist? Handelt es sich tatsächlich wieder um eine TINA-Rhetorik einer neoliberalen Politik und im Namen eines vermeintlich ideologiefreien *common sense*? Nicht zufällig boten 2014 die deutschen Sozialdemokraten nach dem Erfolg ihrer Agenda 2010 der bedrängten sozialdemokratischen Regierung in Paris an, mittels einer Kooperation deutsch-französischer Experten Argumentationen und Rechtfertigungsnarrative für eine Reform des französischen Sozialstaats zu erarbeiten und bereitzustellen.[17] Findet womöglich ein binationales *Policy-Learning* auch auf Ebene des zu mobilisierenden Reformdiskurses statt, so stellt sich die Frage nach dabei produktiven Notwendigkeitskonstruktionen.

Im Folgenden wird die Euro-Krise als Klimax der TINA-Rhetorik untersucht. In der dreifachen Krise von Finanzmarkt, Staatshaushalten und Eurozone verschärft sich die Problematik von Entscheidungskommunikation, Handlungsanforderung, *Policy Change* und institutionellem Wandel sowie einer Erneuerung von Vertrauen. Mittels scheinbarer Sachzwänge und Alternativlosigkeit sollen politische Entscheidungen wie etwa die graduelle Implementierung eines transnationalen Haushaltsregimes oder Reformmaßnahmen zum Umbau von Wohlfahrtsstaatlichkeit legitimiert werden. Da die Krise der Eurozone und ihrer ökonomischen Ungleichgewichte bis zum jetzigen Zeitpunkt keineswegs als gelöst, sondern eher als vertagt gelten muss, sei betont, dass aus der Analyse jenes symptomatischen TINA-Diskurses systematische, demokratietheoretische und zeitdiagnostische Aussagen gewonnen werden sollen.

Zunächst wird erneut der Erfahrungs- und Verweisraum erarbeitet. Dazu erfolgt eine Skizze des nationalstaatlich und europäisch verflochtenen Regierens in der EU, um die Herausforderungen, also Probleme und Chancen eines solchen Mehrebenensystems im Hinblick auf eine Konstruktion von Sachzwangen bzw. Verengung von Handlungsspielräumen zu profilieren. Dem Erkenntnisinteresse an der *Krise* gemäß, konzentriert sich die kritisch-analytische Rekonstruktion auf ökonomische

17 Armbruster, Schwache Konjunktur, Frankfurter Allgemeine Zeitung, 13.10.2014.

und monetäre Integration, weil in der Spannung zwischen Geld- und Fiskalpolitik ein wesentlicher *Krisenherd* auszumachen ist und *Policy-Making* in diesem Feld am umfassendsten europäisiert ist.

Es folgt jedoch kein erschöpfender Forschungsüberblick über den europäischen Integrationsprozess. Stattdessen werden selektiv die großen Linien der EU-Forschung und EU-Politik skizziert, um die Rhetorik von Sachzwang und Alternativlosigkeit im spezifischen Falle des europäischen Krisenmanagements zu untersuchen. Der Fokus liegt dabei auf folgenden Fragen: Warum ist TINA eine plausible, ja *wahrscheinliche* Strategie in einem kommunikativen Diskurs von Akteuren im europäischen Mehrebenensystem? Welche institutionellen Rahmenbedingungen bilden eine Grundlage, wenn nicht eine *Disposition* für die Beschwörung von Notwendigkeit? Welcher Ursachenkomplex lässt sich für *die Krise* nach 2008 ausmachen und handelt es sich tatsächlich um eine Krise des Neoliberalismus? Lassen sich im politischen sowie kommunikativen Krisenmanagement Rezidive technokratischer, thatcheristisch-neoliberaler und Neuer-Mitte-Ideologeme wiedererkennen, die den europäischen Diskurs mit den vorherigen TINA-Diskursen verknüpfen und eine Konvergenz oder Kontinuität politischer Notwendigkeitskonstruktionen nahelegen?

Sucht man nach solchen politischen Anschlüssen, nach einer system- bzw. strukturinhärenten Ausgangslage für eine Politik im Namen von Sachzwängen und womöglich als neoliberal zu bezeichnenden *Outcomes* jener *Governance*-Mechanismen, stößt man darauf, dass ausgerechnet Hayek prognostizierte, internationale und supranationale Integration müsste einem Marktliberalismus geradezu förderlich sein, da sie die institutionellen Möglichkeiten, ja die *Handlungskapazität* von Staaten verringere und diese somit weniger in der Lage seien, eine kapitalistische Wirtschaft zu steuern sowie einen Sozialstaat zu Lasten wirtschaftlicher Produktivität aufzublähen.[18] Föderationen könnten die schiefe Ebene zwischen demokratischem *Overload* und Totalitarismus begradigen und die negative Integration der Märkte begünstigen. Hayek schrieb 1939:

»The conclusion that, in a federation, certain economic powers, which are now generally wielded by the national states, could be exercised neither by the federation nor by the individual states, implies that there would have to be less

18 Vgl. Hayek, The Economic Conditions of Interstate Federalism, S. 258; vgl. auch Scharpf, The Double Asymmetry of European Integration, S. 5.

government all round if federation is to be practicable. Certain forms of economic policy will have to be conducted by the federation or by nobody at all.«[19]

Steuerungslücken wären demzufolge wahlweise der springende Punkt oder der blinde Fleck von Integrationsforderungen.[20] Wie steht es also um das Verhältnis von TINA-Rhetorik, Steuerungslücken und europäischem »market making«?[21]

Da sie eine Einschränkung des demokratischen Handlungsspielraums befürworteten, affirmierten auch Autoren wie etwa prominent James Buchanan den europäischen Integrationsprozess.[22] Buchanan formulierte die wiederkehrende These einer Entmachtung der Politik mittels integrierter und verflochtener Mehrebenen-*Governance*, sofern »[…] a coherent classical liberal must be generally supportive of federal political structures, because any division of authority must, necessarily, tend to limit the potential range of political coercion«.[23] Dieses Votum neoliberaler Autoren blieb allerdings bei den Konstrukteuren des Integrationsprozesses unverstanden, urteilt Fritz Scharpf.[24] Kommt Mehrebenen-*Governance* einer Einschränkung des Handlungsspielraumes nationaler Politik gleich, gewinnt die Frage nach der Kommunikation von Sachzwang und Notwendigkeit weiter an Brisanz.

---

19 Hayek, The Economic Conditions of Interstate Federalism, S. 258. Die Idee einer Währungsunion thematisierte Hayek auch: »With a common monetary unit, the latitude given to the national central banks will be restricted at least as much as it was under a rigid gold standard-and possibly rather more since, even under the traditional gold standard, the fluctuations in exchanges between countries were greater than those between different parts of a single state, or than would be desirable to allow within the Union.« Ebd., S. 259.

20 Hellsichtig argumentierte Hayek außerdem, dass kulturelle und nationale Vielfalt Politik erschwere und eine Identifikation mit *Policies* und so deren Implementierungskapazität blockieren könne. Ebd., S. 263f. In derselben Schrift wird gleichwohl deutlich, dass Hayeks Entwurf auf *Leitplanken* für eine solche Wirtschaftsföderation setzte; ein liberales Wirtschaftsregime sei einerseits notwendige Bedingung für eine erfolgreiche Föderation, andererseits bedürfe es einer »Aufhebung« (»abrogation« im Original) nationaler Souveränität sowie einer internationalen Rechtsordnung und -sicherheit (»order of law«). Vgl. ebd., S. 269.

21 Scharpf, Notes Toward a Theory of Multilevel Governing in Europe, S. 16f; Hervorhebung AS.

22 Vgl. Scharpf, The Double Asymmetry of European Integration, S. 5; vgl. Buchanan, Federalism and Individual Sovereignty.

23 Buchanan, Federalism and Individual Sovereignty, S. 259.

24 Vgl. Scharpf, The Double Asymmetry of European Integration, S. 5.

In einem ersten analytischen Schritt werden nun diejenigen institutionellen Logiken herausgearbeitet, die TINA-Rhetorik im europäischen Krisenmanagement begünstigen. Dabei können die unterschiedlichen Analyseansätze europäischer Politik als *Deutungsangebote* fungieren. Im Anschluss wird die EZB als Institution supranationaler Governance untersucht. Nach der Betrachtung europäischer Politik zu *Normalzeiten* wird die Eurozonen-Krise untersucht; hierbei steht die politisch-strukturelle Konstruktion von Handlungsspielräumen im Fokus. Die Rekonstruktion des Krisenmanagements leitet über zu der Frage nach Technokratisierung, Informalisierung und Depolitisierung als Krisenstrategien und nach einer Bewertung der Krisenpolitik im Kontext der Diagnose einer fortbestehenden neoliberalen Hegemonie. Diese Fragen sind vor dem Hintergrund der Differenzen zwischen den nationalstaatlichen Akteuren zu thematisieren. Im Anschluss an eine Einschätzung europäischer Krisenpolitik soll über den Krisenkontext hinaus, nämlich anhand des deutschen Fallbeispiels, Politik im Namen von Alternativlosigkeit problematisiert werden. Dies führt zu einem allgemeinen, zeitdiagnostischen Resümee, das den Schluss unserer Diskursanalysen bildet.

1. Politik in der Europäischen Union zwischen Instrumentalisierung, Effizienz und Demokratie

> »Integration systematically undermines traditional channels of parliamentary representation and accountability by pooling sovereignty and delegating it to supranational institutions for reasons of efficiency. For the same efficiency reasons, governments are generally not interested in empowering the EP [European Parliament] or other supranational institutions. In addition, their ideas about what constitutes a legitimate constitution for Europe diverge.«[25]

Politik in der EU findet in einem Rahmen statt, der weder ausschließlich mit staatlichen Analysekategorien noch mit denen einer internationalen Organisation begriffen werden kann. Stattdessen ermöglichen die Konzepte des politischen Systems und der »differenzierten Integration«,[26] das europäische Institutionengefüge als politische Regelungsinstanz zu begrei-

25 Leuffen/Rittberger/Schimmelfennig, *Differentiated Integration*, S. 94f.
26 Vgl. ebd.

fen, das über kein physisches Gewaltmonopol verfügt, und sektorale und interstaatliche, horizontale und vertikale Integrationsskalen zu unterscheiden, denn die Maschen der Politikverflechtung innerhalb der EU sind nicht in allen *Policy*-Feldern gleich eng oder weit.

Mit diesem für Differenzierungen geschärften Blick können wir zentrale Topoi der Forschungsdebatte um die Europäische Union aufgreifen, weil sie wichtige Fragen aufwerfen, etwa über wie viel (Gestaltungs-)Macht das Europäische Parlament verfügt, inwiefern die Kommission ein bürokratischer Akteur ist und die EU tatsächlich vor einem demokratischen Defizit steht oder dieser Vorwurf einer von einem illusorischen, obsoleten Demokratiebegriff geleiteten Fehlinterpretation aufsitzt. Für unsere Analyse ist bedeutsam, wie legislatives *Bargaining* in der EU funktioniert und wie die EU einen einheitlichen Markt durch Regulierung oder durch Deregulierung zu schaffen versucht.[27] Diese Problemkomplexe fundieren als politischer Erfahrungs- und diskursiver Verweisraum den europäischen und europäisierten TINA-Diskurs. Daher gilt es, sich erstens institutioneller Gegebenheiten zu vergewissern und zweitens Erklärungsansätze zu Politikprozessen in der EU zu rekapitulieren, um tatsächliche Handlungsblockaden und Vetospieler, aber auch Diskursmechanismen und strategische Narrationen, die bei europäischen und europäisierten TINA-Diskursen relevant werden, zu erhellen.

1.1 Regieren mit und in der EU

Rechtsprechung und Gesetzgebung finden parallel auf nationalstaatlicher Ebene und auf EU-Ebene statt, sodass sich Regieren in »a kind of amalgam of these two levels of governance« vollzieht.[28] Länderspezifische Bedürfnisse können innerhalb eines gemeinsamen europäischen Rahmens kollektive Entscheidungen nach sich ziehen, die dann wiederum in allen Mitgliedsländern implementiert werden. Politik ist zu einem hohen Grad von den nationalen institutionellen Rahmenbedingungen abhängig, ist aber ebenso von EU-Institutionen beeinflusst. Nach Simon Hix und Bjørn Høyland lassen sich fünf EU-*Policy*-Bereiche unterscheiden: *regulative Policies*, *Ausgabenpolicies*, *makroökonomische Policies*, *Innenpolitik* sowie *Außenpolitik*.[29] Diese sind jeweils spezifischen Kompetenzbereichen zugeordnet;

27 Vgl. zu diesem Fragekatalog Hix/Høyland, *The Political System of the European Union*, S. 1f.
28 Wallace/Pollack/Young, An Overview, S. 9.
29 Vgl. Hix/Høyland, *The Political System of the European Union*, S. 3.

mal kann die EU allein entscheiden und Richtlinien, Verordnungen und Entscheidungen erlassen, die die Nationalstaaten umsetzen müssen bzw. können, mal koordinieren EU-Institutionen und Mitgliedsstaaten ihre Kompetenzen, sodass bestehende nationale Gesetze durch EU-Regelungen zum Beispiel *supplementiert* werden. In anderen *Policy*-Bereichen behält der Nationalstaat allerdings seine vollständige Kompetenz.

Aus diesem *Policy*- und Kompetenzenmix ergibt sich ein Zwitterwesen, das supranationale ebenso wie intergouvernementale Prozesse vereint. Die Kommission fungiert als Exekutive, die bei *supranationalen* Entscheidungsverfahren als *Agenda-Setter* Gesetzesvorschläge vorlegt, die dann in einem Zweikammersystem zwischen Rat[30] und Parlament diskutiert und im Rat durch qualitative Mehrheitsentscheidungen angenommen werden. Bei Verabschiedung gilt ein Gesetz; dabei bricht europäisches Recht nationales Recht,[31] und der Europäische Gerichtshof verfügt über vollständige Rechtssprechungs- und Rechtsprüfungskompetenz.[32]

Um eine solche Konstruktion überhaupt mit nationalstaatlicher Souveränität kompatibel zu machen, bedarf es der nationalstaatlichen Verfassungsöffnung. Das deutsche Grundgesetz etwa ermöglicht es durch Art. 24 Abs. 1 GG, Hoheitsrechte des Staates auf zwischenstaatliche, supranationale Einrichtungen zu übertragen. Ihm wird aufgrund dieser richtungsweisenden Orientierung auf internationale Kooperationsformen eine »offene Staatlichkeit« attestiert. 1992 wird mit dem Artikel 23 eine weitere, angepasste EU-Politikgrundlage vorgelegt. Allerdings gilt eine Einschränkung: Die europäische Integration darf nicht die *Verfassungsidentität* der Mitgliedstaaten angreifen; Grundwerte und Leitideen, die den Kern einer Verfassung ausmachen, dürfen nicht verändert werden – dies wird in der »Identitätskontrolle« durch das Bundesverfassungsgericht überprüft.

---

30 Der Rat der Europäischen Union ist nicht identisch mit dem europäischen Rat, denn dieser bezeichnet nur das viermal im Jahr stattfindende Treffen von Staatsoberhäuptern und Regierungschefs. Im Rat der EU sitzen Minister der Regierungen der Mitgliedsstaaten.

31 Der Europäische Gerichtshof entschied bereits 1964, dass europäisches Recht Vorrang vor dem Recht der Mitgliedstaaten habe. Wichtig ist hierbei aber eine Nuancierung: Da europäisches und nationalstaatliches Recht unterschiedliche Rechtsordnungen bilden, werden die durch EU-Entscheidungen substituierten nationalen Vorschriften nicht gegenstandslos, sondern nicht länger angewendet. Dies ist der sogenannte Anwendungsvorrang.

32 Zu der genauen Analyse von EU-*Policy*-Prozessen und von den Kennzeichen der europäische Exekutiv-, Legislativ- und Rechtspolitik vgl. die einschlägigen Werke wie Hix/Høyland, *The Political System*; Wallace/Pollack/Young, *Policy-Making in the EU*.

Das deutsche Bundesverfassungsgericht reklamierte zudem 2009 im Lissabon-Urteil eine »Ultra-vires-Kontrolle«. Hierbei wird überprüft, ob Rechtsakte der EU überhaupt vom zugrunde liegenden Vertragswerk gedeckt sind.[33] Auf diese Kontrollfunktion bei Überschreitung begrenzter Einzelkompetenzen berief sich auch der Beschwerdeführer Peter Gauweiler bei seiner Verfassungsbeschwerde zum europäischen »Rettungsschirm« und Stabilitätsmechanismus.

In bestimmten Politikbereichen, so zum Beispiel bei makroökonomischen und außenpolitischen Entscheidungen, werden *Policies* in der EU *intergouvernemental* ausgearbeitet. Dabei fungiert der Rat zugleich als (Haupt-)Exekutive und als Legislative. Entscheidungen werden im Modus der Einstimmigkeit getroffen. In diesen Fällen kann die Kommission als eingeschränkter *Agenda-Setter* Ideen einbringen, während das Parlament vom Rat nur konsultiert werden muss und die Jurisdiktion des Europäischen Gerichtshofs beschränkt ist.[34]

Hier zeigt sich in Potenz bereits das Phänomen, das unter dem Schlagwort des »demokratischen Defizits« der EU verhandelt wird und auf das in der Analyse von TINA als Instrument des Krisenmanagements zurückzukommen ist. Es sei schon an dieser Stelle festgehalten, dass durch den 1993 in Kraft getretenen Vertrag von Maastricht und den 1999 in Kraft getretenen Vertrag von Amsterdam die legislativen Befugnisse des Europäischen Parlaments *gestärkt* werden. Wenngleich mit jeder Vertragsetappe, und im Besonderen mit dem 2009 in Kraft getretenen Vertrag von Lissabon, die Befürchtung laut wurde, dass die EU-Integration zu Lasten nationalstaatlicher Kompetenzen und Souveränität vertieft werde – prominent unter dem Schlagwort der »ever closer union« diskutiert –, zeigte sich bisher doch, so das Urteil von Hix und Høyland: »[…] every new treaty has ended up being less ambitious than the previous one.«[35]

In Anbetracht der komplexen Struktur der EU als politischem System, das also zugleich über supranationale und intergouvernementale Strukturen verfügt, greifen politikwissenschaftliche Analysen bei der Erklärung des Entstehungsprozesses von politischen Entscheidungen auf EU-Ebene sowie bei der Untersuchung des europäischen Integrationsprozesses auf

33 Vgl. Hatje/Terhechte (Hg.), *Grundgesetz und europäische Integration.*

34 Vgl. Hix/Høyland, *The Political System*, S. 6.

35 Ebd., S. 11.

unterschiedliche Erklärungsmodelle zurück.[36] Diese Erklärungsansätze zum Integrationsprozess und zu Entscheidungsprozessen auf EU-Ebene stellen Deutungsangebote bereit, anhand derer die TINA-Rhetorik(en) im europäischen Krisenmanagement eingeordnet werden können.

Aus einer *intergouvernementalistischen* Perspektive lässt sich die kontinuierliche Bedeutung nationaler Regierungen hervorheben; die EU-Politik werde von nationalstaatlichen Präferenzen, vor allem denen Deutschlands, Frankreichs und bis zum *Brexit* Großbritanniens, dominiert.[37] Die EU dient Einzelstaaten demnach als strategischer *force multiplier*, der nicht die Strukturen staatlicher Autonomie und nationaler Bürokratien schwächen dürfe. Andrew Moravcsik zufolge, der eine liberale Spielart des Intergouvernementalismus vertritt, variieren je nach Politikfeld und über die Zeit hinweg die Interessen der Mitgliedsstaaten an der EU als politischer Entscheidungs- und Regelungsinstanz; das Engagement für eine weitere Vertiefung europäischer Integration und die Delegation von Entscheidungskompetenzen an die supranationalen Institutionen der EU sind folglich selektiv-strategisch motiviert.[38] Rationale Kosten-Nutzen-Kalkulationen unterliegen politischen Überlegungen zur *Nutzung* der EU als politischer Arena:

»EU integration can best be understood as a series of rational choices made by national leaders. These choices responded to constraints and opportunities stemming from the economic interests of powerful domestic constituents, the relative power of each state in the international system, and the role of institutions in bolstering the credibility of interstate commitments.«[39]

Für die hiesige Fragestellung ist Moravcsiks Annahme wichtig: Regierungen *delegieren Agenda-Setting*, um innerstaatliche Koordinationsprobleme und Konflikte bei der Umsetzung und Anwendung einer *Policy* zu umgehen. Sie können dann in ihren jeweiligen Kabinetts- und Parlamentsdebatten, aber auch gegenüber der Öffentlichkeit supranationale Entscheidungen als *Handlungszwänge* angeben und auf einen durch die EU begrenzten Handlungsspielraum verweisen. Nationale Interessen werden auf die EU-

36 Diese lassen sich allgemein in das analytische Feld intergouvernementalistischer bzw. supranationalistischer Ansätze einordnen. Es gibt weitere Spielarten von Erklärungsmodellen, doch ist ihre ausführliche Differenzierung hier nicht vonnöten.

37 Prominent vertreten wird dieser Ansatz von Moravcsik, Preferences and power in the European Community; ders, *The Choice for Europe*; ders, In Defense of the Democratic Deficit.

38 Vgl. Leuffen/Rittberger/Schimmelfennig, *Differentiated Integration*, S. 40–61.

39 Moravcsik, *The Choice for Europe*, S. 18.

Ebene verlagert, um sie besser durchsetzen und legitimieren zu können. TINA-Rhetorik kann demnach als *Strategem* einer europäisierten Politik an Plausibilität gewinnen. Die Delegation an das Europäische Parlament kann dazu dienen, EU-Entscheidungen mit einer höheren demokratischen Legitimität zu versehen,[40] während der europäische Gerichtshof als Regelungsinstanz bei nationalen Normen- und Rechtskonflikten eingesetzt werden kann.

Robert Putnam hat in einem ähnlichen Zusammenhang den Begriff *two level game* geprägt, um eine doppelte Verhandlungsstrategie von Regierungen zu benennen.[41] In einem solchen »game« verhandelt eine Regierung zeitgleich mit anderen Regierungen und mit heimischen Vetospielern. Je größer das heimische »winset«,[42] desto leichter und größer sind die Verhandlungsspielräume einer Regierung auf der internationalen Ebene; je kleiner das heimische »winset«, desto kleiner wird der Verhandlungsspielraum. Eine Regierung kann in Verhandlungen mit Blick auf die Undurchführbarkeit und Unvermittelbarkeit mit Ablehnung einer *Policy* bzw. Nichtratifikation drohen, was *paradoxerweise* ihre Verhandlungsmacht vergrößert, da sich in diesem Fall andere Regierungen in ihren Präferenzen bewegen müssen. Dieses Phänomen wird als »Paradox der Schwäche« bezeichnet und spiegelt sich in TINA-Rhetorik, wie wir sehen werden.[43]

Im Hinblick auf jene intergouvernementalen Aushandlungsprozesse argumentiert ferner Uwe Pütter für eine stärkere Berücksichtigung *deliberativer* Verfahren auf EU-Ebene. Vor allem der Ministerrat und der Europäische Rat prägen die *Wirtschaftsgovernance* der EU. Angesichts gewachsener Interdependenz vermeiden es die Mitgliedstaaten, weitere Kompetenzen abzugeben oder die Gemeinschaftsmethode als Entscheidungsverfahren zu stärken. Stattdessen favorisieren sie eine konsensorientierte intergouvernementale Koordination.[44]

---

40 Vgl. dazu Hix/Høyland, *The Political System*, S. 16.

41 Putnam, Diplomacy and Domestic Policy.

42 Ein »winset« bezeichnet die Anzahl durchsetzbarer Veränderungen des Status quo. Vgl. Tsebelis, *Veto Players*.

43 Vgl. hierzu Schelling, *The Strategy of Conflict*; Grande, Das Paradox der Schwäche; Leuffen/Rittberger/Schimmelfennig, *Differentiated Integration*, S. 50.

44 Vgl. Pütter, Europe's deliberative intergovernmentalism. Zum intergouvernementalistischen Ansatz passt daher das Bestreben der Staaten, eine permanente Präsidentschaft des europäischen Rats einzuführen. Diese soll als Gegengewicht zum Kommissionspräsidenten dienen. Vgl. Dehousse/Boussaguet, L'impact De La Crise Sur La Gouvernance Européenne, S. 9.

Dem Intergouvernementalismus entgegen setzt der *supranationalistische* Ansatz auf den politischen Eigenwert, ja die Unabhängigkeit der EU als politischen Akteur.[45] Die Eigeninteressen der europäischen Institutionen werden hervorgehoben: Kommission, Rat, Parlament haben *spezifische* politische Präferenzen, Ressourcen und Kompetenzen, die transformatorische Kraft entfalten.[46] Integration ist folglich ein »[…] process whereby political actors in several distinct national settings are persuaded to shift their loyalties, expectations, and political activities toward a new and larger center, whose institutions possess or demand jurisdiction over pre-existing national states«.[47]

Sofern die Entscheidungs- und Willensbildungsverfahren innerhalb der EU-Institutionen nur begrenzt nationalstaatlich und instrumentell gesteuert werden können, da sie über eine eigene *Dynamik* verfügen, lässt sich pointieren: »institutions matter«. Supranationalistische Zugänge wurzeln mitunter im Historischen Institutionalismus, dessen (anti-funktionalistische) Pointe wiederum darin besteht, dass Institutionen selbst kontingente Pfadabhängigkeiten,[48] vulgo: *Handlungs- und Denkzwänge* erschaffen können.[49] Aus dieser Perspektive ergibt sich aus der expansiven Logik europäischer Integration nicht nur die These der Irreversibilität, sondern auch eine sich selbst verstärkende, progressive Institutionalisierungs- und Integrationsdynamik. Ein Ausstieg aus europäischen Institutionen wäre zum einen aufgrund steigender Verflechtung zu kostspielig, um eine ernsthafte politische Option bzw. Verhandlungsstrategie darzustellen. Zum anderen wären tiefgreifende Reformen (also *Policy Change*) innerhalb der bestehenden Verträge angesichts der qualitativen Mehrheitsregel sowie ein neuer Vertrag angesichts Einstimmigkeitsregel schwerlich durchsetzbar. Einmal geschaffene Institutionen, Regelungen und Fakten werden selten bis nie revidiert. Dies verleiht etwa dem in der Eurokrise omnipräsenten

45 Zum Supranationalismus, seinen Prämissen und Analysepotenzialen siehe wieder Leuffen/Rittberger/Schimmelfennig, *Differentiated Integration*, S. 62–83.

46 Vgl. ebd., S. 62; Hix/Høyland, *The Political System*, S. 17.

47 Haas, International Integration, S. 366f.

48 Pfadabhängigkeit ist ein Prozess » […] in which preceding steps in a particular direction induce further movement in the same direction«. Pierson, *Politics in Time*, S. 252. Nur exogene Schocks, so wie Wirtschaftskrisen, Kriege usw., können die gestiegenen Exit-Kosten wieder relativieren und ein Verlassen des Pfads, also eine Reform der (möglicherweise irrational, da ineffizienten gewordenen) Institutionen kostengünstiger machen.

49 Vgl. hierzu Paul Piersons Werk; für den Fall der EU-Integration Pierson, The Path to European Integration.

Mantra, Griechenlands Rettung und Verbleib im Euroraum seien *alternativlos*, und dem *muddling through* innerhalb und außerhalb der bestehenden Verträge eine eigene Rationalität. Die 2017 beginnenden *Brexit*-Verhandlungen stellen bisher eine Ausnahme für die Irreversibilitätsthese dar; zugleich verdeutlichen sie aber die hohen (Folge-)Kosten eines Ausstiegs. Es sei somit für die Analyse vom europäischen TINA-Diskurs festgehalten: »Prohibitive consensus requirements for treaty change and prohibitive exit costs stabilize the integration gains of transnational and supranational actors, and prevent the rollback of vertical or horizontal integration.«[50]

Politische Ergebnisse und supranationale Arrangements können durchaus »unintendierte Nebenfolgen«[51] einer politisch gewollten Entscheidung sein.[52] In der europäischen Politik können Allianzen, Koalitionen und Interessenkonstellationen wechseln. Daher mahnen supranationalistische Ansätze an, dass Interessen und Präferenzen von Mitgliedsstaaten keineswegs so homogen und transparent seien, wie der intergouvernementalistische Ansatz durch die These einer strategischen Politik nahelege; sie seien nicht immer bzw. nur bedingt als nationalstaatlich zu dechiffrieren, sondern folgten eher der klassischen Links-Rechts-Unterscheidung.[53]

Ergänzen lässt sich das bisherige Panorama noch knapp durch die *konstruktivistische* Perspektive, die vor allem in der jüngeren Europa-Forschung an Bedeutung gewonnen hat.[54] Dieser zufolge prägen soziale Konstruktionen, also etwa Identität und Ideen, die Interessen bzw. Präferenzen der Akteure.[55] Hiermit lässt sich auch für *Policy*-Prozesse innerhalb der EU die Rolle von Wissen, Normen, Werten und politischen Kulturen betonen, die bei der Frage nach jeweils der politischen Kultur und Nation spezifischen TINA-Diskursen Relevanz erhalten.

---

50 Leuffen/Rittberger/Schimmelfennig, *Differentiated Integration*, S. 76.

51 Diese Formulierung von Robert K. Merton greift Pierson auf. Vgl. Pierson, The Path to European Integration.

52 So fußt zum Beispiel die umweltpolitische Regulation seitens der EU auf dem Mandat, einen einheitlichen Wirtschaftsraum zu schaffen. Dabei intendierte die Einheitlichen Europäischen Akte (EEA) ursprünglich nur die Liberalisierung des Binnenmarkts. Vgl. Hix/Høyland, *The Political System*, S. 18.

53 So argumentiert auch Hix. Vgl. etwa Hix, *What's Wrong with the European Union and How to Fix it.*

54 Dazu wieder Leuffen/Rittberger/Schimmelfennig, *Differentiated Integration*, S. 84–104.

55 Vgl. den Klassiker March/Olsen, *Rediscovering Institutions*, S. 160.

Eine konstruktivistische Pointe lautet, dass die EU selbst Werte ausbildet, die Identität und Gemeinschaft stiften. Auch der (wirtschaftliche) Integrationsprozess, d.h. die liberalisierende Gesetzgebung, kann demnach – im Gegensatz zu Moravcsiks Argumentation – dadurch erklärt werden, dass die Europäische Kommission eine in ihren Interessen heterogene Gruppe von Mitgliedsstaaten von der Marktidee als Problemlösung überzeugt habe.[56] Je öfter Bürger von EU-Politik betroffen sind, desto höher sind europäischer Sozialisationsgrad und die Internalisierung europäischer Werte und Normen in staatlichen Institutionen und Gesetzestexten.[57] Wenn europäische Politik identifikationsstiftende Werte und Normen anzugreifen oder zu bedrohen scheint, unterstreichen konstruktivistische Ansätze das Potenzial von *Politisierung*, die sich mitunter in europakritischem (Rechts-)Populismus, in Protest und Bürgerbewegungen zeigen kann. Dafür geben sowohl die Angst vor Verlust nationaler Identität wie bei Parteien wie der AfD oder dem Front National beunruhigende Beispiele ab. Tatsächlich erkennen wir allerorten eine Politisierung der EU-Integration.[58] Die zu erhellende Krisenpolitik der EU führt beispielsweise zu Politisierung in Ländern, in denen mittels konditionaler Hilfsprogramme europäisch oktroyierte Strukturreformen nicht als demokratisch-selbstgewählte Entscheidungen begriffen werden, sondern ein »lack of ownership of reforms« die Identifikation mit jenen Reformen untergräbt.[59]

Der konstruktivistische Ansatz stellt noch einmal eine erkenntnisleitende Frage für die nachstehenden Überlegungen heraus: »[w]hich ideas matter?«[60] Für die Untersuchung des europäischen Krisenmanagements lässt sich macht- und diskursanalytisch zuspitzen: »To some extent, *whose* ideas matter has to do with *opportunities* and *constraints* in the decision-making process […].«[61] Es ist fraglich, ob hierbei von einer *demokratischen* Ideen- respektive Werte-, Normen- und Interessenrepräsentation gesprochen werden kann. Gerade aus dem *supranationalistischen* Blickwinkel fällt

56 So argumentiert Jabko, *Playing the Market*.

57 Vgl. Leuffen/Rittberger/Schimmelfennig, *Differentiated Integration*, S. 96.

58 Vgl. Kriesi et al., *Political Conflict in Western Europe*; Hutter/Grande, Politicizing Europe in the national electoral arena; Hutter/Kerscher, Politicizing Europe in Hard Times; De Wilde, No polity for old politics?; De Wilde/Zürn, Can the politicization of European integration be reversed?.

59 Vgl. Ahrens, Bessere Governance durch mehr Flexibilisierung, S. 227.

60 Leuffen/Rittberger/Schimmelfennig, *Differentiated Integration*, S. 91.

61 Ebd., S. 92; Hervorhebung AS.

die Debatte um das demokratische Defizit der EU ins Gewicht, weil die Nationalstaaten an einen eigenmächtigen Akteur, den sie nur bedingt kontrollieren können, Kompetenzen delegieren. Diese Machtverschiebung wird als eine Loslösung von öffentlichen, nationalen Interessen und von direkt gewählten und demokratisch legitimierten Parlamenten gedeutet; der demokratisch-institutionelle *Legitimitätstransfer* erscheint vielen Bürgern als undemokratisch. Im Gegensatz dazu betonen konsequenterweise Intergouvernementalisten wie Moravcsik eine stringente Legitimitätskette, weil demokratisch gewählte Regierungen ihre Interessen auf EU-Ebene durchsetzen und ihre Macht behalten oder geradezu hochskalieren können.

Die Debatte über das demokratische Defizit verweist uns auf das Problem technokratischen Krisenmanagements und auf den Vorwurf, mittels einer Politik im Namen von TINA werde der Wählerwillen ignoriert und der Diskurs apodiktisch sowie ohne demokratische Debatte geschlossen. Daher wird die Defizit-These im Folgenden diskutiert.

1.2 Der Topos des demokratischen Defizits

Wenngleich das Europäische Parlament alle fünf Jahre direkt gewählt wird, müsste nach Hix und Høyland eine Politik auf EU-Ebene folgendes auszeichnen, um das demokratische Defizit kompensieren zu können: erstens ein reeller, nennenswerter Parteienwettbewerb, um die politische Agenda zu konturieren und um die maßgeblichen Ämter zu konkurrieren, zweitens eine europäische Wahl, bei der sich die Wähler an diesem Wettbewerb und Vorschlägen orientieren können sowie drittens eine tatsächliche Umsetzung der gewählten Wahlvorschläge in Gesetzgebung und Gestaltung durch eine kohärente Parteienstruktur.[62] Dies versuchte die Zuspitzung und Wahl von europäischen Spitzenkandidaten zum Kommissionspräsidenten 2014 zu etablieren, die vor allem auf Initiative des damaligen Parlamentspräsidenten Martin Schulz betrieben wurde.

Generell geht die Diskussion um das demokratische Defizit der EU davon aus, dass die Stärkung exekutiver Befugnisse zu Lasten nationaler, insbesondere parlamentarischer Kontrolle gehe, weil in den entscheidungsrelevanten europäischen Institutionen vor allem Kommissionsmitglieder und Regierungsvertreter agieren. Parlamente erscheinen als machtpolitische Verlierer dieses Systems von Mehrebenen-*Governance* – zumal auch das

62 Vgl. Hix/Høyland, *The Political System*, S. 131.

relativ schwache Europäische Parlament den Machtverlust nationaler Parlamente nicht kompensieren könne.[63] Das Europäische Parlament bildet nach seiner Wahl keine Regierung, es folgt nicht den Mechanismen des Parteienwettbewerbs und formt auch keine Konfliktlinie zwischen (Regierungs-)Mehrheit und Opposition. Stattdessen erfolgt eine *Investitur* der Kommission, die somit über zwei Legitimationsstränge verfügt: einen *politisierbaren* über das Parlament und einen *kommissarischen* über die Regierungen der Mitgliedstaaten.[64]

Jüngste Initiativen haben das Parlament gestärkt. Bezeichnet man den Kompetenzgewinn des Parlaments als Demokratisierung, folgt diese traditionell einer *nachholenden* Dynamik durch Kompetenzverhandlungen *innerhalb* der EU-Institutionen.[65] Wie Christoph Möllers in einem größeren Zusammenhang deutlich macht, verfügt eine Exekutive generell über einen legitimitätstheoretisch garantierten Eigenspielraum.[66] Daher gilt es, weniger das für die EU-Institutionen überhaupt fragliche Verhältnis von Legislative und Exekutive als die These eines Defizits an politischer Zurechenbarkeit und Demokratie in der EU zu problematisieren, zumal auch Möllers eine systematische »Nicht-Verantwortlichkeit« nahezu aller EU-Institutionen diagnostiziert.[67]

Die populäre Losung von »Denen da oben in Brüssel« bringt einen Problem auf den Punkt: Das »Eliteprojekt«[68] Europa wird als bürokratisch-politischer Fremdkörper gegenüber einer national-politischen Identität konstruiert. Die komplexe Struktur der EU, oben als Zwitterwesen bezeichnet, bekräftigt den von Politikern oftmals noch bestärkten Eindruck vieler Bürger, bei der EU handele es sich um eine bürokratische, technokratische und intransparente Organisation, die ihre Regulierungswut beispielsweise auf Glühbirnen-Verordnungen projiziere.[69] Schließlich re-

63 Vgl. zu dieser Diskussion ebd., S. 132.

64 Vgl. Maurer, Die Kreationsfunktion des Europäischen Parlaments im Spannungsfeld zwischen Politisierungsimpulsen und Systemerfordernissen, S. 301ff.

65 Vgl. Rittberger, Integration without Representation?.

66 Vgl. Möllers, *Die drei Gewalten*, S. 191ff. Möllers spricht von der Exekutive als »Verwirklichungsmaschine des Parlaments«; ebd., S. 127.

67 Ebd., S. 191ff.

68 Vgl. die vehemente Kritik an der EU in Habermas, Europapolitik in der Sackgasse, S. 98.

69 In Parenthese: »Glühbirnen« sind mittlerweile ein Sinnbild der Europa-Kritik, die Alternative für Deutschland (AfD) verkauft seit 2014 in einem Onlineshop die »gute alte« Glühbirne an ihr Wählerklientel. Siehe nur die Seite der AfD: www.mir-geht-ein-licht-auf.de.

produziert auch diese Verkürzung die These eines »Policy Drifts«.[70] Die Politik der EU reflektiere keinen Bürgerwillen. Kritiker wenden ein, dass die EU mal im Dienste einer neoliberalen Ideologie, mal sozialbürokratisch überreguliere und den Mitgliedstaaten der Eurozone ein für alle unvorteilhaftes Rahmenwerk diktiere. Diese Ansichten, Ressentiments und Idiosynkrasien sind wichtig, um die seit 2008 zu beobachtenden Rechtfertigungsdiskurse nationaler Regierungen in bestehende Sinn- und Narrationshorizonte einbetten und verstehen zu können.

Überall wird also das Problem demokratischer Legitimität und Zurechenbarkeit europäischer Politik adressiert oder implizit thematisiert.[71] Die »democratic malaise«, die zu Kritik und Kontestation oder zu Politikverdrossenheit, Ernüchterung und Desinteresse führt,[72] endet mal in Forderungen nach einer graduellen Politisierung der EU-Institutionen,[73] mal in konkreten Reformvorschlägen.[74] Doch die Diagnose und die Rufe nach Demokratisierung sind keineswegs *common sense*. Drei hierfür einschlägige Positionen liefern uns *en passant* Argumentationen für die Frage nach einer Disposition europäischer Politik zu TINA-Rhetorik.

Vivien A. Schmidt reiht sich in eine Forschergruppe ein, die das Fehlen einer demokratischen Politik (im Sinne von *Politics*) für eine irregeleitete Kritik an der EU hält.[75] Das Regieren auf mehreren, funktionalen Ebenen sowie die Föderalisierungs- und Regionalisierungslogik der EU-Institutionen ermöglichten, so Schmidt, ja gerade eine pluralistische, vernünftige »policy without politics«.[76] Die nationalen Regierungen, die bekanntlich zahlreiche *Policy* Kompetenzen an die EU delegiert haben, verfolgten eher eine demonstrative Politik ohne konkrete politische Lösungsvorschläge, ohne politische Interventionen, also »politics without policy«. Bei Misserfolgen fungiere die EU dann als Sündenbock.[77]

70 Hix/Høyland, *The Political System*, S. 133.

71 Vgl. dazu exemplarisch das Kompendium zu unterschiedlichen Politikfeldern und Entscheidungsverfahren in der EU Hay/Menon, *European Politics*; und das dortige Resümee der Herausgeber: Hay/Menon, Conclusion, S. 432.

72 Ebd.

73 Vgl. prominent Hix, *What's Wrong with the European Union and How to Fix it.*

74 Vgl. Habermas, Europapolitik in der Sackgasse.

75 Schmidt, *Democracy in Europe.*

76 Ebd., Kapitel 4.

77 Auf Schmidts Ausführungen wird noch zurückzukommen sein, da sie das Verhältnis zwischen europäischen Institutionen und den politischen Systemen westeuropäischer Staaten untersucht und Konsequenzen für jeweilige Diskurse im Krisenmanagement aufzeigt.

Ebenfalls prominent gegen die normative Demokratiedefizit-These argumentiert Giandomenico Majone. Da die EU keine redistributive Politik betreibe, bedürfe sie schlichtweg nicht derselben demokratischen Legitimation wie nationale Wohlfahrtsstaaten. EU-Regulation habe nur die Beseitigung von Marktexternalitäten bzw. von Marktversagen zur Aufgabe und produziere idealiter Pareto-effiziente Ergebnisse, d.h. sie sei zum Vorteil aller.[78] Majones Pointe liegt darin, dass er gerade in der *Unabhängigkeit* der Kommission von nationaler, demokratischer Einflussnahme deren Stärke erkennt. So konnten der gemeinsame Markt sowie die von der Kommission gesetzten Normen und Standards für Produkte, Arbeitnehmer, Umweltschutz et cetera zum Vorteil aller eingeführt und verfolgt werden. Nationalstaatliche Regierungen hätten diese ansonsten aus Eigeninteresse verhindert bzw. in einen offenen Konflikt zwischen neoliberalen und sozialstaatlichen Arrangements geführt, der vermutlich das heutige Politikergebnis verunmöglicht hätte.[79] Nun sei der europäische Binnenmarkt durch deregulierte Volkswirtschaften und soziale bzw. ökologische Regulierung austariert.

Je *demokratischer* bzw. politischer die EU würde, desto mehr müsste sie Majone zufolge in Richtung einer redistributiven Politik tendieren, um den Wählerwillen zu befriedigen. Erstens findet sich in Majones Argumentation das Problem rationaler bzw. eigeninteressierter Politikakteure wieder; erneut gilt *Depolitisierung* bzw. Entdemokratisierung von Entscheidungen, also die Ablösung majoritärer Politik und der Mechanismen des Parteienwettbewerbs durch *neutrale* und sachliche Entscheidungs-rationalität, als vorteilhaft. Zweitens erfährt hier die Idee eine Wiederauflage, derzufolge demokratische Wohlfahrtstaaten langfristig an der »Anspruchsinflation« ihrer Bürger und an Umverteilungserwartungen als *Overload* scheitern.

Da politische Interessenkonflikte Gewinner und Verlierer einer Entscheidung nach sich zögen, votiert Majone – mindestens in diesem Fall – für eine entpolitisierte, nur bedingt demokratische Union, die jedoch immer wieder vor dem Problem stehe, ihre politische Glaubwürdigkeit zu sichern.[80] Diese ließe sich durch mehr Transparenz, Expertise, Profes-

78 Vgl. Majone, The European Community Between Social Policy and Social Regulation; ders., The Rise of the Regulatory State in Europe; ders., *Regulating Europe*; ders., Europe's ›Democratic Deficit‹; ders., The European Commission.

79 Vgl. auch Hix/Høyland, *The Political System*, S. 133.

80 Vgl. Majone, The Credibility Crisis of Community Regulation. Auch bei Renaud Dehousse findet sich dieses Argument. Vgl. schon früh Dehousse, *Constitutional Reform in the European Community*.

sionalisierung und tiefere Reflexivität verbessern.[81] Simon Hix allerdings wendet zu Recht ein, ob Majone in seiner Kritik nicht entgehe, dass sich die EU längst in einer Phase der *Regulierung* des Binnenmarkts befindet, in der der Vorteil aller durch sozialökonomische Politikinterventionen manifesten Interessenkonflikten gewichen ist. Die in der und von der EU zu entscheidenden Probleme *sind* bereits politisch und bedienen Interessengruppen, sie kommen bestimmten Parteien zugute, Regierungen beziehen daher vehement Stellung.[82]

Doch auch Hix und Høyland konzedieren, dass es möglicherweise in Implementierungsphasen von tiefgreifenden Reformen und der Etablierung einer neuen institutionellen Architektur wie die der europäischen Marktordnung politisch *funktional*, ja *sinnvoll* sein kann, Prozesse zu *entdemokratisieren*. Um die Einstimmigkeit der beteiligten Regierungen zu erzielen, wurde versucht, Nachteile der Marktintegration durch Kompensationszahlungen aus dem Haushalt (zum Beispiel Regionenförderung) auszugleichen. Solche – undemokratischen – *Bargaining*-Prozesse können also unter Umständen *funktional* sein und Handlungs- und Entscheidungsblockaden lösen. Das ermöglicht einen anderen Blick auf die Kritik am Verhandlungsprozess und am Krisenmanagement etwa beim europäischen »Rettungsschirm«. TINA-Rhetorik als Indiz einer tendenziell *undemokratischen* Politik könnte demnach mit einer *höheren Problemlösungseffizienz* einhergehen.

Ferner betont der schon erwähnte Moravcsik gegen die These vom demokratischen Defizit die steigende Bedeutung des Europäischen Parlaments sowohl in Gesetzgebung als auch bei der Wahl der Kommission.[83] Moravcsik erkennt kein Transparenz-Problem in der EU, da diese doch transparenter als nationale Entscheidungsverfahren sei und der Einbezug sozialer Interessengruppen – und Lobbyisten – ausgeprägter sei. Die Konsensorientierung der EU sei das Resultat eines Systems von *checks and balances*, sodass weder ultraneoliberale noch linke bis interventionistische Positionen Erfolg haben könnten.[84] Moravcsik unterstellt gewissermaßen

81 Vgl. Hix/Høyland, *The Political System*, S. 133; Hix, *What's Wrong with the European Union and How to Fix it*.

82 Vgl. dazu Hix/Høyland, *The Political System*, S. 135.

83 Vgl. Moravcsik, In Defense of the ›Democratic Deficit‹; ders., Is there a ›Democratic Deficit‹ in World Politics?.

84 Daher sind sowohl die Briten als auch die Franzosen mit den EU-*Policies* stets unzufrieden, denn dirigistische Staatskultur wird ebenso wenig gefördert wie ultramarktliberale Politik.

eine Interessenidentität zwischen EU-Politik und den durch Regierungen repräsentierten Bürgern. Doch dies ist kein zwingender Ausweis demokratischer Debatten.

Daher plädieren Autoren wie Hix abermals für eine Stärkung der öffentlichen und parlamentarischen Debattenkultur auf europäischer Ebene, um auch Prozesse sogenannten »policy learnings« zu stimulieren. Die argumentative Auseinandersetzung mit politischen Optionen kann Wahlmöglichkeiten verdeutlichen, Responsivität und politische Zurechenbarkeit steigern und mediale Berichterstattung sowie politische Identifizierung intensivieren.[85] Im demokratischen Wettbewerb muss ein Akteur politische Agenden öffentlich zur Diskussion stellen und kann bei seiner Wahl auch ein Mandat für Reformen erhalten.[86] TINA als apodiktische Rhetorik zur Unterbindung solcher kompetitiven Debatten kann demzufolge einen weiteren Mechanismus darstellen, Gelegenheitsfenster für *Policy Change* zu schließen.

Die häufig erhobene Forderung nach Politisierung und Demokratisierung der EU-Institutionen steht also für viele Beobachter in einem Spannungsverhältnis zu einem notwendig *effizienteren* Regieren auf EU-Ebene. *Politisierung* wurde oben in »three inter-related dimensions: issue salience, actor expansion, and polarization« verstanden.[87] Doch steigende Problemsalienz und Polarisierung lassen sich bereits in zunehmenden Kontroversen, Konflikten und in zunehmender Europaskepsis beobachten. Politisierung kann bereits europäische Integration blockieren, Handlungsspielräume nationaler Regierungen einschränken und die Spannung zwischen effizienten und machbaren Lösungen noch verschärfen.[88] Eine reklamierte *Politisierung* der europäischen *Politics* ist daher von der Forderung nach *Demokratisierung* der *Polity* der EU zu trennen.

Angesichts des demokratietheoretischen Topos einer Spannung zwischen Effizienz und partizipatorischer Demokratie stellen ferner Heiner Schulz und Thomas König fest, dass die bereits erfolgten *Reformen* der europäischen Institutionen einen »substanziellen Effekt« auf Entschei-

85 Vgl. Hix/Høyland, *The Political System*, S. 136f.

86 Hix/Høyland weisen (ebd.) auf die Figur des »losers' consent« hin: Auch (Wahl-)Verlierer müssen Politikergebnisse des »Siegers« anerkennen und nicht nur blockieren. Hier stellt sich also die Frage nach der Oppositionsfähigkeit einer Opposition.

87 Hutter/Kerscher, Politicizing Europe in Hard Times, S. 269; vgl. auch Hutter/Grande, Politicizing Europe in the National Electoral Arena, S. 1003ff.

88 Vgl. Hooghe/Marks, A postfunctionalist theory, S. 21ff.

dungseffizienz und -schnelligkeit gezeitigt hätten.[89] Außerdem sei Demokratisierung doch schon ein politisches Anliegen der EU-Mitgliedsstaaten, da hier die Glaubwürdigkeit und Legitimität der EU berührt seien und in deren Ermangelung hohe (Folge-)Kosten entstehen könnten. Es läge somit im (potenziellen) Eigeninteresse von Politikern, die Verfahrensnorm der *Gemeinschaftsmethode* in Mehrebenensystemen zu fördern, um Legitimationskonflikte zu entschärfen.

Es lässt sich also für Demokratisierung nicht nur *normativ* argumentieren, sondern auch auf deren *Effektivitätspotenziale* hinweisen, da die Gemeinschaftsmethode »den nationalstaatlichen Partikularismus überwinden hilft« und somit Kompromissfindungen jenseits blockierender »Interessenlagen« erleichtern kann.[90] Inwiefern aber Demokratisierung und die Differenzierung von *Governanceprozessen* auf mehreren Ebenen das Problem einer *Selbstblockade* implizieren kann, ist nun aufzuschlüsseln.

1.3 Alternativlosigkeit als Effekt von Governance-Strukturen?

»Wenn sich Regierungen vollständig durch die Entscheidungen ihrer Parlamente binden ließen, ohne einen eigenen Verhandlungsspielraum zu bewahren, wäre das Auseinanderbrechen Europas wahrscheinlicher als eine engere Integration.«[91]

Die Strukturen der Verhandlungsprozesse und Entscheidungsverfahren europäischer Politik lassen sich auf ihre Bedeutung für den Prozess des *Policy-Making* und auf eine inhärente Sachzwanglogik untersuchen. Aus Fritz Scharpfs Perspektive lässt sich vor allem die Frage nach einer europäischen Politikverflechtungsfalle stellen, die TINA-Diskursen zugrunde liegen könnte.[92] Ausgehend von seiner Betrachtung des föderalen Systems der BRD untersucht Scharpf in den 1980er Jahren, wie insti-

89 Schulz/König, Institutional Reform and Decision-Making Efficiency in the European Union, S. 665.

90 Habermas, *Im Sog der Technokratie*, S. 96.

91 So Mario Monti im Interview, in: Reinbold, Italiens Premier zur Euro-Krise, SpiegelOnline, 05.08.2012.

92 Scharpf kritisiert die skizzierten Erklärungsansätze zur EU-Politik, die allesamt eindimensional die Handlungsperspektive der Akteure, mal als Strategien, mal als Ideengeber fokussierten, ohne jedoch diejenigen institutionellen Strukturen zu berücksichtigen, in denen Akteure ihre strategischen Wahlen überhaupt verfolgen können. Vgl. dazu Scharpf, The Double Asymmetry of European Integration, S. 6.

tutionelle Politikverflechtung Politikergebnisse beeinflusst und kommt zu dem Fazit, dass sie zu ineffizienter Politik führen kann.[93] Selbst wenn beteiligte Akteure Kompromisse erreichen mögen, kann es innerhalb bestimmter Institutionensettings nicht gelingen, die grundlegenden *Entscheidungsstrukturen* neu auszuhandeln. Bei seiner den deutschen Föderalismus parallelisierenden Lesart der Europäischen Union erkennt er ebenfalls Effekte einer Verflechtungsfalle, weil die *institutionellen Strukturen* systematisch optimale Lösungen verunmöglichen und eine Reform von Entscheidungsstrukturen inhibieren.[94] Da bei EU-Verhandlungen Transaktionskosten zu berücksichtigen und Informationsvollständigkeit sowie Präferenztransparenz nicht gegeben seien, schlussfolgert Scharpf: »[...] as an empirical matter, self-interested bargaining between the German *Länder*, or between the Member States of the European Community, was likely to generate sub-optimal policy outcomes – resulting either in blockages or in inefficient lowest-denominator compromises.«[95]

Historisch lässt sich Scharpfs pessimistische Einschätzung im Kontext der Stagnation der europäischen Integration, der »Eurosklerose«, verorten. Bis zur Verabschiedung der Einheitlichen Europäischen Akte (EEA, 1986) erforderte eine Entscheidung Einstimmigkeit, doch »[d]as Einstimmigkeitsprinzip impliziert die Gefahr der Selbstblockierung der Politikverflechtung«.[96] Angesichts dieses »gridlock«[97] konvergieren Scharpfs Beobachtungen sowohl auf analytischer Ebene als auch in ihren politischen Konsequenzen mit George Tsebelis' Analyse von Vetospieler-Systemen.[98] Scharpf und Tsebelis legen dar, dass eine bindende Regel keine Abweichung ermöglicht und Vetospieler (also eine oder mehrere Regierungen im Falle der EU) alle anderen Verhandlungspartner daran hindern können, eine Regel zu reformieren oder gar abzuschaffen. Wandel ist in Systemen mit zahlreichen Vetospielern erschwert.

Der sich vergrößernde *acquis communautaire* europäischer Integrationsprozesse verunmöglicht also zunehmend politische Innovation.[99] In der

---

93 Vgl. Scharpf, Die Politikverflechtungs-Falle, S. 350.

94 Ebd.

95 Scharpf: The Joint-Decision Trap Revisited, S. 848.

96 Scharpf, Die Politikverflechtungs-Falle, S. 347.

97 Das heißt, dass bestimmte Politikziele nur durch Verhandlung und Übereinkunft erzielt werden können. Vgl. Scharpf, The Joint-Decision Trap Revisited.

98 Vgl. Tsebelis, *Veto Players*.

99 Scharpf, The Joint-Decision Trap Revisited, S. 848; vgl. Tsebelis, Decision-Making in Political Systems; ders., *Veto Players*.

EU wird diesem Problem durch die dank Vertragsetappen zunehmende Bedeutung der qualitativen Mehrheitsregel begegnet. Diese fordert die zwar hohe Hürde der Zweidrittelmehrheiten im Rat, allerdings sind die Mitgliedsstaaten *in praxi* weiterhin bemüht, im Vorfeld von Entscheidungen Konsens zu erreichen, um Legitimitäts- und Folgekonflikte zu vermeiden.

2006 setzt sich Scharpf selbstkritisch mit seinen Thesen von 1985 auseinander;[100] er revidiert bzw. differenziert seine Analyse der europäischen Verflechtungsfalle hin zu der Diagnose einer Koexistenz von mindestens *drei Modi europäischer Governance* auf EU-Ebene. Diese nennt er »intergouvernementalen Modus«, »Verflechtung« und »supranational-hierarchischen Modus«.[101] Als intergouvernementalen Modus präzisiert Scharpf, dass entgegen der parteilichen Konfliktlinien eines Parlaments der Ministerrat der EU (wie auch der Bundesrat) territoriale Interessen repräsentieren soll. Im Rat würden nicht ausschließlich Bürger- und Territorialinteressen, sondern vor allem die *Eigeninteressen* der Regierungen von Mitgliedsstaaten repräsentiert.[102]

Der »Verflechtungsmodus« hätte nun eine Konsenssuche erleichtern können, denn die Kommission könne gleichsam als »Broker« Vorschläge unterbreiten, die eine rein strategische Nutzenmaximierung der Mitglieder zu übersteigen vermögen. Ihr *Agenda-Setting* kann also gegebenenfalls festgefahrene Verhandlungen aufweichen. Doch angesichts der EU-Erweiterung und einer dadurch erschwerten Suche nach Gemeinsamkeiten jenseits strategischer Kalküle fällt Scharpf das Urteil: »the logic of the joint-decision trap must be *stronger* [...] today«.[103]

Eben diese Falle kann nun supranational-hierarchisch umgangen werden. Die EU-Kommission, der EuGH oder die EZB können politische Entscheidungsfunktionen übernehmen, *ohne* demokratisch zurechenbare Akteure wie den Rat oder das Parlament überhaupt miteinzubeziehen. Ent-

100 Scharpf, The Joint-Decision Trap Revisited. Hier zeigt sich schon die oben erwähnte Zuspitzung des Legitimitätsproblems bei Scharpf. Man kann nämlich gegen dieses Argument einwenden, dass eben jene Regierungen von Bürgern gewählt werden; theoretisch widersprechen also die Eigeninteressen von Nationalregierungen nicht unbedingt denen der Bürger. Allerdings lassen sich mit Scharpf die Exekutivlastigkeit des Rats und damit das Eigeninteresse der Regierungen an exekutiven Befugnissen hervorheben.

101 Vgl. Scharpf, Notes Toward a Theory of Multilevel Governing in Europe; der Aufsatz ist auch verfügbar als MPIfG Discussion Paper 00/5, November 2000. Nachstehende Zitate sind dieser Version entnommen.

102 Vgl. Scharpf, The Joint-Decision Trap Revisited, S. 847f.

103 Ebd., S. 851; Hervorhebung AS.

scheidungen können hierbei dank der Rechtsautorität respektive der Professionalität der Institutionen Legitimität beanspruchen. Diese postulieren, allseits geteilte Nomen, Werte und Ziele der europäischen Gemeinschaft zu verwirklichen.[104]Es habe einen »permissiven Konsens« gegeben, der die *Governancefunktionen* jener drei Instanzen mit legitimer Entscheidungsmacht ausstatte. Aber angesichts des von Hooghe und Marks beobachteten »constraining dissensus«[105] gilt es zu überlegen, ob in der EU jene Instanzen diesen *Konsens* überschreiten oder überschritten haben und EU-Integration mehr denn je politisiert und kontestiert wird.[106]

Für Scharpf sind insbesondere die Suprematie und Direktwirkung europäischen Rechts problematisch. Die Kommission kann entweder auf »verflochtene« Entscheidungsverfahren zurückgreifen, bei denen Regulationen oder Richtlinien durch Rat und Parlament bestätigt werden müssen, oder den hierarchischen Modus nutzen und den EuGH bemühen. Hiermit kann die Kommission eine direkte Wirkung erzielen, aber sie muss notwendigerweise bekräftigen, dass bestimmte Praktiken oder Rechtsprechungen in Mitgliedsstaaten einer Regel oder einem Vertrag zuwiderlaufen, also dass es eine Abweichung zwischen Praxis und Regelwerk gibt. Bestätigt der EuGH diese Rechtfertigung der Kommission für eine Gesetzesnovelle, wird die Kommissionsentscheidung ohne Regierungs- oder Parlamentsbeteiligung zu unmittelbar gültigem Recht.[107] Problematisch wird dieser Umstand in besonderem Maße, denn »[c]ompared to the situation in national democracies, moreover, judicial legislation at the European level is also extremely well protected against political correction«.[108] Die europäische Rechtsprechung und eine potenzielle Juridifizierung stehen in einem (latenten) Spannungsverhältnis zu dem demokratischen Kriterium der *Reversibilität* politischer Entscheidungen.

Da jenen Entscheidungen abweichende Vertragsinterpretationen zugrunde liegen, können sie nur qua Parlamentsbeschluss auf nationalstaatlicher Ebene oder durch Referenden einstimmig verändert werden. Neue Gesetzesvorlagen müssen dann gegebenenfalls wieder von der Kommission vorgeschlagen werden, im Rat per qualitativem Mehrheitsentscheid und meist per Parlamentsmehrheit beschlossen werden. Folglich immuni-

104 Vgl. Scharpf, Notes Toward a Theory of Multilevel Governing in Europe.

105 Hooghe/Marks, A postfunctionalist theory.

106 Vgl. erneut Hutter/Grande, Politicizing Europe in the National Electoral Arena. Zu dieser Frage im Hinblick auf die EZB folgt noch ein eigenes Kapitel.

107 Scharpf, The Joint-Decision Trap Revisited, S. 852.

108 Ebd.

sieren Rechtsprechung und der supranational-hierarchische Modus die europäische Politik gegen Reformen und Wandel, weil Entscheidungen nur unter einem hohen politischen Aufwand korrigiert oder revidiert werden können. *Sachzwänge* können apodiktisch geltend gemacht werden.[109]

Auch in demokratischen Nationalstaaten übernehmen Verfassungsgerichte, unabhängige Zentralbanken et cetera politische Funktionen, auch hier ist nichtdemokratische Legitimität für ein effizientes Regieren von Bedeutung. Wie die Analyse des New Labour-Diskurses in Großbritannien deutlich machte, wird in einer funktional differenzierten Gesellschaft jenen Instanzen mitunter aufgrund ihrer *spezifischen Sachkompetenz* eine höhere Eignung als Regierungen zugesprochen.[110] Auf nationalstaatlicher Ebene ist diese konstitutionalistische Einschränkung der Demokratie einerseits als Organisationsprinzip und politischer Selbstzweck gewollt, ja im deutschen Falle auch aus historisch guten Gründen verfassungsrechtlich intendiert.[111] Systemtheoretisch kann man eine solche Differenzierungsdynamik und den Komplexitätsaufbau in einem Regelungssystem nachvollziehen, da dieses durch strukturelle Kopplungen verschiedene (System-)Logiken miteinander verwebt und so der komplexen Umwelt gerecht zu werden versucht. Anderseits stehen undemokratische Legitimitätsinstanzen zumindest demokratietheoretisch unter Vorbehalt; sie sind daran gekoppelt, dass nicht gewählte Akteure einen restringierten Kompetenzbereich haben und den erwähnten »permissiven Konsens« nicht verletzen.[112] Bei Überschreitung des Kompetenzbereichs droht eine Einschränkung der Unabhängigkeit oder eine Revision von Entscheidungen durch legislative Kontrolle und Verfassungsänderungen.[113]

In der EU sind jedoch, wie eben notiert, Revisionsmöglichkeiten institutionell-prozedural beschränkt. Nimmt man das später noch zentrale Beispiel der EZB, fällt auf: »The independence of the European Central Bank is protected by the Maastricht Treaty to a degree that *exceeds* the institu-

109 Vgl. ebd., S. 852f.

110 Vgl. Scharpf, Notes Toward a Theory of Multilevel Governing in Europe, S. 14f.

111 Im Grundgesetz wird Demokratie durch die Prinzipien des Rechtsstaats, des Sozialstaats und der Republik, aber nicht durch die Marktwirtschaft sowohl ergänzt, als auch beschrankt.

112 Scharpf, Notes Toward a Theory of Multilevel Governing in Europe, S. 14f.

113 Ebd., S. 15.

tional autonomy of any national central bank […].«[114] Auch hier sind die *Governance*-Funktion und Kompetenz einer supranationalen EU-Institution in besonderem Maße gegen demokratisch-politischen Einfluss geschützt und *revisionsimmun*. Die EZB verdankt ihre Legitimität nicht zuletzt ihrer *Expertise*, ihrer Reputation als Ort eines geldpolitischen *Sachverstands*. Sie ist ein hervorstechendes Beispiel für die Unabhängigkeit einer Zentralbank, die die Frage nach einem *demokratischen Defizit* aufwirft. Colin Hay resümiert daher:

»Such bodies are ›supra-democratic‹ in the sense that, although they receive their constitutional mandate from democratically accountable entities, the content of their (ostensibly technical) deliberations and decisions are subject only in a retrospective fashion to any kind of democratic audit. As such, they are above and beyond effective democratic scrutiny. In the case of independent central banks, it is precisely this supra-democratic character that is seen to hold the key to their (relative) technical competence and efficacy […].«[115]

Über den Kontext der EZB hinaus beschreibt der Begriff der »Komitologie« das europäische Ausschusswesen; Übereinkünfte zwischen *Experten* sind von Regierungspositionen losgekoppelt und lösen als Legitimationsquelle die per Mehrheitsbeschluss zustande gekommenen Kompromisse im Rat sukzessive ab. Beratung und Expertise werden von der Kommission strategisch eingesetzt.[116] Auch dies verschärft das Demokratieproblem der EU, denn:

»For politically salient issues, at any rate, it is hard to see how informal networks of interest intermediation and anonymous expert committees could be considered satisfactory substitutes for the democratic accountability of representatives whose mandate is derived, directly or indirectly, from general elections based on the formal equality of all citizens […].«[117]

Es stellt sich die Frage, welche Konsequenzen sich hieraus für politische Prozesse und für Alternativlosigkeitsdiskurse ziehen lassen.

114 Ebd.; Hervorhebung AS. Zur EZB siehe auch Elgie, Democratic Accountability and Central Bank Independence; de Haan/Eijffinger, The Democratic Accountability of the European Central Bank.

115 Hay, The normalizing role of rationalist assumptions, S. 524.

116 Zur Komitologie der EU siehe Bach, Europa als bürokratische Herrschaft. In diesen Beratungsausschüssen verorten manche Autoren deliberative Politikverfahren. Vgl. zum Beispiel Schmalz-Bruns, Deliberativer Supranationalismus.

117 Scharpf, Notes Toward a Theory of Multilevel Governing in Europe, S. 19f.

Mit Scharpf können zwei Typen von *Policy-Making* in der EU differenziert werden: ein *politisches Verfahren* im intergouvernementalen sowie verflochtenen Modus gegenüber einem *unpolitischen Policy-Making.*[118] Für die hiesige Fragestellung ist instruktiv, dass Scharpf bei der supranational-hierarchischen *Governance* auf EU-Ebene – wie Peter Burnham und andere bei der Politik New Labours – von einer »Politik der Depolitisierung« bzw. einer »unpolitischen Politik« ausgeht. Bereits Vivien Schmidt spricht von einer pluralistischen, aufgeklärten »policy without politics«,[119] während Majone tendenziell entdemokratisierte Prozeduren als Erfolgsgaranten in Konfliktsituationen kennzeichnet.

Die »List der Vernunft«[120] manifestiert sich demnach in einem Regieren, das *(partei-)politische* Merkmale zu relativieren, zu verneinen sucht und in andere, formal-juristische, supranational-hierarchische respektive wirtschaftlich-expertokratische Governance-Muster ausweicht. Angesichts der auffälligen TINA-Rhetorik im europäischen Krisenmanagement bestätigt sich wieder die erkenntnisleitende Beobachtung, dass man es in TINA-Diskursen mit einem spezifischen Phänomen von Entscheidungsverfahren als vermeintlich *unpolitischen* Verfahren zu tun hat. Demokratischer Parteienwettbewerb und politischer *Experimentalismus* im Sinne einer Institutionalisierung von Fallibilität sowie Reversibilität von Entscheidungen scheinen für eine funktionale und effiziente *Governance* problematisch. Doch die jüngste Politisierungsforschung führt uns eines vor Augen: Die »List der Vernunft« destabilisiert sich als Herrschaftstechnik sukzessive selbst. Die EU-Politik wird infolge ihres *Demokratiedefizits*, ihrer technokratischen und revisionsimmunen Struktur zunehmend als Bedrohung nationaler Souveränität und autonomer Alltagsentscheidung der Bürger wahrgenommen. Dies *begünstigt* Polarisierung, Kritik und Dissens.[121]

Sofern die EU über eine Formalisierung respektive Juridifizierung politischer Entscheidungen ihre *Effizienz* und *Problemlösungskapazität* steigern kann, ist zu analysieren, inwiefern jene Regierungsmodi politikfeldspezifisch angewendet werden. Scharpf zufolge kommt der supranational-hierarchische Modus vor allem bei der Frage *ökonomischer* Freiheiten und Wettbewerbsregelung qua Vertrag zur Geltung, sodass er mit einer

118 Scharpf, The Joint-Decision Trap Revisited, S. 853.

119 Vgl. Schmidt, *Democracy in Europe*.

120 So auch der Punkt von Sturm, Die Entdeckung einer Politik des Unpolitischen.

121 Vgl. Kriesi et al., *Political Conflict in Western Europe*; Hutter/Grande, Politicizing Europe in the National Electoral Arena.

vermeintlich *neoliberalen Politik* der EU korreliert.[122] Dies diene der *negativen Integration*, also dem Abbau von zwischenstaatlichen Handelsbeschränkungen zur Errichtung des Binnenmarktes. Demnach liege eine institutionelle Opportunitätsstruktur vor, die Marktliberalisierung bzw. Marktausweitung durch europäisches Gesetz begünstige.[123]

Die Teilnahme des Einzelnen an grenzüberschreitendem Freihandel und Wirtschaftsaktivitäten hat in der EU *Verfassungsrang*. Die daraus resultierenden Forderungen, Rigiditäten und Schranken abzubauen, können qua Europarecht durchgesetzt werden, während eine nationalstaatliche Gestaltung und sozialpolitische Eingriffe begrenzt sind.[124] *Marktkorrigierende* Politik hängt nämlich weiterhin von politischer Gesetzgebung ab, also von intergouvernementalen oder Verflechtungsverfahren, in denen Konsensanforderungen und somit hohe Verhandlungskosten greifen und in denen die Interessen der Mitgliedsstaaten in Konflikt stehen.[125] Daher gilt: »[…] given an institutional setting with high consensus requirements, positive integration is likely to succeed in policy areas where national interests converge and it will fail in policy areas where divergent national interests and preferences are politically salient.«[126] Negative Integration wurde also vor allem durch die EU vorangetrieben und beschränkt nun politische Handlungsspielräume.[127]

---

122 Scharpf, The Joint-Decision Trap Revisited, S. 853f.

123 Scharpf pointiert: »Starting with the Cassis de Dijon decision of 1979 (ECJ Case 120/78), the Court had signalled its willingness to intervene against national non-tariff barriers even in the absence of harmonizing European legislation. Since the default outcome – the mutual recognition of incompatible national regulations – would often appear undesirable or even impracticable (Schmidt, 2002), the mere threat of Court action would greatly increase the willingness of all governments to accept the minimum harmonization directives proposed by the Commission. In the field of competition policy, moreover, the Commission made strategic use of treaty violation proceedings against the public service monopolies of some Member States – whose governments would then support directives that would open the service and infrastructure functions of all other Member States to market competition (Schmidt, 1998, 2000).« Scharpf, The Joint-Decision Trap Revisited, S. 853.

124 Vgl. Scharpf, Politische Optionen im vollendeten Binnenmarkt, S. 224.

125 Vgl. Scharpf, The Joint-Decision Trap Revisited, S. 854. Auch Christoph Möllers bestätigt dieses Problem, indem er eine Diskrepanz zwischen einem individuellen Freiheitsgebrauch dank EU und einem ungleich langsameren demokratischen Komplementärprozess beschreibt. Vgl. Möllers, *Die drei Gewalten*, S. 164.

126 Scharpf, The Joint-Decision Trap Revisited, S. 855.

127 Vgl. Scharpf, Politische Optionen im vollendeten Binnenmarkt, S. 241.

Für diese These spricht beispielsweise das Weißpapier der EU-Kommission »Completing the Internal Market« aus den 1980ern, in dem sich mitunter britische Liberalisierungsinteressen widerspiegelten.[128] Die Marktpolitik der EU wurde dort als Kernpolitikfeld sichtbar, mit dessen *Spillover*-Effekten kalkuliert wurde und das die Mitgliedstaaten *extrinsisch* zu Reformen motivieren sollte. Zugleich verhandelten, ratifizierten und implementierten die Mitgliedstaaten die Entscheidungen der späteren, durch dieses *White Paper* vorbereiteten EEA; sie hatten also *intrinsische* Interessen an einem einheitlichen Binnenmarkt und an der Durchsetzung der »vier Freiheiten« von Handel, Arbeit, Kapital und Dienstleistungen sowie an Liberalisierung.[129] Im Rückgriff auf die bisherigen Kapitel erkennen wir daher, dass die Ausweitung der Handelsliberalisierung innerhalb der europäischen Gemeinschaft den ökonomischen Maximen der großen Mitgliedstaaten Großbritannien, Deutschland und Frankreich entsprach und voll mit der Regierungslinie Thatchers und Majors übereinstimmte. Der damalige britische Außenminister verlangte gar die Abschaffung *aller* wirtschaftlichen Barrieren.[130]

Wirtschaftliche Integration bildet eine, wenn nicht die sichtbarste europäische Finalität. Mit der Zeit verschob sich die wirtschaftspolitische Linie der EU von der Integration nationaler Märkte, so wie sie als *mixed economies* vorliegen, zu einer aktiven Verbreitung und Vertiefung eines freien Markts und Wettbewerbs. Subventionen, Unterstützungen und die Bevorzugung öffentlicher Dienstleistungs- und Infrastrukturunternehmen sollen abgeschafft werden, da diese den Wettbewerb verzerren. Um Transaktionskosten aufgrund verschiedener Währungen und Wechselkurse zu senken, soll der Euro als einheitliche Währung und Geldpolitik Abhilfe schaffen.[131]

128 COM(85)310, 14. Juni 1985, zitiert nach Leuffen/Rittberger/Schimmelfennig, *Differentiated Integration*, S. 116. Unter dem damaligen Kommissionspräsidenten Jacques Delors und dem Binnenmarktkommissar Lord Arthur Cockfield wurden ca. 280 Gesetzesvorhaben benannt, die bis 1992 umgesetzt werden sollten. Es fand sich also legislative Regulierung mit dem Ziel der Deregulierung.

129 Eine Leitlinie der post-Maastricht *Governance* ist somit die Schaffung eines einheitlichen Binnenmarkts. Das sogenannte Single Market Programme (SMP) verfolgt das Ziel, Produktmärkte zu integrieren, und versucht die Konvergenz und Integration der europäischen Märkte in einen harmonischen Binnenmarkt voranzutreiben. Dank der Lissabon-Strategie hat sich diese Ambition seit der Jahrtausendwende auf alle Märkte, also auf Berufs-, Finanz- und Dienstleistungssektor ausgeweitet.

130 So zitiert ihn Moravcsik, Negotiating the Single European Act: National Interests and Conventional Statecraft in the European Community, S. 37.

131 Vgl. dazu Moravcsik, *The Choice for Europe*, 6. Kapitel.

1.4 Die Wirtschafts- und Währungsunion als Horizont von Sachzwängen

»One Market, One Money.«[132]

Wir können festhalten, dass konvergierende Präferenzen von Mitgliedstaaten Integration begünstigen und dabei die »Verteilung von Verhandlungsmacht« entscheidend ist.[133] Die intergouvernementalistische Pointe lautet daher, dass in dicht integrierten Feldern *alle* einen Vorteil gesehen haben müssen und der Akteur mit der größten Verhandlungsmacht die Konditionen jener Integration bestimmt hat. Als supranationalistisch grundierte Einsicht lässt sich ergänzen: »[...] integration is most likely to proceed initially in the domain of *market-making policies*, but tends to spill over into the *market-correcting domain* as the EU's legal system grows denser and the Court becomes more activist, taking up the demand for supranational rule-making from transnational societal actors.«[134] Wirtschafts- bzw. marktförderliche *Policies* werden qua Recht und verbindlicher Normen vorangetrieben.[135] Insofern Juridifizierung und damit die Rechtsverbindlichkeit jener Marktpolitik die Handlungsspielräume nationaler Parlamente und Regierungen einengen, können wir untersuchen, inwiefern in der Wirtschafts- und Währungsunion (WWU), im Folgenden kurz Europäische Währungsunion (EWU), TINA-Diskurse an Plausibilität gewinnen.

Verfügt jeder europäische Staat zunächst über sein makroökonomisches Steuerungsmonopol, verdeutlicht die unterschiedlich ausgeprägte vertikale Integration in Geld- und Fiskalpolitik ein diffiziles Verhältnis zwischen EU und Nationalstaaten sowie eine schwierige Koordination wirtschaftspolitischer Vorhaben der Einzelstaaten.[136] Die historischen

132 So der Titel eines Reports der EU-Kommission im Oktober 1990.

133 Leuffen/Rittberger/Schimmelfennig, *Differentiated Integration*, S. 53.

134 Ebd., S. 80; Hervorhebung AS.

135 Vgl. Scharpf, Notes Toward a Theory of Multilevel Governing in Europe, S. 16f.

136 Zur Klärung: Fiskalpolitik bezeichnet die politischen Entscheidungen einer Regierung bezüglich Einnahmen und Ausgaben. Steuern und Schulden sind hierbei die wesentlichen Instrumente. Fiskalpolitik hat einen Effekt auf Wirtschaftsperformanz und folglich auf ökonomische Dynamiken wie Wachstum, Inflation, Arbeitslosigkeit, beispielsweise durch eine gezielte Steuer- oder Ausgabenpolitik. Fiskal- und Geldpolitik beeinflussen sich ferner gegenseitig, denn logischerweise ist die Konsequenz einer restriktiven Geldpolitik und hoher Zinsraten die Erhöhung der Kosten von Schulden. Daher haben hochverschuldete Länder ein intrinsisches Interesse an hoher Inflationsrate und Geldabwertung.

Etappen der Währungsunion bis zur Eurozonenkrise im Jahre 2010 zeugen von einer Dynamik hin zu Supranationalisierung sowie zu einer Trennung von Geld- und Fiskalpolitik.[137] Erst Ende der 1980er wurde der Bedarf nach einer stärkeren monetären Zusammenarbeit lauter. Der »Delors-Report« sah eine Währungsunion vor und ebnete den Weg für die Wirtschafts- und Währungsunion im Maastricht-Vertrag.[138] Der Abbau jeglicher Kapitalschranken, die Etablierung einer Währungsinstitution, die volle Unabhängigkeit aller Zentralbanken sowie die Angleichung nationaler Wirtschaftspolitik mittels Konvergenzkriterien wurden implementiert. 1999 wurde der Euro in der Buchführung, 2002 im alltäglichen Zahlungsverkehr eingeführt. Hierbei ist bis heute folgenschwer, dass der Delors-Report, ungleich dem Werner-Plan von 1970, weder eine Abgabe fiskalpolitischer Kompetenzen vorsah, noch der EU ein eigenes, fiskalpolitisch einsatzfähiges Budget zuteilte. Der Schwerpunkt lag stattdessen auf einer *sich supranationalisierenden Geldpolitik*; diese soll in der Eurozone europäisch und zentralistisch sein.

Bereits zum Zeitpunkt des Delors-Papiers kritisierten Thatcher und ihre Regierung, dass die Währungsunion die Autorität der EU stärke und die Gemeinschaft sukzessive zu einer Föderation umgestalte. Der britische Schatzkanzler Nigel Lawson erklärte, die EWU

»[...] is incompatible with independent sovereign states with control over their own fiscal and monetary policies [...]. It is clear that EMU implies nothing less than a European Government – albeit a federal one – and political union: the United States of Europe. That is simply not in the agenda now, nor will it be for the foreseeable future.«[139]

Die Spannung zwischen EU-Integration und britischer Parlamentssouveränität prägte von jeher die EU-Politik des Vereinigten Königreichs. Letztlich ist das *Brexit*-Votum 2016 Ausdruck einer jahrzehntelang kultivierten skeptischen Distanz und eines instrumentellen Verständnisses des europäischen Integrationsprozesses, der nur auf die wirtschaftlichen Vorteile eines gemeinsamen Marktes reduziert wurde.

137 Vgl. Leuffen/Rittberger/Schimmelfennig, *Differentiated Integration*, S. 144. Vgl. als Überblick zur Geschichte der EWU Hix/Høyland, *The Political System*, S. 245–272, zu den einzelnen Beitrittskandidaten ebd., S. 252f.; zum sogenannten »Werner Report« Leuffen/Rittberger/Schimmelfennig, *Differentiated Integration*, S. 145f.

138 Vgl. ebd., S: 147f; Hix/Høyland, *The Political System*, S. 249f.

139 Nigel Lawson, zitiert nach Cameron, Transnational Relations and the Development of European Economic and Monetary Union, S. 53.

Der Delors-Report und das Kommissionspapier »One Market, One Money« erstellten »Planspiele«, deren Konsequenz, nämlich der Verlust monetärer Autonomie der Nationalstaaten, noch nicht antizipiert wurde. Wie oben angeklungen, vollzog sich Integration in diesem Feld als eine Kaskade von

> »Folgeproblemen [...], die dann den nächsten Fort-Schritt [sic] als notwendig und alternativlos erscheinen ließen. Diese Strategie der Überwindung politischer Integrationswiderstände ist schon früh als ›Methode Jean Monnet‹ bezeichnet worden. Die Entwicklung verlief langsam, weil letztlich doch immer die nationalen Eigeninteressen ihr Veto anmelden konnten.«[140]

Es ist offensichtlich, dass sich durch die Einführung des Euro die *Wirtschaftsgovernance* gravierend verändert hat und die ökonomische und monetäre Union bis dato unbekannte Anforderungen an ein nationales und europäisches Wirtschaftsmanagement stellt. Um diesen zu begegnen, unterstellen sich die Eurozonen-Mitglieder einem Katalog an mehr oder weniger selbstbindenden Handlungszwängen bzw. Handlungsanweisungen, die im Vertrag von Maastricht als Konvergenzkriterien sowie im Stabilitäts- und Wachstumspakt formuliert werden.

Politiker, die jene Handlungszwänge anführen, greifen häufig auf die Diskussion um ein optimales Währungsgebiet mit Wohlfahrtsgewinn (*optimum currency area*, OCA) zurück.[141] Dieses wirtschaftstheoretische Modell betont die Bedeutung eines hinreichenden Grads an Konvergenz für einen gemeinsamen Währungsraum mit wohlfahrtssteigernden Effekten. Folgende Annahmen dienen als handlungsanleitende Deutungsmuster:[142]

1. Variieren die Inflationsraten zwischen Ländern zu sehr, kann der Eintritt in eine einheitliche Währungsgemeinschaft nur mit starken ökonomischen Anpassungen wie die der Zinsrate erfolgen. Daraus ergibt sich die Sorge um die Preisstabilität, die die EZB antreibt.

---

140 Spahn, One Market, One Money – Zwei Jahrzehnte später, S. 13; Hervorhebung entfernt. Der Autor blickt aus dieser Perspektive kritisch auf die Gegenwart: »Mit der Schuldenkrise ist der Integrationsprozess jedoch in eine neue Phase eingetreten: Die Aufrechterhaltung der gemeinsamen Währung verlangt nun die Preisgabe nationaler Autonomierechte auf der einen Seite und die Bereitschaft zur Garantie ausländischer Schuldenlasten auf der anderen Seite. Ein Patt in diesem Interessenkonflikt macht den Status quo zu einer fragilen Konstellation.« Ebd.

141 Vgl. paradigmatisch Mundell, A Theory of Optimal Currency Areas.

142 Die Skizze der OCA folgt Thompson, Economic Management in the Eurozone, S. 277.

2. Geldpolitik kann je nach politischer Vorgabe restriktiv, neutral oder expansiv sein. Falls die geldpolitischen Zyklen in den jeweiligen Ländern unterschiedlich sind, weil Konjunkturzyklen nicht synchronisiert werden, kann eine einheitliche Geldpolitik riskant sein. Eine gemeinsame Währung beinhaltet eine gemeinsame Zinsrate.
3. Eine Wirtschaftsunion bedarf fixer Wechselkurse bzw. ihrer Abschaffung. Fortbestehende Variabilität und Volatilität dieser Raten ist ein Anzeichen, dass eine Geldunion nicht sinnvoll ist.
4. In einer erfolgreichen Finanz- und Währungsunion nimmt bilateraler Handel zwischen Mitgliedern zu. Die jeweiligen Märkte sind bereits gut integriert, die »Strukturkonvergenz« ist gesichert.
5. Es wird angenommen, dass die Wahrscheinlichkeit einer funktionierenden Union höher ist, je weniger Arbeitslosigkeit und je mehr Mobilität vorliegen.
6. Unterschiedliche Wirtschaftssteuerungsregime können sich gegenseitig behindern, es bedarf daher einer institutionellen Konvergenz.

Die europäische Staatengemeinschaft, die sich in der Eurozone organisiert, erfüllt die Kriterien dieses Modells nicht, doch liefert OCA den »organisational context in which economic policy-making by the EU institutions has been formulated«.[143]

Im Delors-Report und im Papier »One Market, One Money«[144] verschob sich die Lesart des Modells von einem stabilitätspolitischen zu einem *integrationspolitischen* Argument und öffnete durch diese *politische* Umdeutung ökonomischen Asymmetrien Tür und Tor.[145] Die Anreize für einen Staat, der gemeinsamen Währungszone beizutreten, bestünden in geringeren

143 Ebd.

144 Der Tenor in dem schon zitierten Papier »One Market, One Money« der EU-Kommission sei monetaristisch, so Hix/Høyland, *The Political System*, S. 259.

145 Spahn, One Market, One Money – Zwei Jahrzehnte später. Spahn erkennt hier bereits die Ursache der späteren Krise: »Sie definierte Ausschlusskriterien für die Mitgliedschaft nationaler Volkswirtschaften, um insbesondere asymmetrische Nachfrageschocks mit dem Wechselkurs bearbeiten zu können. Die neue OCA- Theorie enthielt dagegen die politisch opportune Botschaft, dass auch ökonomisch heterogene Länder zusammenwachsen können. Eine starke, auch kreditfinanzierte Nachfrageexpansion in solchen Ländern galt folglich nicht als Störfall, sondern – mit Rückgriff auf die intertemporale Zahlungsbilanztheorie – gerade als Erfolgsausweis für die Währungsunion. Der Verzicht auf das Wechselkursinstrument sei kein Nachteil, vielmehr ermögliche der Wegfall von Zahlungsbilanzschranken die volkswirtschaftliche Entwicklung. Der Ausschluss einer graduellen Anpassungsoption begünstigte jedoch das Auftreten systemischer Bankrotte.« Ebd., S. 12f.; Hervorhebung AS.

Transaktionskosten, einem effizienteren Binnenmarkt, ökonomischer Sicherheit, niedrigen Zinsen und höherem Wirtschaftswachstum.[146] Bis heute wird das OCA-Modell als Rechtfertigungsnarrativ in Diskursen multilateraler Überwachung der Finanz- und Wirtschaftspolitik eines Landes mobilisiert und liegt bestimmten Notwendigkeitsverweisen zugrunde. Die seinerzeit und bis heute kontroverse und offene Frage, wie die Merkmale einer OCA durch die EU umgesetzt, ja *befördert* werden sollen, wie also Konvergenz hergestellt werden kann, spaltet europäische Mitgliedstaaten und führt zu den noch zu erhellenden Konflikten und *unterschiedlichen* TINA-Diskursen innerhalb der EU.

Konkret führt der Versuch, die OCA-Kriterien in der europäischen Wirtschafts- und Währungsunion umzusetzen, dazu, dass Mitgliedstaaten die Maastrichter »Konvergenz-Kriterien« erfüllen müssen bzw. sollen. Diese verlangen eine Konvergenz der Inflation und der langfristigen Zinsrate, eine Wechselkursstabilität und eine Haushaltsverschuldung unterhalb der berühmten drei Prozent-Marke. Die Gesamtverschuldung darf nicht höher als 60 Prozent des Bruttoinlandsprodukts betragen. Der Stabilitäts- und Wachstumspakt (1997) verlangt ferner die fiskalische Disziplin der Euro-Länder und geht über bisherige Kontrollverfahren der EU, die im »Vertrag über die Arbeitsweise der Europäischen Union« (AEUV) Art 121 niedergelegt sind, hinaus:[147]

»According to the multilateral surveillance procedure, the Council (on recommendation by the Commission) decides with QMV on broad, but ultimately non-binding, guidelines for the economic policies of all member states, and makes recommendations in the event that these broad guidelines are not followed.«[148]

Folglich *verschärft* der Pakt die Herausforderung fiskalischer Disziplin und Koordination als *Souveränitätsproblem*, sofern nationale Haushalte von der EU – und qua Rat von den anderen Mitgliedstaaten – kontrolliert, bei Verletzung der Regeln abgemahnt und gegebenenfalls mittels der »Excessive Deficit Procedure« sanktioniert werden können. Hier werden *tatsächlich* politische Notwendigkeiten etabliert und Handlungsspielräume eingeschränkt.

Dennoch handelt es sich hierbei keineswegs um apodiktische Sachzwänge, die politische Entscheidungsträger von fiskalpolitischen Entschei-

---

146 Diese Vorteile sind jedoch umstritten, zumal in der Europäischen Union die empirische Evidenz fehlt.

147 Vgl. Leuffen/Rittberger/Schimmelfennig, *Differentiated Integration*, S. 149.

148 Ebd., S. 149.

dungen entbinden oder entlasten könnten. Nicht nur haben die Autoren dieses strengen Regelwerks, vornehmlich Deutschland und Frankreich, selbst dagegen verstoßen und die Regeln des Stabilitäts- und Wachstumspakts im europäischen Rat aufgeweicht und Ausnahmen hinzugefügt.[149] Auch in den letzten Jahren ist die französische Politik von einer erneuten Diskussion um die Aufweichung dieser europäischen Regeln bestimmt und verstieß etwa unter Premierminister Manuel Valls 2014 bereits im dritten Jahr in Folge gegen die Regelungen.[150] Wenn die größten Volkswirtschaften diese Regeln brechen, lässt sich zunächst, vorbehaltlich bis zu einer Verschärfung der Regeln, diagnostizieren: […] whatever sovereignty countries may cede to the Commission, the large ones at least will claim this back if they feel it in their interests to do so.«[151] Wie der Verzicht der EU-Kommission unter Jean-Claude Juncker auf Sanktionen gegen Defizitsünder Ende 2014 bezeugt, hat die vertragliche und rhetorische Verschärfung zur Einhaltung der Regeln des Stabilitäts- und Wachstumspakts keinen hinreichenden Effekt auf seine tatsächliche Implementierung.

Allerdings ist die *Selbstbindung* politischer Akteure mit dem Ziel ökonomischer Konvergenz und Integration ein Indiz für ein Phänomen, das für TINA-Diskurse beachtenswert ist: Politiker schaffen Institutionen, sie ratifizieren Verträge, die politische Entscheidungen potenziell perpetuieren und den zukünftigen politischen Handlungsspielraum beschränken. Selbstbindung wird zum Prinzip multilateraler Wirtschafts- und Finanzkoordination und Überwachung. Der Staat bindet sich gleichsam als Odysseus an einen geld- und fiskalpolitischen Mast, um dem verführerischen Gesang der Sirenen nicht in wirtschafts- und finanzpolitische *Malaisen* zu folgen.[152] Anschauliche und im Folgenden noch zu untersuchende Beispiele für eine verstärkte Selbstbindungsstrategie liefern ferner die deutsche *Schuldenbremse*

149 Der Stabilitäts- und Wachstumspakt wurde 2005 aufgeweicht. Es gelte, auch Anstrengungen zur Einheit Europas, zur internationalen Solidarität, Entwicklungspolitik, Katastrophenhilfe und nationale Kraftanstrengungen wie Strukturreformen des Wohlfahrtsstaates zu berücksichtigen.

150 Valls brachte zuletzt im Oktober 2014 die »französische Souveränität« gegen das »Brüsseler Diktat« in Stellung. Vgl. exemplarisch: Rovan, Budget: Hollande et Valls pris en étau, Le Figaro, 08.10.2014; Tzermias, Paris pocht auf Souveränität, Neue Zürcher Zeitung, 08.10.2014.

151 Thompson, Economic Management in the Eurozone, S. 280.

152 Vgl. zu der Metapher in diesem Zusammenhang Elster, *Ulysses and the Sirens*; ders.: *Ulysses Unbound*. Elster diskutiert das Phänomen einer freiwilligen Selbstbindung. Diese wird von rationalen Akteuren strategisch eingesetzt, um antizipierbare Irrationalitäten abzuwenden; Freiheit entstehe also durch Bindung.

sowie Initiativen eines neuen europäischen Supranationalismus im Laufe der Schuldenkrise.[153] Mittels der bereits angesprochenen »List der Vernunft«[154] werden politischer Parteienwettbewerb und die Möglichkeit demokratischer Revision gravierend eingeschränkt, um Sicherheit und Erwartbarkeit zu suggerieren. Der politisch motivierte Konjunkturzyklus, der als Ausweis der bereits erörterten *Zeitinkonsistenz* zwischen politischen Interessen und Wirtschaftszyklen begriffen wird, soll ökonomischer Rationalität weichen. Nicht zuletzt soll der *Markt* Erwartungsstabilität erhalten. Allerdings sind die Stricke dieser Selbstbindung nicht fest genug.

Als Ausgangslage für das europäische Krisenmanagement ist zu betonen, dass bis zur Krise der Eurozone die Kontrolle und die vertikale Integration in der Fiskalpolitik eher schwach waren. Es gab und gibt explizit keine gemeinschaftliche Haftung für Verbindlichkeiten; bis zur Krise galt das Mantra, die EU dürfe keinesfalls zu einer »Transferunion« mit Gemeinschaftshaftung werden. Dies verlangt die sogenannte »Nichtbeistands-Klausel« oder »No-Bailout-Klausel«, Art. 125 AEUV. Laut Artikel 123 AEUV ist es der EZB nicht gestattet, Mitgliedstaaten oder EU-Institutionen mittels Kredit zu finanzieren oder Staatsanleihen zu kaufen. Die Bundesbank erläutert dies mit der Gefahr eines fiskalpolitischen *moral hazard*: »Dies soll den Staaten einen Anreiz zu verantwortungsvoller Finanzpolitik setzen, weil sie nicht damit rechnen können, bei fiskalischer Nachlässigkeit aufgefangen zu werden.«[155] Zugunsten der multilateralen Überwachung nationalstaatlicher Fiskalpolitik soll diese keinem intransparenten Voluntarismus der jeweiligen Regierungen überlassen werden, doch bleibt Fiskalpolitik zunächst ein Feld intergouvernementaler Koordination, die das Europäische Parlament außen vor lässt. Lediglich Richtlinien und Empfehlungen sind hierbei Instrumente des Rats und der Kommission.

153 Vgl. dazu Dehousse/Boussaguet, L'impact de la crise sur la gouvernance européenne.

154 Sturm, Die Entdeckung einer Politik des Unpolitischen.

155 So die Homepage der Bundesbank. Dort steht auch: »Ebenso verboten sind die monetäre Staatsfinanzierung durch EZB und nationale Zentralbanken (Art. 123 AEUV) und der bevorrechtigte Zugang von Einrichtungen der Union oder der Mitgliedsstaaten zu den Finanzinstituten (Art. 124 AEUV), also die Verpflichtung von Instituten, öffentlichen Einrichtungen Kredite zu geben oder besondere Vergünstigungen für Institute, die das tun.«

1.5 Die Trennung von Geld- und Fiskalpolitik als Governance-Problem

Es lässt sich also als *status ex ante* festhalten: Fiskalpolitik blieb vor der Krise formal im Kompetenzbereich nationalstaatlicher Regierungen, während die Mitglieder der Eurozone ihre geldpolitischen Entscheidungen dem Verantwortungsbereich der supranationalen EZB überließen. Erst im Zuge der Eurozonenkrise *scheint* sich Fiskalpolitik zu Ungunsten demokratisch-nationaler Entscheidungsprozesse zu supranationalisieren. Die Gleichzeitigkeit supranationaler Geldpolitik und intergouvernementaler Fiskal- und Wirtschaftskoordination kennzeichnet die europäische Wirtschafts- und Währungsunion; doch dieses Verhältnis zwischen Geldpolitik und Fiskalpolitik muss zwangsweise zu Konflikten führen. Zusammen mit einem Wettbewerbsgefälle innerhalb der EWU ist es ein explosiver *Governance-Cocktail* – und führt letztlich zu einem auch *demokratietheoretisch* relevanten Problem. Hier verschärft sich der oben mit Christoph Möllers genannte Umstand einer organisierten, systemischen Verantwortungsdiffusion innerhalb der EU-Institutionen.

Der damalige Kommissionspräsident Barroso artikulierte die zwingende Dynamik einer Währungsunion, die nationalen Hoheitsrechten entgegenarbeitet:

»The final say on national budgets will remain, where it belongs, with national parliaments. But national parliaments have to be made much more keenly aware of the *European rules* which their governments and they themselves have agreed to respect. Increased surveillance by the Commission will lead unavoidably to a greater role in domains previously restricted to national governments or Parliaments. But this is necessary and indispensable if we want to have a common currency.«[156]

Nimmt man die ökonomische und monetäre Union als Anschauungsbeispiel für TINA-Rhetorik, darf das Spannungsverhältnis zwischen Demokratie und makroökonomischem Management nicht ausgespart bleiben, denn die geldpolitische Supranationalisierung ist zwar souveränitätstheoretisch legitim, birgt aber demokratietheoretisches Konfliktpotenzial.

Demokratische Regierungen sind von elektoralem Vertrauen abhängig, aber das Vertrauen der Bürger und ihre Zufriedenheit sind, bis zu einem bestimmten Grad, mit ökonomischen Konditionen und wirtschaftlicher Performanz verbunden, die *inter alia* von volatilen Finanzmärkten – und

156 Barroso, Debate on Economic Governance, Straßburg 16.11.2011; Hervorhebung AS.

deren *Vertrauen* – beeinflusst werden.[157] Zudem verdankt sich eine erhöhte nationale Vulnerabilität finanzieller und wirtschaftlicher Interdependenz sowie Rückkopplungseffekten internationaler Krisen. Da europäische Politiker zum Zweck der Liberalisierung und Konvergenz im Sinne einer bestmöglichen Annäherung an eine OCA legale, sanktionsbehaftete *Handlungsanforderungen* konstruiert haben, die zahlreiche *Policy*-Optionen für Regierungen ausschließen bzw. verunmöglichen, [158] erkennen wir das Problem des wechselseitigen Verhältnisses zwischen demokratischer Legitimität und makroökonomischem Management. Gewählte Abgeordnete werden für politisch saliente Probleme wie Arbeitslosigkeit und Inflation zur Verantwortung gezogen, die den Alltag der Bürger prägen. Aber diese Abgeordneten stehen selbst vor dem Dilemma, dass in der EWU essentielle Werkzeuge makroökonomischer Steuerung nicht länger in ihrer Kontrolle sind. So lässt sich eine Quelle nationaler Unfähigkeit, Maßnahmen gegen Ungleichgewichte und Rückwirkungen zwischen europäischen Staaten *im* System der EWU und ihrer generalistischen Finanzpolitik verorten. Die EWU mitsamt ihrer institutionalisierten Wirtschafts- und Geldpolitik gibt *dysfunktionale* Impulse an die Einzelstaaten.

Hieran anschließend lässt sich die schon aufgetauchte, dennoch eher implizit verhandelte Frage diskutieren, ob diese Organisation makroökonomischer Politik und ein (neo-)*monetaristisches Regime an sich* einem Regime beschworener Zwänge förderlich sind. Keynesianische Politik basiert auf der Idee, dass Regierungen wirtschaftliche Nachfrage steuern, um ökonomische Zyklen auszugleichen, sodass Inflation und Arbeitslosigkeit kontrolliert werden. *Politiker* entscheiden demnach über *Policies* im Feld von Fiskal-, Geld-, Einkommens- und Wechselkurspolitik, und weil diese Policies als Trigger für wirtschaftliche Dynamiken verstanden werden, erscheint hier die wirtschaftspolitische *accountability* von Politikern noch klar.

Man kann sodann eine hierarchisierende Kaskade der öffentlichen Politisierung jener *Policies* erstellen, denn, wenngleich alle einflussreich, gilt doch, dass »[u]nder normal conditions, monetary policy has relatively low salience in the electoral arena. It is seen to involve highly *technical* decisions [...].«[159] Zentralbanken oder Agenturen treffen diese technischen

157 Siehe hierzu den konzisen Problemaufriss in: Scharpf, Monetary Union, Fiscal Crisis and the Preemption of Democracy.

158 Vgl. ebd., S. 2.

159 Ebd., S. 5; Hervorhebung AS.

Entscheidungen; damit entsteht eine potenzielle Kluft zwischen *Input-* (via Beteiligung) und *Output-* (via Ergebnissen) Legitimität.[160] Bezeichnenderweise fokussiert monetaristische Politik Preisstabilität und Geldmenge. Das sind wiederum Ziele, die durch eine *unabhängige Zentralbank* erreicht werden sollen, die Zinsraten festsetzt, Geld leiht und verleiht, eine Währung auf- oder abwertet. Dadurch beeinflusst *Geldpolitik* die gesamte wirtschaftliche Performanz,[161] wobei sie aber an eine Instanz jenseits von Regierung und Parlament *outgesourct* ist.

Regierungen und Interessenverbände sind gezwungen, sich »monetären Korridoren anzupassen«, sodass unabhängige Zentralbanken eine ganz zentrale Rolle der (indirekten) Wirtschaftssteuerung einnehmen. [162] Die Verlockung für politische Akteure, sich – *technokratisch* – auf Zwänge zu berufen, ist im organisatorischen und operationellen Regime der europäisierten Geldpolitik und allgemein in einem monetaristischen Politikverständnis bereits angelegt. Es gibt somit eine Disposition zu Sachzwangsrhetorik innerhalb eines solchen Systems funktionaler und wirtschafts- bzw. finanzpolitischer Differenzierung.

In der EU manifestiert sich nun dieses *prima facie* komplexe, funktionale und arbeitsteilige Steuerungssystem in *asymmetrischen Steuerungsversuchen.* In der EWU verfolgt die EZB ihre monetäre Politik auf der Grundlage von durchschnittlichen Zinsen, da ja anfangs eine allmähliche Konvergenz innerhalb des gemeinsamen Marktes angenommen wurde. Dies führt allerdings zu der hinlänglich bekannten Schwierigkeit, dass europäische Staaten, sofern sie denn Mitglied der EWU sind, nicht länger nationale, an ihre spezifischen Variablen angepasste und zielgerichtete Geldpolitik betreiben können. Die politischen Optionen sind restringiert.[163] Einzelne Staaten sind mit meistens inadäquaten Zinsraten konfrontiert, was einem entscheidenden Kriterium des Monetarismus widerspricht, nämlich der präzisen Anpassung von Geldmenge und dem möglichen Wachstumspotenzial der jeweiligen Volkswirtschaft.

160 Ebd.

161 Eine Logik gilt es hierbei bekanntlich zu beachten: Eine Politik des billigen Geldes kann Wachstum und Beschäftigung vorantreiben, eine Politik der strengen Geldmengenregulierung kann Inflation bekämpfen. Währungsabwertung begünstigt Exportleistungen, macht aber Importe teuer und kann ausländisches Investment abschrecken.

162 Vgl. Scharpf, Monetary Union, Fiscal Crisis and the Preemption of Democracy, S. 7.

163 Vgl. Scharpf, Politische Optionen im vollendeten Binnenmarkt.

Neo-keynesianische respektive »non-neoliberale«[164] makroökonomische Instrumente sowie Fiskalpolitik und Einkommenspolitik auf nationaler Ebene müssen konsequenterweise die *Europäisierung* des monetären makroökonomischen Managements ausgleichen. *Marktintegration* führt dazu, dass sich Mitgliedsstaaten einem politischen Druck ausgesetzt sehen; die Profitabilität, die Produktionskosten sowie der Wettbewerb innerhalb von Regionen und Ländern sollen ebenso wie Arbeitsbedingungen, Umweltschutz, Tarifpartnerschaften und sozialstaatliche Regelungen national gesteuert und angepasst werden.[165]

Die Handlungsspielräume und die Machbarkeit von Wirtschaftspolitik hängen von der Struktur und der Organisation der jeweiligen Volkswirtschaft und makroökonomischen Orientierungen ab. Die Konvergenzthese und die europapolitische Forderung nach einem gemeinsamen Binnenmarkt mit einer gemeinsamen Währung unterschlagen auf fatale Weise, dass innerhalb des Euroraums (und innerhalb der OECD) bis heute zwei komplementäre, sich langfristig konterkarierende Wachstumsstrategien konfligieren:[166] Eine *exportorientierte Wachstumsstrategie* wie die deutsche braucht eine starke, weltweite Nachfrage und beruht auf einer verhältnismäßig neutralen Wirtschaftspolitik. Hier bedarf Wachstum keiner Stimulierung der Binnennachfrage, sondern Lohnzurückhaltung, da hohe Lohnstückkosten die Wettbewerbsfähigkeit und damit die Exportbilanz belasten würden.[167] Für dieses Modell ist die EWU mitsamt einer supranationalisierten Geldpolitik und relativ stabilen Wechselkursen vorteilhaft.

Vornehmlich südeuropäische Wachstumsstrategien hingegen, die auf einer hohen Binnennachfrage basieren, müssen regelmäßig durch expansive Fiskalpolitik und makroökonomische Entscheidungen gestützt werden. Hohe Löhne, flexible Wechselkurse als Mittel der Inflationsbekämpfung und Wettbewerbssteigerung sind hier vorteilhaft. Die Mitgliedschaft in der EWU senkt zwar Transaktionskosten und führt tendenziell zu Lohnzurückhaltung, doch fehlt diesem Wachstumsmodell nun das Mittel der Währungsabwertung. So ist zu erkennen: »a basic asymmetry was built into

---

164 Vgl. Schmidt/Thatcher, *Resilient Liberalism in Europe's Political Economy.*

165 Scharpf, Notes Toward a Theory of Multilevel Governing in Europe, S. 10. In föderalen Staaten resultiert dies in einer Dynamik hin zu Zentralisierung marktkorrigierender Regierungsfunktionen.

166 Vgl. Hall, The Economics and Politics of the Euro Crisis, S. 358ff.

167 Vgl. ebd., S. 358f.

EMU from its inception.«[168] Die Krise der Eurozone war durchaus mit diesen asymmetrischen Politiken verbunden.

Für die unterschiedlichen TINA-Dimensionen ist daher an dieser Stelle wichtig, dass nicht nur *Globalisierung*, wie im Kapitel zum Dritten Weg analysiert, sondern auch *Europäisierung* als Einschränkung der Handlungsmöglichkeiten nationalstaatlicher Politik gelten muss. Neben der geldpolitischen Integration erfordert ein einheitlicher *Binnenmarkt* bestimmte *Policies* zugunsten von Wettbewerbsfähigkeit und wechselseitiger Anpassung:

»As the European internal market has approached completion, these same competitive pressures are now constraining member states in taxation, in the regulation of employment relations, in social policy, in the environmental regulation of production processes and in other ›market-correcting‹ policy choices (Scharpf 1999). These constraints may not only reduce the problem-solving effectiveness of national polities, but they also affect their institutional legitimacy by preventing the adoption of (otherwise feasible) policies responding to the manifest demands of national electorates (Scharpf 2000b).«[169]

Vermehrte ökonomische Interdependenz führt zu »wechselseitiger Anpassung«.[170] Wenn geldpolitische Optionen zur Stimulation ökonomischer Dynamik wie im Falle der EWU fehlen, können und müssen Staaten mittels Maßnahmen zur Mobilität, Lohnflexibilität, Kapitalmobilität oder Fiskaltransfers wie schuldenfinanzierter Nachfragesteuerung in den von der EZB vorgegebenen monetären Korridoren gegensteuern.

Auch hier ist ein potenzieller Antagonismus zwischen einer supranationalen Geldpolitik und einer nationalen Fiskalpolitik zu erkennen: Restriktive Geldpolitik kann dazu führen, dass Politiker versuchen, mittels Schulden die Wirtschaft anzukurbeln, sodass eine Zentralbank glaubt, Zinsraten anheben zu müssen und Politiker noch mehr Schulden aufnehmen. Geld- und Schuldenpolitik korrelieren, aber die fehlende Koordination von Geld- und Fiskalpolitik verschärft das Problem. Wenn sich nun sowohl die Selbstbindungsmaßnahmen mittels Konvergenzkriterien als auch Stabilitäts- und Wachstumspakt empirisch-faktisch *nicht* als glaubwürdige Selbstdisziplinierung und Koordinationsrahmenwerk herausstellen, verliert eine Währungsunion an Glaubwürdigkeit. Vor allem die

168 Ebd., S. 359.

169 Scharpf, Notes Toward a Theory of Multilevel Governing in Europe, S. 12.

170 So ergänzt Scharpf diesen *Governance*-Modus zu den oben skizzierten drei Modi. Vgl. ebd.

europäische Schulden- und Bankenkrise macht deutlich, dass nationale Anpassungsbemühungen die heterogenen Wirtschaftsbedingungen in Europa nicht kompensieren können, zumal diese ja durch »asymmetrische Impulse«[171] seitens der europäischen Währungsunion befeuert werden.

1.6 Die EZB – oder: Technokratischer Monetarismus in *normal times*

Bis hier haben Institutionen und *Governance*-Logiken an Kontur gewonnen, die in europäischer Politik als Hintergrund für TINA-Rhetorik fungieren. Dieses Bild lässt sich durch einen Blick auf die Struktur der EZB vervollständigen und mit den schon aufgeworfenen Fragen nach technokratischen Elementen sowie nach der *liaison dangereuse* zwischen EU-Integration im Politikfeld der EWU und monetaristischen, neoliberalen ideellen Ressourcen verbinden.

In der EU vollzieht sich seit Gründung der Währungsunion finanzpolitisches *Policy-Making* innerhalb eines institutionellen Settings, in dem unverkennbar die EZB zentraler Akteur der Geldpolitik ist. Die EZB ist neben den nationalen Zentralbanken Bestandteil des Europäischen Systems der Zentralbanken (ESZB) und sowohl von nationaler als auch supranationaler Einflussnahme unabhängig. Die Geschäfte der EZB leiten zum einen ein »Executive Board«, das aus sechs von den Mitgliedstaaten bestellten Experten besteht, zum anderen ein Rat, der neben dem »Executive Board« die jeweils nationalen Zentralbankpräsidenten der Eurozone umfasst. Ein Land wie Deutschland kann schlichtweg überstimmt werden.

Der Rat der EZB trifft in einem zentralisierten Modus Entscheidungen, doch das operative Geschäft und Management der Operationen übernehmen nationale Zentralbanken. Die Implementierung bleibt also *dezentral.* Laut AEUV ist das Hauptziel, ja die *raison d'être* der EZB die Wahrung einer Preisstabilität, die durch eine Kontrolle der Geldmenge mittels Zinsraten und Verwaltung der Währungsreserven gewährleistet werden soll. Die EZB kann autonom geldpolitische Ziele wie zur Zinsrate und Geldmenge festlegen.[172]

---

171 Scharpf, Monetary Union, Fiscal Crisis and the Preemption of Democracy, S. 20.

172 Dabei verfolgt EZB duale Strategie, da sie sowohl auf Inflation abzielt als auch ein Geldaggregatansatz verfolgt. Ökonomen bewerten daher die Instrumente und die Mess- und Prognoseansätze der EZB als in sich spannungsreich. Vgl. Thompson (Hg.), *Governing the European Economy.*

Eine Amtszeit innerhalb der EZB dauert acht Jahre; institutionelle Reformen der EWU bedürfen der Einstimmigkeit und sind folglich unwahrscheinlich, sodass die EZB dauerhaft und glaubwürdig ihre Unabhängigkeit behaupten kann.[173] Allgemein versucht eine Institution wie eine Zentralbank, Legitimität und Reputation – in Ermangelung demokratischer Legitimationsverfahren – durch Stabilität, Professionalität und Transparenz herzustellen. Doch die EZB verwehrt sich dem Ruf nach mehr Transparenz, da hiermit eine politische und vor allem womöglich nationale Einfärbung kollektiver Entscheidungsprozesse sichtbar und so politische Einflussnahme provoziert werden könnte.[174] Die EZB kann *formal* nur durch den kaum definierten *Dialog* mit dem Europäischen Parlament zur Rechenschaft gezogen werden. Es gilt also festzuhalten, dass die EZB diejenige EU-Institution ist, die in ihrem Handlungsspielraum am *wenigsten* durch *Governance*- oder Rechenschaftsmechanismen eingeschränkt ist.

Sucht man freilich nach Residuen politischer Einflussnahme, üben Politiker diese ersatzweise durch Personalauswahl bei Neubesetzung von Ämtern und in politischen Debatten mittels der Öffentlichkeit aus. Als Jean-Claude Trichet 2011 als Präsident der EZB ausscheidet, formuliert Angela Merkel folgendes Anforderungsprofil:

»Er [der Präsident] muss einerseits das Fingerspitzengefühl eines glaubwürdigen Diplomaten haben, dessen Worte unentwegt auf der Goldwaage gewogen werden.

173 Vgl. Elgie, Democratic Accountability and Central Bank Independence. Elgie differenziert zwischen einer politischen und ökonomischen Unabhängigkeit. Erstere bezeichnet die Möglichkeit einer Zentralbank, politische Entscheidungen ohne den Einfluss einer Regierung zu treffen, ökonomische Unabhängigkeit meint wiederum die Möglichkeit einer Zentralbank, die volle Auswahl an geldpolitischen Instrumenten ohne Einschränkung seitens einer Regierung nutzen zu können. Ebd., S. 55. Vgl. auch zu den genauen Entscheidungsprozeduren und Verfahrensregeln innerhalb der EZB Hix/Høyland, *The Political System*, S. 260, 262ff. Bezeichnend ist hierbei, dass durch eine damals gültige einfache Mehrheitsregel und dem Prinzip »one member, one vote« Interessenkonflikte manifest werden und gravierende Effekte zeitigen konnten. So überstimmten 2002 bis 2003 die *kleinen* Mitgliedstaaten wie Irland, Finnland, Luxemburg, Belgien mit ihren hohen Wachstumszahlen und ihrem kohärenten Interesse an hohen Zinsraten die *großen* Länder wie Italien, Frankreich und Deutschland mit ihrem Interesse an niedrigen Zinsraten. So waren letztere gleichsam genötigt, schuldenfinanzierte Politik zu betreiben und die Regeln des Stabilitäts- und Wachstumspakts zu brechen. Die prozeduralen Mechanismen der EZB relativierten also das Eigeninteresse Deutschlands an rigider Fiskalpolitik, so die Ironie der Geschichte. Angesichts dieser Erfahrung und der Erweiterung wurden die Abstimmungsregeln reformiert.

174 Vgl. ebd., S. 261.

Er muss das Naturell eines Wissenschaftlers haben, der mit seiner präzisen Herangehensweise auch auf die dritte Nachkommastelle besonderes Augenmerk legt. Und in gewisser Weise muss ein EZB-Präsident auch Künstler sein. Denn für Länder unterschiedlicher Größen und Wirtschaftsstrukturen eine einheitliche Geldpolitik erfolgreich zu gestalten, das ist in der Tat ein Kunststück. Die Europäische Zentralbank hat sich in ihren Entscheidungen nach einem klaren Kompass zu richten, der unverrückbar auf das vorrangige Ziel der Preisstabilität weist, und zwar unabhängig von der Politik.«[175]

Merkel unterstreicht hier die Bedeutung der *Kommunikation*, Neutralität, Akribie und Sachlichkeit sowie das Erfordernis eines geldpolitischen Balanceakts.

Regierungen wie die Angela Merkels verzichten auf Kompetenzen mit finanz- und wirtschaftspolitischer Salienz. Die ausführlich diskutierte Vorstellung, dass Politiker ein Interesse an (kurzfristiger) Inflation hätten und einen politischen Konjunkturzyklus präferierten, führt zu der Annahme, die Delegation an eine politisch unabhängige Zentralbank im Sinne eines *Principal-agent*-Verhältnisses löse dieses Problem. Der jedoch für eine Regierung zuweilen unvorteilhafte Nebeneffekt einer starken, konservativen Zentralbank besteht darin, dass sich eine Regierung eine Nebenopposition schafft.[176]

Wie die politische Unabhängigkeit einer Zentralbank konkret gestaltet wird, ist variabel; eine Regel gilt allerdings als empirisch gestützt: je höher der Unabhängigkeitsgrad einer Zentralbank, desto niedriger die Zinsrate.[177] Hieraus werden wirtschafts- und finanzpolitisch zwei Schlussfolgerungen abgeleitet: Zum einen begrenze das Delegationsmodell die Unsicherheit makroökonomischer Politikentscheidungen auf Seiten nationaler Entscheider.[178] Es geht um die Herstellung von Erwartbarkeit und Sicherheit mittels transparenter Expertise und also um eine Interessenkongruenz zwischen Marktakteuren und Banke(r)n. Zum Zweiten sei die Delegation politischer Kompetenzen an eine supranationale Zentralbank ökonomisch sinnvoll, da sie individuelle sowie kollektive Wohlfahrt steigere. Mit Vehemenz tragen Zentralbanker und einige Ökonomen diese Vorteile vor.

175 Merkel, Vortrag am 19.10.2011 zur Verabschiedung des ehemaligen Präsidenten der EZB, Frankfurt, zitiert nach Barnickel/Beichelt/Wiencke, Legitimitätspolitik im Kontext von Europäisierung, S. 214.

176 Vgl. Burnham, Depoliticisation, S. 195.

177 Vgl. Hix/Høyland, *The Political System*, S. 260.

178 Vgl. ebd., S. 259.

Bereits 1975 forderten prominente, vom Monetarismus geleitete Ökonomen im »All Saints' Day Manifesto« im *Economist* eine gemeinsame Währung.[179] Zentralbanker wie tendenziell monetaristische Wirtschaftswissenschaftler bejahten die Konstruktion der EWU und der EZB; ihre Expertise floss in die Gestaltung der Währungsunion ein. Vertreter nationaler Zentralbanken waren Mitglieder der Kommission, die dem Delors-Report zuarbeitete;[180] sie hatten ein intrinsisches Interesse an der Unabhängigkeit der EZB und somit an einer Einschränkung der Verfügungsmacht nationaler Finanzminister.[181] Die Inflationsgefahr sollte dank der EZB eingedämmt werden, und der Euro zöge aufgrund der nun unmöglichen nationalen Abwertungspolitik eine höhere Preis- und Lohnflexibilität – vor allem in Defizitländern – nach sich.[182]

Doch jene »epistemische Gruppe« (Peter Haas), die ein genuines Eigeninteresse an einem (neo-)monetaristischen Regime hatte,[183] *oktroyierte* nicht das heutige geldpolitische Regime. Die politisch-institutionelle Konstruktion der EWU war ein Resultat von »policy choice« der politischen Elite, die sich aus dem Erfahrungsraum einer gescheiterten, keynesianischen Krisenpolitik angesichts der ersten Ölkrise, dem Politikangebot des Monetarismus als Inflationsbekämpfung und dem Erfolg des deutschen Modells speiste und mit den Ideen und Interessen jener epistemischen Gruppe schließlich »konvergierte«.[184]

In und seit den späten 1980ern, so haben die vorherigen Kapitel gezeigt, fand sich ein *makroökonomischer Konsens* innerhalb der EU.[185] Allgemein wurde das deutsche Wirtschaftswachstum der 1970er und frühen 80er Jahre als Ausweis einer erfolgreichen Politik des harten Geldes verstanden, sodass die politisch unabhängige deutsche Bundesbank als

179 The Economist, 01.11.1975, S. 33. Diese gemeinsame Währung sollte parallel zu nationalen Währungen etabliert werden.

180 So kennzeichnete auch Thatcher das Komitee als »a Committee of European Community central bank heads – serving in a personal capacity«. Thatcher, *The Downing Street Years*, S. 708. Die Zusammensetzung verdanke sich der Initiative Helmut Kohls, dem deutschen Finanzministerium und der Bundesbank, so Thatcher, die selbst für eine solche an der Praxis orientierte Zusammensetzung plädierte, denn sie wollte keine Dominanz von Experten oder Kommissionsmitgliedern.

181 Vgl. McNamara, *The Currency of Ideas*.

182 Vgl. ebd.; Helleiner, The Evolution, S. 192f.

183 Vgl. auch Abdelal, *Capital Rules*.

184 Vgl. McNamara, *The Currency of Ideas*, S. 4, 5f.

185 Vgl. auch ebd.

deren nachahmenswerter Architekt galt und bis zur Schaffung der EZB das europäische Währungssystem indirekt lenkte.

In den 1990ern reorganisierten Regierungen in europäischen Staaten das Verhältnis von Regierung und Zentralbank zugunsten (operationeller) Unabhängigkeit. Die *Bank of England*, aber auch die *Banque de France* geben zwei Beispiele für eine solche Reform ab, die durch den Vertrag von Maastricht eingefordert wurde.[186] Frankreich, ehemals ein Land mit weicher Währung, orientierte sich im Laufe der 1980er an Deutschland und verfolgte eine Politik des starken Franc (*franc fort*); die Inflationsraten dies- und jenseits des Rheins näherten sich sukzessive an. Großbritannien hingegen sah sich viel höheren Inflationsraten gegenüber, sodass monetäre Integration nicht im Interesse der britischen Politik bzw. Zentralbank lag.

Die europaweiten Reformen des Bankensystems etablierten durchaus unterschiedliche politische und ökonomische Unabhängigkeitsgrade der jeweiligen Zentralbank:

»[...] member states differed greatly in the extent to which monetary and currency-policy choices had been de-politicized before the creation of the Monetary Union. In countries like Germany, where central bank independence has a long tradition, the worry was that the ECB would be *less* independent than the Bundesbank, whereas in Britain, Sweden, Denmark and some other member states, the critical issue was precisely the lack of political accountability (Elgie 1998).«[187]

Die Einschränkung des politischen Handlungsspielraums mittels einer unabhängigen Zentralbank ist je nach wirtschaftspolitischer Tradition mal mehr, mal weniger umstritten. In der Gründungsdebatte um die EWU lassen sich daher unterschiedliche Herangehensweisen der Länder erkennen, die wiederum in der TINA-Rhetorik in der Krise reproduziert werden: Frankreich argumentierte *monetaristisch* in dem Sinne, dass die nationalen Wirtschaften durch eine gemeinsame Geldpolitik, durch makroökonomische Steuerung konvergieren würden, während Deutschland *ökonomistisch* argumentierte und eine vorgeschaltete wirtschaftliche Integration und Konvergenz einforderte, bevor eine Geldunion funktionieren könne. [188]

186 Dazu im Detail und komparatistisch Elgie, Democratic Accountability and Central Bank Independence; der Vertrag von Maastricht fordert in Punkt 5, Art. 109(e) eine unabhängige Zentralbank.

187 Scharpf, Notes Toward a Theory of Multilevel Governing in Europe, S. 17.

188 Zu Frankreichs Kritik gesellten sich Belgien, Italien, zu Deutschland die Niederlande. Leuffen, Rittberger und Schimmelfennig (*Differentiated Integration*, S. 158) verweisen darauf, dass Monetaristen eine supranationale Währungsorganisation mit festen Wechselkursen kritisieren. Doch beziehen die Autoren die ebenfalls erwähnte Verschie-

Deutschland setzte sich mit seinen Präferenzen und Interessen durch. Zum *deutschen* Einfluss auf die Gestalt der EWU und EZB erklären daher Vivien A. Schmidt und Cornelia Woll:

»Neo-liberalism's central belief in the advantages of delegation of economic choices to an independent authority that would be insulated from everyday political pressures took a strong hold in Germany, which designed its monetary policy and subsequently the monetary policy of the ECB accordingly. Making the ECB the institution defending such core ideas created a policy dynamic at the international level that now shapes how neo-liberal discourse affects the countries turning to the ECB for help during the economic crisis.«[189]

Angesichts der historischen und politischen Komplexität ist allerdings die These, in der EWU manifestiere sich schlichtweg eine ideelle *neoliberale Hegemonie*, zu differenzieren: Neben einem makroökonomischen Konsens und einer Präferenzkonvergenz muss man die letztlich durch die EEA forcierte ökonomische Interdependenz, die politischen Integrationsforderungen,[190] die deutsche Verhandlungsmacht und die Reputation des deutschen Modells berücksichtigen.[191]

Die EZB wurde schlussendlich nach dem deutschen Modell der Bundesbank gestaltet; sie ist im Vergleich zu nationalen Zentralbanken und zur Bundesbank eine in besonderem Maße unabhängige Bank.[192] Während Deutschland auf die vollständige Unabhängigkeit nach dem Modell der deutschen Bundesbank insistierte, musste die Regierung vor allem gegenüber Frankreich die Konzession machen, einen »Governing Council« der EZB einzurichten, bei dem nationale Zentralbankvertreter das Executive Board der EZB überstimmen können. Nicht nur politisiert Frankreich die Wahl des EZB-Präsidenten,[193] auch die politische Rolle des Rats

bung des OCA-Modells nicht mit ein. Derzufolge argumentieren liberale bis neoliberale Autoren, dass sich eine endogene Stimulation und Konvergenz von Wirtschaft in einem System fester Wechselkurse (bzw. in einem System ohne Wechselkurse) durch eine intertemporale Dynamik vollziehen und dazu auch Verschuldung produktiv sein kann. Vgl. Spahn, One Market, One Money.

189 Schmidt/Woll, The State, S. 132.

190 Leuffen/Rittberger/Schimmelfennig, *Differentiated Integration*, S. 175.

191 Auch andere *Policies* wie beispielsweise die Armutsbekämpfung der EU lassen sich als Ausweis einer europäischen Sozialpolitik gegen die These einer rein neoliberalen EU einwenden. Vgl. dazu Gamble, *The Spectre at the Feast*, S. 88.

192 Vgl. Elgie, Democratic Accountability and Central Bank Independence, S. 63f.

193 Siehe dazu den Trichet-Deal: Frankreich beharrte auf dem Kandidaten Trichet als Zugeständnis dafür, dass die EZB in Frankfurt angesiedelt wurde, und drohte mit einem

der Wirtschafts- und Finanzminister (Ecofin) entspricht zunächst nicht deutschen Interessen.

Angesichts des hohen Unabhängigkeitsgrads der EZB wendete Philippe Séguin, das französische Protestsprachrohr im Referendum 1992 zum Maastrichter Vertrag und Vertreter eines protektionistisch-linken Gaullismus, kritisch ein, dass die Handhabe der gemeinsamen Währung wohl entweder zu schwerwiegend oder zu gefährlich sei, um in den Händen der Politiker belassen zu werden; er glaubte jedoch »[...] that democratic control is always a better guarantee than technocratic irresponsibility«. [194] Séguins Formulierung artikuliert das Spannungsverhältnis *Demokratie versus Technokratie*. Das demokratische Defizit und technokratische Surplus der EZB erregen stets Kritik und lassen auch seit der Krise der Eurozone die vor allem französische Forderung nach einer *Wirtschaftsregierung* wieder laut werden. Letztlich kreist der französische Einwand um die Frage, wie sich politische Steuerung behalten oder (zurück)gewinnen lässt. Wie soll sich ein aktiver Staat als Handlungsmacht in einer liberal organisierten Real- und Finanzwirtschaft positionieren, ohne diese antiliberal einzuschränken und von entsprechenden Marktreaktionen auf dem globalisierten Finanzmarkt getroffen zu werden? Im französischen Diskurs gilt die Supranationalisierung von Wirtschaftsregulation bis hin zu einer europäisierten Wirtschaftsregierung als Problemlösungsoption.

Schon die Reformversuche des Dritten Weges gaben ein Beispiel für die Suche nach einem *Governance*-Regime ab, das liberale Prinzipien in Zeiten eines globalisierten Wettbewerbs zu verwirklichen sucht. Die Leitbegriffe legitimitätspolitischer Absicherung waren hierbei wahlweise Partnerschaft und Subsidiarität, Netzwerk und starke Zivilgesellschaft. [195] Politiker müssen sich jeweils widersprechenden, spannungsreichen Sachzwängen bzw. Handlungsanforderungen stellen: Sie müssen die Wirtschaft graduell regulieren und zugleich überzogene wirtschaftspolitische Steuerungsintentionen von sich weisen, um den globalisierten Kapitalmarkt

---

Veto gegen den ersten, niederländischen EZB-Präsidentschaftskandidaten. Vgl. Hix/Høyland, *The Political System*, S. 254.

194 So zu lesen in der Libération vom 31. August 1992, zitiert nach Elgie, Democratic Accountability and Central Bank Independence, S. 63. Linke Autoren – und eben Frankreich – sehen im Euro die Möglichkeit, innerhalb einer stabilen Umgebung den Wohlfahrtsstaat auszubauen und die Macht der liberalen, dominanten Bundesbank im europäischen Währungsraum zu begrenzen. Vgl. Helleiner, The Evolution, S. 193.

195 In der EU werden »markets as major governance mechanisms« begriffen. Schmidt/Woll, The State, S. 132.

nicht zu irritieren. Schlug sich der emphatische Pragmatismus dieser Politiker in Alternativlosigkeitsrhetorik nieder, so ist nun festzuhalten, dass in der europäischen Politik versucht wird, die Legitimität politischen Handelns mittels *Unparteilichkeit* und Verschiebung zugunsten *undemokratischer* Entscheidungsinstanzen zu untermauern. Die EZB fällt als *Entdemokratisierung* von Wirtschafts- und Finanzpolitik ins Auge; daher ist das Beispiel »unparteilicher«, expertokratischer Institutionen wie EZB und Kommission symptomatisch. Diese gewinnen obendrein im europäischen *Governance*-Prozess während der Schuldenkrise an Bedeutung. Daher werden nun die Auswirkungen der Krise und des Krisenmanagements untersucht.

2. Die Finanz-, Staatsschulden- und Eurokrise: Der Staat als *Ulysses bound*

> »The current situation can be summarised like this: we have disappointing hard data from the end of last year, some more encouraging soft data in the recent past and growing investor confidence in the future.«[196]

Nach der geplatzten Immobilienblase auf dem amerikanischen Markt Ende 2006 und dem rasanten Anstieg der Zinsraten auf den internationalen Märkten aufgrund des Wertverlusts des Dollars schürte die von der Politik geduldete Pleite der US-Investmentbank Lehman Brothers im September 2008 allseitige Krisenstimmung und löste vielerorts ein intellektuelles Echo aus, das mit der finanzwirtschaftlichen und ökonomischen Krise eine *Krise des Neoliberalismus* heraufziehen sah. So formulierte beispielsweise Jürgen Habermas 2008 die Hoffnung, »[...] dass die neoliberale Agenda nicht mehr für bare Münze genommen, sondern zur Disposition gestellt wird«.[197]

Doch an der Frage, ob durch die seit 2008 manifeste, zuletzt nur schwelende Krise ein Paradigmenwechsel erfolgt ist, scheiden sich die Geister. Die einen erkennen bis heute eine fortlaufende Wirkung neoliberaler Maximen in europäischen sowie nationalstaatlichen Krisenmanagementstrategien, andere diagnostizieren eine Rückkehr zu ordoliberalen

196 Europäische Kommission, Winter forecast 2012–14, Brüssel, 22.02.2013.

197 Habermas, Nach dem Bankrott.

Prinzipien,[198] wieder andere beklagen die Rückkehr (neo-)-keynesianischer Steuerungsfantasien mittels Wirtschafts- und Konjunkturprogramme.

Diese unterschiedlichen Einschätzungen der Sequenz von Finanzmarktkrise, Schuldenkrise und Eurozonenkrise werfen erneut die Frage nach Krisennarrationen auf. Wie eine Krise erzählt, perspektiviert und gedeutet wird, dient dem diskursiven *Framing*, das entscheidende Weichen für die ideellen Ressourcen und Rechtfertigungsnarrative im politischen Willensbildungsprozess stellt und somit den Raum politischer Optionen eines Krisenmanagements durch Plausibilitäts- und Notwendigkeitskonstruktionen verengt. Das konnte auch die Analyse des Thatcherismus und die Narration des *Winter of discontent* als Krise eines *overloaded state* zeigen. Es macht einen Unterschied, ob man die Krise der Eurozone auf eine Staatsschuldenkrise verengt oder allgemein Versäumnisse der wirtschaftlichen und finanzpolitischen Integrationsmechanismen mitsamt innereuropäischer Asymmetrien in den Blick nimmt.

In Deutschland stellt die Rhetorik der Regierung Weichen für den *Policy*-Diskurs und ihre Forderungen im europäischen Krisenmanagement. Die inhärenten Probleme der *Governance*-Struktur der EWU werden von einer Krisennarration überlagert, die die Krise als Schuldenkrise perspektiviert. Angela Merkel formulierte daher: »Wir haben kein Problem mit dem Euro, sondern wir haben ein Schuldenproblem. […] Der Euro ist eine starke Währung, auch und gerade im Vergleich zum Dollar.«[199] Im Folgenden gilt es, die Korrelation von Krisendeutung, politischer Rhetorik und getroffenen Entscheidungen zum Umbau europäischer Governance zu berücksichtigen. Vor dem Hintergrund solcher Deutungsdifferenzen werden nun zunächst Ursachenkomplexe und Entstehungsbedingungen der Krise(n) diskutiert.

Bei der Ursachensuche lassen sich zwei große Stränge ausmachen: globale und europäische Phänomene. Über den europäischen Kontext hinaus lässt sich konstatieren, dass der strauchelnde Immobilien- und Finanzsektor sowie die Praktiken von Investmentbanken der Nährboden für die Krise waren. Die amerikanische *Subprime-Krise* löste eine Banken- und Versicherungskrise aus, die sich nicht nur aufgrund von Handels-

198 Vgl. dazu auch den Überblick in Biebricher, *Neoliberalismus*.

199 Merkel im Juni 2011, zitiert nach Goffart, Angela Merkel wirbt in Fernost für den Euro, Handelsblatt, 02.06.2011.

verflechtungen, sondern auch durch die engmaschige Kooperation bei Finanzmarktprodukten zu einem ansteckenden Flächenbrand auswuchs.[200]

Nicht nur im amerikanischen Raum kam es zu einer Immobilienblase, auch in Europa hatte der rapide Abfall von Zinsraten gerade *durch* den Euro zu einer Schwemme »billigen Geldes« geführt, die in wirtschaftlich schlechter gestellten Mitgliedstaaten die Fiskaldisziplin aufgeweicht und Immobilienblasen begünstigt hatte. Diese Blasen platzten und verschärften das Problem der bereits diskutierten Asymmetrie von supranationalisierter Geldpolitik und intergouvernementaler Fiskalpolitik in der EU. Die Krise der Eurozone war somit keineswegs nur eine *exogene Pathologie*, sondern auch das *endogene Problem* eines kreditfinanzierten Wachstumsmodells mancher europäischer Länder und des geld- und fiskalpolitischen Governance-Cocktails.[201] Sie ist weder als ein reines Marktversagen, noch als ein reines Politikversagen zu begreifen.

Jedoch lesen wir bereits zum Kollaps der amerikanischen *Subprime*-Blase divergierende, zu unterschiedlichen politischen Folgerungen führende Deutungen: Während konservative Autoren das Scheitern der staatlichen Förderung von Wohnungsbau beklagen, heben andere, in der Tendenz kapitalismuskritische Erklärungsversuche darauf ab, die Profitorientierung von Banken mit ihrem Interesse am Verkauf von nur scheinbar finanzierten und rückversicherten Wertpapieren in den Blick zu nehmen. Die Spekulation jener Banker trage eine Mitschuld oder sei gar der Auslöser der Krise. Ein bloß kreditfinanzierter Konsum und die individuelle Überschuldung der Bürger seien das Problem; ohne eine solide finanzielle Basis seien aus politischen Motiven der Wohlfahrts- und Wachstumsbilanzsteigerung Hypotheken und Kredite vergeben worden. Colin Crouch und Wolfgang Streeck sprechen von einem »Keynesianismus der privaten Hand«:[202] Nicht der Staat, sondern Privatleute kurbeln mit schuldenfinanzierter Nachfrage die Wirtschaft an – insbesondere Bürger mit geringem Einkommen. Stößt der Wohlfahrtsstaat, den Forsthoff, Gehlen und Co. als »Milchkuh« verunglimpften, finanziell an seine Grenzen, verschafft er sich Legitimität mitunter aus dem demokratisch-egalita-

200 Vgl. allgemein dazu: Gamble, *The Spectre at the Feast*, zu einer Diskussion wirtschaftswissenschaftlicher Erklärungsmodelle Helleiner, Understanding the 2007–2008 Global Financial Crisis.

201 Vgl. dazu Hay/Wincott, *The Political Economy of European Welfare Capitalism*, S. 200, 203. Die Autoren verweisen auch auf das Problem des damaligen Ölpreises und die daran gekoppelte Zinsratenpolitik großer Zentralbanken.

202 Vgl. Crouch, *Das befremdliche Überleben des Neoliberalismus*; Streeck, *Gekaufte Zeit*.

ristischen Versprechen einer graduellen Nivellierung qua kreditfinanziertem Konsum. So habe sich das neoliberale Modell über die Zeit retten können:

»Wie wir heute wissen, wirkten zwei sehr unterschiedliche Kräfte zusammen, um das neoliberale Modell vor der ansonsten unvermeidlichen Instabilität zu bewahren: das Wachstum der Kreditmärkte für Menschen mit kleinen und mittleren Einkommen sowie die Entstehung von Märkten für Derivate und Terminkontrakte für Menschen mit großem Vermögen.«[203]

Hier liegt laut Crouch der Nexus zwischen Finanzmarktkapitalismus und einem politischen Interesse. Das egalitaristische Phantasma weicht jedoch einer sich verschärfenden Vermögensschere:

»Dieser politische Wandel war grundlegender als alles, was durch reguläre Regierungswechsel von nominell sozialdemokratischen zu neoliberal-konservativen Parteien hätte bewirkt werden können. Er hat zu einem Rechtsruck im ganzen politischen Spektrum geführt, da man die kollektiven und individuellen Interessen der Bürger den Finanzmärkten überließ, die keineswegs jeden gleich behandeln, sondern ungeheure Einkommensunterschiede produzieren.«[204]

Streeck benennt die chronologischen Ziele liberaler Wirtschaftspolitik im 20. Jahrhundert: zunächst Inflationskontrolle, Abbau staatlicher Defizite, dann die Finanzierung von Wohlstandswachstum durch private Verschuldung. Da seit den frühen 1980ern die Reallöhne stagnierten, musste Wachstum anders als über Löhne finanziert werden: über Kredite. Demnach lässt sich die *Subprime*-Krise als Langzeiteffekt einer neoliberalen Politik unter Reagan, Thatcher, Clinton, Blair und anderen begreifen.[205] Die Krise war auch politisch induziert, denn der Finanzmarktkapitalismus

203 Crouch, *Das befremdliche Überleben des Neoliberalismus*, S. 164.

204 Ebd., S.167. Bei Crouch mündet die Analyse in eine allgemeine Abrechnung mit dem *Neoliberalismus*. Wenn die Achillesferse des Keynesianismus die Inflationsgefahr sei, dann ist die Achillesferse der im Neoliberalismus entstandenen Finanzmärkte die Fixierung auf den Preis eines Aktienpakets, statt Information über dessen Inhalt einzuholen. Und wenn die Zufriedenstellung der Aktionäre als alleiniges Ziel eines Unternehmens formuliert werde und der realwirtschaftliche Markt sich zu einem sekundären Markt verschiebe, dann werde »Unverantwortlichkeit zu einem öffentlichen Gut«. Ebd., S. 168.

205 So auch bei Streeck, Die Krisen des demokratischen Kapitalismus. Die linke Lesart der Krise verwundert nicht: »Far from crisis being seen as a ›malfunction‹ of the market leading to a ›systemic breakdown‹, this approach in general emphasises a political reading of crisis stressing for example the ›capitalist use of crisis‹ as a means for the ›violent and decisive reassertion of the fundamental class relation‹ […].« Burnham, Depoliticisation, S. 196, mit Verweis auf Antonio Negri.

entfaltete sich erst durch politische, neoliberale Reformen.[206] So zeigen sich die Rückwirkungen einer Politik der Deregulierung des Finanzsektors, deren Weichen seit den 1980ern gestellt wurden und die Steuerungsprobleme zwischen einer nationalen Demokratie und einer internationalen Wirtschaft verschärften.[207] Zum Problem eines vermeintlichen Marktdiktats formulierte der ehemalige Chef der Deutschen Bank, Rolf Breuer, im Jahre 2000: »Die gewachsene Rolle der Finanzmärkte stellt [...] das Primat der Politik nicht infrage. Politik muss aber heute mehr denn je auch mit Blick auf die Finanzmärkte formuliert werden.«[208]

Den Märkten wurden zunächst selbstregulierende Mechanismen unterstellt, und inmitten der Krise dieser Märkte appellierte Angela Merkel 2011 an die »Marktdisziplin« der Banken. Diese sei gleichsam als Gegenleistung für eine Krisenpolitik zu erbringen, denn die Steuerzahler seien in die Pflicht genommen worden, um die Insolvenz von Banken und Staaten mittels Sozialisierung von Schulden zu verhindern: »[...] Marktdisziplin ist absolut notwendig, um aus der Spirale, dass der Verschuldung von Staaten auch vonseiten der Märkte sozusagen Vorschub geleistet wird, herauszukommen. Dabei brauchen wir Marktdisziplin als Teil der marktwirtschaftlichen Mechanismen.«[209] Sind Performanz und Vitalität von demokratischen Steuerstaaten also abhängig von einer benevolenten Selbstdisziplinierung der Märkte?

Seit 2007/2008 zeitigte die Dynamik auf Finanzmärkten für die finanzielle, wirtschaftliche und somit auch sozialpolitische Leistung eines Staats buchstäblich fatale Konsequenzen. 2007 breitete sich die Banken- und Versicherungskrise der USA angesichts des hochgradig interdependenten und volatilen Finanzmarkts nach Europa aus und zwang europäische Staaten dazu, »systemrelevante« Banken vor der Insolvenz zu retten, um mögliche Insolvenzkaskaden und eine Krise des Finanzmarkts abzuwenden.[210] Durch diese Rettungsversuche schnellte die Schulden-

206 Vgl. Lütz, *Der Staat und die Globalisierung von Finanzmärkten.*

207 Vgl. Streeck, Einleitung: Internationale Wirtschaft, nationale Demokratie? Wir erinnern uns: Thatcher deregulierte die Londoner Börse 1986, die USA schufen 1999 die vormalige Trennung von Investment- und Geschäftsbanken ab, unter Gerhard Schröder wurden mittels der Unternehmerreform 1999 der *Shareholder Value* maßgeblich und die alte Deutschland AG aufgelöst. Vgl. Streeck, *Re-forming Capitalism.*

208 Breuer, Die fünfte Gewalt.

209 Merkel, Rede auf dem XIX. Bankentag, Berlin, 31.03.2011.

210 In Deutschland war keine Immobilienblase an der Krise schuld, sondern ein liberaler, deregulierter Finanzmarkt, dessen Banken brandgefährliche Papiere (*Assets*, Derivate et cetera) hielten, die an den US-Immobilienmarkt gebunden waren. Auch daher hatte

bilanz der einzelnen Staaten nach oben. Hohe Zinsraten führten wieder dazu, dass diese Schulden kaum von den Staaten zu bewältigen sind, ja nicht einmal die Aussicht, diese Schulden mitsamt ihrer Zinsen langfristig tilgen zu können, länger als glaubwürdig galt. Spekulanten wetteten auf einen Niedergang jener Volkswirtschaften; *Rating-Agenturen* stuften die betroffenen Länger als wenig kreditwürdig ein. Ein staatlicher Schuldenabbau war und bleibt fragwürdig.

Durch Spekulationen auf die Zersplitterung der Eurozone wurden Zinsdisparitäten derart verschärft, dass Insolvenzrisiken für EWU-Mitgliedstaaten entstanden. Als Kulminationspunkt der Schuldenkrise, der Eurozonenkrise und einer damit verbundenen TINA-Rhetorik ist sicherlich die Rettung Griechenlands im Jahre 2010 zu sehen. Dem Eurozonen-Mitglied drohen bis zum heutigen Tag der Staatsbankrott und ein *Exit* aus der EWU, was zu unbekannten Kettenreaktionen in anderen Mitgliedstaaten führen kann. Vor diesem Hintergrund lief ein *Gros* der Maßnahmen in der europäischen Krisenpolitik auf die Frage hinaus, wie sich in Krisenzeiten das Vertrauen der Finanzmärkte wiederherstellen ließe, um die finanzielle Stabilität bzw. die Aussicht auf Schuldenabbau und wirtschaftliche Prosperität wieder realistisch erscheinen zu lassen.

Denn die Akteure des Finanzmarkts fungieren gleichsam als »Wächter« der Politik, so noch einmal Rolf Breuer:

> »Finanzmärkte sind effiziente Sensoren für solche Fehlentwicklungen, doch sie erzwingen nicht eine bestimmte Politik: Keinem Land mit eigener Währung ist es verboten, eine expansive Geldpolitik zu betreiben, wenn dieses den Wünschen der Bevölkerung oder dem Willen der jeweiligen Regierung entspricht – selbst wenn dies mit hohen Inflationsraten einhergeht. Die Finanzmärkte prüfen nur ständig, ob die Politik in sich konsistent ist oder ob es nicht früher oder später zu einer Korrektur kommen muss. Insofern sollte man weniger von einer ›Disziplinierungsfunktion‹ der Finanzmärkte als vielmehr von einer ›Wächterfunktion‹ sprechen: Offene Finanzmärkte führen zu einem Rechtfertigungszwang hinsichtlich der Logik eines bestimmten wirtschaftspolitischen Kurses.«[211]

Wie reagiert Politik auf die »Wächter« des globalisierten Finanzmarkts, welche Rolle spielen systemrelevant gewordene Banken bei der Konstruktion politischer Alternativlosigkeit und wie hat sich europäische Politik durch die Krise verändert? Abermals gilt es, dem Phänomen des selbst-

---

Deutschland eine spezifische Krisenwahrnehmung und unterbreitete andere Lösungsvorschläge.

211 Breuer, Die fünfte Gewalt.

gebundenen Odysseus in der Figur des europäischen Systems nachzugehen, das sich immer fester an den wackligen Mast eines Vertragsgerüsts kettet, um den Sirenen eines fiskalpolitischen Schlendrians zu entkommen.

2.1 Krisenpolitisches Durchwurschteln im Namen der Alternativlosigkeit

> »[L]'un des paradoxes de la crise, c'est que cette dimension intergouvernementale incarnée par le Conseil européen a contribué au renforcement du rôle des institutions communautaires.«[212]

Angesichts der Krise begann ein Reformprozess der EWU, der sich mit drei Zielvorgaben kennzeichnen lässt: Kontrolle und Monitoring jenseits nationalstaatlicher Politik, Verschärfung fiskal- und wirtschaftspolitischer Koordinationsmechanismen und Etablierung dauerhafter Instrumente zur Behebung von Liquiditätsproblemen. Nach und nach wurden ad hoc beschlossene Rettungsmaßnahmen ausgeweitet und verstetigt, sodass sich die ökonomische Governance der EU veränderte. Fiskalregulierung und -überwachung wurden durch legislative Akte wie den »Six-Pack« im Dezember 2011 und den »Two-Pack« im März 2013 gestärkt. Die E(W)U-Mitgliedstaaten entschlossen sich, bestehende Integrationsmechanismen zu *vertiefen*. Als externer Schock bewirkte die Krise somit einen vorher kaum intendierten Integrationsfortschritt, der *supranationale Governance* vertiefte.[213]

Da die Eurozone auseinanderzubrechen drohte, wurde die *No-Bailout*-Klausel missachtet; zum einen sicherte die EZB durch eine gezielte Übernahme von Gläubigerpositionen sowohl privater Finanzinstitute als auch öffentlicher Haushalte die jeweilige Zahlungsfähigkeit, zum anderen konnten die sogenannten PIIGS-Staaten (Portugal, Irland, Italien, Grie-

212 Herman Van Rompuy, zitiert nach Dehousse/Boussaguet, L'impact De La Crise Sur La Gouvernance Européenne, S. 17. Auf Deutsch: »Eines der Paradoxa der Krise ist, dass diese intergouvernementale Dimension, die durch den Europäischen Rat verkörpert wird, die Bedeutung der gemeinschaftlichen EU-Institutionen gestärkt hat.«

213 Vgl. ebd., S. 16. Die Autoren konstatieren daher: »Dans un cas comme dans l'autre, en dépit d'un climat politique peu favorable au transfert de pouvoirs, les gouvernements se sont entendus pour renforcer de façon conséquente les compétences des institutions supranationales dans des domaines d'importance stratégique.« Ebd. Auf deutsch: »In beiden Fällen verständigen sich die Regierungen trotz eines für Kompetenzabgaben nicht förderlichen politischen Klimas darauf, die Kompetenzen der supranationalen Institutionen mit strategischer Bedeutung konsequent auszubauen.«

chenland und Spanien) angesichts drohender Zahlungsunfähigkeit unter einen »Rettungsschirm« schlüpfen.[214] Durch die Vergemeinschaftung von Verbindlichkeiten wurde zwar der jeweilige Güter- und Arbeitsmarkt stabilisiert, doch konnten weder ein konjunktureller Einbruch noch eine Verschuldungsspirale gänzlich abgewendet werden. Die Persistenz der Krise und somit des Problems einer europäischen (Re-/Quer-)Finanzierung der in die Krise geratenen Schuldenländer führte dazu, dass aus dem Kriseninstrument des *European Financial Stability Facility* (EFSF) der Europäische Stabilitätsmechanismus (ESM) entstanden ist, mit dem die EU einen dauerhaften Topf für Staaten mit Liquiditätsproblemen bereitstellt.[215]

Um auf den Notfalltopf des EFSF/ESM als Mittel gegen Staatsinsolvenzen zugreifen zu können, müssen sich Krisenländer an strikte Konditionen halten. Deregulierung, Wettbewerb und Privatisierung sollen implementiert werden, die Europäische Kommission und Überschuss-Länder wie Deutschland verlangen nach dramatischen Fiskaleinschnitten und Reformen. Die an den Rettungsschirm geknüpfte Krisenpolitik und ihre neuen Instrumente favorisieren die regressive Kürzung (sozialer) Ausgaben statt Einnahmesteigerungen.[216] Nationale Haushaltspolitik wird dem Ziel der Konsolidierung untergeordnet und bietet kaum mehr Handlungsspielräume.

Da die politische Steuerung mittels Zinspolitik, flexibler Fiskalpolitik und Lohnpolitik angesichts europäischer, supranationaler Integration und mal mehr, mal weniger liberaler korporatistischer Tarifregime eingeschränkt ist, griff die Krisenpolitik der Defizitländer notgedrungen, durch verschärfte EU-Regelungen und Überwachungsinstanzen forciert, auf sozial- und arbeitsmarktpolitische Strukturreformen zurück. Die »stagnative Marktkonstellation« innerhalb Europas konnte allerdings durch diese Politik kaum aufgehoben werden.[217]

---

214 Die EZB rettete mit der Bereitstellung einer Milliarde Euro die Liquidität des Bankensystems; Griechenland erhielt mehrere aufeinanderfolgende Rettungspakete, so im Schulterschluss mit dem IWF einen Kredit über 110 Milliarden.

215 Der EFSF ist zunächst eine Institution privaten Rechts. Unter den ESM, der aktuell 750 Milliarden umfasst, können Länder mit Liquiditätsproblemen unter Berücksichtigung der Prinzipien von Konditionalität, Einstimmigkeit und Ultima Ratio schlüpfen. Vgl. Heise, European Governance: Institutionelle Reformen nach der Krise, S. 641.

216 Vgl. ebd., S. 639.

217 Vgl. ebd., S. 640.

Das mit jenem Rettungsschirm verknüpfte Programm *rescue-cum retrenchment*[218] wird in Deutschland bis heute als zwingende Notwendigkeit erachtet. Mehrfach erklärten der deutsche Finanzminister Wolfgang Schäuble und die Kanzlerin Angela Merkel, das Sparpaket für Griechenland sei schlichtweg »alternativlos«.[219] Bei einem Treffen mit Alexis Tsipras vom Linksbündnis Syriza im Jahre 2013 wiederholte Schäuble seine Einschätzung und versuchte, die oppositionellen Standpunkte der griechischen Linken als haltlos und utopisch zu diskreditieren. Die dramatischen Entwicklungen in Griechenland müssten als Kollateralschaden der dreifachen Krise von Finanzmarkt, Staatsschulden und Eurozone ausgehalten werden. Ende 2012 waren die griechischen Pensionen und Löhne im öffentlichen Dienst um 25 Prozent gesunken, die Bezahlung in der Privatwirtschaft um 15 Prozent. Die effektiven Steuerraten waren zugleich aber um mehr als 20 Prozent gestiegen und die Arbeitslosigkeit lag bei 26 Prozent.[220]

Doch die andere Option, *Bankrott und Abwertung*, wurde als noch verheerender eingeschätzt – Politiker entschieden sich gleichsam für das *lesser evil* (Michael Ignatieff), das von Schäuble bis heute als »notwendig und richtig« kommuniziert wird.[221] Das drohende *Scheitern* der europäischen Währung und des damit verbundenen historischen Integrationsprojekts, das schon als Szenario fatale spekulative Attacken auslöste, der Wertverlust des Euro und der Ausstieg schwacher Volkswirtschaften wie der Griechenlands hätten auch in Deutschland und Frankreich zu enormen Verlusten auf Seiten der Banken geführt, die seinerzeit ein Gros der griechischen Staatsanleihen hielten. Die Wirkungskaskade einer Staatsinsolvenz für das Bankensystem, damit für das Kreditwesen und die gesamte Wirtschaftsperformanz galt als unkalkulierbar und unkontrollierbar. Die sogenannten europäischen »Überfluss-Staaten« hatten – und haben – also angesichts marktlicher sowie finanzieller Interdependenz ein *intrinsisches*

218 Scharpf, Monetary Union, Fiscal Crisis and the Preemption of Democracy, S. 23

219 So beispielsweise Anfang 2010 und im Februar 2012. Vgl. die dpa-Meldungen: Schäuble hält Sparpaket für alternativlos, Handelsblatt, 14.04.2012; Schäuble verteidigt Spardiktat für Griechenland, Die Zeit, 14.02.2012. Schäuble entgegnete auf die Kritik der Griechen, sie befänden sich gleichsam unter Vormundschaft: »Das respektieren wir, aber wenn sie es allein nicht schaffen, weil die politische Klasse vielleicht Schwierigkeiten hat, als fair anerkannt zu werden, dann wäre es besser, sie würden mehr Unterstützung durch die europäische Union akzeptieren«. Ebd.

220 Vgl. Monastiriotis et al., Austerity measures in crisis countries; Schimmelfennig, European Integration in the Euro Crisis, S. 322.

221 So Schäuble im Interview. Deutschlandfunk, »Die Entscheidung ist notwendig, und sie ist richtig«, 19.05.2010.

Interesse an der Rettung der krisengebeutelten Staaten.[222] Kritiker erkennen daher in Instrumenten wie dem EFSF weniger einer Staatsrettung als eine *Bankenrettung*, um das je eigene Bankensystem zu stabilisieren.[223] Ende 2012 sprachen die Zahlen eine deutliche Sprache: »[...] more than two-thirds of the bailout funds transferred to Greece from the EFSF and IMF are being used to pay interest on the existing debt, while barely a third flows into the government's coffers.«[224]

Die Einhaltung jener Konditionalität der Strukturreformen wird von der *Troika* überwacht.[225] Dieses demokratisch nicht legitimierte, technokratische Kontrollgremium besteht aus Vertretern der EZB, des IWF und der Kommission; es führt Verhandlungen mit denjenigen Mitgliedsländern, bei denen der Staatshaushalt den europäisch festgestellten Kriterien und Regeln nicht entspricht. Die vierteljährlich publizierten *Memoranda of Understanding on Specific Economic Policy Conditionality* veröffentlichen die Ergebnisse der Überwachung durch die Troika. Sie geben Zeugnis eines bis dato ungekannten trans- und supranationalen Eingriffs in parlamentarische Souveränitätsrechte und bedienen eine Logik des *Naming-and-Shaming*.[226] Das Ziel ist hierbei weniger eine sukzessive Harmonisierung der Eurozonenmitglieder als die direkte Adressierung einzelner Mitgliedstaaten und ihrer Versäumnisse. Somit versuchen europäische Rettungsmaßnahmen mehr denn je einen radikalen Reformprozess zu erzwingen, für den sich zuvor in nationalen Parlamenten und Bevölkerungen keine Mehrheiten fanden. Das genannte Problem eines »lack of ownership of reforms« verschärft sich dadurch und droht, die politische Identifikation mit jenen Reformen, ergo die Motivation und nachhaltige Implementierung zu untergraben.[227]

222 Entgegen einer Erzählung im deutschen Diskurs, die auf die fiskalpolitische Unzuverlässigkeit ›fauler Südländer‹ rekurriert, lassen sich die Insolvenzrisiken für Länder wie Griechenland auch dadurch begründen, dass sie aufgrund ihrer Mitgliedschaft in der EWU und in der Eurozone Spekulationen ausgesetzt sind. Folglich wären die Rettung bzw. durch Transfers geleistete Stabilisierung spekulationsgeplagter Länder als »Gemeinschaftskosten« zu verbuchen. Vgl. zu dieser Argumentation: Heise, European Governance: Institutionelle Reformen nach der Krise, S. 638.

223 Die Zahlungen in den EFSF sind auch Garantien für Anleihen und weniger direkte Transfers. Vgl. dazu Hall, The Economics and Politics of the Euro Crisis, S. 364.

224 Ebd.

225 Nach der Wahl Syrizas im Januar 2015 wurde der Protest gegen die Troika so laut, dass diese kurzerhand *umbenannt* wurde. Fortan spricht man von den »Institutions«.

226 Vgl. Heise, European Governance: Institutionelle Reformen nach der Krise, S. 641.

227 Vgl. Ahrens, Bessere Governance durch mehr Flexibilisierung, S. 227.

Innerhalb nationaler Reformimplementierungsperioden bewegen sich deshalb die Regierenden eines unter Troika-Aufsicht gestellten Dezifitsünders auf dem politisch gefährlich schmalen Grat, auf der einen Seite die Autorschaft für Reformen zu beanspruchen, um politisches *credit claiming* zu ermöglichen, auf der anderen Seite aber supra- bzw. transnational beschlossene, d.h. für nationale Öffentlichkeiten bis heute *externe*, zudem als alternativlos kommunizierte Handlungsanweisungen umzusetzen und folglich als Marionetten eines europäischen Spardiktats zu gelten. Hierbei kann die im europäischen Krisendiskurs flottierende und leicht mobilisierbare TINA-Rhetorik als Verzichtsrhetorik für sozialpolitischen Einschnitte verwendet werden und einer *blame avoidance* dienlich sein, bei der Verantwortung – und damit politische Zurechenbarkeit – nach Brüssel oder präziser: ins autoritäre, ordoliberale Berlin verschoben wird.

Die elektoralen und politisch-öffentlichen, zivilgesellschaftlichen Konsequenzen beider Strategien sind für vertrauensabhängige Demokratien gleichermaßen riskant. Politischer Protest und der Aufschwung systemkritischer, europakritischer und zuweilen populistischer Parteien sind ein Symptom dieses Zurechenbarkeitsproblems. Noch nie waren die Zustimmungswerte zur EU so niedrig wie im Zuge der Krise,[228] noch nie waren die politische Tragweite und die zivilgesellschaftlichen Auswirkungen europäischer Entscheidungen so manifest.

Angesichts der lauten Kritik an Deutschlands neuem wirtschaftspolitischen Autoritarismus bekräftigte die »neue Iron Lady« Angela Merkel[229] die schiere Notwendigkeit jener Konditionalität einschneidender Strukturreformen, um die Gefahr eines *moral hazard*, also die Setzung falscher Anreize durch Beistandsmechanismen, einzugrenzen. Merkel erklärte dies als eine erforderliche Politik der Reziprozität:

»Eine einfache Solidaritätsleistung ohne eine Gegenleistung wäre für die Gesamtentwicklung des Euro absolut fatal gewesen. Es war notwendig, hier eine Konditionalität einzubauen, an den Ursachen der Probleme anzusetzen und von den Ländern, die Solidarität im Euroraum erhalten, auch ein Bekenntnis zu einer höheren Wettbewerbsfähigkeit und Solidität zu erwarten. Das ist kein einfacher politischer Prozess gewesen, aber ich darf heute sagen, dass es doch ein erstaunlich erfolgreicher war.«[230]

228 Vgl. Debomy, *EU no, Euro yes?*, S. 1.
229 Vgl. Crespy/Schmidt, The Clash of Titans/The White Knight and the Iron Lady.
230 Merkel, Rede auf dem XIX. Bankentag 2011, Berlin, 31.03.2011.

Der Einbezug des IWF in das Krisenmanagement sei unausweichlich gewesen, da es einer gemeinsamen Herstellung eines wirtschafts- und finanzpolitischen Outputs sowie einer Rhetorik der kollektiven Interessen von Politik und Markt bzw. der Deckungsgleichheit dieser Interessen bedurft habe: »Wir haben sehr viel Wert darauf gelegt, dass der IWF immer dabei ist. Warum? Nicht deshalb, weil Europa es allein nicht kann, sondern deshalb, weil ich von den Märkten gelernt habe, dass sie gerne eine harmonische Kommunikation haben.«[231] Bei jener Gelegenheit sagte Merkel auch: »Für mich war immer wieder die Idee ein Schreckgespenst, dass wir in Europa zum Beispiel eine Konditionalität für ein Land wie Griechenland, Irland oder ein anderes Land vereinbaren und anschließend der Internationale Währungsfonds das Ganze kritisch betrachtet und sagt: Tja, also das hätten wir ganz anders gemacht.«[232]

Sowohl Angela Merkel, Wolfgang Schäuble als auch Christine Lagarde beglaubigten ehedem die Alternativlosigkeit jener Politik der Austerität für die Defizitländer, es herrschte zumindest hier zunächst eine »harmonische Kommunikation« alias Einstimmigkeit, die Verbindlichkeit an Wähler und Märkte zu signalisieren suchte. Eine Rhetorik der Alternativlosigkeit und eines polit-ökonomischen Sachzwangs fungierte als Ausweis von *Durchsetzungsfähigkeit*, *Implementierungsinteresse* und *Rationalität.* TINA-Rhetorik war erneut ein Instrument zur Stabilisierung der Finanzmärkte durch Stiftung von Erwartungssicherheit. *Krisenmanagement* ist stets *Erwartungsmanagement.*

Jenseits dieser zunächst ad hoc geschaffenen, dann perpetuierten Rettungstöpfe wurde der Stabilitäts- und Wachstumspakt gestärkt, um eine fiskalpolitische Angleichung der Eurozonenmitglieder zu erreichen.[233] Auch weil die verhandelnden Länder in dieser Zeit von konservativen Regierungen geführt wurden, ließ sich eine deutliche Tendenz zu Fiskaldisziplin und strengeren Sanktionen für *Defizitsünder* ausmachen. Sind seither Kontrolle und Sanktionen an »Verfahren zur Vermeidung und Korrektur makroökonomischer Ungleichgewichte« (*Excessice Imbalance Procedures*) gekoppelt, zeigt sich hierbei eine latente Verschiebung von intergouvernementaler *Governance* im Rat zur supranational agierenden Kommission. Die EU-Kommission begleitet nun präventiv Länder bei Haus-

231 Ebd.

232 Ebd.

233 Vgl. auch Leuffen/Rittberger/Schimmelfennig, *Differentiated Integration*, S. 151. Thomas Biebricher bezeichnet diesen Reformprozess als »Reformfuror«. Biebricher, Demokratie als Problem, S. 21.

haltsplanung und greift korrigierend ein, sofern Länder ihre Empfehlungen nicht berücksichtigen und als Bekämpfung der exzessiven Verschuldung umsetzen.[234] Da der ESM aus nationalen Haushalten finanziert werde, verbleibe jedoch die Entscheidungshoheit bei den Mitgliedstaaten und damit innerhalb der Legitimationskette repräsentativer Demokratie.[235] Die Reformen schonen folglich »die Fiktion einer fortbestehenden nationalen Haushaltsautonomie«.[236]

Den Kompetenz- und Machtgewinn für die Kommission, deren *Governance*-Modus oben als *policy without politics* gekennzeichnet wurde, begründete der damalige Kommissionspräsident Barroso im Zusammenhang des im März 2011 beschlossenen »Euro-Plus-Pakts« wie folgt:

> »Gleichzeitig können wir unsere politische Willensbildung bündeln, um unsere Wettbewerbsfähigkeit zu erhöhen. Dazu sollten wir den Euro-Plus-Pakt unter vollständiger Wahrung der nationalen Durchführungsbefugnisse in diesen Rahmen einbeziehen. Damit dies in der Praxis funktioniert, brauchen wir – mehr denn je – die unabhängige Autorität der Kommission, um die Maßnahmen vorzuschlagen und zu bewerten, die die Mitgliedstaaten ergreifen sollen. Die Regierungen können dies – das sei in aller Offenheit gesagt – nicht allein leisten.«[237]

In der Loslösung von nationalen, parteipolitischen Überlegungen sowie Legitimations- und Zurechenbarkeitsprozessen, die in parlamentarischen Systemen schließlich jede Erwartungsstabilität irritierende Revisionsmöglichkeiten und Protestpotenziale bergen, liegen demnach der Vorteil und die Effektivität einer externalisierten Krisenpolitik.

Diese Argumentation darf aber nicht verdecken, dass die Kommission – und mit ihr das neue technokratische Gremium der *Institutions* – zwar einen erheblichen Kompetenzgewinn verbuchen können, es sich hierbei jedoch um »un rôle d'exécutant d'un programme que d'autres ont défini«[238] handelt, denn letztlich müssen Entscheidungen als Ergebnis einer gleichsam innereuropäischen Außenpolitik im interstaatlichen Gremium des europäischen Rats gelten:[239]

---

234 Die Kommission erfüllt nun drei Kernaufgaben: Monitoring, Prävention, Korrektur. Da Sanktionen nur mittels qualitativer Mehrheit rückgängig gemacht werden können, bilden diese ein starkes Korrektiv.

235 Vgl. Rittberger, Integration without Representation?, S. 1178.

236 Habermas, *Im Sog der Technokratie*, S. 89.

237 Barroso, Erneuerung Europas – Rede zur Lage der Union 2011, Straßburg, 28.09.2011.

238 Dehousse/Boussaguet:,L'Impact De La Crise Sur La Gouvernance Européenne, S. 17. Auf Deutsch: »eine ausführende Rolle eines Programms, das andere festgelegt haben«.

239 Vgl. White, Emergency Europe, S. 2.

»[O]n reste dans l'épure du ›gouvernement par les règles‹, bien loin du ›gouvernement économique‹ dont on parlait à Maastricht, voire même du rôle d'entrepreneur politique qui incombe à la Commission selon la méthode communautaire. Il n'empêche que les décisions récentes mettent cette dernière en position de jouer un rôle de premier plan en matière de politique économique.«[240]

Sowohl der ESM als auch der Fiskalpakt, der im Januar 2012 ohne Großbritannien unterzeichnet wurde, sind intergouvernementale Verträge internationalen Rechts.[241] Aus diesem Grund wehren die Präsidenten des Rats, der Kommission, der Eurogruppe und der EZB die Kritik des Europäischen Parlaments an mangelnden Mitsprache- und Entscheidungsrechten mit dem formalistischen Hinweis ab, es handele sich um kein *Mehr an Integration*, und die Regierungen der Mitgliedstaaten nutzten das erste Mal das »vereinfachte Revisionsverfahren« (Art. 48(6)), um den ESM in das bestehende Vertragswerk einzugliedern.[242] Die europarechtliche Kontinuität und die Übereinstimmung der Reformen mit dem Vertrag von Lissabon wird bei gleichzeitiger, maximaler Ausreizung der dort formulierten Handlungsspielräume betont, zum einen um juristische Rechtmäßigkeit zu behaupten, zum anderen um Vertragsneuerungen, Politisierung und konsekutive Abstimmungen wie Referenden zu vermeiden.[243]

Es gilt daher unbedingt festzuhalten, dass die Veränderungen in der *Wirtschaftsgovernance* der E(W)U auf »executive discretion« basierten,[244] wobei diese vorrangig zwischen Paris und Berlin ausgeübt wurde.

»La plupart des mesures [...] ont fait l'objet d'initiatives bilatérales entre Paris et Berlin avant d'être présentées au Conseil européen – quand elles ne faisaient pas l'objet d'une conférence de presse préalable! Elles ont été adoptées par les chefs d'État et de gouvernement plutôt que par les ministres des Finances. La Commis-

---

240 Dehousse/Boussaguet, L'impact De La Crise Sur La Gouvernance Européenne, S. 17. Auf Deutsch: »Man bleibt bei dem Entwurf eines *regelbasierten Regierens*, weit entfernt von einer *Wirtschaftsregierung*, von der man in Maastricht sprach, ja selbst von der Rolle eines politischen *Unternehmers* der Kommission, die dieser nach der Gemeinschaftsmethode zukommt. Trotzdem spielt diese dank der jüngsten Entscheidungen eine vorrangige Rolle in der Wirtschaftspolitik.«

241 Beide fallen nicht unter europäisches, sondern unter internationales Recht. Vgl. Rittberger, Integration without Representation?.

242 Vgl. ebd., S. 1178; Schimmelfennig, European Integration in the Euro Crisis, S. 334.

243 Für Habermas wird durch Supranationalisierung, Zentralisierung und Haushaltsüberwachung seitens der EU-Kommission »das Legitimationskonto der geltenden Verträge« überzogen. Habermas, *Im Sog der Technokratie*, S. 93.

244 Vgl. White, Emergency Europe, S. 7; siehe auch Habermas' Kritik eines »Exekutivföderalismus im Sog der Technokratie«. Vgl. Habermas, *Im Sog der Technokratie*, S. 93.

sion n'a pas joué le rôle moteur que lui attribuent les traités en temps normal: ce n'est pas elle qui a voulu le nouveau traité et elle semble avoir peu pesé dans sa négociation; elle s'est même fait vertement tancer quand elle est sortie de sa réserve, en août 2011, pour rappeler aux gouvernements les engagements qu'ils avaient pris au Conseil européen du mois précédent.«[245]

Die machtpolitischen und wirtschaftspolitischen Erwägungen und Interessen der nationalen Regierungen *bewirkten* eine Supranationalisierung bzw. Internationalisierung sowie eine Technokratisierung von Kompetenzen. Die Ambivalenz des *EU-Policy-Making-Prozesses* in der Krise lag in einem intergouvernemental operierenden Management zugunsten supranationalistischer Regelungen und Institutionen.

Doch Ende des Jahres 2014 zeigte sich mit dem Verzicht der EU-Kommission auf Sanktionen gegenüber Defizitsündern, dass die Nationalstaaten, die selbst diese Verschärfung supranationaler Kontrolle intendierten, sich dieser verwehrten und ihre nationale Souveränität in Stellung brachten. Die EU-Kommission erweist sich nicht als das ordoliberale Bollwerk, das es der deutschen Position zufolge darstellen soll. Stattdessen verabschiedete sie im Dezember 2014 ein Investitionsprogramm von 315 Milliarden Euro.

Auch der bereits erwähnte »Euro-Plus-Pakt« folgt noch der Logik einer engmaschigeren Integration. Der Pakt fordert eine engere Kooperation sowie Koordination und intendiert eine Angleichung makroökonomischer Strukturen in Haushalt, Wirtschaft, Sozialpolitik, Bildung, Steuern sowie Renten zum Zwecke der Stärkung der Wettbewerbsfähigkeit der EU-Staaten. Damit reagiert er auf das beschriebene Problem einer Wirtschafts- und Währungsunion ohne genuin politische Union bzw. auf das Fehlen einer Wirtschafts-Governance.[246] Die Steigerung der Wettbewerbsfähigkeit

245 Dehousse/Boussaguet, L'impact De La Crise Sur La Gouvernance Européenne, S. 11. Dagegen wenden jedoch Kritiker die Verhandlungsmacht eines rein deutschen Motors ein. Auf Deutsch: »Die Mehrheit der […] Maßnahmen waren Gegenstand bilateraler Verhandlungen zwischen Paris und Berlin, bevor diese dem Europäischen Rat vorgelegt wurden – sofern sie nicht schon Gegenstand einer vorherigen Pressekonferenz waren! Sie wurden eher von den Staats- und Regierungschefs als von den Finanzministern übernommen. Die Kommission spielte nicht die Rolle eines Motors, die ihr die Verträge in Normalzeiten zuschreiben: Nicht sie wollte den neuen Vertrag und sie hatte anscheinend wenig Gewicht in der Verhandlung; sie wurde sogar gescholten, als sie im August 2011 aus ihrer Deckung kam, um die Regierungen an die Vereinbarungen zu erinnern, die diese einem Monat zuvor im Rat beschlossen hatten.«

246 Beteiligt am Euro-Plus-Pakt sind zum einen die 17 Eurostaaten, zum anderen EU-Staaten wie Bulgarien, Lettland, Litauen, Polen und Rumänien, die den Euro bisher

soll dem Problem entgegenwirken, dass makroökonomische Ungleichgewichte, die in einem innereuropäischen Wettbewerbsgefälle und in Leistungsbilanzüberschüssen und -defiziten sichtbar werden, sich fortlaufend reproduzieren. Dass in den damaligen Debatten nur das Phänomen der Leistungsdefizite fokussiert wurde und nicht auch der langjährige, exorbitante Exportüberschuss Deutschlands als symmetrische Ursache für das innereuropäische Wettbewerbsgefälle adressiert wurde, ist für die politischen Interessen- und Machtkonstellationen, aber auch für die wirtschaftspolitische Orientierung der EU bezeichnend[247] und stützt die These der großen deutschen Verhandlungsmacht, die kritische Stimmen gar als »Hegemonie« bezeichnen.[248]

Konsequenterweise verlangt auch der Fiskalpakt ausgeglichene Staatshaushalte und Korrektionsmechanismen, die in die Verfassung der jeweiligen Mitgliedstaaten aufgenommen werden sollen. In Deutschland unter dem Begriff der Schuldenbremse implementiert, dient dieser Mechanismus dazu, die Schuldenbedienung als hierarchisch übergeordnetes Ziel zu etablieren, und das kommt einer realen, konstitutionellen Einschränkung der Wähler- und Regierungssouveränität über die Verwendung öffentlicher Mittel gleich, ja die Schuldenbremse konstitutionalisiert einen haushaltspolitischen *Sachzwang*.[249] Kommt es zu anderen Mehrheitsverhältnissen, soll demokratische Revision unmöglich sein. Die demokratisch gewählte Regierung unter Angela Merkel sieht exakt hierin den Nutzen technokratisch-funktionaler Arrangements: »Man kann also niemals sozusagen durch neue Mehrheiten in einem Parlament verändern, dass diese Schuldenbremsen auch gelingen. Die Europäische Kommission wird überprüfen, ob die Schuldenbremsen richtig eingeführt sind.«[250]

---

nicht eingeführt haben. Gleichzeitig haben auch Großbritannien und Dänemark den Pakt unterzeichnet; beide Länder hatten durch eine *Opting out-Klausel* die Mitgliedschaft der Eurozone ausgeschlossen.

247 Vgl. dazu Höpner/Rödl, Illegitim und rechtswidrig, S. 220f.

248 Vgl. statt vieler Dehousse/Boussaguet, L'impact De La Crise Sur La Gouvernance Européenne.

249 Der Fiskalpakt heißt korrekt: »Treaty on Stability, Coordination and Governance in the EMU«. Die Einführung und Einhaltung einer konstitutionellen Schuldenbremse soll durch den EuGH kontrolliert werden. Schuldenbremsen können durch höhere Risikoaufschläge auf Staatsanleihen oder niedrige Aufschläge politisch forciert werden. Vgl. Streeck, *Gekaufte Zeit*, S. 126.

250 Merkel, zitiert nach Mitschrift der Pressekonferenz der Bundeskanzlerin Merkel nach dem informellen Treffen des Europäischen Rates in Brüssel, 30.01.2012.

Schuldenbremsen dienen dazu, Konkurswahrscheinlichkeiten abzuwenden und einen *hair cut* undenkbar werden zu lassen.[251] Schuldenstaaten versuchen, ihrem Interesse an einer Bekämpfung des Schuldenvolumens Glaubwürdigkeit zu verleihen, indem sie »ausgabenbegrenzende [...] Institutionen mit Ewigkeitsgarantie«[252] kreieren und in politischer Einstimmigkeit und idealiter in parlamentarischer Einhelligkeit eine rigide Sparpolitik gegenüber der eigenen Bevölkerung verfolgen. Eine kritische Opposition ist in diesem Fall ein Störfaktor, da hier die Möglichkeit der Revision und der Irritation bestehen bleibt. In diesem Zusammenhang lässt sich die in der Krise manifeste Rhetorik der Alternativlosigkeit auch als eine Chiffre für *Vertrauensbildung* durch bewusste Marginalisierung von Opposition und Revision verstehen. TINA wirkt selbstregulativ und wird als Selbstverpflichtung politischer Akteure eingesetzt. Schuldenbremse und Fiskalpakt sind nicht nur Ausdruck eines Misstrauens gegenüber einem unvernünftigen Parteienwettbewerb, sondern dokumentieren auch eine Einschränkung parlamentarischer Rechte und damit »[...] den Verlust des Vertrauens der politischen Elite in die Fähigkeit demokratischer Institutionen, wichtige Probleme eines Landes zu lösen«.[253]

Über solche konstitutionalisierten Bremsen hinaus fordert der Fiskalpakt abermals die Befolgung von Haushaltsdisziplin mittels Sanktionen; die Mitgliedstaaten verpflichten sich selbst dazu, ihre Schulden- bzw. Haushaltspläne der Kommission und dem Rat zu unterbreiten. Falls sich ein Land bereits in einem Defizitverfahren befindet, muss es, wie bereits beschrieben, in einem koordinierten Programm Strukturreformen zur Behebung des Schuldenproblems vorlegen. Rat und Kommission fungieren als Kontroll- und Verhandlungsgremien. Die hier festgelegten Regeln haben Vertragsstatus, sie verstetigen und formalisieren folglich diejenigen Krisenmaßnahmen, die angesichts des drohenden Bankrotts Griechenlands getroffen wurden, und bilden den Implementierungsversuch eines europäisch-transnationalen, funktionalen und weniger demokratischen Haushaltsregimes.[254]

251 Vgl. Streeck, *Gekaufte Zeit*, S. 127.

252 Ebd.

253 Sturm, Die Entdeckung einer Politik des Unpolitischen, S. 404. Sturm verweist auf Roberts, *The Logic of Discipline*.

254 Vgl. zum Begriff des Regimes als Zeichen eines »lasting institutional change under the cover of emergency« White, Emergency Europe, S. 5.

Der Fiskalpakt ist damit eine wesentliche Etappe zu einer Fiskal- bzw. Finanzunion.[255] Er und die anderen Maßnahmen sollten allesamt das durch die europäische Schuldenkrise erschütterte Vertrauen der Finanzmärkte wiederherstellen. Schließlich ist als Bilanz dieser krisenpolitischen Neuerungen festzuhalten, dass diese vor allem eine Verschärfung der fiskalischen Regulierung auf EU-Ebene, eine rigide Kontrolle der Schuldengrenzen, eine frühere, präventive Überwachung makroökonomischer Ungleichgewichte sowie schnellere, quasi-automatische und damit weniger politisch beeinflussbare Sanktionsmechanismen implementierten.[256] Der Wandel der wirtschaftspolitischen *Governance-Struktur* innerhalb der E(W)U ist offenkundig: »The structural difference between monetary and fiscal cooperation is narrowing as fiscal integration is moving from intergovernmental cooperation to *the effective pooling of sovereignty*.«[257]

Dieses »Pooling« bedeutet zwar eine Stärkung supranationaler Kompetenzen, aber diese *Governance-Struktur* kam durch transnationale Treffen und intergouvernementale Aushandlungsprozesse zustande und wurde durch diese politisch getragen. Die Kontrolle des Fiskalpakts institutionalisierte also letztendlich eine *inter-staatliche* Überwachung. So bedurfte es auch kurzfristiger EU-Krisengipfeltreffen, die sich jeglicher institutionellen Kategorisierung entzogen; im Jahre 2009 waren dies fünf, 2010 sieben und 2011 bereits neun solcher Treffen.[258] Derweil verdeutlicht die tolerierte Straflosigkeit der Defizitsünder abermals die Macht der Nationalstaaten als politische *Player* in der EU.

In Anbetracht des krisenbedingten Wandels europäischer Politik zugunsten einer vertieften Integration und einer mit Milliardensummen finanzierten Bankenrettungspolitik ist bemerkenswert, dass die beschlossenen Reformen auf den ersten Blick zu dem durch TINA-Rhetorik vermittelten Eindruck, Politik sei angesichts volatiler, globalisierter und auf

---

255 Allerdings ist dies nur eine Etappe auf halber Strecke, denn eine solche Fiskalunion ist politisch brisant, denn hierzu müssten die Mitgliedsländer der Eurozone ihre Haushaltshoheit an Europa abgeben. Verbindlichkeiten und Schulden müssten vergemeinschaftet werden. Dazu müssten sowohl die Europäischen Verträge als auch nationale Verfassungen geändert werden. Doch hierfür besteht in keinem Mitgliedstaat die Bereitschaft.

256 Dieser Quasi-Automatismus bedeutet konkret – und das ist demokratietheoretisch relevant –, dass nun die Entscheidung zur Nicht-Sanktion begründungspflichtig wird und per qualifizierter Mehrheit beschlossen werden muss. Vgl. Heise, European Governance: Institutionelle Reformen nach der Krise, S. 640.

257 Leuffen/Rittberger/Schimmelfennig, *Differentiated Integration*, S. 151; Hervorhebung AS.

258 Vgl. Dehousse/Boussaguet, L'impact De La Crise Sur La Gouvernance Européenne, S. 11.

Bankrott spekulierender Finanzmärkte zahnlos und zum reaktiven Modus verdammt, in Spannung stehen. Anlässlich der Finanzkrise griff der Staat massiv ins Marktgeschehen ein; er verabschiedete Konjunkturprogramme und setzte fiskalische Impulse, während Zentralbanken bis heute eine Lockerung der Geldpolitik verfolgen.[259]

»The severity of the crisis swept away the orthodoxy and compelled governments to become directly involved. Thirty years of rhetoric about the incompetence of politicians and bureaucrats, how markets were always smarter than governments and how governments should always seek to do less rather than more and learn to trust the superior wisdom of the markets, melted away like summer dew once the fierce heat of the crisis was felt. The return of the state was demanded by commentators, bankers and politicians [...].«[260]

Nur folgerichtig bekräftigte Merkel gegenüber Bankenvertretern, deren Branche von der Rettung systemrelevanter Banken wesentlich profitiert hat, die politisch-institutionelle Gestaltungskapazität des Staats:

»Es war natürlich eine Erfahrung der *Handlungsfähigkeit* von Staaten, dass binnen weniger Tage Fonds zur Finanzmarktstabilisierung eingerichtet wurden und dass dadurch viele Finanzinstitutionen ihre Existenz sichern konnten. Die Alternativen wären viel, viel gravierendere Schäden nicht nur für die Finanzinstitutionen, sondern für die Gesellschaften insgesamt gewesen. Deshalb haben wir mit Blick auf unsere gesamten Volkswirtschaften die auch im Rückblick richtigen Entscheidungen getroffen.«[261]

Jene Großbanken, die als »too big too fail« eingestuft wurden, erhielten aufgrund ihrer tragenden Rolle im Kreditwesen Staatshilfen auf Kosten der Steuerzahler.[262] In Deutschland galten 2012 36 Banken als systemrelevant.[263] Um dem Problem schwankender Finanzinstitute zu begegnen, wurde für Europa ein Reformpaket namens Basel III verabschiedet, das die existierende Bankenregulierung durch eine Erhöhung der Eigenkapitalquote verschärfte. Es lässt sich also nicht konstatieren, dass das Krisenmanagement Politik als ohnmächtigen Akteur desavouierte. Doch offenbart gerade das Fallbeispiel der Finanzmarktregulation eine durch

259 Vgl. zu dieser Argumentation auch Burnham, Depoliticisation, S. 203.

260 Gamble, *The Spectre at the Feast*, S. 96f.

261 Merkel, Rede auf dem XIX. Deutschen Bankentag, Berlin, 31.03.2011; Hervorhebung AS.

262 Vgl. zu einem komparativen Vergleich der Politik der Bankenrettung Woll, *The Power of Inaction*; dies., Bank Rescue Schemes in Continental Europe.

263 So der deutsche Finanzminister im Dezember 2012. Die Einstufung erfolgt einvernehmlich zwischen BaFin und Bundesbank.

politische Rhetorik propagierte Transformation zu mehr Regulation, wo doch in Wahrheit nur ein »inkrementeller Wandel« zu konstatieren ist. Gerade das Beispiel Basel III ist hierbei erhellend, denn

»[…] although progress has been made on microprudential banking regulation with the introduction of higher and counter-cyclical buffers into the Basel III accord of the Basel Committee on Banking Supervision (BCBS), Basel III has not altered the practice of allowing banks to measure their own risk when setting capital requirements (Haldane 2012) and there is still no agreement on what should exactly count as liquid assets to satisfy the proposed liquidity standards. Furthermore, a stinging issue throughout the crisis, that of ›too-big-to-fail‹ financial institutions, remains under-explored and instruments aimed at increasing the loss-absorbency capacity of systemically important financial institutions (SIFIs) have yet to be incorporated into formal and binding rules.«[264]

Wolfgang Streeck notiert apodiktisch, dass Regulierungsversuche von Wirtschaft und Finanzmarkt fast überall und fast in jedem Aspekt scheiterten, da »die politische Lenkbarkeit des demokratischen Kapitalismus stark zurückgegangen […]« sei.[265] Man müsse schlichtweg einsehen, dass »[…] man angesichts einer immer engeren globalen Interdependenz nicht mehr so tun [kann], als ließe sich die Spannung zwischen Wirtschaft und Gesellschaft, zwischen Kapitalismus und Demokratie, im Rahmen nationaler politischer Gemeinschaften bewältigen«.[266] Es gebe *de facto* internationale Zwänge, Verpflichtungen, Abkommen und Verflechtung – der globale Finanzmarkt bedeute letztlich eine Internationalisierung der inhärenten Widersprüche und Spannungen des demokratischen Kapitalismus. Jürgen Habermas diagnostiziert sodann ein »Politikversagen der Regierungen«, die nicht nur an obstruktiven Verfahrensregeln, sondern auch an handlungsblockierenden »Interessenlagen« scheiterten.[267] Lediglich das EZB-Krisenmanagement habe das Ausmaß jenes inkrementellen, pragmatischen und reaktiven Durchwurschteln, das *muddling through* der Politik ausgleichen können.[268]

Die Krisenpolitik und Krisenstrategie einer TINA-Rhetorik untermauern ein Spannungsfeld von Steuerungspessimismus, bei dem Staaten

264 Moschella/Tsingou, Introduction: The Financial Crisis and the Politics of Reform, S. 2.

265 Vgl. Streeck, Die Krisen des demokratischen Kapitalismus, S. 12. Zudem betont Streeck, dass jene Rettungsmaßnahmen nicht wiederholbar seien, denn die Finanzen der Staaten seien bereits am Limit.

266 Ebd.

267 Habermas, *Im Sog der Technokratie*, S. 96, dort auch FN 17.

268 Vgl. ebd.

von Ereignissen sowie von Finanzmarktakteuren getrieben werden und Forderungen bzw. Handlungsdruck seitens der Märkte notwendigerweise umsetzen müssen, und optimistischeren Steuerungsversuchen, indem Staaten ihre Handlungsfähigkeit unter Beweis stellen, effektives Krisenmanagement betreiben und die getroffenen Maßnahmen, mal persuasiv, mal intrinsisch, als politisch richtig und alternativlos rechtfertigen. Als Bilanz ist ein *Paradox der Staatstätigkeit* zu konstatieren.

Sowohl für die Performanz als auch für das *Outcome* der jeweiligen Krisenpolitik zur Regulierung bzw. Stabilisierung der Finanzindustrie waren jedoch die Kommunikations- und Koordinationskanäle zwischen Regierungen und Finanzindustrie entscheidend; allgemein profitiert nationales Krisenmanagement von Möglichkeiten konzertierter Aktionen und einer Kooperation mit Akteuren der Finanzindustrie.[269] Demzufolge könne man das Problem einer Elitenkollusion zwischen Staat und Finanzindustrie, das als eine Krisenursache angeführt wurde, nicht durch eine schärfere Trennung bzw. durch ein Kooperations- und Lobbyverbot einhegen.[270] Es bleibt die paradoxe Gleichzeitigkeit politischer Handlungskapazität, die sich anlässlich der Krise zeigte, und der These, TINA-Rhetorik sei Ausweis einer letztlich entpolitisierten, entmachteten Politik. Während Finanzindustrie und Staaten wechselseitig abhängig sind, finden wir eine Kollusion *und* einen Antagonismus zwischen (Finanzmarkt-)Kapitalismus und nationalstaatlicher Demokratie.

Angesichts des Krisenmanagements der EU lässt sich diagnostizieren, dass die Reformen seit 2011 keine *Demokratisierung* europäischer Politik intendierten, sondern eine wirtschaftspolitische Kompetenzverlagerung zugunsten demokratisch schwach legitimierter Instanzen wie der Troika aus IWF, EZB und EU-Kommission fortzusetzen versuchten. Die Gestaltungsmacht demokratisch gewählter Regierungen wurde mittels Überwachung und Disziplinierung gravierend eingeschränkt – der durch die Krise induzierte Integrationsfortschritt war ein technokratischer. Ein *technokratischer Autoritarismus* drohte, demokratische Entscheidungsprozesse zu

269 Vgl. Woll, *The Power of Inaction*. Woll kann zeigen, dass eine enge Kooperation von Regierungen und Finanzindustrie allgemein zu finanziell günstigeren *Bailout*-Konditionen führte. Die Aktivität bzw. Passivität des Finanzsektors sei für die Gestaltung der *Bailout*-Pakete entscheidend gewesen: Die Institutionen des Finanzmarkts waren vor allem dort *mächtig*, wo sie keine konzertierte Interessenrepräsentation oder Kooperation mit Nationalregierungen zeigten, sondern sich passiv verhielten. Dadurch kam es zu industriegünstigen Konstellationen.

270 Vgl. ebd.

substituieren. Dies erinnert uns an das eingangs zitierte Plädoyer Hayeks, demokratische Souveränität gelte es zugunsten wirtschaftlicher Dynamik rechtlich einzuhegen. Politische Macht scheint sich immer mehr zu entdemokratisieren und zugunsten technokratisch-expertokratischer Macht zu verschieben.

Allerdings reklamieren die europäischen Nationalstaaten ja, sofern sie denn über die entsprechende Verhandlungsmacht dank der Größe ihrer Volkswirtschaft oder politischem Gewicht auf EU-Ebene verfügen, eine Nichtbeachtung der beschlossenen Regeln. Italien, Frankreich und andere unterlagen trotz ihrer Schuldenhaushalte im Jahre 2015 keiner »Deficit Procedure«. Offenbart sich hier das politische Machtgefälle innerhalb der EU? Inwiefern erkennen wir doch Initiativen der (Re-)Intergouvernementalisierung und eine politisch motivierte Zurückweisung technokratischer Arrangements?

2.2 Ad-hoc-Technokratisierung als Krisenstrategie

»We cannot do ›crisis management by Politburo‹.«[271]

Der durch die Krisenmaßnahmen ausgebaute Eingriff in nationale Gesetzgebung unterstreicht das Dilemma zwischen Inputlegitimität, demokratischer Transparenz und Zurechenbarkeit sowie makroökonomischer Steuerung und verdeutlicht das Problem einer Regelbefolgung (*Compliance*) in inter- und supranationalen Organisationen, bei der demokratische Legitimität in einem potenziellen Spannungsfeld zu (selbst) oktroyierten Auflagen steht. Werden getroffene Entscheidungen und Regelungen als notwendig und alternativlos etikettiert, marginalisiert eine solche Politik demokratische Debatten und diskreditiert möglichen Protest. Die nationalen Parlamente stiften lediglich »post hoc« Legitimität, während das Europäische Parlament in dem Ko-Entscheidungsverfahren bei Stabilitäts- und Wachstumspakt zumindest marginalisiert wird.[272] Lässt sich nun daraus schon die Diagnose einer in der Krise verschärften europäischen *Postdemokratie* ableiten, in der lediglich die Fassade demokratischer Mit-

271 Asmussen, Building Trust in a World of Unknown Unknowns, Brüssel, 06.07.2012.

272 Vgl. White, Emergency Europe, S. 7; Rittberger, Integration without Representation. Rittberger schlägt jedoch einen optimistischeren Ton an, schließlich gelte noch immer: »the reforms of the EU's economic and fiscal governance architecture do not constitute a parliament-free space.« Ebd., S. 1174.

bestimmung bestehe, wo doch eigentlich transnationale Konzerne, Lobbyisten und Wirtschaftsinteressen herrschten?[273]

Während Streeck allgemein und in zeithistorischer Rückschau eine »Entdemokratisierung des Kapitalismus vermittels Entökonomisierung der Demokratie«[274] und einen »Prozess der Auflösung des Regimes des demokratischen Kapitalismus der Nachkriegszeit«[275] konstatiert, fordert Henrik Enderlein eine vielmehr zwischen turbulenten Krisen- und stabilen Zeiten differenzierende Untersuchung des Verhältnisses von Demokratie, Kapitalismus und Wirtschaftspolitik.[276] Bevor man das Verdikt der Postdemokratie fälle, gelte es zu bedenken, dass in einer Krise, und erst recht in einer multiplen Krise von Staatshaushalt, Wirtschaft und Finanzmarkt, der Handlungsspielraum für demokratische *Governance* per se massiv eingeschränkt sei.[277] Aus dem Blickwinkel der politischen Ökonomie mag man daher kritisch einwenden, ob eine demokratisch-parlamentarische Parteiendemokratie überhaupt zu einer effektiven Krisenpolitik fähig ist. Machte nicht die ostentative »ad-hoc-Technokratisierung« in der Eurozonen- und Schuldenkrise deutlich, dass demokratische Verfahren vor einem *wirtschaftspolitischen Herrschaftsproblem* zu scheitern drohten?[278] Mit Enderlein lässt sich die Frage aufwerfen, welcher *Legitimationsgrundlagen* es bedarf, wenn die »Akzeptanz und Legitimierbarkeit von Umverteilungsentscheidungen im Kontext großer zeitlicher Distanzen bei hoher Ungewissheit über die Wirkungszusammenhänge« zu verorten ist.[279]

273 Vgl. zu dieser Kritik etwa Klein, *The Shock Doctrine.*

274 Streeck, *Gekaufte Zeit*, S. 28. Vor allem der Aspekt der Entökonomisierung der Demokratie ist nicht sofort eingängig; Streeck kritisiert hiermit, dass Demokratie auf redistributive Massendemokratie, Rechtstaat und Unterhaltung reduziert werde. Vgl. ebd.

275 Ebd., S. 10.

276 Vgl. Enderlein, Das erste Opfer der Krise ist die Demokratie, S. 715. Enderlein bemüht sich um eine Diagnose ohne den apokalyptischen Duktus Streecks. Streeck zufolge ist die »Große Rezession« und der »Beinahe-Zusammenbruch der Staatsfinanzen« der »Ausdruck einer fundamentalen Spannung in der politisch-ökonomischen Verfassung von Gesellschaften des fortgeschrittenen Kapitalismus; einer Spannung, die Ungleichgewicht und Instabilität eher zur Regel als zur Ausnahme macht und die in einer historischen Abfolge von Störungen innerhalb der sozioökonomischen Ordnung Ausdruck gefunden hat«. Demnach gebe es »eine[n] endemischen Konflikt zwischen kapitalistischen Märkten und demokratischer Politik« Streeck, Die Krisen des demokratischen Kapitalismus, S. 7.

277 Vgl. Enderlein, Das erste Opfer der Krise ist die Demokratie, S. 715.

278 Vgl. ebd., S. 736.

279 Ebd.

Angesichts des limitierten Manövrierraums für parlamentarische Demokratien sei also die ad-hoc-Technokratisierung der Wirtschaftspolitik *nicht* für eine generelle Erosion der Demokratie symptomatisch gewesen, so Enderlein. Stattdessen resultierte sie aus den spezifischen Anforderungen an ein politisches Krisenmanagement; die inhärenten Probleme und Spannungen demokratischen Entscheidens spitzten sich nämlich in Krisen zu: Jene bestehen vor allem in komplexen intertemporalen Verteilungsimplikationen in einer Situation des Unwissens bzw. Nicht-Wissens um ihre Effekte.[280] Hier erkennen wir das Problem politischen Entscheidens und politischer Rechtfertigungsdiskurse unter Bedingungen von Kontingenzsensibilität und einem Wissen um Nicht-Wissen wieder.

In Krisenzeiten müssen hohe Kosten akzeptiert werden, um noch höhere Kosten zu vermeiden. Dieses Problem, auf das Enderlein aufmerksam macht, pointiert Jon Elsters Begriff der »deferred gratification«, der verzögerten Gratifikation.[281] Doch was passiert, wenn jene zukünftige Vergütung unglaubwürdig erscheint, wenn die konditionale Austeritätspolitik weder wirtschaftswissenschaftlich plausibel noch politisch glaubwürdig ihren Anspruch auf langfristige Wohlfahrtssteigerung und Wachstum halten kann? Das altbekannte Zeitinkonstistenzproblem *verschärft* sich als Herausforderung für demokratische Gesetzgebung angesichts von Zeitdruck, einem exzessiven intergouvernementalen Aushandlungsprozess mit multiplen »two-level games« und ungeahnten Ungewissheiten zu einem »chicken game«.[282] Der ehemalige deutsche EZB-Direktor Jörg Asmussen brachte es auf die pointierte Formulierung der »unknown unknowns«.[283]

> »Diese verstärkte Wirkung des Problems der zeitlichen Inkonsistenz entsteht, weil es gerade im Krisenkontext kaum möglich ist (i) eine sorgfältige ökonomische Kosten-Nutzen-Abwägung vorzunehmen, (ii) Kompensationsnotwendigkeiten zu erkennen sowie Umverteilungsmechanismen solide zu verankern und (iii) schwierige normative Fragen deliberativ zu beantworten.«[284]

Hieraus lassen sich folgende Einsichten gewinnen: Erstens waren die ad-hoc-Technokratisierung im Krisenmanagement und die Machtverschiebung zugunsten Institutionen wie vornehmlich der EZB ein Effekt

280 Vgl. ebd., S. 715.

281 Elster, *Ulysses and the Sirens*. Enderlein verweist ebenfalls auf diesen einschlägigen Text.

282 Vgl. zum »chicken game« als Beschreibung der Eurokrisenpolitik: Schimmelfennig, European Integration in the Euro Crisis, S. 329f.

283 Asmussen, Building Trust in a World of Unknown Unknowns.

284 Enderlein, Das erste Opfer der Krise ist die Demokratie, S. 726.

unterschiedlicher Zeithorizonte krisenpolitischer Instrumente bzw. Steuerung: Während gerade eine unabhängige Zentralbank kurzfristig und effektiv das Marktgeschehen durch eine Entscheidung wie Zinssenkung bzw. durch ihre Liquiditätspolitik umformen und somit mindestens zeitweilig neue Sicherheit(en) für den Markt herstellen kann, bedarf es in demokratischen Politikprozessen langfristiger wirtschafts- und finanzpolitischer Abstimmungen und Implementierung. In der Krise der Eurozone galt es obendrein, die Struktur europäischer Wirtschaftsräume und Märkte dauerhaft zu reformieren und dazu die entsprechenden Mehrheiten zu organisieren.[285] Die Fallstricke intergouvernementaler Aushandlungsprozesse und strategischer »games« wurden eingehend erörtert. Stellt man nun noch den (neoliberalen) Vorbehalt gegenüber politischen Eigeninteressen und Trittbrettfahrerei in Rechnung, mussten sich politische Akteure zusätzlich darauf einigen, sich selbst gegenüber verbindliche Vereinbarungen innerhalb der EU zu schaffen, um langfristig Sicherheiten herzustellen, denn die Finanz- und Wirtschaftspolitik einer Parteienregierung steht ja unter dem Verdacht makroökonomischer Unklugkeit.

Zweitens lässt sich angesichts bestehender Ungewissheiten und fehlender Kalkulationsmöglichkeiten die in der Krise manifeste TINA-Rhetorik als Ausweis einer Unmöglichkeit zeitintensiver Abstimmungsprozesse und normativ-deliberativer Debatten verstehen. Die Konstruktion von *Sachzwang* und schierer Notwendigkeit kann auch ein paradoxer Effekt eines *fehlenden* Wissens um klare kausal-rationale Zusammenhänge und Wirkungsketten sein und dazu dienen, permanent *Unsicherheit* stiftende *what if*-Spekulationen im Finanzmarktsystem zu unterbinden.[286] Wo wirtschaftspolitische – und epistemische – Sicherheiten bröckeln, versucht eine apodiktische Rhetorik (kurzfristig) Sicherheit und Erwartbarkeit zu konstruieren. Politisch-prozedurale Technokratisierung kann man demnach als Stabilisierungsversuch interpretieren, der den Raum des Machbaren strategisch einzugrenzen und politischem Dezisionismus zu entziehen sucht. Politische Kommunikation, die Alternativlosigkeit bemüht, stellt

285 Angesichts dieser Kontrastierung distinkter Zeithorizonte bei Marktakteuren und Politikern betont Asmussen, dass kurzzeitige Erfolgseffekte der krisenpolitischen Ausnahmemaßnahmen der EZB die Handlungsanreize für Politiker schmälern; es entsteht durch den Erfolg technokratischer Arrangements ein Handlungshemmnis für Politik, sodass langfristige Lösungsansätze unwahrscheinlicher werden. Vgl. Asmussen, Building Trust in a World of Unknown Unknowns.

286 Auf diese kontrafaktischen Spekulationen mittels »what if«-Szenarios weist Asmussen ebenfalls hin. Vgl. ebd.

einen Kompensationsversuch für den Eindruck voluntaristischer, langsamer und unsicherer demokratischer Politik in der Krise dar. Prima facie halten technokratische Verwaltungen oder Behörden gegenüber demokratischer Deliberation und mühseliger Konsens- und Kompromisssuche den Trumpf von Durchsetzungsfähigkeit und legaler Legitimität in der Hand.[287]

Angesichts der in Krisenzeiten gestiegenen Komplexität von Handlungsanforderungen lässt sich sodann erklären, dass Fiskal- und Wirtschaftsentscheidungen von den üblichen politischen Verfahren der Legitimation, Aushandlung, Delegation und Entscheidung abgekoppelt wurden. Politische Entscheidungen wurden vielmehr im Modus *zwischenstaatlicher Diplomatie* getroffen[288] und institutionalisierten *dann* technokratisch-funktionale sowie mitunter supranationale Arrangements. Gleichwohl zeitigten die in der Krisenpolitik entschiedenen und verfolgten *Policies* saliente, redistributive Effekte – das jedoch würde nach der goldenen Regel der Institutionenökonomik eine *Input*-Legitimation mittels majoritärer Verfahren erforderlich machen.[289] Das Problem der *ad-hoc-Technokratisierung* lag schließlich in der exekutiven Implementierung und dem Versuch, fehlende *Input*-Legitimität zu kompensieren, indem auf einen verzögerten allgemeinen Anstieg von Wohlfahrt verwiesen wurde. Gerade der für Krisen symptomatische *Zeitdruck* war daher ein wesentlicher Faktor, der einen Wandel bisheriger Regierungsverfahren herbeiführte und apodiktische Rhetorik begünstigte.

Gibt es in *normal times* vier differente *Governance*-Modi der Wirtschaftspolitik, nämlich Abstimmungs- und Exekutivmodus bei Wohlfahrtsumverteilung sowie Delegations- und Verhandlungsmodus bei Wohlfahrtssteigerung, tendiert Wirtschafts- und Finanzpolitik in Krisenzeiten zu einer »Grauzone« zwischen Verhandlungs-, Delegations- und Exekutivpolitik.[290] Die in der EU-Politik erkennbaren Krisenmaßnahmen bedienten sich erstens einer Delegation an supranationale Institutionen, zweitens einer Akzeptanz informeller Mandatsausweitungen und drittens des bereits erhellten Instruments der Verrechtlichung und Formalisierung, um (nationale) Gestaltungs- und Revisionsspielräume zu verkleinern. Wahlweise wurden

287 So argumentiert White, Emergency Europe, S. 6.

288 Vgl. ebd., S. 7. Das Input ist also intergouvernemental; das *Outcome* technokratisch-supranationalistisch.

289 Vgl. Enderlein, Das erste Opfer der Krise ist die Demokratie, S. 736, der hier die Argumentation von Scharpf und Majone aufgreift.

290 Ebd., S. 724f.

schnelle Entscheidungen durch Exekutiv-Organe getroffen, sofern parlamentarische Mehrheiten schwerlich – und womöglich zu langsam – zu organisieren waren.

Das Beispiel deutscher Gesetzgebung zu Krisenzeiten veranschaulicht, dass Entscheidungen nur noch formal parlamentarische waren, denn in Wirklichkeit folgten sie einer *Top-down-Logik* innerhalb des gewaltenverschränkten Systems und in dem spezifischen Diskurs zwischen Regierung und Parlament. Sowohl die Institution und die Praxis der Troika als Krisenpolitikgremium als auch die Tatsache, dass Entscheidungen im deutschen Bundestag vor allem – nach Börsenschluss – am späten Freitagabend getroffen wurden, charakterisierten jene *Krisen-Governance* unter dem Vorzeichen der »exceptional times«.

Allerdings darf die Diagnose der *ad-hoc-Technokratisierung* nicht verdecken, dass hier ein Wandel herbeigeführt wurde, der technokratische Verfahren mittels Expertise langfristig stärkte und nicht nur als temporäres Krisenmanagement einsetzte. Die demokratie-defizitären Arrangements wurden zum Teil *auf Dauer* gestellt. 2011 forderte der damalige EZB-Chef Trichet gar eine »federation of exception«, in der europäische Institutionen als Korrektiv gegenüber nationalen Regierungen und europäischen Rechtstatuten agieren könnten und einen *souveränen Handlungsspielraum* in turbulenten Zeiten zugestanden bekommen müssten.[291] Das Fenster für den von Trichet präferierten »quantum leap of governance«[292] stand offen.

Die demokratietheoretisch sowie juristisch relevante Frage, ob diese *Krisen-Governance* die Verfahrensnormen parlamentarischer Demokratie verletzte und ob getroffene Entscheidungen verfassungsrechtlich unbedenklich waren, oblag letztlich den Gerichten. Im deutschen Falle gab das Bundesverfassungsgericht keiner Klage gegen die zentralen wirtschaftspolitischen Krisenmaßnahmen statt; es beanstandete allerdings, dass eine Ausweitung des ESM eine Abstimmung im Bundestag erfordere und nicht, wie von der Regierung ursprünglich intendiert, die Aufgabe einer Kommission sei.[293] Es ist zu überlegen, ob dies zu einer nachträglichen Legitimierung der ad-hoc entschiedenen Maßnahmen beitrug.[294] Die gegenüber Parlamenten und Parteien höhere Anerkennung des Gerichts mochte eine

291 So Trichet, unter anderem hier: Blackstone/Walker, Interview with Jean-Claude Trichet, The Wall Street Journal, 19.01.2011.

292 Vgl. ebd.; White, Emergency Europe, S. 6.

293 So im September 2011 und Februar 2012. Vgl. Bundesverfassungsgericht: Leitsätze zum Urteil des Zweiten Senats vom 28. Februar 2012 (2 BvE 8/11), 28.02.2012.

294 Enderlein, Das erste Opfer der Krise ist die Demokratie, S. 735.

Legitimitätspolitik stützen, die ihre Kraft aus nicht-majoritären Verfahren und Instanzen bezog. Zugespitzt lässt sich also kein Rechtsbruch, sondern *eine exekutivlastige Politik qua Recht* diagnostizieren.[295]

Insbesondere aus Perspektive jener Länder, die unter den Rettungsschirm schlüpfen mussten, ist zu unterscheiden zwischen einer Notwendigkeitsrhetorik, wie sie für Blair und Schröder – und auch für Thatcher – herausgearbeitet wurde, und TINA-Rhetorik als Krisenmanagement-Instrument der Defizitländer. Jene Politiker konnten Verantwortung für ihre Entscheidungen als selbst getroffene, wenngleich unliebsame übernehmen und sich zuschreiben, das Risiko eines schmerzvollen *Policy Change* auf sich genommen zu haben. In Griechenland, Portugal und anderen krisengeschüttelten Ländern hingegen *scheinen* Politiker bis zum heutigen Tage *Policies* zu implementieren, die von externen, undemokratischen, weil technokratischen Akteuren wie der Troika dekretiert werden. Politiker vermitteln den Eindruck, den Interessen der Überschuss-Länder zu dienen. Das hat schwerwiegende Konsequenzen für diskursive Dynamiken eines *blame shifting* mittels TINA-Rhetorik.

Repräsentativ-demokratische Selbstregierung ist prinzipiell mit einer Berücksichtigung externer Zwänge kompatibel, sofern diese Zwänge und Handlungseinschränkungen als effektiv, normativ passend und den gemeinsamen politischen Zielen, d.h. dem *Gemeinwohl* dienend gerechtfertigt und begriffen werden können. Aber im Falle der Eurozonenkrise schien die *Policy-Wahl* nicht einfach nur eingeschränkt, sondern ohne demokratischen *Input* diktiert.

Werden Entscheidungen als alternativlos deklariert, zeigt die Suggestion einer zwingend notwendigen sowie richtigen Lösungsoption bei wirtschaftlich hochkomplexen Fragen, dass eine »›sachorientierte Lösung‹ […] aus dem Parteienwettbewerb« und somit aus Interessenkonflikten herausgetragen werden soll.[296] Sowohl ad-hoc-Technokratisierung als auch TINA-Rhetorik waren demzufolge *shielding mechanisms*, die der manifesten Politisierung im Zuge der Eurokrise, also Protest, Kontestation, Polarisierung entgegenwirken sollten.[297]

Die Rettungspakete und die Austeritätspolitik führten auf der einen Seite zu einer Abwahl verantwortlicher Regierungen bei zwölf von fünf-

295 White, Emergency Europe, S. 7.

296 Sturm, Die Entdeckung einer Politik des Unpolitischen, S. 404.

297 Vgl. Schimmelfennig, European Integration in the Euro Crisis, S. 323; Hervorhebung AS.

zehn Wahlen in der EU zwischen 2010 und 2013, zu einer Stärkung euroskeptischer und rechtspopulistischer Parteien sowie in den einzelnen Ländern zu Reformpausen.[298] Auf der anderen Seite griffen daher die Regierungen der Eurozone darauf zurück, eurokonforme Regierungskoalitionen zu bilden, Referenden zu vermeiden und an supranationale Institutionen wie die EU-Kommission zu delegieren, denn ihre auf EU-Ebene intergouvernemental zustande gekommenen Entscheidungen hätten vor allem durch Referenden, Wahlen und parlamentarische Ratifikation blockiert bzw. eingeschränkt werden können.[299] Angesichts der krisenpolitischen *Governance*-Mechanismen und der Alternativlosigkeitsrhetorik können wir schlussfolgern »that governments have learned to contain the constraining dissensus by isolating crisis management from politicization«.[300] Doch lässt sich vorwegnehmen, dass Technokratisierungsbemühen schlussendlich für ein *Scheitern* depolitiiserender Strategien symptomatisch sind, denn sie führen zu einer erneuten Politisierung politischer, sozialer Verhältnisse.[301]

2.3 Technokratie und Expertokratie

In diesem Zusammenhang ist erhellend, dass sich der damalige griechische Ministerpräsident Giorgos Papandreou der sozialistischen Pasok-Partei gezwungen sah, seine in der EU umstrittenen Pläne für ein *Referendum* über das Euro-Rettungspaket fallenzulassen. Stattdessen wurde eine Übergangsregierung aus *Experten* und nicht aus Politikern gefordert, die als »Regierung der Nationalen Rettung« das Hilfspaket implementieren sollte.[302] Nach der Rücktrittsankündigung von Papandreou am 6. November 2011 wurde der parteilose Lucas Papademos als Regierungschef der Übergangs-

298 Vgl. zum Beispiel Frankreich: Hutter/Kerscher, Politicizing Europe in Hard Times.

299 Vgl. Schimmelfennig, European Integration in the Euro Crisis, S. 332. Folglich mussten sich die Regierungen um Koalitionspartner mit ähnlicher EU-Politik – und ähnlicher Wirtschaftspolitik, das spart Schimmelfennig aus – bemühen, dann ihre EU-Politik von Innenpolitik zu trennen versuchen und dem Rahmen bestehender Verträge derart ausreizen, dass keine Vertragsänderungen und Referenda erfolgen mussten.

300 Ebd., S. 331.

301 Vgl. Gamble, *The Spectre at the Feast*, S. 96.

302 Vgl. dazu die Meldung von dpa/Reuters/afp, Papandreou verzichtet auf Euro-Referendum, Die Zeit, 03.11.2011.

regierung vereidigt.[303] Der frühere Vizepräsident der Europäischen Zentralbank war kein Mitglied des Parlaments, sondern vormaliger Präsident der griechischen Zentralbank. Der *Technokrat* wurde vom griechischen Präsidenten zum Übergangs-Ministerpräsidenten ernannt. Die spekulierenden Akteure auf dem Finanzmarkt konnten sich nun sicher sein, einen fiskalkonservativen, geldpolitisch versierten Euro-Befürworter an der Macht zu sehen; die neue Erwartungssicherheit wollte der deutsche Finanzminister Schäuble verlängern und schlug gleich eine Verschiebung der Wahlen auf einen späteren Zeitpunkt vor – ein bemerkenswerte Einmischung in die Geschicke eines souveränes Staats.[304]

Ein ähnliches Spiel wurde gleichfalls in Italien vollzogen: Der parteilose Wirtschaftswissenschaftler und ehemalige Goldman Sachs–Berater Mario Monti[305] wurde nach Ernennung durch Staatspräsident Giorgio Napolitano – und nach einem Anruf Merkels ebendort[306] – zum Ministerpräsident ernannt und führte ein Kabinett aus parteilosen Fachleuten an, welches das Wall Street Journal als erfolgreiches »Technokratenkabinett« lobte.[307] Montis so genannte »Regierung der nationalen Pflicht«[308] vollzog einen rigiden Sparkurs; eine radikale Rentenreform und die Neuordnung politischer Administrationsebenen waren hierbei zentral.[309]

Die Hervorhebung des Sachverstands jener parteilosen Regierungen offenbarte ein *expertokratisches* Muster in der Finanzkrise, das den intergouvernementalen Governance-Modus – also die schwierige Kompromiss-

303 Papademos war vom 10. November 2011 bis zum 16. Mai 2012 griechischer Premierminister und Chef der damaligen griechischen Übergangsregierung.

304 Vgl. White, Emergency Europe, S. 6.

305 Monti war vom 16. November 2011 bis zum 28. April 2013 Ministerpräsident Italiens.

306 Vgl. White, Emergency Europe, S. 6, der auf diese Einmischung in nationale Angelegenheiten aufmerksam macht.

307 Vgl. Emsden/Walter, Monti erwägt zweite Amtszeit, The Wall Street Journal, 28.09.2012.

308 Vgl. Bremer, Monti präsentiert Regierung »der nationalen Pflicht«, Frankfurter Allgemeine Zeitung, 17.11.2011.

309 Zur Reformpolitik unter Monti vgl. die kritische Bestandsaufnahme in: Grasse, Krisenmanagement in Italien – Schlaglichter auf ein Jahr Regierung Monti. Monti erhielt in seiner Amtszeit Zuspruch von den im Parlament vertretenen Parteien, auch demoskopische Umfragen zeigten ein Vertrauen der Bürger in das »Technokratenkabinett«. Vgl. White, Emergency Europe, S. 8. Dies zeigt die Wirkung eines Diskurses, der das fatale Eigeninteresse von Politikern hervorhebt und zu einer Depotenzierung und Diskreditierung demokratischer Politik beiträgt. In Italien hat ein solcher Diskurs nach Jahren des korrupten Berlusconi-Regimes selbstredend besondere Virulenz und Glaubwürdigkeit.

findung zwischen nationalen Interessen – komplementieren sollte. Um das *Legitimationsdefizit* zu überbrücken, dass zwischen demokratisch legitimierten Regierungen der Nationalstaaten und der europäischen Reichweite ihrer im Rat beschlossenen krisenpolitischen Entscheidungen besteht, werden politische Entscheidungen auch mit Hilfe von Experten getroffen, Reformen und institutionelle Neuerungen mit Hilfe von Anwaltskanzleien, Rating Agenturen ausgearbeitet:[310]

»En d'autres termes, si le leadership politique et la rhétorique sont incontestablement plus intergouvernementaux que par le passé, les solutions retenues ne le sont pas nécessairement et trouvent parfois leur origine au sein même des institutions supranationales ou *dans les négociations entre experts.*«[311]

Konsequenterweise hinterfragt Wolfgang Streeck die ambivalente Rolle der »Vertrauenspersonen der ›Märkte‹«.[312] Er nimmt die vermeintlich »sachorientierte[n] und desinteressierte[n] ›Experten‹ des internationalen Finanzwesens und Eingeweihte[n] in ein zu dessen Reparatur erforderliches wissenschaftliches Spezialwissen« ins Visier.[313] Streeck kritisiert, ob diese »Experten«, die *Insider* einer wirtschaftlich informierten Steuerung, tatsächlich Experten seien oder ob sich jene »Hermeneutiker des Kapitals«[314] nicht dogmatisch an realpolitisch sowie theoretisch längst überholte neoliberale Weltanschauungen klammerten, die auch Arno Heise als wirtschaftspolitischen *old view* kennzeichnet.[315]

Dieses Denken werde durch europäische Politiker in einer irregeleiteten Internalisierung von Marktimperativen reproduziert. Streeck zufolge habe sich die *Mainstream-Ökonomie* hin zur »Public Choice« bewegt, denn Wirtschaftskrisen würden als ein Ergebnis »von marktverzerrenden politischen

310 Vgl. dazu allgemein: Meßerschmidt, Private Gesetzgebungshelfer, Mullard, The Credit Rating Agencies and Their Contribution to the Financial Crisis.

311 Dehousse/Boussaguet, L'impact De La Crise Sur La Gouvernance Européenne, S. 14; Hervorhebung AS. Auf Deutsch: »Anders gesagt: Auch wenn die politische Führung und Rhetorik offensichtlich intergouvernementalistischer werden als in der Vergangenheit, sind die entschiedenen Lösungen dies nicht notwendigerweise und entstammen bisweilen den Kreisen supranationaler Institutionen oder den Verhandlungen zwischen Experten.«

312 Streeck, Wissen als Macht, Macht als Wissen, S. 776.

313 Ebd.

314 Ebd., S. 778.

315 Vgl. Heise, European Governance: Institutionelle Reformen nach der Krise, dort mehrfach.

Interventionen zugunsten sozialer Ziele« interpretiert.[316] In einem »neohayekianische[n] Wirtschaftsregime«[317] bestimme Hayeks Denken den »*cantus firmus* der gegenwärtigen neo-institutionalistischen Wirtschaftstheorie durch und durch«;[318] der Kapitalismus brauche »eine regelgebundene Wirtschaftspolitik, mit einem verfassungsrechtlich verankerten Schutz von Märkten und Verfügungsrechten vor willkürlicher politischer Einmischung«.[319]

Auch Jörg Asmussen nimmt Stellung zu jenen von Streeck kritisierten Versuchen, Sicherheit und rationale Notwendigkeit herzustellen, wo eigentlich Unsicherheit herrscht: »When market pundits forecast the ›inevitable‹, they insinuate a degree of certainty about the future which is simply not there.«[320] Dies werfe letztlich die Frage auf, »how to deal with uncertainty, with a world of unknown unknowns. And how to communicate when everyone asks ›what if‹.«[321] Angesichts jener Notwendigkeitskonstruktionen trotz bestehender Unsicherheit erkennt Streeck in den vermeintlichen »Experten« »Sachzwang-Flüsterer«, die »den Eigentümern von Produktionsmitteln ihre Wünsche von den Lippen [abläsen]«[322] und diese dann als Sachzwänge an den Gesetzgeber herantrügen. Die Konstruktion von Sachzwängen und Notwendigkeit zur Schließung des Raums des politisch Sag- und Machbaren erweist sich somit als ein Problem der (wirtschafts-)wissenschaftlichen Politikberatung – und für Streeck als Problem der Expertise und Macht von Goldman Sachs.[323]

Das politische Anliegen, diese wirtschaftlichen Zwänge verstehen zu wollen, konterkarierten jene Flüsterer mit einer übertriebenen Szientifizierung der Materie, auf die europäische Institutionen nur noch mit Glauben reagieren könnten. So greift etwa das europäische *Monitoring* der Haushaltsentwürfe und ökonomischen Performanz der Mitgliedstaaten zur

316 Vgl. Streeck, Die Krisen des demokratischen Kapitalismus, S. 7. Mit Rückgriff auf Buchanans und Tullocks Werk: *The Calculus of Consent* (1962) sei Ökonomen klar, dass nur die richtige Art von Intervention funktionieren könne: Man müsse Märkte vom politischen Interventionismus befreien, denn das Übermaß an Demokratie trägt eine Mitschuld. Hier findet sich die für Hayek gekennzeichnete Forderung einer Einhegung der Demokratie wieder.

317 Streeck, *Gekaufte Zeit*, S. 27.

318 Ebd.

319 Ebd.

320 Asmussen, Building Trust in a World of Unknown Unknowns.

321 Ebd.

322 Streeck, Wissen als Macht, Macht als Wissen, S. 778.

323 Vgl. ebd.

Ermittlung von Wettbewerbsfähigkeit mittels eines »Scoreboards« auf Indikatoren wie Lohnstückkosten, das Niveau privater Verschuldung et cetera zurück:

»Die Vorstellung, dass die Europäische Kommission auf der Basis von ökonomischen Indikatoren Politikrezepte für einige grundlegende Probleme der Wirtschaftspolitik [...] entwickeln könnte, verrät einen bemerkenswerten Glauben an die Erkenntnisleistungen von Ökonometrie, Statistik und Wirtschaftstheorie und atmet eben auch in dieser Hinsicht den technokratischen Geist Walter Euckens.«[324]

Die Problematik einer wirtschaftswissenschaftlichen und wirtschaftspolitischen Dogmatik unterstreicht die Frage, ob wir neben der ad-hoc-Technokratisierung der Politik und ihrer prozeduralen Entscheidungsgrundlagen auch eine epistemisch relevante ad-hoc-Expertokratisierung bzw. Wissensdogmatisierung, also Versuche einer Schließung des Wissensraumes, erkennen können, obwohl vielmehr ein für unterschiedliche politische Lösungen offener Deutungsspielraum zu konstatieren wäre.

Da die Bereitschaft zur Fiskalunion fehlte, wurde in der Krise mittels Stabilitäts-, Wachstums- und Fiskalpakt das Prinzip der Eigenverantwortung gestärkt; gleichwohl bedurfte es einer einheitlichen, transparenten Regelung und Anwendungspraxis, die sich auf Regeln stützte, welche keineswegs unumstritten waren.[325] Ausgerechnet Jens Weidmann, seit Mai 2011 Präsident der Bundesbank, bemerkte,

»dass die Regeln für die Fiskalpolitik immer komplexer geworden sind. Das macht es auch immer schwerer, ihre Einhaltung zu überwachen. Mittlerweile ist es selbst für Experten fast unmöglich festzustellen, ob ein Land die Haushaltsregeln einhält oder nicht – von der breiten Öffentlichkeit ganz zu schweigen«.[326]

Was folgt aus dem von Weidmann konzedierten *kontroversen Deutungsspielraum* innerhalb wirtschaftspolitischer Expertise für die Analyse des vermeintlich alternativlosen Krisenmanagements?

Enderlein diagnostiziert, dass das Phänomen von nur noch formal parlamentarisch zustande gekommenen Entscheidungen ein Echo in fragiler, wenn nicht fehlender Akzeptanz der Entscheidungen finde. Der legi-

324 Biebricher, *Neoliberalismus*, S. 193.

325 Die Schuldenstandsquote darf beispielsweise 60 Prozent des Bruttoinlandsprodukts nicht überschreiten, doch ist diese Grenze willkürlich gesetzt und entbehrt empirischer Validität. Vgl. Heise, European Governance: Institutionelle Reformen nach der Krise, S. 640. Heise weist auch darauf hin, dass die Schuldenstandsquote nicht mit einem Haushaltsdefizit identisch ist.

326 Weidmann, Die Währungsunion als Stabilitätsunion, Amsterdam, 07.04.2014.

timatorisch eingesetzte Verweis auf einen verzögerten allgemeinen Anstieg von Wohlfahrt wird, vor allem in Zeiten wissenschaftlicher Kontroversen – auch in den szientifischen, mathematischen Wirtschaftswissenschaften – von Gegenexpertise in Frage gestellt.[327] Denn das Wissen um die makroökonomischen Effekte der europäischen Konsolidierungsforderungen war und ist keineswegs so gesichert und empirisch fundiert, wie es seinerzeit Währungskommissar Olli Rehn aus politisch-strategischen Gründen glauben machen wollte. Es zeugte eher von dem Versuch, die Unsicherheit, das Nicht-Wissen um die Angemessenheit und das *Experimentelle* jener Reformpolitik zu verdecken und mittels TINA-Rhetorik apodiktisch Sicherheit zu suggerieren, wenn Rehn angesichts einer Studie des damaligen Chef-Ökonoms des IWF, Olivier Blanchard, dessen Ergebnisse zu relativieren, ja zu karikieren suchte. Blanchard hatte errechnet, dass die gegenteiligen, also *wohlfahrtsschädigenden* Effekte fiskalischer Konsolidierung und Sparprogramme viel größer als die bisherige Prognose vom IWF oder der EU-Kommission ausfielen. Damit stellte die Expertise eines Neo-Keynesianers die bisherige EU-Politik radikal in Frage – und Rehn reagierte:

»I would like to make a few points about a debate which has not been helpful and which has risked to erode the confidence we have painstakingly built up over the last years in late night meetings. I refer to the debate about fiscal multipliers, i.e. the marginal impact that a change in fiscal policy has on economic growth. The debate in general has not brought us much new insight.«[328]

Wissenschaftliche Expertise wurde also in Frage gestellt; das drohte, die kognitiv-rationale Begründung der politischen Entscheidungen der Kommission und ihrer ökonomischen Berater zu unterminieren und als normatives und relatives Wissen zu enttarnen. Der *one best way* wurde eben nur als *one way* dechiffrierbar. Herfried Münkler erkannte sogleich eine »Wiederkehr des Politischen«,[329] da die politischen Entscheidungen Zeiten von Ungewissheit, Zeitdruck, unmöglicher Folgenabschätzung einen »emphatischen« Entscheidungsbegriff rehabilitierten.[330]

327 Vgl. Enderlein, Das erste Opfer der Krise ist die Demokratie, S. 736.

328 So Olli Rehn in einem Brief an die Europäischen Finanzminister und an Christine Lagarde, zitiert in: Straumann, Jetzt hat's auch Nordeuropa voll erwischt, Der Tagesanzeiger, 13.05.2013. Rehn musste seine optimistische Konjunkturprognose angesichts der in eine Rezession schlitternden nordeuropäischen Staaten im Jahre 2012 nach unten korrigieren.

329 Münkler, Politische Urteilskraft, S. 865.

330 Ebd. Münkler glaubt an eine Potenzialität des Heroischen und prophezeit: »Es hat den Anschein, dass der Höhepunkt einer Entdramatisierung der politischen Urteilskraft

Doch die betroffenen Politiker demonstrierten nun keinen »heroischen«, dezisionsstarken Voluntarismus. Stattdessen fand jene institutionell-politische, strukturelle Technokratisierung ihr Pendant in dem epistemokratischen Versuch, den Wissensraum zu schließen, also Deutungsgefechte und wirtschaftswissenschaftliche Kontroversen versanden zu lassen oder gar zu ersticken. Die Unsicherheit, ja die genuine Diskussionswürdigkeit jener makroökonomischen Modelle, die zur Rechtfertigung der Krisenpolitik mobilisiert wurden, hätten die Apodiktik einer Rhetorik der Alternativlosigkeit konterkarieren können. Erneut wird deutlich, dass Technokratisierung mit Tendenzen eines epistemischen Autoritarismus einhergingen. Die mit Helmut Schelsky herausgearbeitete Idee, ja Fantasie eines *one best way* einer herrschaftslosen Herrschaft erfuhr eine Wiederauflage und wurde doch zugleich *ad absurdum* geführt, denn dieser *one best way* der Wirtschaftsingenieure blieb tatsächlich umstritten. Der neue Herrschaftsmodus[331] wurde in Frage gestellt und wirkt heute auf uns als *one experimental way* zur Kriseneindämmung.

Die Spirale von Lösungsapodiktik und Kritik führte daher zu einem Krisenmanagement, das nur bedingt glaubwürdig legitimiert und daher permanent hinterfragt, bezweifelt wurde, sofern eine politisch motivierte TINA-Rhetorik weder durch apodiktische Notwendigkeitskonstruktionen noch durch allseits anerkannte epistemische Autorität Rückendeckung erfuhr. Es fehlte der politischen Behauptung von Notwendigkeit und Richtigkeit, die allen voran Wolfgang Schäuble deklarierte, an wirtschaftswissenschaftlicher Eindeutigkeit und Validität. Streecks »Sachzwang-Flüsterer« wurden in ihrer politischen Macht durch andere Stimmen herausgefordert. Im Laufe der Krise wurde die Forderung, durch eine investive Wachstumspolitik die rigide Austeritätspolitik mindestens zu komplementieren, immer lauter. Heute scheint sich nur noch die deutsche Regierung der Erkenntnis zu verweigern, dass zu große Überschüsse und mangelnde Investitionen ein Problem darstellen.

Letztlich lässt sich daraus folgern, dass sowohl die wirtschaftspolitischen Inhalte des Krisenmanagements als auch die korrelierende TINA-Rhetorik politischen Interessen folgten und sich keine Interessenlosigkeit der Politiker, keine bloße Substitution politischer Programme

durch wissenschaftliche Beratung und Einrichtung von administrativem Betrieb überschritten ist und dass es ein wachsendes Erfordernis risikobereiter politischer Urteilskraft gibt […].« Allerdings fehle noch das entsprechende politische Personal. Ebd.

331 Vgl. White, Emergency Europe, S. 4

durch Interessen des Finanzmarkts oder Subsumtion der Politik unter das Diktat der Finanzwirtschaft manifestierten. So ließe sich ideologiekritisch verallgemeinern, dass vor allem derjenige Ideologielosigkeit reklamiert, der seine eigene Ideologie zu kolportieren und opportunen »Deutungseliten« Gehör zu verschaffen sucht.[332] Politik ist demnach keineswegs in ein Zeitalter reiner Ideologie- und Programmlosigkeit eingetreten, technokratische Kabinette agieren weiterhin im machtvollen Interesse des Staats an sich selbst und mit politischer Programmatik. Wir sollten also bestehende Herrschaftsverhältnisse nicht aus den Augen verlieren.[333]

2.4 Die EZB als Krisenakteur und die Macht der Rhetorik im Finanzmarktkapitalismus

»All money is a matter of belief.«
(Adam Smith)

Im Sinne der ad-hoc-Technokratisierung ragt das zumindest mittelfristig erfolgreiche Krisenmanagement der EZB heraus. Wenn gilt: »Wirtschaftskrisen im Kapitalismus resultieren aus Vertrauenskrisen auf Seiten des Kapitals und sind keine technischen Störungen, sondern *Legitimationskrisen eigener Art*«,[334] ist zu fragen, wie jenseits der beschriebenen Maßnahmen die Wiederherstellung von Vertrauen funktionierte. Gerade das Fallbeispiel der EZB-Krisenpolitik verdeutlicht in diesem Kontext erstens die Machtverschiebung innerhalb der *Governance*-Struktur zugunsten der EZB als *government of last resort*, zweitens die Problematik einer quasi-legitimatorischen Berufung auf einen *Notstand* in Krisenzeiten und drittens die Macht von Kommunikationspolitik und Rhetorik wie TINA als politisches Instrument – oder wie Jörg Asmussen es pointierte: »extraordinary actions call for extraordinary efforts to explain them«.[335]

Die EZB droht seit der Krise, jenen permissiven Konsens, der ihrem Mandat zugrunde liegt, mit Verweisen auf die Krisenhaftigkeit der Zeit zu überschreiten. Sie kaufte zum einen seit Mai 2010 mit dem »Securities Market Programme« für über 200 Milliarden Euro Staatsanleihen der verschuldeten Länder, um deren Zinsraten zu senken. Dazu verdoppelte sie

332 Vgl. zum Begriff der Deutungselite Münkler, Politische Urteilskraft.

333 Vgl. Burnham, Depoliticisation, S. 195.

334 Streeck, *Gekaufte Zeit*, S. 49; Hervorhebung im Orig.

335 Asmussen, Building Trust in a World of Unknown Unknowns.

im Dezember 2010 ihren Eigenkapitalstock. Zum anderen flutete die EZB seit Ende des Jahres 2011 den Geldmarkt mit billigem Geld, um das Bankensystem zu stabilisieren, den Kauf von Krediten und Staatsanleihen der verschuldeten Länder zu fördern und Investitionen mittels günstiger Verschuldungskonditionen zu stimulieren.[336] Seit November 2014 übernimmt die EZB zusätzlich die europäische Bankenaufsicht innerhalb des Euroraums, um sukzessive eine *Bankenunion* zu schaffen und zu stabilisieren.[337] Der »asset quality review« alias »Stresstest«, für den die EZB nun zuständig ist, soll mittels Informationssammlung, Transparenzherstellung, *Auditing* und *Monitoring* einer Kontrolle der Finanzindustrie *ex ante* dienen.

Die in der Krise beschlossene Staatsfinanzierung wurde, so die Kritik, durch die Notenpresse der EZB betrieben. Als die EZB im Sommer 2012 ihr Krisenmanagement-Programm namens »Outright Monetary Transactions« (OMT) ankündigte, wurde deutlich, dass die EZB notfalls unbegrenzt Staatsanleihen der Euroländer ankaufen würde. An dieser Entscheidung scheiden sich die Geister; es bedarf daher eines genaueren Blicks: Das Programm OMT wurde mittels des EZB Mandats, die Geldflüsse und die monetäre Balance zwischen den Mitgliedern der Eurozone zu regeln, gerechtfertigt. Diese Maßnahmen bergen jedoch ein hohes Inflationsrisiko.[338] Während die Kritiker und Kläger vor dem EuGH insistierten, die EZB habe de facto ihre Kompetenzen – vor allem das strikte Verbot einer monetären Staatsfinanzierung (Art. 123) – überschritten und trage letztlich zum Ruin der EWU bei, lobten andere eben diese Krisenstrategie als *Rettung* der Eurozone. Da der normale »Transmissionsriemen« der Geldpolitik trotz immer weiter gesenkter Leitzinsen nicht

336 Aber die Banken rieten die ihnen breitgestellten Kreditmöglichen nicht ab, zum einen da sie noch mit der Abwicklung fauler Kredite beschäftigt waren, zum anderen da es in einer Phase wirtschaftlicher Rezession an risikobereiten Investoren und nicht bereits hochverschuldeten Unternehmern im Realsektor fehlte. Daher kaufte die EZB mitunter die wertlosen *Schrottpapiere* europäischer Banken auf. Es gilt festzuhalten, dass die *Geldpumpen* der EZB nicht langfristig wirkten und die mehrfachen Leitzinssenkungen durch die EZB auf die Zinssätze in Krisenländern kaum Effekte zeitigten.

337 Ab 2016 sollten gemeinsame Regeln gelten, um Krisenbanken im Notfall abzuwickeln. Kritiker erkennen in diesem Kompetenzgewinn der EZB einen Interessenkonflikt, da diese nicht länger ausschließlich für die Zinsen im Euroraum zuständig ist, sondern auch die Finanzindustrie überwacht.

338 Deutschland wurde überstimmt und zwei Mitglieder der EZB traten aus Konflikt mit der Entscheidungslinie der Bank zurück. Zwar hat sich durch die Liquiditätsflutung mittels OMT die Abhängigkeit der Staaten von ihren Ratings bzw. vom Markt für Staatsanleihen verringert, doch der eigentliche Brandherd der Krise, die Verschuldung der Staaten bei gleichzeitiger Rezession bleibt ungelöscht.

mehr funktionierte, habe eine geldpolitische Ausnahmesituation und schiere Notwendigkeit bestanden.

Bei den Verhandlungen des Falls vor dem EuGH rekurrierte in diesem Sinne auch der dortige Vertreter der EZB, Hans-Georg Kamann, auf den Kontext der Programmankündigung als einer »besonderen Krisensituation«.[339] Entscheidungen, die Kompetenzüberschreitungen und mittelfristigen Kompetenzgewinnen gleich kamen, seien qua Krise *legitim* gewesen; die *Legalität* der potenziellen Mandatsüberschreitung wurde so zur Frage eines kontroversen Deutungsspielraums um Kompetenzen wie bei der EZB. Oder es wurden neue Rechtsgrundlagen geschaffen wie im Zuge der verabschiedeten europäischen Pakte. Entsprechend deklarierte Kommissionspräsident Barroso, die skizzierten Reformen seien als »exceptional measures for exceptional times« zu verstehen gewesen. Somit fungierte die EZB also als ein *government of last resort*,[340] als – undemokratische – Nebenregierung des Notstands. Die Krise wurde als ein Notstand wahrgenommen und kommuniziert. Die Gleichzeitigkeit von expliziter Krisenrhetorik, die politisch als Legitimitäts- und Legalitätsrahmen eingesetzt wurde, und TINA-Rhetorik machte Alternativlosigkeit gleichfalls zur Chiffre eines *Ausnahmezustands* in Notstandsrechtfertigungsdiskursen.[341]

Am Beispiel der EZB wird die Bedeutung von Kommunikation und Rhetorik für politisches und wirtschaftliches Geschehen besonders evident: In der damaligen Argumentation vor dem EuGH um die juristische Bewertung der EZB-Krisenmaßnahmen war eine der Verteidigungsstrategien der EU-Regierungen zugunsten der EZB augenfällig: Als einer unter vielen begründete der deutsche Verwaltungsrechtler Ulrich Häde seine Verteidigung damit, dass das Programm OMT gar nicht umgesetzt, sondern lediglich angekündigt wurde. Eine Kompetenz- oder Mandats-

339 Vgl. hierzu die Berichterstattung, beispielsweise Plickert, Durfte die EZB mit ihrem OMT-Beschluss den Euro retten?, Frankfurter Allgemeine Zeitung, 14.10.2014. Das Verfahren führt im Januar 2015 zu der Einschätzung des Generalanwalts des EuGH, Pedro Cruz Villalón, das OMT-Programm sei unter bestimmten Bedingungen rechtens.

340 Vgl. Streeck, *Gekaufte Zeit*; Enderlein, Das erste Opfer der Krise ist die Demokratie. Asmussen bekräftigt, dass die Finanzmärkte einen solchen »saviour of last resort« in der EZB einfordern. Daraus folge, dass die EZB auch Märkten gegenüber ihr Mandat und ihre Machtbefugnisse sowie -grenzen verdeutlichen müsse. Vgl. Asmussen, Building Trust in a World of Unknown Unknowns.

341 Enderlein, Das erste Opfer der Krise ist die Demokratie, S. 735.

überschreitung sei folglich ein hinfälliges Problem,[342] denn eine Ankündigung, eine bloße Absichtserklärung sei schließlich kein Rechtsakt.[343] Es wurde also auf die manifeste Wirkung *bloßer Rhetorik* verwiesen; bereits der *performative Akt* der EZB-Kommunikation in der Krise funktionierte als »game changer«.[344]

Angesichts der gewachsenen Bedeutung der Kommunikation von Zentralbanken attestiert Kenneth Rogoff dieser bereits eine »(Bedeutungs-) Blase«; die tatsächlich kurzfristig zu kalkulierenden, also vorhersehbaren Effekte von Ankündigungen durch Zentralbanken verleiteten irrigerweise zu deren Aufblähung zu quasi makroökonomischen, finanzpolitischen *Policies*, wohingegen Zentralbanker doch lediglich Wachstum, Inflation und finanzielle Stabilität interessiere.[345] Auch Jörg Asmussen betonte, die EZB sei nicht länger ein »secretive place [...]«, sondern müsse kommunikativ »deliberately steering expectations in financial market«.[346]

Draghis berühmte Formulierung im Juli 2012, die EZB und er täten als Bewältigung der Krise *whatever it takes*,[347] war der Schlüssel zur Beruhigung der Märkte und somit ein entscheidender Wendepunkt. Draghis Worte, die gleichsam im Sinne einer sich selbst erfüllenden Prophezeiung wirkten, verdienen es angesichts ihrer historischen Tragweite, im Zusammenhang zitiert zu werden:

»But the third point I want to make is in a sense more political. When people talk about the fragility of the euro and the increasing fragility of the euro, and perhaps the crisis of the euro, very often non-euro area member states or leaders, underestimate the amount of political capital that is being invested in the euro. And so we view this, and I do not think we are unbiased observers, we think the euro is irreversible. And it's not an empty word now, because I preceded saying exactly

342 Vgl. Plickert, Durfte die EZB mit ihrem OMT-Beschluss den Euro retten?, Frankfurter Allgemeine Zeitung, 14.10.2014.

343 Zudem wurde argumentiert, zwischen Geld- und Wirtschaftspolitik lasse sich schwerlich eine scharfe Trennlinie ziehen, und die EZB habe juristischen Absicherungen gegenüber Automatismen beim Staatsanleihenankauf, die nationale Reformanreize konterkarieren würden, vorgenommen.

344 Asmussen, Building Trust in a World of Unknown Unknowns.

345 Vgl. Rogoff, Celebrity Central Bankers, Project Syndicate – The World's Opinion Page. Zu dieser Blase passt die jüngste Konjunktur wirtschafts-, finanz- und geldtheoretischer Forschung zu Kommunikation und Kommunikationspolitik von Zentralbanken. Vgl. nur: Woodford, Central Bank Communication and Policy Effectiveness; Blinder et al., Central Bank Communication And Monetary Policy.

346 Asmussen, Building Trust in a World of Unknown Unknowns. Dennoch lassen sie aber weiterhin die Märkte ihre *Policy*-Signale umsetzen, so Asmussen.

347 Draghi, Rede auf der Global Investment Conference, London, 26.07.2012.

what actions have been made, are being made to make it irreversible. But there is another message I want to tell you. Within our mandate, the ECB is ready to do whatever it takes to preserve the euro. And believe me, it will be enough.«[348]

Diese *Ankündigung* einer Maßnahme erweckte Vertrauen, da sie Erwartbarkeit signalisierte. Handeln von Marktakteuren orientiert sich an Modellen, an Kalkulationen und Spekulationen auf die Zukunft. Draghi rekonfigurierte bzw. schloss jene unsichere Zukunft und das Feld vorhandener Optionen der EZB, indem er schlichtweg Erwartungssicherheit deklarierte. Die Effektivität der EZB-Operation relativierte die Maßnahmen der Nationalregierungen und ihre Politik der Austerität zu einem *Nebenschauplatz* des Krisenmanagements:

»Was die Finanzmarktspekulationen vorübergehend beruhig hat, waren ja weniger die halbherzigen Rettungsschirme oder die angekündigten Kontrollen von Haushaltsvorschlägen als vielmehr die Ersatzleistung jener ›finanziellen Brandmauer‹, die EZB-Chef Mario Draghi mit einer einzigen vertrauensbildenden Ankündigung errichten konnte«.[349]

Wie Asmussen hervorhebt, war der legitimatorische Bezugsrahmen der EZB-Maßnahmen und ihrer Kommunikation ein »intangible counterfactual«, eine »history that did *not* happen«.[350] Das Szenario, das eingetreten wäre, falls die EZB *nicht* gehandelt hätte, also eine Abwertungsspirale des Euro mitsamt Staatsinsolvenzen, diente als Rechtfertigung – Legitimation bediente sich des Konjunktivs. Jene Rhetorik war also keine Verschleierung von Kontingenz und Unsicherheit, sondern die kommunikative Herstellung einer Wirklichkeit: *Discourse matters.*

Die Bedeutung von strategischer Rhetorik als Kriseninstrument lässt sich auch an anderer Stelle beobachten: Als Angela Merkel und der ehemalige Finanzminister Per Steinbrück vor die Presse traten und verkündeten, die Spareinlagen der deutschen Bürger seien *sicher*, schufen sie ebenfalls Erwartbarkeit; sie schufen Vertrauen in die Vernunft und Rationalität, in die Vorsehbarkeit ihres Handelns – sie formten Erwartungserwartungen. Auch Merkels und Schäubles häufiger Rekurs auf TINA-Rhetorik stellte demzufolge ein Instrument dar, mittels Apodiktik eine Erwartbarkeit und Sicherheit zu suggerieren. TINA war also ein politisch-

348 Ebd.

349 Habermas, *Im Sog der Technokratie*, S. 93.

350 Asmussen, Building Trust in a World of Unknown Unknowns; Hervorhebung im Orig.

psychologisches Instrument der Krisenpolitik, das unterdessen seine legitimatorische Kraft aus einer besonderen Notstandssituation bezog.

Zugleich entfaltete sich in der Krise eine disziplinierende Wirkung auf kommunizierende Politiker, denn »undisciplined and irresponsible communication has real costs«.[351] Nicht nur der *Handlungsspielraum*, sondern auch der *Kommunikationsspielraum* demokratischer Akteure war eingeschränkt. Es ist bezeichnend, dass der damalige deutsche Wirtschaftsminister Philipp Rösler harsche Kritik erntete, als er eine solche Sicherheit und Erwartbarkeit, wie sie die Rhetorik von TINA impliziert, konterkarierte. In einem aufsehenerregenden Artikel kritisierte Rösler im September 2011 mögliche »Denkverbote« und stellte die Prüfung der »Möglichkeit einer geordneten Staatsinsolvenz« in den Raum.[352] Als direkte, schnelle Reaktion auf diese publizistische Intervention Röslers stellte Finanzminister Schäuble klar, dass er »strikt dagegen [sei], dass über eine Insolvenz öffentlich diskutiert wird«; auf eine offene, kritische und Optionen diskutierende Debatte könnten »unkontrollierbare Reaktionen auf den Finanzmärkten« folgen.[353] Erwachse aus einer Debatte der Eindruck von Unsicherheit und Unklarheit über das Vorgehen der EU, könnten daraus Zweifel über die Handlungsfähigkeit der europäischen Gemeinschaft entstehen, so Schäuble.[354] Ganz in diesem Sinne formulierte Angela Merkel, jeder sollte »seine Worte sehr vorsichtig wägen. Was wir nicht brauchen können, ist Unruhe auf den Finanzmärkten. Die Unsicherheiten sind schon groß genug.«[355]

Doch hielt sich Merkel an ihre eigene Vorgabe? Mit Vivien A. Schmidt lässt sich noch einmal zwischen einem »kommunikativen« und einem »koordinativen« Diskurs sowie ihren unterschiedlichen Funktionen differen-

351 Ebd.

352 Rösler, »Keine Denkverbote mehr«, Die Welt, 12.09.2011.

353 Vgl. zu dieser Skizze der Ereignisse und Reaktionen Thielemann, Das Ende der Demokratie, S. 820. Dort finden sich die verwendeten Zitate.

354 Auch der Grünen-Fraktionsvorsitzende Jürgen Trittin bemängelte die »amateurhafte« Performanz Röslers und bezeichnete diesen als »Praktikanten im Wirtschaftsministerium«. Ebd.

355 So Merkel im September 2011, zitiert nach Süddeutsche Zeitung, Merkel kanzelt FDP-Chef Rösler ab. Allerdings fiel Merkel hinter ihre eigene Einsicht in die schiere Macht von Rhetorik und Ankündigungen als Politikinstrument zurück, wenn sie im November 2014 die Kritik des Sachverständigenrates an der Einführung des Mindestlohns als Konjunkturbremse damit abwehrte, dieser sei doch noch gar nicht in Kraft. Vgl. polemisch Müller, Müllers Memo: Frau Merkels Verständnis von Wirtschaft, Spiegel Online, 16.11.2014.

zieren.[356] Bei ersterem gilt es, die Öffentlichkeit von den getroffenen Maßnahmen zu überzeugen und diese zu erklären, während bei letzterem politische Führer über die zu verfolgenden *Policies* verhandeln.[357] In der Eurozonenkrise lässt sich erkennen, dass verschiedene Kommunikationsarenen miteinander interferierten: Politische Akteure wie nationale Regierende, die EZB und die Europäische Kommission waren *zeitgleich* in einem koordinativen Diskurs in der *Policy-Sphäre*, in einem kommunikativen Diskurs zu den *Bürgern*, zu der politischen Öffentlichkeit, sowie zu den *Märkten* involviert.[358]

Ausführlich wurde untersucht, inwiefern kommunikative Diskurse Vertrauen und Erwartungssicherheit stiften müssen. Doch kann die an Märkte gerichtete Kommunikation einen politischen Diskurs, der *Bürger und Wähler* überzeugen soll, irritieren, ja konterkarieren. Anschaulich wurde dieses Problem einer interdiskursiven Irritation in Merkels Rechtfertigungsstrategie zu Griechenlands *Bailout*, bei der sie einen auf Konsequenzen zielenden, kausalen und normativen Nexus aufmachte. Merkel und ihre Regierung erklärten: »Wenn Griechenland scheitert, dann scheitert der Euro, dann scheitert Europa«.[359] Sie betonten, dass »die Zukunft des Euros auf dem Spiel« stehe. In ihrer Rede im Bundestag erklärte sie, wie eingangs zitiert:

»Der Euro, der zusammen mit dem Binnenmarkt das Fundament für Wachstum und Wohlstand auch in Deutschland darstellt, ist in Gefahr. Wenden wir diese Gefahr nicht ab, dann sind die Folgen für Europa unabsehbar, und dann sind auch die Folgen über Europa hinaus unabsehbar. […] Deshalb gab es zur Sicherung der Stabilität des gesamten Euro-Finanzsystems […] *keine vernünftige Alternative.* Die Ultima Ratio war erreicht; das heißt nichts anderes, als dass der Euro insgesamt in Gefahr war.«[360]

Merkel intendierte in ihrer Regierungserklärung, sowohl dem Parlament als auch ihren Wählern und Bürgern die dramatische Situation zu vermitteln und berief sich strategisch auf eine schiere *Notwendigkeit* und *Ultima Ratio*,

356 Vgl. noch einmal Schmidt, The Politics of Economic Adjustment in France and Britain; dies., Speaking to the Markets or to the People?.

357 Schmidt konstatiert, der kommunikative Diskurs zu den Menschen und zu den Märkten »has been singularly bad«. Ebd., S. 203.

358 Ebd.

359 Vgl. Schäfers/Sattar, Merkel: Scheitert der Euro, dann scheitert Europa, Frankfurter Allgemeine Zeitung, 19.05.2010.

360 Merkel, Regierungserklärung der Bundeskanzlerin zu den Euro-Stabilisierungsmaßnahmen, Berlin, 19.05.2010.

um Krisenmaßnahmen, die den deutschen Steuerzahler erheblich belasten würden, sowie die Abkehr von ihrer bisherigen Politiklinie gegen jeglichen Rettungsschirm zu legitimieren.

Zugleich und unmittelbar provozierte sie allerdings hiermit Marktreaktionen von Misstrauen und *Alarmismus* – auf den Monitoren der Händler des Finanzmarkts erschien ihre Rede unter der Schlagzeile »Merkel zweifelt am Überleben des Euro«.[361] Politische Rhetorik kann also für *Marktakteure* ungeeignet sein. Während es in der einen Sphäre parteipolitischer Debatten, die spätestens für Wahlen Revisionsfenster offenhalten müssen, und einer deliberativ eingelösten Fallibilitätskultur bedarf, funktionieren in der anderen Sphäre Sicherheitssuggestion und Apodiktik als effektives Krisenmanagement. Demokratische Politik steht vor dem Spagat zwischen institutionalisierter Kontingenz- und Komplexitätssensibilität auf der einen Seite und politisch-praktischer Handlungsfähigkeit sowie Durchsetzungsfähigkeit dank eines Anspruchs auf normativ-ideologische Richtigkeit auf der anderen Seite. (Finanz-)Märkte kennzeichnet hingegen eine inhärente Handlungslogik von Volatilität und Spekulation als Praxis, die zur Kontrolle bzw. Stabilisierung hingegen Erwartbarkeit und Sicherheit präferiert.

Wie lässt sich nun das Adressatenproblem politischer Kommunikation in der Krise und inmitten medialer Schnelligkeit lösen? Asmussen schlug damals vor, dass sich Marktakteure auf Tatsachen, reale und weniger kolportierte Aussagen stützen und auf den richtigen Sender fokussieren sollten – im Falle des Euro sei dies die supranationale Ebene.[362] Die politischen Notwendigkeiten – und mit ihnen die jeweils mobilisierte Rhetorik der Alternativlosigkeit – waren allerdings in den einzelnen Mitgliedstaaten an die (Eigen-)Interessen der Regierungen gekoppelt, die wiederum ihre Bevölkerungen adressierten und aufgrund ihrer politisch-demokratischen Zurechenbarkeit nationale Diskurse und Befindlichkeiten, Motivationen bespielten.

2.5 Coping durch Experimente in Echtzeit?

Bis hierhin wurden drei Merkmale des Krisenmanagements deutlich, die einem »shielding« gegenüber Politisierung dienten: erstens ad-hoc-Techno-

361 Vgl. Asmussen, Building Trust in a World of Unknown Unknowns; Schmidt, Speaking to the Markets or to the People?, S. 203.

362 Vgl. Asmussen, Building Trust in a World of Unknown Unknowns.

kratisierung mittels eines Reformprozesses und neuer Verträge, die internationalem und nicht europäischem Recht folgten und deren Akteure sich auf eine (nur) formaldemokratische Legitimation beriefen, zweitens der vorbehaltliche Kompetenzgewinn supranationaler Institutionen *dank* intergouvernementaler, also nationale Interessen widerspiegelnder Aushandlungsprozesse sowie drittens die bemerkenswerte Gleichzeitigkeit eines Krisenmanagements, das zwar eine apodiktische TINA-Rhetorik zur Begründung und doch innovative, wenn auch zuweilen inkrementelle Maßnahmen umfasste. Dies wirft die Frage nach einer politischen Bewertung dieses Krisenmanagements auf, das zwischen einer Befolgung von Pfadabhängigkeiten und dem Betreten neuer Pfade (*path departure*) oszillierte und daher sowohl Zeit in Anspruch nahm als auch in einem reaktiven Modus operierte:

»La voie à suivre n'a été définie que de façon très progressive, en réaction aux doutes de plus en plus nets émis par les marchés, qui ont exigé des taux de plus en plus élevés pour financer les pays menacés. Entre le début de la crise et l'adoption du ›pacte budgétaire‹, plus de deux ans vont s'écouler.«[363]

Wolfgang Schäuble sprach im Zuge des Euro-Rettungspakets und bei der Rechtfertigung seiner Haushaltspolitik mehrfach davon, eine *Politik auf Sicht* zu betreiben.[364] Die Relativierung einer langfristig wirkenden politischen Gestaltungskraft und Prognosefähigkeit scheint den reaktiven Modus als Handlungsansatz von Krisenpolitik zu bestätigen und lässt sich daher in den Kontext von *Coping-Strategien* einordnen. Der Soziologe Uwe Schimank konturiert *Coping* gegenüber *Governance*:

»Während die Governance-Perspektive es bei geeigneten Ordnungsstrukturen noch für möglich hält, dass die in einer Konstellation involvierten Akteure sich so miteinander abstimmen, dass kollektive Gestaltungsintentionen konstruktiv ineinandergreifen und sich nicht bloß gegenseitig in die Quere kommen [...], haben Coping-Konstellationen [...] kein übergreifendes Ordnungsmuster und sind genau

363 Vgl. Dehousse/Boussaguet, L'impact De La Crise Sur La Gouvernance Européenne, S. 11. Auf Deutsch: »Der zu beschreitende Pfad wurde nur schrittweise beschlossen, als Reaktion auf die immer deutlicher vermittelten Zweifel der Märkte, die immer höhere Raten forderten, um die bedrohten Ländern zu finanzieren. Zwischen dem Beginn der Krise und der Verabschiedung des ›Fiskalpakts‹ werden mehr als zwei Jahre vergehen.«

364 Bei der Frage nach den Möglichkeiten eines konsequenten Schuldenabbaus nutzte er die Formulierung: »Wir fahren weiter auf Sicht, dazu muss man sich offen bekennen.« Schäuble, zitiert nach Süddeutsche Zeitung, »Wir fahren auf Sicht«; ebenso Geyer, Der Nebel reißt auf, Frankfurter Allgemeine Zeitung, 30.11.2012. Schäuble sagt demzufolge: »Wir spielen nicht auf Zeit, wir fahren auf Sicht.«

deshalb teils unberechenbar erratisch, teils von einer fatalen Zwangsläufigkeit geprägt.«[365]

Während Handeln als ergebnisoffene, lernbereite Gestaltung begriffen werden kann, umfassen die Handlungsmaximen von *Coping* ein Abwarten, ein Ergreifen der Zeitfenster und Gelegenheiten – oder mit Machiavelli: der *occasione*. Schimank bringt politisches *Coping* daher auf folgende Formeln: »Basteln, Flicken, Probieren, Kombinieren«, »Sich-Durchlavieren«, »Prinzipienlosigkeit«, »ein sehr niedriges Niveau begrenzter Rationalität«.[366] Letztlich handele es sich um »sub-inkrementalistische Entscheidungspraktiken«, [367] bei denen sich Akteure bzw. Politiker »übermächtigen unheilvollen Kräften ausgesetzt fühlen«.[368]

Im Falle der Wirtschaftskrise in der EU manifestierten sich jene sub-inkrementalistischen Praktiken zum einen in Reformschritten, die aus politischem Interesse gleichsam *auf halber Strecke* stehenblieben: zwischen Demokratie und Technokratie, zwischen ökonomischer und politischer Union, zwischen Kontinuität und vertiefter Integration; so könne aber das »reformierte Governance-System […] [d]en dauerhaften Bestand der Währungsunion […] nicht sichern«.[369] Zum anderen spiegelte sich das reaktive Krisenmanagement in einer politischen Rhetorik wider, die trotz der Krise *alte Rezepte* wie ein Primat der Wettbewerbsstärkung, Marktliberalisierung, Flexibilisierung des Arbeitsmarkts, Delegitimierung von Gewerkschaften, Privatisierung und Produktivitätsziele propagierte und die sichtbar erhöhte Vulnerabilität angesichts eines globalisierten und deregulierten Finanzmarkts nicht durch ein signifikantes Mehr an Regulierung und Kapitalkontrolle zu bewältigen vermochte. Allerdings leiteten die skizzierten nationalen sowie europäischen *Coping*-Strategien als *muddling through* zumindest temporär eine Vertiefung bestehender Integration ein, die – zuweilen unintendiert, wie schon die Skizze des EU-Integrationsprozesses

365 Schimank, Wohlfahrtsgesellschaften als funktionaler Antagonismus, S. 23.

366 Ebd., S. 22ff.

367 Ebd., S. 22; *Coping* realisiere ein niedriges Rationalitätsniveau als »Satisficing« oder Inkrementalismus.

368 Ebd., S. 23.

369 Heise, Governance auf verschiedenen Ebenen, S. 225. Heise betont noch einmal ein politisch unliebsames Problem: »Eine supranationalisierte Geldpolitik benötigt eine wirtschafts- und finanzpolitische Steuerung, die nicht an einer vornehmlich national gebundenen Rationalität orientiert bleiben kann.« Ebd.

zeigte – höhere, kaum revidierbare Integrationsstufen nach sich ziehen kann.[370]

In der Geschichte der EU folgt oftmals aus institutionellen Dispositionen heraus eine Politik des Exzeptionalismus;[371] graduelle Integrationsfortschritte bedingen temporäre *legitimacy gaps*, die dann in einer Kritik des EU-Parlaments und der Mitgliedstaaten adressiert und gegebenenfalls geschlossen werden.[372] So ist auch die normative Kritik des Europäischen Parlaments an der Kompetenzverlagerung zugunsten technokratischer, weniger parlamentarisch zurechenbarer Akteure wie der Troika und an der TINA-Rhetorik ein Anzeichen für einen potenziellen Wandel durch Infragestellung, Kritik und graduelle Reform innerhalb der EU-Institutionen – und womöglich für eine nachholende Demokratisierung.[373] Revision und Transgression sind, mit Hinblick auf mitunter stark revisionsimmune Institutionen *paradoxerweise*, dem *Polity-Prozess* der EU inhärent. *Policy Change* vollzieht sich vornehmlich inkrementalistisch bzw. schrittweise – so auch die Erkenntnis der Analyse des Paradigmenwechsels von Keynesianismus zu Neoliberalismus in den 1970ern.[374]

Ein erfolgreiches Krisenmanagement muss sich Gestaltungsspielräume offenhalten. Schäubles zitierte Formulierung einer alternativlosen »Politik auf Sicht« barg auch die strategische Option, dass sich Regierungspolitiker die Möglichkeit offenhielten, angesichts neuer Ereignisse oder Entwicklungen umsteuern zu können und womöglich vorherige Standpunkte zu ändern. Der Verweis auf beschnittene Handlungs- und Kommunikationsspielräume war somit politisch auch funktional, ja produktiv; er entlastete von dem normativen Ballast einer in Krisenzeiten verunmöglichten Prinzipientreue und langfristigen Politikplanung. Mit einer »Politik auf Sicht« lassen sich Gelegenheitsfenster nutzen, die Effekte krisenpolitischer Maßnahmen abwarten und gegebenenfalls nachjustieren. Langfristig kann die-

370 Vgl. dazu Ahrens, Bessere Governance durch mehr Flexibilisierung, S. 226.

371 White, Emergency Europe, S. 2.

372 Rittberger, Integration without Representation?, S. 1176; Hervorhebung AS.

373 Vgl. ebd.

374 Schließlich konnte die vorstehende Untersuchung zeigen, dass sich der für die 1970er Jahre konstatierte Paradigmenwechsel in einem Prozess des anfänglichen *muddling through* und in einem politischen Feld zwischen modifiziertem Keynesianismus, Proto-Thatcherismus und später mittels eines strategischen Rückgriffs auf bereits vorfindliche Narrationen und Reformvorschläge im Winter 1978/79 vollzog. Vgl. auch Hall, Policy Paradigms, Social Learning, and the State.

ses Politikverständnis allerdings »auf eine immer weniger antizipier- und gestaltbare Gesamtdynamik von Wohlfahrtsgesellschaften hinauslaufen.«[375]

In Ermangelung einer glaubwürdigen Alternative, so der Duktus, verschrieb das krisenpolitische *Coping* den Defizitländern und der mit ihnen destabilisierten Eurozone eine Rosskur, die Andrew Gamble als »politics of recession« bezeichnet und deren lange, neoliberale Historie er erhellt.[376] Unterhalb einer *Coping*-Semantik wagten verantwortliche Akteure zugleich politische *Experimente*, denn sie konnten die mittel- bis langfristigen Effekte der Krisenmaßnahmen nicht absehen und kombinierten Rezessionspolitik mit neo-keynesianischen Investitionsprogrammen, die die Nachfrage stimulieren sollten.[377] Paradoxerweise bemühten die *Policy*-Lösungsversuche der Eurozone auf der einen Seite alte, ordoliberale Rezepte, die auf der anderen Seite aber innovativ waren, denn: »[…] they often ran counter to the EU's extremely constraining institutional context of the EU Treaties«.[378] Vor allem das Krisenmanagement der EZB sowie die fiskalpolitische Integrationsvertiefung überschritten gegebene, formale Handlungsrahmen.

Da in der E(W)U keinerlei Regelwerk oder Prozeduren festgelegt waren, nach denen auf eine Finanz- bzw. Wirtschaftskrise innerhalb des Euroraums reagiert werden konnte oder musste, reanimierte das operative Krisenmanagement die Nationalstaaten als Akteure. Dabei lagen nicht nur die nächtlichen Krisengipfel der Regierenden und Finanzminister quer zum institutionellen Protokoll innereuropäischer Diplomatie und Verhandlungsprozeduren, auch allgemein umging die Krisenpolitik etablierte, parlamentarische oder transparente Verfahren bei gleichzeitigem Verweis auf den Normenhaushalt der EU bzw. der EWU,[379] den es in der Krise auf unkonventionelle Weise zu verteidigen gegolten habe.

---

375 Schimank, Wohlfahrtsgesellschaften als funktionaler Antagonismus, S. 24.

376 Vgl. Gamble, *The Spectre at the Feast*. Vgl. zu der *langen Geschichte* der Austeritätspolitik auch Glyn, *Capitalism unleashed*.

377 Ein Beispiel hierfür war Jean-Claude Junckers Wachstumspakt im November 2014.

378 Schmidt, Speaking to the Markets or to the People?, S. 197.

379 Vgl. White, Emergency Europe, S. 4.

2.6 Die Strukturähnlichkeit von Alternativlosigkeit und Notstand als Begründungsnarrative

»Necessity rather than consent is the organising principle.«[380]

Der Begriff der Krise kann selbst eine politische Funktion erfüllen und instrumentalisiert werden: »Any regime that prides itself on crisis management is sure to find crises to manage.«[381] In der EU liegt nun womöglich nicht nur eine Disposition zu Sachzwangs- und TINA-Rhetorik vor, sondern auch zu Notstandsrhetorik. Für diese These lassen sich mit Jonathan White folgende Aspekte anführen: Es gibt keine stabile, sondern eine wandelbare verfassungsrechtliche Grundlage der EU. Die Mitgliedstaaten zeichnen sich nicht durch stabile gemeinsame Interessen aus. Auch findet sich keine solide Institutionalisierung von Dissens in den europäischen Institutionen; das EU-Parlament ist hierfür institutionell zu schwach. Jedoch agiert eine heterogene Vielzahl von Akteuren, die die Probleme der Koordination auf EU-Ebene verschärfen. Daher schlussfolgert White: »Where actors are numerous and fragmented, their cooperation and compliance in question, there is a natural incentive to push policies as necessary and urgent.«[382]

Auch die Eurokrise wurde als *Frame* genutzt, ja zuweilen ausgenutzt, um bestimmte *Policies* durchzusetzen, die dann mit Blick auf die Ausnahmesituation als notwendig und alternativlos kommuniziert wurden.[383] Hierbei zeigte sich deutlich: »Political choices have been securitised, with drastic action presented as urgent and non-negotiable […]«.[384] Infolgedessen gibt es eine Funktions- und Strukturähnlichkeit zwischen der Rhetorik von Notstand und Alternativlosigkeit. Beide Male behindert ein Verweis auf die Ausnahmesituation und die Nicht-Verhandelbarkeit eine Diskussion um die Wertentscheidungen *hinter* den Entscheidungen, beide Male geht es um eine Beschleunigung des Entscheidungs- und Delibera-

380 Ebd.

381 Edelman, *Political Language*, S. 47.

382 White, Emergency Europe, S. 13; die genannten fünf Aspekte finden sich ebd.

383 Vgl. dazu Boin/Hart/McConnell, Crisis Exploitation. Krisen auszunutzen bedeutet: »[…] the purposeful utilization of crisis-type rhetoric to significantly alter levels of political support for public office-holders and public policies.« Ebd., S. 83; Hervorhebungen im Orig. entfernt.

384 White, Emergency Europe, S. 8. Die Parallele zum Sekurisationsansatz ergibt sich für White aus der Struktur der Argumentation; Mal seien es die Investoren, die als Bedrohung schnelle Handlungen erzwingen, mal die Bomben der Terroristen.

tionsprozesses und um eine Delegitimation von bzw. Immunisierung gegenüber Protest und Opposition. TINA- und Notstandsrhetorik suggerieren, wie die bisherige Analyse verdeutlichte, eine vermeintliche *Selbstevidenz* allgemein geteilter Werte, Prämissen und Entscheidungsgrundlagen sowie politischer Ziele. Abweichende *Policy*-Vorschläge (wie etwa jene von Syriza in Griechenland) scheinen durch die schieren Ereignisse und politischen Rahmenverträge desavouiert. Inmitten einer Krise hängt die politische Wirkung von Entscheidungen davon ab, dass jene Selbstevidenz vorausgesetzt werden kann, da die Zeit zu einer deliberativen Herstellung eines (neuen) normativen Konsenses zu fehlen scheint.

Es wurde gezeigt, dass die Herstellung von *Erwartungssicherheit* und von wirtschaftlicher Normalität und Prosperität primäre Ziele der Krisenpolitik waren. Debatten um die Richtigkeit von Wirtschafts- und Finanzpolitik störten den Eindruck von Durchsetzungsfähigkeit und Erwartungsstabilität. *Fallibele Experimente* wurden daher nicht als solche kommuniziert, sondern als alternativlos und notwendig; kontingenzsensibler, demokratischer Experimentalismus wurde nicht nur institutionell, sondern auch kommunikativ eingehegt. Da Politisierung exekutive Handlungsspielräume einengen kann, war es nur konsequent und rational, dass Angela Merkel inmitten turbulenter Zeiten die Adenauer'sche Formel »keine Experimente« zum finalen Slogan ihres Wahlkampfs erhob.[385]

So mochte das *muddling through* im Rahmen alter, resilienter Paradigmen kurzfristig stabilisierende Wirkung entfalten, wenngleich es im Laufe der Zeit in Frage gestellt wurde. Im Laufe des Jahres 2014 wurde Kritik laut, auch von Seiten des IWF, der 2012 seine Statute revidierte und seither erklärt, dass unter bestimmten Bedingungen ein (staatliches) Management von Kapitalflüssen nützlich sein kann.[386] Doch steht dieses Votum unter Vorbehalt der Kriseneindrücke und ist keineswegs mit den Kapitalkontrollen des *Bretton-Woods-Systems* gleichzusetzen; bis heute hat kein Staat Kapitalkontrollen wiedereingeführt.

Schließlich verstehen wir die europäische TINA-Rhetorik, die zunächst als eine Facette der Verflechtungsfalle(n) und supranationaler Politik im System von Mehrebenen-*Governance*, also innerhalb des institutionellen Rahmenwerks der EU verortet wurde, in ihrer weiteren Dimension: TINA

385 Vgl. Bannas, Die Mutter der Porzellankiste, Frankfurter Allgemeine Zeitung, 19.09.2013.

386 Vgl. IWF, *The Liberalization and Management of Capital Flows*, vgl. auch Helleiner, The Evolution, S. 181.

war weiterhin Teil eines »Level-Games«, aber verband den eingeschränkten koordinativen Krisendiskurs in den Fallstricken eines exzessiv verflochtenen, inter- sowie suprastaatlichen Entscheidungsverfahrens *mit* der Vorstellung einer »Systemrelevanz« bzw. eines »Notstands«, der keine Alternative zu einer Banken- und Staatsrettung gelassen habe. Alternativlosigkeit fungierte auch als Chiffre eines Ausnahmezustands in Notstandsrechtfertigungsdiskursen.[387] War also die Rhetorik alternativloser Notstandspolitik ein Hinweis auf einen (neo-)schmittianischen, *souveränen Dezisionismus*, begründete die Definition des Ausnahmezustands nun eine europäische Souveränität oder hat sich der demokratische Souverän zurückgezogen?[388]

Streeck zufolge »[...] diktieren mittlerweile die Märkte in noch nie dagewesener Weise, was mutmaßlich souveräne und demokratische Staaten noch für ihre Bürger tun können und was sie ihnen verweigern müssen«.[389] Zwar haben Investoren und Banken ein genuines Interesse an der Garantie einer etwaigen Schuldenübernahme und Refinanzierung, an Wettbewerbsförderung und Abbau von Investitionshemmnissen in einem europäischen Binnenmarkt, doch gibt es keine homogene Interessengruppe, keinen einheitlichen, rationalen Akteur namens *Markt*, dem man Souveränität in einem (neo-schmittianischen) Sinne attestieren könnte.[390] Vielmehr entfaltet die *Internalisierung von Marktinteressen durch Politiker* relevante Wirkungen auf »souveränes« Handeln, ohne dabei die Diskrepanz von kommunizierten Marktpräferenzen und tatsächlich realisierten Investitionsentscheidungen zu beachten.[391]

So steht schmittianischen Lesarten der Krise als Ausnahmezustand entgegen, dass das »Emergency Europe«[392] Carl Schmitts Kriterien schlichtweg nicht erfüllt. Während eine Politik des Ausnahmezustands, womöglich einer kommissarischen Diktatur, Recht suspendiert, zeigte die Analyse der EU-Krisenpolitik zwar Normumgehungen, die sich sowohl der Normsuspension als auch -improvisation bedienten, doch offenbarte sich eben kein uneingeschränkter (mit Münkler gar heroischer) Volunta-

387 Enderlein, Das erste Opfer der Krise ist die Demokratie, S. 735.

388 Vgl. Streeck, *Gekaufte Zeit*; ders., Die Krisen des demokratischen Kapitalismus.

389 Ebd., S. 12. Streeck meint dort.: »Alle anderen [außer den USA, die qua Militärmacht China zum weiteren Kauf ihrer Staatsanleihen zwingen] müssen darauf hören, was *die Märkte* ihnen sagen.«

390 So argumentiert auch White, Emergency Europe, S. 11.

391 Vgl. Mosley, *Global Capital and National Governments.*

392 White, Emergency Europe. Oben wurde argumentiert, dass die Politik der Krise keiner Suspension des Rechts im schmittianischen Sinne glich. Vgl. ebd., S. 7.

rismus.[393] Die Eurozonenkrise machte keinen einzelnen Souverän bzw. Machthaber sichtbar, sondern ein »collaborative phenomenon, promoted by those with an interest in its production, and consolidated by those who lack the authority to revoke it or who actively give credence to the authority claims of others«.[394] Es zeigte sich ein kollektives Handeln, »[...] that escapes the authoritative control of each contributor taken individually, and which proceeds by surveillance and anticipatory compliance no less than coercion«.[395] Macht und Autorität waren geteilt.[396]

Das »two-level game« wurde in der Eurokrise von einem »chicken game« überlagert, bei dem in den Verhandlungen bis zum Einlenken der anderen Verhandlungsseite gepokert wurde, da von dem allseits geteilten, wohlverstandenen Eigeninteresse ausgegangen wurde, keiner würde den Bruch der Eurozone riskieren wollen. Einerseits zeugten die Krisenmaßnahmen von der Verhandlungsmacht souveräner Nationalstaaten, andererseits verloren die Staaten Privilegien und mussten zum Teil schmerzhaft die Auswirkungen einer politisch legitimierten Selbstbindung kennenlernen. Für die Rückkehr zur Normalität genügte es nicht, dass der französische Präsident François Hollande Deutungshoheit beanspruchte: »le pire – c'est-à-dire la crainte d'un éclatement de la zone euro –, oui, est passé. [...] Sur la sortie de la crise de la zone euro, nous en sommes près, tout près.«[397]

Die Rhetorik nationalstaatlicher Regierungen war nicht so glaubwürdig wie die eines unpolitischen, unabhängigen Akteurs. Draghis Formulierung »*whatever it takes*« als tatsächliche Beruhigung der Märkte unterstrich nur, dass die EZB mit ihrer *dicken Bertha der Geldpolitik* die innovativste Krisenpolitik verfolgte. Damit widersetzte sich die EZB der neoliberalen *und* ordoliberalen Auffassung eines Nicht-Interventionsgebots und näherte sich einem beinahe neo-keynesianischen Programm.[398] Wie die Analyse der europäischen Institutionen- und *Governance*-Mechanismen deutlich machte, ist der Handlungs- und Kommunikationsspielraum der EZB im Vergleich zu allen anderen EU-Institutionen am geringsten eingeschränkt. Das demokratische Defizit der EZB qualifiziert sie zu einem krisenpolitischen

393 Vgl. ebd., S. 1.
394 Ebd., S. 2.
395 Ebd., S. 12.
396 Vgl. Honig, *Emergency Politics*.
397 So François Hollande in einem Interview mit mehreren französischen Zeitungen, zitiert nach Le Parisien, Crise de la zone euro: pour Hollande, »le pire est passé«, 17.10.2012.
398 Vgl. Schmidt, Speaking to the Markets or to the People?, S. 197.

Schlüsselakteur, der schnell und ohne politische Zurechenbarkeit bzw. Legitimationsketten agieren kann. Schließlich zeigt sich bei der EZB ein technokratischer Dezisionismus, der nicht nur eine langfristige Perspektive gegenüber der Kurzsichtigkeit politischer Akteure stark macht, sondern auch eine Autorität reklamiert, die in ihrer allgemeinen, informellen Anerkennung statusverändernd eingreifen kann. Die EZB konnte durch das OMT-Programm und durch Liquiditätspumpen die Macht anderer krisendefinierender Akteure, etwa der *Rating-Agenturen* aushöhlen.

War also der EZB eine krisenbedingte ultimative Autorität eigen – entpuppte sie sich nun als der heimliche Souverän des europäischen Ausnahmezustands? Formal argumentiert lassen sich Begrifflichkeiten der Verfassungstheorie nicht einfach auf nichtstaatliche Akteure übertragen. Zudem ist der Handlungsraum, ja die Kompetenz und somit die Autorität der EZB auf ein *Policy*-Feld beschränkt. Allerdings bleibt zu betonen, dass die EZB-Krisenstrategie als eine *Politik des Möglichen* die EU-Krisenpolitik als *Politik des Notwendigen* kontrastiert. Die Akteure der EU handelten in der Krise so, wie sie angesichts eines Finanzkollaps, eines privaten Schuldenüberhangs – also einer *balance sheet recession* – überhaupt handeln konnten – und wie sie glaubten, handeln zu müssen.

3. *Framing* und *Blaming*: Distinkte TINA-Narrative in Europa

»[…] to explain is to blame.«[399]

Bis hierhin wurde deutlich, dass die Mitgliedstaaten der Eurozone mit einer multiplen Krise des Finanz- und Bankensystems, der Staatshaushalte und der Wirtschaft konfrontiert waren, die gerade in ihrer Verflechtung, Koevolution und Beständigkeit die Eurozone bedrohte. Da die jeweiligen Krisensymptome zusammenhingen, war etwa die Schuldenkrise zugleich eine Krise der öffentlichen *und* der privaten Hand. Banken hielten faule und wertlose Kredite, weil die aufgenommenen (Privat-)Schulden nicht mehr bedient werden konnten. Peter A. Hall kommt deswegen zu dem

399 Bovens/Hart, *Understanding Policy Fiascos*, S. 129.

Schluss: »What appears as a sovereign debt crisis is actually a crisis of the European financial system.«[400]

In der Debatte um jene Krisenfaktoren bestätigt sich, dass die jeweilige *Interpretation* der Krisenursachen sowohl diskursive als auch politische Weichen für die Reformforderungen betroffener Staaten der Eurozone stellt. Unterschiedliche Kriseneffekte und -ergebnisse können auf »frame contests« zurückgeführt werden.[401] Jene Deutungswettbewerbe finden zwischen Akteuren statt, die das kriseninduzierte Gelegenheitsfenster zu nutzen oder zu schließen suchen.[402] In diesen »frame contests« lassen sich nun nationale Präferenzen und Interessen sowie wirtschaftspolitische Diskurse differenzieren.

Wie bereits dargestellt, finden sich innerhalb der Eurozone seit jeher unterschiedliche Wirtschaftsdoktrinen, die sich idealtypisch in zwei *Wachstumsmodellen* und korrelierenden *Governance-Philosophien* niederschlagen.[403] Pointiert und paradigmatisch lässt sich das deutsche, ordoliberale Wirtschaftsdenken, das vor allem im Rückgriff auf die Freiburger Schule der Ordnungsökonomik auf einem ausgeglichenen Haushalt insistiert, dem französischen (und italienischen) Modell mit einer eher keynesianischen Orientierung gegenüberstellen. *Wirtschaftsgovernance* in der EU steht stets vor der Spannung zwischen einem aktivistischen Regierungsverständnis und einer ordoliberalen Forderung nach einem zurückhaltenden Staat, der als Stabilitätsgarant nur Rahmenbedingungen setzt, weil die reale Aushandlung und Dynamik sozialer Marktwirtschaft im privaten Sektor liege. Offenkundig variieren in Europa die Auffassungen über das richtige Kräfteverhältnis von Staat und Markt und führten seinerzeit zu konfligierenden krisenpolitischen Reaktionen:

»It is important to recognize, however, that the differences in national responses result not only from the presence or absence of receptive formal institutions but also institutionalized ideas about appropriate government action. As John Zysman

400 Hall, The Economics and Politics of the Euro Crisis, S. 365.

401 Boin et al., Crisis exploitation, S. 82.

402 Ebd.: »[c]rises typically generate a contest between frames and counter-frames concerning the nature and severity of a crisis, its causes, the responsibility for its occurrence or escalation, and implications for the future. Contestants manipulate, strategize and fight to have their frame accepted as the dominant narrative.«

403 Vgl. Hall, The Economics and Politics of the Euro Crisis, S. 367. »It is notable that the ordo-liberal approach dovetails nicely with the institutional structures underpinning export-led growth in northern Europe, while Keynesian approaches are more congruent with the demand-led growth models of southern Europe.« Ebd.

noted many years ago, whereas in Britain the debates allow for only two choices – state control or the free market – in France, such debates consider three choices: *faire* (the state does), *faire faire* (the state incites others to do), and *laissez-faire* (the state lets private actors do – which does not always mean the free market because the state may allow for private-market-circumventing arrangements). Germany and other smaller Continental and Scandinavian countries actually offered a fourth choice in debates about government economic policy making, which Vivien Schmidt (2009) calls, adding to the previously mentioned French terms, *faire avec* (state does with private actors) This is at the heart of corporatist concertation.«[404]

Die daraus resultierenden Krisenreaktionen lassen sich wie folgt resümieren: Auch aufgrund der eigenen schwachen Bonität setzte Frankreich als Sprachrohr südeuropäischer Staaten darauf, Rettungspakte zugunsten einer kollektiven Schuldenhaftung auszuweiten, diesen Schritt jedoch mit politischer Kontrolle durch eine »gouvernance économique« zu verbinden. Ein schneller *Bailout* erschien bereits im Januar 2010 legitim; *Eurobonds* oder der Kauf von Staatsanleihen und Schuldenpapieren durch die EZB galten als probate Mittel. Schon unter Nicolas Sarkozy favorisierte die französische Regierung einen expansiven Haushalt und innereuropäische Transfers, um der Krise zu begegnen. Die Krise der Eurozone wurde als gegenseitiges Verschulden makroökonomischer Ungleichgewichte zwischen Defizit- und Überschussländern gedeutet, sodass die französischen Forderungen innereuropäische Solidarität und neo-keynesianische Stimuli reklamierten. Letztlich wird auch heute noch das Modell einer *Transferunion* bevorzugt.

Deutschland hingegen – als Sprachrohr des liquiden Nordostens mit traditionellem Interesse an einer harten Währung – forderte von Beginn an einen rigiden, streng kontrollierten Sparkurs und die Limitierung der Rettungsfondsvolumen.[405] Da hierzulande die Krise nicht als ein wechselseitiges Problem verstanden wurde, verzögerte Deutschland eine konzertierte Krisenreaktion bis Mai 2010 und attestierte der griechischen Regierung – in einer Vermengung von Fiskaldisziplin und Moral – wirtschaftspolitische »Lasterhaftigkeit«.[406] Diese Rhetorik machte die Rechtfertigung

404 Schmidt/Woll, The State, S. 115.

405 In der Krise formierte sich entlang dieser Lesart zunächst eine Diskurskoalition aus EZB-Mitgliedern, IWF, EU-Kommission, Deutschland und anderen nordeuropäischen Ländern wie die Niederlande und Finnland.

406 Vgl. zum Beispiel: Hengst, Euro-Krise: Merkel attackiert urlaubsfreudige Südeuropäer, SpiegelOnline 18.05.2011. Dazu Crespy/Schmidt, The Clash of Titans, S. 1. Die Autoren weisen auch auf den Anruf des amerikanischen Präsidenten Obama hin, der die

der deutschen Zustimmung zum Rettungsfonds im Mai 2010 umso schwieriger.

Die europäischen Regierungen mit bewältigbaren Schuldenniveaus beharrten auf Fiskaldisziplin, Austerität und einer strengen europäischen Überwachung nationaler Haushaltspolitik. Man müsse die richtigen Lehren aus der Schuldenkrise ziehen; Schuldner sollten individuell haften und bei Nichterfüllung der Konditionen vor automatisierten Sanktionen stehen, Banken müssten reguliert werden. Hier herrschte das Modell einer »Stabilitätsunion« vor.[407] Angela Merkel deklarierte: »Eine Transferunion, so wie ich sie verstehe, wäre ein automatischer Finanzausgleich. Und die darf es nach meiner Überzeugung nicht geben.«[408]

Die deutsche Krisendebatte unterschlug ein spezifisches Problem: Der als *Benchmark* gesetzte Leistungsüberschuss der deutschen, exportorientierten Ökonomie belastet gleichermaßen den innereuropäischen Wettbewerb, sodass es sich um ein gleichsam *symmetrisches* Problem zu den Ländern mit Leistungsdefiziten handelt.[409] Kritikern gilt die in den 2000ern durch Strukturreformen und realen Lohnverzicht erarbeitete Wettbewerbsfähigkeit des deutschen Staats als Ursache für mangelnde Binnennachfrage und Investitionsbereitschaft. Daher reklamieren tendenziell dem Keynesianismus nahestehende Akteure, dass der große Leistungsbilanzüberschuss, das niedrige Investitionsniveau und der demografische Wandel eine investitionsintensive Wachstumspolitik in Deutschland notwendig machten,[410] welche die Alternativlosigkeit bemühende Austeritätsrhetorik schlichtweg unterschlug. Allerdings fordert die deutsche Regierung auf europäischer Ebene Austerität, wohingegen sie innenpolitisch weitaus weniger orthodox ordoliberal agiert und sich Instrumente wie der »Abwrackprämie«, des

europäische Gemeinschaft zum schnellen Handeln aufrief, da sich die Krise auszuweiten drohte.

407 Vgl. hierzu beispielsweise die Rede des Präsidenten der Deutschen Bundesbank; Weidmann, Die Währungsunion als Stabilitätsunion, Amsterdam, 07.04.2014

408 Angela Merkel auf der Bundespressekonferenz im Juli 2011. Vgl. Frankfurter Allgemeine Zeitung, Merkel: Eine Transferunion in Europa darf es nicht geben.

409 Vgl. Heise, European Governance: Institutionelle Reformen nach der Krise, S. 641; Hall, The Economic and Politics of the Euro Crisis. Dagegen argumentiert der Monetarist Rogoff: Rogoff, Deutschland kann nicht alle Probleme Europas lösen.

410 Vgl. zu den Zahlen noch einmal Weidmann, Die Währungsunion als Stabilitätsunion: »Die Gesamtinvestitionsquote in Deutschland belief sich 2013 auf 16,7 Prozent gegenüber 22,3 Prozent im Jahr 2000.« Mittlerweile insistiert auch der IWF auf investiven Staatsausgaben als Mittel einer langfristigen Konsolidierung.

Mindestlohns et cetera bediente, zugleich aber keine Neuverschuldung riskieren will.

Die deutsche Austeritätsrhetorik ging mit einer Vermengung fiskalpolitischer Auflagen mit *moralischem* Fehlverhalten vermeintlich haushälterisch und sozialpolitisch laxer Regierungen einher. Die dominante Krisenkommunikation blendete den kausalen Nexus zwischen der Krise und der *Governance*-Struktur der EWU, wirtschaftlichen Asymmetrien, Produktions- und Lohnkostenentwicklungen sowie Handelsbeziehungen innerhalb der EU aus.[411] Tatsächlich handelte es sich um mehr als um eine durch jene Rettungsmechanismen zu behebende Schuldenkrise; es war auch eine Krise des deregulierten Finanzmarktsektors und des kreditfinanzierten Wirtschaftswachstumsmodells.

In Anbetracht jener »frame contests« bringen es Bovens und Hart auf den Punkt: »to explain is to blame«.[412] So erkennen wir an jenem unterschiedlichen *Framing* der Krise wahlweise eine *Exogenisierung* und *Endogenisierung* von Verantwortung und Zurechenbarkeit.[413] Für die Staatsschuldenkrise waren nach deutscher Lesart die jeweiligen Politiker eines Landes verantwortlich; für die makroökonomischen Ungleichgewichte die Struktur der Verantwortungsdiffusion und nationaler Wettbewerbsorientierung ohne Solidaritätsnorm, so die französische Deutung.

Die in der Eurozone konträren Interessen und *Policy*-Präferenzen bedingten unterschiedliche Wahrnehmungen politischer *Notwendigkeiten*, sodass in der Krise ein Kompromiss gefunden werden musste: »a deal was brokered in which France got some of the political (economic) institutions and policy actions it most wanted, [...], in exchange for accepting German political economic policies and philosophies.«[414] Da die Rettungsschirme in

411 Vgl. zu der Kritik an »faulen« Südländern Merkels Ausspruch, dass man »in Ländern wie Griechenland, Spanien und Portugal nicht früher in Rente gehen kann als in Deutschland«. Außerdem wird Merkel zitiert mit: »Wir können nicht eine Währung haben und der eine kriegt ganz viel Urlaub und der andere ganz wenig.« Faigle, Merkels Märchen vom faulen Portugiesen, Die Zeit, 17.06.2011.

412 Bovens/Hart, *Understanding Policy Fiascos*, S. 129; vgl. auch Bovens, *The Quest for Responsibility*.

413 Vgl. Boin et al., Crisis exploitation, S. 87: »Causal frames that emphasize factors deemed to be foreseeable and controllable by a particular set of policy-makers serve to ›endogenize‹ accountability; such frames focus blame on identifiable individuals and the policies that they embody. Frames that ›exogenize‹ accountability serve to get policy-makers ›off the hook‹ and leave existing policies intact. These frames refer to forces of nature or ›outgroups‹ of various kinds«.

414 Crespy/Schmidt, The Clash of Titans, S. 2.

ihrem größten Anteil von Deutschland finanziert wurden, hing die Stabilität der Eurozone von der Zahlungskraft des deutschen Staats ab. Deshalb konnte Deutschland die wirtschaftspolitischen und normativen *Konditionen* der Krisenpolitik bestimmen.[415]

Bei diesem Kompromiss führten sowohl der politisch-ideelle Konflikt zwischen (Neo-)Colbertismus, Korporatismus oder Wirtschaftsliberalismus als auch der ordoliberale Anstrich des Krisenmanagements zu »an unprecedented politicization of European integration«.[416] Denn: »EU policy has arguably become more domestically salient, controversial and politicized than ever before.«[417] Für Habermas, der allgemein Politisierung als Vorbedingung von Integration versteht,[418] zeitigte die Eurokrise jedoch keine Politisierung im Sinne demokratischer Öffnung, sondern politische Konflikte: »Dieses Mal verdichten sich die politisch unbeherrschten systemischen Kontingenzen eines von losgelassenen Finanzmärkten getriebenen Kapitalismus zu Spannungen zwischen den Mitgliedsstaaten der Europäischen Währungsunion.«[419]

In jenen Spannungen und Politisierungsdynamiken zeigten sich verschiedene Systeme polit-ökonomischer Koordination und unterschiedliche politische Einstellungen zur EU als Handlungsrahmen für nationale Politik. Da die Interessendivergenzen zwischen Deutschland, Frankreich und – ehedem – Großbritannien als Motor für Richtungsdebatten um Integrations- und *Policy*-Prozesse auf EU-Ebene fungieren, seien anhand dieser drei Beispiele kursorisch die *Varianz* politischer Instrumentalisierung und Kritik an der EU skizziert und damit variierende TINA-Diskurse innerhalb (West-)Europas verdeutlicht.[420]

415 Leuffen/Rittberger/Schimmelfennig, *Differentiated Integration*, S. 166.

416 Schimmelfennig, European Integration in the Euro Crisis, S. 322; vgl. Hutter/Kerscher, Politicizing Europe in Hard Times.

417 Schimmelfennig, European Integration in the Euro Crisis, S. 323.

418 Vgl. Habermas, *Im Sog der Technokratie*; ders, Europapolitik in der Sackgasse.

419 Habermas, *Im Sog der Technokratie*, S. 110.

420 In der folgenden Skizze wird nicht im Einzelnen nachgezeichnet, inwiefern in vielen Mitgliedstaaten auf die EU verwiesen wird, um ökonomische Reformen durchzuführen. Der Forschungsstand ist hier allerdings ausgiebig. Vgl. für Frankreich Barbier, *La Longue Marche vers l'Europe Sociale*. Vgl. für Italien: Dyson/Featherstone, Italy and the EMU as a ›Vincolo Esterno‹. Jabko zeigt, dass der (Binnen-)Markt als ambivalentes Konzept dient, das politische Akteure zugunsten neuer Koalitionen nutzen. Vgl. Jabko, Playing the Market. Wie Schmidt/Woll (The State, S. 130) zeigen, unterscheiden sich die europäischen Mitgliedstaaten sehr in der Anwendung bzw. Umsetzung neoliberaler Konzepte wie »Employability« oder Flexibilisierung.

3.1 Dispositionen für den Krisendiskurs in Frankreich

Aufgrund einer in den 1990er und 2000er Jahren erkennbaren Wahrnehmung von *Globalisierung als Homogenisierung* findet sich vor allem in Frankreich das Narrativ, Globalisierung sei mit einem kultur-kolonialisierenden Imperialismus der USA gleichbedeutend. Angesichts der Konvergenzthese greift der Diskurs, den eine *Cleavage* zwischen Gewinnern und Verlieren dieser Globalisierung kennzeichnet, auf einen kulturell-politischen *Frame* zurück.[421]

In Frankreich wird das neoliberale Denken unter dem Titel »pensée unique« verhandelt und stark kontestiert.[422] Nicht nur der prominente *mouvement altermondialiste*, der sich in der Organisation ATTAC, in offen kommunistischen sowie trotzkistischen Parteien organisiert und einen »Bauernrebellen« wie José Bové hervorgebracht hat, unterstreicht eine spezifische Ausgangslage für TINA-Diskurse in Frankreich. In seinem paradigmatischen Aufsatz kritisiert Ignacio Ramonet, linksintellektuelles Idol der 1990er Jahre, das hegemoniale neoliberale Denken als eines von Institutionen propagiertes, ideologisches Programm des Wettbewerbs, der Konkurrenz, des Freihandels und des deregulierten Finanzmarkts:

»Qu'est-ce que la pensée unique? La traduction en termes idéologiques à prétention universelle des intérêts d'un ensemble de forces économiques, celles, en particulier, du capital international. [...] Ses sources principales sont les grandes institutions économiques et monétaires – Banque mondiale, Fonds monétaire international, Organisation de coopération et de développement économiques, Accord général sur les tarifs douaniers et le commerce, Commission européenne, Banque de France, et cetera – qui, par leur financement, enrôlent au service de leurs idées, à travers toute la planète, de nombreux centres de recherches, des universités, des fondations, lesquels, à leur tour, affinent et répandent la bonne parole.«[423]

421 Vgl. Kriesi/Grande, The Transformative Power of Globalization and the Structure of Political Conflict in Western Europe, S. 19.

422 José Bovés Conféderation Paysanne ist hierfür anschaulich. Auch Denker und Publizisten wie Pierre Bourdieu, Viviane Forrestier artikulierten früh eine deutliche Kritik der Globalisierung. Vgl. Le Monde, La première révolte contre la mondialisation, 07.12.1995.

423 Ramonet, La pensée unique, Le Monde diplomatique, 01/1995. Auf Deutsch: »Was kennzeichnet das einheitliche Denken? Die Interessen der Gesamtheit ökonomischer Kräfte, insbesondere der des internationalen Kapitals, werden in ideologische Begriffe mit einem Allgemeinheitsanspruch übersetzt. [...] Seine wichtigsten Quellen sind die großen wirtschafts- und geldpolitischen Institutionen – Weltbank, IWF, OECD, GATS, Europäische Kommission, Banque de France, et cetera – diese beauftragen durch ihre

In Anbetracht der in Frankreich – stärker als in Deutschland[424] – beobachtbaren politischen und medialen Praxis der Politisierung und der Kontestation erscheint Globalisierung als eine *wählbare Option* politischen Handelns, die gegebenenfalls durch Wirtschaftsprotektionismus abgewehrt werden müsse. In den Worten Lionel Jospins, der sich schon Ende der 1990er kritisch gegen die Beschwörung von Globalisierung als Sachzwang im Dritten Weg unter Blair äußerte: »We fully recognise globalisation, but do not see it as inevitable. We seek to create a regulatory system for the world capitalist economy […] Often it [the state] is the only agent that can clear away or navigate around the archaic forces standing in the way of what society wants«.[425]

Allerdings waren es linke Regierungen, die in Frankreich eine Reformpolitik der Liberalisierung vorangebracht hatten: »In France, they [reforms] came a bit later, […] instituted by governments of the left and the right committed to neo-liberal reform more for pragmatic than ideological reasons, and intent on using European integration as a shield against globalization.«[426] Die unterschiedliche *Politisierung* dieser Reformen lässt sich im Vergleich zwischen Frankreich und Großbritannien veranschaulichen:

»For both countries, the public response to adjustment was initially mixed. But whereas in Britain the public in the end seemed to have come to embrace the new set of policies, along with the accompanying neo-liberal ideas and values, not so in France, where public acceptance continued to be problematic.«[427]

Vor diesem Hintergrund erklärt sich die politische Motivation der bisherigen Regierungen, die EU als ein *Bollwerk* gegen eine auf Amerikanisierung zulaufende Globalisierung stärken zu wollen; Europa müsse als Gegengewicht fungieren.[428]

Finanzierung und im Dienste ihrer Ideen weltweit zahlreiche Forschungszentren, Universitäten, Stiftungen, die wiederum das Glaubensbekenntnis verfeinern und verbreiten.«

424 Vgl. zur Politisierung der EU Hutter/Grande, Politicizing Europe in the national electoral arena, S. 1010f.

425 Jospin im Guardian, 16.11.1999, zitiert nach Hay/Rosamond, Globalisation, European Integration and the Discursive Construction of Economic Imperatives, S. 19.

426 Schmidt, The politics of economic adjustment in France and Britain, S. 247. In den 1980er Jahren hatte der Begriff der *contrainte extérieure* in Frankreich Konjunktur.

427 Ebd., S. 247f.

428 Vgl. Hay/Rosamond, Globalisation, European Integration and the Discursive Construction of Economic Imperatives, S. 14; Schmidt, *Globalisation*, S. 67.

Vorbehaltlich bis zur Verschärfung europapolitischer Positionen durch den Präsidialwahlkampf 2017, in dem eine europaskeptische bis -feindliche Marine Le Pen auf der Rechten und ein ebenso vehementer Europakritiker wie Jean-Luc Mélenchon auf der Linken die Präsidentschaftskandidaten vor sich hertrieben, begrüßte die französische politische Elite den europäischen Integrationsprozess. Im Gegensatz zum britischen Wirtschaftsliberalismus befürwortete die französische – sozialistische – Linke eine Vertiefung des europäischen Integrationsprozesses sowie der Währungsunion als Schutz gegenüber den Einwirkungen des globalisierten Finanzmarkts. So müsse sich die französische Politik *zugunsten* des europäischen Bollwerks den Handlungs- und Sachzwängen der EU-Integration fügen – auf der einen Seite sei Europäisierung gerade angesichts Globalisierung unvermeidlich und alternativlos.[429]

Auf der anderen Seite verwiesen sowohl Leon Brittan als auch Pascal Lamy auf Vorteile der Globalisierung *für* Europa, diese sei ein »win-win process, as post-war economic shows. Europe has profited from it, and will continue to do so, provided that it preserves its long term competitiveness, its capacity for innovation, and its social market economy.«[430] Als Finanzminister und Berater von Jacques Delors, als EU-Kommissar und als IWF-Vize prägte Pascal Lamy den französischen Diskurs zur EU. Lamy spielte die Rolle eines »ideational entrepreneur«; er forcierte Liberalisierung, etwa bei der Deregulierung des Finanzmarkts, die erst auf EU-Ebene, dann in Frankreich verfolgt wurde. Schließlich schafften die französischen Sozialisten als *Neue Linke* mit ihrer der pragmatischen Aufnahme neoliberaler Politik einen »Paris Consensus« – parallel zum »Washington Consensus«.[431]

Um die Wirtschaft anzukurbeln, greift der französische Politikdiskurs auf die Idee eines Managements der Globalisierung mit Hilfe der EU und des IWF als Regulierungsinstanzen zurück und instrumentalisiert diese in einer »upward dynamic«.[432] Innerhalb dieser Logik forderte auch die französische Regierung unter Präsident Nicolas Sarkozy in der Krise eine stärkere politische *Governance* und aktualisierte hiermit die wirtschaftspolitischen Denktraditionen eines politischen »dirigisme«.[433]

429 Globalisierung stellt eine Herausforderung und Chance der Europapolitik dar.

430 Lamy, Globalisation. A win-win Process, Brüssel, 15.11.1999.

431 Vgl. Abdelal, *National Purpose in the World Economy*; ders., *Capital Rules*.

432 Schmidt/Woll, The State, S. 131.

433 Vgl. zur Politik Sarkozys: Szarka, Nicolas Sarkozy as Political Strategist.

Paradoxerweise führten diese Diskursformation dazu, dass der französische Diskurs Protest gegen Globalisierung als Sachzwang plausibilisierte, während die auch in Frankreich als *alternativlos* kommunizierten Sozialreformen der 1990er Jahre vollzogen wurden, um die Konvergenzkriterien des Vertrags von Maastricht zu erfüllen.[434] Somit gewann *Europäisierung* als Sachzwang zur Einengung nationalsouveräner Handlungsspielräume an Bedeutung und diente als Rechtfertigung von Sozialreformen.[435]

Die empirische Politisierungsforschung zeigt, dass die Politisierung von Europa und der EU-Integration in Frankreich bereits als Polarisierung in den 1980ern, also bereits vor dem Vertrag von Maastricht, begann.[436] Die Verhandlungen zum Vertrag von Maastricht wirkten als Politisierungsschub und bedingten eine erhöhte Salienz. Um die doch als (historisch) notwendig verstandene Integration in ihrer Wirkung auf souveräne Politik einzuhegen, war die sozialistische Regierung seinerzeit gegen die Formulierung strenger Defizitregeln im Stabilitäts- und Wachstumspakt.[437] Dessen jüngste Verschärfung im Zuge der Eurozonenkrise gab Anlass zu einer vehementen EU-Kritik innerhalb Frankreichs.

In den 2000ern stieg die Politisierungsindexkurve, also die Bedeutung europapolitischer Themen, fast stetig an.[438] In Frankreich ist der »permissive Konsens« einem – latenten – »constraining dissensus« gewichen,[439] bei dem die EU nicht länger einseitig affirmiert wird, sondern scharfe, kontroverse Kritik an der EU an Bedeutung gewonnen hat. Die Globalisierung erzeugt Gewinner und Verlierer,[440] deren Auseinanderklaffen, so die euro-

434 Vgl. Hay/Rosamond, Globalisation, European Integration and the Discursive Construction of Economic Imperatives, S. 11.

435 Das ließ sich bei Mitterand, Juppé und Jospin erkennen.

436 Vgl. Hutter/Grande, Politicizing Europe in the National Electoral Arena, S. 1012.

437 Hix/Høyland, *The Political System*, S. 253. Bis heute verlangen die Franzosen eine »politische Steuerung/Regierung des Euro« der EWU, eine »Euro-Komitee«. Die Deutschen hingegen insistieren auf der vollständigen Unabhängigkeit der EZB, diese dürfe schon nach Vertrag keine Instruktion seitens der EU-Institutionen oder anderer Instanzen oder Regierungen der Mitgliedstaaten empfangen oder gar suchen (Art. 130). Wie bereits gesehen, beharrt vor allem Deutschland aus Sorge um wirtschaftliche Nachteile angesichts der stetig steigenden Mitgliedszahl in der EWU auf strengen Regeln.

438 Vgl. Hutter/Grande, Politicizing Europe in the National Electoral Arena, S. 1012. Die Debatte um das die Ratifizierung und das Referendum zum Vertrag sowie um den Beitritt der Türkei von Lissabon wirken als Politisierungsschub.

439 So Crespy/Schmidt, The Clash of Titans, S. 6, in Verweis auf Hooghe/Marks, A Postfunctionalist Theory of European Integration.

440 Vgl. Kriesi et al., *Political Conflict in Western Europe.*

paskeptische Kritik, durch die EU noch verstärkt werde. Im Mai 2005 lehnte eine Mehrheit (55 Prozent) der Franzosen in einem Referendum die EU-Verfassung ab. Folglich ist das gegenwärtige Verhältnis Frankreichs zur EU-Integration nicht ohne Ambivalenzen: Das *republikanische* Frankreich profiliert beständig den Begriff der *Souveränität* gegen weitere Kompetenzabgaben und eine weitere Delegation an EU-Institutionen, gegen intergouvernementale als auch supranationale Koordination und Kontrolle.

»En mai 2013, le président Hollande a réagi de façon véhémente à des remarques qui laissaient entendre qu'une réforme des régimes de retraite serait nécessaire: la France, a-t-il indiqué, est *un pays souverain*, et c'est à elle qu'il appartient de décider comment elle entend atteindre les objectifs qu'elle s'est fixés en matière d'équilibre des finances publiques. Quelques mois plus tard, le gouvernement italien s'est élevé contre le scepticisme affiché par le commissaire Olli Rehn quant à ses espoirs de réduction des dépenses publiques.«[441]

Frankreich ist ein unitarischer Staat mit einem Mehrheitswahlsystem, der auf eine Autorität fokussiert ist. Zum einen fügt sich der französische (und britische) zentralistische, unitarische Staat schlechter in das konsensorientierte, verhandlungsdemokratische und vertikal gebrochene Mehrebenensystem als der deutsche oder italienische Staat, die beide bereits über föderale und regionale Politikstrukturen verfügen.[442] Zum anderen sind im staatszentrierten *Policy-Making top-down* Entscheidungen zwar vom Ballast eines komplexen koordinativen Diskurses wie dem der deutschen Verhandlungsdemokratie entlastet, doch gewinnt dadurch der kommunikative Diskurs an Bürger, Parteimitglieder und an die Regierungsfraktion in der *Assemblée Nationale* an Bedeutung. Kontroversen innerhalb von Regierungen müssen kommunikativ eingefangen werden. Auch kassieren Präsidenten bisweilen Gesetze der Regierung, sobald sich der Unmut des französischen Wahlvolks in einer »action directe« und Demonstrationen äußert.[443]

441 Dehousse/Boussaguet, L'impact De La Crise Sur La Gouvernance Européenne, S. 14; Hervorhebung AS. Auf Deutsch: »Im Mai 2013 reagierte Präsident Hollande vehement auf Bemerkungen, die eine Reform des Rentensystems als notwendig bezeichneten: Frankeich, so erklärte er, sei ein souveränes Land, und es liege an ihm zu entscheiden, wie es die Zielvorgaben, die sich Frankreich in Bezug auf einen ausgeglichenen Haushalts gesetzt hat, zu erreichen gedenke. Einige Monate später erhob sich die italienische Regierung gegen die von Kommissar Olli Rehn demonstrierten Skepsis angesichts der Aussicht auf eine Kürzung der Staatsausgaben.«

442 Vgl. auch Schmidt, The politics of economic adjustment in France and Britain.

443 Vgl. hierzu Mény, *Le système politique français*, S. 107f.

Der innenpolitische Konflikt, der durch die krisenbedingten Zugeständnisse an deutsche, ordoliberale Austeritätsforderungen entstand, wurde daher mittels *TINA-Logik* zu befrieden versucht. So dekretierte zunächst der ehemalige Premierminister Jean-Marc Ayrault, dass es zu der auf Europa-Ebene beschlossenen Politik keine Alternative gebe und nutzte 2013 die TINA-Formel, um parteiinterne Regierungskritiker zu disziplinieren: »Il n'y a pas d'alternative à la politique menée.«[444] Sein Nachfolger, Premierminister Manuel Valls erklärte 2014: »Il n'y a pas d'alternative à gauche«;[445] – und konkreter: »Il n'y a pas d'alternative à gauche, la seule autre donne, c'est le Front national, c'est ça et rien d'autre qui doit occuper l'esprit de tous les socialistes.«[446] Die Gefahr eines Populismus von rechts, verkörpert durch den Front national unter Marine Le Pen, wurde und wird heute als Drohkulisse genutzt, um innere Kohärenz zu stiften und die Partei zu disziplinieren. Gerade Valls bemühte sich um eine stärkere Positionierung seiner Partei in der *Mitte*. In Anlehnung an Tony Blair schlug Valls einst vor, die Parti Socialiste umzubenennen und einen innerparteilichen Revisionsprozess zu beginnen, der mit den Restbeständen sozialistischen Denkens zugunsten von Liberalisierung und mehr Wirtschaftsnähe aufräume.[447] Doch Valls Reformdiskurs und François Hollandes gescheiterte Präsidentschaft verprellten linke Wähler, die sich in der ersten Runde der Präsidentschaftswahlen 2017 zwischen dem ehemaligen Trotzkisten Jean-Luc Mélenchon und dem blassen Sozialisten Benoît Hamon entscheiden mussten.

Es lässt sich festhalten: Aufgrund der Tendenz zu einer eher keynesianischen, neo-colbertistischen Wirtschaftspolitik ist in Frankreich die Debatte um die »pensée unique« eines neoliberalen Konsenses besonders kontrovers; TINA-Rhetorik wird stets als Ausweis eines neoliberalen *common sense*-Dogmas begriffen. Daher gilt dieses Kommunikationsmittel gegenüber Bürgern als Provokation und wird vorrangig innerhalb politischer Kreise eingesetzt. Es vermag eine Debatte nicht zu entschärfen, sondern

444 Vgl. Le Monde, En pleine tempête, le PS veut éviter que son conseil national »ne tourne à la crise«,13.04.2013.

445 Manuel Valls, zitiert nach Le Monde, »Il n'y a pas d'alternative a gauche«, martèle Valls depuis Bologne, 08.09.2014.

446 Vgl. Riché, ›Tina‹: Manuel Valls ouvre la boite aux démons de la pensée unique, Rue89, 09.09.2014. Auf Deutsch: »Es gibt keine Alternative, die einzig andere Ausgangslage ist der Front national, das und nichts anderes muss alle Sozialisten beschäftigen.«

447 So forderte Manuel Valls schon 2008 eine Neuausrichtung seiner Partei Richtung Mitte – eine »Nouveau Parti Socialiste« im Sinne New Labours.

zu verschärfen, sodass Präsident Hollande angesichts des politisierenden, skandalisierenden Effekts durch TINA während der Krise eben diese Formel vermied und stattdessen formulierte: »il n'y a pas d'échappatoire«.[448] Hollande bemühte sich, eine Politik des Notwendigen mit einer Politik des Möglichen zu kontrastieren und ließ verlauten: »il n'y a pas qu'une seule Europe possible.«[449]

Indessen wurden unter Präsident Hollande *ordoliberale* Rufe nach Strukturreformen positiv aufgegriffen, sodass Verweise auf die politische *Alternativlosigkeit* die krisenpolitischen *Outcomes* als beid-Rhein-seitige Zugeständnisse legitimieren sollten. Die französische Öffentlichkeit und Politikerklasse hatte folgenden Eindruck zu verkraften:

»Il est toutefois clair que, dans le couple franco-allemand, c'est désormais Berlin qui mène le bal. Pays le plus peuplé, doté d'une économie florissante, plébiscité par les marchés financiers, assumant à elle seule près du tiers des différents programmes d'urgence, l'Allemagne est en position hégémonique. C'est ce qui explique pourquoi, avec le pacte budgétaire, la France a fini par accepter le renforcement d'une gouvernance européenne par les règles qui se situe aux antipodes de sa tradition politique, dans laquelle le volontarisme gouvernemental figure au premier plan.«[450]

3.2 Dispositionen für den Krisendiskurs in Großbritannien

Im Gegensatz zu Frankreich war in Großbritannien der Verweis auf *europäische* Handlungs- und Sachzwänge aufgrund der historisch gewachsenen politischen Ambivalenz gegenüber der EU-Integration und der Nichtmitgliedschaft in der Eurozone (und im Schengenraum) nicht funktional

448 François Hollande im August 2014, zitiert nach Tribouillard, Hollande et sa politique: »il n'y a pas d'échappatoire«, L'Humanité, 20.08.2014. Auf deutsch: »Es gibt keinen Ausweg.«

449 Fassin, La politique de François Hollande, une menace pour l'Europe, Le Monde, 09.05.2014.

450 Dehousse/Boussaguet, L'impact De La Crise Sur La Gouvernance Européenne, S. 12. Auf Deutsch: »Es ist wohl deutlich, dass im deutsch-französischen Tandem Berlin nunmehr den Takt angibt. Als Land mit der größeren Bevölkerung, ausgestattet mit einer florierenden Wirtschaft, hochgelobt von den Finanzmärkten, übernimmt Deutschland allein beinahe ein Drittel der unterschiedlichen Notfallprogramme und nimmt nun eine hegemoniale Position ein. Das erklärt warum Frankreich mit dem Fiskalpakt die Stärkung einer Wirtschaftsgovernance mittels derjenigen Regeln akzeptieren musste, die das genaue Gegenteil seiner politischen Tradition darstellen, denn in dieser steht der Voluntarismus der Regierung an erster Stelle.«

oder politisch plausibel.[451] Wie das vorstehende Kapitel zeigen konnte, mobilisierte die TINA-Rhetorik im britischen Diskurs Globalisierung als *Frame*. *Pragmatisch* wurde formuliert, man müsse sich in einer Welt von Kapitalmobilität, Steuerwettbewerb und einem Konkurrenzkampf um Wettbewerbsfähigkeit behaupten, *emphatisch* wurde Globalisierung als begrüßenswerter Schritt hin zu Handels- und Kapitalliberalisierung dargestellt, denn »trade liberalisation is the only sure route to the kind of economic growth needed to bring prosperity [...]«.[452] Das wirtschaftsliberale Großbritannien sah sich viel stärker als andere europäische Länder der Globalisierung ausgeliefert und verpflichtet, aber griff nicht auf Europäisierung und vertiefte Integration als Möglichkeit eines strategischen Bollwerks zurück. Stattdessen glaubte etwa New Labour, den Dritten Weg gleichsam auf den Kontinent exportieren zu müssen, um das europäische Sozialmodell zu *modernisieren*.[453] Anpassungsleistungen sollte auf europäischer Seite erbracht werden.

Innerhalb des britischen Diskurses wurde die EU als ein *force multiplier* begriffen,[454] den lediglich die Labour-Partei zuweilen instrumentalisierte, indem sie auf EU-Politik zur Stärkung sozialer Standards verwies. Der Integrationsprozess wurde zu einer exogenen Leistung anderer und prägte

451 Es sei noch einmal betont: Großbritannien trat der EWG 1974 unter Heath bei, daher musste auch Thatcher diesen Beitritt verteidigen. Die Labour-Partei opponierte seinerzeit gegen den Beitritt, sodass Enoch Powell, der konservative Rechtspopulist, sich für die Wahl von Labour aussprach, da nur so die britischen Interessen verteidigt werden könnten. Dies führte zu einer seltsamen Koalition von Tony Benn und Powell. In den 80ern aber wendete sich das Blatt – Labour stellte sich seitdem als pro-europäische Partei auf, während die Tories europaskeptisch agierten. Keine der beiden Parteien inszenierte sich als besonders EU-freundlich, daher mangelte es auch beiden Brexit-Kampagnen an leidenschaftlichen Plädoyers für die EU.

452 Blair, Rede auf dem World Economic Forum Davos, Davos, 28.01.2000. So müsste man Globalisierungskritiker auch von den Vorteilen der neuen Weltordnung überzeugen, so Blair ebendort.

453 Vgl. Hay/Rosamond: Globalisation, European Integration and the Discursive Construction of Economic Imperatives, S. 17.

454 Dazu ein historisches Beispiel: Im Laufe des Integrationsprozesses der EWU, den die Briten bekanntlich außerhalb der Währungsunion verfolgten, betonte die britische Politik konsequenterweise die Rolle des bestehenden Organs des Rats der Wirtschafts- und Finanzminister (Ecofin); dort können intergouvernemental nationale Interessen verhandelt werden. So wurde als Kompromiss beschlossen, dass das Euro-Komitee nur für technische Politikprobleme der Eurozone, die Ecofin für allgemeine makroökonomische Belange der EU zuständig ist. Allerdings gewann das Euro-Komitee aufgrund einer asymmetrischen Verteilung an Macht.

im britischen Europa-Diskurs die Konfliktlinie *wir gegen sie.*[455] Großbritannien versinnbildlichte gleichsam den liberal-intergouvernementalistischen Ansatz, bei dem der Eindruck politischer Koautorschaft europäischer Verträge der Darstellung nationaler Interessendurchsetzung wich[456] – oder sich die britische Regierung bei scheiternder Interessendurchsetzung eine *Opt-out-Klausel* erkämpfte. Konsekutiv kann europäische Integration nicht als äußerer Zwang dargestellt werden; britische TINA-Rhetorik funktioniert anders.

Dementsprechend verliefen in Großbritannien die Politisierungskurven anders: Eine starke Politisierung europäischer Belange ließ sich in den 1970ern erkennen, als eine Mitgliedschaft in der EWG diskutiert und per Referendum beschlossen wurde.[457] Seit Ende der 1990er sank im britischen Fall die Politisierungsindexkurve; ihren Höhepunkt hatte sie im Wahlkampf zwischen Tony Blair und John Major, als die europapolitische Einstellung New Labours als Wahlkampfthema fungierte.[458] Ab Mitte der 2000er zeigte sich in GB eine verschärfte *Polarisierung* in der Europapolitik;[459] die Partei UK Independence Party (UKIP) unter ihrem ehemaligen Vorsitzenden Nigel Farage zwang sowohl Tories als auch Labour zu einer schärferen Debatte um mögliche *Kosten* der EU-Mitgliedschaft. Schlussendlich setzte David Cameron aus parteistrategischen Gründen für 2016 ein Referendum zum Verbleib des Vereinigten Königreichs in der EU an. Beschlossen wurde aber nicht der Verbleib, sondern ein Austritt. Großbritannien wird unter der neuen Premierministerin Theresa May im Laufe des Jahres 2017 die *Brexit*-Verhandlungen beginnen und dabei versuchen, Zugang zum gemeinsamen Binnenmarkt ohne Freizügigkeit der Personen zu behalten. Dieses politische *rent-seeking* kennzeichnete fortwährend die britische Europa-Politik.

Indes war Großbritannien weniger von der europäischen Staatsschuldenkrise respektive Währungskrise als von der Krise der internationalen Finanzwirtschaft betroffen. Die britische Politik nutzte den politisch funktionalen *Frame* der Krise, indem die dortige Regierung im Juni 2010 einen rigiden Sparplan verabschiedete, der als eine *Politik des Notstands* gerechtfertigt wurde. So war die TINA-Rhetorik, die David

455 Vgl. ebd., S. 18.
456 Vgl. ebd.
457 Vgl. Hutter/Grande, Politicizing Europe in the National Electoral Arena, S. 1006.
458 Ebd.
459 Ebd., S. 1012.

Cameron im Zuge seiner restriktiven Haushaltspolitik gebrauchte, ein Versuch, die Glaubwürdigkeit des britischen Staates als Kapitalstandort zu steigern. Da die Briten nicht Teil der Eurozone waren, stand in der britischen Krisenpolitik das Problem einer *internen* wirtschaftlichen Krise im Fokus. Der Abbau des Staatsdefizits entsprang logischerweise keinem Kompromiss zugunsten des deutschen Ordoliberalismus, sondern dem britischen Wirtschaftsliberalismus.

Des Weiteren griff die britische Politik auf ein bereits beobachtetes Muster zurück: In Großbritannien wurde die depolitisierende *Governance*-Strategie gestärkt. Großbritannien entschloss sich unter dem konservativen Premierminister Cameron dazu, die Unabhängigkeit der *Bank of England* auszudehnen und der Bank zusätzliche Befugnisse zu erteilen; finanzpolitisches Krisenmanagement wurde an das sogenannte *Financial Policy Committee* der *Bank of England* delegiert.

»The objective of maintaining financial stability is considerably wider than the MPC's commitment to meeting inflation targets and for that very reason the government is clear that the decisions of the FPC must be ›taken independently of undue political influence; indeed, this is why the FPC has been given responsibility for macro-prudential supervision of financial services sector as an expert body in the Bank, independent of the Treasury‹ (HM Treasury, 2012, 14).«[460]

In Ermangelung einer europäischen Selbstbindung durch die EWU, die der Regierung fiskalpolitisch die Hände hätte binden und damit auf den Finanzmärkten Glaubwürdigkeit steigern können, griff die Regierung unter Cameron auf die nationale Gesetzgebung zurück. Als Vervollständigung des *Fiscal Responsibility Act* gibt es seit Mai 2010 mit dem *Office for Budget Responsibility* (OBR) einen »official independent fiscal watchdog«.[461] Strenger als die Vorgaben des IWF soll diese Instanz transparente, unparteiliche und objektive Politikberatung in Form von Diagnosen sowie Prognosen leisten. Der damalige Schatzminister Osborne erklärte auf erhellende Weise drei Funktionen: Stärkung der Glaubwürdigkeit und des Vertrauens in das britische fiskalpolitische Rahmenwerk, dem Kanzler die Hände zu binden und die Versuchung zu konterkarieren, Zahlen zu beschönigen.[462] Der Machtzuwachs der unabhängigen Zentralbank und das Symptom einer politischen Selbstbindungsstrategie mittels Technokratisierung und Ent-

460 Burnham, Depoliticisation, S. 200f.

461 Ebd., S. 202.

462 Vgl. ebd.; Großbritannien solle nun »at the cutting edge of international best practice in terms of scrutiny, transparency and accountability« sein.

demokratisierung der politischen Ökonomie waren schließlich kein alleiniger Effekt der europäischen Krisenpolitik; Großbritannien betrieb eine intrinsisch motivierte Krisenpolitik.

3.3 Dispositionen für den Krisendiskurs in Deutschland

Schließlich ist der Vergleich zu Deutschland erhellend: Die etablierten Parteien können auf der einen Seite die Kosten der EU-Integration oder die souveränitätseinschränkenden *Handlungszwänge* aufgrund der Europäisierung nicht als virulente Probleme ins Feld führen, da Deutschland sich aus historischen Gründen der EU als Versöhnungsprojekt verpflichtet fühlt. Das *europäische Fatum* der Deutschen speist sich aus der historisch bedingten Identifizierung mit Europa als einem politischen und identitären Korrektiv gegen nationalistische Rezidive.[463] In einem positiven Rückbezug fungierte daher mal die Wiedervereinigung mitsamt ihrer Kosten als Frame für Reformen, mal wurde auf Globalisierung als Sachzwang verwiesen.

In den 1990ern zeigte vor allem Helmut Kohls Rhetorik, dass der Verweis auf alternativlose Politik angesichts Globalisierung diejenige diskursive *Exit-Strategie* bot, weder (west-)deutsche Bürger durch einen Ost-West-*Cleavage* mitttels Verweise auf Imperative der Wiedervereinigung zu polarisieren, noch die EU als Sündenbock zu etablieren. Gleichwohl provozierte die auch für Gerhard Schröder zu beobachtende Zwangsrhetorik der Globalisierung den Protest Oskar Lafontaines und anderer Sozialdemokraten.

Angesichts der Kontroverse um die Agenda 2010 als Ausweis einer Neoliberalisierung der deutschen Sozialdemokratie politisierten und hinterfragten politische Akteure wie die Linkspartei Sachzwangdiskurse, die allein Globalisierung als Handlungszwang anführten. Konsequenterweise ist Deutschland im von Swen Hutter und Edgar Grande untersuchten Quintett dasjenige Land, in dem europapolitische Belange in der »Post-Maastricht-Ära« am geringsten politisiert waren und erst in den

463 Hans Joas sinniert: »Wie heißt es so schön: Wenn einer von sich sagt, er sei ein Europäer, dann hat er sich damit schon als Deutscher enttarnt. Ein Brite oder ein Franzose würde niemals so auftreten. Das deutsche Europa-Pathos hat etwas mit unserer spezifischen Abwendung vom Nationalismus nach 1945 zu tun.« Bollmann/Hank, Interview mit Hans Joas: »Mich schaudert das Tremolo in den Europa-Reden«, Frankfurter Allgemeine Sonntagszeitung, 06.10.2012.

2000ern die Politisierungsindexkurve im Zuge der Debatte um einen Türkeibeitritt und den Vertrag von Lissabon anstieg.[464]

Wie in Frankreich die Forderung nach einer »gouvernance économique«, ist Deutschlands Forderung nach Austerität historisch-diskursiv erklärbar, denn der politisch-makroökonomische Erfahrungsraum deutscher Politik ist der eines erfolgreichen Ordoliberalismus. Zwei kollektive Erinnerungen lassen sich anführen: Mitte der 1970er verfolgte die Bundesbank eine Politik des harten Geldes und in den 2000er Jahren wurde eine Reformpolitik des realen Lohnverzichts und der Wohlfahrtstaatsreformen mitsamt Beschneidung des Renten- und Pensionssystems durchgesetzt.[465]

Angesichts dieses Erfahrungsraums stand Angela Merkel vor dem bereits genannten Problem, dass sie im Zuge der Krise ordoliberale Positionen mit den Forderungen nach Wirtschaftsregulierung, Banken- und Staatsrettung sowie nach neo-keynesianischen Stimuli vermitteln musste. Schließlich stimmte sie dem vorher scharf abgelehnten, dauerhaften Rettungsfonds ESM und *Bailouts* zu.[466] Die Normalität vorheriger wirtschaftspolitischer, in diesem Fall ordoliberaler Lehrsätze war brüchig geworden.

Infolgedessen offenbarte ihr Verweis auf die schiere Notwendigkeit dieser Entscheidungen auch den Versuch, die politische Wende der Regierung als *notwendig und krisengeschuldet* zu legitimieren und kurz vor den Landtagswahlen in Nordrhein-Westfalen Glaubwürdigkeit und Durchsetzungsfähigkeit zu versichern.[467] Zugleich aber belastete sie ihr langes politisches Zögern angesichts der Griechenland-Krise politisch und wurde als Zaudern, als Krisen*miss*management kritisiert. Denn insbesondere Krisenkommunikation muss proaktives Medienmanagement betreiben, um Glaubwürdigkeit zu stärken und nicht zu unterminieren.[468]

---

464 Vgl. Hutter/Grande, Politicizing Europe in the National Electoral Arena, S. 1010.

465 Vgl. Schmidt/Woll, The State, S. 133.

466 In einer Pressekonferenz am 16. September 2010 lehnten Schäuble und Merkel diese Maßnahme noch ab.

467 Vgl. Crespy/Schmidt, The Clash of Titans, S. 13ff. Deutschlands Zustimmung basierte auf einem Kompromiss, bei dem sich die Regierung den französischen Forderungen nach einem dauerhaften Rettungsschirm zwar fügte, doch zugleich auf bestehende EU-Verträge, die eine verstetigte Transferunion verunmöglichen, verwies.

468 Die Forschung zur Krisenkommunikation betont, dass der Eindruck einer reaktiven, desorganisierten Kommunikation sowie ein anfängliches Beschwichtigen oder Leugnen Glaubwürdigkeit ebenso schadet wie unerfüllte Reformversprechen. Vgl. Boin et al., *The Politics of Crisis Management*; Fearn-Banks, *Crisis Communications*; Ulmer/Sellnow/Seeger, *Effective Crisis Communication*.

Als Gegenzug für die deutsche Zustimmung zu einem »Rettungskeynesianismus«[469] verband die deutsche Seite ordoliberale Konzepte wie Wettbewerbsfähigkeit und Austerität mit den Kriseninstrumenten und beharrte auf jener bereits diskutierten Konditionalität, während die französische Verhandlungsseite auf ökonomischer Konvergenz als Zielsetzung der EWU insistierte und Nikolas Sarkozy den Begriff der innereuropäischen Solidarität zum Programm erhob.[470] Sukzessive übernahm jedoch die französische Politik jene Forderungen nach Wettbewerbspolitik und Stabilität.

Zeitgleich schürten die deutschen Forderungen innereuropäische Konflikte entlang der Nord-Süd-Achse. In Merkels Rhetorik verbanden sich nämlich die Rechtfertigungsnarrative einer ordoliberalen Krisenpolitik mit einer *moralisch* begründeten rigiden Fiskalpolitik. Fiskalpolitische Maßnahmen zur Konsolidierung und der Rückbau des Wohlfahrtsstaates in der europäischen Peripherie wurden zu einer Frage *innereuropäischer Moral* gegenüber *Dekadenzerscheinungen.* In den Worten Merkels: »Das Leben über die Verhältnisse ist die eigentliche Ursache des Problems.«[471]

Wenn Volkswirtschaften konkurrieren, dann gelte es, auch die Sozialsysteme – und sozialen Ansprüche – anzugleichen:

> »Es geht auch darum, dass man in Ländern wie Griechenland, Spanien, Portugal nicht früher in Rente gehen kann als in Deutschland, sondern dass alle sich auch ein wenig gleich anstrengen – das ist wichtig. [...] Wir können nicht eine Währung haben und der eine kriegt ganz viel Urlaub und der andere ganz wenig. Das geht auf Dauer auch nicht zusammen.«[472]

Die geradezu pädagogische Autorität spiegelte sich in einer Lehrer-Schüler-Metaphorik wider, die immer wieder auf den Begriff der »Hausaufgaben« zurückgriff. Im März 2011 verkündete Merkel beispielsweise: »Die Länder, die noch Hausaufgaben machen müssen, müssen klar beweisen, dass sie dies auch tun. [...] Deutschland kann also sein Veto einlegen, wenn die Voraussetzungen für Hilfen nicht gegeben sind, und davon werde ich dann auch Gebrauch machen.«[473]

Schließlich schlussfolgern Vivien A. Schmidt und Cornelia Woll mit liberal-intergouvernementalistischer Stoßrichtung, dass die Resilienz des

469 Streeck, *Gekaufte Zeit*, S. 27, 81.

470 Vgl. Crespy/Schmidt, The Clash of Titans, S. 17.

471 So Merkel im Mai 2010, zitiert nach Brandeins, 16/7, S. 27.

472 Merkel im Mai 2011, zitiert nach ebd.

473 Merkel im März 2011, zitiert nach ebd.

Neoliberalismus in der EU auf ein oder zwei Länder, ja womöglich nur auf die Interessen Deutschlands zurückzuführen sei.[474] Indessen bezeugt die Übernahme jeweiliger Forderungen und die Existenz eines heterogenen *Policy*-Instrumentenmix in der Krisenpolitik, dass Politik in der EU nicht nur als Putnams »two-level game« begriffen werden kann, sondern als ein simultanes »double game« funktioniert.[475] Nationale und europäische Willensbildungs- und Entscheidungsprozesse beeinflussen sich wechselseitig; Strategien und Präferenzen ändern sich simultan. In Europa bleiben aber unterschiedliche Politik- und Denktraditionen bestehen; je nach Interessen, je nach Denktraditionen unterscheiden sich daher die Lesarten der Krise und mit ihnen die Anforderungen an das europäische Krisenmanagement. Schließlich erkennen wir:

»[...] states simply reinvent the intervention they deem necessary and find new ways to protect their interests in ways compatible with their liberal ambitions. The ways in which such choices are made depend on the historical legacies and the institutional and ideational entrepreneurship of the policy makers and elites in each respective country.«[476]

474 Vgl. Schmidt/Woll, The State, S. 134. Dies zeigt für die Autorinnen auch: »The Eurocrisis therefore illustrates that neo-liberal ideas continue and prevail not because states have withdrawn from politics and delegated authority to neutral institutions. On the contrary: powerful states are central to assuring the survival of neo-liberalism in the international realm.« Ebd.

475 Vgl. Crespy/Schmidt, The Clash of Titans.

476 Schmidt/Woll, The State, S. 134.

4. Fallbeispiel Deutschland: TINA als »Politik der Schonung« und die Strategie der Machtverschleierung

> »Angela Merkel hat ein Politikverständnis, das dem Erfordernis von Demokratie entgegen gesetzt ist, nämlich dass Dinge öffentlich debattiert werden müssen, auch um die negativen Seiten von Entscheidungen, die nicht immer sofort auf der Hand liegen, ans Tageslicht zu bringen. Das ist ja der Sinn von solchen Debatten, um dann eventuell einen anderen Kompromiss zu finden. Das alles macht sie nicht. Und zugleich legt sie großen Wert darauf – und ich würde sagen ohne große innere Skrupel, ohne große innere Probleme –, ihre Konzepte, das was sie tut, das was sie sagt, so anzulegen, dass sie das Gefühl hat, eine Mehrheit der deutschen Bevölkerung findet das so gut. Das kann ich auch als Macht-Opportunismus bezeichnen. Manche sagen, sie versucht die Opportunitäten, also die Gelegenheiten zu nutzen. Aber ich glaube, es geht noch tiefer, dass ihr Verständnis von Demokratie so etwas wie öffentliche Debatten über Alternativen nicht enthält.«[477]

Bereits vor der Krise auf den Finanzmärkten und der europäischen Staatsverschuldung gebrauchte die deutsche Kanzlerin Angela Merkel mehrfach die Formel *alternativlos*, um politische Entscheidungen ihrer Regierung zu kommunizieren und zu rechtfertigen. Zwei Beispiele seien zur Anschauung genannt: In der ersten Regierung unter Merkel (2005-2009) deklarierte sie: »Aber ich habe Ihnen einige Schritte genannt, von denen ich der festen Überzeugung bin, dass sie die Bundesregierung und damit die Große Koalition mutig angeht und dass sie alternativlos sind.«[478] Im Jahre 2007 ließ sie verlauten: »Die Rente mit 67 ist natürlich alternativlos.«[479] Doch zeigt dies bereits, dass TINA-Rhetorik nur den Schein einer irreversiblen, apodiktischen Politik inszeniert, denn in der seit 2013 regierenden Großen Koalition mit der SPD wurde in einer Rentenreform unter Arbeitsministerin Andrea Nahles die Rente mit 67 zurückgenommen.

TINA ist demzufolge in der zeitgenössischen deutschen Politik mehr als bloße Krisenrhetorik – die Rhetorik der Alternativlosigkeit ist ein über

477 Gesine Schwan im Interview mit Tilo Jung, Der Freitag, 03.04.2014.

478 So Merkel im Jahr 2006, zitiert nach Brandeins, 16/7, S. 27. Merkel sprach selbst bei Onlineangeboten von Zeitungen und bei der transatlantischen Freundschaft von Alternativlosigkeit.

479 Merkel im Jahr 2007, zitiert nach ebd.

die Krise hinausweisendes Symptom eines bestimmten Politikstils. Ein Blick auf Angela Merkels politische Reden und Stellungnahmen verdeutlicht, dass die Formel *alternativlos* unter der deutschen Kanzlerin allgegenwärtig ist, sie durchzieht diverse Politikfelder und gesellschaftliche Themen und weicht mitunter Begriffen wie *unabdingbar*, *unausweichlich*, die ebenso qua Notwendigkeit Handlungsoptionen zu begrenzen und den Diskursraum zu schließen suchen.[480]

Angesichts einer anhaltenden öffentlichen Debatte um ihr zugrundeliegendes Demokratie- und Politikverständnis sah sich Merkel schließlich dazu angehalten, zu ihrem wiederholten Diktum Stellung zu beziehen. Ihr Pressesprecher Steffen Seibert erklärte:

> »Die Bundeskanzlerin hat im Sommerinterview darauf hingewiesen, dass sie den Begriff ›alternativlos‹ nur selten – ich glaube, ein- oder zweimal, und das vor längerer Zeit – verwendet hat, dass er ihr aber weiterhin von Journalisten vorgehalten wird. Sie sagt, dass dies nicht Teil ihres Sprachgebrauchs ist.«[481]

Diese über den Pressesprecher vermittelte, selbstreflexive Problematisierung ist vor dem Hintergrund der Negativauszeichnung von *alternativlos* zum »Unwort des Jahres« zu deuten, denn Merkel und Seibert reagierten hiermit auf die breite Diskussion um die Rhetorik der Alternativlosigkeit in den Feuilletons deutscher Zeitungen.[482] Die darin zum Vorschein kommende Kritik an dem Diktum, es verweise auf ein technokratisches Politikverständnis und fördere eine Politikverdrossenheit der Bürger, veranlasste sodann selbst den TINA-Rhetoriker Wolfgang Schäuble zu einer selbstreflexiven Präzisierung. In einem Interview verteidigte er inhaltlich seinen häufigen Rekurs auf Alternativlosigkeit in der Krise der

480 Auch bei der Frage einer globalen Nachhaltigkeitspolitik argumentierte Merkel in ähnlicher Weise: »Wir müssen schauen, dass wir in einer zusammenhängenden Welt auch zusammenhängende Regeln bekommen, denn die globale Kooperation, auch mit globalen Institutionen, ist aus meiner Sicht alternativlos.« Merkel, Rede bei der 9. Jahreskonferenz des Rates für Nachhaltige Entwicklung, Berlin, 23.11.2009; Hervorhebung AS. Alternativlos waren laut Merkel ferner die Gesundheitsreform, Stuttgart 21 und mehr.

481 So Seibert in einer Pressekonferenz im August 2011, zitiert nach Brandeins, 16/7, S. 27.

482 So zum Beispiel im Tagesspiegel, in der Süddeutschen Zeitung, in der Frankfurter Allgemeinen Zeitung und in einer Diskussion zwischen Wolfgang Thierse und Herfried Münkler im Deutschlandfunk. Vgl. statt vieler: Göbel, Merkels Verdrusswort, Frankfurter Allgemeine Zeitung, 18.01.2011; Zielcke, Bevor alles zu spät ist, Süddeutsche Zeitung, 28.03.2011; Schulz, »Eine durchaus problematische Redeweise«. Wolfgang Thierse und Herfried Münkler über den Begriff »alternativlos« in der Politik, Deutschlandfunk, 26.02.2009.

Eurozone, doch stellte er immerhin dessen kommunikationspolitischen Effekt in Rechnung:

»Wenn man den Euro als eine stabile Währung verteidigen will, angesichts der nervösen Situation auf den Weltmärkten, dann ist das nach unserer gemeinsamen Überzeugung eine notwendige Entscheidung. Das kann man als alternativlos bezeichnen, aber viele ärgern sich ja über die ständige Verwendung dieses Wortes. Ich glaube, die Entscheidung ist notwendig, und sie ist richtig.«[483]

Sowohl die Persistenz und Prominenz von Notwendigkeitsverweisen als auch ihre öffentliche Thematisierung lassen sich diskursanalytisch als eine gesellschaftliche und mediale Selbstreflexion respektive Selbstkommunikation erfassen. Jene Stellungnahmen unterstreichen erstens ironischerweise die Bedeutung dieser Rhetorik und zweitens einen ebenso ironischen, dialektischen Effekt von TINA-Kommunikation.

Politiker versuchen, ein spezifisches Set an Entscheidungen zu depolitisieren, aus der Debattenarena herauszunehmen – sie versuchen in Krisenzeiten nicht nur politisch, sondern auch legitimatorisch-normativ »Zeit zu kaufen«.[484] Schimmelfennig spricht daher von »shielding mechanisms« gegenüber Politisierung.[485] Doch wenn diese als Tendenzen der *Entdemokratisierung* bzw. *Depolitisierung* zu erkennen sind, können eben jene Mechanismen Politisierungseffekte zeitigen.[486]

Eine kritische Öffentlichkeit vermag die TINA-Strategie dann zu skandalisieren; die Reaktion kann daher ein Ruf nach Re-Politisierung und diskursiver Öffnung sein. Vor allem die deutsche Kritik an dem Gebrauch der TINA-Formel 2010 und 2011 war plausibel angesichts der auffallenden »poverty of the legitimating discourse [that] generally has increased public disaffection«.[487] Wie bereits die Untersuchung des thatcheristischen Sprachgebrauchs zeigen konnte, laufen Politiker also Gefahr, mit dem Versuch, eine politische Debatte abzukürzen und den Wissens- und Diskussionsraum durch den Hinweis auf Evidenzen, Notwendigkeiten

483 Wolfgang Schäuble im Gespräch mit Dirk-Oliver Heckmann, »Die Entscheidung ist notwendig, und sie ist richtig«, Deutschlandfunk, 19.05.2010.

484 Vgl. Streeck, *Gekaufte Zeit.*

485 Vgl. Schimmelfennig, European Integration in the Euro Crisis.

486 Daher folgert Gamble: »The 2008 crisis exposed the limits of depoliticization […]«. Gamble, *The Spectre at the Feast*, S. 96. Somit kann Schimmelfennig zwar die Integrationsfortschritte auf EU-Ebene durch jene »shielding mechanisms« erklären, jedoch rechnet er noch nicht den langfristigen (Politisierungs-)Effekt von EU-Skepsis, Protest und möglicher Abwendung ein.

487 Schmidt, Speaking to the Markets or to the People, S. 206.

oder Sach- und Handlungszwänge zu schließen, gerade eine Debatte um eben diese Diskurs- und Herrschaftstechnik zu provozieren.

Thatcher jedoch kalkulierte mit diesem Agonalisierungs- und Politisierungseffekt in ihrem konfliktiven, Macht demonstrierenden Politikstil, während die TINA-Rhetorik der neuen Sozialdemokraten dies- und jenseits des Ärmelkanals deren emphatischen Pragmatismus, also das Schwanken zwischen Affirmation und Negation eines politischen Handlungsspielraums, widerspiegelte. Dort wurde der Verweis auf Alternativlosigkeit als Strategem eines (innerparteilichen) politischen Revisionsprozesses in Richtung entideologisierter Mitte eingesetzt. Gerhard Schröder nutzte das TINA-Diktum, um den Umbau des Sozialstaats, insbesondere die Zusammenlegung von Arbeitslosen- und Sozialhilfe durch die Agenda 2010, zu begründen und seine »Basta-Politik« zu untermauern.

Zwischen dem emphatischen Pragmatismus des Dritten Wegs Schröders und der TINA-Rhetorik unter Angela Merkel ist zu differenzieren: »›Alternativlos‹ ist für die Naturwissenschaftlerin [Merkel] eine sachliche Feststellung, keine machtpolitische Drohung wie bei Gerhard Schröder, ihrem Vorgänger.«[488] TINA-Rhetorik bei Merkel fungiert als Strategem der Entagonalisierung oder Entpolitisierung. Die politische Strategie eines ostentativen Ausweises eigener Ideologielosigkeit und eines *credit claiming* mittels der Anerkennung von politisch unliebsamen Notwendigkeiten wird nicht länger durch hierarchische Machtpolitik komplementiert, sondern die Disziplinierung des eigenen Kabinetts, der eigenen Fraktion und der Koalitionspartner – die politische Kommunikation an Wähler erfolgt durch eine pragmatische Sachlichkeitsrhetorik, weniger durch ostentative Emphase. TINA »[…] ist das ›Basta‹ der Merkel-Regierung«.[489] Merkel schont Machtressourcen und verhüllt deren Nutzung kommunikativ. Sinnbildich hierfür ist auch ihre Strategie, in Kabinettskrisen und vor skandalinduzierten Rücktrittsgesuchen von Ministern diesen öffentlichkeitswirksam ihr »Vertrauen auszusprechen« und so mediale Skandalisierungsdynamiken einzudämmen.[490]

Die Strategie einer Verhüllung von Macht und politischer Dezision bei Merkel bezeichnet der Journalist Dirk Kurbjuweit als »Politik der Scho-

488 Bannas, Ganz gut durchgekommen, Frankfurter Allgemeine Zeitung, 17.07.2014.

489 So der Sprecher der Unwort-Jury, Horst Dieter Schlosser; vgl. Reinbold, Sprachkritik: »Alternativlos« ist das Unwort des Jahres, SpiegelOnline, 18.11.2011.

490 König, Wem Merkel vertraut, der hat schon verloren, Süddeutsche Zeitung, 22.05.2013.

nung«.[491] Diese korreliert mit einer Politik der Mitte, sofern »das Motiv der ›Mitte‹ [...] der Konversion von oppositionellen Richtungsbegriffen in ein ›politisches Normalitäts-Dispositiv‹« dienlich ist[492] und sich somit der zweifachen Großen Koalition als Rahmen anbietet. Laut Karl-Siegbert Rehberg zeigt sich in einer Politik und Gesellschaft, die Mitte und Durchschnitt idealisiert, »[...] ein Zustand der gesamtgesellschaftlichen Etabliertheit, in dem alte Richtungsschemata zu Feinabweichungen innerhalb aller möglichen Gruppen werden«.[493] Eine Politik der Mitte und der Alternativlosigkeit kann demnach soziologisch und positiv als Indiz für eine historisch gereifte, stabile und Pluralismus bejahende Gesellschaft gelesen werden, in der politische Richtungskonflikte in die gesellschaftliche Sphäre divergierender Lebensstile und Gruppenzugehörigkeiten gewandert sind.

Gleichwohl kann, so das obige Argument, eine auf Entagonalisierung abzielende Rhetorik zu Politisierung und Kontroversen im (partei-) politischen und öffentlichen Raum führen. An die Erkenntnisse aus der Analyse New Labours anknüpfend, lässt sich die Auffassung erneuern, dass die Strategie, mittels eines Verweises auf Notwendigkeit und Krisenerfordernisse einen ostentativen Machtgebrauch zu invisibilisieren, politisch riskant sein kann, da der paradoxe Eindruck zugleich *ohnmächtiger* und oppositionsloser Regierungen sowie hegemonialer Diskurse entstehen kann. Gerade diese Wahrnehmung liegt in Deutschland der Gründung und dem Erfolg der Partei »Alternative für Deutschland« (AfD) zugrunde, die – ganz nach den beschriebenen Logiken populistischer Operationen – auf eine Öffnung des durch TINA-Rhetorik geschlossenen Raums des Sag- und Machbaren drängt und erst angesichts Merkels Diktion zu ihrem Parteinamen fand. Die AfD versucht den politischen Raum zu re-*agonalisieren.* Deutschland ist geradezu ein Anschauungsbeispiel, ja ein Labor, in dem sich die Aktionen und Reaktionen von TINA-Rhetorik studieren lassen.

An der AfD fällt die anfängliche Selbstdarstellung der Partei durch ihren ehemaligen Vorsitzenden Bernd Lucke ins Auge. Der Wirtschaftsprofessor Lucke mobilisierte im Gegensatz zu anderen europakritischen bis europafeindlichen Populismen in der EU zwar durchaus eine Betonung des Nationalen als affektiven, emotionalen Gegendiskurs gegen die

491 Vgl. Kurbjuweit, *Alternativlos.*

492 Rehberg, Normalitätsfiktion als institutioneller Mechanismus, S. 173.

493 Ebd.

politische Herrschaft der proeuropäischen TINA-Rhetoriker, aber vor allem reklamierte Lucke *Sachlichkeit und Ideologielosigkeit.*[494] Politische Werturteile und programmatische Aussagen rechtfertigte Lucke wie folgt: »Das ist der neueste Stand der Forschung,« sowie: »Was theoretisch falsch ist, kann nicht praktisch richtig sein.«[495] Die Partei, die sich entgegen ihrer allgemeinen Mitgliederstruktur zunächst als Professoren-Partei darzustellen versucht, bezeichnet sich selbst öffentlichkeitswirksam als »Partei des gesunden Menschenverstandes«,[496] der »[...] sich weder mit Ideologie noch mit Fundamentalismus [verträgt]«.[497]

Folglich sollte das expertokratische Herrschaftswissen von Ökonomen in die Politik exportiert werden – bis zum Rechtsruck der Partei handelte es sich bei der AfD um eine Partei, die paradoxerweise Politisierung durch einen *antipolitischen* Reflex bediente und dazu entgegen ökonomischer Wissenschaftskontroversen eine einzige *wissenschaftliche Wahrheit* postulierte. Damit opponierte die deutsche Variante populistischer Europakritik gegen Alternativlosigkeit durch den Rekurs auf vermeintlichen Sachverstand und zugleich auf eine Politik jenseits ideologischer Gräben oder politischer Identifikationslinien. So sagte Lucke auf dem Parteitag Anfang 2014: »Wir sind eine Partei, die sich nicht in das übliche Rechts/Links-Schema einordnet.«[498] Der diskursive Antagonismus verlief somit zunächst zwischen einer Politik der alternativlosen Mitte und einer Ideologieferne mittels Ökonomie und Menschenverstand; zugespitzt formuliert beruhen die Rhetorik der Alternativlosigkeit und des »gesunden Menschenverstands« auf dem gleichen Argumentationsmuster. Die vermeintliche Krankheit der TINA-Politik wurde mit derselben Medizin zu kurieren versucht.

Lucke setzte gezielt »Juristendeutsch«[499] zur Darstellung von Kompetenz ein. Doch brach das *affektive* Moment populistischer Bewegungen durch; Luckes hierarchische Versuche der rationalen Einhegung miss-

---

494 Der Wirtschaftsprofessor instrumentalisierte Wissenschaft zu politischen Zwecken, was seinen akademischen Mentoren zunehmend missfiel. Vgl. Faigle, Der falsche Ökonom, Die Zeit, 23.05.2013.

495 Vgl. ebd.

496 Lucke verordnete diesen Slogan seiner Partei, seit März 2014 wiederholte Lucke ihn hundertfach. Vgl. Jacobson, Ein Kommentar: Alle dumm, außer uns, Die Zeit, 24.03.2014.

497 So die Selbstdarstellung der AfD auf ihrer Homepage.

498 Vgl. Jacobson, Ein Kommentar: Alle dumm, außer uns, Die Zeit, 24.03.2014.

499 Ebd.

langen, bescherten der Partei zahlreiche Skandale im Jahre 2014 und führten schließlich nach seinem Sturz zu einer eindeutig rechtsnationalen, rechtspopulistischen Ausrichtung der AfD. Diese verfolgt zuletzt einen immer deutlicher rechtsnationalistischen Kurs, bei dem sich eine vulgärdemokratische Vorstellung von Politik mit einem ethnizistisch verengten Volksbegriff vermengt.

Schließlich ist die AfD eine *Reaktion* auf eine Politik, in der eine Wirtschaftsliberalisierung der SPD auf der einen Seite, Sozialdemokratisierung der CDU/CSU auf der anderen Seite zu konstatieren sind. Das – neoliberale – Programm und die Rhetorik Merkels auf dem Leipziger Parteitag 2003 sind einer Politik gewichen, die sozialdemokratische Positionen wie Mindestlohn als Gesetzesvorhaben implementiert. In diesen symmetrischen Annäherungen an eine politische Mitte zeigt sich zum einen eine Diskrepanz zwischen Rhetorik und Politik, zum anderen die bereits beobachtete Oszillation zwischen einer (strategischen) Negation politischer Handlungsspielräume und der Betonung politscher Handlungsfähigkeit, die auch die Debatte um die Formulierungen »marktkonforme Demokratie« versus »demokratiekonformer Markt« aufgriff.[500]

Angela Merkel erklärte auf dem *World Economic Forum* am 29. Januar 2011 in Davos:

»Wir waren getrieben von den wirtschaftlichen Phänomenen. Mein Anspruch, unser Anspruch sollte sein, dass wir uns daran erinnern, für wen wir eigentlich Politik machen: Wir machen Politik für die Menschen bei uns zu Hause, wir machen Politik für alle Menschen auf der Welt. Deshalb muss Politik den Anspruch haben, Globalisierung so zu formen und so zu gestalten – und darin liegt nach dieser Krise die große Chance –, dass wir es für die Menschen machen – unter Ausnutzung der Marktkräfte, die uns Wohlstand bringen werden, aber eben für die Menschen.«[501]

---

500 Merkel wird die Formulierung »marktkonforme Demokratie« zugeschrieben; vgl. von Altenbockum, Marktkonforme Demokratie? Oder demokratiekonformer Markt?, Frankfurter Allgemeine Zeitung, 15.04.2012. Der Autor zitiert Merkel richtig: »Wir leben ja in einer Demokratie und sind auch froh darüber. Das ist eine parlamentarische Demokratie. Deshalb ist das Budgetrecht ein Kernrecht des Parlaments. Insofern werden wir Wege finden, die parlamentarische Mitbestimmung so zu gestalten, dass sie trotzdem auch marktkonform ist, also dass sich auf den Märkten die entsprechenden Signale ergeben.«

501 Merkel, zitiert nach Barnickel/Beichelt/Wiencke, Legitimitätspolitik im Kontext von Europäisierung, S. 220.

Demzufolge verbindet Merkel eine Politik für den nationalen *demos* in Europa und eine Politik für Europa. Zugleich stützt sich ihre Rhetorik auf die Vorstellung politischer Gestaltungsmacht und auf die Stärke der deutschen Verhandlungsmacht. Diese verweist auf EU-Ebene auf das kleine *winset* in Deutschland und reklamiert als größter Beitragszahler im europäischen Rettungsfonds Gestaltungsmacht. Der deutsche Handlungsspielraum zeigt für viele Beobachter, dass Deutschland unter Merkel so mächtig wie nie zuvor ist.[502]

Wurde bereits die Ambivalenz des *EU-Policy-Making-Prozesses* in der Krise als intergouvernemental operierendes Management zugunsten supranationalistischer Regelungen und Institutionen problematisiert, ist nun zu ergänzen:

> »Moreover, decision-making processes have become excessively intergovernmental as the joint decision processes of the ›Community Method‹ – which would include the European Parliament as well as the EU Commission – have been sidelined. Instead, the Franco-German couple – or is it only Germany? – make the major decisions. «[503]

Bemerkenswert bleibt hernach die Korrelation von deutscher Macht und gleichzeitiger Rhetorik der Machtlosigkeit bzw. der Ambitionslosigkeit angesichts politischer Vormachtstellungen. Ostentative Machtkommunikation wird durch kommunikative Machtverhüllung abgelöst. Zwar affirmiert deutsche Politik die *wirtschaftliche* Rolle des deutschen Motors, doch soll daraus *politisch* keine Hegemonie folgen. Geradezu programmatisch spricht die Verteidigungsministerin Ursula von der Leyen von einer »Führung aus der Mitte«.[504]

Für Merkel ist »[d]ie globale Kooperation, auch mit globalen Institutionen, […] alternativlos«.[505] Die Europäische Union wird gleichsam geschichtsphilosophisch aufgeladen oder, mit Hans Joas formuliert, zu einem unantastbaren Versöhnungsprojekt *sakralisiert*, sodass auch der gemeinsame Währungsraum vor dem Hintergrund eines solchen historischen *Telos* verstanden werden solle.[506] Versöhnung und Völkerverständi-

502 Vgl. Moravcsik, *The Choice for Europe*; Schmidt/Woll, The State.

503 Ebd., S. 134.

504 So von der Leyen auf der Münchener Sicherheitskonferenz im Februar 2015; vgl. die Meldung von Reuters, Von der Leyen bekräftigt Deutschlands Führungsbereitschaft, 06.02.2015

505 So Angela Merkel im Jahr 2009, zitiert nach Brandeins, 16/7, S. 27.

506 Joas erklärt: »Ich rede hier nicht als Gegner europäischer Einigungsprozesse. Mich schaudert es aber vor diesem Tremolo in den Europa-Reden. Auch die Wissenschaftler

gung seien alternativlos, so Merkel: »Bei aller Mühsal – ich habe nun auch schon einige Nächte mit Europa verbracht – ist Europa dann doch die Mühe wert, weil es alternativlos ist.«[507] Denn: »Es war die Unumkehrbarkeit der Lehren aus dem Zweiten Weltkrieg, die eben nicht nur von uns, sondern auch von Frankreich als alternativlos anerkannt wurde.«[508] Ferner: »Dass er [der Weg der Versöhnung] ein alternativloser Weg ist, wissen wir.«[509] Es sei wichtig zu verstehen: »Die Währungsunion ist eine Schicksalsgemeinschaft. Es geht um die Bewährung und die Bewahrung der europäischen Idee.«[510]

Daher musste auch die politische Kommunikation der deutschen Regierung in der Krise zwischen Europa- und Euroskeptikern und -befürwortern vermitteln. Um den politischen Deutungskonflikt um Kosten und Nutzen der Eurozone, der sich in den Ergebnissen der deutschen Landtagswahlen niederschlug, zu entschärfen, betonte Merkel einen ökonomischen Vorteil: »Europa hat sich handlungsfähig gezeigt. Was wir Deutschen für einen stabilen Euro aufwenden, bekommen wir um ein Vielfaches zurück.«[511]

Merkel hängt der deutschen wirtschaftspolitischen Kultur der Stabilität und dem ordoliberalen Denken an und nutzte dies als Narrativ in der Eurokrise.[512] Daher waren ihr Diskurs und politischer Ansatz, bis zu einem

des 19. Jahrhunderts haben so getan, als sei die bisherige Geschichte geradewegs auf die Gründung von Nationalstaaten zugelaufen. Ich sehe die Gefahr, dass wir diesen Fehler nun in größerem Maßstab wiederholen und die Geschichte in ein neues Korsett zwängen – der angeblichen Unausweichlichkeit des europäischen Einigungsprozesses.« Bollmann/Hank, Interview mit Hans Joas: »Mich schaudert das Tremolo in den Europa-Reden«.

507 Merkel im Jahr 2007, zitiert nach Brandeins, 16/7, S. 27.

508 Merkel 2009, zitiert nach ebd.

509 Merkel 2009, zitiert nach ebd.

510 Merkel im Mai 2010, zitiert nach ebd.

511 Merkel im Juli 2011, zitiert nach ebd.

512 Merkel versuchte, die Banken in die Krisenpolitik miteinzubeziehen: »Sie müssen staatliche Institutionen und Regierungen verstehen, die alles daransetzen, dass eine solche Situation nicht wieder entsteht. Dazu brauchen wir ein möglichst kooperatives Verhältnis zu den Finanzinstitutionen. Wenn uns die gemeinschaftliche Erkenntnis eint, dass sich eine solche Situation nicht wiederholen darf, werden wir auch die richtigen Lösungen finden. Wenn uns diese Erkenntnis nicht eint, haben wir ein ernsthaftes Problem. Denn es ist normalerweise nicht die Aufgabe des Staates, notleidenden Banken unter die Arme zu greifen. Die Realwirtschaft kann davon ein Lied singen, dass es auch nicht die Aufgabe der Staaten ist, realwirtschaftlichen Institutionen unter die Arme zu greifen. Nur aus der Tatsache der Vernetzung sozusagen einen legitimen Anspruch

gewissen Grad, eine Wiederbelebung des alten Musters einer konservativ-technokratischen »Keine Experimente«-Politik der Nachkriegszeit, die seinerzeit von Schelsky Rückendeckung erhielt. Dass Merkel die Phrase »Keine Experimente« in den letzten Tagen ihrer Wahlkampagne im September 2013 gebrauchte,[513] passt sowohl zu Merkels »Politik der Schonung«, die Konflikte und die Agitation von Interessengruppen zu vermeiden sucht, als auch zu ihrem unaufgeregten Politikstil. Dieser ist nicht ohne den institutionellen Kontext, ohne die *Polity-Dimension von TINA-Rhetorik* zu verstehen.

Politische Kommunikation, so die Einsicht des diskursiven Institutionalismus, unterscheidet sich je nach politischer Kultur und System: Während das deutsche System ein *multi actor system* ist, das zahlreiche Vetospieler zusammenbringen muss und angesichts der Notwendigkeit von Koordination, Verhandlung, föderaler Politikverflechtung und Überzeugungsarbeit die Gefahr politischen Inkrementalismus birgt, ist das britische System ein *single actor system*, in dem sich die Macht auf den Premierminister konzentriert. In der deutschen Verhandlungsdemokratie kann der Verweis auf Alternativlosigkeit und Notwendigkeit als ein Effekt der Institutionalisierung von Konsenssuche und Koordination zwischen Koalitionspartnern, Bundestag und Bundesrat verstanden werden. Politische Entscheidungen sind viel eher Kompromisse. Daher macht die vorliegende Untersuchung nebenbei die differente Funktionalität von TINA-Rhetorik in unterschiedlichen Systemen sichtbar. TINA im britischen System – und im französischen System – zeichnet sich durch *common sense* und Resolutheit aus, da in diesen politischen Systemen der kommunikative Diskurs eine zentrale Stellung einnimmt und als ein Zeichen von Machtpolitik zu deuten ist. Der Konflikt mit der Opposition ist Teil des politisch-kommunikativen Spiels.

Merkels extensive Nutzung der TINA-Rhetorik während der Eurozonenkrise offenbarte nun einen für die deutsche Öffentlichkeit ungewohnten, spezifischen kommunikativen Diskurs. Zwar war eine erfolgreiche Koordination in Krisenzeiten zwar entscheidend, aber unter Zeit-

---

abzuleiten – weil man systemisch ist, ist man sozusagen frei von allen Anforderungen –, wäre eine katastrophale Schlussfolgerung für die Akzeptanz marktwirtschaftlicher Mechanismen in unserer Gesellschaft.« Merkel, Rede auf dem XIX. Deutschen Bankentag des Bundesverbands deutscher Banken, Berlin, 31.03.2011.

513 Vgl. Schlieben, Merkels Luxussorgen, Die Zeit, 21.09.2013.

druck schwer zu organisieren.[514] Doch innerhalb der Regierung wurde Koordination schlichtweg als gegeben dargestellt; die parlamentarische Opposition hatte sich *de facto* marginalisiert – sowohl die SPD als vormaliger Koalitionspartner als auch die Grünen trugen die krisenpolitischen Entscheidungen im Bundestag mit. Bis zum Jahre 2009 und erneut ab 2013 regierte Angela Merkel in einer Großen Koalition. Große Koalitionen sind zur Herstellung von Erwartungssicherheit in Krisenzeiten eine optimale parlamentarische Konstellation. Diesen *Regierungsmodus* hat Angela Merkel als Regierungsstil verinnerlicht. In der Krise konnte sie zu einem resoluten kommunikativen Diskurs wechseln, der nicht Macht, sondern Notwendigkeit und Moral als Herrschaftsmittel ausweist. Schlussendlich lässt sich in Merkels Strategie der »Tabuisierung von Machtkämpfen« eine Macht- und Herrschaftstechnik erkennen, in der »[d]ie Mächtigkeit des Ganzen […] durch die Verdeckung interner Machtverteilungen und -auseinandersetzungen verstärkt [wird]«.[515]

514 Auch Schmidt legt nahe: »Only at critical junctures, when the coordinative discourse breaks down, does the communicative discourse have an important role to play, by providing a new frame with which key political actors can reconstruct their coordinative discourse.« Schmidt, The politics of economic adjustment in France and Britain, S. 304.

515 Rehberg, Normalitätsfiktion als institutioneller Mechanismus, S. 176. Rehberg hält daher fest: »Paradoxerweise gelingt die Stabilisierung von Institutionen dadurch, dass die in ihnen inkorporierte Macht durch eine Fülle von differenziellen Zurschaustellungen gesteigert und dass sie zugleich verdeckt, genauer gesagt: institutionell umgedeutet wird.« Ebd., S. 175f.

5. Zwischenfazit: Alternativlosigkeit als *one experimental way*

> »Wenn nicht noch ein Wachstumswunder geschieht, wird der Kapitalismus der Zukunft ohne die Friedensformel eines auf Pump finanzierten Konsumerismus auskommen müssen. Die Utopie des gegenwärtigen Krisenmanagements ist denn auch die mit politischen Mitteln betriebene Vollendung der schon weit vorangekommenen Entpolitisierung der politischen Ökonomie, zementiert in reorganisierten Nationalstaaten unter der Kontrolle internationaler, gegen demokratische Beteiligung isolierter Regierungs- und Finanzdiplomatie, mit einer Bevölkerung, die in langen Jahren hegemonialer Umerziehung gelernt haben müsste, die Verteilungsergebnisse sich selbst überlassener Märkte für gerecht oder doch für alternativlos zu halten.«[516]

Die Untersuchung der TINA-Rhetorik in europäischer Politik und in der Krise hat mehrere Ambivalenzen und Probleme offengelegt: Der Verweis auf Alternativlosigkeit korrelierte mit einer Mobilisierung der *Krise* als *Frame* für eine Politik, die sich selbst als Politik der Ausnahme kommunizierte und die Gemeinschaftsmethode als politisches Verfahren mitunter zugunsten eines durch Nationalinteressen dominierten Intergouvernementalismus aushebelte. Indessen installierten die Mitgliedstaaten mittels dieses *Governance*-Modus innovative, wenngleich technokratische Instrumente, die einen »Exekutivföderalismus«[517] begünstigten und diesen durch supranationale Arrangements supplementierten. Nationale Interessen und die Einforderung von Souveränitätsrechten können freilich technokratische und supranationale Arrangements ausgleichen oder mitunter untergraben.

Die Sequenz von Finanzmarkt-, Schulden- und Eurokrise hat die Kontroverse um nationale Handlungsspielräume innerhalb der EU befeuert. Während in der französischen Debatte europäische Handlungs- und Sachzwänge im Namen nationaler Souveränität politisch kontestiert werden, plädiert Wolfgang Schäuble gar für ein Vetorecht der EU-Kommission bei nationalparlamentarischen Verhandlungen zu unausgeglichenen Staatshaushalten.[518] Diese Affirmation der autonomen »Selbst-

516 Streeck, *Gekaufte Zeit*, S. 78.

517 So der Begriff des »Eurodemokraten« Habermas, *Im Sog der Technokratie*, S. 93.

518 Schäuble sagte im Interview mit dem FOCUS: »Der Währungskommissar soll ein Vetorecht gegen Haushalte bekommen, die gegen die Euro-Stabilitätskriterien verstoßen«. Vgl. Focus: Schäuble für Vetorecht der EU-Kommission gegen nationale Haushalte, 23.11.2014.

entmachtung«[519] nationaler Politik korreliert mit einem ordoliberalen Denken und mit deutschen Interessen. Die Differenzen zwischen Berlin und Paris bekräftigen, dass der ökonomische Liberalismus der EU ein Konglomerat, ja ein ständiger Aushandlungsprozess zwischen deutschem Ordoliberalismus, angelsächsischem und amerikanischem Neoliberalismus und französischem Neo-Colbertismus bleibt.

Ausführlich wurde die Strategie einer politischen Selbstbindung als Ausweis eines Erwartungsmanagements zwischen Staaten und Markt diskutiert – ob dies sogleich von einer »Krise des Staates«[520] zeugt, sei noch immer dahingestellt. Die Analyse hat darauf hingewiesen, dass die krisenpolitischen Reformen bestehende Rechtsgrundlagen maximal auszureizen, um jegliche Vertragsabstimmungen zu vermeiden und jenen supranationalen Kompetenzgewinn als legal und legitim erscheinen zu lassen. Auf eine resümierende Formulierung gebracht, handelte es sich beim Krisenmanagement um einen in seiner Wirkung *innovativen Inkrementalismus*.

Dennoch hielten die politische Debatte, die parlamentarischen Mechanismen zur Repräsentation einer europäischen Öffentlichkeit und eine europäische Bürgeridentität mit der neuen Integrationsvertiefung nicht Schritt. Letztlich handelte es sich um eine Entdemokratisierung, die bisher nur das Versprechen einer *nachholenden Demokratisierung* birgt.[521] Habermas bilanziert deshalb, dass »[...] die Pläne der Kommission [...] die Versuchung [spiegeln], diese Kluft zwischen dem ökonomisch Erforderlichen und dem, was politisch machbar erscheint, auf *technokratischem Weg* zu überbrücken«.[522] Die Notstands- und TINA-Rhetorik, die das *muddling through* des europäischen Krisenmanagements intonierte, war der Spiegel einer Politik, in der sich »die ökonomischen Zwänge funktional mit der technokratischen Flexibilität einer handlungsfähigen Exekutive [zu] verschränken« drohten.[523]

Wenn die Kanäle demokratischer *Inputs* an Bedeutung verlieren, das Europäische Parlament den »legitimacy gap«[524] nicht zur Stärkung der eigenen Kompetenzen nutzen kann, schwindet demokratische Kontrolle und die Artikulation politischer Belange wie sozialer Gerechtigkeit, Sozialpolitik, einer Sicherung von kollektiven Gütern und öffentlichem Dienst

519 Habermas, *Im Sog der Technokratie*, S. 92.
520 Vgl. White, Emergency Europe, S. 12.
521 Habermas, *Im Sog der Technokratie*, S. 91; Hervorhebung im Orig.
522 Ebd., S. 92; Hervorhebung im Orig.
523 Ebd., S. 91.
524 Rittberger, Integration without Representation?, S. 1176.

auf EU-Ebene. Die Lücke zwischen *Input-* und *Output-*Legitimation und konkret zwischen »einer Konsolidierung von Steuerungsfähigkeit [...] und der gebotenen demokratischen Legitimation«[525] vergrößert sich.

Ad-hoc-Technokratisierung und TINA-Rhetorik sind oftmals Symptome einer bestimmten Konstellation:

»Als Programm und Bewegung entsteht Technokratie aus Situationen, in denen genuin gesellschaftliche Institutionen in eine Krise geraten und eine rationale Integration der Gesamtgesellschaft mit den Mitteln einer politischen und ökonomischen Steuerung nicht mehr gewährleistet zu sein scheint. Wenn Politik und Ökonomie als Garanten einer rationalen, stabilen und funktionsfähigen gesellschaftlichen Ordnung versagen, gewinnt die technische Ordnung als Alternative und orientierendes Modell an Attraktivität.«[526]

Wie der Prolog zum Sachzwangargument bei Helmut Schelsky zeigte, lässt sich in Forderungen und Konzepten von Technokratisierung, Professionalisierung, Formalisierung und Sachlichkeitsveto gegenüber (partei-)politischen Entscheidungen der Versuch erkennen, den Raum des politisch Sag- und Machbaren zu stabilisieren und gegen Demokratisierung, Kritik und Kontestation zu immunisieren. Schelsky zufolge würde Demokratie überflüssig, sofern ein *one best way* feststellbar wäre. Erfuhr die junge Bonner Republik durch Schelsky ideenpolitische Rückendeckung, fungierte in der Eurokrise Technokratisierung, Supranationalisierung und Selbstbindung als Legitimationssubstitut für demokratische Willensbildung. Sachzwang und Alternativlosigkeit dienten einer Einhegung demokratischer Verfahren und Debatten, einer *politischen, wirtschaftspolitischen* sowie *epistemischen* Krisenpolitik. Die Rhetorik der Alternativlosigkeit war ein Kriseninstrument zur Re-Stabilisierung.

Zugleich hat die vorstehende Analyse die Ambivalenz und Dialektik dieses Instrumentariums bestätigt: Wird Depolitisierung im Sinne einer neoliberalen Herrschaftstechnik als Strategie verstanden, Verantwortung zu verschieben und manageriale Kontrollverfahren zu schaffen, zeigte sich in der Krise, dass Regierungen und politische Akteure um eine politisch glaubwürdige Strategie rangen und einem abrupten Ruf nach Staatstätigkeit und politischer Intervention begegnen mussten. Depolitisierung als Krisenstrategie stand vor dem Problem einer Politisierung von Europapolitik angesichts salienter, mobilisierender und polarisierender Effekte derselben.

525 Habermas, *Im Sog der Technokratie*, S. 92.

526 Saretzki, Technokratie, Technokratiekritik und das Verschwinden der Gesellschaft, S. 361.

In einem neoliberalen Gesellschafts- und Wirtschaftsregime vollzieht nicht nur das Foucault'sche Subjekt Praktiken der Selbstdisziplinierung, auch Staaten stehen vor Selbstbindungsanforderungen und offenbaren »gouvernementale Selbsttechnologien«.[527] Doch gilt es die dialektische Wirkung jener Technologien zu beachten, denn was bei Akteuren auf dem Finanzmarkt wie Banken, Anlegern und Rating-Agenturen als *Glaubwürdigkeitsgewinn* verbucht wird, erzeugt bei einem anderen Adressaten – einem womöglich auf Revision schielenden Wähler – Unbehagen und politische *Frustration*: »Durch die Institutionalisierung ›neutraler‹ Entscheidungsregeln wird eine Paradoxie erzeugt: Was die Politik bei der Entscheidungsfindung entlasten soll, belastet sie gegenüber den Wählern.«[528]

Dementsprechend machte die Untersuchung Diskursinterferenzen aus, die sowohl eine Irritation zwischen der Kommunikation an Bürger versus Marktteilnehmer als auch zwischen einzelnen europäischen Regierungen kennzeichneten. Demokratietheorie muss sich des Problems gewahr werden, dass der Staat mit einer Vielfalt von Wählerschaften, Interessengruppen oder Adressaten konfrontiert ist, zu denen auch Marktakteure und Agenten des Kapitals gehören – zeitgenössische Demokratietheorie bedarf der Wirtschafts- und Staatstheorie. Nur so kann man Wolfgang Streecks pessimistische Diagnose einer »Entdemokratisierung des Kapitalismus vermittels Entökonomisierung der Demokratie«[529] fundiert diskutieren und eventuell entkräften.

Die Interessendivergenz zwischen Deutschland und Frankreich verdeutlichte zwei Interpretationen der Krise und zwei Lösungsansätze, die in einen krisenpolitischen Kompromiss Eingang fanden. Viele der verfolgten *Policy*-Lösungen überstiegen das paradigmatische, binäre entweder-oder-Muster von Keynesianismus oder Monetarismus – sie oszillierten zwischen einem neoliberalen *old view*, einem »neohayekianische[n] Wirtschaftsregime« und einem »Rettungskeynesianismus«.[530] Bis dato verfolgt die Eurozone weiterhin einen Fiskalkonservatismus, der Kosten auf Privathaushalte verschieben soll, sowie einen Ansatz von »sound money« und ausgeglichener Haushalte zum Zweck der Inflationsbekämpfung und

527 Vgl. Bröckling/Krasmann/Lemke, Gouvernementalität, Neoliberalismus und Selbsttechnologien.

528 Sturm, Die Entdeckung einer Politik des Unpolitischen, S. 404.

529 Streeck, *Gekaufte Zeit*, S. 28; Hervorhebung im Orig. entfernt.

530 Ebd., S. 27, 81.

Staatswachstumsbegrenzung.[531] Austerität gilt als stabilitätsorientierte Losung.[532] Die europäische Krisenpolitik offenbart eine letztlich mikroökonomisch-angebotsorientierte Fixierung.[533] Der beschlossene »Rettungskeynesianismus« begründet aber noch keinen grundlegenden *Policy Change*; Andrew Gamble diagnostiziert daher 2013: »The present period is one of economic turbulence but ideological stability.«[534] Ein Paradigmenwechsel fehlt bis heute.

So versinnbildlichen die von der »Iron Lady Merkel« durchgesetzten Konditionalitäten die Wiederkehr ordoliberaler Denk- und Strukturmuster im europäischen Krisenmanagement. Wie im Ordoliberalismus ist das bekräftigte Leitbild das des Wettbewerbs und internationaler Wettbewerbsfähigkeit. Staatseigentum solle privatisiert, Märkte und Arbeitsmärkte sollen zum Zweck der Wettbewerbsfähigkeit dereguliert werden.[535] Gleichwohl wird heute Deregulierung durch Re-regulierung ergänzt und mit neuen *Policy*-Instrumenten experimentiert. Die EU-Kommission reagierte etwa auf die anhaltende Wachstumskrise und verabschiedete im November 2014 ein Investitions- und Wachstumsprogramm, das die Wirtschaft ankurbeln sollte.

Bei der Beurteilung einer Krisenresistenz des Neoliberalismus darf folglich, auch im Rückgriff auf die Erkenntnisse der vorangegangenen Kapitel, eine immanente Paradoxie nicht vergessen werden. Nimmt man lediglich die Staatsquote als einen Indikator über staatliche Anteile am Gesamtvolumen wirtschaftlicher Aktivität einer Volkswirtschaft, lag diese im Jahr 2011, also mutmaßlich nach Jahrzehnten einer Politik der Neoliberalisierung, bei fast 50 Prozent im europäischen Durchschnitt.[536] Es gilt noch einmal daran zu erinnern: »[...] the paradox of neo-liberalism is that although it has restructured the state since the 1980s, nowhere has it significantly reduced it.«[537] Staatsausgaben sind in der Tendenz eher gestiegen als gesunken. Doch:

531 Vgl. Gamble, Neo-liberalism and fiscal Conservatism, S. 70. Über diese Ziele waren sich schon sowohl Hayek als auch Friedman einig, während sie über den Weg dahin stritten.

532 »Neo-liberalism appears resilient because fiscal conservatism is the default position to which states return at times of crisis.« Ebd., S. 74.

533 Vgl. ebd.; Heise, European Governance: Institutionelle Reformen nach der Krise, S. 636.

534 Gamble, Neo-liberalism and fiscal Conservatism, S. 53.

535 Biebricher, *Neoliberalismus*, S. 192.

536 Vgl. ebd., S. 13.

537 Gamble, Neo-liberalism and fiscal Conservatism, S. 71.

»Of course, whilst in aggregate terms welfare expenditure (as expressed as a proportion of GDP) has continued to rise in most OECD economies, once we control for demand-inflationary pressures (such as demographic change, increased unemployment and escalating health care costs) there is unambiguous evidence of systematic welfare retrenchment [...].«[538]

Es gibt kein in sich widerspruchsloses, einheitliches neoliberales Programm; internationale Vergleiche von politischen Reformentscheidungen und -implementierungen verdeutlichen stattdessen: »The ways in which such [policy, AS] choices are made depend on the historical legacies and the institutional and ideational entrepreneurship of the policy makers and elites in each respective country.«[539] Die vorstehende Untersuchung hat daher den Krisendiskurs auch auf *Framing und Blaming*-Narrationen untersucht. Ein als »neoliberal« zu bezeichnendes Denken kann sich als Handlungsanleitung für Politik durchsetzen, weil es allgemeine und anpassungsfähige Aussagen beinhaltet – was als neoliberal begriffen wird, wandelt sich mit der Zeit.[540] Diejenigen *Policies*, die als neoliberal inkriminiert werden, sind heterogen – und eben innovativ.

Innovative Policy-Instrumente jenseits formaler Kompetenzen konnten letztlich zu einer Stabilisierung des bestehenden Paradigmas beitragen. Die EZB nutzte ihren vorhandenen Spielraum für geldpolitische Experimente entgegen jeglicher ordoliberalen Orthodoxie – was konsekutiv wiederum nicht von den Vertretern der deutschen Bundesbank befürwortet wurde. Allerdings richten sich die Entscheidungen der EZB weiterhin langfristig an Haushaltskonsolidierung und Inflationsbekämpfung aus. Auch jenseits der Eurozone trugen manche der nach 2008 getroffenen Maßnahmen eine *keynesianische* respektive *non-neoliberale Couleur*; in Großbritannien setzte die Politik unter dem Finanzminister George Osborne seit 2010 auf Stimuli und Stabilisierungsmaßnahmen. In beiden Ländern standen jene keynesianischen Impulse zu einem Fiskalkonservatismus in Spannung, dieser wurde im angloamerikanischen Raum nur *taktisch* angewendet und nicht im Sinne unabänderlicher, regelbasierter Ordnungspolitik begriffen. In den USA brachen geldpolitische Lockerungen, *Bailout*, Konjunkturprogramme und

538 Watson/Hay, The Discourse of Globalisation and the Logic of No Alternative, S. 5. Die Autoren kritisieren hiermit ihrerseits die Kritik an der Diagnose des wohlfahrtsstaatlichen Rückbaus.

539 Schmidt/Woll, The State, S. 134. In Anlehnung und Halls und Sokices Formulierung finden sich also »Varieties of Neoliberalism«.

540 Diese Resilienz lässt sich wissenspolitologisch-diskursanalytisch, aber auch politisch-institutionell erklären. Vgl. Schmidt/Thatcher, Theorizing ideational Continuity, S. 26f.

Fiskalstimuli unter George W. Bush und Barack Obama mit den traditionellen Prinzipien der »sound money«-Politik.[541]

Seit Ausbruch der Krise hat die behördliche Kontrolle der amerikanischen Finanzindustrie deutlich zugenommen und verfolgte bisher – vorbehaltlich bis zu Entscheidungen des neuen Präsidenten Donald Trump – eine *Regulierung ex post*. In sogenannten »regulatory compliance procedures« werden Gesetzes- und Regelverstöße der Finanzindustrie durch Strafzahlungen geahndet, die mittlerweile eine so wichtige Quelle für Staatseinnahmen der US-Regierung bilden, dass sie die Kosten des *Bankenbailouts* bereits übersteigen. Die Geldstrafen folgen aber keiner juristischen Verurteilung, sondern behördlichen Regelvereinbarungen zum »corporate behavior«. Von Banken, die als »too big to fail« galten, sind Banken »too big to jail« geworden.[542]

Angesichts der von europäischen Eliten als alternativlos kommunizierten Austeritätspolitik kritisierten konsequenterweise sowohl der amerikanische als auch der britische Finanz- bzw. Schatzminister die Krisenpolitik der Eurozone und forderten eine Wachstumspolitik sowie die Einführung von Eurobonds. Harsch kritisierte der amerikanische Finanzminister Jacob Lew vor dem Treffen der 20 größten Industrie- und Schwellenländer im Dezember 2014, »dass Länder mit großen Handelsüberschüssen und Spielraum in den Haushalten – zum Beispiel Deutschland oder die Niederlande – eine Finanzpolitik betreiben, die die Nachfrage stärkt«.[543] Lew argumentierte *keynesianisch* – daher lässt sich resümieren: »It is one of the many paradoxes of this crisis that the EU – in this respect, at least – should appear more Hayekian than Anglo-American in its response to the crisis.«[544]

Es gilt, als Zwischenfazit eine Gleichzeitigkeit von der Beschwörung und der Wiederkehr orthodox-ordoliberaler *Prinzipien* sowie pragmatischer Politikansätze *in praxi* festzuhalten.[545] Ideen, Rhetorik und Praxis fallen eben nicht immer in eins; »[p]roponents of neo-liberalism […] may believe fervently in certain basic philosophical *ideas* on which they base their *pro-*

541 Vgl. Gamble, Neo-liberalism and fiscal Conservatism, S. 72.

542 Laut Cornelia Woll sind diese Einnahmen in den USA zu einem Haushaltsposten angewachsen, der Steuereinnahmen in nichts nachstehe; Woll, Vortrag auf dem Wissenschaftlichen Colloquium zu Ehren Wolfgang Streecks, Köln, 30.10.2014.

543 Piper, Immer diese Deutschen, Süddeutsche Zeitung, 11.12.2014.

544 Gamble, Neo-liberalism and fiscal Conservatism, S. 74.

545 Vgl. Crespy/Schmidt, The Clash of Titans, S. 12.

grammatic ideas, regardless of the *practicability*.«[546] Erstens bestand zwischen den in jüngerer TINA-Rhetorik implizierten normativen Annahmen und der empirischen Falsifikation neoliberaler Handlungsansätze eine Lücke, die durch den Ruf nach stärkerer Regelbefolgung und Liberalisierung überbrückt wurde. Zweitens bot die TINA-Rhetorik die Möglichkeit, inkrementellen Politikwandel und pragmatische Revisionen zu rechtfertigen und eben jene Lücke zu kaschieren.

Schließlich hat die Krise keinen Paradigmenwechsel herbeigeführt, doch auch entgegen einem von Kuhn inspirierten, kriterialen Einwand kann man sie berechtigterweise als Krise bezeichnen, denn Krisen sind »events or developments widely perceived by members of relevant communities to constitute urgent threats to core community values and structures«.[547] Um den bisherigen Argumentationsgang aufzugreifen, lässt sich unsere Gegenwart eher als *denormalisierender Neoliberalismus* in einer »Krise ohne Alternative« kennzeichnen.[548] Wie in der Krise der römischen Republik können Politiker »zwar alle Macht in den Verhältnissen, aber keine über sie« erringen.[549] In Analogie zu Christian Meier lässt sich nicht die Frage nach dem Grund des Untergangs der Republik oder der Eurozone stellen, sondern warum sich diese überhaupt so lange (noch) halten kann. Gab es damals keine gesellschaftliche Schicht in Rom, die einen Umsturz dezidiert wollte, lag kein anderes Paradigma bereit und stand keine andere Ordnung zur Verfügung, so erinnert jene historische Konstellation an die heutige Situation mangelnder Alternativen zum Bestehenden. Daher ist die Gleichzeitigkeit eines *persistenten Diskurses der Notwendigkeit* in einer Phase der Denormalisierung von Bedeutung. Sie relativiert und verortet Krisen- und Notstandspolitik als *Politik des Möglichen* im bestehenden Paradigma und entschärft damit das Problem eines politischen Dezisionismus zu einer *experimentellen* Politik ohne Anspruch auf profunden Wandel. So wird sie als *Politik des Notwendigen* kommuniziert.

Krisen sind, neben Wirtschafts- und Finanzturbulenzen, Zeiten epistemischer Unsicherheit. Dem Modell eines *one best way* lag als Axiom zugrunde: »Je mehr wir wissen, desto mehr engt sich das Gebiet menschlicher Freiheit und damit auch menschlicher Verantwortung ein.«[550]

546 Schmidt/Thatcher, Theorizing ideational Continuity, S. 29; Hervorhebungen AS.

547 Boin et al., Crisis exploitation, S. 83f.; Hervorhebung im Orig. entfernt.

548 Meier, *Res Publica Amissa*, S. 201.

549 So argumentiert Meier ebd.

550 Berlin, Historische Unvermeidlichkeit, S. 131.

Der (wissenschaftliche) Fortschritt des Wissens enthülle immer mehr Gesetze und Determinismen. Wenngleich der Rekurs auf Expertise in Zeiten von Unsicherheit den Versuch offenbart, Expertise als *science truth speaking to power* zu mobilisieren, ist das Modell *one best way* angesichts der heutigen Heterogenität des Wissensraumes, angesichts sich offen widersprechender Expertise und pluralistischer moderner Forschung nicht mehr glaubwürdig.[551] Die moralisch fundierte Behauptung eines *one right way* schlägt sich zwar in der Vermengung von Fiskaldisziplin und Moral nieder. Doch auch diese ist mehr denn je fragwürdig und durch Verweise auf institutionelle, endogene Krisenursachen der Eurozone unglaubwürdig. Die »Mythologie« der Märkte treibt Krisenmanagement in Sackgassen, in der Reformpolitik nicht mehr emphatisch, sondern nur pragmatisch einen *one necessary way* kommuniziert. So lässt sich die in den vorangestellten drei Fallanalysen symptomatischer TINA-Diskurse begonnene, idealtypische Gegenüberstellung von TINA-Modellen vervollständigen: Die Rhetorik der Alternativlosigkeit und der Verweis auf Sachzwänge in der Eurokrise erweist sich als *one experimental way*.

551 Vgl. Strohschneider, Zur Politik der Transformativen Wissenschaft.

Schlussbemerkung

»Gehlen gilt noch als Reaktionär mit seinen Sachzwängen, während heute alle damit argumentieren, ob Schröder, Trittin oder Stoiber, Merkel oder wer auch immer.«[1]

Die Untersuchung von Sachzwang und Alternativlosigkeit konzentrierte sich auf drei symptomatische Fälle und ordnete diese vor der Kontrastfolie des kontrafaktischen Modells eines *one best way* systematisch ein. Die Gegenüberstellung von Schelskys Argumentation und einer Rhetorik der Alternativlosigkeit verdeutlichte, dass in den untersuchten Diskursen von Thatcherismus, New Labour und europäischer Krisenpolitik jeweils ein moralisch richtiger, politisch notwendiger oder ein krisenstrategischer und damit notwendigerweise experimenteller Weg für Politik postuliert wurde. Diese entsprachen aber nicht einer allseits einsichtigen, auf wissenschaftlich-technischer Rationalität basierenden »optimalen Sachlösung« im Sinne Schelskys. Politik wich keiner wissenschaftlichen Evidenz, Sachgesetzlichkeit, Wertrationalität oder Ideologielosigkeit, wenngleich sich in allen Diskursen der Anspruch widerspiegelte, die politischen Programme und Entscheidungen entsprängen einer Handlungslogik, welche die Eigeninteressen, die vermeintliche Korrumpierbarkeit oder die zeitinkonsistente Kurzsichtigkeit parteipolitischer respektive nationalpolitischer Überlegungen zugunsten wirtschaftspolitischer Notwendigkeiten hinter sich ließe.

Indes zeigten sich gemeinsame Fluchtpunkte in Schelskys politischer Argumentation und in jenen Diskursen: Schon der technokratische Konservatismus intonierte eine *liberalkonservative* Kritik am Wohlfahrtsstaat; die Kritik an der Bonner »Milchkuh« und insbesondere Schelskys Volte gegen den »betreuenden Staat« formulierten die Diagnose des *overloaded state* mit einem kulturkritischen Motiv. Der Befund, dass die Ansprüche des Einzelnen inflationierten, die Gesellschaft durch wohlfahrtsstaatliche Umverteilung pazifiziert werde und der Staat sich als paternalistischer Wohlfahrtsstaat zu legitimieren suche, gewann an politischer Handlungsrelevanz. Das Unbehagen am modernen Wohlfahrtsstaat wandelte sich zum neoliberalen Plädoyer für weniger Staat.

Spätestens die Krisen der internationalen Wirtschaftsordnung in den 1970er Jahren erschütterten aber den abgeklärten Eindruck posthistorischer und postideologischer Stabilität. Die konsequente Problemdiagno

1 Rehberg, »Ordnung ist kein Gefängnis«. Zu Leben und Werk Arnold Gehlens, S. 27.

se, Wachstumskrise und Stagflation seien einer keynesianischen, interventionistischen Regulierung und obstruktiven Gewerkschaften anzulasten, führte dazu, den Strukturkomplex von Politik, moderner Industriegesellschaft, kapitalistischer Wachstumswirtschaft und wissenschaftlich-technischem Fortschritt nicht auf *systeminhärente* Instabilität und Dysfunktionalität zu hinterfragen, sondern eine politische, neokonservative »Wende« hin zu Deregulierung und liberaler Wachstumspolitik zu vollziehen.[2] Der Keynesianismus bot für das britische Problem der Stagflation kein Rezept. Sachzwänge jenseits politischer Gestaltung wurden zu politischen und moralischen Reformimperativen, die im Laufe eines Lernprozesses in Großbritannien als *alternativlos* deklariert wurden.

Sowohl die politisch wirksamen Wirklichkeitsdeutungen und Narrationen als auch die Differenz zwischen Rhetorik und Praxis einer neoliberalen, monetaristischen Reformpolitik traten in der Untersuchung hervor. Im Thatcherismus wurde die *overloaded state*-Diagnose als probates Mittel für eine eigentlich prinzipielle, moralische Zielsetzung genutzt.[3] Thatcher gründete ihre *antagonistische TINA-Rhetorik* auf eine apodiktische, moralische Konditionalität und erzielte mit ihrer normalistischen Neuformulierung des *common sense* kurz- und mittelfristig eine polarisierende Wirkung. Langfristig änderte sich das politische Feld, sodass sich New Labour zu einer wirtschaftsliberalen Mitte hinbewegen musste.

Bei Thatcher entsprach Alternativlosigkeit einer politischen, wenngleich latent demokratieskeptischen Rhetorik. Opposition und Protest wurden diskreditiert und delegitimiert, während zeitgleich der parlamentarische und kabinettsinterne Entscheidungsprozess bagatellisiert wurde. Thatcher nutzte Elemente populistischer Diskurse. Ihre alternativlose Politik implizierte eine politisch-programmatische Entscheidung – diese galt allerdings aufgrund ihrer unbedingten normativen, politischen Richtigkeit als alternativlos. Der in der Einleitung formulierte Vorbehalt stellt sich also als richtig heraus: Im Thatcherismus wurde demokratischer Experimentalismus verneint, doch das antagonistische Moment bekräftigt. Thatcher subvertierte die demokratisch-parlamentarische Handlungslogik durch Moral und Ineinssetzung vermeintlich universaler und trivialer Normen mit ökonomischen Maximen. Beim Thatcherismus handelte es sich um

2 Vgl. hierzu: Grande, Schwierigkeiten mit der ›Wende‹, S. 309.

3 Vgl. Hay, The normalizing role of rationalist assumptions, S. 525. Hay bemerkt hierzu: »Ironically, the election of an administration designed to break the cycle of overload would appear to provide a compelling refutation of the overload thesis.« Ebd., S. 512.

einen *normativen Neoliberalismus*; daher wurde dieses Fallbeispiel der TINA-Rhetorik idealtypisch als antagonistisches Modell eines *one right way* erfasst.

Angesichts der herausgearbeiteten Paradoxa und Ambivalenzen, beispielsweise bei den Nuancen einer Ökonomisierung respektive »Neuerfindung des Sozialen«,[4] wurde das Etikett neoliberaler Politik diskutiert und problematisiert. Am Beispiel des Thatcherismus wurden nicht nur eine mit moralischen Evidenzen begründete Politik der Deregulierung, Privatisierung und Liberalisierung deutlich, sondern auch Prozesse der Re-Regulierung. Denn als Bilanz ließ sich keineswegs ein eindeutiges *rolling back the state* feststellen, sondern eher ein Glaube an politische Verfügbarkeit durch *Managerialismus*:

»On the whole, despite their rhetoric of rolling back the state, neo-liberal governments have devoted more time trying to get the public sector to perform better by importing managerial techniques from the private sector than to dismantle it. This commitment to technocratic managerialism was much more apparent than any faith in neo-liberal principles about trusting in markets to deliver. Markets were used as managerial tools in the pursuit of publicly determined objectives.«[5]

Gambles Diagnose der Gleichzeitigkeit von einem starken Staat und freier Wirtschaft ist immer wieder als emblematisches Hendiadyoin neoliberaler Herrschaft zu bekräftigen.

Neben innerbritischen Weichen und Pfadabhängigkeiten stellten die Entwicklung einer postindustriellen Wissensgesellschaft, die globale Verflechtung von Wirtschaftsstandorten und ein internationales Finanz- und Handelsregime den Handlungsspielraum und die Instrumente britischer Politik auf eine Probe. Im Diskurs New Labours waren nun wirtschaftsliberale Positionen Teil eines Programms jenseits scheinbar obsoleter, ideologischer Konfliktlinien und wurden weiterhin moralisch, vor allem mit kommunitaristischen Konzepten unterlegt. Während Thatchers TINA-Rhetorik den politischen Raum konfliktiv zu polarisieren suchte, fungierte Alternativlosigkeit bei New Labour sowie in parallelen Konfigurationen des Dritten Weges als Figur einer *inklusiven Synthese*. Die lexikalisch-semantischen Verschiebungen im *Clause IV* versinnbildlichten hierbei den Wandel zu einem *normalisierten Neoliberalismus*: Wirtschaftswachstum und Fortschritt galten fortan als eine kollektive Pflicht und Anstrengung; die gesamte britische Gemeinschaft war Adressat einer moralischen Ansprache. Die Herstellung des Sozialen und das Potenzial wirtschaftlicher

4 Lessenich, *Die Neuerfindung des Sozialen*.

5 Gamble, *The Spectre at the Feast*, S. 83.

Wertschöpfung wurden *in* den Einzelnen verlegt. Dieser war im inklusiven Wir aufgehoben;[6] Politik wurde ethisiert.

Die in der TINA-Rhetorik von New Labour kulminierende politisch-diskursive Strategie war die eines emphatischen Pragmatismus; polemisch sprechen Colin Hay und Ben Rosamond daher von einer »rhetorical schizophrenia«.[7] Auf der einen Seite affirmierten Blair, Brown und Co. politische *Leadership* und betrieben ein politisches *credit claiming* für ihre politisch riskante, unliebsame Reformpolitik. Auf der anderen Seite fungierten ihre Hinweise auf »changed realities« als Rechtfertigungsnarrativ für alternativlose »hard choices« (Blair) und nützten einer *blame avoidance*, bei der Globalisierung und Modernisierung als strukturelle *Frames* für TINA-Rhetorik dienten. Hierfür stellte auch das soziologische Werk Anthony Giddens' handlungsrelevante Wirklichkeitsdeutungen bereit. Der Dritte Weg intendierte schließlich, »dem pragmatisch Notwendigen und dem politisch Machbaren eine Perspektive zu geben«.[8] Folglich wurde die Figur der Alternativlosigkeit bei New Labour und allgemein im Dritten Weg idealtypisch als inklusives Modell eines *one necessary way* eingeordnet.

Dieses Modell rekurrierte auf eine Darstellung von Globalisierung, derzufolge Kapitalmobilität Politiker zu Liberalisierung und Deregulierung drängt. Die historisch-politische Rekonstruktion machte deutlich, dass die »goldene Zwangsjacke« der Politik, also vor allem die Mechanismen des globalisierten Finanzmarkts, auch ein Resultat politischer Konstellationen waren: Das politisch beschlossene Ende der Kapitalflusskontrolle und der Priorität der Vollbeschäftigung, die Reform des universalistischen Wohlfahrtsstaats, die Beschneidung starker Gewerkschaften sowie der Umbau öffentlicher Dienste und die Abschaffung fester Wechselkurse besiegelten sukzessive jenen *Policy Change* der 1970er Jahre. Politiker schufen ein neues internationales geldpolitisches Regime zur Inflationskontrolle, flexibilisierten Arbeitsmärkte und verabschiedeten neue Regeln für öffentliche Haushalte. Sie beschworen einen Rückbau des Staats, während Privatisierung, Deregulierung, Steuerpolitik und Vermarktlichung immer weiter in

6 Vgl. Lessenich, *Die Neuerfindung des Sozialen*.

7 Hay/Rosamond, Globalisation, European Integration and the Discursive Construction of Economic Imperatives, S. 12, FN 10.

8 Vorländer, Dritter Weg und Kommunitarismus, S. 16. Dementsprechend handelt es sich bei *blame avoidance* und *credit claiming* bisweilen um simultan ablaufende Strategien.

gesellschaftliche und wirtschaftliche Sphären eindrangen.[9] Der heutige Staat ist eben kein Nachtwächterstaat, sondern ein »smart state«.[10] Die *Top-down*-Steuerung eines hierarchischen *Government* dezentralisiert sich zum *Corporate Management* eines aktivierenden Staats. Doch führt dies bisweilen zu Diffusion und Fragmentierung politischer Zurechenbarkeit und Verantwortlichkeit.[11]

Die Turbulenzen auf dem Finanzmarkt, die Krise von Staatshaushalten, die steigende Privatverschuldung und das manifeste Sichtbarwerden der Defizite europäischer *Governance* sind ebenfalls Langzeitfolgen jener wirtschafts- und finanzpolitischen Konstellationen. Das Fallbeispiel der persistenten TINA-Rhetorik im europäischen *Policy-Making* und Krisenmanagement schloss daher die Analyse symptomatischer Diskurse ab. Es offenbarte sich nicht nur das Problem eines Demokratiedefizits, sondern auch eines Funktionsdefizits der EU. Zudem ließen sich Dispositionen für TINA-Rhetorik sowohl in Normalzeiten als auch in der Eurokrise herausarbeiten.

Innerhalb der europäischen *Mehrebenen-Governance* sind nämlich Verweise auf Alternativlosigkeit durchaus probabel: Verflechtung und intergouvernementale Koordination disponieren zu einer politischen Kommunikation, die den gemeinsamen Nenner, ein gemeinsames *winset* aus zuvor verschiedenen Interessen der Mitgliederstaaten zu vermitteln sucht. TINA-Rhetorik kann also Effekt einer Synthese- bzw. Konvergenz-Kommunikationsstrategie sein, ja am Ende europäischer Willensbildungs- und Entscheidungsprozesse stehen. Jedoch generieren die unterschiedlichen Interessen, Strategien und politischen Kulturen ein stetiges Interessenkonfliktfeld und lassen Machtasymmetrien zwischen Mitgliedstaaten erkennen. Bei der Kommunikation von Konflikten auf EU-Ebene kann daher die Rhetorik der Alternativlosigkeit auch als Mittel zur konfliktiven Be- und Abwertung von Politikvorschlägen dienen.

Wie die Analyse zeigen konnte, ist TINA-Rhetorik dann im Sinne des »Paradox der Schwäche« einzuordnen, denn der Verweis auf Alternativlosigkeit bildet im »two-level game« (Putnam) und »simultaneous double game« (Schmidt) ein Instrument, die eigene Verhandlungsposition zu er-

9 Vgl. zu der vorstehenden Synopse: Gamble, *Crisis without End?*, S. 3. Daher stellt Gamble klar: Trotz der beleuchteten Paradoxa und Uneinheitlichkeit leben wir in einem so zu nennenden neoliberalen Zeitalter.

10 Vgl. ebd., S. 4.

11 Vgl. Michelsen/Walter, *Unpolitische Demokratie*, S. 75, 76.

härten und den restringierten Handlungsspielraum in einen Macht- und Handlungsspielraumzuwachs zu verwandeln. TINA-Rhetorik wird sowohl als Taktik in europäischen Verhandlungen als auch zur öffentlichen Disziplinierung nationaler Interessengruppen eingesetzt. Dazu kommunizieren Regierungen ihren Wählern Imperative, die ihre nationale Position in einen größeren Zusammenhang (europäisches Regelwerk, Stabilität et cetera) stellen und vorherige, bestehende Forderungen relativieren oder gar obsolet werden lassen. Kurswechsel oder politische Misserfolge können mit Notwendigkeitsargumenten gerechtfertigt werden. Doch politische Akteure riskieren hiermit Politisierung und können Legitimitätsdebatten um die Integrations- und Kohäsionskraft der EU und EU-Skepsis befördern. Der Antritt der französischen Regierung unter Premier Manuel Valls im Jahre 2014 war hierfür illustrativ: Valls verlangte öffentlichkeitswirksam die Neuverhandlung der 3-Prozent-Regel des Stabilitäts- und Wachstums-pakts, doch stellte sich die Forderung als politisch nicht durchsetzungsfähig heraus. Das wiederum provozierte hitzige Diskussionen um Souveränitätseinbußen durch die EU. Frankreichs Haushaltspolitik bleibt weiterhin auf eine lediglich (aus strategischen Gründen) benevolente EU-Kommission angewiesen. Diese (Frustrations-)Erfahrungen befeuern Debatten um europäische Integration und liefern Europakritikern und -feinden sowohl auf linker als auch rechter Seite politische Munition.

Allerdings können mittels TINA-Rhetorik nationale Regierungen auch die eigene (Ver-)Handlungsmacht markieren, sofern sie von Entscheidungen bzw. Konstellationen profitieren. So konnte sich beispielsweise die deutsche Regierung mit ihrer Forderung nach Austeritätspolitik durchsetzen und deklarierte diese als alternativlos, während Kritiker eben diese Alternativlosigkeit in Frage stellten und andere Notwendigkeiten kommunizierten, etwa die einer übergeordneten europäischen Solidargemeinschaft oder einer antizyklischen Ausgabenpolitik. Wie die anhaltenden Kontroversen um Griechenlands weiteren Reformkurs verdeutlichen, war und ist TINA-Rhetorik das Instrument einer machtpolitischen Strategie, bei der Entscheidungen gerade angesichts von Interessenkonflikten und Optionalität als notwendig und nicht länger verhandelbar deklariert werden. Es verwundert kaum, dass Alexis Tsipras die Semantik einer *Alternative* gegen vorgeblich irreversible europäische Vereinbarungen nutzt. TINA-Rhetorik ist ein Spielball transnationaler Diskurse – in ihr spiegeln sich die gegenwärtigen politischen Kontroversen wie in einem Prisma.

Die Untersuchung von TINA-Rhetorik als Kriseninstrument ergab, dass die rhetorischen Beschwörungen der Krise, der Ausnahme und des Notstands zwar die Möglichkeit eines potenziellen wirtschaftspolitischen Paradigmenwechsels bekräftigten.[12] Aber gerade die kurz- bzw. mittelfristige Eindämmung der (wirtschaftlichen) Krisenfolgen nach 2008 blockiert bisher eine tiefgreifende, fundamentale Reformpolitik und eine weitsichtige Bearbeitung wirtschaftlicher und politischer Herausforderungen einer letztlich *strukturellen* Krise.[13] Derweil finden Deutungswettbewerbe zwischen Akteuren statt, die das kriseninduzierte Gelegenheitsfenster zu nutzen oder zu schließen suchen, denn:

»Crises typically generate a contest between frames and counter-frames concerning the nature and severity of a crisis, its causes, the responsibility for its occurrence or escalation, and implications for the future. Contestants manipulate, strategize and fight to have their frame accepted as the dominant narrative«.[14]

Noch sind diese Deutungswettbewerbe nicht entschieden; noch finden sich plausible Argumente sowohl für eine Krise des neoliberalen, flexiblen Kapitalismus als auch für einen resilienten Ordoliberalismus. Die wirtschaftliche Entwicklung der Eurozonen-Mitglieder sowie die weitere Krisenpolitik sind heute mehr denn je offen. Andrew Gamble erwägt gar die Möglichkeit einer »Krise ohne Ende«.[15] Es lässt sich schließlich festhalten, dass TINA-Rhetorik seit 2008 einen *denormalisierten Neoliberalismus* erfasst. Als Kriseninstrument zeigte sich in der Rhetorik der Alternativlosigkeit nicht länger ein *one best, one right* oder *one necessary way*, sondern ein *one experimental way*. Die gegenwärtige Ordnung entpuppt sich zunehmend als »unregierbar«.[16]

12 Dessen seltenes Vorkommen ist spätestens seit Halls Studie von 1993 zu konzedieren. Vgl. Hall, Policy Paradigms, Social Learning, and the State; Boin et al., Crisis exploitation, S. 90.

13 Vgl. Gamble, *Crisis without End?*, S. 5, 6.

14 Boin et al., Crisis exploitation, S. 82.

15 Gamble, *Crisis without End?*.

16 Vgl. ebd., S. 6.

1. Die demokratietheoretische Dimension der Alternativlosigkeit

Die vorliegende Untersuchung hat nebenbei die *Polity-Dimension* von Sachzwang und Alternativlosigkeit in den Blick genommen und die institutionellen, strukturellen Dispositionen für Diskurse untersucht. In machtfragmentierten Systemen mit zahlreichen Vetopositionen ist der koordinative Diskurs das Ergebnis zahlreicher Teilnehmer am politischen Prozess. In machtzentrierten Systemen ist er hingegen tendenziell das Ergebnis einer kleinen, regierungsnahen Akteursgruppe, sodass der kommunikative Diskurs in der öffentlichen Sphäre vor allem eine Legitimationsfunktion erfüllen muss und Machtzentralisierung erkennbar wird.[17]

Die Sichtbarkeit von Zurechenbarkeit und politischer Verantwortung variiert also je nach System. Wenn mittels TINA-Rhetorik Verantwortung negiert, delegiert, geteilt oder exklamatorisch übernommen wird, hängen solche Strategien auch von institutionellen Kontexten und Konditionen ab:[18] In konsensorientierten politischen Systemen ist die Gefahr elektoraler Bestrafung bei unliebsamen Reformen breiter gestreut und wohl geringer, da auf politische Koalitionen, Interessenrepräsentation sowie, etwa im Falle der Beteiligung des deutschen Bundesrats, auf Zustimmung jeweiliger Landesregierungen verwiesen werden kann. Zugleich birgt ein solches System das Risiko von Inkrementalismus und Diskursblockaden.[19] Zum einen kann der kommunikative den koordinativen Diskurs blockieren, etwa wenn gegnerische Rhetorik in Landeswahlkämpfen die notwendige Kooperation von Koalitionären auf Bundesebene erschwert. Politische Arenen, Ziele und Adressaten können interferieren. Zum anderen können Kontroversen hinter Kompromissen, in parlamentarischen Ausschüssen und in Einigungsgesprächen hinter verschlossenen Türen verschwinden. So ist zwar der koordinative Diskurs in der deutschen wettbewerbsorientierten Verhandlungsdemokratie besonders elaboriert, doch mangelt es dem kommunikativen Diskurs bisweilen an Tiefe: Sind Kompromisse gefunden und Verhandlungen abgeschlossen, ist die öffentliche Debatte

17 Schmidt, Values and Discourse in Adjustment, S. 302.

18 König/Wenzelburger, Toward a Theory of Political Strategy, S. 404.

19 In Deutschland lässt sich die Reformblockade in den 1990ern mit Politikverflechtung und Machtfragmentierung im »multi-actor-system« der BRD sowie dem korporatistischen Arrangement erklären. Vgl. zum Beispiel: Cox, The Social Construction of an Imperative.

oftmals nahezu beendet.[20] Dies gilt freilich nicht zu den im föderalen System häufigen Wahlkampfzeiten.

Im britischen Westminster-Modell mit seinem relativen Mehrheitswahlsystem ist die Negation von Verantwortung für Regierungen hingegen schwieriger. Angesichts des *Prime Ministerial Government*, bei dem der Premierminister als Agenda-Setzer, die Regierung bzw. Unterhaus-Mehrheit als Vetospieler und unter Umständen noch die Ministerialbürokratie oder die *Strategy Unit* im Kabinettsbüro als gestaltende Vetospieler fungieren, besteht ein großer Spielraum für politische (Reform-)Kommunikation. Fehlende Machtfragmentierung disponiert dazu, Politik vor allem zu präsentieren, statt einen koordinativen *Bargaining*-Diskurs zu führen. Daher waren auch Blairs Modus der »rhetorical persuasion«,[21] sein direkter Appell an Identität, Werte, Leidenschaften des kollektiven Wir kohärent.

Politische Öffentlichkeiten sind, so lässt sich schlussfolgern, an spezifische Rhetoriken und Diskursformen gewöhnt. Als Angela Merkel im Jahr 2010 das Diktum *alternativlos* als unverkennbare Machttechnik im kommunikativen Diskurs nutzte, gab dies Anlass zu einer kritischen Debatte. Sowohl diese Diskussion als auch die in dieser Arbeit angeführten Fallbeispiele verdeutlichen, dass TINA-Rhetorik ein geradezu dialektisches Verhältnis von Politisierung und Depolitisierung kennzeichnet. Verweise auf Alternativlosigkeit und Sachzwang sollen je nach Konstellation der »Sozialdisziplinierung von Interessen«,[22] der Ideologisierung politischer Gegenentwürfe, der Entagonalisierung bzw. Beendigung der öffentlichen politischen Debatte und der prozeduralen und institutionellen Technokratisierung bzw. Entpolitisierung dienen.[23] Entscheidungen sollen einer reversiblen, demokratischen Verfügbarkeit entzogen werden. Mit TINA-Rhetorik reagieren politische Akteure auf Konstellationen mit hohem Konflikt- und somit Politisierungspotenzial; es handelt sich bisweilen um einen Versuch politischer *Befriedung*. Doch genau aufgrund dieser Strategie gewinnt ironischerweise oftmals eine *Politisierung* des vorgeblich Alternativlosen an Dynamik.

Wenngleich der thatcheristische Diskurs langfristig erfolgreich war, da sich nachfolgende Parteien innerhalb des neuen *common sense* verorteten,

20 Vgl. Schmidt, Values and Discourse in Adjustment, S. 274.

21 Bleses/Offe/Peter, Öffentliche Rechtfertigungen auf dem parlamentarischen »Wissensmarkt«, S. 502.

22 Vgl. Fischer, *Moralkommunikation der Macht*, S. 133.

23 Vgl. Selk, Die Politik der Entpolitisierung als Problem der Politikwissenschaft und der Demokratie.

bleibt diese Politik bis heute Gegenstand kontroverser Debatten und Margaret Thatcher sicherlich eine der umstrittensten Politikerinnen Großbritanniens. Noch bei ihrem Tod im April 2013 skandierten und sangen Briten während makabrer »Freudendemonstrationen« das Lied aus dem Zauberer von Oz: »Ding Dong! The Witch is dead«.[24] Ferner führte die seit den 1990ern präsente Narration der Globalisierung als Sachzwang zum Rückbau des Wohlfahrtsstaats zu einer Politisierung von Globalisierung und zu einem heute mehr denn je virulenten *Cleavage* zwischen Globalisierungsgewinnern und -verlierern.[25] Freilich bleibt der Wohlfahrtsstaat der politisch salienteste Gegenstand. Auch die Politisierung der EU-Integration und europäischer Beschlüsse verwundert angesichts der Krise des Euroraums kaum.[26] So lässt sich für Deutschland etwa am gegenwärtigen Erfolg der Partei AfD ablesen, dass der permissive Konsens einer zunehmend *kontroversen* Diskussion um die EU-Integration gewichen ist, deren Grundlage Hooghe und Marks als »constraining dissensus« zuspitzen.[27]

Angesichts neuer politischer Konfliktlinien können westeuropäische Parlamente, Parteien und Wahlen wieder an Bedeutung gewinnen.[28] Doch die Politisierungsforschung stand bisher vor einem Paradox: »Although we find a new cleavage, the intensity of political conflict is stagnating or even declining.«[29] In Anbetracht von Denationalisierungsprozessen konzentriert sich die politische Konfliktlinie auf Fragen der Einwanderung, der europäischen Integration und der Wirtschaftsliberalisierung; der Konflikt organisiert sich bisher in Nischenparteien am politischen Rand des Parteienwettbewerbs.

Es findet sich also weder eine postpolitische, subpolitische oder vollends postdemokratische Konstellation, in der Politik in andere Sphären abwandert, noch betäuben Sachzwang und Alternativlosigkeit als »Hintergrundideologie« ein vollends »entpolitisiertes Bewusstsein«.[30] Aber es mangelt an einem ausgeprägten Widerstreit um berechtigte politische Alternativen, die sich nicht dem Verdikt von Simplifizierung, kulturalis-

24 Vgl. BBC, Ding Dong! The Witch Is Dead enters chart at two, 14.04.2013.

25 Vgl. Kriesi et al., *Political Conflict in Western Europe*; Kriesi/Grande, Nationaler politischer Wandel in entgrenzten Räumen.

26 Vgl. Grande/Hutter, Politicizing Europe in the National Electoral Arena.

27 Vgl. Hooghe/Marks, A postfunctionalist theory.

28 Vgl. Grande, Conclusion, S. 300.

29 Ebd., S. 298.

30 Habermas, *Technik und Wissenschaft als ›Ideologie‹*, S. 81.

tischen Verkürzungen oder Populismus ausgesetzt sehen (müssen), sondern die einen politischen, demokratischen Konflikt produktiv zu stimulieren vermögen. Möglicherweise sind an dieser Konstellation eines zwar schwelenden, aber nicht ausgetragenen Konflikts zwei Phänomene mitverantwortlich: der ostentative Versuch der Rationalisierung von Politik sowie der simultane Eindruck eines politischen *muddling through*.

2. Rationalisierung als Phantasma in der Demokratie

In der Einleitung wurde die Frage nach dem Zusammenhang zwischen der Politisierung einer kontingenzbewussten Gesellschaft und einer postindustriellen, reflexiven Moderne aufgeworfen, in der pluralistische Gesellschaften Autoritäten, Normen und Traditionen zunehmend hinterfragen. Es stellte sich die Frage, ob Notwendigkeitsdiskurse an Bedeutung gewinnen, *gerade weil* nach dem Zeitalter (technischer sowie keynesianischer) Steuerungs- und Machtbarkeitsfantasien politische Regulierung immer schwieriger zu vollziehen und zu rechtfertigen sei.

Abschließend lässt sich nun festhalten: Steuerungsprobleme bzw. -herausforderungen unter Bedingungen »komplexer Souveränität«[31] führen bei gleichzeitiger Anspruchserhöhung auch bei politischen Akteuren zu Diskrepanzerfahrungen zwischen Steuerbarkeit und Steuerungsanspruch. Politiker versuchen in ihrer TINA-Rhetorik, Verantwortung zu einem Handeln aus rationaler Einsicht in das zwingend Notwendige umzuformen und als Strategie gegenüber einer zunehmenden Entkernung politischer Souveränität bei gleichzeitiger Anspruchserhöhung einzusetzen. Sachzwang und Alternativlosigkeit fungieren als »Trostformeln« [32] zur Entlastung der Politik, denn mit einer solchen Rhetorik können Politiker zugleich dem Anspruch der Rationalität entgegenkommen, auf das Problem von Macht, Steuerung und Handlungsspielraum sowie auf die stetige Kritik an eigeninteressierten, klientelistischen und parteipolitischen Entscheidungen reagieren.

Hierbei helfen Verweise auf scheinbar höhere Mächte, auf eine unparteiische Vernunft oder trans- bzw. internationale Verpflichtungen. Zudem gewinnt die Figur der *Evidenz* als Grundlage von Notwendigkeits-

31 Vgl. Grande/Pauly (Hg.), *Complex Sovereignty*.

32 Vgl. Steinmetz, Das Sagbare und das Machbare, S. 383.

konstruktionen an Bedeutung. Diese wird wahlweise aus einem Sachverstand, einem »Sinn für Realitäten«,[33] gesunden Menschenverstand oder Hausfrauenverstand abgeleitet und verwischt die nötigen Grenzziehungen zwischen wissenschaftlichen, moralischen, politischen oder speziell wirtschaftspolitischen Begründungen.

Schon die wissenschaftliche Bestimmung einer politischen Handlungslogik mündet oftmals in Forderungen nach einer Rationalisierung von Politik. Der in dieser Arbeit häufig bemühte Fritz Scharpf beispielsweise konzipiert selbst einen Weg der *rationalen* Problemlösung, des rationalen Entscheidens, bei dem es gelte, sich »mit Hilfe wahrheitsorientierten ›Argumentierens‹ über die bestmögliche Lösung und die bestmögliche Art und Weise, die Lösung zu erreichen, zu verständigen«.[34] Doch in einer demokratischen Politik manifestieren sich »second-best Lösungen« angesichts der strukturellen Unmöglichkeit politischer Akteure, *gänzlich* rational, sachlich und unparteiisch zu agieren.[35] Bereits zu Lebzeiten Schelskys betonte schon Charles Lindblom: »[T]here is never a single, clearly correct problem definition on which analysis can converge«.[36]

Im Prolog wurde deutlich, dass der Verweis auf Sachlichkeit, Pragmatismus bis hin zu Sachzwang und Notwendigkeit als Versuch der *Rationalisierung* von Politik in Zeiten brüchiger Legitimität stabilisierend wirken kann. Schelskys *one best way* basierte auf der Annahme, die zunehmende Wissensproduktion führe zu einer Auflösung politischer Problemlagen, zur Beherrschbarkeit der kontingenten Wirklichkeit innerhalb einer *epistemischen* Ordnung. Wahrheit, Nützlichkeit und das politisch Richtige würden in der technisch-wissenschaftlichen Zivilisation konvergieren, so wie die Pluralität von Wissen und Wissensansprüchen sukzessive einhelligen Handlungsanleitungen weiche.

Der hier immanente Wissenschaftsbegriff und lineare Fortschrittsglauben wurden in der sozialwissenschaftlichen Debatte spätestens durch den Diskurs einer zweiten, reflexiven Moderne revidiert, denn dieser hob nicht nur die unintendierten Konsequenzen politischen Handelns und die soziale Bedeutung von Nichtwissen hervor, sondern auch eine »Dialektik

33 Gehlen, Zusammenfassung des Kolloquiums, S. 188.

34 Scharpf, *Interaktionsformen*, S. 223.

35 Vgl. zu diesem Modell der »bounded rationality«: Simon, A Behavioral Model of Rational Choice; ders, Rational Choice and the Structure of the Environment.

36 Lindblom/Woodhouse, *The Policy-Making Process*, S. 112; Lindblom, Still Muddling, not yet through; ders., The Science of Muddling Through. Vgl. auch Rüb, Politische Entscheidungsprozesse, S. 132.

der Verwissenschaftlichung«,[37] der zufolge mehr Wissen auch mehr Unsicherheit zu induzieren vermag. Trotz Unsicherheit und Skepsis verlangt Politik aber ein hinreichendes Wissen zur Rechtfertigung politischer Entscheidungen; der moderne, demokratische Staat beansprucht, *rational* zu handeln. Doch wie kann der Staat, wie kann eine Regierung unter Bedingungen eines reflexiven, möglicherweise sichtbaren, da kommunizierten Nicht-Wissens um Richtigkeit und Wahrheit und angesichts einer gestiegenen Kommunikabilität von Dissens und wissenschaftlichem Zweifel *Rationalität* herstellen?

Staat und Gesellschaft können ein spezifisches *Wissenschaftsverständnis* artikulieren, das als programmatische Forderung an wissenschaftliche Wissensproduktion angelegt werden kann.[38] Eine »solutionistische« (das heißt bloß lösungs- und anwendungsorientierte), »transdisziplinäre« (also weniger selbstreferentielle), an »Faktengewalt« orientierte und schließlich die Grenzen von Wissenschaft und Gesellschaft entdifferenzierende Wissenschaft *sollte* hierbei als Instrument zur Bewältigung von globalen wie nationalen Konflikten, Herausforderungen und Problemen genutzt werden.[39]

Die liberale Demokratie funktioniert durch Verfahren wie parlamentarische Mehrheitsentscheide und ist durch das Prinzip der Rechtsstaatlichkeit gebunden. Jenseits solcher Verfahren zur Herstellung von Rationalität im Rechtsstaat[40] offenbaren die Hypostasierungen, Fetischisierungen und Hypertrophien wie »die Wissenschaft«, »die Märkte« oder »die Zeit« eine Suche nach einer Sphäre des politisch Unverfügbaren, die Macht und dezisionistische Entscheidbarkeit zu limitieren und politischen Experimentalismus einzuhegen vermag. Vorgeblich unverfügbare Kräfte, vermeintlich wissenschaftliche Wahrheiten oder universelle »Nützlichkeitserwägungen«[41] treten scheinbar an die Stelle politischer Machtansprüche sowie partikularer, parteilicher und reversibler Mehrheitsentscheidungen und dienen als Rechtfertigung.

Figuren wie »die Märkte« sind schließlich auch *ideengeschichtlich* bemerkenswert. Die Unverfügbarkeit, ja die präsupponierten Regeln und Sach-

37 Vgl. zum Beispiel Beck/Bonß, Verwissenschaftlichung ohne Aufklärung?.

38 Vgl. dazu kritisch Strohschneider, Zur Politik der Transformativen Wissenschaft.

39 Ebd., S. 179ff.

40 Vgl. Voßkuhle, Das Konzept des rationalen Staats; Mayntz, Speaking Truth to Power, S. 6.

41 Michelsen/Walter, *Unpolitische Demokratie*, S. 208; Strohschneider, Zur Politik der Transformativen Wissenschaft, S. 183, 190.

gesetzlichkeiten der Märkte nehmen diskursiv den Ort ein, den anderweitig quasi transzendentale, metaphysische Wahrheiten beanspruchen. In einer ideengeschichtlichen Analogie entdeckt daher Pietro Morandi ein diskursiv und legitimitätspolitisch funktionales Äquivalent:

»Die ökonomischen Unverfügbarkeiten, denen sich die Politik im neoliberalen Staate unterwirft, werden paradoxerweise von ihr selbst hervorgebracht. Neoliberale Politik schöpft, um sich selbstnegatorischer Tendenzen zu erwehren, die Produktion der Legitimation ihrer Legitimation nicht aus einer transzendentalen Quelle, sondern aus einer von ihr selbst geschaffenen zivilreligiösen Instanz ›marktwirtschaftlicher Unverfügbarkeiten‹. Böckenförde behält insofern gegen seine Kritiker recht, als es ohne eine *Instanz des Unverfügbaren*, die gesellschaftliche Handlungsambition diszipliniert und Wollensspielräume verregelt, offenbar nicht geht; doch benötigt diese Instanz, und hier scheinen seine Kritiker (Walther 1966: 27) im Recht, nicht zwangsläufig eine *transzendentale* Verankerung.«[42]

Bei der dominanten Figur von »Mythen der Ökonomie«[43] lässt sich sodann laut Stephan Kaufmann beobachten: »Wer an sie [die Mythen der Ökonomie, AS] glaubt, deutet die eigene Ohnmacht als Eigenschaft der Verhältnisse. Er bewältigt Unsicherheit mit Glauben.«[44] Insbesondere wirtschaftswissenschaftliche Modelle bestechen ja in Zeiten allgegenwärtiger Risiko- und Kontingenzsensibilität durch den Schein der Verobjektivierung. Mathematische Kalkulationen und stringente Axiomatik verführen uns zu Schlussfolgerungen, die Deutungsspielräume, auf die Sozialwissenschaften und politische Debatten aufmerksam machen können, rationalistisch hinwegfegen.

Dagegen lässt sich einwenden, dass Reflexivität und fehlende Eindeutigkeit eigentlich zu einem Wandel von Expertenwissen führen könnten. Angesichts uneindeutiger, pluraler und multivokaler Wissensbestände wären es eher Dissens oder Kontroversen, die als Herstellungsetappen von Rationalität begreiflich würden. Debatten werden durch das Spiel von Expertise und Gegenexpertise belebt. Weder sind politische Entscheidungen durch Irrationalität charakterisiert, noch herrschen technische

42 Morandi, Von ›alter‹ liberaler Regierungsführung zu ›neoliberaler‹ Governance, S. 249. Morandi gewinnt dem eine positive Pointe ab und erkennt im »Prozeß der Ökonomisierung als ›zivilreligiöses Outsourcing‹« (ebd.), eine Einschränkung für totalitäre Allmachtsfantasien der Politik.

43 Kaufmann, Der Sound des Sachzwangs, S. 372.

44 Ebd.

Sachzwänge.[45] Wissenschaft und Politik sind keine gänzlich autonom operierenden Subsysteme, sondern stehen in einem Verhältnis »wechselseitiger Instrumentalisierung«.[46] Politische Handlungsfähigkeit gewinnt im Hinblick auf dissonante Expertendiskurse gerade dann an Profil, wenn die *Pluralität* von Meinungen, Einschätzungen und Expertise und die *Differenz* zwischen Macht, Moral und Wissen Politik wieder als einen genuinen Ort der Entscheidungskapazität erscheinen lassen.

Angesichts des Abschieds von einem universal wahren und richtigen Wissen kann man einerseits den beobachteten Konsequentialismus der Politik und die Tendenz, sich ihrer selbst durch »*meßbare* praktische Erfolge« zu vergewissern, nachvollziehen.[47] Andererseits orientiert sich Politik aber trotz alledem an dem von Wildavsky einst als »science speaking truth to power« benannten Modell,[48] auch wenn Wahrheitspostulate längst problematisch geworden sind. Der Rekurs auf epistemische Sicherheiten entspricht einem systemischen, funktionalen und politischen Bedürfnis nach Komplexitätsreduktion und Entlastung, wo doch methodischer Zweifel, Fallibilismus und spezialistische Expertise, Konkurrenz und Beobachterabhängigkeit von Wissensansprüchen jedwede neutrale Evidenz oder Sicherheit durch Wahrheit konterkarieren.[49] Wissenschaftliche Politikberatung und die Behauptung nicht von metaphysischer, sondern sozialer, politischer *Truth* entlasten funktional.

Der (suggestive) Anspruch von Wahrheit im Feld von wissenschaftlicher Politikberatung bringt eine Rhetorik hervor, die angesichts manifester Unsicherheiten und eines Nicht-Wissens als »Power-Speak« bezeichnet werden kann:

»Das Versprechen der Berechenbarkeit (›Programm‹) und damit Beherrschbarkeit der Welt muss der Sprecher also nur angemessen repräsentierten, jedoch nicht einlösen. Denn per Power-Speak kündet er gleichzeitig vom unbeherrschbaren ›Prozess‹, von der unaufhaltsamen ›Entwicklung‹ und dem anonymen ›Wandel‹ – vom Gesetz der permanenten subjektlosen Bewegung. […] Das ist der Sound des Sachzwangs. Er lässt Urheber und Interessen verschwinden und bringt Zweifler zum Schweigen.«[50]

45 Vgl. Bogner/Menz, Wissenschaftliche Politikberatung, S. 397.

46 Vgl. ebd., S. 398.

47 Vgl. Morandi, Von ›alter‹ liberaler Regierungsführung zu ›neoliberaler‹ Governance, S. 239.

48 Wildavsky, *Speaking Truth to Power.*

49 Strohschneider, Zur Politik der Transformativen Wissenschaft, S. 181.

50 Kaufmann, Der Sound des Sachzwangs, S. 371.

Es lässt sich ein paradoxer Effekt festhalten: Sensibilität gegenüber Kontingenz und Unsicherheit, das Wissen um Nicht-Wissen und gestiegene gesellschaftliche Reflexivität führen zu einem gesteigerten Rechtfertigungsdruck, der wiederum die Suggestion von Gewissheit politisch verstärken und schließlich die Proliferation von TINA-Diskursen begünstigen kann. Das Phantasma der Aufhebung von politischer Dezision und »entscheidender Gründe«,[51] die den Graben der Ungewissheit schließen könnten, bleibt in der reflexiven Demokratie erhalten. Dies stellt das Restrisiko eines politischen Experimentalismus der Demokratie dar.

3. Ein Ausblick: Demokratische Governance und *muddling through*

In der Geschichte des politischen Denkens wurde oftmals die prozedurale und institutionelle Langsamkeit parlamentarischer Systeme beschworen. John Stuart Mill, Carl Schmitt und die Autoren der Federalist Papers – sie alle begriffen Langsamkeit als eine Qualitätsgarantie politischer Entscheidungen und erkannten die Tendenz, Entscheidungen von der Legislative hin zur Exekutive zu verlagern, um Politik zu beschleunigen.[52] Die Gefahr wachsender Beschleunigung ist also ein alter, demokratietheoretischer Hut. Prominent gibt Hartmut Rosa zu bedenken, demokratische Politik riskiere De-Synchronisierung und Kurzsichtigkeit.

Vor allem in Krisenzeiten weichen politische Lösungen einem *muddling through* weit unterhalb eines politischen Steuerungs- oder Gestaltungsoptimismus.[53] Es gilt zu verhindern, dass sich wirtschaftliche Krisen zu politischen Krisen demokratischer Staaten auswachsen. Seit 2008 verschärften sich strukturelle Dilemmata heutiger liberaler Wohlfahrtsstaaten, namentlich das »Governance-Problem«, das »Wachstumsproblem« und das »Fiskalproblem«.[54] Es bedarf möglichst vieler Staaten, um eine sozial gerechte Wirtschafts- bzw. Marktordnung mit verbindlichem Regelwerk vereinbaren, die Wohlstand nachhaltig und global zu sichern vermag. Zwar ist *Global Governance* das Modell der Zukunft, doch nationale Interessen

51 Lübbe, *Theorie und Entscheidung*, S. 17.

52 Vgl. Rosa, *Beschleunigung*, S. 395.

53 Vgl. auch Rüb, Politische Entscheidungsprozesse, S. 131f.

54 Gamble, *Crisis without End?*.

erschweren eine globale, nachhaltige Wirtschaftskoordination und ein internationales Finanz- bzw. Kapitalregime.[55]

Bereits das Versprechen einer gesamtgesellschaftlichen materiellen Verbesserungsspirale bildet für manche bereits die »Geschäftsgrundlage für gesellschaftliche Sozialintegration« und sichert »politische Massenloyalität«.[56] Doch das heutige Wirtschaftswachstumsproblem fordert die Stabilität der liberalen Ökonomie heraus, denn es stellt sich die Frage, wie sich der bisherige Wohlfahrtsstaat und Lebensstil finanzieren lassen, wenn Vollbeschäftigung und Wachstum nicht länger gesichert sind und Klima- und Umweltpolitik an Bedeutung gewinnen müssen. In den nächsten Jahren muss Politik auf das Problemfeld von Wachstum und Klimawandel eine Antwort finden und möglicherweise ein neues Wachstumsmodell zur Sicherung des Wohlstandsniveaus entwickeln. Hierbei manifestiert sich schon jetzt das Problem von demokratischer Zustimmungsfähigkeit zu Fiskaleinschnitten, zu Kürzungen öffentlicher Leistungen oder Steueranhebungen. Politik steht immer wieder vor der Bewährungsprobe, demokratische Entscheidungen nicht zugunsten kurzsichtiger oder technokratischer Arrangements einzuschränken. Demokratie bedeutet eben beides: Ambitionen politischer Gestaltung sowie *muddling through*.

Gerade heute hallen Hartmut Rosas Beobachtungen pessimistisch nach: Der Bedarf an Planung steigt in demselben Maße, wie sich der Bereich planbarer Entwicklungen verkleinert.[57] Politiker müssen ohne hinreichendes Wissen um Gründe oder Konsequenzen entscheiden; während die Zeit für Entscheidungen geringer wird, vergrößert sich der Wirkungsbereich politischer Entscheidungen.[58] Der parlamentarischen Demokratie droht ein dilemmatischer Würgegriff, der sich seit der Krise des volatilen Finanzmarkts zugespitzt hat. TINA-Rhetorik kann ein Versuch sein, auf die gestiegenen Anforderungen zu reagieren. Doch politisches *muddling through*, das Entscheidungsgrundlagen und Reversibilität durch eine Rhetorik der Alternativlosigkeit und des Sachzwangs verschleiert, verzerrt die gesellschaftliche Wahrnehmung von Politik. Es droht eine politische Frustration, die sich auf der einen Seite in wachsender Wählerabstinenz und demokratischer Ernüchterung bestimmter Gesellschaftsgruppen und auf der anderen Seite in Protestbewegungen und -parteien manifestiert. So

55 Vgl. zu diesen Herausforderungen ebd.

56 Schimank, Wohlfahrtsgesellschaften als funktionaler Antagonismus, S. 12.

57 Vgl. Rosa, *Beschleunigung*, S. 410.

58 Ebd, S. 411.

lässt sich am Ende noch einmal bekräftigen: Das Verständnis von demokratischer Politik als Institutionalisierung eines politischen Experimentalismus bleibt paradoxerweise die Voraussetzung von politischem Vertrauen im 21. Jahrhundert.

Literatur

Abdelal, Rawi, *National Purpose in the World Economy*, Ithaca 2001.

Abromeit, Heidrun, Staatsentwicklung in der Thatcher-Ära. Weniger Staat – mehr Staat?, in: Roland Sturm (Hg.), *Thatcherismus. Eine Bilanz nach 10 Jahren*, Jahrestagung der Arbeitsgemeinschaft Deutsche Englandforschung, Bochum 1990, S. 295–324.

— Volkssouveränität, Parlamentssouveränität, Verfassungssouveränität: Drei Realmodelle der Legitimation staatlichen Handelns, *Politische Vierteljahresschrift*, Jg. 36, H. 1 (1995), S. 49–66.

— *Wozu braucht man Demokratie? Die postnationale Herausforderung der Demokratietheorie*, Opladen 2002.

Abromeit, Heidrun/Stoiber, Michael, *Demokratien im Vergleich. Einführung in die vergleichende Analyse politischer Systeme*, Wiesbaden 2006.

Afanassjew, Juri (Hg.), *Es gibt keine Alternative zu Perestroika. Glasnost, Demokratie, Sozialismus. Dreißig aktuelle Beiträge aus der Sowjetunion*, Nördlingen 1990.

AfD, *Mir geht ein Licht auf!*, 25.02.2014, http://www.mir-geht-ein-licht-auf.de, letzter Zugriff am 20.09.2014.

Ahrens, Michael, Bessere Governance durch mehr Flexibilisierung, *Wirtschaftsdienst. Zeitschrift für Wirtschaftspolitik*, Jg. 92, H. 4 (2012), S. 225–230.

Albrecht, Clemens, »Soziale Wirklichkeit«. Helmut Schelsky und die Tragödie einer regulativen Idee, *Zeitschrift für Ideengeschichte*, Jg. 7, H. 2 (2012), S. 53–62.

Alink, Fleur/Boin, Arjen/t'Hart, Paul, Institutional Crises and Reforms in Policy Sectors. The Case of Refugee Policy in Europe, *Journal of European Public Policy*, Jg. 8, H. 2 (2001), S. 286–306.

Allender, Paul, What's new about ›New Labour‹?, *Politics*, Jg. 21, H. 1 (2001), S. 56–62.

Altenbockum von, Jasper, Marktkonforme Demokratie? Oder demokratiekonformer Markt?, in: *Frankfurter Allgemeine Zeitung*, 15.04.2012, http://www.faz.net/aktuell/politik/harte-bretter/marktkonforme-demokratie-oder-demokratiekonformer-markt-11712359.html, letzter Zugriff am 22.02.2015.

Andersson, Benedict, *Die Erfindung der Nation. Zur Karriere eines folgenreichen Konzepts*, Frankfurt/M. 1996.

Andersson, Jenny, Socializing Capital, Capitalizing the Social. Contemporary Social Democracy and the Knowledge Economy, Working Paper Series 145, Harvard: Center for European Studies, 2007.

— *The Library and the Workshop. Social Democracy and Capitalism in the Knowledge Age*, Stanford 2010.

Andrews, David M., Capital Mobility and State Autonomy. Toward a Structural Theory of International Monetary Relations, *International Studies Quarterly*, Jg. 38, H. 2 (1994), S. 193–218.

Armbruster, Alexander, Schwache Konjunktur. SPD will Frankreich Reform-Argumente liefern, in: *Frankfurter Allgemeine Zeitung*, 13.10.2014, http://

www.faz.net/aktuell/wirtschaft/wirtschaftspolitik/gabriel-will-frankreich-reform-argumente-liefern-13205110.html, letzter Zugriff am 22.02.2015.

Asmussen, Jörg, Building Trust in a World of Unknown Unknowns: Central Bank Communication between Markets and Politics in the Crisis. Rede beim European Communication Summit 2012, Brüssel, European Central Bank, 06.07.2012, https://www.ecb.europa.eu/press/key/date/2012/html/sp120706.en.html, letzter Zugriff am 01.06.2017.

Bach, Maurizio, Europa als bürokratische Herrschaft. Verwaltungsstrukturen und bürokratische Politik in der Europäischen Union, in: Gunnar F. Schuppert/Ingolf Pernice/Ulrich Haltern (Hg.), *Europawissenschaft*, Baden-Baden 2005, S. 575–611.

Bach, Olaf, *Die Erfindung der Globalisierung. Entstehung und Wandel eines zeitgeschichtlichen Grundbegriffs*, Frankfurt/M. 2013.

Bale, Tim, The logic of no alternative? Political Scientists, Historians and the Politics of Labour's Past, *British Journal of Politics and International Relations*, Jg. 2, H. 1 (1999), S. 192–204.

Balls, Ed, New Principles for Government, *CentrePiece. The Magazine of Economic Performance*, Jg. 3, H. 2 (1998), S. 20–22, http://eprints.lse.ac.uk/47070/1/CentrePiece_3_2.pdf, letzter Zugriff am 01.10.2014.

Bank of England, *Bill 62 (1997/98)*, House of Commons Library Research Paper 97/115, 10.11.1997, http://www.parliament.uk/briefing-papers/RP97-115/bank-of-england-bill-199798, letzter Zugriff am 01.10.2014.

Bannas, Günter, Die Mutter der Porzellankiste, in: *Frankfurter Allgemeine Zeitung*, 19.09.2013, http://www.faz.net/aktuell/politik/bundestagswahl/angela-merkel-die-mutter-der-porzellankiste-12581586.html, letzter Zugriff am 22.02.2015.

— Ganz gut durchgekommen. Angela Merkel wird 60, in: *Frankfurter Allgemeine Zeitung*, 17.07.2014, http://www.faz.net/aktuell/politik/inland/angela-merkel-wird-60-ganz-gut-durchgekommen-13049265-p2.html, letzter Zugriff am 22.02.2015.

Barbier, Jean-Claude, *La Longue Marche vers l'Europe Sociale*, Paris 2008.

Barnickel, Christiane/Beichelt, Timm/Wiencke, Fabia, Legitimitätspolitik im Kontext von Europäisierung. Theoretische Kritik und politische Rhetorik, in: Anna Geis/Frank Nullmeier/Christopher Daase (Hg.), *Der Aufstieg der Legitimitätspolitik. Rechtfertigung und Kritik politisch-ökonomischer Ordnungen. Leviathan Sonderheft*, Baden-Baden 2012, S. 208–224.

Barroso, José Manuel Durão, Statement by President Barroso at the Press Conference following the Meeting of the Heads of State or Government of the Euro Area, European Commission Press Release Database, 27.10.2011, http://europa.eu/rapid/press-release_SPEECH-11-713_en.htm?locale=en, letzter Zugriff am 30.05.2017.

Bauman, Zygmunt, *Flüchtige Moderne*, Frankfurt/M. 2003.

Bayley, Stephen, *Labour Camp. The Failure of Style over Substance*, London 1998.

BBC, Profile: Lucas Papademos, in: *BBC News*, 10.11.2011, http://www.bbc.co.uk/news/world-europe-15643454, letzter Zugriff am 31.05.2017.

— Ding Dong! The Witch Is Dead enters chart at two, in: *BBC News*, 14.04.2013, http://www.bbc.com/news/entertainment-arts-22145306, letzter Zugriff am 31.05.2017.

Beck, Ulrich, *Risikogesellschaft. Auf dem Weg in eine andere Moderne*, Frankfurt/M. 1986.

— *Die Erfindung des Politischen*, Frankfurt/M. 1993.

— Das Zeitalter der Nebenfolgen und die Politisierung der Moderne, in: Ulrich Beck/Anthony Giddens/Scott Lash, *Reflexive Modernisierung. Eine Kontroverse*, Frankfurt/M. 1996, S. 19–112.

— Wissen oder Nicht-Wissen? Zwei Perspektiven »reflexiver Modernisierung«, in: Ulrich Beck/Anthony Giddens/Scott Lash, *Reflexive Modernisierung. Eine Kontroverse*, Frankfurt/M. 1996, S. 289–315.

— *Was ist Globalisierung?*, Frankfurt/M. 1997.

— (Hg.), *Politik der Globalisierung*, Frankfurt/M. 1998.

— *Weltrisikogesellschaft. Auf der Suche nach der verlorenen Sicherheit*, Frankfurt/M. 2007.

Bell, Daniel, *Die kulturellen Widersprüche des Kapitalismus*, Frankfurt/M. 1991.

Benford, Robert D./Snow, David A., Framing Processes and Social Movements: An Overview and Assessment, *Annual Review of Sociology*, Jg. 26 (2000), S. 611–639.

Benn, Tony, *Against the Tide. Diaries, 1973–77*, London 1991.

Benz, Arthur, Postparlamentarische Demokratie?, in: Michael Th. Greven (Hg.), *Demokratie – eine Kultur des Westens*, Opladen 1998, S. 201–222.

Berlin, Isaiah, *Freiheit. Vier Versuche*, Frankfurt/M. 1995.

Bhaba, Homi K., *The Location of Culture*, London 1994.

Biebricher, Thomas, *Neoliberalismus zur Einführung*, Hamburg 2012.

— Europe and the Political Philosophy of Neoliberalism, *Contemporary Political Theory*, Jg. 12, H. 4 (2013), S. 338–375.

— The Return of Ordoliberalism. Notes on a Research Agenda, *i-lex*, Jg. 9, H. 21 (2014), S. 1–24.

Blackstone, Brian/Walker, Marcus, Interview with Jean-Claude Trichet, President of the European Central Bank, in: *The Wall Street Journal/European Central Bank*, 19.01.2011, http://www.ecb.europa.eu/press/key/date/2011/html/sp110123.en.html, letzter Zugriff am 22.02.2015.

Blair, Tony (1995), *Let Us Face the Future. The 1945 Anniversary Lecture. Fabian Pamphlet 571*, London 1995.

— Leader's speech, Brighton, 03.10.1995, http://www.britishpoliticalspeech.org/speech-archive.htm?speech=201, letzter Zugriff am 01.10.2014.

— Mais Lecture, abgedruckt als: ›Blair sets out framework to cure economic ills: Mais lecture‹, *Financial Times*, 23.05.1995.

— *New Britain. My Vision of a Young Country*, 2. Aufl., Boulder 1997.

— Speech to the Singapore Business Community, Singapur, 08.01.1997, in: *The Communitarian Network*, http://www.gwu.edu/~ccps/rcq/rcq_index.html, letzter Zugriff am 22.02.2015.

— Leader's speech, Brighton, 30.09.1997, http://www.britishpoliticalspeech.org/speech-archive.htm?speech=203, letzter Zugriff am 01.10.2014.

— Leader's speech, Blackpool, 29.09.1998, http://www.britishpoliticalspeech.org/speech-archive.htm?speech=204, letzter Zugriff am 01.10.2014.

— Doctrine of the International Community, Chicago, 24.04.1999, http://www.britishpoliticalspeech.org/speech-archive.htm?speech=279, letzter Zugriff am 01.10.2014.

— Leader's speech, Bournemouth, 28.09.1999, http://www.britishpoliticalspeech.org/speech-archive.htm?speech=205, letzter Zugriff am 01.10.2014.

— Rede auf dem World Economic Forum Davos, 28.01.2000.

— Speech to the Global Ethics Foundation, Tübingen, 30.06.2000, http://www.britishpoliticalspeech.org/speech-archive.htm?speech=334, letzter Zugriff am 01.10.2014.

— Leader's speech, Brighton, 02.10.2001, http://www.britishpoliticalspeech.org/speech-archive.htm?speech=18, letzter Zugriff am 01.10.2014.

— *A Journey*, London 2011.

Blair, Tony/Schröder, Gerhard, Europe: The Third Way/Die Neue Mitte, *Friedrich-Ebert-Stiftung Working Document*, Juni 1998, http://library.fes.de/pdf-files/bueros/suedafrika/02828.pdf, letzter Zugriff am 01.10.2014.

Blank, Robert Carl, *From Thatcher to the Third Way. Think-Tanks, Intellectuals and the Blair-Project*, Stuttgart 2003.

Blatter, Joachim, Kontingente Kritik auf der Basis einer komplexen Theorie der reflexiven Demokratie, in: Katrin Toens/Ulrich Willems (Hg.), *Politik und Kontingenz*, Wiesbaden 2012, S. 207–229.

Bleses, Peter/Offe, Claus/Rose, Edgar, Öffentliche Rechtfertigungen auf dem parlamentarischen »Wissensmarkt«. Argumentstypen und Rechtfertigungsstrategien in sozialpolitischen Bundestagsdebatten, *Politische Vierteljahresschrift*, Jg. 38, H. 3 (1997), S. 498–529.

Bleses, Peter/Rose, Edgar, *Deutungswandel der Sozialpolitik. Die Arbeitsmarkt- und Familienpolitik im parlamentarischen Diskurs*, Frankfurt/M./New York 1998.

Blinder, Alan S., *Central Bank Communication And Monetary Policy. A Survey Of Theory And Evidence,* National Bureau Of Economic Research Working Paper, Cambridge 2008.

Blundell, John/Gosschalk, Brian, *Beyond Left and Right*, London 1997.

Blyth, Mark M., »Any more bright ideas«? The Ideational Turn in Comparative Political Economy, *Comparative Politics*, Jg. 29, H. 2 (1997), S. 229–250.

Bobbio, Norberto, *Left and Right. The Significance of a Political Distinction*, Cambridge 1996.

Böckenförde, Ernst-Wolfgang, *Die Organisationsgewalt im Bereich der Regierung. Eine Untersuchung zum Staatsrecht der Bundesrepublik*, Berlin 1964.

Bogner, Alexander/Menz Wolfgang, Wissenschaftliche Politikberatung? Der Dissens der Experten und die Autorität der Politik, *Leviathan*, Jg. 30, H. 3 (2002), S. 384–399.

Boin, Arjen/t'Hart, Paul/Stern, Eric/Sundelius, Bengt, *The Politics of Crisis Management. Public Leadership Under Pressure*, Cambridge 2005.

Boin, Arjen/t'Hart, Paul/McConnell, Alan, Crisis Exploitation. Political and Policy Impacts of Framing Contests, *Journal of European Public Policy*, Jg. 16, H. 1 (2009), S. 81–106.

Bollmann, J. Ralph/Hank, Rainer, Interview mit Hans Joas: »Mich schaudert das Tremolo in den Europa-Reden«, in: *Frankfurter Allgemeine Sonntagszeitung*, 06.10.2012, http://www.faz.net/aktuell/wirtschaft/soziologe-hans-joas-mich-schaudert-das-tremolo-in-den-europa-reden-11916327.html?printPagedArticle=true#pageIndex_2, letzter Zugriff am 22.02.2015.

Boltanski, Luc/Chiapello, Ève, *Der neue Geist des Kapitalismus*, Konstanz 2006.

Bonnefous, Bastien, »Il n'y a pas d'alternative à gauche«, martèle Valls depuis Bologne, in: *Le Monde*, 08.09.2014, http://www.lemonde.fr/politique/article/2014/09/08/il-n-y-a-pas-d-alternative-a-gauche-martele-valls-depuis-bologne_4483484_823448.html, letzter Zugriff am 22.02.2015.

Bonse, Eric, Nicht schuld an der Eurokrise, in: *Die Tageszeitung*, 14.01.2014, http://www.taz.de/!130998/, letzter Zugriff am 22.02.2015.

Bonß, Wolfgang, Riskantes Wissen? Zur Rolle der Wissenschaft in der Risikogesellschaft, in: Heinrich-Böll-Stiftung (Hg.), *Gut zu Wissen. Links zur Wissensgesellschaft*, Münster 2002, S. 114–130.

Bonß, Wolfgang/Lau, Christoph, Einleitung. Zum Strukturwandel von Macht und Herrschaft in der Moderne, in: Wolfgang Bonß/Christoph Lau (Hg.), *Macht und Herrschaft in der reflexiven Moderne*, Weilerswist 2011, S. 7–46.

Borchert, Jens, *Die konservative Transformation des Wohlfahrtsstaates. Großbritannien, Deutschland und die USA im Vergleich*, Frankfurt/M. /New York 1995.

bos/dpa/Reuters, Defizitstreit. Bundesbank-Präsident Weidmann kritisiert EU-Kommission, in: *Spiegel Online*, 02.12.2014, http://www.spiegel.de/wirtschaft/unternehmen/defizitstreit-bundesbank-praesident-weidmann-kritisiert-eu-kommission-a-1006288.html, letzter Zugriff am 22.02.2015.

Bourdieu, Pierre, Die unsichtbare Hand der Mächtigen, in: Bourdieu, Pierre, *Gegenfeuer*, Konstanz 2004, S. 166–175.

Bourne, Ryan, Lady Thatcher's Relationship With Friedrich Hayek And Milton Friedman, in: *Pieria*, 10.04.2013, http://www.pieria.co.uk/articles/lady_thatchers_relationship_with_friedrich_hayek_and_milton_friedman, letzter Zugriff am 01.10.2014.

Bovens, Mark/t'Hart, Paul, *Understanding Policy Fiascos*, New Brunswick 1996.

Bovens, Mark, *The Quest for Responsibility. Accountability and Citizenship in Complex Organizations*, Cambridge 1998.

Brändström, Annika/Sanneke, Kuipers, From ›Normal Incidents‹ to Political Crises. Understanding the Selective Politicization of Policy Failures, *Government and Opposition*, Jg. 38, H. 3 (2003), S. 279–305.

Brandt, Leo, *Die zweite industrielle Revolution. Macht und Möglichkeiten von Wissenschaft und Technik*, München 1957.

Bremer, Jörg, Monti präsentiert Regierung »der nationalen Pflicht«, in: *Frankfurter Allgemeine Zeitung*, 17.11.2011, http://www.faz.net/aktuell/politik/ausland/italien-monti-praesentiert-regierung-der-nationalen-pflicht-11532005.html, letzter Zugriff am 22.02.2015.

Breuer, Rolf, Die fünfte Gewalt, in: *Die Zeit*, 27.04.2000, http://www.zeit.de/2000/18/200018.5._gewalt_.xml, letzter Zugriff am 22.02.2015.

Breuer, Stefan, Max Webers Herrschaftssoziologie, *Zeitschrift für Soziologie*, Jg. 17, H. 5 (1988), S. 315–327.

Brittan, Samuel, The Economic Contradictions of Democracy, *British Journal of Political Science*, Jg. 5, H. 2 (1975), S. 129–159.

Bröckling, Ulrich, Menschenökonomie, Humankapital. Eine Kritik der biopolitischen Ökonomie, *Mittelweg 36*, Jg. 12, H. 1 (2003), S. 3–22.

— *Das unternehmerische Selbst. Soziologie einer Subjektivierungsform*, Frankfurt/M. 2007.

Bröckling, Ulrich/Krasmann, Susanne/Lemke, Thomas, Gouvernementalität, Neoliberalismus und Selbsttechnologien. Eine Einleitung, in: Ulrich Bröckling/Susanne Krasmann/Thomas Lemke (Hg.), *Gouvernementalität der Gegenwart. Studien zur Ökonomisierung des Sozialen*, Frankfurt/M. 2004, S. 7–40.

Brown, Gordon, The Politics of Potential. A New Agenda for Labour, in: David Miliband (Hg.), *Reinventing the Left*, Cambridge 1994.

— Chancellor's speech, Brighton, 30.09.1997, http://www.britishpoliticalspeech.org/speech-archive.htm?speech=268, letzter Zugriff am 01.10.2014.

— Parliamentary Speech on the Government's Spending Review, 14.07.1998, http://www.ukpol.co.uk/gordon-brown-1998-speech-on-the-comprehensive-spending-review/, zuletzt abgerufen am 31.05.2017.

— Chancellor's speech, Brighton, 25.09.2000, http://www.britishpoliticalspeech.org/speech-archive.htm?speech=271, letzter Zugriff am 01.10.2014.

— *Speech at the Mansion House. Lord Mayors Dinner for Bankers and Merchants of the City of London*, London, 20.06.2001, http://www.centralbanking.com/central-banking/speech/1418453/speech-gordon-brown-mansion-house, letzter Zugriff am 01.10.2014.

Brown, Marc B., The Politics of Representation on Government Advisory Committees, *Political Research Quarterly*, Jg. 61, H. 4 (2008), S. 547–560.

Buchanan, James M./Tullock, Gordon, *The Calculus of Consent*, Ann Arbor 1962.

— *Die Grenzen der Freiheit*, Tübingen 1984.

— Federalism and Individual Sovereignty, *Cato Journal*, Jg. 15, H. 2/3 (1996), S. 259–268.

Buchstein, Hubertus/Jörke, Dirk, Das Unbehagen an der Demokratietheorie, *Leviathan*, Jg. 31, H. 4 (2003), S. 470–495.

Buchstein, Hubertus/Nullmeier, Frank, Einleitung: Die Postdemokratie-Debatte, *Forschungsjournal Neue Soziale Bewegungen*, Jg. 19, H. 4 (2006), S. 16–23.

Bundesverfassungsgericht (2012), *Leitsätze zum Urteil des Zweiten Senats vom 28. Februar 2012* (2 BvE 8/11), https://www.bundesverfassungsgericht.de/SharedDocs/Entscheidungen/DE/2012/02/es20120228_2bve000811.html, letzter Zugriff am 01.06.2017.

Bundeszentrale für Politische Bildung, Postdemokratie?, *Aus Politik und Zeitgeschichte (APuZ)*, Heft 1–2, 2011.

Burisch, Wolfgang, *Ideologie und Sachzwang. Die Entideologisierungsthese in neueren Gesellschaftstheorien*, 3. erw. Aufl., Tübingen 1971.

Burnham, James, *The Managerial Revolution. What is happening in the World*, Westport 1941.

Burnham, Peter, New Labour and the Politics of Depoliticisation, *British Journal of Politics and International Relations*, Jg. 3, H. 2 (2001), S. 127–149.

— Depoliticisation. Economic Crisis and Political Management, *Policy & Politics*, Jg. 42, H. 2 (2014), S. 189–206.

Butt, Ronald, Challenging the consensus, in: *The Times*, 08.10.1970.

Butterwegge, Christoph, *Krise und Zukunft des Sozialstaates*, 4. Aufl., Wiesbaden 2011.

Cameron, David R., Transnational Relations and the Development of European Economic and Monetary Union, in: Thomas Risse-Kappen (Hg.), *Bringing Transnational Relations Back In. Non-State Actors, Domestic Structures and International Institutions*, Cambridge 1995, S. 37–78.

Campbell, John L., Institutional Analysis and the Role of Ideas in Political Economy, in: John L. Campbell/Ove K. Pedersen (Hg.), *The Rise of Neoliberalism and Institutional Analysis*, Princeton/Oxford 2001, S. 159–189.

Campbell, John L./Pedersen, Ove K. (2001) (Hg.), *The Rise of Neoliberalism and Institutional Analysis*, Princeton/Oxford.

Cecar, Sonja, *Blatcherism. How much Thatcherism is in Blairism? New Labour's Neoliberal Policies*, Saarbrücken 2007.

Cerny, Philip C., The Dynamics of Financial Globalization: Technology, Market Structure, and Policy Response, *Policy Sciences*, Jg. 27, H. 4 (1994), S. 319–342.

Chapman, James, »There is no alternative«. Cameron echoes Maggie to defy calls for increased borrowing and tax cuts, in: *Daily Mail*, 08.03.2013, http://www.dailymail.co.uk/news/article-2289989/There-alternative-David-Cameron-echoes-Margaret-Thatcher-defy-calls-increased-borrowing-tax-cuts.html, letzter Zugriff am 22.02.2015.

Charteris-Black, Jonathan, *Politicians and Rhetoric. The Persuasive Power of Metaphor*, 2. Aufl., Basingstoke 2011.

Clift, Ben, Third Way or Realisme de Gauche? The New Social Democracy in France, *Radical Philosophy*, H. 101 (2000), S. 2–4.

— New Labour's Third Way and European Social Democracy, in: Steve Ludlam/Martin J. Smith, (Hg.), *New Labour in Government*, Basingstoke 2001, S. 55–72.

Coates, David, Labour Governments. Old Constraints and New Parameters, *New Left Review*, H. 219 (1996), S. 62–77.

Collins, Philip, A Game of Give and Take, in: Social Market Foundation (Hg.), *The Third Way*, London 1999, S. 12–16.

Connolly, William E., *Identity/Difference. Democratic Negotiations of Political Paradox*, Ithaca 1991.

Coopey, Richard/Fielding, Steven/Tiratsoo, Nick, Introduction. The Wilson Years, in: Richard Coopey/Steven Fielding/Nick Tiratsoo (Hg.), *The Wilson Governments 1964–1970*, London 1993, S. 1–9.

Coopey, Richard/Woodward, Nicholas, *Britain in the 1970s. The Troubled Economy*, London 1996.

Cope, Stephen/Goodship, Jo, Regulating Collaborative Government. Towards joined-up Government?, *Public Policy and Administration*, Jg. 14, H. 2 (1999), S. 3–16.

Cox, Robert Henry, The Social Construction of an Imperative. Why Welfare Reform Happened in Denmark and the Netherlands but Not in Germany, *World Politics*, Jg. 53, H. 3 (2001), S. 463–498.

Crespy, Amandine/Schmidt, Vivien A., *The Clash of Titans/The White Knight and the Iron Lady. France, Germany and the Simultaneous Double Game of EMU Reform*, ECSA Canada Association Paper, 27.04.2012, http://blogs.bu.edu/vschmidt/files/2012/06/crespy_schmidt_The-clash-of-Titans-ecsa-canada-paper.pdf, letzter Zugriff am 22.02.2015.

Crossman, Richard, *The Diaries of a Cabinet Minister. Bd. III*, London 1977.

Crouch, Colin, *Postdemokratie*, Frankfurt/M. 2008.

— *Das befremdliche Überleben des Neoliberalismus. Postdemokratie II*, Berlin 2011.

Crozier, Michel J./Huntington, Samuel P./Watanuki, Joji, *The Crisis of Democracy. Report of the Governability of Democracies of the Trilateral Commission*, New York 1975.

Dahrendorf, Ralf, Soziale Klassen und Klassenkonflikt. Zur Entwicklung und Wirkung eines Theoriestücks. Ein persönlicher Bericht, *Zeitschrift für Soziologie*, Jg. 14, H. 3 (1957), S. 236–240.

— *Lebenschancen. Anläufe einer sozialen und politischen Theorie*, Frankfurt/M. 1979.

— The New Statesman Essay. Whatever happened to liberty?, in: *New Statesman*, 06.09.1999, http://www.newstatesman.co.uk/199909060018.htm, letzter Zugriff am 19.04.2011.

Dale, Iain (Hg.), *Conservative Party Election Manifestos. 1900–1997*, London 2000.

Debomy, Daniel, *EU no, Euro yes? European Public Opinions facing the Crisis (2007–2012)*, Paris 2013.

Dedman, Martin, *The Origins and Development of the European Union, 1945–2008*, 2. Aufl., London 2009.

Dehousse, Renaud, Constitutional Reform in the European Community. Are there Alternatives to the Majoritarian Avenue?, in: Jack Hayward (Hg.), *The Crisis of Representation in Europe*, London 1995.

Dehousse, Renaud/Boussaguet, Laurie, L'impact de la Crise sur la Gouvernance Européenne, *Pouvoirs*, Jg. 149, H. 2 (2014), S. 7–18.

Delhees, Stefanie et al., *Wohlfahrtsstaatliche Reformkommunikation. Westeuropäische Parteien auf Mehrheitssuche*, Baden-Baden 2008.

Delschen, Karl-Heinz/Gieraths Jochem, Einleitung. Zur Technikdiskussion in der Philosophie des 20. Jahrhunderts, in: Karl-Heinz Delschen/Jochem Gieraths (Hg.), *Philosophie der Technik. Die Technikdiskussion in der Philosophie des 20. Jahrhunderts*, Frankfurt/M./Berlin/München 1982, S. 7–36.

Der Spiegel, England: Die nächste Krise?, 30.09.1974, http://www.spiegel.de/spiegel/print/d-41667346.html, letzter Zugriff am 14.12.2014.

Deutsche Bundesregierung, *Mitschrift der Pressekonferenz der Bundeskanzlerin Merkel nach dem informellen Treffen des Europäischen Rates in Brüssel*, 30.01.2012, http://www.bundesregierung.de/ContentArchiv/DE/Archiv17/Mitschrift/Pressekonferenzen/2012/01/2012-01-30-eu-rat-bkin.html, letzter Zugriff am 22.02.2015.

Döring, Herbert, Autoritärer Populismus. Alter Wein in neuen Schläuchen, in: Roland Sturm (Hg.), *Thatcherismus. Eine Bilanz nach 10 Jahren*, Bochum 1990, S. 257–294.

dpa, Merkel kanzelt FDP-Chef Rösler ab, in: *Süddeutsche Zeitung*, 13.09.2011, http://www.sueddeutsche.de/politik/debatte-um-griechenland-insolvenz-merkel-kanzelt-fdp-chef-roesler-ab-1.1142212, letzter Zugriff am 22.02.2015.

dpa/Reuter/afp, Papandreou verzichtet auf Euro-Referendum, in: *Die Zeit*, 03.11.2011, http://www.zeit.de/politik/ausland/2011-11/papandreou-referendum-absage, letzter Zugriff am 22.02.2015.

dpa, Schäuble verteidigt Spardiktat für Griechenland, in: *Die Zeit*, 14.02.2012, http://www.zeit.de/wirtschaft/2012-02/schaeuble-griechenland-hilf, letzter Zugriff am 22.02.2015.

dpa/Reuters/afp, Schäuble hält Sparpaket für alternativlos, in: *Handelsblatt*, 14.04.2012, http://www.handelsblatt.com/politik/international/griechenland-hilfe-schaeuble-haelt-sparpaket-fuer-alternativlos/6206152.html, letzter Zugriff am 22.02.2015.

dpa, Schäuble für Vetorecht der EU-Kommission gegen nationale Haushalte, in: *Focus*, 23.11.2014, http://www.focus.de/finanzen/news/ wirtschaftsticker/konjunktur-schaeuble-fuer-vetorecht-der-eu-kommission-gegen-nationale-haushalte_id_4296059.html, letzter Zugriff am 22.02.2015.

dpa/Reuters, Wolfgang Schäuble zu Tsipras: »Die Griechen tun es nicht für uns«, in: *Handelsblatt*, 16.01.2015. http://www.handelsblatt.com/politik/deutschland/wolfgang-schaeuble-zu-tsipras-die-griechen-tun-es nicht fuer uns/11242058.html, letzter Zugriff am 30.01.2015.

Draghi, Mario, Rede auf der Global Investment Conference, London, 26.07.2012, Europäische Zentralbank, http://www.ecb.europa.eu/press/key/date/2012/html/sp120726.en.html, letzter Zugriff am 22.02.2015.

Driver, Stephen/Martell, Luke, *New Labour: Politics After Thatcherism*, Cambridge 1998.
— From Old to New Labour. A Comment on Rubinstein, *Politics*, Jg. 21, H. 1 (2001), S. 47–50.
— Left, Right and the Third Way, in: Anthony Giddens (Hg.), *The Global Third Way Debate*, Cambridge 2001, S. 36–49.
Dryzek, John S., The Good Society versus the State. Freedom and Necessity in Political Innovation, *The Journal of Politics*, Jg. 54, H. 2 (1992), S. 518–540.
Dubiel, Helmut, Politik und Technik, in: *SOWI*, H. 15 (1986), S. 5–12.
Dyson, Kenneth/Featherstone, Kevin, Italy and the EMU as a ›Vincolo Esterno‹. Empowering the Technocrats, Transforming the State, *South European Society and Politics*, H. 1 (1996), S. 272–299.
Ebke, Almuth, *»The Party is over«? Britische Wirtschaftspolitik und das Narrativ des »Decline« 1970 – 1976*, Frankfurt/M. 2012.
Edelmann, Murray, *Political Language. Words That Succeed and Policies That Fail*, New York 1977.
Edgerton, David, The »White Heat« revisited. The British Government and Technology in the 1960s, *Twentieth Century British History*, H. 1 (1996), S. 53–82.
Elgie, Robert, Democratic Accountability and Central Bank Independence. Historical and Contemporary, National and European Perspectives, *West European Politics*, Jg. 21, H. 3 (1998), S. 53–76.
Elster, Jon, *Ulysses and the Sirens. Studies in Rationality and Irrationality*, Cambridge 1979.
Elster, Jon, *Ulysses Unbound. Studies in Rationality, Precommitment, and Constraints*, Cambridge 2002.
Embacher, Serge, *Demkratie! Nein danke? Demokratieverdruss in Deutschland*, Berlin 2009.
Emsden, Christoph/Walter, Matthew, Monti erwägt zweite Amtszeit, in: *The Wall Street Journal*, 28.09.2012, http://www.wsj.de/nachrichten/ SB1000087239 6390443916104578023222718094426, letzter Zugriff am 22.02.2015.
Enderlein, Henrik (2013), Das erste Opfer der Krise ist die Demokratie. Wirtschaftspolitik und ihre Legitimation in der Finanzmarktkrise 2008–2013, *Politische Vierteljahresschrift*, JG. 54, H. 4 (2013), S. 714–739.
Engels, Friedrich, Herrn Eugen Dührings Umwälzung der Wissenschaft, in: Zentralinstitut für Marxismus-Leninismus beim ZK der SED (Hg.), *Karl Marx – Friedrich Engels-Werke, Bd. 20*, Berlin (Ost) 1975.
Entman, Robert M., Framing: Toward Clarification of a Fractured Paradigm, *Journal of Communication*, Jg. 43, H. 4 (1993), S. 51–58.
Erhard, Ludwig, Sparsamkeit und Nüchternheit. Regierungserklärung, 10. November 1965, in: Karl Hohmann (Hg.), *Ludwig Erhard. Gedanken aus fünf Jahrzehnten. Reden und Schriften*, Düsseldorf/Wien/New York 1990, S. 940–973.
Esping-Andersen, Gøsta, *The Three Worlds of Welfare Capitalism*, Cambridge 1990.
Eucken, Walter, *Grundsätze der Wirtschaftspolitik*, Zürich 1952.

Europäische Kommission, *Winter Forecast 2012–2014. Gradually overcoming headwinds*, European Commission Press Release, 22.02.2013, http://europa.eu/rapid/press-release_IP-13-151_en.htm, letzter Zugriff am 31.05.2017.

Faigle, Philip, Merkels Märchen vom faulen Portugiesen, in: *Die Zeit*, 17.06.2011, http://www.zeit.de/wirtschaft/2011-05/merkel-krisenstaaten-rente, letzter Zugriff am 22.02.2015.

— Der falsche Ökonom, in: *Die Zeit*, 23.05.2013, http://www.zeit.de/wirtschaft/2014-05/bernd-lucke-oekonom-europawahl-afd, letzter Zugriff am 22.02.2015.

Fairbrother, Peter, The Emergence of the ›de-centred‹ British State, in: Peter Fairbrother/Al Rainnie (Hg.), *Globalisation, State and Capital*, London 2005, S. 53–71.

Fairclough, Norman, *Language and Power*, London 1989.

— *Critical Discourse Analysis*, Boston 1995.

— *New Labour, New Language?*, London/New York 2000.

— *Analysing Discourse. Textual Analysis for Social Research*, London 2003.

Fassin, Eric, La politique de François Hollande, une menace pour l'Europe, in: *Le Monde*, 09.05.2014, http://www.lemonde.fr/societe/article/2014/05/09/la-politique-de-francois-hollande-une-menace-pour-l-europe_4414116_3224.html, letzter Zugriff am 22.02.2015.

Faucher-King, Florence/Le Galès, Patrick, *The New Labour Experiment. Change and Reform under Blair and Brown*, Stanford 2010.

Faux, Jeff, Lost on the Third Way, *Dissent*, Jg. 46, H. 2 (1999), S. 67–76.

Fearn-Banks, Kathleen, *Crisis Communications. A Case Book Approach*, Mahwaw 2007.

Finlayson, Alan, Tony Blair and the Jargon of Modernisation, *Soundings*, H. 10 (1998), S. 11–27.

Fischer, Frank/Forester, John (Hg.), *The Argumentative Turn in Policy Analysis and Planning*, Durham/London 1993.

Fischer, Karsten, *Moralkommunikation der Macht. Politische Konstruktion sozialer Kohäsion im Wohlfahrtsstaat*, Wiesbaden 2006.

Fligstein, Neil/Mara-Drita, Iona, How to make a Market. Reflections on the Attempt to create a Single Market in European Union, *American Journal of Sociology*, Jg. 102, H. 1 (1996), S. 1–32.

Flinders, Matthew/Buller, Jim, Depoliticisation. Principles, Tactics and Tools, *British Politics*, Jg. 3, H. 1 (2006), S. 1–26.

Forsthoff, Ernst, *Die Verwaltung als Leistungsträger*, Stuttgart 1938.

— *Der Staat der Industriegesellschaft. Dargestellt am Beispiel der Bundesrepublik Deutschland*, München 1971.

Foster, Emma Ann/Kerr, Peter/Byrne, Christopher, Rolling back to roll forward. Depoliticisation and the Extension of Government, *Policy and Politics*, Jg. 42, H. 2 (2014), S. 225–241.

Frankfurter Allgemeine Zeitung, Merkel: Eine Transferunion in Europa darf es nicht geben, 22.07.2011, http://www.faz.net/aktuell/politik/kanzlerin-vorder-bundespressekonferenz-merkel-eine-transferunion-in-europa-darf-es-nicht-geben-11104768.html, letzter Zugriff am 22.02.2015.

Freeden, Michael, *Ideologies and Political Theory. A Conceptual Approach*, Oxford 1996.

Freyer, Hans, *Schwelle der Zeiten. Beiträge zur Soziologie der Kultur*, Stuttgart 1965.

— *Die Bewertung der Wirtschaft im philosophischen Denken des 19. Jahrhunderts*, Hildesheim 1966.

Friedman, Milton, *Free to Choose. A Personal Statement*, New York 1980.

Friedman, Thomas, *The Lexus and the Olive Tree*, New York 2000.

Fukuyama, Francis, *Das Ende der Geschichte. Wo stehen wir?*, München 1992.

Galbraith, John Kenneth, *The Affluent Society*, Cambridge/Boston 1958.

Gallus, Alexander (Hg.), *Helmut Schelsky – der politische Anti-Soziologe. Eine Neurezeption*, Göttingen 2013.

— Schillernder Schelsky. Zur Einführung, in: Alexander Gallus (Hg.), *Helmut Schelsky – der politische Anti-Soziologe. Eine Neurezeption*, Göttingen 2013, S. 7–16.

Gamble, Andrew, *The Free Economy and the Strong State. The Politics of Thatcherism*, Basingstoke 1988.

Gamble, Andrew/Wright, Tony (Hg.), *The New Social Democracy. The Political Quarterly in Association with the Fabian Society*, Oxford 1999.

Gamble, Andrew, *The Spectre at the Feast. Capitalist Crisis and the Politics of Recession*, Basingstoke 2009.

— Neo-Liberalism and fiscal Conservatism, in: Vivien A. Schmidt/Mark Thatcher (Hg.), *Resilient Liberalism in Europe's Political Economy*, Cambridge 2013, S. 53–76.

— *Crisis without End? The Unravelling of Western Prosperity*, Basingstoke 2014.

Gehlen, Arnold, Diskussion, in: Veröffentlichungen der Walter-Raymond-Stiftung (Hg.), *Leistungsbereitschaft, Soziale Sicherheit, Politische Verantwortung*, Köln 1967, S. 189–205.

— Zusammenfassung des Kolloquiums, in: Walter-Raymond-Stiftung (Hg.), *Leistungsbereitschaft, Soziale Sicherheit, Politische Verantwortung*, Köln 1967, S. 174–188.

— Zur Lage der Soziologie, in: Gottfried Eisermann (Hg.), *Die Krise der Soziologie*, Stuttgart 1976, S. 1-8

— *Die Seele im technischen Zeitalter und andere sozialpsychologische, soziologische und kulturanalytische Schriften*, Gesamtausgabe Arnold Gehlen, Bd. 6, hrsg. v. Karl-Siegbert Rehberg, Frankfurt/M. 2004.

— *Moral und Hypermoral. Eine pluralistische Ethik*, hrsg. v. Karl-Siegbert Rehberg, Frankfurt/M. 2004.

Genschel, Philipp, Der Wohlfahrtsstaat im Steuerwettbewerb, *Zeitschrift für Internationale Beziehungen*, Jg. 7, H. 2 (2000), S. 267–296.

Genschel, Philipp/Zangl, Bernhard, Metamorphosen des Staates. Vom Herrschaftsmonopolisten zum Herrschaftsmanager, *Leviathan*, Jg. 36, H. 3 (2008), S. 430–453.

Geppert, Dominic, *Thatchers konservative Revolution. Der Richtungswandel der britischen Tories 1975–1979*, München 2002.

— *Maggie Thatchers Rosskur. Ein Rezept für Deutschland?*, Berlin 2003.

Geyer, Christian, Der Nebel reißt auf, in: *Frankfurter Allgemeine Zeitung*, 30.11.2012, http://www.faz.net/aktuell/feuilleton/medien/tv-kritik/faz-net-fruehkritik-schaeuble-bei-beckmann-der-nebel-reisst-auf-11977046.html, letzter Zugriff am 22.02.2015.

Giddens, Anthony, *The Constitution of Society. Outline of the Theory of Structuration*, Cambridge 1984.

— *Beyond Left and Right. The Future of Radical Politics*, Cambridge 1994.

— *Konsequenzen der Moderne*, Frankfurt/M. 1996.

— Leben in einer posttraditionalen Gesellschaft, in: Ulrich Beck/Anthony Giddens/Scott Lash (Hg.), *Reflexive Modernisierung. Eine Kontroverse*, Frankfurt/M. 1996, S. 113–194.

— *Jenseits von Links und Rechts. Die Zukunft radikaler Demokratie*, Frankfurt/M. 1997.

— *The Consequences of Modernity*, Stanford 1997.

— *The Third Way. The Renewal of Social Democracy*, Cambridge 1998.

— Giddens defends third-way politics, in: *Times Higher Education* (THE), 01.11.1999, http://www.timeshighereducation.co.uk/news/giddens-defends-third-way-politics/148571.article, letzter Zugriff am 01.10.2014.

— *Runaway World. How Globalisation is reshaping our Lives*, New York 2000.

— *The Third Way and its Critics*, Cambridge 2000.

— (Hg.), *The Global Third Way Debate*, Cambridge 2001.

— There is no alternative – the Third Way is the only way forward, in: *The Independent*, 08.01.2002, http://www.independent.co.uk/voices/commentators/tony-giddens-there-is-no-alternative--the-third-way-is-the-only-way-forward-662471.html, letzter Zugriff am 01.10.2014.

— *Europe in a Global Age*, Cambridge 2007.

— *The Politics of Climate Change*, Cambridge 2011.

Giger, Nathalie/Moira, Nelson, The Electoral Consequences of Welfare State Retrenchment. Blame Avoidance or Credit Claiming in the Era of Permanent Austerity?, *European Journal of Political Research*, Jg. 50, H. 1 (2011), S. 1–23.

Gilmour, Ian, *Dancing with Dogma. Britain under Thatcherism*, London 1992.

Glyn, Andrew, *Capitalism Unleashed. Finance, Globalization, and Welfare*, Oxford 2006.

Göbel, Heike, Merkels Verdrusswort, in: *Frankfurter Allgemeine Zeitung*, 18.01.2011, http://www.faz.net/s/Rub4D8A76D29ABA43699D9E59C0413A582C/Doc~E5FE18FB9D3094C689C0B0DB50EE39E47~ATpl~Ecommon~Scontent.html, letzter Zugriff am 22.02.2015.

Goffart, Daniel, Angela Merkel wirbt in Fernost für den Euro, in: *Handelsblatt*, 02.06.2011, http://www.handelsblatt.com/politik/international/singapur visite-angela-merkel-wirbt-in-fernost-fuer-den-euro/4245758-all.html, letzter Zugriff am 22.02.2015.

Gould, Philip, *The Unfinished Revolution. How the Modernisers Saved the Labour Party*, London 1998.

GOV.UK, *History Past Prime Ministers*, in: Government Digital Service, https://www.gov.uk/government/history/past-prime-ministers/harold-macmillan, letzter Zugriff am 16.02.2014.

Grande, Edgar, Schwierigkeiten mit der ›Wende‹. Neokonservative Ideologie und Politik in der Bundesrepublik Deutschland, *Österreichische Zeitschrift für Politikwissenschaft*, Jg. 16, H. 3 (1987), S. 303–323.

— Das Paradox der Schwäche. Forschungspolitik und die Einflußlogik europäischer Politikverflechtung, in: Markus Jachtenfuchs/Beate Kohler-Koch (Hg.), *Europäische Integration*, 2. Aufl., Opladen 1996, S. 373–399.

— Conclusion. How much change and what does it mean?, in: Hanspeter Kriesi et al. (Hg.), *Political Conflict in Western Europe*, Cambridge 2012, S. 277–301.

— Die politische Kontingenz der Globalisierung, in: Katrin Toens/Ulrich Willems (Hg.), *Politik und Kontingenz*, Wiesbaden 2012, S. 189–203.

— Governance-Forschung in der Governance-Falle? Eine kritische Bestandsaufnahme, *Politische Vierteljahresschrift*, Jg. 53, H. 4 (2012), S. 565–592.

Grande, Edgar/Pauly, Louis W. (Hg.), *Complex Sovereignty. Reconstituting Political Authority in the 21st Century*, Toronto 2005.

Grant, Robert M., *Contemporary Strategy Analysis. Concepts, Techniques, Applications*, Malden 2002.

Grasse, Alexander, Krisenmanagement in Italien – Schlaglichter auf ein Jahr Regierung Monti, *Politische Italien-Forschung, Occasional Papers 16*, 2012.

Greiffenhagen, Martin, *Das Dilemma des Konservativismus in Deutschland. Mit einem neuen Text: ›Post-histoire?‹ Bemerkungen zur Situation des ›Neokonservatismus‹ aus Anlaß der Taschenbuchausgabe 1986*, Frankfurt/M. 1986.

Greven, Michael Th., »Staat« als Ideologie und Utopie, in: Lutz Burkart (Hg.), *Technik und sozialer Wandel. Verhandlungen des 23. Deutschen Soziologentages in Hamburg 1986*, Frankfurt/M. 1986, S. 510–521.

— *Die politische Gesellschaft. Kontingenz und Dezision als Probleme des Regierens und der Demokratie*, Opladen 1999.

— *Kontingenz und Dezision. Beiträge zur Analyse der politischen Gesellschaft*, Wiesbaden 2000.

— *Politisches Denken in Deutschland nach 1945. Erfahrung und Umgang mit der Kontingenz in der unmittelbaren Nachkriegszeit*, Opladen 2007.

— Verschwindet das Politische in der politischen Gesellschaft? Über Strategien der Kontingenzverleugnung, in: Thomas Bedorf/Kurt Röttgers (Hg.), *Das Politische und die Politik*, Berlin 2010, S. 68–88.

Grond, Petra, *When Maggie speaks. Die Reden der britischen Premierministerin Margaret Thatcher – eine Studie in politischer Rhetorik*, Passau 2004.

Gross, Peter, *Die Multioptionsgesellschaft*, Frankfurt/M. 1994.

Grundmann, Reiner/Stehr, Nico, *Die Macht der Erkenntnis*, Frankfurt/M. 2011.

Guéhenno, Jean-Marie, *Das Ende der Demokratie*, München 1994.

Guggenberger, Bernd, Herrschaftslegitimierung und Staatskrise. Zu einigen Problemen der Regierbarkeit des modernen Staates, in: Michael Th. Greven/Bernd Guggenberger/Johano Strasser (Hg.), *Krise des Staates? Zur Funktionsbestimmung des Staates im Spätkapitalismus*, Neuwied 1975, S. 9–59.

Haan, Jacob de/Eijfinger, Sylvester C. W., The Democratic Accountability of the European Central Bank: A Comment on Two Fairy-Tales, *Journal of Common Market Studies*, Jg. 38, H. 3 (2000), S. 393–408.

Haas, Ernst, International Integration: The European and the Universal Process, *International Organization*, Jg. 15, H. 3 (1961), S. 366–392.

Haas, Peter M., When does Power listen to Truth? A Constructivist Approach to the Policy Process, *Journal of European Public Policy*, Jg. 11, H. 4 (2004), S. 569–592.

Habermas, Jürgen, *Technik und Wissenschaft als ›Ideologie‹*, Frankfurt/M. 1969.

— *Legitimationsprobleme im Spätkapitalismus*, Frankfurt/M. 1973.

— *Theorie des kommunikativen Handelns. Bd. 1. Handlungsrationalität und gesellschaftliche Rationalisierung*, Frankfurt/M. 1981.

— *Die neue Unübersichtlichkeit*, Frankfurt/M. 1985.

— *Die postnationale Konstellation. Politische Essays*, Frankfurt/M. 1998.

— *Ach, Europa. Kleine Politische Schriften XI*, Frankfurt/M. 2008.

— Nach dem Bankrott, *Die Zeit*, Ausgabe 46, 06.11.2008.

— *Im Sog der Technokratie. Kleine Politische Schriften XII*, Frankfurt/M. 2013.

Hacke, Jens, Der Intellektuelle und die Industriegesellschaft. Arnold Gehlen und Helmut Schelsky in der frühen Bundesrepublik, in: Harald Bluhm/Walter Reese-Schäfer (Hg.), *Die Intellektuellen und der Weltlauf. Schöpfer und Missionare politischer Ideen in den USA, Asien und Europa nach 1945*, Baden-Baden 2006, S. 233–257.

— *Die Bundesrepublik als Idee. Zur Legitimationsbedürftigkeit politischer Ordnung*, Hamburg 2009.

— Die lange Dauer des technischen Staates. Grenzen einer Legitimation durch Verfahren, *Blätter für deutsche und internationale Politik*, Jg. 56, H. 3 (2011), S. 97–106,

Hajer, Maarten A., Discourse Coalitions in Practice. The Case of Acid Rain in Great Britain, in: Frank Fischer/John Forester (Hg.), *The Argumentative Turn in Policy Analysis and Planning*, Durham/London 1993, S. 43–76.

Halbwachs, Maurice, *Das kollektive Gedächtnis*, Frankfurt/M. 1985.

Hall, Peter A., Conclusion, in: Peter A. Hall (Hg.), *The Political Power of Economic Ideas. Keynesianism across Nations*, Princeton 1989, S. 361–391.

— Policy Paradigms, Social Learning, and the State. The Case of Economic Policymaking in Britain, *Comparative Politics*, Jg. 25, H. 3 (1993), S. 275–296.

— The Economics and Politics of the Euro Crisis, *German Politics*, Jg. 21, H. 4 (2012), S. 355–371.

Hall, Peter A./Taylor, Rosemary, Political Science and the Three New Institutionalisms, *Political Studies*, Jg. 44, H. 5 (1996), S. 936–957.

Hall, Stuart/Jacques, Martin, *The Politics of Thatcherism*, London 1983.

Hall, Stuart, *The Hard Road to Renewal. Thatcherism and the Crisis of the Left*, London/New York 1988.

— The Great Moving Nowhere Show, *Marxism Today*, H. 6 (1998), S. 9–14.

Hang, Byung-Chul, *Transparenzgesellschaft*, Berlin 2012.

Hansl, Matthias, Dahrendorfs Spuren. Annotationen eines liberalen Missionars, *Zeitschrift für Ideengeschichte*, Jg. 9, H. 2 (2015), S. 105–116.

Haring, Sophie, Herrschaft der Experten oder Herrschaft des Sachzwangs? Technokratie als politikwissenschaftliches ›Problem-Ensemble‹, *Zeitschrift für Politikwissenschaft*, Jg. 57, H. 3 (2013), S. 243–264.

Harmes, Adam, Institutional Investors and the Reproduction of Neoliberalism, *Review of International Political Economy*, Jg. 5, H. 1 (1998), S. 92–121.

Harrison, R., Labour Party History. Approaches and Interpretations, *Labour History Review*, Jg. 56, H. 1 (1991), S. 8–12.

Hatje, Armin/Terhechte, Jörg Philipp (Hg.), *Grundgesetz und europäische Integration. Die Europäische Union nach dem Lissabon-Urteil des Bundesverfassungsgerichts, Europarecht Beiheft*, H. 1 (2010).

Hay, Colin, *Re-stating Social and Political Change*, Birmingham 1996.

— Blaijorism. Towards a one-vision Polity, *The Political Quarterly*, Jg. 68, H. 4 (1997), S. 372–378.

— *The Political Economy of New Labour. Labouring under False Pretences?*, Manchester 1999.

— Negotiating International Constraints. The Antimonies of Credibility and Competitiveness in the Political Economy of New Labour, *Competition and Change*, Jg. 5, H. 3 (2001), S. 269–289.

— The ›Crisis‹ of Keynesianism and the Rise of Neoliberalism in Britain: An Ideational Institutionalist Approach, in: John L. Campbell/Ove K. Pedersen (Hg.), *The Rise of Neoliberalism and Institutional Analysis*, Princeton/Oxford 2001, S. 193–218.

— *Political Analysis*, Basingstoke 2002.

— The Normalizing Role of Rationalist Assumptions in the Institutional Embedding of Neoliberalism, *Economy and Society*, Jg. 33, H. 4 (2004), S. 500–527.

— What's Globalisation Got To Do With It? Economic Interdependence and the Future of European Welfare States, *Government and Opposition*, Jg. 41, H. 1 (2006), S. 1–23.

— Whatever happened to Thatcherism?, *Political Studies Review*, Jg. 5, H. 2 (2007), S. 183–201.

— *Why we hate Politics*, Cambridge 2007.

— The Winter of Discontent. Thirty Years On, *The Political Quarterly*, Jg. 80, H. 4 (2009), S. 545–552.

— Globalization's Impact on States, in: John Ravenhill (Hg.), *Global Political Economy*, Oxford 2014, S. 255–282.

Hay, Colin/Farrell, Stephen, Establishing the Ontological Status of Thatcherism by Gauging Its ›Periodisability‹. Towards a ›Cascade Theory‹ of Public Policy Radicalism, *The British Journal of Politics & International Relations*, Jg. 13, H. 4 (2011), S. 439–458.

Hay, Colin/Farrell, Stephen (Hg.), *The Legacy of Thatcherism*, Oxford 2014.

Hay, Colin/Marsh, David, Introduction: Demystifying Globalization, in: Hay, Colin/Marsh, David (Hg.), *Demystifying Globalization*, Basingstoke 2000, S. 1–17.

— (Hg.), *Demystifying Globalization*, Basingstoke 2000.

Hay, Colin/Menon, Anand (Hg.), *European Politics*, Oxford 2007.

Hay, Colin/Rosamond, Ben, Globalization, European Integration and the Discursive Construction of Economic Imperatives, *Journal of European Public Policy*, Jg. 9, H. 2 (2002), S. 147–167.

Hay, Colin/Watson, Matthew, Globalisation. ›Sceptical‹ Notes on the 1999 Reith Lectures, *The Political Quarterly*, Jg. 70, H. 4 (1999), S. 418–425, http://wrap.warwick.ac.uk/2145/1/WRAP_Watson_pq%28reith%29.pdf, letzter Zugriff am 01.10.2014.

— The Discourse of Globalisation and the Logic of No Alternative. Rendering the Contingent Necessary in the Political Economy of New Labour, *Policy & Politics*, Jg. 30, H. 4 (2004), S. 289–305, http://wrap.warwick.ac.uk/2139/1/WRAP_Watson_pp.pdf, letzter Zugriff am 01.10.2014.

Hay, Colin/Wincott, Daniel, *The Political Economy of European Welfare Capitalism*, Basingstoke 2012.

Hayek, Friedrich A., *The Road to Serfdom*, Chicago 1944.

— Der Wettbewerb als Entdeckungsverfahren, in: Internationales Institut »Österreichische Schule für Nationalökonomie« (Hg.), *Die Österreichische Schule für Nationalökonomie. Texte, Bd. II von Hayek bis White*, Wien 1986, S. 119–137.

— The Economic Conditions of Interstate Federalism, in: Friedrich A. Hayek, *Individualism and Economic Order*, Chicago 1984, S. 255–272.

Heath, Edward, *The Course of My Life. The Autobiography of Edward Heath*, London 1998.

Heckmann, Dirk-Oliver, Wolfgang Schäuble im Gespräch. »Die Entscheidung ist notwendig, und sie ist richtig«, in: *Deutschlandfunk*, 19.05.2010, http://www.deutschlandfunk.de/die-entscheidung-ist-notwendig-und-sie-ist-richtig.694.de.html?dram:article_id=68542, letzter Zugriff am 22.02.2015.

Heinze, Christian, Der Sachverständigenrat zur Begutachtung der gesamtwirtschaftlichen Entwicklung und die Umbildung der Verfassung, *Der Staat*, Jg. 6, H. 6 (1967), S. 433–444.

Heise, Arnold, European Governance. Institutionelle Reformen nach der Krise, *Wirtschaftsdienst. Zeitschrift für Wirtschaftspolitik*, Jg. 91, H. 9 (2011), S. 634–642.

— Governance auf verschiedenen Ebenen, *Wirtschaftsdienst. Zeitschrift für Wirtschaftspolitik*, Jg. 29, H. 4 (2012), S. 222–225.

Helleiner, Eric, Understanding the 2007–2008 Global Financial Crisis. Lessons for Scholars of International Political Economy, *Annual Review of Political Science*, 14 (2011), S. 67–87.

— The Evolution of the International Monetary and Financial System, in: John Ravenhill (Hg.), *Global Political Economy*, Oxford 2014, S. 173–197.

Helms, Ludger, Innovation in the Shade of Power. The Reform of the Labour Party 1979–1997, in: Hans Kastendiek/Richard Stinsdorff/Roland Sturm (Hg.), *The Return of Labour. A Turning Point in British Politics?*, Berlin 1999, S. 109–129.

Hengst, Björn, Euro-Krise, Merkel attackiert urlaubsfreudige Südeuropäer, in: *Spiegel Online*, 18.05.2011, http://www.spiegel.de/politik/deutschland/euro-krise-merkel-attackiert-urlaubsfreudige-suedeuropaeer-a-763247.html, letzter Zugriff am 22.02.2015.

Herbert, Ulrich, Liberalisierung als Lernprozeß. Die Bundesrepublik in der deutschen Geschichte – eine Skizze, in: Ulrich Herbert (Hg.), *Wandlungsprozesse in Westdeutschland. Belastung, Integration, Liberalisierung 1945–1980*, Göttingen 2002, S. 7–49.

Hildebrand, Marius/Martell, Conrad Lluis, The Negation of Power. From Structuration to Theory to the Politics of the Third Way, *Distinktion: Scandinavian Journal of Social Theory*, Jg. 13, H. 2 (2012), S. 187–207.

Hildebrandt, Walter, Helmut Schelsky im Zenit. Ortsbestimmung der Soziologie – Ortsbestimmung der deutschen Gesellschaft 1947–1970, in: Horst Baier (Hg.), *Helmut Schelsky – ein Soziologe der Bundesrepublik. Eine Gedächtnisschrift von Freunden, Kollegen und Schülern*, Stuttgart 1986, S. 32–44.

Hirscher, Gerhard/Sturm, Roland (Hg.), *Der sogenannte »Dritte Weg«. Legitimation und Praxis sozialdemokratischer Regierungspolitik in Europa*, München 2001.

Hirschman, Albert O., *Denken gegen die Zukunft. Die Rhetorik der Reaktion*, München 1992.

Hix, Simon, *What's Wrong with the European Union and How to Fix it*, Cambridge 2008.

Hix, Simon/Høyland, Bjørn, *The Political System of the European Union*, Basingstoke 2011.

Hobsbawm, Eric, Out of Wilderness, *Marxism Today*, Jg. 31 (1987), S. 12–19.

Holmes, Stephen, *Passions and Constraint. On the Theory of Liberal Democracy*, Chicago 1995.

Honig, Bonnie, *Political Theory and the Displacement of Politics*, Ithaca 1993.

— *Emergency Politics. Paradox, Law, Democracy*, Princeton 2009.

Hooghe, Liesbet/Marks, Gary, A Postfunctionalist Theory of European Integration. From Permissive Consensus to Constraining Dissensus, *British Journal of Political Science*, Jg. 39, H. 1 (2008), S. 1–23.

Höpner, Martin/Rödl, Florian, Illegitim und rechtswidrig: Das neue makroökonomische Regime im Euroraum, *Wirtschaftsdienst. Zeitschrift für Wirtschaftspolitik*, Jg. 92, H. 4 (2012), S. 219–222.

Howell, Chris, *Trade Unions and the State. The Construction of Industrial Relations Institutions in Britain 1890–2000*, Princeton 2005.

Huber, Ernst Rudolf, Vorsorge für das Dasein. Ein Grundbegriff der Staatslehre Hegels und Lorenz von Steins, in: Roman Schnur (Hg.), *Festschrift für Ernst Forsthoff zum 70. Geburtstag*, München 1972, S. 139–163.

Hutter, Swen/Grande, Edgar, Politicizing Europe in the National Electoral Arena. A Comparative Analysis of Five West European Countries, *Journal of Common Market Studies*, Jg. 52, H. 5 (2014), S. 1002–1018.

Hutter, Swen/Kerscher, Alena, Politicizing Europe in Hard Times: Conflicts over Europe in France in a Long-term Perspective, 1974–2012, *Journal of European Integration*, Jg. 36, H. 3 (2014), S. 267–282.

Internationaler Währungsfonds (Hg.), *Globalisation: Opportunities and Challenges. Special Issue of World Economic Outlook*, New York 1997.

— *The Liberalization and Management of Capital Flows: An Institutional View*, Washington 2012.

— *Unemployment and Labor Market Institutions. Why Reforms pay off, World Economic Outlook 2013*, Washington 2013.

Jabko, Nicolas, *Playing the Market. A Politial Strategy for Uniting Europe, 1985–2005*, Ithaca 2006.

Jackson, Ben/Saunders, Robert (Hg.), *Making Thatcher's Britain*, Cambridge 2012.

Jacobsen, Lenz, Ein Kommentar: Alle dumm, außer uns, in: *Die Zeit*, 24.03.2014, http://www.zeit.de/politik/deutschland/2014-03/afd-parteitag-lucke-parteiprogramm, letzter Zugriff am 22.02.2015.

Jeffereys, Kevin, Crosland, Tony, The Future of Socialism and New Labour, *History Review*, Jg. 56 (2006), S. 37–38.

Jenkins, Peter, *Mrs. Thatcher's Revolution. The Ending of the Socialist Era*, Cambridge 1988.

Jenkins, Simon, *Thatcher and Sons. A Revolution in Three Acts*, London 2006.

— Es gibt keinen Blairismus, *Blätter für deutsche und internationale Politik*, Jg. 51, H. 6 (2007), S. 640–650.

Jenkins-Smith, Hank C./Sabatier, Paul A. (Hg.), *Policy Change and Learning. An Advocacy Coalition Approach*, Boulder 1993.

Jessop, Bob, Regulation Theories in Retrospect and Prospect, *Economy and Society*, Jg. 19, H. 2 (1990), S. 153–216.

— Politik in der Ära Thatcher. Die defekte Wirtschaft und der schwache Staat, in: Dieter Grimm (Hg.), *Staatsaufgaben*, Baden-Baden 1994, S. 353–389.

— Die Erfahrungen mit New Labour. Eine Politik für den Postfordismus?, in: Christoph Görg/Roland Roth (Hg.), *Kein Staat zu machen. Zur Kritik der SoWi*, Münster 1998, S. 71–94.

— Die (Un)Logik der Globalisierung. Der Staat und die Reartikulation des ökonomischen Raumes, *Das Argument*, Jg. 42, H. 3 (2000), S. 341–354.

— New Labour or the Normalization of Neo-liberalism, *British Politics*, Jg. 2, H. 7 (2007), S. 282–288.

Jessop, Bob/Bonnett, Kevin/Bromley, Simon, Farewell to Thatcherism? Neo-Liberalism and New Times, *New Left Review*, H. 179 (1988), S. 81–102.

Jessop, Bob/Bonnett, Kevin/Bromley, Simon/Ling, Tom, *Thatcherism. A Tale of Two Nations*, Cambridge 1988.

Jobert, Bruno, The normative Frameworks of Public Policy, *Political Studies*, Jg. 37, H. 3 (1989), S. 376–386.

Judt, Tony (1998), The Third Way to What? We Need Some Direction, in: *International Herald Tribune*, 29.09.1998.

Jun, Uwe/Celikates, Robin, Die Transformation der Sozialdemokratie. Der Dritte Weg, New Labour und die SPD, *Zeitschrift für Politikwissenschaft*, Jg. 10, H. 4 (2000), S. 1501–1530.

Jung, Tilo, Gesine Schwan im Interview mit Tilo Jung, in: *Der Freitag*, 03.04.2014, http://www.freitag.de/autoren/tilo-jung/folge-138-gesine-schwan, letzter Zugriff am 22.02.2015.

Kastendiek, Hans/Stinsdorff, Richard/Sturm, Roland (Hg.), *The Return of Labour. A Turning Point in British Politics?*, Berlin 1999.

Kaufmann, Stephan, Der Sound des Sachzwangs, *Blätter für deutsche und internationale Politik*, Jg. 51, H. 3 (2006), S. 365–374.

Kavanagh, Dennis, *Thatcherism and British Politics. The End of Consensus?*, Oxford 1987.

Kavanagh, Dennis/Morris, Peter, *Consensus Politics. From Atlee to Major*, Oxford/Cambridge 1994.

Keegan, Victor, Industry and Technology, in: David McKie/Chris Cook (Hg.), *The Decade of Disillusion. British Politics in the Sixties*, London 1972, S. 137–148.

Keeler, John T.S., Opening the Window for Reform: Mandates, Crises, and Extraordinary Policy-Making, *Comparative Political Studies*, Jg. 25, H. 1 (1993), S. 433–486.

Keith, Joseph, Speech at Preston. Inflation is caused by Governments, in: *The Times*, 06.09.1974, http://www.margaretthatcher.org/document/111967, letzter Zugriff am 20.02.2014.

Keller, Reiner, *Wissenssoziologische Diskursanalyse. Grundlegung eines Forschungsprogramms*, 3. Aufl., Wiesbaden 2011.

Kempf, Larsen, Schicksal, Vorsehung und Kontingenz als politische Motive. Zur Wirkmächtigkeit von Geschichtsmetaphysik, *Zeitschrift für Politik*, Jg. 59, H. 1 (2012), S. 24–38.

Kerr, Peter, *Postwar British Politics. From Conflict to Consensus*, London 2001.

Kersten, Jens, Die Entwicklung des Konzepts der Daseinsvorsorge im Werk von Ernst Forsthoff, *Der Staat*, Jg. 44, H. 4 (2005), S. 543–569.

Keynes, John Maynard, *The General Theory of Employment, Interest and Money*, London 1963.

Kielmannsegg, Peter Graf, Organisierte Interessen als »Gegenregierungen«?, in: Wilhelm Hennis/Peter Graf Kielmannsegg/Ulrich Matz (Hg.), *Regierbarkeit. Studien zu ihrer Problematisierung. Bd. 2*, Stuttgart 1978, S. 139–176.

Kieserling, André, Die Gesellschaft der Politik? Zum Politismus der Moderne, in: Stephan Lessenich (Hg.), *Wohlfahrtsstaatliche Grundbegriffe. Historische und aktuelle Diskurse*, Frankfurt/M. /New York 2003, S. 23–40.

King, Anthony, Overload. Problems of Governing in the 1970s, *Political Studies*, Jg. 23, H. 2/3 (1975), S. 184–196.

Kinnock, Neil (2000), New? We've always been new, in: *New Statesman*, 28.02.2000.

Kirchheimer, Otto, Der Wandel des westeuropäischen Parteiensystems, *Politische Vierteljahresschrift*, Jg. 6, H. 1 (1965), S. 20–41.

Kitschelt, Herbert, *The Transformation of European Social Democracy*, Cambridge 1994.

Klein, Naomi, *The Shock Doctrine. The Rise of Disaster Capitalism*, New York 2008.

Knobloch, Clemens, *Moralisierung und Sachzwang. Politische Kommunikation in der Massendemokratie*, Duisburg 1998.

Koch, Claus/Senghaas Dieter (Hg.), *Texte zur Technokratiediskussion*, Frankfurt/M. 1970.

König, Pascal D./Wenzelburger, Georg, Towards a Theory of Political Strategy in Policy Analysis, *Politics & Policy*, Jg. 42, H. 3 (2014), S. 400–430.

Koselleck, Reinhart, »Erfahrungsraum« und »Erwartungshorizont« – zwei historische Kategorien, in: Reinhart Koselleck, *Vergangene Zukunft. Zur Semantik geschichtlicher Zeiten*, Frankfurt/M. 1989, S. 349–375.

Krastev, Ivan/Pavlovsky, Gleb/Zhurzhenko, Tatiana, The Politics of no Alternatives or How Power works in Russia. An Interview with Gleb Pavlovsky, in: *Eurozine*, 09.06.2011, http://www.eurozine.com/the-politics-of-no-alternatives-or-how-power-works-in-russia/, letzter Zugriff am 01.06.2017.

Krick, Eva, Regieren mit Gipfeln. Expertengremien der Großen Koalition, *Zeitschrift für Politikwissenschaft*, Jg. 20, H. 2 (2010), S. 233–264.

— *Verhandlungen im Konsensverfahren. Varianten kollektiver Entscheidungen in Expertengremien*, Wiesbaden 2013.

Kriele, Martin, Das Grundgesetz im Parteienkampf, in: Frank Grube/Gerhard Richter (Hg.), *Die Utopie der Konservativen. Antworten auf Helmut Schelskys konservatives Manifest*, München 1974, S. 44–57.

Kriesi, Hanspeter/Grande, Edgar, Nationaler politischer Wandel in entgrenzten Räumen, in: Ulrich Beck/Christoph Lau (Hg.), *Entgrenzung und Entscheidung. Was ist neu an der Theorie reflexiver Modernisierung?*, Frankfurt/M. 2004, S. 402–420.

— The Transformative Power of Globalization and the Structure of Political Conflict in Western Europe, in: Hanspeter Kriesi et al. (Hg.), *Political Conflict in Western Europe*, Cambridge 2012, S. 3–35.

Kriesi, Hanspeter et al. (Hg.), *Political Conflict in Western Europe*, Cambridge 2012.

Krockow, Christian Graf von, Mehr Demokratie – weniger Freiheit? Viel geschmäht und oft mißverstanden: Der Begriff Demokratisierung, in: *Die Zeit*, 23.02.1973, http://www.zeit.de/1973/09/mehr-demokratie-weniger-freiheit, letzter Zugriff am 01.10.2014.

Kurbjuweit, Dirk, *Alternativlos. Merkel, die Deutschen und das Ende der Politik*, München 2014.

Kurzer, Paulette, *Business and Banking. Political Change and Economic Integration in Western Europe*, Ithaca 1993.

Kydland, Finn E./Prescott, Edward C., Rules rather than Discretion. The Inconsistency of Optimal Plans, *Journal of Political Economy*, Jg. 85, H. 3 (1977), S. 473–492.

Labour Industry Forum (Hg.), *Winning for Britain*, London 1996.

Labour Party (Hg.), *Labour Party Rule Book*, London 2005.

Laclau, Ernesto, *On Populist Reason*, London 2005.

Laclau, Ernesto/Mouffe, Chantal, *Hegemony and Socialist Strategy. Towards a Radical Democratic Politics*, 2. Aufl., London/New York 2000.

Lamla, Jörg, Die politische Theorie der reflexiven Modernisierung. Anthony Giddens, in: André Brodocz/Gary S. Schaal (Hg.), *Politische Theorien der Gegenwart II*, Stuttgart 2006, S. 343–376.

Lamy, Pascal, Globalisation. A win-win Process, *European Commission*, 15.11.1999, http://trade.ec.europa.eu/doclib/docs/2005/january/tradoc_121059.pdf, letzter Zugriff am 01.06.2017.

Larkin, Phil, New Labour in Perspective. A Comment on Rubinstein, *Politics*, Jg. 21, H. 1 (2001), S. 51–55.

Lash, Scott, Expertenwissen oder Situationsdeutung? Kultur und Institutionen im desorganisierten Kapitalismus, in: Ulrich Beck/Anthony Giddens/Scott Lash, *Reflexive Modernisierung. Eine Kontroverse*, Frankfurt/M. 1996, S. 338–364.

— Reflexivität und ihre Doppelungen. Struktur, Ästhetik und Gemeinschaft, in: Ulrich Beck/Anthony Giddens/Scott Lash, *Reflexive Modernisierung. Eine Kontroverse*, Frankfurt/M. 1996, S. 195–286.

Lawrence, Jon/Sutcliffe-Braithwaite, Florence, Margaret Thatcher and the Decline of Class Politics, in: Ben Jackson/Robert Saunders (Hg.), *Making Thatcher's Britain*, Cambridge 2012, S. 132–147.

Le Grand, Julian, CORA and the Third Way. Some unanswered Questions, in: *Cora: Community, Opportunity, Responsibility, Accountability. Office for Public Management*, London 1999.

Le Monde, La première révolte contre la mondialisation, 07.12.1995.

— En pleine tempête, le PS veut éviter que son conseil national »ne tourne à la crise«, 13.04.2013, http://www.lemonde.fr/politique/article/2013/04/13/en-pleine-tempete-le-ps-veut-eviter-que-son-conseil-national-ne-tourne-a-la-crise_3159231_823448.html, letzter Zugriff am 22.02.2015.

— Selon Christine Lagarde, il n'y a »pas d'alternative à l'austérité«, 02.05.2013, http://www.lemonde.fr/economie/article/2013/05/02/selon-christine-lagarde-il-n-y-a-pas-d-alternative-a-l-austerite_3170174_3234.html, letzter Zugriff am 17.05.2013.

Le Parisien, Crise de la zone euro: pour Hollande, »le pire est passé«, 17.10.2012, http://www.leparisien.fr/economie/crise-de-la-zone-euro-pour-hollande-le-pire-est-passe-17-10-2012-2241341.php, letzter Zugriff am 22.02.2015.

Leach, Robert, *British Political Ideologies*, New York 1991.

Leadbeater, Charles, I Think I've Found It. Third Way? Which Way?, in: *The Observer*, 10.05.1998.

Lehmbruch, Gerhard, Institutional Embedding of Market Economies. The German Model and its Impact on Japan, in: Wolfgang Streeck/Kozo Yamamura (Hg.), *The Origins of Nonliberal Capitalism*, Ithaca 2001, S. 39–93.

Leisering, Lutz/Hilkert, Bernhard (1999), *Von Großbritannien lernen? Wohlfahrtsstaatsreform im Zeichen des Dritten Weges – das Beispiel aktiver Sozialhilfepolitik unter Blair.* Abschlußbericht für die Anglo-German Foundation Projekt Nr. 1227 »Reforming social assistance in Britain«, Social Policy Working Paper No. 4, Bremen 1999.

Lemke, Matthias, *Die Ökonomisierung des Politischen. Entdifferenzierungen in kollektiven Entscheidungsprozessen.* Schriftenreihe des Verbundprojekts Postdemokratie und Neoliberalismus, Discussion-Paper 2, Hamburg/Leipzig 2012.

Lemke, Matthias/Schaal, Gary S./Ritzi, Claudia (Hg.), *Die Ökonomisierung der Politik in Deutschland. Eine vergleichende Politikfeldanalyse*, Wiesbaden 2014.

Lenk, Hans (Hg.), *Technokratie als Ideologie. Sozialphilosophische Beiträge zu einem politischen Dilemma*, Stuttgart u.a. 1973.

Leonard, Dick, *Crosland and New Labour*, Basingstoke 1999.

Lepenies, Wolf, *Melancholie und Gesellschaft*, Frankfurt/M. 1969.

Lessenich, Stephan, *Die Neuerfindung des Sozialen. Der Sozialstaat im flexiblen Kapitalismus*, Bielefeld 2008.

Letwin, Shirley R., *The Anatomy of Thatcherism*, New Brunswick 1993.

Leuffen, Dirk/Rittberger, Berthold/Schimmelfennig, Frank, *Differentiated Integration: Explaining Variation in the European Union*, Basingstoke 2012.

Levy, Jonah, Foreword, in: Florence Faucher-King/Patrick Le Galès, *The New Labour Experiment. Change and Reform Under Blair and Brown*, Stanford 2010.

Lindblom, Charles, The Science of Muddling Through, *Public Administration Review*, Jg. 19, H. 2 (1959), S. 79–88.

— Still Muddling, not yet Through, *Public Administration Review*, Jg. 39, H. 6 (1979), S. 517–526.

Lindblom, Charles/Woodhouse, Edward, *The Policy-Making Process*, Englewood Cliffs 1993.

Link, Jürgen/Loer, Thomas/Neuendorff, Harmut (Hg.), *›Normalität‹ im Diskursnetz soziologischer Begriffe*, Heidelberg 2003.

Lippmann, Walter, *The Good Society*, New Brunswick/New Jersey 1937.

Lübbe, Hermann, Zur politischen Theorie der Technokratie, *Der Staat*, Jg.1, H. 1 (1962), S. 19–38.

— *Theorie und Entscheidung. Studien zum Primat der praktischen Vernunft*, Freiburg 1971.

— Dezisionismus. Eine kompromittierte politische Theorie, in: Hermann Lübbe, *Philosophie nach der Aufklärung. Von der Notwendigkeit der pragmatischen Vernunft*, Düsseldorf/Wien 1980, S. 161–177.

Luhmann, Niklas, *Soziologische Aufklärung 2*, Opladen 1975.

— *Politische Theorie im Wohlfahrtsstaat*, München/Wien 1981.

— *Soziale Systeme. Grundriß einer allgemeinen Theorie*, Frankfurt/M. 1984.

— *Die Politik der Gesellschaft*, hrsg. v. André Kieserling, Frankfurt/M. 2002.

Lütz, Susanne, *Der Staat und die Globalisierung von Finanzmärkten. Regulative Politik in Deutschland, Großbritannien und den USA*, Frankfurt/M. 2002.

Machiavelli, Niccolò, *Discorsi. Gedanken über Politik und Staatsführung.* Deutsche Gesamtausgabe, übers., eingel. u. erläutert v. Dr. Rudolf Zorn, 2. Aufl., Stuttgart 1977.

Maffesoli, Michel, *The Time of Tribes*, London 1995.

Mair, Peter, Partyless Democracy. Solving the Paradox of New Labour?, *New Left Review*, Jg. 41, H. 2 (2000), S. 21–35.

Majone, Giandomenico, The European Community Between Social Policy and Social Regulation, *Journal of Common Market Studies*, Jg. 31, H. 2 (1993), S. 15–70.

— The Rise of the Regulatory State in Europe, *West European Politics*, Jg. 17, H. 3 (1994), S. 78–102.

— *Regulating Europe*, London 1996.

— Europe's ›Democratic Deficit‹: The Question of Standards, *European Law Journal*, Jg. 4, H. 1 (1998), S. 5–28.

— The Credibility Crisis of Community Regulation, *Journal of Common Market Studies*, Jg. 38, H. 2 (2000), S. 273–302.

— The European Commission. The Limits of Centralization and the Perils of Parliamentarization, *Governance*, Jg. 15, H. 3 (2002), S. 375–392.

Mandelson, Peter/Liddle, Roger, *The Blair Evolution. Can New Labour Deliver?*, London 1996.

March, James G./Olsen, Johan P., *Rediscovering Institutions. The Organizational Basis of Politics*, New York 1999.

Marsh, David et al. (Hg.), *Postwar British Politics*, Cambridge 1999.

Marsh, David/Rhodes, Roderick A. W. (Hg.), *Implementing Thatcherite policies. Audit of an Era*, Buckingham 1992.

Maurer, Andreas, Die Kreationsfunktion des Europäischen Parlaments im Spannungsfeld zwischen Politisierungsimpulsen und Systemerfordernissen, *Zeitschrift für Politik*, Jg. 61, H. 3 (2014), S. 301–326.

Mayntz, Renate, Speaking Truth to Power. Leitlinien für die Regelung wissenschaftlicher Politikberatung, *der moderne staat – Zeitschrift für Public Policy, Recht und Management*, Jg. 2, H. 1 (2009), S. 5–16.

McAnulla, Stuart, ›Fade to Grey‹? Symbolic Politics in the Post-Thatcher Era, in: Jeffrey Stanyer/Gerry Stoker (Hg.), *Contemporary Political Studies. Bd. 1*, Exeter 1997, S. 315–324.

— The Post-Thatcher Era, in: David Marsh et al. (Hg.), *Postwar British Politics*, Cambridge 1999.

McKenzie, Richard B./Lee, Dwight R., *Quicksilver Capital. How the Rapid Movement of Wealth has Changed the World*, New York 1991.

McKie, David, Introduction, in: David McKie/Chris Cook (Hg.), *The Decade of Disillusion. British Politics in the Sixties*, London 1972, S. 1–6.

McKie, David/Cook, Chris (Hg.), *The Decade of Disillusion. British Politics in the Sixties*, London 1972.

McNamara, Kathleen R., *The Currency of Ideas. Monetary Politics in the European Union*, Ithaca 1999.

Meier, Christian, *Die Entstehung des Politischen bei den Griechen*, Frankfurt/M. 1983.

— *Res Publica Amissa. Eine Studie zu Verfassung und Geschichte der späten römischen Republik*, Wiesbaden 1996.

Meinel, Florian, *Der Jurist in der industriellen Gesellschaft. Ernst Forsthoff und seine Zeit*, Berlin 2012.

Mény, Yves, *Le système politique français*, Paris 1996.

Merkel, Angela, Regierungserklärung der Bundeskanzlerin zu den Euro-Stabilisierungsmaßnahmen, 19.05.2010, http://www.bundesregierung.de/Content/DE/Regierungserklaerung/2010/2010-05-19-merkel-erklaerung-eu-stabilisierungsmassnahmen.html, letzter Zugriff am 22.02.2015.

— Rede bei der 9. Jahreskonferenz des Rates für Nachhaltige Entwicklung, 23.11.2009, https://www.bundeskanzlerin.de/ContentArchiv/DE/Archiv17/Reden/200911/2009-11-23-rede-merkel-rat-fuer-nachhaltigkeit.html, letzter Zugriff am 01.06.2017.

— Rede auf dem XIX. Bankentag in Berlin, 31.03.2011, http://www.bundesregierung.de/Content/DE/Bulletin/2011/04/36-2-bankentag.html, letzter Zugriff am 22.02.2015.

Merkel, Wolfgang, Der »Dritte Weg« und der Revisionismusstreit der Sozialdemokratie am Ende des 20. Jahrhunderts, in: Karl Hinrichs/Herbert Kitschelt/Helmut Wiesenthal (Hg.), *Kontingenz und Krise. Institutionenpolitik in kapitalistischen und postsozialistischen Gesellschaften. Claus Offe zu seinem 60. Geburtstag*, Frankfurt/M. 2000, S. 263–290.

Meßerschmidt, Klaus, Private Gesetzgebungshelfer Gesetzgebungsoutsourcing als privatisiertes Regulierungsmanagement in der Kanzleiendemokratie?, *Der Staat*, Jg. 51, H. 3 (2012), S. 387–415.

Metzler, Gabriele, *Konzeptionen politischen Handelns von Adenauer bis Brandt. Politische Planung in der pluralistischen Gesellschaft*, Paderborn 2005.

Michelsen, Danny/Walter, Franz, *Unpolitische Demokratie. Politik im unpolitischen Zeitalter*, Frankfurt/M. 2013.

Miliband, David (Hg.), *Reinventing the Left*, Cambridge 1994

Miliband, Ed, *Speech to Labour Party Annual Conference 2012*, Manchester, 02.10.2012, http://www.britishpoliticalspeech.org/speech-archive.htm?speech–323, letzter Zugriff am 01.10.2014.

Möllers, Christoph, *Die drei Gewalten. Legitimation der Gewaltengliederung in Verfassungsstaat, Europäischer Integration und Internationalisierung*, Weilerswist 2008.

Monastirioti, Vassilis, Austerity measures in Crisis Countries – Results and Impact on Mid-term Development, *Intereconomics*, Jg. 48, H. 1 (2012), S. 4–32.

Morandi, Pietro, Zur Geschichte der Technokratie, *Berliner Debatte Initial*, Jg.8, H. 3 (1997), S. 117–126.

— Von ›alter‹ liberaler Regierungsführung zu ›neoliberaler‹ Governance. Zum Wandel der Expertenerfahrung und seiner Bedeutung für Wissenschaft und Politik, in: André Brodocz (Hg.), *Erfahrung als Argument. Zur Renaissance eines ideengeschichtlichen Grundbegriffs*, Baden-Baden 2007, S. 235–251.

Moravcsik, Andrew, Negotiating the Single European Act. National Interests and Conventional Statecraft in the European Community, *International Organization*, Jg. 45, H. 1 (1991), S. 19–56.

— Preferences and Power in the European Community: A liberal intergovernmentalist Approach, *Journal of Common Market Studies*, Jg. 31, H. 4 (1993), S. 473–524.

— *The Choice for Europe. Social Purpose and State Power from Messina to Maastricht*, Ithaca 1998.

— In Defense of the ›Democratic Deficit‹. Reassessing the Legitimacy of the European Union, *Journal of Common Market Studies*, Jg. 40, H. 4 (2002), S. 603–634.

— Is there a »Democratic Deficit« in World Politics? A Framework for Analysis, *Government and Opposition*, Jg. 39, H. 2 (2004), S. 336–363.

Morgan, Kenneth O., The Historical Roots of New Labour, *History Today*, Jg. 48, H. 10 (1998), S. 15–17.

— New Labour in Historical Perspective, in: Anthony Seldon (Hg.), *The Blair Effect*, London 2001, S. 583–589.

Moschella, Manuela/Tsingou, Eleni, The Financial Crisis and the Politics of Reform. Explaining Incremental Change, in: Manuela Moschella/Eleni Tsingou (Hg.), *Great Expectations, Slow Transformations. Incremental Change in Post-crisis Regulation*, Colchester 2013, S. 1–33.

Mosley, Layna, *Global Capital and National Governments*, Cambridge 2003.

Mouffe, Chantal, *Über das Politische. Wider die kosmopolitische Illusion*, Frankfurt/M. 2007.

Mueller, Pierre, Les Politiques Publiques comme Construction d'un Rapport au Monde, in: Alain Faure/Gilles Pollet/Philippe Warin (Hg.), *La Construction Du Sens Dans Les Politiques Publiques*, Paris 1995, S. 153–179.

Mullard, Maurice, The Credit Rating Agencies and Their Contribution to the Financial Crisis, *The Political Quarterly*, Jg. 83, H. 1 (2012), S. 77–95.

Müller, Henrik, Müllers Memo: Frau Merkels Verständnis von Wirtschaft, in: *Spiegel Online*, 16.11.2014, http://www.spiegel.de/wirtschaft/soziales/muellers-memo-frau-merkels-verstaendnis-von-wirtschaft-a-1003166.html, letzter Zugriff am 22.02.2015.

Müller, Jan-Werner, *Another Country. German Intellectuals, Unification and National Identity*, New Haven/London 2000.

— Es gilt, die Seele zu verwandeln. Blue Labour, Red Toryism: Wie sich in Großbritannien rechts und links neu erfinden – und vermischen, in: *Süddeutsche Zeitung*, 03.11.2011.

— Du Rejet des Élites à la Xénophobie, Anatomie d'un Phénomène planétaire, in: *Le Monde diplomatique*, 03.05.2014, S. 16–17.

— *Was ist Populismus? Ein Essay*, Berlin 2016.

Müller, Matthias, *Globalisierung als Sachzwang. Zur Wissenssoziologie einer politischen Debatte*, Saarbrücken 2007.

Mundell, Robert, A Theory of Optimal Currency Areas, *American Economic Review*, Jg. 4, H. 4 (1961), S. 657–665.

Münkler, Herfried, Politische Urteilskraft. Zum Wandel von Entscheidungs- und Deutungseliten, *Merkur: Deutsche Zeitschrift für Europäisches Denken*, Jg. 68, H. 10 (2014), S. 859–867.

Nachtwey, Oliver, *Marktsozialdemokratie. Die Transformation von SPD und Labour Party*, Wiesbaden 2009.

Nairn, Tom, *The Break-up of Britain. Crisis and Neo-Nationalism*, London 1977.

Noack, Paul, Technischer Fortschritt als konservative Aufgabe? Zur Kritik des technokratischen Konservatismus, in: Gerd-Klaus Kaltenbrunner (Hg.), *Die Herausforderung der Konservativen. Absage an Illusionen*, München 1974, S. 66–83.

Noetzel, Thomas, Political Decadence? Aspects of Thatcherite Englishness, *Journal for the Study of British Cultures*, Jg. 1, H. 2 (1994), S. 133–148.

Nonhoff, Martin, Diskurs, radikale Demokratie, Hegemonie – Einleitung, in: Martin Nonhoff (Hg.), *Diskurs, radikale Demokratie, Hegemonie. Zum politischen Denken von Ernesto Laclau und Chantal Mouffe*, Bielefeld 2007, S. 7–24.

Nullmeier, Frank, Politikwissenschaft auf dem Weg zur Diskursanalyse?, in: Reiner Keller/Andreas Hirseland/Werner Schneider/Willy Viehöver (Hg.), *Handbuch Sozialwissenschaftliche Diskursanalyse. Bd. 1: Theorien und Methoden*, Opladen 2001, S. 285–313.

Nullmeier, Frank/Rüb, Friedbert, *Die Transformation der Sozialpolitik. Vom Sozialstaat zum Sicherungsstaat*, Frankfurt/M. /New York 1993.

Offe, Claus, *Strukturprobleme des kapitalistischen Staats. Aufsätze zur politischen Soziologie*, Frankfurt/M. 1972.

— »Unregierbarkeit«. Zur Renaissance konservativer Krisentheorien, in: Jürgen Habermas (Hg.), *Stichworte zur ›Geistigen Situation der Zeit‹. Bd. 1: Nation und Republik*, Frankfurt/M. 1979, S. 294–338.

— Die Aufgabe von staatlichen Aufgaben. Thatcherismus und die populistische Kritik der Staatstätigkeit, in: Dieter Grimm (Hg.), *Staatsaufgaben*, Baden-Baden 1994, S. 317–352.

— Europa in der Falle, *Blätter für deutsche und internationale Politik*, Jg. 61, H. 1 (2013), S. 67–80.

Orenstein, Mitchell A., Reassessing the neo-liberal Development Model in Central and Eastern Europe, in: Vivien A. Schmidt/Mark Thatcher (Hg.), *Resilient Liberalism in Europe's Political Economy*, Cambridge 2013, S. 374–400.

Osborne, David/Gaebler, Ted, *Reinventing Government. How the Entrepreneurial Spirit is Transforming the Public Sector*, London 1992.

O'Shea, Alan, *Formations of Nations and People*, London 1984.

Panitch, Leo/Leys, Colin, *The End of Parliamentary Socialism. From New Left to New Labour*, 2. Aufl., London 2001.

Pautz, Hartwig, *Think-Tanks, Social Democracy and Social Policy*, Basingstoke 2012.

Pierson, Paul, *Dismantling the Welfare State? Reagan, Thatcher, and the Politics of Retrenchment*, Cambridge 1994.

— The New Politics of the Welfare State, *World Politics*, Jg. 48, H. 2 (1996), S. 143–179.

— The Path to European Integration. A Historical-Institutionalist Analysis, in: Wayne Sandholtz/Alec Stone Sweet (Hg.), *European Integration and Supranational Governance*, Oxford 1998, S. 27–58.

— *Politics in Time. History, Institutions, and Social Analysis*, Princeton 2000.

Pimlott, Ben, The Myth of Consensus, in: Lesley M. Smith (Hg.), *The Making of Britain. Echoes of Greatness*, Basingstoke 1988, S. 129–142.

— Is the ›postwar consensus‹ a myth?, *Contemporary Record*, Jg. 2, H. 6 (1989), S. 12–15.

Piper, Nikolaus, Immer diese Deutschen, in: *Süddeutsche Zeitung*, 11.12.2014.

Plender, John, London's Big Bang in International Context, *International Affairs*, Jg. 63, H. 1 (1987), S. 39–48.

Plickert, Philip, Durfte die EZB mit ihrem OMT-Beschluss den Euro retten? Nun müssen Europas höchste Richter entscheiden, in: *Frankfurter Allgemeine Zeitung*, 14.10.2014.

Polanyi, Karl, *The Great Transformation. Politische und ökonomische Ursprünge von Gesellschaften und Wirtschaftssystemen*, Frankfurt/M. 1978.

Pollitt, Christopher/Bockaert, Geert, *Public Management Reform. A Comparative Analysis of New Public Management, Governance, and the Neo-Weberian State*, Oxford 2011.

Prideaux, Simon, John Macmurray and the ›Forgotten‹ Lessons on Capitalism and Community, *The Political Quarterly*, Jg. 76, H. 4 (2005), S. 540–548.

Priester, Karin, Definitionen und Typologien des Populismus, *Soziale Welt*, Jg. 62, H. 2 (2011), S. 185–198.

Przeworski, Adam, *Democracy and the Market. Political and Economic Reforms in Eastern Europe and Latin America*, Cambridge 1991.

— Minimalist Conception of Democracy: A Defense, in: Ian Shapiro/Casiano Hacker-Cordo (Hg.), *Democracy's Value*, Cambridge 1999, S. 23–55.

Putnam, Robert D., Diplomacy and Domestic Policy: The Logic of Two-Level Games, *International Organization*, Jg. 42, H. 3 (1988), S. 427–460.

Pütter, Uwe, Europe's Deliberative Intergovernmentalism. The Role of the Council and European Council in EU Economic Governance, *Journal of European Public Policy*, Jg. 19, H. 2 (2012), S. 161–178.

Ramonet, Ignacio, La pensée unique, in: *Le Monde diplomatique*, Januar 1995, S. 1.

Rancière, Jaques, *Das Unvernehmen. Politik und Philosophie*, Frankfurt/M. 2002.

Rehberg, Karl-Siegbert, Normalitätsfiktion als institutioneller Mechanismus, in: Jürgen Link/Thomas Loer/Harmut Neuendorff (Hg.), *›Normalität‹ im Diskursnetz soziologischer Begriffe*, Heidelberg 2003, S. 163–181.

— Nachwort des Herausgebers, in: Arnold Gehlen, *Die Seele im technischen Zeitalter und andere sozialpsychologische, soziologische und kulturanalytische Schriften*, hrsg. v. Karl-Siegbert Rehberg, Frankfurt/M. 2004.

— »Ordnung ist kein Gefängnis«. Zu Leben und Werk Arnold Gehlens, Gespräch mit Frank Kannetzky und Henning Tegtmeyer, in: Frank Kannetzky/Henning Tegtmeyer (Hg.), *Zwischen Führerkult und Mängelwesen. Zur Aktualität Arnold Gehlens, Philokles. Zeitschrift für populäre Philosophie*, Sonderheft 2 (2005), S. 9–34.

Reich, Robert B., *The Work of Nations. Preparing ourselves for 21st Century Capitalism*, New York 2012.

Reinbold, Fabian, Sprachkritik: »Alternativlos« ist das Unwort des Jahres, in: *Spiegel Online*, 18.11.2011, http://www.spiegel.de/kultur/gesellschaft/sprachkritik-alternativlos-ist-das-unwort-des-jahres-a-740096.html, letzter Zugriff am 22.02.2015.

— Italiens Premier zur Euro-Krise: Monti fürchtet Auseinanderbrechen Europas, in: *Der Spiegel*, 05.08.2012, http://www.spiegel.de/politik/ausland/italiens-premier-monti-warnt-im-spiegel-vor-auseinanderbrechen-europas-a-848280.html, letzter Zugriff am 22.02.2015.

Reuters, Von der Leyen bekräftigt Deutschlands Führungsbereitschaft, 06.02.2015, http://de.reuters.com/article/domesticNews/idDEKBN0LA1K 820150206, letzter Zugriff am 22.02.2015.

Rhodes, Roderick A. W., The Hollowing Out of the State. The Changing Nature of the Public Service in Britain, *The Political Quarterly*, Jg. 65, H. 2 (1994), S. 138–151.

Riché, Pascal, ›Tina‹: Manuel Valls ouvre la boîte aux démons de la pensée unique, in: *Rue 89*, 08.09.2014, http://blogs.rue89.nouvelobs.com/les-mots-demons/2014/09/09/tina-manuel-valls-ouvre-la-boite-aux-demons-de-la-pensee-unique-233461, letzter Zugriff am 22.02.2015.

Richter, Emanuel, Das Analysemuster der ›Postdemokratie‹. Konzeptionelle Probleme und strategische Funktionen, *Forschungsjournal Neue Soziale Bewegungen*, Jg. 19, H. 4 (2006), S. 23–37.

Riddell, Peter, *The Thatcher Decade. How Britain has changed during the 1980s*, Oxford 1989.

Riesman, David, *Die einsame Masse. Eine Untersuchung der Wandlungen des amerikanischen Charakters. Mit einer Einführung in die deutsche Ausgabe von Helmut Schelsky*, Darmstadt 1956.

Rittberger, Berthold, Integration without Representation? The European Parliament and the Reform of Economic Governance in the EU, *Journal of Common Market Studies*, Jg. 52, H. 5 (2014), S. 1174–1183.

Roberts, Alasdair, *The Logic of Discipline. Global Capitalism and the Architecture of Government*, Oxford 2010.

Rogall, Holger, *Volkswirtschaftslehre für Sozialwissenschaftler. Eine Einführung. Mit einem Geleitwort von Hans Christoph Binswanger*, Wiesbaden 2006.

Rogoff, Kenneth, Deutschland kann nicht alle Probleme alleine lösen, in: *Frankfurter Allgemeine Zeitung*, 23.06.2014.

— Celebrity Central Bankers, in: *Project Syndicate – The World's Opinion Page*, 03.11.2014, http://www.project-syndicate.org/commentary/central-bankers-and-monetary-policy-by-kenneth-rogoff-2014-11, letzter Zugriff am 22.02.2015.

Rosa, Hartmut, *Beschleunigung. Die Veränderung der Zeitstrukturen in der Moderne*, Frankfurt/M. 2005.

Rose, Nikolas, *Powers of Freedom. Reframing Political Thought*, Cambridge 1999.

Rösler, Philipp, »Keine Denkverbote mehr«. Gastkommentar, in: *Die Welt*, 12.09.2011,http://www.welt.de/print/die_welt/debatte/article13598862/Keine-Denkverbote-mehr.html, letzter Zugriff am 22.02.2015.

Rovan, Anne, Budget. Hollande et Valls pris en étau, in: *Le Figaro*, 08.10.2014, http://www.lefigaro.fr/politique/2014/10/07/01002-20141007ARTFIG00384-budget-hollande-et-valls-pris-en-etau.php, letzter Zugriff am 22.02.2015.

Rüb, Friedbert, Politische Entscheidungsprozesse, Kontingenz und demokratischer Dezisionismus. Eine policy-analytische Perspektive, in: Katrin Toens/Ulrich Willems (Hg.), *Politik und Kontingenz*, Wiesbaden 2012, S. 117–142.

Rüb, Friedbert/Straßheim, Holger, Politische Evidenz. Objektivierung als Legitimationspraxis, in: Anna Geis/Frank Nullmeier/Christopher Daase (Hg.), *Der Aufstieg der Legitimitätspolitik. Rechtfertigung und Kritik politisch-ökonomischer Ordnungen, Sonderheft Leviathan*, Baden-Baden 2012, S. 377–397.

Rubinstein, David, A New Look at New Labour, *Politics*, Jg. 20, H. 3 (2000), S. 161–167.

Ruggie, John Gerard, International Regimes, Transactions, and Change. Embedded Liberalism in the Postwar Economic Order, *International Organization*, Jg. 36, H. 2 (1982), S. 379–415.

— *Embedding Global Markets. An Enduring Challenge*, Aldershot 2008.

Saage, Richard, Staat, Technik und Gesellschaft im Neokonservatismus. Vortrag für die Technologiepolitische Konferenz des DGB vom 12. bis 14. September 1985 in Bonn, Archiv der Friedrich-Ebert-Stiftung, http://library.fes.de/gmh/main/pdf-files/gmh/1985/1985-09-a-571.pdf, letzter Zugriff am 09.07.2013.

— *Utopische Profile. Industrielle Revolution und Technischer Staat im 19. Jahrhundert*, Münster u.a. 2002.

Sabatier, Paul A., Policy Change Over a Decade or More, in: Hank C. Jenkins-Smith/Paul A. Sabatier (Hg.), *Policy Change and Learning. An Advocacy Coalition Approach*, Boulder 1993, S. 13–40.

— The Advocacy Coalition Framework. Revisions and Relevance for Europe, *Journal of European Public Policy*, Jg. 5, H. 1 (1998), S. 98–130.

Sandbrook, Dominic, *White Heat. A History of Britain in the Swinging Sixties*, London 2007.

Saretzki, Thomas, Technokratie, Technokratiekritik und das Verschwinden der Gesellschaft. Zur Diskussion um das andere politische Projekt der Moderne, in: Michael Th. Greven (Hg.), *Politikwissenschaft als Kritische Theorie. Festschrift für Kurt Lenk*, Baden-Baden 1994, S. 353–386.

Schaal, Gary S./Ritzi, Claudia, Neoliberalismus und Postdemokratie. Bausteine einer kritischen Gesellschaftstheorie, *Schriftenreihe des Verbundprojekts Postdemokratie und Neoliberalismus. Discussion-Paper*, H. 1, Hamburg/Leipzig 2012.

Schäfer, Armin, Krisentheorien der Demokratie. Unregierbarkeit, Spätkapitalismus und Postdemokratie, *MPIfG Discussion Paper*, Jg. 10, H. 8 (2008).

— Consequences of Social Inequality for Democracy in Western Europe, *Zeitschrift für Vergleichende Politikwissenschaft*, Jg. 6, H. 2 (2012), S. 23–45.

Schäfers, Manfred/Sattar, Majid, Merkel: Scheitert der Euro, dann scheitert Europa, in: *Frankfurter Allgemeine Zeitung*, 19.05.2010, http://www.faz.net/aktuell/politik/merkel-scheitert-der-euro-dann-scheitert-europa-1982230.html, letzter Zugriff am 22.02.2015.

Scharpf, Fritz W., Die Politikverflechtungs-Falle. Europäische Integration und deutscher Föderalismus im Vergleich, *Politische Vierteljahresschrift*, Jg. 26, H. 4 (1985), S. 323–356.

— Politische Optionen im vollendeten Binnenmarkt, in: Markus Jachtenfuchs/Beate Kohler-Koch (Hg.), *Europäische Integration*, Opladen 1996, S. 109–140.

— *Governing in Europe. Effective and Demoractic?*, Oxford 1999.

— *Regieren in Europa. Effektiv und demokratisch?*, Frankfurt/M. /New York 1999.

— The Joint-Decision Trap Revisited, *Journal of Common Market Studies*, Jg. 44, H. 4 (2006), S. 845–864.

— The Double Asymmetry of European Integration. Or: Why the EU Cannot Be a Social Market Economy, *MPIfG Working Paper*, Jg. 12, H. 9 (2009).

— Monetary Union, Fiscal Crisis and the Preemption of Democracy, *Zeitschrift für Staats- und Europawissenschaften*, Jg. 9, H. 2 (2011), S. 163–198.

— Legitimacy Intermediation in the Multilevel European Polity and Its Collapse in the Euro Crisis, *MPIfG Discussion Paper*, Jg. 12, H. 6 (2012).

Scharpf, Fritz W./Schmidt, Vivien A. (Hg.), *Work and Welfare in the Open Economy. Bd. 1*, Oxford 2000.

Scheibe, Moritz, Auf der Suche nach der demokratischen Gesellschaft, in: Ulrich Herbert (Hg.), *Wandlungsprozesse in Westdeutschland. Belastung, Integration, Liberalisierung 1945–1980*, Göttingen 2002, S. 245–277.

Schelling, Thomas, *The Strategy of Conflict*, Cambridge 1960.

Schelsky, Helmut, Der Pfahlbau. Kann die deutsche Demokratie funktionieren?, *Volk und Zeit. Monatsschrift für Demokratie und Sozialismus*, H. 2, 1947, S. 337–342.
— *Wandlungen der deutschen Familie in der Gegenwart*, Dortmund 1953.
— *Soziologie der Sexualität. Über die Beziehungen zwischen Geschlecht, Moral und Gesellschaft*, Reinbek bei Hamburg 1955.
— *Die skeptische Generation. Eine Soziologie der deutschen Jugend*, Frankfurt/M. 1957.
— *Ortsbestimmung der deutschen Soziologie*, Düsseldorf/Köln 1959.
— *Einsamkeit und Freiheit. Idee und Gestalt der deutschen Universität und ihrer Reformen*, Reinbek bei Hamburg 1963.
— *Auf der Suche nach Wirklichkeit. Gesammelte Aufsätze zur Soziologie der Bundesrepublik*, Düsseldorf/Köln 1965.
— Berechtigung und Anmaßung in der Managerherrschaft, in: Helmut Schelsky, *Auf der Suche nach Wirklichkeit. Gesammelte Aufsätze zur Soziologie der Bundesrepublik*, Düsseldorf/Köln 1965, S. 17–32.
— Der Mensch in der wissenschaftlichen Zivilisation, in: Helmut Schelsky, *Auf der Suche nach Wirklichkeit. Gesammelte Aufsätze zur Soziologie der Bundesrepublik*, Düsseldorf/Köln 1965, S. 439–480.
— *Systemüberwindung, Demokratisierung und Gewaltenteilung. Grundsatzkonflikte der Bundesrepublik*, München 1973.
— *Die Arbeit tun die anderen. Klassenkampf und Priesterherrschaft der Intellektuellen*, Opladen 1975.
— *Der selbständige und der betreute Mensch. Politische Schriften und Kommentare*, Stuttgart 1976.
— Ein Schlagwort entsteht: ›Unregierbarkeit‹, in: Helmut Schelsky, *Der selbständige und der betreute Mensch. Politische Schriften und Kommentare*, Stuttgart 1976, S. 158–161.
— *Rückblicke eines »Anti-Soziologen«*, Opladen 1981.
— *Thomas Hobbes. Eine politische Lehre*, Berlin 1981.
— Der »Begriff des Politischen« und die politische Erfahrung der Gegenwart, *Der Staat*, Jg. 22, H. 3 (1983), S. 321–345.
Schimank, Uwe, ›Vater Staat‹: Ein vorhersehbares Comeback. Selbstverständnis und Staatstätigkeit in der Moderne, *der moderne staat – Zeitschrift für Public Policy, Recht und Management*, Jg. 2, H. 2 (2009), S. 249–269.
— Nur noch Coping. Eine Skizze postheroischer Politik, *Zeitschrift für Politikwissenschaft*, Jg. 21, H. 3 (2011), S. 455–463.
— Wohlfahrtsgesellschaften als funktionaler Antagonismus von Kapitalismus und Demokratie. Ein immer labilerer Mechanismus?, *MPIfG Working Paper*, Jg. 2, H. 11 (2011).
Schimmelfennig, Frank, European Integration in the Euro Crisis. The Limits of Postfunctionalism, *Journal of European Integration*, Jg. 36, H. 3 (2014), S. 321–333.
Schlieben, Michael, Merkels Luxussorgen, in: *Die Zeit*, 21.09.2013, http://www.zeit.de/politik/deutschland/2013-09/wahlkampf-finale-cdu-merkel/seite-2, letzter Zugriff am 22.02.2015.

Schmalz-Bruns, Rainer, Deliberativer Supranationalismus. Demokratisches Regieren jenseits des Nationalstaats, *Zeitschrift für Internationale Beziehungen*, Jg. 6, H. 2 (1999), S. 185–244.

Schmidt, Johann N., *Großbritannien 1945–2010. Kultur, Politik, Gesellschaft*, Stuttgart 2011.

Schmidt, Vivien A., *Globalisation. A Critical Introduction*, Basingstoke 2000.

— Values and Discourse in the Politics of Adjustment, in: Fritz W. Scharpf/Vivien A. Schmidt (Hg.), *Work and Welfare in the open economy. Bd. 1*, Oxford 2000, S. 229–309.

— The Politics of Economic Adjustment in France and Britain. When Does Discourse Matter?, *Journal of European Public Policy*, Jg. 8, H. 2 (2001), S. 247–264.

— *Democracy in Europe. The EU and National Polities*, Oxford 2006.

— Discursive Institutionalism. The Explanatory Power of Ideas and Discourse, *Annual Review of Political Science*, Jg. 11 (2008), S. 303–326.

— Taking Ideas and Discourse Seriously. Explaining Change Through Discursive Institutionalism as the Fourth ›New Institutionalism‹, *European Political Science Review*, Jg. 2, H. 1 (2010), S. 1–15.

— Speaking to the Markets or to the People? A Discursive Institutionalist Analysis of the EU's Sovereign Debt Crisis, *British Journal of Politics and International Relations*, Jg. 16, H. 1 (2014), S. 188–209.

Schmidt, Vivien A./Thatcher, Mark (Hg.), *Resilient Liberalism in Europe's Political Economy*, Cambridge 2013.

Schmidt, Vivien A./Woll, Cornelia, The State. The Bête Noire of Neo-Liberalism or its Greatest Conquest?, in: Vivien A. Schmidt/Mark Thatcher (Hg.), *Resilient Liberalism in Europe's Political Economy*, Cambridge 2013, S. 112–141.

Schmitt, Carl, *Der Begriff des Politischen. Mit einer Rede über das Zeitalter der Neutralisierungen und Entpolitisierungen*, München 1932.

— *Politische Theologie. Vier Kapitel zur Lehre von der Souveränität*, 8. Aufl., Berlin 2004.

— *Die geistesgeschichtliche Lage des heutigen Parlamentarismus*, 9. Aufl., Berlin 2010.

Schönwälder, Karen, Konturen eines »Dritten Weges«. Großbritannien unter der Blair-Regierung, *Leviathan*, Jg. 30, H. 2 (2002), S. 250–266.

Schröder, Gerhard, Regierungserklärung. »Mut zum Frieden und zur Veränderung« (»Agenda 2010«), Deutscher Bundestag, Plenarprotokoll, 14.03.2003, http://dip21.bundestag.de/dip21/btp/15/15032.pdf, letzter Zugriff am 30.04.2013.

Schröder, Gerhard/Blair, Tony, Der Weg nach vorne für Europas Sozialdemokraten, in: Chronik der Arbeitsmarktpolitik, 08.06.1999, http://doku.iab.de/chronik/2x/1999_02_01_21_dass.pdf, letzter Zugriff am 01.10.2014.

Schüler-Springorum, Horst, *Wider den Sachzwang. Otto-von-Freising-Vorlesungen der Katholischen Universität Eichstätt, Bd. 15*, München 1997.

Schulz, Heiner/König, Thomas, Institutional Reform and Decision-Making Efficiency in the European Union, *American Journal of Political Science*, Jg. 44, H. 4 (2000), S. 653–666.

Schulz, Sandra, »Eine durchaus problematische Redeweise«. Wolfgang Thierse und Herfried Münkler über den Begriff »alternativlos« in der Politik, in: *Deutschlandfunk*, 26.02.2009, http://www.dradio.de/dlf/sendungen/interview_dlf/925703/, letzter Zugriff am 22.02.2015.

Schuppert, Gunnar Folke/Voßkuhle, Andreas (Hg.), *Governance von und durch Wissen*, Baden-Baden 2008.

Seith, Anne, EU-Krisenmanagement. Kommissar Rehn wagt den doppelten Tabubruch, in: *Der Spiegel*, 14.04.2010, http://www.spiegel.de/wirtschaft/soziales/eu-krsenmanagement-kommissar-rehn-wagt-den-doppelten-tabubruch-a-689014.html, letzter Zugriff am 22.02.2015.

Selk, Veith, Die Politik der Entpolitisierung als Problem der Politikwissenschaft und der Demokratie, *Zeitschrift für Politische Theorie*, Jg. 2, H. 2 (2011), S. 185–200.

Shaw, Eric, *The Labour Party since 1979. Crisis and Transformation*, London 1994.

— *Losing Labour's soul? New Labour and the Blair Government 1997–2007*, London 2007.

Simon, Herbert A., A Behavioral Model of Rational Choice, *Quarterly Journal of Economics*, Jg. 69, H. 1 (1955), S. 99–118.

— Rational Choice and the Structure of the Environment, *Psychological Review*, Jg. 63, H. 1 (1956), S. 129–138.

Sinclair, Timothy J., Between State and Market. Hegemony and Institutions of Collective Action under Conditions of International Capital Mobility, *Policy Sciences*, Jg. 27, H. 4 (1994), S. 447–466.

Smith, Andreas Wittham, Cameron is as obsessed with winning headlines as Blair. What matters is not how much ministers are paid but how many there are, in: *The Independent*, 11.09.2009, http://www.independent.co.uk/ voices/commentators/andreas-whittam-smith/andreas-whittam-smith-cameron-is-as-obsessed-with-winning-headlines-as-blair-1785238.html, letzter Zugriff am 01.10.2014.

Sontheimer, Kurt, Primat der Politik und technischer Sachzwang, in: Werner Süß/Klaus H. Schroeder (Hg.) *Technik und Zukunft. Neue Technologien und ihre Bedeutung für die Gesellschaft. Vorträge und Diskussionen einer Veranstaltung der Freien Universität Berlin vom 11. bis 13. Februar 1987*, Opladen 1988, S. 256–263.

Spahn, Peter, One Market, One Money – Zwei Jahrzehnte später, *List Forum für Wirtschafts- und Finanzpolitik*, Jg. 39, H. 1 (2013), S. 1–15.

Spencer, Herbert, *The Man versus the State*, Indianapolis 1884.

— *Social Statics*, New York 1981.

Stedman Jones, Daniel, *Masters of the Universe. Hayek, Friedman, and the Birth of Neoliberal Politics*, Princeton/Oxford 2012.

Steinmetz, Willibald *Das Sagbare und das Machbare. Zum Wandel politischer Handlungsspielräume, England 1780–1867*, Stuttgart 1993.

— Anbetung und Dämonisierung des ›Sachzwangs‹. Zur Archäologie einer deutschen Redefigur, in: Michael Jeismann (Hg.), *Obsessionen. Beherrschende Gedanken im wissenschaftlichen Zeitalter*, Frankfurt/M. 1995, S. 293–333.

Stoker, Gerry, *Transforming Local Governance. From Thatcherism to New Labour*, Houndsmills/Basingstoke/New York 2004.

Stokes, Daniel, Spatial Models of Party Competition, in: Angus Campbell (Hg.), *Elections and the Political Order*, New York 1966, S. 161–179.

Stone, Deborah, *Policy Paradox. The Art of Political Decision Making*, 2. Aufl., New York 2001.

Straumann, Tobias, Jetzt hat's auch Nordeuropa voll erwischt, in: *Der Tagesanzeiger*, 13.05.2013, http://www.tagesanzeiger.ch/wirtschaft/konjunktur/Jetzt-hats-Nordeuropa-voll-erwischt/story/13304875?dossier_id=789, letzter Zugriff am 22.02.2015.

Streeck, Wolfgang, Einleitung. Internationale Wirtschaft, nationale Demokratie?, in: Wolfgang Streeck (Hg.), *Internationale Wirtschaft, nationale Demokratie. Herausforderungen für die Demokratietheorie*, Frankfurt/M./New York 1998, S. 11–58.

— *Re-Forming Capitalism. Institutional Change in the German Political Economy*, Oxford 2009.

— Die Krise des demokratischen Kapitalismus, *Lettre International*, Jg. 95 (2011), S. 7–13.

— Wissen als Macht, Macht als Wissen. Kapitalversteher im Krisenkapitalismus, *Merkur: Deutsche Zeitschrift für Europäisches Denken, Sonderheft September 2012: Macht und Ohnmacht der Experten*, Jg. 66, H. 9/10 (2012), S. 776–787.

— *Gekaufte Zeit. Die vertagte Krise des demokratischen Kapitalismus*, Berlin 2013.

Strohschneider, Peter, Zur Politik der Transformativen Wissenschaft, in: André Brodocz et al. (Hg.), *Die Verfassung des Politischen. Festschrift für Hans Vorländer*, Wiesbaden 2014, S. 175–192.

Sturm, Roland (Hg.), *Thatcherismus. Eine Bilanz nach 10 Jahren*, Bochum 1990.

— Der »dritte Weg« – Demokratie im Zeitalter der Globalisierung, in: Uwe Backes/Eckhard Jesse (Hg.), *Jahrbuch Extremismus & Demokratie*, Jg. 12, Baden-Baden 2000, S. 53–72.

— *Politik in Großbritannien*, Wiesbaden 2009.

— Die Entdeckung einer Politik des Unpolitischen. Zur Institutionalisierung der »List der Vernunft« in der Fiskalpolitik, *Politische Vierteljahresschrift*, Jg. 54, H. 3 (2013), S. 403–414.

Süddeutsche Zeitung, »Wir fahren auf Sicht«, 25.10.2009, http://www.sueddeutsche.de/politik/bundesregierung-finanzen-wir-fahren-auf-sicht-1.34667, letzter Zugriff am 22.02.2015.

Süddeutsche Zeitung, Prominente zur Lehman-Pleite: »Wir hatten eindringlich gewarnt«, 17.05.2010, http://www.sueddeutsche.de/geld/prominente-zurlehman-pleite-wir-hatten-eindringlich-gewarnt-1.395294, letzter Zugriff am 22.02.2015.

Sully, Melanie, *The New Politics of Tony Blair*, New York 2000.

Süß, Werner/Schroeder, Klaus H. (Hg.), *Technik und Zukunft. Neue Technologien und ihre Bedeutung für die Gesellschaft.* Vorträge und Diskussionen einer Veranstaltung der Freien Universität Berlin vom 11. bis 13. Februar 1987, Opladen 1988.

Swank, Duane, Withering Welfare? Globalization, Political Economic Institutions, and the Foundations of Contemporary Welfare States, in: Lina Weiss (Hg.), *States in the Global Economy. Bringing Domestic Institutions Back in*, Cambridge 2003, S. 58–82.

Szarka, Joseph, Nicolas Sarkozy as Political Strategist. Rupture tranquille or Policy Continuity?, *Modern and Contemporary France*, Jg. 17, H. 4 (2009), S. 407–422.

Tarrow, Sidney, *Power in Movement*, Cambridge 1994.

Teusch, Ulrich, *Freiheit und Sachzwang. Untersuchungen zum Verhältnis von Technik, Gesellschaft und Politik*, Baden-Baden 1993.

t'Hart, Paul, Symbols, Rituals and Power. The Lost Dimensions of Crisis Management, *Journal of Contingencies and Crisis Management*, Jg. 1, H. 1 (1993), S. 36–50.

Thatcher, Margaret, TV Interview for Granada TV World in Action, 31.01.1975, MTFW 102450.

— Margaret, Speech at Roosevelt University (»Walter Heller International Finance Lecture«), 22.09.1975, MTFW 102465.

— Margaret, Speech to Parliamentary Press Gallery, 26.01.1976, MTFW 103195.

— Margaret, Article for Daily Telegraph (»The moral basis of a free society«), 16.03.1978, MTFW 103687.

— Margaret, *The Revival of Britain. Speeches on Home and European Affaires 1975–1988*, London 1979.

— Margaret, The Swinton Lecture. At the Conservative Political Centre Summer School, in: Margaret Thatcher, *The Revival of Britain. Speeches on Home and European Affaires 1975–1988*, London 1979, S. 83–95.

— Margaret, Speech at Conservative European Candidates' Conference, 24.02.1979, MTFW 103955.

— Margaret, Speech in Finchley, 11.04.1979, MTFW 104002.

— Margaret, Speech to the Conservative Party Conference, MTFW 104147 12.10.1979.

— Press Conference for American correspondents in London, 25.06.1980, MTFW 104389.

— Speech to Conservative Party Conference (›The lady's not for turning‹), 10.10.1980, MTFW 104431.

— Speech at Lord Mayor's Banquet, 10.11.1980, MTFW 104442.

— TV Interview for UPI/ITN-Sunday Times Review of 1980, 31.12.1980, MTFW 104471.

— Government motion on economic and industrial policy, 05.02.1981, MTFW 104561.
— Press Conference for British press (Melbourne CHOGM), 07.10.1981, MTFW 104713.
— Speech at Conservative Party Conference, 16.10.1981, MTFW 104717.
— Speech to Conservative Central Council, 08.10.1982, MTFW 104905.
— TV Interview for LWT Weekend World, 05.06.1983, MTFW 105098.
— Speech to Conservative Party Conference, 12.10.1984, MTFW 105763.
— Speech to Conservative Party Conference, 11.10.1985, MTFW 106145.
— Interview for Woman's Own (»No such thing as society«), 23.09.1987, MTFW 106689.
— Speech to Conservative Party Conference, 14.10.1988, MTFW 107352.
— Speech to Conservative Party Conference, 13.10.1989, MTFW 107789.
— *The Downing Street Years*, London 1993.
— *Die Erinnerungen. 1925–1979*, Düsseldorf 1995.
— *The Collected Speeches of Margaret Thatcher*, hrsg. v. Robin Harris, London 1997.
— *Statecraft. Strategies for a Changing World*, London 2002.

The Economist, Labour's new industrial policy. White heat redux – The new strategy makes more sense but is the wrong priority, 14.01.2010, http://www.economist.com/node/15287748, letzter Zugriff am 30.04.2014.

The Guardian, Margaret Thatcher: A life in quotes. Key comments from Britain's first female prime minister, 08.04.2013, http://www.theguardian.com/politics/2013/apr/08/margaret-thatcher-quotes, letzter Zugriff am 14.12.2014.

brandeins. Wirtschaftsmagazin, Prolog, Jg. 16, H. 7, S. 27.

The National Archives, *The Miners Strike and the Social Contract*, http://www.nationalarchives.gov.uk/cabinetpapers/themes/miners-strike-social-contract.htm, letzter Zugriff am 20.02.2014.

The Sun, Crisis – What Crisis?, 11.01.1979.

The Telegraph, Sir Edward Heath, 18.07.2005, http://www.telegraph.co.uk/news/obituaries/1494246/Sir-Edward-Heath.html, letzter Zugriff am 01.10.2014.

Ther, Philipp, *Die neue Ordnung auf dem alten Kontinent. Eine Geschichte des neoliberalen Europa*, Berlin 2014.

Thielemann, Ulrich, Das Ende der Demokratie, *Wirtschaftsdienst. Zeitschrift für Wirtschaftspolitik*, Jg. 91, H. 12 (2011), S. 820–823.

Thomas, William I./Thomas, Dorothy S., *The Child in America. Behavior Problems and Programs*, New York 1928.

Thompson, Grahame F. (Hg.), *Governing the European Economy*, London 2001.

Thompson, Grahame F., Economic Management in the Eurozone, in: Colin Hay/Anand Menon (Hg.), *European Politics*, Oxford 2007, S. 273–291.

Thümmler, Ellen, Mehr Demokratie oder mehr Freiheit? Helmut Schelskys Demokratie der Sachlichkeit, in: Alexander Gallus (Hg.), *Helmut Schelsky – der politische Anti-Soziologe. Eine Neurezeption*, Göttingen 2013, S. 206–220.

Tomlinson, Jim, Nothing New Under the Sun? Understanding New Labour, Brunel University, Department of Government, Discussion Paper 2/99, Uxbridge 1999.

Treu, Hans-Eckbert, *Sachzwang – die eindimensionale Logik der Industriegesellschaften*, Opladen 1985.

Tribouillard, Kenzo/afp, Hollande et sa politique: »il n'y a pas d'échappatoire«, in: *L'Humanité*, 20.08.2014, http://www.humanite.fr/hollande-et-sa-politique-il-ny-pas-dechappatoire-549717, letzter Zugriff am 22.02.2015.

Tsebelis, George, Decision-Making in Political Systems. Veto Players in Presidentialism, Parliamentarism, Multicameralism, and Multipartyism, *British Journal of Political Science*, Jg. 25, H. 3 (1995), S. 289–326.

— *Veto Players*, Princeton 2002.

Tzermias, Nikos, Paris pocht auf Souveränität, in: *Neue Zürcher Zeitung*, 08.10.2014, http://www.nzz.ch/wirtschaft/paris-pocht-auf-souveraenitaet-1.18400003, letzter Zugriff am 22.02.2015.

Ulmer, Robert R./Sellnow, Timothy/Seeger, Mathew W., *Effective Crisis Communication. Moving from Crisis to Opportunity*, Thousand Oaks 2007.

Unger, Roberto Mangabeira, *Wider den Sachzwang. Für eine linke Politik*, Berlin 2007.

Vinen, Richard, *Thatcher's Britain. The Politics and Social Upheaval of the 1980s*, London 2009.

Vis, Barbara/van Kersbergen, Kees, Why and How Do Political Actors Pursue Risky Reforms, *Journal of Theoretical Politics*, Jg. 19, H. 2 (2007), S. 153–172.

von Blumenthal, Julia, Auswanderung aus den Verfassungsinstitutionen. Kommissionen und Konsensrunden, *Aus Politik und Zeitgeschichte (APuZ)*, B43 (2003), S. 9–15.

Vorländer, Hans, Dritter Weg und Kommunitarismus, *Aus Politik und Zeitgeschichte (APuZ)*, Jg. 51, H. 16/17 (2001), S. 16–23.

Voßkuhle, Andreas, Das Konzept des rationalen Staates, in: Gunnar Folke Schuppert/Andreas Voßkuhle (Hg.), *Governance von und durch Wissen*, Baden-Baden 2008, S. 13–32.

Wagner, Peter, *Sozialwissenschaften und Staat. Frankreich, Italien, Deutschland 1870–1980*, Frankfurt/M. /New York 1990.

Wagschal, Uwe, *Steuerpolitik und Steuerreformen im internationalen Vergleich. Eine Analyse der Ursachen und Blockaden*, Münster 2005.

— Handlungsoptionen des Nationalstaats im internationalen Steuerwettbewerb, *Zeitschrift für Staats- und Europawissenschaften*, Jg. 4, H. 1 (2006), S. 142–195.

Wallace, Helen/Pollack, Mark A./Young, Alasdair R., An Overview, in: Helen Wallace/Mark A. Pollack/Alasdair R. Young (Hg.), *Policy-Making in the European Union*, Oxford 2010, S. 3–13.

— (Hg.), *Policy-Making in the European Union*, Oxford 2010.

Watson, Matthew/Hay, Colin, The Discourse of Globalisation and the Logic of No Alternative. Rendering the Contingent Necessary in the Political Economy of New Labour, *Policy & Politics*, Jg. 31, H. 3 (2003), S. 289–305, http://wrap.warwick.ac.uk/2139/1/WRAP_Watson_pp.pdf, letzter Zugriff am 01.10.2014.

Weaver, Kent R., The Politics of Blame Avoidance, *Journal of Public Policy*, Jg. 6, H. 4 (1986), S. 371–391.

Wehrs, Nikolai, Auf der Suche nach einem »Pronunciamento«. Helmut Schelsky im Hegemonialkampf der »Reflexionseliten« in den 1970er Jahren, in: Alexander Gallus (Hg.), *Helmut Schelsky – der politische Anti-Soziologe. Eine Neurezeption*, Göttingen 2013, S. 115–135.

Weidmann, Jens, Die Währungsunion als Stabilitätsunion. Rede am Duitsland Instituut Amsterdam, Deutsche Bundesbank, 07.04.2014, www.bundesbank.de/Redaktion/DE/Reden/2014/2014_04_07_weidmann.html, letzter Zugriff am 22.02.2015.

Weimann, Robert, *»New Criticism« und die Entwicklung bürgerlicher Literaturwissenschaft*, 2. Aufl., München 1974.

Weingart, Peter, *Die Stunde der Wahrheit? Vom Verhältnis der Wissenschaft zu Politik, Wirtschaft und Medien in der Wissensgesellschaft*, Weilerswist 2001.

Weiß, Johannes, *Weltverlust und Subjektivität. Zur Kritik der Institutionenlehre Arnold Gehlens*, Freiburg im Breisgau 1971.

White, Jonathan, Emergency Europe, *Political Studies*, Jg. 63, H. 2 (2013), S. 300-318.

Wiener, Antje/Dietz, Thomas, *European Integration Theory*, 2. Aufl., Oxford 2009.

Wildavsky, Aaron B., *Speaking Truth to Power. The Art and Craft of Policy Analysis; with a new Introduction by the Author*, New Brunswick u.a. 2002.

Wilde, Peter de, No Polity for Old Politics? A Framework for Analyzing the Politicization of European Integration, *Journal of European Integration*, Jg. 33, H. 5 (2011), S. 559–575.

Wilde, Peter de/Zürn, Michael, Can the Politicization of European Integration be reversed?, *Journal of Common Market Studies*, Jg. 50, H. 1 (2012), S. 137–153.

Wilson, Harold, *The New Britain. Labours Plan outlined by Harold Wilson – Selected Speeches*, London 1964.

Windolf, Paul, Was ist Finanzmarkt-Kapitalismus?, in: Paul Windolf (Hg.), *Finanzmarkt-Kapitalismus. Analysen zum Wandel von Produktionsregimen, Sonderheft der Kölner Zeitschrift für Soziologie und Sozialpsychologie*, Jg. 45, Opladen/Wiesbaden 2005, S. 20–57.

Winkler, Heinrich-August, *Der lange Weg nach Westen II. Deutsche Geschichte 1933–1990*, Bonn 2005.

Wodak, Ruth (Hg.), *Methods of Critical Discourse Analysis*, Los Angeles 2009.

Wöhrle, Patrick, *Zur Aktualität von Helmut Schelsky. Einleitung in sein Werk*, Wiesbaden 2015.

Wolfe, Joe, State Power and Ideology in Britain. Mrs Thatcher's Revolution, *Political Studies*, Jg. 39, H. 2 (1991), S. 237–252.

Woll, Cornelia, *Vortrag auf dem Wissenschaftlichen Colloquium zu Ehren Wolfgang Streecks. Köln MPIfG: »State Capacity in Financial Times«*, 30.10.2014.

— Bank Rescue Schemes in Continental Europe. The Power of Collective Inaction, *Government and Opposition*, Jg. 49, H. 3 (2014), S. 426–451.

— *The Power of Inaction. Bank Bailouts in Comparison*, Ithaca 2014.

Woodford, Michael, *Central Bank Communication and Policy Effectiveness. Working Paper 11898, National Bureau Of Economic Research*, Cambridge 2005.

Zangl, Bernhard, Judicialization Matters! A Comparison of Dispute Settlement Under GATT and the WTO, *International Studies Quarterly*, Jg. 58, H. 4 (2008), S. 825–854.

Zielcke, Andrea, Bevor alles zu spät ist. »Die politisch Verantwortlichen werden das nicht mehr stoppen« – über die Aktualität der Exit-Strategien: Libyen, Atomenergie, Stuttgart 21, in: *Süddeutsche Zeitung*, 28.03.2011.

Žižek, Slavoj, *Die politische Suspension des Ethischen*, Frankfurt/M. 2005.

Zohlnhöfer, Reimut, The Politics of Budget Consolidation in Britain and Germany. The Impact of Blame Avoidance Opportunities, *West European Politics*, Jg. 30, H. 5 (2007), S. 1120–1138.

Zürn, Michael, *Regieren jenseits des Nationalstaates. Globalisierung als Chance*, Frankfurt/M. 1998.

Danksagung

Bei dem vorliegenden Werk handelt es sich um eine überarbeitete Version meiner im Sommer 2015 an der sozialwissenschaftlichen Fakultät der Ludwig-Maximilians-Universität München verteidigten Dissertationsschrift. Mein herzlicher Dank gilt meinem akademischen Mentor und Erstgutachter Herrn Prof. Dr. Karsten Fischer. Ihm danke ich für seine wertvollen Kommentare und Rückfragen im Laufe der Promotionsphase, für stets gewährte akademische Freiräume und eine von Intellekt, Humor und feiner Ironie getragene Arbeitsatmosphäre. Auch danke ich meinem Zweitgutachter, Herr Prof. Dr. Edgar Grande, für seine weiterführenden Hinweise und Ideen. Herrn Prof. Dr. Christoph Knill sei für sein Drittgutachten gedankt, Herrn Prof. Dr. Armin Nassehi für anregende Anmerkungen. Frau Prof. Dr. Gisela Riescher hat mich zur Demokratie-theorie herangeführt; ihr möchte ich für Impulse und Ideen danken.

Matthias Hansl, Marius Hildebrand, Sebastian Huhnholz, Eva Korte und Julia Sterthoff haben mich und diese Arbeit bedeutend unterstützt. Sie waren anregende Gesprächspartner, kritische Korrekturleser und hilfreiche Freunde. Kirsten Weber und Ole Jakob Weber investierten Stunden, ja Tage in den redaktionellen Feinschliff dieses Werks. Meine Eltern haben vieles erst ermöglicht. Ihnen allen schulde ich besonderen Dank.

Meine Dissertation wurde durch ein Promotionsstipendium der Studienstiftung des deutschen Volkes unterstützt und mit dem Deutschen Studienpreis 2016 der Körber-Stiftung prämiert. Beiden Institutionen danke ich sehr für die großzügige Förderung und Ehrung.

Den ganzen Weg von anfänglicher Euphorie zum fertigen Manuskript hat Florian Séville mit Geduld, unermüdlicher Redebereitschaft und pädagogisch versierter Ermutigungsrhetorik begleitet. Ihm und unserer Tochter Mathilde sei dieses Buch gewidmet.

München, im Mai 2017
Astrid Séville